Matusiewicz/Nürnberg/Nobis (Hrsg.)
Gesundheit und Arbeit 4.0

Gesundheit und Arbeit 4.0

Wenn Digitalisierung auf Mitarbeitergesundheit trifft

Herausgegeben von

Prof. Dr. David Matusiewicz
Prof. Dr. Volker Nürnberg
Dr. Stephanie Nobis

Mit Beiträgen von

Dr. Stefanie André
Jonas Asendorpf
Dr. Marion Baierl
Dr. Andrea Baxheinrich
Prof. Dr. Lutz Bellmann
Till Berger
Dr. Peter Biltzinger
Jonas Böhme
Dr. Iris Brandes
Jürgen Breitkreuz
Martina Brückner-Starke
Prof. Dr. Stephan Buchhester
Monika Budig
Tatjana Dellos
PD Dr. David Daniel Ebert
Dr. Marcus Eckert
Melanie Erzberger
Prof. Dr. Michael Falkenstein
Dana Fischer
Dr. Silvester Fuhrhop
Marianne Giesert
Eva Gödde
Anna-Lena Grote
Dunja Grützner
Babette Halbe-Haenschke
Dr. Elena Heber
Johannes Heering
Anna-Maria Hessenmöller

Dr. Oliver-Timo Henssler
Michael Holzer
Prof. Dr. Thomas Jäschke
Andrea Jakob-Pannier
Lisanne Kächele
Fanny Kählke
Prof. Dr. Thomas Kantermann
Prof. Dr. Claudia Kardys
Fabian Kellerhoff
Prof. Dr. Dr. Manuela
Kesselmann, MBA
Dr. Erich Koch
Dr. Fabian Krapf
Nicole Krüttgen
Prof. Dr. Anja Liebrich
Benjamin Loosen
Ria Maguhn
Prof. Dr. Ricarda Merkwitz
Prof. Dr. Filip Mess
Kerstin Moldenhauer
Ralf Molner
Dr. Stephanie Nobis
Prof. Dr. Volker Nürnberg
Dr. Rainer Planinc
Prof. Dr. Jörg Pscherer
Tobias Reuter
Prof. Dr. Gottfried Richenhagen
Dr. Astrid Rimbach

Lotte Sophia Roessler
Dr. Bernd Runde
Dr. Mustapha Sayed
Prof. Dr. Arnd Schaff
Prof. Dr. Sebastian Schnieder
Mike Schmedemann
Dr. Julia Schorlemmer
Laura Schubert
Heiko Schulz
Prof. Dr. Bernhard Sieland
Elisabeth Strunz
Dr. Torsten Tarnowski
Elisabeth Tenberge
René Thiemann
Leon von Haugwitz
Stephanie Voss
Oliver Walle
Prof. Dr. Götz Walter
Dr. Utz Niklas Walter
Solveig Wessel
Dr. Annekatrin Wetzstein
Prof. Dr. Werner Widuckel
Anna-Luisa Wirtz
Prof. Hannes Zacher
Tomke Diederike zur Brügge

Bibliografische Informationen der Deutschen Nationalbibliothek

Die Deutsche Nationalbibliothek verzeichnet diese Publikation in der Deutschen Nationalbibliografie; detaillierte bibliografische Daten sind im Internet über http://dnb.d-nb.de abrufbar.

Bei der Herstellung des Werkes haben wir uns zukunftsbewusst für umweltverträgliche und wiederverwertbare Materialien entschieden.
Der Inhalt ist auf elementar chlorfreiem Papier gedruckt.

ISBN 978-3-86216-413-4

© 2018 medhochzwei Verlag GmbH, Heidelberg
www.medhochzwei-verlag.de

Satz: Reemers Publishing Services GmbH, Krefeld
Druck: M. P. Media-Print Informationstechnologie GmbH, Paderborn
Umschlaggestaltung: Wachter Kommunikationsdesign, St. Martin
Titelbild: Boris Popchinskiy/Shutterstock.com

Geleitwort

Die dynamisch fortschreitende Digitalisierung wird nicht nur, aber besonders in der Welt der Arbeit zu gravierenden, oft sogar disruptiven Veränderungen beitragen. In den öffentlichen Medien dominiert in diesem Zusammenhang die Furcht vor einer neuen großen, technologisch bedingten Arbeitslosigkeit. Anders die Sicht bei der Mehrheit der Wirtschafts- und Arbeitsforscher: Hier wird zwar auch mit tiefgreifenden Umbrüchen in den Betrieben, zwischen den Branchen und bei den Qualifikationsanforderungen an die Arbeit gerechnet; gleichzeitig wird aber auch auf einen drohenden, qualifikationsbezogenen und sozio-demografisch bedingten Fach- und Arbeitskräftemangel hingewiesen.

Gerade vor dem Hintergrund dieser wissenschaftlich gut fundierten Erwartungen über Umbrüche und Engpässe tun Unternehmen, ihre Betriebsräte und Mitarbeitervertretungen aber auch Arbeitgeberorganisationen, Gewerkschaften und die Arbeitspolitik gut daran, Initiativen zu ergreifen, die Zukunft der Arbeit für die Beschäftigten zukunftsfähig zu gestalten. Dabei wird die Latte ziemlich hoch liegen: Arbeitsplätze müssen nämlich in den kommenden Jahren gleichzeitig sowohl produktiver als auch attraktiver werden.

Bei dieser vermeintlichen Quadratur des Kreises wird das Betriebliche Gesundheitsmanagement (BGM) eine Schlüsselrolle spielen. Es muss den Grundstein legen, damit Risiken für Fehlzeiten und für gesundheitsbedingte Performanzprobleme auf ein Minimum beschränkt werden (Verhältnisprävention) und es soll den Beschäftigten – am Arbeitsplatz, aber auch daheim und unterwegs – das Engagement für ihre Gesundheit so schmackhaft machen, dass es weniger eine Verpflichtung, sondern eher ein Erlebnis wird (Verhaltensprävention).

Aus den Erfahrungen der letzten Jahre ist bekannt, dass beides – Verhältnis- und Verhaltensprävention – durchaus machbar ist. Allerdings fehlt es immer noch sowohl an Breite (nur eine Minderheit der Betriebe und Beschäftigten ist in Sachen BGM dabei) als auch an Tiefe (v. a. für die wachsende Zahl der Burn-out-Erkrankungen sind wirkungsvolle Strategien Mangelware) – und die Digitalisierung bringt neue, zusätzliche Herausforderungen.

Der vorliegende Band „Gesundheit und Arbeit 4.0" gibt sich nicht mit dem Klagen über diese Missstände zufrieden. Im Gegenteil: Er führt die Leserinnen und Leser in die Zukunftsbaustellen des Betrieblichen Gesundheitsmanagements und orientiert an vielen Stellen über innovative Ansätze, die Herausforderungen und Probleme anzugehen. Besonders spannend ist dabei, dass auch über neue technisch gestützte Ansätze informiert wird, die ihrerseits die neuen Möglichkeiten der Digitalisierung nutzen. Das Buch wird auf hohe Aufmerksamkeit stoßen und es bleibt zu hoffen, dass Wege gefunden werden, es für den weiteren Austausch in der Arbeitsforschung, aber auch im Dialog zwischen Wissenschaft und Praxis über die Weiterentwicklung und Verbreitung erfolgversprechender Ansätze des BGM zu nutzen. In diesem Sinne darf ich den Herausgebern und Autoren Dank und Anerkennung aussprechen.

Gelsenkirchen, im August 2018

Prof. Dr. Josef Hilbert, Geschäftsführender Direktor des Instituts Arbeit und Technik (IAT), Gelsenkirchen

Vorwort

Unter dem Begriff „Arbeit 4.0" bzw. „Industrie 4.0" werden aktuell Prozesse diskutiert, mit denen eine grundlegend neue Produktionsweise und Arbeitsteilung in der Wirtschaft einhergehen. Die Digitalisierung trifft auf eine demographisch gewandelte Gesellschaft. Da die Gesundheit der Menschen Einfluss auf die Arbeitsleistung und umgekehrt hat, gilt es, diesen tiefgreifenden Wandel im Zusammenspiel mit allen relevanten Akteuren proaktiv zu gestalten. Berufsbilder werden sich dramatisch ändern, Berufe werden verschwinden, neue werden kreiert: Wird das Auto von Morgen mit heute bereits 800 verbauten Sensoren Gesundheitsdaten der Arbeitnehmer messen? Was bedeutet das Internet der Dinge für Arbeitnehmer? Wird ein Roboter die Arbeiterschaft weiter ersetzen oder ein 3D Drucker ganze Häuser bauen? Big Data wird unser Berufsleben dominieren und Arbeit wird sich tiefgreifend verändern. Zeitpunkt und Ort einer Arbeitsleistung werden immer flexibler „Work is what you do, not where you go". Die Revolution der Digitalisierung bedarf auf der anderen Seite eine behutsame und kontinuierliche soziale Evolution. Der Schutz von Persönlichkeit und persönlichen Daten wird an Bedeutung zunehmen, gleichzeitig kann das Sammeln von Daten die Gesundheitsversorgung von Menschen verbessern. Die klassische Fabrik wird irgendwann ausgedient haben und Algorithmen werden die Prozesse bestimmen. Das klassische lineare Berufsbild, der sterile, keimfreie Lebenslauf, wird in wenigen Jahren ausgedient haben und durch disruptive Werdegänge ersetzt werden. Modernes Personalmanagement in Unternehmen hat eine Innovationskultur, geht auf die Partizipationsansprüche der Arbeitnehmer ein und fördert nachhaltig eine gesunde Führungskultur im Unternehmen. Arbeitnehmer müssen befähigt werden, mit der Wissensvielfalt umzugehen und die Flexibilisierung von Arbeit bzw. die zunehmend fließenden Übergänge von Privat- und Arbeitsleben zu meistern. Das Betriebliche Gesundheitsmanagement der Zukunft ist in die Unternehmensstrategie zu implementieren und es müssen zukünftig durch niedrigschwellige Arbeitgeberangebote deutlich mehr Menschen an Gesundheitsförderungsmaßnahmen partizipieren; damit fördert man das Wohlbefinden der Mitarbeiter und erhöht für das Unternehmen die Produktivität. An die Stelle der körperlichen Belastungen der Industriegesellschaft treten mentale

Themen. Das Hauptaugenmerk sollte auf der Verhütung von Gesundheitsgefahren und nicht auf deren Bewältigung liegen. Primärpräventive Konzepte sollten hierbei im Mittepunkt stehen, denn Deutschland ist „Weltklasse" im Reparieren von Krankheit, aber eher Kreisklasse in der Verhütung von selbiger. Durch die Digitalisierung des BGM gibt es heute bereits neue Möglichkeiten. Gerade im Feld der experimentellen Psychophysiologie und dem Bereich Biochronologie lassen sich sehr viele Ansätze heute praxisnah umsetzen. Hierzu zählen bspw. die Konzentrationsfähigkeit mittels Eyetracking, der Stresslevel mittels Herzratenvariabilität (HRV), Stresszustand durch Sprech- und Sachanalysen (Rhythmus, Klangfarbe, Melodie, Tempo, Lautstärke oder Artikulation), Gesundheitszustand/psychische Verfassung über Schweißmessung, die Bewegungsintensität mittels Metabolischen (MET). Hier können in einzelnen Projekten verschiedene Wearables/Sensoren in Kombinationen mit Apps eingesetzt werden, die unter Laborbedingungen getestet wurden und schließlich unter Realbedingungen im Betrieb angepasst sind. Einige davon sind bereits als Medizinprodukte Klasse 1 eingestuft.

In den Mittelpunkt der zukünftigen Arbeitsforschung treten weniger die Generation Y und Z, sondern die Generation Alpha, die erste Generation die komplett im 21. Jahrhundert aufwächst. Neben lebenslangem Lernen der Arbeitnehmer gilt es, langfristig einen Ausgleich zwischen den Flexibilisierungsanforderungen der Wirtschaft und dem Sicherheitsbedürfnis der Arbeitenden herzustellen.

Essen, Frankfurt am Main und Lohne, im August 2018

David Matusiewicz,

Volker Nürnberg,

Stephanie Nobis

Inhaltsverzeichnis

Management

Zielgruppenmarketing in der Betrieblichen Gesundheitsförderung. Erhöhung von Teilnahmequoten auf Basis der Sinus-Milieus®

Volker Nürnberg/Anna-Luisa Wirtz

Abstract: Unterschiedliche Wertemodelle sowie Lebensweisen der Mitarbeiter stellen die strategische Ausrichtung der betrieblichen Gesundheitsförderung vor neue Herausforderungen. Dementsprechend ergibt sich die Notwendigkeit zur Entwicklung individueller Modelle, die die spezifischen Bedürfnisse des Mitarbeiters verstehen und bedienen können. Durch das Modell der Sinus-Milieus® soll eine zielgruppenspezifische Ansprache und Umsetzung gesundheitsfördernder Maßnahmen entwickelt werden, um Teilnahmequoten und somit den Erfolg des betrieblichen Gesundheitsmanagements zu steigern.

1 Einleitung

1 Globalisierung, Digitalisierung und der demographische Wandel sind Veränderungen, welche die Arbeitswelt prägen und den Mitarbeiter vor neue Herausforderungen stellen.[1] Dieser muss sich an die wandelnden Anforderungen anpassen, um zu dem wirtschaftlichen Erfolg der Unternehmen beitragen zu können. Eine optimale und gewinnbringende Leistung kann jedoch nur erbracht werden, wenn die Belegschaft gesund und somit arbeitsfähig ist. Daher rücken Maßnahmen der betrieblichen Gesundheitsförderung im Rahmen des betrieblichen Gesundheitsmanagement immer mehr in den Vordergrund. Diese sollen vor allem Mitarbeiter mit Risikofaktoren oder bereits vorhandenen Lifestyle Erkrankungen, wie Diabetes, Übergewicht oder Herz-Kreislauf Erkrankungen ansprechen, um die krankheitsbezogenen Fehltage und Folgekosten zu senken.[2] Jedoch erreichen die Maßnahmen aktuell nur einen geringen, nämlich den ohnehin gesunden Anteil der Belegschaft, während sie bei gesundheitsfernen Mitarbeitern meist auf mangelnde Akzeptanz treffen.[3]

2 Um die Wirtschaftlichkeit und Konkurrenzfähigkeit der Unternehmen durch produktive und leistungsfähige Mitarbeiter zu sichern, gilt es die Teilnahmequoten durch einen spezifischen Ansatz zu steigern und ein erhöhtes Bewusstsein für Gesundheit zu schaffen.[4] Ein Modell, das diese Anforderungen erfüllen kann, ist das Modell der Sinus-Milieus®, das verschiedene soziale Settings der Gesellschaft beschreibt. Dieses soll im Folgenden erläutert werden.

---

1 Oppolzer: Gesundheitsmanagement im Betrieb. Integration und Koordination menschengerechter Gestaltung der Arbeit. 2006, S. 47.
2 Winterstein: Betriebliches Gesundheitsmanagement. Jetzt die Zukunft sichern. 2014, S. 3. Online: https://www.dak.de/dak/download/betriebliches-gesundheitsmanagement-pdf-6-mb-1076234.pdf [abgerufen am 13.2.2018].
3 Altgeld/Kolip.: Wirksame Gesundheitsförderung heute. Die Herausforderung der Ottawa-Charta. In: Schmidt, /Kolip (Hrsg.): Gesundheitsförderung im aktivierenden Sozialstaat. Präventionskonzepte zwischen Public Health, Eigenverantwortung und sozialer Arbeit. 2007, S. 39.
4 Bauer: Das Präventionsdilemma. Schulische Kompetenzförderung im Spiegel sozialer Polarisierung. 2005, S. 39.

2   Das Modell der Sinus-Milieus®

Die Sinus-Milieus® sind ein, auf der Grundlage von 40-jähriger Forschung   3
aufbauendes sozialwissenschaftliches Modell, das die Veränderungen der Gesellschaft in Form von segmentierten Zielgruppen widerspiegelt. Die Menschen einer
Gesellschaft werden anhand ihrer Ähnlichkeit bezüglich ihrer Lebensauffassung
und Lebensstile, wie beispielsweise Einstellungen oder Werte und Normen, in
verschiedenen Gruppen zusammengefasst. Diese Erkenntnisse werden für das
strategische Marketing, die Produktentwicklung und Kommunikation genutzt.
So können Unternehmen das moderne Wertegemenge besser verstehen, um
die Effektivität der Zielgruppenerreichung durch Marketingmaßnahmen zu prä-
zisieren.[5]

Aktuell definiert das Sinus-Modell zehn verschiedene Milieus (Abb. 1). Diese   4
werden anhand der Schicht- (Soziale Lage) und der Werteachse (Grundorientierung) determiniert und hinsichtlich ihrer Eigenschaften nominiert. Die Nomen-
klatur der Milieus hat dabei ausschließlich einen illustrativen Charakter, da diese
eine Lebenswelt nicht umfassend charakterisieren kann. Diesbezüglich können die
Milieus beispielsweise in den Clustern Ober- (1), Mittel- (2) und Unterschicht (3)
oder den traditionellen (A), modernen (B) oder neuorientierten (C) Gesellschaf-
ten zusammengefasst werden. Dabei bilden die Abgrenzungen der einzelnen
Settings keine scharfen Grenzen, sondern weisen Überlappungspotentiale auf,
sodass die Gesellschaftsgruppen fließend ineinander übergehen.[6]

---

5   Flaig/Barth: Hoher Nutzwert und vielfältige Anwendung: Entstehung und Entfaltung des
     Informationssystems Sinus-Milieus®. In Tautscher (Hrsg.): Praxis der Sinus-Milieus®. Gegen-
     wart und Zukunft eines modernen Gesellschafts- und Zielgruppenmodells. 2018, S. 3–4.
6   Flaig/Barth: Hoher Nutzwert und vielfältige Anwendung: Entstehung und Entfaltung des
     Informationssystems Sinus-Milieus®. In Tautscher (Hrsg.): Praxis der Sinus-Milieus®. Gegen-
     wart und Zukunft eines modernen Gesellschafts- und Zielgruppenmodells. 2018, S. 4.

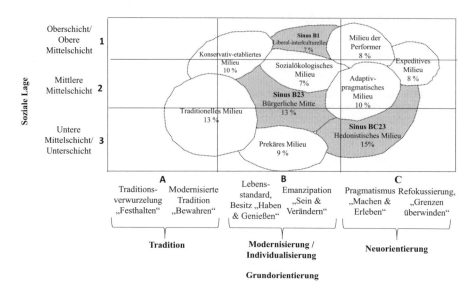

Abb. 1: Die Sinus-Milieus® in Deutschland 2017

Quelle: Eigene Darstellung in Anlehnung an ©SINUS (2015).

3 Anwendung des Modells der Sinus–Milieus® in der Betrieblichen Gesundheitsförderung

5   Durch die Anwendung des Modells der Sinus-Milieus® in der betrieblichen Gesundheitsförderung soll die Motivation der Mitarbeiter durch eine zielgruppenspezifische Ansprache und Umsetzung zu einer Teilnahme im Rahmen gesundheitsfördernder Maßnahmen erhöht werden, um auch gesundheitsferne Zielgruppen erreichen zu können.[7] Um die Maßnahmen bestmöglich an die jeweiligen Mitarbeiter der entsprechenden Sinus-Milieus® anzupassen, gilt es ihre milieuspezifischen Einstellungen und Sichtweisen zu kennen und zu verstehen. Denn nur so kann antizipiert werden, was sie bewegt und wie sie bewegt werden können.[8]

6   Diesbezüglich werden hier drei beispielhafte Milieus anhand ihrer Einstellungen und Motivation zum Thema Gesundheit im Rahmen passender Anreizsysteme sowie gesundheitsfördernder Maßnahmen erläutert. Dabei handelt es sich um das liberal-intellektuelle Milieu, die bürgerliche Mitte und die Hedonisten. Diese Milieus eignen sich besonders für eine beispielhafte Darstellung, da sie typische soziale Gruppen der drei Schichten – der Ober-, Mittel- und Unterschicht – abbilden.

---

7   Fromm/Lampert/Baumann: Gesundheitskommunikation und Medien: Ein Lehrbuch. 2011, S. 25–26.

8   Roski: Zielgruppengerechte Gesundheitskommunikation. Akteure-Audience Segmentation-Anwendungsfelder. 2009. S. VI.

Das liberal-intellektuelle Milieu (B1) stellt die hoch gebildete, gut situierte Elite der 7
Gesellschaft der Oberschicht dar. Angehörige sind meist verheiratet und haben im
Schnitt ein Kind. Der Altersdurchschnitt liegt hier zwischen 34 und 64 Jahren mit
einem Alters-Median von 46 Jahren. Knapp 25 % sind älter als 60 Jahre. Milieuangehörige weisen zudem ein überdurchschnittlich hohes Bildungsniveau auf und
stellen im Milieuvergleich den größten Anteil Berufstätiger dar. Typische Be-
rufspositionen sind qualifizierte und leitende Angestellte, höhere Beamte sowie
Selbstständige, Unternehmer und Freiberufler. Hier findet sich die höchste Ein-
kommensklasse mit einem durchschnittlichen Haushaltsnettoeinkommen von
2.942 EUR, 40 % verdienen 3.000 EUR und mehr.[9]

Die bürgerliche Mitte (B23) ist ein familienorientiertes Milieu mit einem Drei- 8
oder Mehrpersonenhaushalt das in der mittleren Schicht angesiedelt ist und sich
Richtung Modernisierung und Individualisierung orientiert. Die Altersstruktur ist
definiert durch ein Alter zwischen 30 und 60 Jahren. Nur ein knappes Fünftel ist
unter 30 sowie über 60 Jahre alt, der Median liegt bei 45 Jahren. Mitglieder
absolvieren durchschnittlich einen mittleren Bildungsabschluss (Hauptschule
bzw. mittlere Reife mit anschließender Berufsausbildung) und besetzen Positionen als einfacher, mittlerer Angestellter, Beamter oder Facharbeiter. Hier sind
vor allem Beschäftigte aus dem öffentlichen Dienst sowie Teilzeitbeschäftigte
mit einem durchschnittlichen Haushaltsnettoeinkommen von 2.277 EUR bis zu
3.000 EUR angesiedelt.[10]

Hedonisten (BC23) sind das Spaß- und Abenteuersuchende Milieu der modernen 9
Unterschicht. Besonders Ledige und Alleinerziehende mit einem Drei- und Mehrpersonenhaushalt in einem Alter von 16 bis 50 Jahren, mit einem Alters-Median
von 38 Jahren, gehören diesem Milieu an. Besetzt werden vor allem Positionen, die
häufig keinen Schulabschluss erfordern, wie einfache, aber auch mittlere/qualifi-
zierte Anstellungen (Handwerker, Bauarbeiter), sowie Auszubildendenstellen. Das
Haushaltsnettoeinkommen beschränkt sich zwischen 2.000 bis 3.000 EUR und
liegt im Schnitt bei 2.414 EUR.[11]

3.1 Milieuspezifische Einstellungen zum Thema Gesundheit

Die Gesundheit wird in allen Milieus zu einem der wichtigsten Dinge im Leben 10
gezählt.[12] Jedoch verdeutlicht die Sinus-Studie: „Lebensstile und Milieus – Einflüsse auf die Gesundheit", dass Gesundheit und Krankheit neben genetischen
Dispositionen vor allem eine Frage der sozialen Lage sind. Denn das Gesundheits-
verständnis, der Umgang mit der eigenen Gesundheit (Ernährungs- und Bewe-

---

9   Wippermann (Hrsg.): Chancengerechtigkeit im Gesundheitssystem. 2011, S. 119–120.
10   Wippermann (Hrsg.): Chancengerechtigkeit im Gesundheitssystem. 2011, S. 221–222.
11   Wippermann (Hrsg.): Chancengerechtigkeit im Gesundheitssystem. 2011, S. 283–284.
12   Hurrelmann: Gesundheitssoziologie. Eine Einführung in sozialwissenschaftliche Theorien
     von Krankheitsprävention und Gesundheitsförderung. 2006, S. 7.

gungsverhalten) und die Nutzung von Präventionsangeboten differieren zwischen den verschiedenen sozialen Schichten.[13]

11 Vor diesem Hintergrund lässt sich die Ausprägung des Gesundheitsbewusstseins der drei Milieus wie folgt beschreiben.

Gesundheitsbewusstsein und Präventionsverhalten

12 In allen Lebensbereichen gilt für das liberal-intellektuelle Milieu, das Leben selbst in die Hand zu nehmen, sportlich aktiv zu sein und auf eine gesunde Ernährung und Lebensführung zu achten. Die physische und psychische Gesundheit stellt ein hohes Gut dar, das man pflegen und schützen muss, um Selbstbestimmung, Autonomie und Leistungsfähigkeit zu erhalten. Durch ein hohes Gesundheitsbewusstsein sowie regelmäßige Vorsorgeuntersuchungen (bspw. Krebsvorsorge oder zahnärztliche Kontrollen), kann der eigene Gesundheitszustand, der durch körperliche sowie geistige Fitness definiert wird, als zufriedenstellend betrachtet werden.[14]

13 Die bürgerliche Mitte ist gekennzeichnet durch einen ganzheitlich präventiven Lebensstil auf physischer und psychischer Ebene mit dem Ziel der inneren Zufriedenheit. Milieuangehörige weisen ein hohes Gesundheitsbewusstsein auf, das durch eine bewusste, ausgewogene Ernährung, sportliche Betätigung und ein seelisches Gleichgewicht definiert ist. Auch hier gehören regelmäßige Check-Ups zur Gesundheitsprophylaxe hinzu. Jedoch wird der Alltag der Mitglieder durch zunehmenden beruflichen sowie privaten Stress geprägt. Somit entstehen häufig stressbedingte Ernährungsweisen sowie ein zeit- und motivationsbedingter Bewegungsmangel. Insgesamt wird der Gesundheitszustand jedoch als gut bewertet.[15]

14 Hedonisten besitzen im Milieuvergleich ein geringes Gesundheitsbewusstsein. Diese sind von der Signifikanz genetischer Veranlagungen bezüglich des Erhalts oder Verfalls der Gesundheit überzeugt, sodass die individuelle Verantwortung hinsichtlich einer aktiven, gesunden Lebensführung relativiert wird. Dementsprechend herrscht ein sorgloser Umgang mit physischen Ressourcen wie beispielsweise ein erhöhter Konsum von Alkohol, Tabakwaren und Drogen. Im Rahmen der Prävention werden Vorsorgeuntersuchungen in den wenigstens Fällen in Anspruch genommen. Hingegen wird zum Schutz der Gesundheit eine subjektive Zufriedenheit angestrebt sowie die Bereitschaft, schädliche Verhaltensweisen, wie den Konsum schädlicher Genussmittel oder unregelmäßige Tagesabläufe, zu reduzieren. Jedoch erschweren arbeitsspezifische Gegebenheiten wie unsichere Beschäftigungsverhältnisse, unregelmäßige Arbeitszeigen und körperlich anstren-

---

13 Wippermann: Lebensstile und Milieus. Einflüsse auf die Gesundheit, S. 143–145. Online: http://www.kas.de/upload/dokumente/verlagspublikationen/Volkskrankheiten/Volkskrankheiten_wippermann.pdf [abgerufen am 13.2.2018].
14 Wippermann (Hrsg.): Chancengerechtigkeit im Gesundheitssystem. 2011, S. 121–123.
15 Wippermann (Hrsg.): Chancengerechtigkeit im Gesundheitssystem. 2011, S. 224–225.

gende Tätigkeiten die Rahmenbedingungen, um die eigene Gesundheit zu erhalten und zu fördern, zusätzlich.[16]

3.2 Anreizsysteme in Bezug auf die Sinus-Milieus®

Um eine möglichst hohe Teilnahmequote zu erreichen, stellt sich die Frage nach einem individuellen Anreizsystem, das die Mitarbeiter nachhaltig positiv beeinflussen und motivieren kann. Anhand der Berücksichtigung der entsprechenden Einstellungen und Lebensstile sowie der Ausprägung des Gesundheitsbewusstseins, können geeignete Incentivierungssysteme gestaltet werden. Diesbezüglich ist die zugrundeliegende intrinsische oder extrinsische Motivation der Belegschaft hinsichtlich des Themas Gesundheit zu berücksichtigen.[17]

15

Angehörigen des liberal-intellektuellen Milieus und der bürgerlichen Mitte liegt analog ihres hohen Gesundheitsbewusstseins eine intrinsische Motivation zugrunde. Hier ist die Bereitschaft hoch, aktiv etwas für die eigene Gesundheit zu tun.[18] Dementsprechend werden primär keine expliziten Anreize benötigt, da Milieuangehörige von der Notwendigkeit gesundheitserhaltender Maßnahmen überzeugt sind. Dennoch können Gamificationansätze oder Wettbewerbe sowie Anreize in Form von Benefits wie Fitnessstudiobeitragsreduzierungen oder Urlaubstagen gewählt werden, um die Mitarbeiter im Rahmen betrieblicher, gesundheitsfördernder Maßnahmen zusätzlich zu motivieren.

16

Hedonisten sind aufgrund ihres geringen Interesses an Gesundheitsthemen extrinsisch zu innervieren. Hier bietet sich ein Anreizsystem an, das gesundes Verhalten, wie beispielsweise die Teilnahme an Gesundheitskursen oder eine vollwertige Ernährung, anhand monetärer sowie nicht monetärer Anreize belohnt. Diesbezüglich sind beispielsweise Urlaubstage, Vergünstigungen für gesundes Essen in der Kantine sowie für soziale Freizeit- und Unterhaltungsangebote wie Sport- oder Musikevents zu empfehlen.[19]

17

3.3 Kommunikationskanäle in Bezug auf die Sinus-Milieus®

Da auch die Kommunikation der Maßnahmen optimal an die Bedürfnisse der Mitarbeiter anzupassen ist, werden abhängig von der Branche, Tätigkeit sowie des Alters unterschiedliche Kanäle empfohlen. Im Rahmen des betrieblichen Gesundheitsmanagements können diesbezüglich die persönliche, elektronische, schriftliche und telefonische Ansprache gewählt werden.

18

---

16 Wippermann (Hrsg.): Chancengerechtigkeit im Gesundheitssystem. 2011, S. 285–287.
17 Berger (Hrsg.): Krankenkassen und Arbeitgeber im betrieblichen Gesundheitsmanagement. 2010, S. 5.
18 Nürnberg/Schneider. Gesundheit fördern und belohnen. In: Personalwirtschaft 11/2014, S. 27.
19 Nürnberg/Schneider. Gesundheit fördern und belohnen. In: Personalwirtschaft 11/2014, S. 27.

19 Der persönliche Kommunikationskanal gilt als das Medium, das für jedes Milieu eingesetzt werden kann. Dieses ist für alle Altersgruppen geeignet und kann durch verschiedene Multiplikatoren wie Führungskräfte, Gesundheitsboten oder Betriebsärzte erfolgen. Auch Informationsstände innerhalb von Firmenevents oder Gesundheitstagen sind diesbezüglich zu nennen. Elektronische Kommunikationsmedien eignen sich vorerst nur in Betrieben, die Mitarbeitern einen festen Internet- bzw. Intranetzugang oder ein Diensthandy zur Verfügung stellen können, um auf diese Weise via E-Mail, SMS oder App kommunizieren zu können. Da dieser Kanal besonders für junge Mitarbeiter mit einer modernen Grundorientierung zu empfehlen ist, eignet sich dieser ebenfalls für die liberal-intellektuellen, die bürgerliche Mitte sowie die Hedonisten. Jedoch ist hier zu berücksichtigen, dass für die ältere Belegschaft der jeweiligen Milieus ein anderer Kanal gewählt werden muss. Diesbezüglich empfiehlt sich neben der persönlichen Kommunikation die schriftliche Ansprache in Form von lokalen Werbeflyern, Merkblättern und Betriebszeitungen.[20] Der telefonische Kommunikationskanal kann beispielsweise in Form von EAPs (Employee Assistent Programms) zur psychosozialen Betreuung wahrgenommen werden. Auch dieser Kanal eignet sich für alle Milieus, da dem Mitarbeiter durch die Anonymität via Telefon eine niedrigschwellige Möglichkeit der Kommunikation geboten wird.

3.4 Milieuspezifische Maßnahmen

20 Die Umsetzung der betrieblichen Gesundheitsförderung erfolgt in verhältnis- und verhaltensbezogenen Maßnahmen. Erstere ist definiert durch eine bedingungsbezogene Intervention, d. h. durch Maßnahmen, die darauf abzielen, die Arbeitsbedingungen eines Betriebes gesundheitsfördernd zu gestalten.[21] Hierzu gehören beispielsweise die Ausstattung der Büros mit höhenverstellbaren Tischen oder flexible Arbeitszeitenmodelle. Die Verhaltensprävention ist eine personenbezogene Intervention, die darauf abzielt, die Gesundheit durch Veränderungen des individuellen Verhaltens zu fördern und gesundheitliche Risiken zu reduzieren und vorzubeugen.[22] Diesbezüglich sind Beratungs- und Informationsleistungen, Wellness- und Entspannungsleistungen und präventive Maßnahmen sowie Bewegungs- und Sportaktivitäten zu nennen.[23]

21 Im Folgenden werden spezifische Maßnahmen anhand der individuellen Anpassung an die Bedürfnisse der einzelnen Sinus-Milieus® erläutert.

---

20 Uhle/Treier: Betriebliches Gesundheitsmanagement. Gesundheitsförderung in der Arbeitswelt. Mitarbeiter einbinden, Prozesse gestalten, Erfolge messen. 2013, S. 154–155.
21 Kaminski: Betriebliches Gesundheitsmanagement für die Praxis. Ein Leitfaden zur Umsetzung der DIN SPEC 91020. 2013. S. 11.
22 Kaminski: Betriebliches Gesundheitsmanagement für die Praxis. Ein Leitfaden zur Umsetzung der DIN SPEC 91020. 2013. S. 11
23 Hardes/Holzträger: Betriebliches Gesundheitsmanagement in der Praxis. Strategien zur Förderung der Arbeitsfähigkeit von älter werdenden Beschäftigten. 2009, S. 26.

Schaut man auf das liberal-intellektuelle Milieu sollte hier aufgrund des hohen   22
Führungskräfteanteils und der milieuspezifischen Betonung der mentalen Fitness
im Rahmen der Gesundheitsvorsorge vor allem die psychische Prävention fokussiert werden. Diesbezüglich eigenen sich besonders Sport- und Bewegungspro-
gramme sowie Wellness- und Entspannungsangebote, um einen physischen Ausgleich und eine geistige Anregung zu schaffen. Hierauf Bezug nehmend, werden
für Frauen Ausdauer- und Ausgleichssportarten wie z. B. Yoga, Gymnastik,
Rückenschule, Thai-Chi und für Männer leistungsbetonte und kompetitive Ansätze wie Mountainbike oder Tennis empfohlen.[24] Um psychische Belastungen
konkret reduzieren zu können, bieten sich insbesondere Gesundheitskurse in
Bezug auf das Thema Stress und Burn-out an. Entspannungsmaßnahmen wie
medizinische Massagen sowie Physiotherapien sorgen für mentale Entspannung
und runden das Angebotsspektrum ab.[25] Zusätzlich empfehlen sich bezüglich der
Rolle der Führungskraft im Rahmen des betrieblichen Gesundheitsmanagements
besonders Führungskräfteseminare in Hinblick auf das Thema gesunde Führung,
um die Führungskompetenz des Mitarbeiters zu erweitern und seine Vorbildfunktion zu stärken.

Die bürgerliche Mitte strebt nach einer Balance zwischen Arbeit und Freizeit, um   23
viel Zeit mit Familienangehörigen und anderweitigen sozialen Kontakten verbringen zu können. Um physische und psychische Belastungen des beruflichen
und privaten Alltags zu reduzieren, gilt es, verlässliche Arbeitszeiten zu garan-
tieren, eine psychische Stabilität zu sichern und soziale Kontakte zu fördern. Eine
entscheidende Maßnahme zur Sicherung verlässlicher Arbeitszeiten ist die flexible
Arbeitszeitengestaltung innerhalb der Verhältnisprävention. Weiterhin lassen sich
physische und psychische Beschwerden wie Rückenschmerzen und Stress anhand
von Bewegungsmaßnahmen wie Gesundheits- und Sportkursen, die beispielsweise
Familienmitglieder oder Freunde integrieren, reduzieren. Hier empfehlen sich
besonders Freizeitsportarten wie Radfahren oder Gymnastik.[26] Zudem können
diese Angebote durch Entspannungs- und Wellnessmaßnahmen ergänzt werden.
Anfälligkeiten für Infektionen wie Erkältungen oder Grippe gilt es zum einen
durch Verhaltensänderungsmaßnahmen wie Ernährungs- und Bewegungskurse
sowie Informationsleistungen wie Hygieneschutz Kampagnen oder Grippeschutz-
impfungen vorzubeugen.[27]

Mitarbeiter des Milieus der Hedonisten sind aufgrund ihres gering ausgeprägten   24
Bewusstseins für das Thema Gesundheit grundlegend zu sensibilisieren. Besonders effektiv können hier Informations- und Beratungsmaßnahmen im Rahmen
von Aufklärungskampagnen und Informationsveranstaltungen bezüglich der
Themen Bewegung, Ernährung, Sucht und Stress genutzt werden, um deren

---

24 Wippermann (Hrsg.): Chancengerechtigkeit im Gesundheitssystem. 2011, S. 127.
25 Wippermann (Hrsg.): Chancengerechtigkeit im Gesundheitssystem. 2011, S. 134.
26 Wippermann (Hrsg.): Chancengerechtigkeit im Gesundheitssystem. 2011, S. 231.
27 Wippermann (Hrsg.): Chancengerechtigkeit im Gesundheitssystem. 2011, S. 224.

Weiterbildung zum Thema Gesundheit zu fördern. Diesbezüglich erwarten Hedonisten lediglich sichtbare Anstrengungen des Arbeitgebers zum Schutz der Gesundheit, ohne Verhaltensregeln oder spezifische Vorgaben vorzuschreiben. Weiterhin ist es wichtig, gesundheitsbezogene Informationen attraktiv zu gestalten, um das Eigeninteresse der Milieuangehörigen zu wecken.[28] Themen wie ein gesundes Alltagsverhalten in Bezug auf eine ausgewogene Ernährung und die Reduzierung von Suchtmitteln sind hier sinnvoll. Da Mitarbeiter dieses Milieus durch die Suche nach aufregenden Erlebnissen in der Freizeit gekennzeichnet sind, bieten sich vor allem erlebnisreiche, bewegungsbezogene Maßnahmen an, um diese zu einem gesundheitsbewussten Umgang mit sich selbst zu führen.[29] Hier empfehlen sich gemeinsame sportliche Aktivitäten wie Ballsportarten oder Mountainbike fahren. Um das präventive Verhalten der Hedonisten zusätzlich auszuweiten, sollten insbesondere betriebliche Check-Ups durchgeführt werden, damit gesundheitliche Risiken aufgedeckt und reduziert werden können.

4 Ausblick

25 Um die Wirtschaftlichkeit der Unternehmen durch gesunde und arbeitsfähige Mitarbeiter zu erhalten und die Notwendig des Erfolges betrieblicher Gesundheitsförderung sicherzustellen, gilt es, die Teilnahmequote bezüglich der Maßnahmen innerhalb des Betrieblichen Gesundheitsmanagements nachhaltig zu erhöhen. Dies kann jedoch nur durch eine spezifische Definition der Zielgruppen gelingen. Diesbezüglich erscheint eine Segmentierung in Teilzielgruppen anhand der Sinus-Milieus® sinnvoll, da nur die ganzheitliche Betrachtung des Individuums, inbegriffen seiner Lebensziele, Einstellungen und ästhetischen Präferenzen, dieses realistisch beschreiben kann. Daher gilt es, die Mitarbeiter entsprechend der divergenten Lebensstile zu differenzieren, zu verstehen und zielgruppengerecht anzusprechen, um auf diese Weise das Interesse und die Motivation bezüglich der eigenen Gesundheit zu steigern. Folglich können auf der Basis einer hohen Teilnahmequote Effizienz sowie Effektivität gesundheitsfördernder Maßnahmen nachhaltig augmentiert werden.

Literatur

Altgeld, T./Kolip, P.: Wirksame Gesundheitsförderung heute. Die Herausforderung der Ottawa-Charta. In: Schmidt, B./Kolip, P. (Hrsg.): Gesundheitsförderung im aktivierenden Sozialstaat. Präventionskonzepte zwischen Public Health, Eigenverantwortung und sozialer Arbeit. München 2007, S. 33–44.

Bauer, U.: Das Präventionsdilemma. Schulische Kompetenzförderung im Spiegel sozialer Polarisierung. Wiesbaden 2005.

---

28 Wippermann (Hrsg.): Chancengerechtigkeit im Gesundheitssystem. 2011, S. 287.
29 Wippermann (Hrsg.): Chancengerechtigkeit im Gesundheitssystem. 2011, S. 285.

Berger, R./Strategy Consultants (Hrsg.): Krankenkassen und Arbeitgeber im betrieblichen Gesundheitsmanagement. 2010. Online: https://www.rolandberger.com/media/pdf/Roland_Berger_Betriebliches_Gesundheitsmanagement_20101208.pdf [abgerufen am 10.2.2018].

Flaig, B./Barth, B.: Hoher Nutzwert und vielfältige Anwendung: Entstehung und Entfaltung des Informationssystems Sinus-Milieus®. In Tautscher, M. (Hrsg.): Praxis der Sinus-Milieus®. Gegenwart und Zukunft eines modernen Gesellschafts- und Zielgruppenmodells. Wiesbaden 2018. S. 3–21.

Fromm, B./Lampert, C./Baumann, E.: Gesundheitskommunikation und Medien: Ein Lehrbuch. Stuttgart 2011.

Hardes, H-D./Holzträger, D.: Betriebliches Gesundheitsmanagement in der Praxis. Strategien zur Förderung der Arbeitsfähigkeit von älter werdenden Beschäftigten. München 2009.

Kaminski, M.: Betriebliches Gesundheitsmanagement für die Praxis. Ein Leitfaden zur Umsetzung der DIN SPEC 91020. Wiesbaden 2013.

Nürnberg, N./Schneider, B.: Gesundheit fördern und belohnen. In: Personalwirtschaft 11/2014, S. 27.

Hurrelmann, K.: Gesundheitssoziologie. Eine Einführung in sozialwissenschaftliche Theorien von Krankheitsprävention und Gesundheitsförderung. 6. Aufl. Weinheim 2006.

Oppolzer, A.: Gesundheitsmanagement im Betrieb. Integration und Koordination menschengerechter Gestaltung der Arbeit. Hamburg 2006.

Roski, R. : Zielgruppengerechte Gesundheitskommunikation. Akteure-Audience Segmentation-Anwendungsfelder. Wiesbaden 2009.

©*SINUS (Hrsg):* Informationen zu den Sinus-Milieus® 2017. Heidelberg/Berlin 2017. Online: https://www.sinus-institut.de/fileadmin/user_data/sinus-institut/Dokumente/downloadcenter/Sinus_Milieus/2017-01-01_Informationen_zu_den_Sinus-Milieus.pdf [abgerufen am 25.2.2018].

Uhle, T./Treier, M.: Betriebliches Gesundheitsmanagement. Gesundheitsförderung in der Arbeitswelt. Mitarbeiter einbinden, Prozesse gestalten, Erfolge messen. 2. Aufl. Berlin/Heidelberg 2013.

Winterstein, S.: Betriebliches Gesundheitsmanagement. Jetzt die Zukunft sichern. Hamburg 2014. Online https://www.dak.de/dak/download/betriebliches-gesundheitsmanagement-pdf-6-mb-1076234.pdf [abgerufen am 13.2.2018].

Wippermann, C. (Hrsg.): Chancengerechtigkeit im Gesundheitssystem. Wiesbaden 2011.

Wippermann, C.: Lebensstile und Milieus. Einflüsse auf die Gesundheit. Online: http://www.kas.de/upload/dokumente/verlagspublikationen/Volkskrankheiten/Volkskrankheiten_wippermann.pdf [abgerufen am 13.2.2018].

Arbeit 4.0 – mit Risiken und Nebenwirkungen? Chancen und Erfolgsfaktoren für ein zukunftsfähiges BGM 4.0

Oliver-Timo Henssler/Andrea Baxheinrich

Abstract: Die heutige Arbeitswelt stellt Mitarbeiter und Unternehmen gleichermaßen vor hohe Herausforderungen. Die Erzielung einer möglichst hohen Produktivität für das Unternehmen und gleichzeitige Erhaltung der persönlichen Gesundheit stehen sich hinsichtlich der Anforderungen der modernen Arbeitswelt, wie Entgrenzung oder Mobilität, häufig konträr gegenüber. Aktuelle Erkenntnisse zeigen die mögliche Entwicklung bzw. Zunahme gesundheitlicher Probleme daraus.

Sind also Themen wie Technologie und Digitalisierung Fluch und Segen zugleich? Der vorliegende Artikel betrachtet die Auswirkungen der modernen Arbeitswelt auf Mitarbeiter im Kontext der Chancenräume und Erfolgskriterien für ein zukunftsfähiges BGM 4.0.

1 Einleitung

1 Vergleicht man die Rahmenbedingungen vieler Berufe über die letzten Jahrzehnte, zeigt sich eine rasante Entwicklung. Sei es auf Ebene der Technologie, des Werteverständnisses oder personeller Faktoren – nur wenig ist unverändert geblieben. Die industrielle Revolution, deren vierte Stufe die Maschine zu Maschine Kommunikation darstellt, liefert hierfür als Industrie 4.0 die Grundlage. Der vorliegende Beitrag skizziert die wichtigsten, sich aus den Veränderungen der Arbeitswelt für die Mitarbeiter ergebenden, Belastungen und gibt vor dem Hintergrund einer Statusanalyse des BGM in Deutschland einen Ausblick auf die Anforderungen eines an die Arbeitswelt angepassten BGM 4.0.

2 Hauptteil

2.1 Die Arbeitswelt im Wandel

2 Die Digitalisierung durchdringt schon heute fast alle Produktionsprozesse und führt zu einer zunehmenden Dematerialisierung der Wirtschaft an sich. Dass Software die Welt frisst, ist eine der am häufigsten zitierten Prophezeiungen des Netscape-Mitbegründers Marc Andreessen. Doch was bedeutet es für die Arbeitswelt, wenn alles digital ist, wenn „alles zur App" wird?

3 Beispielhaft darstellen lässt sich diese Entwicklung in zwei der deutschen Kernbranchen: der Automobil- und Logistikindustrie. Wenn die neue Generation selbstfahrender Autos in vollautomatisierten Fabriken ohne menschliche Arbeiter am Band gebaut werden, die Fahrzeugschlüssel durch eine App ersetzt werden und die Autos dann schließlich ohne menschliche Fahrer oder planenden Logistiker selbständig ihren Weg finden, fallen in der Produktion des Autos, des dazugehörigen Schlüssels und schließlich auch im Transport- und Logistikbereich Millionen von Jobs weg. Statt der klassischen Bandarbeiter und LKW- oder Taxifahrer braucht es dann allenfalls Softwareentwickler bzw. Menschen, die diese Entwicklung managen. Doch auch hier setzt der Fortschritt an. Was, wenn intelligente Maschinen auch diese Prozesse alleine gestalten? Die Diskussion um die Auswirkungen der Digitalisierung auf die Arbeit entwickelt sich schnell in eine

Diskussion um die Frage der Zukunft der Arbeit an sich. Was bleibt noch an Arbeit für den Menschen? Jenseits dieser häufig geführten, oft philosophisch anmutenden Debatten bleibt festzuhalten: die heutige Arbeitswelt ist eine andere als zu den Zeiten als BGM entstanden ist. Sie ist entgrenzter, viel mobiler, setzt weniger auf Präsenz und doch auch wieder mehr auf Vernetzung.

Fakt ist aber auch: derzeit ist noch genügend Arbeit da, der Fortschritt hat mehr   4
Jobs geschaffen als vernichtet. Abbildung 1 verdeutlicht schematisch die wichtigsten Entwicklungen, denen die aktuelle Arbeitswelt ausgesetzt ist. Sie bilden den Rahmen, aber auch das Spannungsfeld, in dem eine kontinuierlich steigende Produktivität mit bestmöglichen gesundheitlichen Bedingungen vereinbart werden muss.

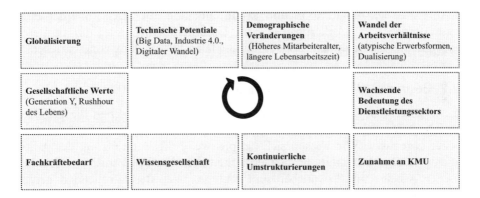

Globalisierung	Technische Potentiale (Big Data, Industrie 4.0., Digitaler Wandel)	Demographische Veränderungen (Höheres Mitarbeiteralter, längere Lebensarbeitszeit)	Wandel der Arbeitsverhältnisse (atypische Erwerbsformen, Dualisierung)
Gesellschaftliche Werte (Generation Y, Rushhour des Lebens)			Wachsende Bedeutung des Dienstleistungssektors
Fachkräftebedarf	Wissensgesellschaft	Kontinuierliche Umstrukturierungen	Zunahme an KMU

Abb. 1: Rahmenbedingungen und Charakteristika der heutigen Arbeitswelt

Quelle: Eigene Darstellung nach: European Network for Work Health Promotion 2007/Bundesministerium für Arbeit und Soziales 2015

2.2 Auswirkungen der heutigen digitalen Arbeitswelt

2.2.1 Veränderungen der Arbeitsorganisation

Was aber konkret erwartet den Mitarbeiter und auch die Unternehmen in dieser   5
modernen, digitalen Arbeitswelt? Einerseits schafft der Wandel für die Mitarbeiter räumliche und zeitliche Freiheiten. So können Mitarbeiter von Rahmenbedingungen wie Homeoffice mit Online-Konferenzen und flexiblen Arbeitszeiten im Hinblick z. B. auf die Vereinbarkeit von Familie und Beruf stark profitieren, sie ermöglichen ein autonomeres Handeln und einen größeren Freiheitsgrad.

Die Unternehmen können im Gegenzug von flexibel agierenden Mitarbeitern und   6
möglicher Ressourcenschonung profitieren. Ergebnisse des BKK Dachverbands unterstreichen diesen Effekt, im BKK Gesundheitsreport 2017 gaben 40 % der

Mitarbeiter an, durch die Digitalisierung Aufgaben schneller bzw. mehrere Aufgaben gleichzeitig erledigen zu können.[1]

7   Gleichzeitig stehen die Unternehmen vor der strukturellen und organisatorischen Herausforderung der Digitalisierung. Feste Arbeitsplätze werden in einigen Branchen zukünftig genauso der Vergangenheit angehören wie ausschließlich persönliche Gespräche mit der Führungskraft. Vielmehr wird die verstärkte Selbstführung als auch eine Etablierung der Führung auf Distanz eine Zukunftsentwicklung sein sowie die Einrichtung von Co-Working-Spaces und mobiler Arbeit innerhalb des Unternehmens.[2,3] Besonders in Branchen wie IT, Marketing oder Vertrieb geht der Trend in der Arbeitsorganisation zu mehr Flexibilität und „Innerbetrieblicher Projektwirtschaft".[4] Die TU Dortmund fasst als neue Anforderungen in einem Arbeitspapier speziell die Themen Mitarbeiterqualifikation, Aufgabenstrukturen, Arbeitsorganisation und Kommunikation auf.[5] Der Rolle der Führungskraft wird als „Ankerposition" im Unternehmen, speziell im mittleren Management, eine besondere Rolle in der digitalen Entwicklung zugeschrieben.[6]

2.2.2 Gesundheitliche Auswirkungen

8   Den Aspekten der Organisations- und Prozessentwicklung stehen die persönlichen gesundheitlichen Effekte des digitalen Wandels für jeden einzelnen Mitarbeiter gegenüber. Wie wirken sich beispielsweise die Entgrenzung der Arbeit und eine erhöhte Mobilität auf die Gesundheit der Mitarbeiter aus? Die Grenzen zwischen Arbeits- und Privatleben sind heute in vielen Berufen fließend, gerade wenn es um wichtige Projekte und Abgabefristen geht. Einer Befragung aus dem Jahre 2016 zufolge bildet der ständige Termindruck für 38 % der Arbeitnehmer noch vor dem schlechten Arbeitsklima (37 %), emotionalem Stress und Überstunden die größte arbeitsbedingte Belastung. Die ständige Erreichbarkeit sehen

---

1   Knieps: BKK Gesundheitsreport 2017. Digitale Arbeit – Digitale Gesundheit. 2017, S. 112. Online: https://www.bkkdachverband.de/fileadmin/publikationen/gesundheitsreport_2017/BKK_Report_2017_gesamt_final.pdf [abgerufen am 15.1.2018].
2   Genner u. a.: IAP Studie 2017. Der Mensch in der Arbeitswelt 4.0. 2017, S. 17. Online: https://www.zhaw.ch/storage/psychologie/upload/iap/studie/IAP_STUDIE_2017_final.pdf [abgerufen am 15.1.2018].
3   Genner/Probst/Huber/Werkmann-Karcher/Gundrum/Majkovic. 2017, S. 13.
4   Rump/Schabel/Alich/Groh: Betriebliche Projektwirtschaft. Eine Vermessung. Eine empirische Studie des Instituts für Beschäftigung und Employability im Auftrag von Hays. 2010, S. 10. Online: https://www.hays.de/documents/10192/118775/hays-studie-projektwirtschaft-2010.pdf/3e714c76-e3fb-412c-8a54-8154023fbb89 [abgerufen am 1.2.2018].
5   Hirsch-Kreinsen/Weyer (Hrsg.): Wandel von Produktionsarbeit – "Industrie 4.0". Soziologisches Arbeitspapier 38/2014. 2014, S. 13. Online: http://www.wiwi.tu-dortmund.de/wiwi/ts/de/forschung/veroeff/soz_arbeitspapiere/AP-SOZ-38.pdf [abgerufen am 1.2.2018].
6   Spath/Bauer/Ganz: Arbeit der Zukunft. Wie wir sie verändern. Wie sie uns verändert. 2013, S. 29. Online: http://publica.fraunhofer.de/dokumente/N-227898.html [abgerufen am 1.2.2018].

noch 30 % als Belastung im Arbeitsalltag.[7] Der IGA-Report 23 fasst die potentiellen gesundheitlichen Auswirkungen ständiger Erreichbarkeit mit reduzierten Erholungszeiten und somit einhergehenden Erschöpfungszustand, im weiteren Verlauf stressbedingten Gesundheitsbeschwerden z. B. Bluthochdruck, Schlafstörungen, Burnout, Ängstlichkeit; Belastung des persönlichen Umfelds und negativen Auswirkungen auf die Effektivität zusammen. Zu verallgemeinern ist dies allerdings nicht, da die Auswirkungen u. a. von den Ressourcen des einzelnen Mitarbeiters abhängen.[8]

Eine aktuelle Befragung des BKK Dachverbands stellt den Einfluss der Digitalisierung auf die wahrgenommene physische und psychische Belastung der Mitarbeiter dar. Eine erhöhte physische Belastung nannten 21 %, vermehrte psychische Belastung 28 % der Befragungsteilnehmer. Die meisten Belastungen wurden in der Branche IT – und naturwissenschaftliche Dienstleistungen wahrgenommen, von 26 % hinsichtlich der physischen bzw. 33 % bezüglich der psychischen Belastung. Ähnliche Entwicklungen zeigten sich in den Branchen Gesundheitsberufe und Logistikberufe.[9]   9

Die Herausforderung der aktuellen Arbeitswelt bedeutet somit, im Kontext digital geprägter Entwicklungen wie z. B. veränderter Arbeitsstrukturen, reduzierter persönlicher Kommunikation, Mobilität und Entgrenzung, deren negative Wirkungen zu minimieren, ohne aber die Chancen und Potentiale der Digitalisierung einzuschränken.   10

2.3 Von Arbeit 4.0 zu BGM 4.0 – was steckt dahinter?

BGM ist nur dann erfolgreich, wenn es sich proaktiv auf die Arbeits- und Lebensbedingungen der Menschen einstellt. Wenn sich die Industrie und damit die Arbeitsprozesse an sich zunehmend ändern, weil Software ins Zentrum des Produktionsprozesses rückt und dieser Wandel neue Belastungen mit sich bringt, muss sich diese Entwicklung im Gesundheitsmanagement ebenfalls spiegeln. Doch wie sieht BGM 4.0 aus, worin genau unterscheidet es sich?   11

Um diese Frage zu beantworten, lohnt sich zunächst ein Blick auf den Status Quo betrieblichen Gesundheitsmanagements. Hier hat sich in den letzten zwei Jahr-   12

---

7   Pronova BKK: Gesundheitsmanagement 2016. Ergebnisse der Befragung. 2016, S. 18. Online: https://www.pronovabkk.de/downloads/daae5e87365e21c9/pronovaBKK-160317-Arbeitnehmerbefragung-BGM-2016-Gesamt.pdf [abgerufen am 1.2.2018].
8   Strobel: Auswirkungen von ständiger Erreichbarkeit und Präventionsmöglichkeiten. iga. Report 23. 2013, S. 17. Online: https://www.iga-info.de/fileadmin/redakteur/Veroeffentlichungen/iga_Reporte/Dokumente/iga-Report_23_Staendige_Erreichbarkeit_Teil 1.pdf [abgerufen am 20.1.2018].
9   Knieps: BKK Gesundheitsreport 2017. Digitale Arbeit – Digitale Gesundheit. 2017. 2017, S. 116, Online: https://www.bkkdachverband.de/fileadmin/publikationen/gesundheitsreport_2017/BKK_Report_2017_gesamt_final.pdf [abgerufen am 15.1.2018].

zehnten eine erstaunliche Entwicklung vollzogen. Die Wurzeln Betrieblichen Gesundheitsmanagements sind ganz klar im gesetzlichen Arbeits- und Gesundheitsschutz zu verorten. Gesundheitsmanagement versucht diese gesetzlichen Vorgaben durch eine strategische und strukturelle Basis im Unternehmen zu verankern und so zum betrieblichen Querschnittsthema, im besten Falle zu einem Teil der Unternehmensziele zu machen. Dabei sind die Schnittstellen zu anderen Themenfeldern wie etwa der Personalentwicklung, dem Diversity Management oder der Sozialberatung fließend und genauso wie die Schwerpunkte von Unternehmen zu Unternehmen unterschiedlich. Übergreifende Zielsetzung ist es, die Gesundheit und Leistungsfähigkeit der Mitarbeiter zu erhalten bzw. zu fördern. Die Operationalisierung dieser Ziele in eine Strategie und konkrete Maßnahmen muss sich an den jeweiligen betrieblichen Gegebenheiten orientieren.

13   Die Überzeugung, dass Investitionen in die Mitarbeitergesundheit notwendig sind und sich lohnen, ist Common Sense und gerade in Großunternehmen ist das Gesundheitsmanagement ein wichtiger Bestandteil der unternehmerischen Nachhaltigkeit. In der Praxis zeigen sich jedoch wichtige Herausforderungen, die ganz maßgeblich für die Zukunft des BGM sind und deshalb auch wichtige Anforderungen an ein BGM 4.0 bilden.

2.3.1 Kleinstunternehmen werden kaum erreicht

14   Deutschlands Wirtschaft sind nicht nur Großkonzerne, diese bilden gerade einmal 0,7 % des gesamten Unternehmensbestandes. Diesen stehen rund 2,4 Millionen kleine und mittlere Unternehmen gegenüber.[10] Gesundheitsmanagement findet hier kaum statt. Gesundheitsmanagement ist heute noch immer eine Frage der Unternehmensgröße. Gerade in den Kleinstunternehmen fehlt es hierfür an Strukturen und Zuständigkeiten, die das Thema institutionell verankern. Zwar haben die GKV den gesetzlichen Auftrag, gerade in Klein- und Kleinstunternehmen tätig zu werden, doch fehlt es an Ideen und Konzepten, diese tatsächlich anzusprechen und einzubinden. Kleinstunternehmen werden selbst mit einfachen gesundheitsfördernden Maßnahmen kaum erreicht. Von rund 13.000 im Jahr 2016 durch die GKV erreichten Unternehmen haben nur knapp 400 weniger als 10 Mitarbeiter.[11] Und dass, obwohl sich die Ausgaben für betriebliche Gesund-

---

10   Destatis – Statistisches Bundesamt: Anteile kleiner und mittlerer Unternehmen an ausgewählten Merkmalen 2015. Online: https://www.destatis.de/DE/ZahlenFakten/GesamtwirtschaftUmwelt/UnternehmenHandwerk/KleineMittlereUnternehmenMittelstand/Tabellen/Insgesamt.html;jsessionid=50F05CB243BC399F24853D2C46F919A9.InternetLive1 [abgerufen am 1.2.2018].

11   Medizinischer Dienst des Spitzenverbandes Bund der Krankenkassen e. V./GKV Spitzenverband: Präventionsbericht 2017. 2017, S. 53. Online: https://www.gkv-spitzenverband.de/media/dokumente/krankenversicherung_1/praevention__selbsthilfe__beratung/praevention/praeventionsbericht/2017_GKV_MDS_Praeventionsbericht.pdf [abgerufen am 1.2.2018].

heitsförderung auf 147 Mio. € in 2016 fast verdoppelt haben.[12] Benötigt werden hier zukünftig neue, niedrigschwellige und skalierbare BGM 4.0 Konzepte.

Ein wichtiger Schritt zu mehr gesunder Arbeit bildet die Psychische Gefährdungs- 15 beurteilung (Psy Gbu), die seit 2013 im Arbeitsschutzgesetz verankert ist. Für jedes Unternehmen ist es gesetzliche Pflicht, arbeitsbedingte Belastungen zu identifizieren und diese so weit wie nur möglich zu reduzieren. Dieser Auftrag geht über die reine Gesundheitsförderung hinaus, die Psychische Gefährdungsbeurteilung stellt vielmehr einen Prozess der Organisationsentwicklung dar, der sich nicht in Rückenkursen oder Gesundheitstagen erschöpft, sondern primär Themen wie gesunde Führung, Informationsmanagement und die gesundheitsförderliche Gestaltung von unternehmerischen Prozessen und Schnittstellen adressiert. In der betrieblichen Praxis, so bleibt festzuhalten, wird die Psychische Gefährdungsbeurteilung bis heute jedoch nur von einem Bruchteil der Unternehmen durchgeführt, darunter zuallererst wieder den Großunternehmen.

Fazit

Kleine Unternehmen werden durch BGM heute kaum erreicht. Die Digitalisie- 16 rung wird aber zu einer weiteren Flexibilisierung von Arbeit führen, in deren Zusammenhang das projektbezogene Arbeiten weiter an Bedeutung gewinnen wird. Um gesunde Arbeit nicht zum Privileg von festen Mitarbeitern großer Unternehmen zu machen und auch kleine Unternehmen sowie freie bzw. projektbasierte Arbeit mit einzubeziehen, muss die Psychische Gefährdungsbeurteilung durch die Aufsichtsbehörden konsequent auch in Kleinstunternehmen gefordert und die Umsetzung sich daraus ergebender Handlungsnotwendigkeiten nachgehalten werden. Sukzessive sollten dadurch auch freie und atypische Arbeitsverhältnisse mit abgedeckt werden.

2.3.2 Es werden nur wenige Mitarbeiter erreicht

Nur die wenigsten Unternehmen erheben systematisch Zahlen dazu, wie viele 17 Mitarbeiter mit BGM tatsächlich erreicht werden. Übergeordnete Zahlen dazu liegen kaum vor. Dies liegt zum einen daran, dass es an einer allgemeingültigen Definition fehlt, was zu BGM zählt und was nicht – ist etwa die Schulung „Gesund Führen" oder ein Kurs zum Zeitmanagement Teil des BGM, zählt die Arbeitsplatzbegehung dazu oder die Klickraten bei Berichten zum BGM im Intranet? Dazu kommt die Unterscheidung zwischen verhaltens- und verhältnisorientierten Maßnahmen, die es schwierig macht, die genaue Durchdringung zu erfassen. So werden etwa mit der Schulung „Gesundes Führen" z. B. einerseits 25 Führungskräfte erreicht und im Idealfall deren Gesundheits- und Führungsverhalten positiv beeinflusst, auf der anderen Seite werden dadurch auf der Verhältnisebene die Rah-

---

12 Medizinischer Dienst des Spitzenverbandes Bund der Krankenkassen e. V./GKV Spitzenverband. 2017, S. 92.

menbedingungen für die diesen zugeordneten 300 Mitarbeiter verbessert. Neben diesem Definitionsproblem sind zudem einige Faktoren schlecht messbar. Werden etwa wöchentlich 10 Kilo frisches Obst oder kostenloses Trinkwasser bereitgestellt, fällt es schwer genau abzuschätzen, wie viele Mitarbeiter dieses wirklich konsumiert haben. Das gleiche gilt für den Gesundheitstag, bei dem es meist schwerfällt, die genaue Anzahl an anwesenden Mitarbeitern valide zu erfassen.

18 Diese Ergebnisse haben sich in bislang 4 Workshops mit rund 100 Personal- und Gesundheitsverantwortlichen bestätigt. Hier wurde bewusst unscharf die Frage gestellt „Wie viele Mitarbeiter erreichen Sie mit Ihrem BGM?" Die anwesenden Fachexperten wurden daraufhin gebeten, einen %-satz auf die vor ihnen liegenden Zettel zu notieren. Die Zettel wurden eingesammelt und von uns an ein dafür vorbereitetes Flipchart gepinnt. Die Ergebnisse wurden schließend diskutiert.

19 Zunächst fiel auf, dass kein Teilnehmer der Workshops eine genaue Angabe zur Durchdringung machen konnte. Die Zahlen wurden vielmehr geschätzt. Meistens kamen dabei Werte zwischen 10 und 30 % zum Vorschein. In der anschließenden Diskussion wurde klar, dass bei den Schätzungen der Fokus meist auf verhaltensorientierten Maßnahmen der Betrieblichen Gesundheitsförderung gelegt wurde. Als Ursachen für die niedrige Durchdringung wurden primär folgende Faktoren genannt:

- Zeitnot/Termindruck der Mitarbeiter
- Fehlendes Bewusstsein
- Falsche Motivatoren
- Fehlende Kommunikation
- Dezentralität/fehlende physische Anwesenheit
- Wenig Individualität der Maßnahmen

Fazit

20 Die Reichweite der Maßnahmen im BGM ist ausbaufähig. Maßnahmen der Verhältnisebene haben das größere Potenzial für eine hohe Durchdringung. Werden etwa nach einer Psychischen Gefährdungsbeurteilung Prozesse vereinfacht oder die Personalentwicklung optimiert, können Unternehmen damit potenziell alle Mitarbeiter erreichen. Auf der Verhaltensebene fällt dies ungemein schwerer. Zwar erfassen viele Unternehmen die Teilnehmerzahlen in Kursen oder bei Betriebssportevents, aber bei Vorträgen an Gesundheitstagen etwa oder Angeboten wie bewegten Pausen wird es schon schwieriger. Zudem scheitern die meisten Unternehmen daran, die Teilnahmezahlen zu kumulieren um am Ende eines Jahres genau sagen zu können, wie viele der Mitarbeiter sie wirklich erreicht haben. Denn um Mehrfachteilnahmen valide ausschließen zu können und nicht eine Mitarbeiterin, die sich im Laufe des Jahres an 4 Maßnahmen des BGM beteiligt hat, als 4 Mitarbeiter zu zählen ist eine eindeutige Identifizierung notwendig. Das ist bei Angeboten, die über die betriebliche Weiterbildung laufen,

oder bei § 20 Angeboten zwar Standard, aber bei vielen anderen nicht. Zudem sind hier oftmals verschiedene Datenerfassungssysteme eine Hürde.

2.3.3 Bestimmte betriebliche Zielgruppen werden kaum erreicht

BGM ist im besten Falle präventiv ausgerichtet, es zielt darauf, die Entstehung von Krankheiten zu verhindern. Hier spielen wiederum die Verhältnis- und die Verhaltensebene eine Rolle, denn Gesundheit endet nicht am Werkstor. BGM muss bestehende Gefährdungen identifizieren und soweit wie möglich reduzieren. Es hat aber auch den Auftrag, Mitarbeiter für die eigene Gesundheit zu sensibilisieren und zu gesundheitsförderlichem Verhalten anzuregen. Gerade die Verhaltensprävention stellt die Unternehmen aber vor große Herausforderungen – es gilt, die richtigen Mitarbeiter mit den passenden Maßnahmen zu erreichen. Dabei stehen insbesondere diejenigen im Fokus, die selbst noch nicht aktiv sind. Wir haben die Fragen nach den mit BGM adressierten sowie den tatsächlich erreichten Zielgruppen ebenso wie die Frage der absolut erreichten Mitarbeiter in mehreren Workshops mit betrieblichen Fachexperten diskutiert und in Kleingruppen eine Erarbeitung und anschließenden Erfahrungsaustausch angeregt. Dabei zeigte sich ganz klar, dass es in fast allen Unternehmen einen ähnlichen Erfahrungshorizont gab, wonach bestimmte Gruppen trotz hoher Anstrengungen nicht oder nur ungenügend erreicht werden. Abb.2 zeigt eine Zusammenfassung der Ergebnisse in nur einer Grafik, die als gemeinsamer Nenner aus verschiedenen Workshops Anfang 2016 hervorgegangen ist.

21

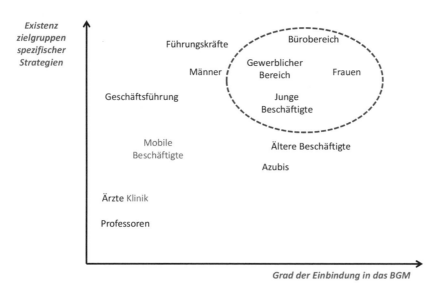

Abb. 2: Adressierte und erreichte Zielgruppen im BGM

Quelle: Eigene Darstellung

Fazit

22 Gerade mobile Mitarbeiter werden bislang oft schwer erreicht und es gelingt den meisten Unternehmen trotz entsprechender Strategien nicht, beruflich stark belastete Zielgruppen, die wie etwa Führungskräfte, Ärzte oder Professoren unter hohem Termindruck stehen, zu adressieren. Einen großen Raum in den Diskussionen nahmen dabei die Veränderungen der Arbeitswelt ein, durch die die Zahl der mobilen Mitarbeiter und der Termindruck steigen. Beides sind damit zentrale Herausforderungen, für die es im BGM bislang noch an geeigneten Konzepten fehlt.

2.4 Auf dem Weg zum BGM 4.0

23 **Definitionsansatz BGM 4.0**

> Der Begriff BGM 4.0 beschreibt einen strategischen Ansatz zur Erhaltung und Steigerung der mittel- und langfristigen Leistungsfähigkeit von Unternehmen insbesondere im Kontext der Chancen und Herausforderungen, welche die voranschreitende Digitalisierung von Gesellschaft, Organisation und Arbeitswelt mit sich bringt und in dessen Zentrum stärker denn je das Individuum als Leistungsträger steht.

24 Wie aber kann und muss Betriebliches Gesundheitsmanagement in der Arbeitswelt 4.0 aussehen, um heute und in Zukunft seine Wirkung zu entfalten? Wo sind die Entwicklungspotenziale in bestehenden Systemen?

25 Diese Fragen waren das Leitmotiv einer Veranstaltung in der Metropolregion Rhein-Neckar, der Initiative für Beschäftigung (IfB) sowie des BMAS und der INQA. Die vitaliberty GmbH wurde im Vorfeld beauftragt, ein Kriterienmodell BGM 4.0 zu erstellen, das im Rahmen der Veranstaltung am 20. Juli 2016 mit Vertretern großer Unternehmen, Krankenkassen und BGM-Dienstleistern diskutiert wurde.

26 Leitbegriffe des im Workshop diskutierten Kriterienmodells für die Entwicklung und Gestaltung eines zukunftsfähigen BGM 4.0 sind Integration, Vernetzung, Individualisierung, Messbarkeit und Partizipation (Abb. 3). Diese werden im Folgenden näher erläutert. Zu berücksichtigen ist hierbei, dass auf Grund des Artikelumfangs die Verhaltensprävention in den Fokus gestellt wurde, natürlich unter Einbezug der grundsätzlich vorhandenen Verknüpfung von Verhältnis- und Verhaltensprävention.

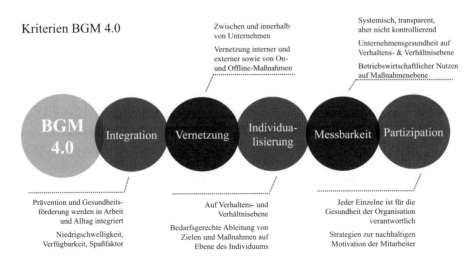

Kriterien BGM 4.0

Zwischen und innerhalb
von Unternehmen

Vernetzung interner und
externer sowie von On-
und Offline-Maßnahmen

Systemisch, transparent,
aber nicht kontrollierend

Unternehmensgesundheit auf
Verhaltens- & Verhältnisebene

Betriebswirtschaftlicher Nutzen
auf Maßnahmenebene

Prävention und Gesundheitsförderung werden in Arbeit
und Alltag integriert

Niedrigschwelligkeit,
Verfügbarkeit, Spaßfaktor

Auf Verhaltens- und
Verhältnisebene

Bedarfsgerechte Ableitung von
Zielen und Maßnahmen auf
Ebene des Individuums

Jeder Einzelne ist für die
Gesundheit der Organisation
verantwortlich

Strategien zur nachhaltigen
Motivation der Mitarbeiter

Abb. 3: Kriterienmodell BGM 4.0

Quelle: Eigene Darstellung, vitaliberty 2016

Das Kriterienmodell zielt darauf ab, Reichweite und Nachhaltigkeit der Präven- 27
tion und Gesundheitsförderung in der modernen Arbeitswelt zu steigern. Die
besten Effekte werden erzielt, wenn alle 5 Aspekte Berücksichtigung finden. Dabei
ist die Abstimmung auf den jeweiligen Unternehmenskontext wichtige Voraussetzung.

1. Integration bezieht sich auf die Herausforderung, dass bislang oft nur ein
   geringer Prozentsatz der Mitarbeiter durch das BGM erreicht wird. Ursächlich
   hierfür sind Termindruck, hohe Mobilitätsanforderungen sowie fehlende
   Sensibilisierung und dauerhafte Motivation. Zwar ist die Gesundheit das
   höchste Gut, doch schaffen es viele Menschen nicht, gesundheitsfördernde
   Verhaltensweisen in ihre Lebensführung zu integrieren. Erfolgsentscheidend
   für BGM 4.0 ist somit auf der Verhältnisseite ein erhöhter Stellenwert der
   Gesundheit in der Arbeitswelt, z. B. durch eine veränderte Unternehmenskultur und entsprechende interne Vorbildfunktionen. Auf der Verhaltensseite
   bieten die digitalen Medien, allen voran das Smartphone, neue Potenziale,
   Gesundheit in den Alltag zu integrieren. Sie ermöglichen einen einfachen,
   niedrigschwelligen Zugang mit dauerhafter Verfügbarkeit.

2. Die digitalen Medien ermöglichen eine ganz neue intelligente Vernetzung von
   Maßnahmen auf verschiedensten Ebenen. So können durch digitale Gesund-
   heitstools On-, Offline- sowie interne und externe Maßnahmen gebündelt
   werden. Über verschiedenste Einstiegspunkte kann so die Durchdringung
   innerhalb der Belegschaft optimiert und einmal adressierte Mitarbeiter intelligent an weitere Maßnahmen herangeführt werden. So lässt sich durch
   Verbindung mit Elementen der Gamification und durch gezielte, an den

Bedarfen und Motivatoren orientierte Vernetzung eine bessere dauerhafte Bindung und Sensibilisierung erreichen.

3. BGM 4.0 ist individuell auf die jeweiligen Anforderungen in der Verhältnis- und Verhaltensprävention ausgerichtet. Nicht nur die Strategie und Struktur sind für das jeweilige Unternehmen maßgeschneidert. BGM 4.0 muss zudem in der Lage sein, die individuellen Bedarfe jedes Mitarbeiters zu erfassen und darauf aufbauend passende Maßnahmen zur Verfügung zu stellen. BGM 4.0 nimmt hier also eine Lotsenfunktion ein.

4. Die Evaluation bzw. Messbarkeit ist eine wichtige Voraussetzung für die laufende Optimierung und damit den Nutzen des BGM. Die Evaluation erfolgt sowohl auf Unternehmensebene als auch auf Ebene des Individuums. Die generierten Daten werden hierbei kumuliert und ermöglichen eine optimale Steuerung des BGM bis auf die Ebene einzelner Maßnahmen. Wichtig hierbei ist eine strikte Trennung von personen- und gesundheitsbezogenen Daten, sodass dem Arbeitgeber zu keiner Zeit Daten über einzelne Mitarbeiter zugänglich sind.

5. Partizipation ist eine wichtige Voraussetzung, um Mitarbeiter zu erreichen und dauerhaft zu binden. BGM 4.0 muss also einbeziehen und motivieren, und dafür nicht nur die Karte Gesundheit spielen, sondern Team- und Wettbewerbsmomente, soziale und monetäre Anreize mit gutem, zielgruppenspezifischem Marketing verbinden. Gleichzeitig müssen Mitarbeiter in das BGM miteinbezogen werden und bestmöglich als Multiplikator im eigenen Unternehmen agieren.

3   Ausblick

28   Die Arbeitswelt ist im Wandel und bietet dabei viele Chancen für neue, selbstbestimmtere Arbeitsformen. Doch daraus resultieren auch neue Belastungen, die oft schwer zu diagnostizieren und zu durchdringen sind. Das BGM selbst hat den Wandel der Arbeitswelt nur in Teilen nachvollzogen, beschränkt sich weitgehend auf Großunternehmen mit festen Strukturen und erreicht vor allem die Mitarbeiter, die klassisch im Büro arbeiten und eine Grundsensibilisierung für die eigene Gesundheit haben. BGM braucht deshalb einen wirklichen Paradigmenwechsel, vom BGM zum BGM 4.0 um auch gerade diejenigen mobilen, eng getakteten, wenig sensibilisierten, dezentralen Zielgruppen zu erreichen, die es heute nicht bekommt. Deren Zahl wird in der Digitalisierung stark zunehmen. Denn BGM 4.0 ist nur dann effektiv, wenn es die Lebens- und Arbeitsrealität der Menschen besser als heute abbildet und ihnen dauerhafte Unterstützung bietet.

Literatur

Bundesministerium für Arbeit und Soziales: Grünbuch Arbeiten 4.0. Berlin 2015. Online: http://www.bmas.de/SharedDocs/Downloads/DE/PDF-Publikationen-DinA4/gruenbuch-arbeiten-vier-null.pdf;jsessionid=5B7D6B7D028E0EB2BCD0FF96624AFD4C?__blob=publicationFile&v=2 [abgerufen am 1.2.2018].

Destatis – Statistisches Bundesamt: Anteile kleiner und mittlerer Unternehmen an ausgewählten Merkmalen 2015. Online: https://www.destatis.de/DE/ZahlenFakten/Gesamtwirtschaft-Umwelt/UnternehmenHandwerk/KleineMittlereUnternehmenMittelstand/Tabellen/Insgesamt.html;jsessionid=50F05CB243BC399F24853D2C46F919A9.InternetLive1 [abgerufen am 1.2.2018].

European Network for Work Health Promotion: Luxemburger Deklaration zur Betrieblichen Gesundheitsförderung in der Europäischen Union. 2007. Online: www.luxemburger-deklaration.de [abgerufen am 13.1.2018].

Genner, S. u. a.: IAP Studie 2017. Der Mensch in der Arbeitswelt 4.0. 2017. Online: https://www.zhaw.ch/storage/psychologie/upload/iap/studie/IAP_STUDIE_2017_final.pdf [abgerufen am 15.1.2018].

Hirsch-Kreinsen, H./ Weyer, J.: Wandel von Produktionsarbeit – „Industrie 4.0". Soziologisches Arbeitspapier 38/2014. 2014. Online: http://www.wiwi.tu-dortmund.de/wiwi/ts/de/forschung/veroeff/soz_arbeitspapiere/AP-SOZ-38.pdf [abgerufen am 1.2.2018].

Knieps, F./Pfaff, H.: BKK Gesundheitsreport 2017. Digitale Arbeit – Digitale Gesundheit. 2017. Online: https://www.bkk-dachverband.de/fileadmin/publikationen/gesundheitsreport_2017/BKK_Report_2017_gesamt_final.pdf [abgerufen am 15.1.2018].

Medizinischer Dienst des Spitzenverbandes Bund der Krankenkassen e. V./GKV Spitzenverband: Präventionsbericht 2017. 2017, Online: https://www.gkv-spitzenverband.de/media/dokumente/krankenversicherung_1/praevention__selbsthilfe__beratung/praevention/praeventionsbericht/2017_GKV_MDS_Praeventionsbericht.pdf [abgerufen am 1.2.2018].

Pronova BKK: Gesundheitsmanagement 2016. Ergebnisse der Befragung. 2016. Online: https://www.pronovabkk.de/downloads/daae5e87365e21c9/pronovaBKK-160317-Arbeitnehmerbefragung-BGM-2016-Gesamt.pdf [abgerufen am 1.2.2018].

Rump, J. u. a.: Betriebliche Projektwirtschaft. Eine Vermessung. Eine empirische Studie des Instituts für Beschäftigung und Employability im Auftrag von Hays. 2010. Online: https://www.hays.de/documents/10192/118775/hays-studie-projektwirtschaft-2010.pdf/3e714c76-e3fb-412c-8a54-8154023fbb89 [abgerufen am 1.2.2018].

Spath, D./Bauer, W./Ganz, W. (Hrsg.): Arbeit der Zukunft. Wie wir sie verändern. Wie sie uns verändert. 2013. Online: http://publica.fraunhofer.de/dokumente/N-227898.html [abgerufen am 01.2.2018].

Strobel, H.: Auswirkungen von ständiger Erreichbarkeit und Präventionsmöglichkeiten. iga. Report 23. 2013. Online: https://www.iga-info.de/fileadmin/redakteur/Veroeffentlichungen/iga_Reporte/Dokumente/iga-Report_23_Staendige_Erreichbarkeit_Teil 1.pdf [abgerufen am 20.1.2018].

Digitalisierung – Fluch oder Segen in der Arbeitswelt 4.0

Claudia Kardys/Oliver Walle

Abstract: Während die Digitalisierung Möglichkeiten zur Prozessoptimierung, Entwicklung neuer Dienstleistungen und Produkte sowie einer Verschlankung des Unternehmens bietet, stellen sich Arbeitsschützer und Gesundheitsförderer vielmehr die Frage, welche Gesundheitsgefährdungen durch die neuen Arbeitsformen entstehen. Sowohl zur individuellen Gesundheitstracking-Nutzung als auch für die betriebliche Anwendung stehen Gesundheitsapps, Gesundheitportale und Wearables zur Verfügung. Ob diese Angebote eine Lösung auf die Herausforderungen der Arbeitswelt 4.0 darstellen, muss hinterfragt und überprüft werden.

1 Arbeit 4.0 und ihre Konsequenzen für die Mitarbeitergesundheit

1.1 Veränderungen in den Arbeitsanforderungen und den daraus resultierenden Arbeitsbedingungen

1 Was ursprünglich als vierte industrielle Revolution bezeichnet wurde, wird heutzutage universell Arbeitswelt 4.0 bzw. Arbeiten 4.0 genannt, auch wenn es hierzu keine vergleichbaren Vorbezeichnungen gab. Für die Industrie wird darunter ein grundlegender Wandel in der Produktionsweise verstanden, der sich durch eine veränderte Mensch-Maschine und Maschine-Maschine-Interaktion sowie durch Digitalisierung, Vernetzung und Flexibilität auszeichnet. Aber nicht nur in der Industrie, sondern ebenfalls im Büro, in der Dienstleistung und im Handel beschleunigen Algorithmen und der verstärkte Technikeinsatz Arbeitsprozesse – zunehmend werden in diesem Kontext auch Arbeitsplätze wegrationalisiert. Während im Privatleben neben dem Smartphone bereits heute virtuelle Assistenten wie Siri, Alexa und Cortana zur Erleichterung diverser Aufgaben zum Einsatz kommen, setzt sich dieser Trend in der Arbeitswelt fort. Zwar existieren dort aktuell virtuelle Assistenzsysteme, jedoch sind diese abgeschottet für spezifische Aufgaben, wie zum Beispiel Pick-by-Voice als beleglose Kommissionierverfahren. Moderne Systeme wie Siri oder Alexa halten Kontakt zum Internet und ermöglichen dadurch weitreichendere Möglichkeiten. Demzufolge werden Mitarbeiter nicht nur mit ihren menschlichen Kollegen, sondern zugleich mit den Sprachassistenten und Robotern über das Wetter oder Arbeitsaufgaben sprechen sowie Druckern bzw. Maschinen Aufträge erteilen.

2 Für die einen mag die fortschreitende Digitalisierung ein Segen sein, weil einfacher recherchiert und gemanagt werden kann, für die anderen ist sie ein Fluch und sorgt mit schnellen Veränderungen und der großen Informationsflut für Ängste. Nelting (2017) pointiert, dass die Digitalisierung technisch ohne Bremsen daherkommt und in der Folge bei bestimmten Personen zu einer Überdosis und Dysbalance in der Nutzung führen kann.[1] Mit der zunehmenden Digitalisierung,

---

1 Nelting: Kann Digitalisierung krank machen? Digitalisierung und Krankheit. In: ASU – Zeitschrift für medizinische Prävention. 52. Jahrgang 2017, S. 801–804.

dem mobilen und multilokalen Arbeiten sowie den veränderten Wertevorstellungen insbesondere der Generationen Y (ab 1980 Geborene) und Z (ab 1995 Geborene) ist ebenso davon auszugehen, dass arbeitsbedingte Belastungen sich ändern bzw. anders wahrgenommen werden. Daraus resultiert, je nach Belastungsbereich, zwangsläufig eine Erweiterung der Analyse dieser „neuen Belastungen" und/oder eine Anpassung in der Bewertung vorhandener. Viele Beschäftigte der Generation Babyboomer (ab 1950 Geborene) empfinden die ständigen E-Mails und den vermehrten Umgang mit neuen Technologien in der Arbeitswelt als übermäßige Belastung, während die Generation Z ständig auf der Suche nach neuen Apps ist und den Austausch mit Dritten über soziale Netzwerke als primäre Kommunikationsform bevorzugt.

1.2 Veränderungen in den Beschwerden und Krankheitsbildern

Im privaten und beruflichen Alltag sind moderne, digitale Medien ein permanenter Begleiter – nicht nur mit positiven Auswirkungen. Beschäftigte sind aufgrund von Technisierungs- und Rationalisierungsprozessen sowie immer kürzer werdenden Produktions- und Innovationszyklen zunehmend von der „Dynaxität" (Mischung aus Dynamik und Komplexität), gepaart mit einer oftmals defizitären Führungskultur im Arbeitsumfeld betroffen.[2] Ein damit einhergehender Trend, der sich zudem in allen Gesundheitsreporten darstellt, ist die Zunahme der psychischen Erkrankungen. Abb. 1 zeigt diese Entwicklung am Beispiel der Arbeitsunfähigkeitstage der AOK-Versicherten von 2006 bis 2016, ausgehend von den Werten aus 2005 (= Indexwert 100 %).[3] Welche Ursachen diesem Anstieg zugrunde liegen, ist bis dato noch nicht abschließend geklärt. Einerseits werden hier verbesserte Diagnosemöglichkeiten und ein offenerer Umgang mit dieser Thematik in der Gesellschaft genannt, zum anderen gelten veränderte Belastungen im privaten und beruflichen Umfeld als Triebfeder.

3

---

2   Kastner/Kastner/Vogt: Wachsende Dynaxität und das Beschäftigungskontinuum. In: Kastner, M.7Vogt, J. (Hrsg.): Strukturwandel in der Arbeitswelt und individuelle Bewältigung. 2001, S. 35–62.
3   Meyer/Wehner/Cichon: Krankheitsbedingte Fehlzeiten in der deutschen Wirtschaft im Jahr 2016. In: Badura, u. a.: Fehlzeiten-Report 2017. Krise und Gesundheit – Ursachen, Prävention, Bewältigung. 2017, S. 281–484.

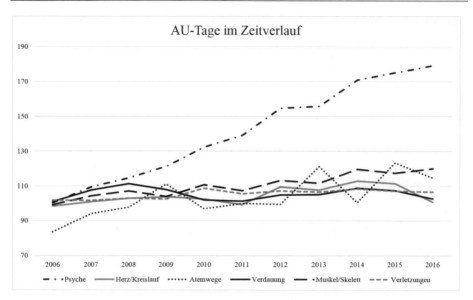

Abb. 1: AU-Tage der AOK-Versicherten nach Krankheitsarten im Zeitverlauf

Quelle: Wissenschaftliches Institut der AOK zit. n. Meyer et al. 2017, Fehlzeiten-Report 2017, S. 309.

4   Dass Fehlbelastungen in der Arbeitswelt auch mit einer Gesundheitsbeeinträchtigung der Beschäftigten einhergehen können, ist hinreichend untersucht. Während in der Vergangenheit der Fokus stärker auf physischen und weniger auf psychischen Belastungen lag, wird heutzutage vermehrt die psychosoziale Gesundheit sowohl im Privatleben als auch im beruflichen Umfeld betrachtet. Veränderte Familienstrukturen, die Vereinbarkeit von Familie und Beruf und die Pflege von Angehörigen werden dabei ebenso diskutiert wie die Veränderungen durch die Arbeitswelt 4.0. Laut Nelting (2017) resultieren stressrelevante Einflüsse bspw. durch die ständige Erreichbarkeit, mehrstündige Bildschirmpräsenz ohne Pausen, Ängste vor Ausspähen der Privatsphäre, Unterbrechungsstress durch Smartphone-Kontrolle sowie Schlafstörungen durch Internet-Fehlnutzung (z. B. „online sein im Bett").[4] Letztlich macht die Dosis das Gift, so Nelting. Zudem zeigen sich Unterschiede zwischen souveränen Menschen und denen mit fragilen und schutzbedürftigen Persönlichkeitsanteilen bzw. fehlender Souveränität im Alltag. Emotionale Erschöpfungssymptome mit längeren Ausfallzeiten stellen eine häufige Folge der gesellschaftlichen und arbeitsbezogenen Veränderungen dar.

5   Eine selektive Literaturübersicht von Diebig et al. (2017) zu den Auswirkungen von Kontrolltätigkeiten am Bildschirm, der Mensch-Roboter-Interaktion und der Überwachung der individuellen Arbeitsleistung belegt, dass Zusammenhänge mit

---

4   Nelting: Kann Digitalisierung krank machen? Digitalisierung und Krankheit. In: ASU – Zeitschrift für medizinische Prävention 52/2017, S. 801–804.

unterschiedlichen Beanspruchungsfolgen bestehen.[5] Die bisherige Forschung zu diesen drei Themenbereichen stammt eher aus nichtarbeitsmedizinischen Disziplinen, weshalb weitere Forschungen notwendig sind. Aufgrund der fehlenden belastbaren wissenschaftlichen Befunde gilt es neue psychische Gefährdungsfaktoren zu analysieren, frühzeitig zu erkennen und negativen Konsequenzen vorzubeugen. Der Faktor Mensch stellt weiterhin eine höchstrelevante Schlüsselressource für Unternehmen dar, denn eine massenhafte Vernichtung von Arbeitsplätzen durch digitale Technologien ist derzeit eher unwahrscheinlich.[6]

1.3 Herausforderungen für die Gefährdungsbeurteilung (insb. psychGB)

Die mit der Arbeitswelt 4.0 einhergehenden Veränderungen sind weitgehend bekannt, die aus den neuen Arbeitsformen resultierenden Belastungen sowie deren Auswirkungen auf die Gesundheit hingegen nur zum Teil. Neben diesen neuen und zusätzlichen Belastungen werden jedoch auch neue Ressourcen für eine menschengerechte und präventive Arbeitsgestaltung zur Verfügung stehen, so Cernavin (2017) von der Offensive Mittelstand.[7] Frost und Schüth (2017) vom Institut für angewandte Arbeitswissenschaft (ifaa) sehen Chancen zur Förderung der Leistungsfähigkeit und Gesundheit durch die Industrie und Arbeit 4.0.[8] Eine von ihnen durchgeführte Umfrage zeigt mögliche Potenziale auf, etwa die Reduzierung körperlicher Belastungen durch den Einsatz von Robotern oder die Reduktion von Unfällen durch automatische Reaktionen des Systems auf Gefährdungssituationen. Für die vom Gesetzgeber geforderte Beurteilung der Arbeitsbedingungen gemäß § 5 Arbeitsschutzgesetz und den daraus möglichen Gefährdungen für die Sicherheit und Gesundheit der Beschäftigten stellt die moderne Berufswelt eine besondere Herausforderung dar. Bereits heute müssen mögliche Gefährdungen beurteilt werden, obwohl noch viele Fragen offen sind und weiterer Forschungsbedarf besteht. Demnach sind betriebliche Lösungen gefragt.

6

Die heutigen Analysemethoden und -instrumente zur psychischen Gefährdungsbeurteilung liefern aktuell gute Ansätze zur Bewertung vorhandener und zukünftiger Belastungen. Betriebe müssen unter Einbezug der Beschäftigten des Betriebs-

7

---

5 Diebig/Müller/Angerer: Psychische Belastungen in der Industrie 4.0 – Eine selektive Literaturübersicht zu (neuartigen) Belastungsbereichen. In: ASU – Zeitschrift für medizinische Prävention 52/2017, S. 832–839.

6 Buntenbach, A.: Kursbuch Arbeiten 4.0. Arbeitswelt 4.0. Projekt Arbeit der Zukunft. In: DGB – Deutscher Gewerkschaftsbund (Hrsg.): Berlin 2017. Online: https://www.dgb-bestellservice.de/besys_dgb/pdf/DGB04001.pdf [abgerufen am 14.1.2018)].

7 Cernavin: Neue Aspekte im Belastungs-Beanspruchungs-Konzept. In: ASU (Arbeitsmedizin, Sozialmedizin, Umweltmedizin) – Zeitschrift für medizinische Prävention 52/2017, S. 712–718.

8 Frost/Schüth: Prävention 4.0 – Potenziale zur Förderung der Leistungsfähigkeit und Gesundheit durch Industrie und Arbeit 4.0. In: Betriebspraxis & Arbeitsforschung – Zeitschrift für angewandte Arbeitswissenschaft 2017, S. 42–44.

rates (sofern vorhanden) gemeinsam und offen über die neuen Belastungsformen diskutieren. Auch wenn die gesetzlich geforderte Gefährdungsbeurteilung nur eine Beurteilung der Belastungen erfordert, können durch anonyme Mitarbeiterbefragungen zu Belastungen und Beanspruchungen Erkenntnisse zur Wechselwirkung von gesundheitsförderlichen und gesundheitsbeeinträchtigenden Belastungen der Anforderungen durch die Digitalisierung und Veränderung in den Arbeitsformen gewonnen werden.[9] Bei der Umsetzung der psychischen Gefährdungsbeurteilung in Bezug auf die neuen bzw. veränderten Belastungen helfen die in Abb. 2 dargestellten Schritte, deren Relevanz, mögliche Herausforderungen bei der Erfassung und die Methodenauswahl zu prüfen.

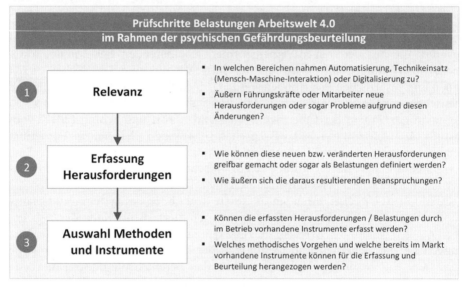

Abb. 2: Prüfschritte Einstieg psychische Gefährdungsbeurteilung
Quelle: Eigene Darstellung.

2 Digitale Gesundheitsförderung und Prävention als potenzieller Lösungsansatz

2.1 Digitale Anwendungsmöglichkeiten in der Arbeitswelt

8 Im Zuge der Digitalisierung finden zugleich Automatisierungsprozesse statt, bei denen vor allem Routine-Tätigkeiten durch Roboter und Maschinen ersetzt werden. Währenddessen entstehen neue Aufgaben und Berufsfelder mit veränderten Anforderungen. Dabei löst der technische Innovationsprozess einen Struk-

---

9   Hunsicker/Walle: Digital belastet? In: health@work 04/2017, S. 38–39.

turwandel in der Wirtschaft und auf dem Arbeitsmarkt aus.[10] Der moderne Arbeits- und Gesundheitsschutz im Kontext der Industrie bzw. Arbeit 4.0 integriert sowohl in der Verhaltens- als auch Verhältnisprävention zunehmend digitale Tools. Er greift das ansteigende Interesse der Bevölkerung an Wearables als „tragbare Gesundheitsförderung", welche die Verhaltens- und Lebensweisen mittels Smart Watches oder Acitivity Trackern unabhängig von Ort, Zeit und Aktivität erfassen, auf.[11] Die vermehrte Auseinandersetzung mit persönlichen Gesundheitsaspekten und eines sich wandelnden Gesundheitsbewusstseins können Unternehmen hinsichtlich der Eigenverantwortung und individuellen Einflussnahme der psychischen und physischen Leistungsfähigkeit im betrieblichen Umfeld nutzen. Weiche Indikatoren, wie die Steigerung der Motivation und Zufriedenheit, ein verbessertes Wohlbefinden oder die Erhöhung der Teilnahmequoten an gesundheitsförderlichen Interventionen zielen – nicht zuletzt aufgrund ökonomischer Faktoren in Form von reduziertem Präsentismus und Absentismus – auf eine verstärkte emotionale Bindung und Identifikation mit dem Unternehmen ab. Der Einsatz eines digitalen betrieblichen Gesundheitsmanagements (dBGM) ist vielfältig: Gesundheits-Apps, Online-Coachings, Webinare, Gesundheitsportale, digitale Employee Asstistance Programs (EAP), virtuelle Meetings und Teamreisen (z. B. als Schrittzähler-Event) oder Gamification nehmen vermehrt Platz in der heutigen Berufswelt ein. Online-Unterweisungen zur Erfüllung gesetzlicher Anforderungen können beispielsweise via Computer und Internet filmisch und teils interaktiv innovativ dargeboten werden.[12] Kaiser und Matusiewicz (2018) verstehen unter dBGM den Einsatz digitaler Methoden und Instrumente zur Unterstützung des klassischen Ansatzes.[13]

Die Digital Health-Studie des Gesundheitswissenschaftlichen Instituts Nordost (GeWINO) der AOK Nordost untersuchte die Akzeptanz von Apps & Co.[14] Die Umfrage mit 1240 Studienteilnehmern bestätigt den anwachsenden Trend altersübergreifend. Die Ergebnisse zum Anbietervertrauen beruhen auf folgender Frage und Antwortmöglichkeit: „Wenn Ihnen eine Gesundheits-/Fitness-App von folgenden Personen/Quellen angeboten wird, dann werden Sie die App...? a) mit Sicherheit installieren, b) vielleicht installieren, c) keine Angabe oder d) auf gar

9

---

10   Buntenbach: Kursbuch Arbeiten 4.0. Arbeitswelt 4.0. Projekt Arbeit der Zukunft. 2017. Online: https://www.dgb-bestellservice.de/besys_dgb/pdf/DGB04001.pdf [abgerufen am 14.1.2018].

11   WHO – Weltgesundheitsorganisation: mHealth – New horizons for health through mobile technologies. In: Global Observatory for eHealth series 3/2014.

12   Kardys/Bialasinski: BGM 4.0 des TÜV Rheinland unter der E-Health-Lupe. In: Matusiewicz/ Kaiser (Hrsg.): Digitales Betriebliches Gesundheitsmanagement. Theorie und Praxis. 2018, S. 491–499.

13   Kaiser/Matusiewicz: Effekte der Digitalisierung auf das Betriebliche Gesundheitsmanagement (BGM). In: Matusiewicz/ Kaiser (Hrsg.): Digitales Betriebliches Gesundheitsmanagement. Theorie und Praxis. 2018, S. 1–34.

14   AOK Nordost/GeWINO: Akzeptanz von elektronischer Trainingsunterstützung, Gesundheitswissenschaftliches Institut Nordost (GeWINO) der AOK Nordost in Kooperation mit der Universität Potsdam, Berlin 2015.

keinen Fall installieren." Auf Platz 3 landet der Arbeitgeber: 62 % der Befragten würden eine vom Unternehmen angebotene App mit Sicherheit oder vielleicht installieren. Eine weitere Studie mit berufstätigen Studierenden (n = 1028) von Matusiewicz et al. (2017) verdeutlicht ein sehr hohes Vertrauen in Online-Informationen rund um das Thema Gesundheit von Forschungsinstitutionen (z. B. Robert Koch-Institut) mit 68 % der Teilnehmer.[15] Betriebliche Informationen zur Gesundheitsförderung und zum Gesundheitsschutz durch den Arbeitgeber werden lediglich bei knapp 40 % als vertrauenswürdig angesehen und landen damit auf dem fünften Platz im Ranking.[16] Dennoch gibt es zwischen den Generationen Unterschiede im Medienverhalten, die es bei zukunftsorientierten digitalen BGM-Maßnahmen zu berücksichtigen gilt.[17]

10   Ein wesentliches Merkmal für den Erfolg eines systematischen BGMs stellt die Kommunikation dar. Im Zuge der Digitalisierung werden Online-Instrumente auf vielfältiger Weise zur Kommunikation genutzt, z. B. als Tool zur Datenerhebung, als Kommunikationsmittel oder als Plattform.[18] Auf dieser Ebene gehen technologischen Entwicklungen nach Hasselmann (2018) auch mit einem sozialen und kulturellen Wandel einher, die im Rahmen eines betrieblichen Gesundheitsmanagements eine zweiseitige Betrachtungsweise erfordern.[19] Einerseits steht die Implementierung adäquater digitaler Tools zur Förderung der Beschäftigtengesundheit im Fokus, andererseits gilt es die „neuen" Belastungsfaktoren durch die moderne Arbeitswelt zu erkennen und geeignete Lösungsstrategien zur Prävention im Handlungsfeld des Arbeits- und Gesundheitsschutzes zu entwickeln, durchzuführen und zu evaluieren.

2.2   Überblick etablierter E-Health-Lösungen in der BGF als Teil des BGMs

11   Im Bereich der betrieblichen Gesundheitsförderung sind einige Anbieter von Online-Maßnahmen bereits jahrelang auf dem Markt. Eine innovative App

---

15   Matusiewicz, u. a.: Gesundheitsreport berufstätig Studierender: Analyse zur Gesundheitsförderung in Studium und Beruf, Zahlungsbereitschaft und Nutzung digitaler Medien. In: Gesundheitsökonomie & Qualitätsmanagement 22/2017, S. 1–8.

16   Matusiewicz, u. a: Gesundheitsreport berufstätig Studierender: Analyse zur Gesundheitsförderung in Studium und Beruf, Zahlungsbereitschaft und Nutzung digitaler Medien. In: Gesundheitsökonomie & Qualitätsmanagement 22/2017, S. 1–8.

17   Burkhart/Hanser: Einfluss globaler Megatrends auf das digitale Betriebliche Gesundheitsmanagement. Digital Natives und Zukunftstrends als Treiber und Co-Creator für ein digitales, personalisiertes und vernetztes Betriebliches Gesundheitsmanagements (BGM). In: Matusiewicz/Kaiser (Hrsg.): Digitales Betriebliches Gesundheitsmanagement. Theorie und Praxis. 2018, S. 37–55.

18   Ternès, u. a.: Integriertes Betriebliches Gesundheitsmanagement. Sensibilisierungs-, Kommunikations- und Motivationsstrategien. 2017.

19   Hasselmann: Digitales BGM für die Arbeitswelt 4.0. Optionen für das Betriebliche Gesundheitsmanagement. In: Matusiewicz/Kaiser (Hrsg.): Digitales Betriebliches Gesundheitsmanagement. Theorie und Praxis. 2018, S. 57–71.

namens „moove – Tu's für Dich" des Unternehmens Vitaliberty agiert seit 2011 im betrieblichen Umfeld und bietet ein Gesundheitsmanagement-Programm, bei welchem relevante gesundheitliche Bereiche wie Stress, Bewegung, Ernährung, Rücken und Schlaf abgedeckt werden. Kernelement ist dabei ein Gesundheitsportal, das neben der Anwendung und Informationsplattform auch ein Tool zur Datenerfassung beinhaltet. Die Inhalte können individuell für die Belegschaft und jeden einzelnen Beschäftigten zugeschnitten werden. Bei Bedarf besteht die Möglichkeit für ein persönliches Coaching per Telefon für eine größtmögliche Motivation zu einem gesünderen Lebensstil.[20] Das Unternehmen Dacadoo AG (Gründung 2010 unter der Firmierung QUENTIQ AG) misst Gesundheit und Fitness in Echtzeit anhand eines Indexes bzw. Scores, der von den persönlichen Körperwerten, dem emotionalen Wohlbefinden und Lebensstil (Bewegung und Sport, Ernährung, Stress und Schlaf) abhängig ist. Ergänzt wird die Applikation durch einen Ernährungscoach sowie weitere Funktionsnutzungen in Bezug auf Stress und Schlafverhalten/-qualität.[21]

Innerhalb der Betrieblichen Gesundheitsförderung (BGF) finden in der modernen Arbeitswelt virtuelle Gehwettbewerbe wachsenden Zuspruch. In den letzten Jahren hat sich insbesondere die Virgin Pulse (vormals die Global Challenge – GCC) als weltweit agierender Anbieter mit Ihren Online-Teamreisen (inklusive Schrittzähler) etabliert. Hier spielt der Wettbewerbscharakter zur Förderung von Gesundheit und Leistungsfähigkeit eine wesentliche Rolle. Über einen festgelegten Zeitraum von 100 Tagen legen die teilnehmenden Mitarbeiter eine virtuelle Strecke rund um den Globus zurück. Die Dokumentation der erreichten Kilometer erfolgt über die eigene Website. Auch weitere wichtige gesundheitsbezogene Aspekte wie Ernährung und Schlafverhalten werden thematisiert. Zur Festigung neuer Gewohnheiten erfolgt während des 12-monatigen Zugangs die Versendung motivierender E-Mails sowie die Nutzung aller Funktionen und Apps der Global Challenge Website.[22]   12

Ein neueres innovatives Produkt stellt das sog. Agility Board dar, welches im Arbeits- und Gesundheitsschutz der TÜV Rheinland Dienstleistungen angeboten wird. Dieses interaktive Sportgerät mit einer speziellen App kombiniert ungewöhnliche Bewegungsabläufe mit kognitiven, visuellen und grobmotorischen Herausforderungen, die auf eine Verbesserung von berufs- und alltagsrelevanten mentalen und motorischen Fähigkeiten, wie z. B. exekutive Funktionen oder das Gleichgewicht, abzielen.[23]   13

20 Vitalibery: Homepage, 2018. Online: https://www.vitaliberty.de/ [abgerufen am 20.1.2018].
21 Dacadoo: Homepage, 2018. Online: https://info.dacadoo.com/de/ [abgerufen am 20.1.2018].
22 Virgin Pulse: Homepage, 2018. Online: https://globalchallenge.virginpulse.com/ [abgerufen am 20.1.2017].
23 Kardys,: Effekte von körperlichem und mentalem Training auf die kognitive und motorische Leistungsfähigkeit bei Beschäftigten. Längsschnittstudie im Feld. 2017; Kardys/Bialasinski: BGM 4.0 des TÜV Rheinland unter der E-Health-Lupe. Matusiewicz/Kaiser (Hrsg.): Digitales Betriebliches Gesundheitsmanagement. Theorie und Praxis. 2018, S. 491–499.

14   Auch neue Ansätze drängen auf den digitalen Markt. Ein Beispielunternehmen ist die comspace GmbH & Co. KG mit Ihrer Plattform „Spende dein Talent". Der Schwerpunkt liegt dabei auf Vernetzung, Teambildung und Wissenstransfer. Die Idee dahinter: Jeder Beschäftigte bringt sich – in Form eines Events – mit seinem „Talent" ein. Interessierte Kollegen können daran teilnehmen.[24] Ein anderer Anbieter (Profession Fit BGF GmbH) setzt mit seiner Gesundheitscommunity „FITTY" ebenfalls auf die Verbindung zwischen den Mitarbeitern. Darüber hinaus bilden Online-Angebote über die Homepage zum körperlichen und psychischen Wohlbefinden sowie zur gesunden Ernährung die Basis. Regelmäßige Videoclips zum Bewegungsverhalten am Arbeitsplatz oder ein Einkaufscoaching per App unterstützen die Belegschaft rund um die Uhr.[25]

2.3   Chancen versus Risiken eines digitalen betrieblichen Gesundheitsmanagements

15   Das betriebliche Gesundheitsmanagement gilt heutzutage als ein Querschnittsthema in Unternehmen und betrifft nicht nur die oftmals assoziierten Bereiche wie den Arbeits- und Gesundheitsschutz sondern diffundiert verstärkt in Themenkomplexe des Personalmanagements. Der Einzug von Digitalisierungs- und Transformationsprozessen erfordert neue Wege und interdisziplinäre Zusammenarbeit im Hinblick auf die Mitarbeitergesundheit.

16   Die vernetzte Arbeitswelt (Industrie 4.0) mit ihren technologischen Entwicklungen kann sowohl positive als auch negative Effekte und gesundheitliche Risiken mit sich bringen.[26] Einerseits bietet sie Möglichkeiten für höherwertige Arbeitsplätze, für bessere Arbeitsbedingungen und letztlich für eine höhere Arbeitsqualität und Wohlstand (z. B. durch moderne Arbeitszeitmodelle oder einer Home-Office-Option). Andererseits birgt sie auch Gefahren und Nachteile wie etwa eine hohe psychische Beeinträchtigung durch die Arbeitsverdichtung und ständige Erreichbarkeit.[27] Laut Buntenbach (2017) entsteht „gute Arbeit in digitalen Zeiten nur, wenn die Flexibilität beiden Seiten dient".[28] Das bedeutet, dass Digitalisierungsprozesse nicht lediglich Top-Down gesteuert werden, sondern die

---

24   Comspace: Homepage, 2018. Online: https://www.spende-dein-talent.de/ [abgerufen am 20.1.2018].

25   Profession Fit: Homepage, 2018. Online: http://www.profession-fit.de/ [abgerufen am 20.1.2018].

26   Kaiser/Matusiewicz: Effekte der Digitalisierung auf das Betriebliche Gesundheitsmanagement (BGM). In: Matusiewicz/Kaiser (Hrsg.): Digitales Betriebliches Gesundheitsmanagement. Theorie und Praxis. 2018, S. 1–34.

27   Kardys/Bialasinski: BGM 4.0 des TÜV Rheinland unter der E-Health-Lupe. In: Matusiewicz/Kaiser (Hrsg.): Digitales Betriebliches Gesundheitsmanagement. Theorie und Praxis. 2018, S. 491–499.

28   Buntenbach: Kursbuch Arbeiten 4.0. Arbeitswelt 4.0. Projekt Arbeit der Zukunft. DGB – Deutscher Gewerkschaftsbund (Hrsg.). 2017. Online: https://www.dgb-bestellservice.de/ besys_dgb/pdf/DGB04001.pdf [abgerufen am 14.1.2018].

Belegschaft mittels partizipativer Maßnahmen Einfluss ausüben kann. Erfolgt eine gemeinsame, bedarfsorientierte Ausgestaltung der Spielräume, kann das zur Kompensation von Belastungsfaktoren seitens der Beschäftigten führen. Dafür bedarf es eindeutiger Regelungen im Betrieb, bei denen eine entsprechende Unternehmens- und Führungskultur vorherrscht.[29] Flexible Arbeitszeitmodelle weisen eine Erhöhung der Arbeitszeiten von Vollbeschäftigten mit knappen fünf Stunden Mehrarbeit pro Woche auf. Auch die Erwartungen an die Verfügbarkeit sind seitens der Arbeitgeber angestiegen.

Das moderne betriebliche Gesundheitsmanagement mit der Anwendung digitaler Methoden und Instrumente stellt Betriebe vor weitere Herausforderungen, welche die Aspekte des Datenschutzes bzw. der Datensicherheit sowie potenzielle Nutzungs- und Akzeptanzprobleme betreffen: Im Kontext der digitalen Arbeitsweltvermessung erhöht sich das Risiko im IT-Bereich. Die „gläserne Belegschaft" kann mittels bestimmter Apps unter dem Deckmantel der Gesundheitsförderung bereits betriebliche Wirklichkeit darstellen.[30]

17

Als moderner und zukunftsfähiger Arbeitgeber gilt es, Grenzen auf verschiedenen Ebenen wie bspw. die arbeitsfreie Zeit zur Erholung der Belegschaft zu respektieren. Der Erfolg eines dBGM hängt genauso wie beim klassischen BGM u. a. von der inhaltlichen Ausgestaltung, der Partizipation der Belegschaft sowie Qualifizierung ab. Ein Mehrwert ist bei Unternehmen mit dezentralen Strukturen erkennbar. Die Teilhabe an digitalen BGF-Maßnahmen erfolgt hier orts- und zeitunabhängig, sodass Zielgruppen problemlos erweitert werden können. Bestimmte unternehmensinterne Regularien sind laut Kardys & Bialasinski (2018) zu beachten.[31] Dazu gehört etwa die eindeutige und transparente Abstimmung der Personalverfügbarkeiten. Vorteile flexibler Arbeitszeitmodelle entstehen nur, wenn die Erwartungen an die Erreichbarkeit für beide Seiten geregelt sind. Wird eine fehlende Abgrenzung von Arbeitszeit und Freizeit bei Mitarbeitern festgestellt, ist es Aufgabe der Führungskräfte Grenzen zu setzen und diese wertschätzend zu kommunizieren.

18

29 Kardys/Bialasinski: BGM 4.0 des TÜV Rheinland unter der E-Health-Lupe. In: Matusiewicz, D./Kaiser, L. (Hrsg.): Digitales Betriebliches Gesundheitsmanagement. Theorie und Praxis. 2018, S. 491–499.

30 Kaiser/Matusiewicz: Effekte der Digitalisierung auf das Betriebliche Gesundheitsmanagement (BGM). In: Matu Buntenbach: Kursbuch Arbeiten 4.0. Arbeitswelt 4.0. Projekt Arbeit der Zukunft. DGB – Deutscher Gewerkschaftsbund (Hrsg.). 2017. Online: https://www.dgb-bestellservice.de/besys_dgb/pdf/DGB04001.pdf [abgerufen am 14.1.2018]. Matusiewicz/Kaiser (Hrsg.): Digitales Betriebliches Gesundheitsmanagement. Theorie und Praxis. 2018, S. 1–34.

31 Kardys/Bialasinski: BGM 4.0 des TÜV Rheinland unter der E-Health-Lupe. In: Matusiewicz/ Kaiser (Hrsg.): Digitales Betriebliches Gesundheitsmanagement. Theorie und Praxis. 2018, S. 491–499.

3 Fazit und Ausblick

19 Die Digitalisierung hat längst schon das Betriebliche Gesundheitsmanagement und den Arbeitsschutz erreicht, auch wenn Ängste zum Datenschutz, technische Hürden bei der Umsetzung im Betrieb sowie unterschiedliche Motivationslagen der Beschäftigten und Verantwortlichen im Unternehmen den Einsatz von digitalen Lösungen erschweren. Während eHealth und digitale Lösungen bei Angeboten der Betrieblichen Gesundheitsförderung wachsen, stellen der vermehrte Technikeinsatz und die neuen Arbeitsformen bei der Gefährdungsbeurteilung neue Herausforderungen dar. Wie werden sich diese neuen Möglichkeiten und Veränderungen auf die Mitarbeitergesundheit auswirken? Die Digitalisierung stellt zurzeit gleichsam Fluch und Segen dar. Es gilt, die Bedingungen der Digitalisierung im Arbeits- und Gesundheitsschutz aufzugreifen – sowohl Gefährdungen hinsichtlich psychischer Belastungen als auch Potenziale durch digitale Instrumente und Tools. Obschon noch viele Punkte ungelöst sind, eines ist klar: dBGM wird eine wachsende Rolle in der Arbeitswelt 4.0 spielen.

Literatur

AOK Nordost/GeWINO: Akzeptanz von elektronischer Trainingsunterstützung, Gesundheitswissenschaftliches Institut Nordost (GeWINO) der AOK Nordost in Kooperation mit der Universität Potsdam. Berlin 2015.

BMAS – Bundesministerium für Arbeit und Gesundheit: Monitor. Digitalisierung am Arbeitsplatz. Aktuelle Ergebnisse einer Betriebs- und Beschäftigtenbefragung. Berlin 2016.

Buntenbach, A.: Kursbuch Arbeiten 4.0. Arbeitswelt 4.0. Projekt Arbeit der Zukunft. DGB – Deutscher Gewerkschaftsbund (Hrsg.). Berlin 2017. Online Verfügbar unter: https://www.dgb-bestellservice.de/besys_dgb/pdf/DGB04001.pdf [abgerufen am 14.1.2018].

Burkhart, S./Hanser, F.: Einfluss globaler Megatrends auf das digitale Betriebliche Gesundheitsmanagement. Digital Natives und Zukunftstrends als Treiber und Co-Creator für ein digitales, personalisiertes und vernetztes Betriebliches Gesundheitsmanagements (BGM). In: Matusiewicz, D./Kaiser, L. (Hrsg.): Digitales Betriebliches Gesundheitsmanagement. Theorie und Praxis. Wiesbaden 2018, S. 37–55.

Comspace: Homepage. 2018. Online: https://www.spende-dein-talent.de/ [abgerufen am 20.1.2018].

Cernavin, O.: Neue Aspekte im Belastungs-Beanspruchungs-Konzept. In: ASU (Arbeitsmedizin, Sozialmedizin, Umweltmedizin) – Zeitschrift für medizinische Prävention. 2017, S. 712–718.

Dacadoo: Homepage, 2018. Online: https://info.dacadoo.com/de/ [abgerufen am 20.1.2018].

Diebig, M./Müller, A./Angerer, P.: Psychische Belastungen in der Industrie 4.0 – Eine selektive Literaturübersicht zu (neuartigen) Belastungsbereichen. In: ASU – Zeitschrift für medizinische Prävention 52/2017, S. 932–839.

Frost, M. C./Schüth, N. J.: Prävention 4.0 – Potenziale zur Förderung der Leistungsfähigkeit und Gesundheit durch Industrie und Arbeit 4.0. In: Betriebspraxis & Arbeitsforschung – Zeitschrift für angewandte Arbeitswissenschaft 2017, S. 42–44.

Hasselmann, O.: Digitales BGM für die Arbeitswelt 4.0. Optionen für das Betriebliche Gesundheitsmanagement. In: Matusiewicz, D./Kaiser, L. (Hrsg.): Digitales Betriebliches Gesundheitsmanagement. Theorie und Praxis. Wiesbaden 2018, S. 57–71.

Hunsicker, K./Walle, O.: Digital belastet? In: health@work 04/2017, S. 38–39.

Kaiser, L./Matusiewicz, D.: Effekte der Digitalisierung auf das Betriebliche Gesundheitsmanagement (BGM). In: Matusiewicz, D./Kaiser, L. (Hrsg.): Digitales Betriebliches Gesundheitsmanagement. Theorie und Praxis. Wiesbaden 2018, S. 1–34.

Kardys, C.: Effekte von körperlichem und mentalem Training auf die kognitive und motorische Leistungsfähigkeit bei Beschäftigten. Längsschnittstudie im Feld. Dissertation. Fakultät Erziehungswissenschaften, Psychologie und Soziologie der Technischen Universität Dortmund. Herzogenrath 2017.

Kardys, C./Bialasinski, D.: BGM 4.0 des TÜV Rheinland unter der E-Health-Lupe. In: Matusiewicz, D.; Kaiser, L. (Hrsg.): Digitales Betriebliches Gesundheitsmanagement. Theorie und Praxis. Wiesbaden 2018, S. 491–499.

Kastner, M./Kastner, B./Vogt, J.: Wachsende Dynaxität und das Beschäftigungskontinuum. In: Kastner, M.; Vogt, J. (Hrsg.): Strukturwandel in der Arbeitswelt und individuelle Bewältigung. Lengerich 2001, S. 35–62.

Matusiewicz, D. u. a.: Gesundheitsreport berufstätig Studierender: Analyse zur Gesundheitsförderung in Studium und Beruf, Zahlungsbereitschaft und Nutzung digitaler Medien. In: Gesundheitsökonomie & Qualitätsmanagement 22/2017, S. 1–8.

Meyer, M./Wehner, K./Cichon, P.: Krankheitsbedingte Fehlzeiten in der deutschen Wirtschaft im Jahr 2016. In: Badura, B., u. a.: Fehlzeiten-Report 2017. Krise und Gesundheit – Ursachen, Prävention, Bewältigung. Heidelberg 2017, S. 281–484.

Nelting, M.: Kann Digitalisierung krank machen? Digitalisierung und Krankheit. In: ASU – Zeitschrift für medizinische Prävention 52/2017, S. 801–804.

Profession Fit: Homepage, 2018. Online verfügbar unter: http://www.profession-fit.de/ [abgerufen am 20.1.2018].

Ternès, A. u. a.: Integriertes Betriebliches Gesundheitsmanagement. Sensibilisierungs-, Kommunikations- und Motivationsstrategien. Wiesbaden 2017.

Virgin Pulse: Homepage. 2018. Online: https://globalchallenge.virginpulse.com/ [abgerufen am 20.1.2018].

Vitalibery: Homepage. 2018. Online: https://www.vitaliberty.de/ [abgerufen am 20.1.2018].

WHO – Weltgesundheitsorganisation: mHealth – New horizons for health through mobile technologies. In: Global Observatory for eHealth series 3/2014.

Auswirkungen der Digitalisierung auf das Führungsverhalten in Unternehmen

Benjamin Loosen

Abstract: Die Digitalisierung ist eine der aktuellen und zukünftigen Herausforderung von nahezu jedem Unternehmen und betrifft jeden unternehmerischen Bereich. Zur erfolgreichen Bewältigung der digitalen Transformation benötigen Unternehmen insbesondere ein Umdenken in ihrem Führungsverhalten. Zur strategischen Ausrichtung des Unternehmens hilft hierbei die Implementierung einer Personal- und Führungsstrategie. Für die Umsetzung der neuen Führungsherausforderungen sind dann insbesondere Mitarbeiter, Führungskräfte, Geschäftsführung und das Personalmanagement im Unternehmen verantwortlich.

1   Einleitung

1   Die anhaltende Digitalisierung ist eine der gravierendsten Änderungen im 21. Jahrhundert und betrifft alle Lebensbereiche. Neben Veränderungen in Technik, Gesellschaft und Wirtschaft, sind insbesondere Unternehmen von der Digitalisierung betroffen.[1] Dabei handelt es sich um tiefgreifende Einschnitte in nahezu allen Unternehmensbereichen. Unternehmerische Prozessschritte werden durch die Digitalisierung schneller, präziser und effizienter abgewickelt. Vertriebsschritte werden zunehmend digitalisiert und können vom Kunden mobil angestoßen und fallabschließend bearbeitet werden. Durch die parallele Computarisierung in Unternehmen werden nahezu alle unternehmerischen Prozesse nicht nur digital abgebildet, sondern deren Abfolge durch entsprechende Programme in der EDV verarbeitet. Damit einher geht eine detaillierte Rechtevergabe im EDV-System. Dies erfordert eine erhöhte Prüfhandlung der internen und externen Revision.

2   All diese Schritte der Digitalisierung haben massive Auswirkungen auf die Mitarbeiter in Unternehmen. Langjährige Arbeitsweisen ändern sich massiv und in immer höherer Geschwindigkeit, neue Arbeitsmethoden ziehen in den Alltag der Mitarbeiter ein und die Flexibilisierung von Arbeitsort und –zeit stellen erhöhte Anforderungen an die Flexibilität der Mitarbeiter. Dabei ist es nur konsequent, dass sich mit der Digitalisierung auch das Führungsverhalten in Unternehmen maßgeblich ändern muss, damit der digitale Wandel in den Unternehmen funktioniert und sie ihre Wettbewerbsfähigkeit erhalten und ausbauen können.

2   Personal- und Führungsstrategie

3   Damit Unternehmen ihre operative Personalarbeit, und damit einhergehend ihre Führungsarbeit, zielgerichtet auf die Digitalisierung ausrichten können, ist eine an die Unternehmensstrategie angelehnte Personal- und Führungsstrategie notwendig.

---

1   Creusen/Gall/Hackl: Digital Leadership. Führung in Zeiten des digitalen Wandels. 2017, S. 2.

Die Unternehmensstrategie beschreibt die langfristige Ausrichtung des Unternehmens.[2] Regelmäßig werden in der Unternehmensstrategie beispielsweise die wesentlichen Geschäftsfelder des Unternehmens beschrieben und voneinander abgegrenzt. Hierzu werden z. B. Zielmärkte identifiziert und Entwicklungsstrategien beschrieben. Die Unternehmensstrategie wird von der Geschäftsführung konzipiert und auch von dieser in ihrer Umsetzung und Zielrichtung verantwortet. Ergänzend zur Unternehmensstrategie sollte das Unternehmen, zumindest für die wesentlichen Geschäftsbereiche, zur Unternehmensstrategie konsistente Bereichsstrategien entwickeln. Diese werden ebenfalls von der Geschäftsleitung verantwortet, sollten jedoch von den jeweiligen Fachbereichen mitentwickelt und akzeptiert werden. So werden beispielsweise in der Vertriebsstrategie die relevanten Vertriebskanäle erläutert und zu einem Vertriebsmix zusammengefasst. Gleichzeitig können für jeden Vertriebskanal unterschiedliche Kommunikationswege skizziert und vereinbart werden. In der Produktionsstrategie werden beispielsweise relevante Länder für Produktionsstätten identifiziert und Qualitätsziele für die Produktion vereinbart.

4

Für eine zielgerichtete Unternehmensführung ist es daher von entscheidender Bedeutung, dass das Unternehmen über eine Personalstrategie verfügt.[3] In dieser sollten neben den einzelnen Personalaufgaben wie Personalentwicklung, Personalbeschaffung oder Personalverwaltung insbesondere auch die Personalführung berücksichtigt werden. Um die Bedeutung der Digitalisierung auch in der strategischen Ausrichtung des Unternehmens zu berücksichtigen, und um Verantwortungsbewusstsein bei Mitarbeitern und Führungskräften zu erzeugen, sollte der Strategiebereich der Personalführung insbesondere die durch die Digitalisierung getriebenen Veränderungen für Mitarbeiter und Führungskräfte aufzeigen und vom Unternehmen gewünschte Handlungsalternativen bereithalten. In diesem Zusammenhang sollte jedes Unternehmen die Implementierung einer Digitalstrategie überprüfen.[4]

5

3 Anforderungen an Führungskräfte

Neben der Implementierung von digitalen Führungsaufgaben in der Unternehmensstrategie kommen insbesondere auf die Führungskräfte in Unternehmen neue und nicht zu unterschätzende Aufgaben zu. Hierbei sind insbesondere die nachfolgenden Aufgaben für Führungskräfte zu nennen, damit die Mitarbeiter, und damit das Unternehmen, den Schritt hin zum digitalisierten Unternehmen erfolgreich gehen können.

6

Es liegt insbesondere in der Verantwortung der Führungskräfte, für ein attraktives digitales Arbeitsumfeld der Mitarbeiter zu sorgen. Auch wenn Digitalisierung weit

7

2 Bea/Haas: Strategisches Management. 2016, S. 12–13.
3 Hölzerkopf: Personalarbeit mit System. Potenziale nutzen, Meßbarkeit sichern. 1998, S. 20.
4 Petry: Digital Leadership. Erfolgreiches Führen in Zeiten der Digital Economy. 2016, S. 52.

mehr als den Einsatz von Technologie beinhaltet, so ist dennoch der Einsatz neuer Technologien ein entscheidender Erfolgsfaktor für die digitale Transformation in Unternehmen. Hierzu benötigen die Mitarbeiter nicht nur die entsprechende Hardware an ihrem Arbeitsplatz, sondern operative Prozessschritte sollten auch konsequent digitalisiert werden. So kann beispielsweise der tägliche Schriftverkehr über entsprechende Drittanbieter papierlos und vollkommen digital abgebildet werden. Gleichzeitig können die in Unternehmen vorgehaltenen Papierakten, wie z. B. Personalakten oder Kundenakten, digitalisiert werden. Damit die neuen Arbeitsweisen von den Mitarbeitern auch tatsächlich als Arbeitserleichterung erkannt und akzeptiert werden, muss hier in größerem Umfang in die Arbeitsplatzausstattung jedes einzelnen Mitarbeiters investiert werden. So sollten beispielsweise entsprechend große Monitore, dort wo notwendig auch Doppel-Monitore, sowie leistungsfähige PCs zur Standardausstattung gehören. Auch der Einsatz von mobilen Arbeitsplätzen und sonstigen mobilen Endgeräten (Smartphone und Tablet) sollten Mitarbeiter individuell geprüft und unterstützt werden. Dabei ist unbedingt zu beachten, dass nicht nur ergonomische Vorgaben am Arbeitsplatz zu beachten sind, sondern dass die neuen technischen Möglichkeiten auch nahtlos in das IT-Sicherheitskonzept des Unternehmens eingebunden werden.

8   Neben der technischen Ausstattung der Mitarbeiter müssen diese jedoch auch im Umgang mit den neuen Technologien geschult und entwickelt werden. Hierbei ist heute und in Zukunft verstärkt die Führungskraft in ihrer Rolle als Personalentwickler gefordert. Damit dies erfolgreich gelingt, müssen in einem ersten Schritt die Führungskräfte selbst über eine digitale Grundreife verfügen. Jede Führungskraft muss die Vorteile der Digitalisierung im eigenen Unternehmen akzeptieren und diese positiv in der Belegschaft verankern. Hierzu müssen die Führungskräfte nicht nur über den Umgang mit modernen Technologien Bescheid wissen, sondern auch deren Implementierung in den Arbeitsalltag vorantreiben.[5] Oftmals stellt diese Herstellung einer digitalen Grundreife die Unternehmen vor eine besondere Herausforderung. Auch hier müssen massive Anstrengungen von den Unternehmen unternommen werden, damit die Führungskräfte fit für die digitale Zukunft gemacht werden können. In einem zweiten Schritt müssen dann die Führungskräfte dafür sorgen, dass ihre Mitarbeiter ebenfalls eine digitale Grundreife erlangen. Hierzu müssen die Führungskräfte die Mitarbeiter in ihren täglichen Aufgabengebieten eng begleiten und darauf aufbauend individuelle Entwicklungskonzepte gemeinsam mit diesen erarbeiten. Es ist wichtig, dass die Mitarbeiter in dem Erlernen nicht überfordert werden, und dadurch den Spaß an der Digitalisierung verlieren. Vielmehr muss jeder Mitarbeiter gemäß seinem individuellen Lernstand gefördert und gefordert werden.

9   Neben den Führungskräften sind jedoch auch die Mitarbeiter bei der erfolgreichen digitalen Transformation gefordert.

---

5   Creusen/Gall/Hackl: Digital Leadership. Führung in Zeiten des digitalen Wandels. 2017, S. 8.

4 Anforderungen an Mitarbeiter

Auf die Mitarbeiter kommen im Rahmen der Umsetzung der Digitalisierungs- 10 strategie in Unternehmen weitreichende und bedeutende Aufgaben zu. Die Mitarbeiter sind im Sinne einer mitunternehmerischen Gesamtverantwortung maßgeblich für die digitale Transformation im Unternehmen mitverantwortlich. So darf sich kein Mitarbeiter vor den heutigen und zukünftigen Änderungen drücken, sondern muss diese nach besten Kräften unterstützen. Dies verlangt eine hohe Bereitschaft zur Flexibilität und Mobilität von allen Mitarbeitern. Die bereitgestellte Hard- und Software muss nicht nur von den Mitarbeitern erlernt und angewendet werden, sondern auch zur Steigerung der eigenen Effizienz bestmöglich eingesetzt werden. Ebenfalls fordert eine mit der Digitalisierung erhöhte Eigenverantwortung der Mitarbeiter auch einen verantwortungsvollen Umgang mit den neuen Kompetenzen. So dürfen beispielsweise die Möglichkeit von Homeoffice oder mobilen Arbeitsplätzen nicht zu Lasten der Produktivität der Unternehmen führen. Vielmehr muss auch von Mitarbeitern die Bereitschaft bestehen, die „gewonnene Freiheit" der freien Arbeitszeitgestaltung zum Wohle des Unternehmens einzusetzen. Weiterhin haben die Mitarbeiter die Aufgabe, sich über die digitalen Entwicklungen im Unternehmen zu informieren und sich regelmäßig und eigenverantwortlich auf dem aktuellen Sachstand der digitalen Aktivitäten des Unternehmens zu halten. Hierzu gehört beispielsweise, dass die Mitarbeiter die digitalen Kundenangebote des Unternehmens auch privat nutzen und zu deren Weiterentwicklung und Verbreitung beitragen.[6]

5 Anforderungen an das Unternehmen

Neben Mitarbeitern und Führungskräften trägt jedoch auch das Unternehmen 11 selbst die Verantwortung, dass die digitale Transformation im Unternehmen erfolgreich umgesetzt wird. Ein bedeutender Schritt ist dabei, dass das Thema Digitalisierung als „Chefsache" angesehen wird und vom Top-Management vertreten und umgesetzt wird. Hierzu muss insbesondere die Geschäftsführung als Vorreiter und Vorbildfunktion den Digitalisierungsprozess vorantreiben. Das heißt insbesondere, dass auch operative Maßnahmen der Digitalisierung von der Geschäftsführung zu nutzen sind. Dies gilt z. B. für die zuvor beschrieben Umsetzung der digitalen Tagespost als auch für die Nutzung von digitalen Personal- oder Kundenakten. Weiterhin ist es die Aufgabe des Unternehmens, dass die Maßnahmen der Digitalisierung durch alle Unternehmensebenen und -bereiche gleichermaßen umgesetzt und verankert werden. Dadurch wird gewährleistet, dass alle Unternehmensbereiche den digitalen Wandel im Einklang erleben und dass kein Bereich von anderen abgehängt oder sogar vernachlässigt wird.

---

6 Creusen/Gall/Hackl: Digital Leadership. Führung in Zeiten des digitalen Wandels. 2017, S. 24.

Hierzu gehört auch ein regelmäßiger und kontinuierlicher Austausch mit allen Unternehmensbereichen. Zur Förderung der internen und externen Kommunikation können hierzu regelmäßig Jour-fix-Runden mit den Verantwortlichen aller Unternehmensbereiche vereinbart werden. Dies fördert nicht nur den Austausch der einzelnen Unternehmensbereiche untereinander, sondern gibt der Geschäftsführung auch regelmäßig die Möglichkeit, den jeweiligen Digitalisierungsstand der einzelnen Bereiche zu erleben und miteinander abzugleichen.

12 Eine weitere Aufgabe des Unternehmens ist weiterhin, auf aufbau- und ablauforganisatorische Veränderungen im Unternehmen hinzuwirken. Dies erfordert vereinzelt eine wesentliche Veränderung der Unternehmenskultur.[7] Auch diese muss durch das Top-Management gelebt und vorangebracht werden. Hierzu zählen beispielsweise die Einführung neuer Arbeitsmethoden oder die Änderung lang etablierter Arbeitszeitmodelle. Die Digitalisierung in Unternehmen geht oftmals mit der Änderung bekannter Arbeitsmuster einher. Durch die Einführung agiler Arbeitsmethoden (wie beispielsweise Design-Thinking oder SCRUM) werden bekannte Arbeitsmuster aufgebrochen und kreativer Freiraum für neue Organisationsformen geschaffen.[8] Dieser Freiraum muss den Mitarbeitern und Führungskräften von Unternehmensseite ermöglicht werden, damit diese erlernen können, wie mit diesen neuen und kreativen Arbeitsmethoden die Arbeitseffizienz gesteigert werden kann.

13 Für alle bisher beschriebenen Veränderungen, sowohl auf Mitarbeiter- Führungsals auch auf Unternehmensebene, müssen vom Unternehmen zwangsweise die notwendigen Ressourcen zur Verfügung gestellt werden. Dies gilt sowohl für finanzielle Mittel als auch für notwendige Mitarbeiterkapazitäten und Sachmaterialien. Die digitale Transformation in Unternehmen bedeutet für jedes Unternehmen eine finanzielle Kraftanstrengung. Diese ist jedoch zwangsweise notwendig, damit das Unternehmen auch in Zukunft noch wettbewerbsfähig ist. Hierzu sollte die Geschäftsführung nach Möglichkeit ein eigens für Digitalisierung bereitgestelltes Digitalisierungsbudget bereitstellen. Dieses Budget dient dann ausschließlich für die digitale Transformation im Unternehmen und kann beispielsweise in Personalaufstockung, Hard- und Softwareaktualisierung und Prozessveränderungen investiert werden. Weiterhin kann es vielen Unternehmen helfen, einen Teil des Budgets für innovative Organisationsstrukturen zu verwenden. So kann z. B. in einem eigenen Innovationslabor unabhängig von der etablierten Linienstruktur an innovativen Projekten geforscht werden.

---

7 Herget/Strobl: Unternehmenskultur in der Praxis. Grundlagen-Methoden-Best Practices. 2018, S. 15.
8 Petry: Digital Leadership. Erfolgreiches Führen in Zeiten der Digital Economy. 2016, S. 67–68.

6 Anforderungen an das Personalmanagement

Als Stabsstelle mit Spezialistenfunktion kommt dem Personalmanagement in Unternehmen eine besondere Bedeutung bei der erfolgreichen digitalen Transformation zu. Im Personalmanagement laufen traditionell viele Funktionen zusammen, die maßgeblichen Einfluss auf den Unternehmenserfolg haben können. 14

Im Rahmen der Personalbeschaffung koordiniert das Personalmanagement, gemeinsam mit den jeweiligen Fachbereichen, die Neueinstellung von Mitarbeitern. Hierbei muss bereits im Personalauswahlprozess die Anforderung bestehen, dass neue Mitarbeiter die anstehenden digitalen Herausforderungen meistern können über eine grundlegende digitale Fitness verfügen. Dies gilt bei Neueinstellungen bei Mitarbeitern, und im besonderen Maße bei Neueinstellungen von Führungskräften. Daher sollte nicht nur die Erfragung von digitalen Kompetenzen in jedes Einstellungsgespräch gehören, sondern ebenfalls die Erfahrung der Bewerber in digitalen Transformationsprozessen von Bedeutung sein. 15

Insbesondere dem Teilbereich der Personalentwicklung kommt eine hervorgehobene Rolle bei der digitalen Transformation in Unternehmen zu. Eine Hauptaufgabe der Personalentwicklung ist die konzeptionelle Erarbeitung von zukünftigen Anforderungsprofilen an die Mitarbeiter sowie die operative Hinwirkung auf die erfolgreiche Erreichung dieser benötigten Kompetenzen. In einem ersten Schritt ist es daher Aufgabe der Personalentwicklung, die zukünftigen Anforderungen an Mitarbeiter systematisch zu erfassen. Hierzu gehören insbesondere auch die benötigten digitalen Konferenzen der Mitarbeiter. Gemeinsam mit den Fachbereichen gilt es deswegen, für jede Stelle die individuell benötigten Kompetenzen zu ermitteln, mit denen die Digitalisierung in den jeweiligen Fachbereichen umgesetzt werden kann. In einem weiteren Schritt hat die Personalentwicklung dafür zu sorgen, dass genau diese Kompetenzen und Fähigkeiten bei den Mitarbeitern entwickelt und ausgebaut werden können. Hierzu müssen für jeden Mitarbeiter individuelle Qualifizierungspläne erstellt werden. Auch im übergeordneten Rahmen kann die Personalentwicklung dazu beitragen, das Thema Digitalisierung nachhaltig im Unternehmen zu etablieren. So können klassische Personalentwicklungsmaßnahmen, wie beispielsweise Seminarbesuche oder Arbeitsplatzbegleitungen, durch digitale Methoden ergänzt oder ersetzt werden. Durch die Etablierung eines unternehmenseigenen Webinarkonzeptes kann die digitale Kompetenz der Mitarbeiter gefördert werden und gleichzeitig notwendiges Wissen vermittelt werden. Jedoch muss auch hierbei beachtet werden, dass die Mitarbeiter behutsam an die neuen Technologien herangeführt werden und dass keinesfalls weder Mitarbeiter noch Führungskräfte überfordert werden. 16

Neben den Aufgaben der einzelnen Teilbereiche des Personalmanagements hat der Personalbereich in Unternehmen jedoch auch übergeordnete Aufgaben, bei denen ebenfalls zu einer erfolgreichen Etablierung der Digitalisierungsstrategie 17 beigetragen werden kann. Der Personalbereich hat schon immer eine besondere Stellung im Kommunikations- und Changemanagement von Unternehmen. Im Rahmen der digitalen Transformation ist es daher auch hierbei eine wesentliche Aufgabe des Personalmanagements, diesen Veränderungsprozess maßgeblich mitzugestalten und professionell zu begleiten. Die Veränderungen, die durch die Digitalisierung in Unternehmen entstehen, sind für die Mitarbeiter aller Hierarchieebenen eine erhebliche Veränderung. Oftmals werden diese anstehenden Veränderungen von den Mitarbeitern mit Skepsis und sogar Furcht gesehen. Daher ist bei solch massiven Veränderungen eine positive Kommunikation von entscheidender Bedeutung für das positive Gelingen dieses Veränderungsprozesses. Hier kann das Personalmanagement durch regelmäßige und offene Kommunikation darauf hinwirken, dass die Digitalisierung zum einem als notwendige Maßnahme von allen Mitarbeitern akzeptiert wird, und dass die sich abzeichnenden Veränderungen als Chance für eine erfolgreiche Zukunft des Unternehmens gesehen werden. Neben dem Personalmanagement haben auch hier Führungskräfte und Geschäftsführung entscheidenden Einfluss auf das erfolgreiche Gelingen der Kommunikationsmaßnahmen.

7 Ausblick

18 Mit der digitalen Transformation stehen die meisten Unternehmen vor einer der größten Herausforderung der Unternehmensgeschichte. Damit diese Herausforderung erfolgreich gemeistert wird, bedarf es besonderer Anstrengungen aller Unternehmensbereiche. Nicht nur auf Geschäftsführung und Führungskräfte, sondern auf jeden Mitarbeiter kommen besondere Herausforderungen zu, um die digitale Transformation erfolgreich zu meistern. Von entscheidender Bedeutung ist es hierbei, dass die Notwendigkeit der Veränderung vom Top-Management bis zu jedem Mitarbeiter verstanden, akzeptiert und positiv begleitet wird. Dabei ist es insbesondere Aufgabe der Führungskräfte und der Geschäftsführung, die Mitarbeiter in ihren Potenzialen zu fördern und damit auf die zukünftigen Veränderungen vorzubereiten, ohne diese jedoch zu überfordern. Durch die Ausrichtung des Führungsverhaltens auf die digitale Transformation des Unternehmens können alle beteiligten Kräfte im Unternehmen dazu beitragen, diese Transformation erfolgreich zu meistern und dadurch zur langfristigen Wettbewerbsfähigkeit des Unternehmens beitragen. Festzuhalten bleibt, dass in digitaler Organisationskommunikation die Führungsqualitäten an Gewicht gewinnen.[9]

---

9 Arlt: Was soll ich tun? – Macht loslassen und mitspielen: Über Führung. In Ciesielski/Schutz (Hrsg.): Digitale Führungskräfteentwicklung. Konzepte, Impulse und Trainingsformate aus der Praxis. 2018, S. 17.

Literatur

Arlt, F.: Was soll ich tun? – Macht loslassen und mitspielen: Über Führung. In: Ciesielski, M. A./ Schutz, T. (Hrsg.): Digitale Führungskräfteentwicklung. Konzepte, Impulse und Trainingsformate aus der Praxis. Berlin 2018, S. 15–33.

Bea, F. X./Haas, J.: Strategisches Management, 8. überarbeitete Aufl. Konstanz 2016.

Creusen, U./Gall, B./Hackl, O.: Digital Leadership. Führung in Zeiten des Digitalen Wandels. Wiesbaden 2017.

Herget, J. /Strobl, H.: Unternehmenskultur in der Praxis. Grundlagen-Methoden-Best Practices. Wiesbaden 2018.

Hölzerkopf, G.: Personalarbeit mit System. Potenziale nutzen, Meßbarkeit sichern. Wiesbaden 1998.

Petry, T: Digital Leadership. Erfolgreiches Führen in Zeiten der Digital Economy. Freiburg 2016.

Stärkung der Work Life Balance durch Blended Learning Konzepte

Stephanie Voss

Abstract: Blended Learning wird in vielen Unternehmen eingesetzt. Eine besondere Form ist das „Flipped Classroom" bzw. „Invert Classroom ". Bei dieser Form findet die Wissensvermittlung im virtuellen Training sowohl in asynchronen als auch in synchronen Ereignissen statt. Die Wissensaneignung ist selbstgesteuert, dies beinhaltet

a) selbstbestimmter Zeitpunkt,
b) individueller Intervall,
c) frei gewählter Ort,
d) angepasst an den eigenen Lebensrhythmus.

Die Teilnehmer werden ermächtigt, selber Entscheidungen zu treffen. Sie werden angeregt, die Verantwortung ihre eigenen Lernfortschritte zu übernehmen. Das virtuelle Lernen vom selbstgewählten Ort wird als flexibler und vorteilhafter angesehen. Bestehende Verpflichtungen, wie z. B. das Abholen der Kinder aus Betreuungseinrichtungen, können trotz eigenem Training eingehalten werden. Dies führt bei den Teilnehmern zu einer gesteigerten Work Life Balance, da Anreisen und Übernachtungen in Hotels wegfallen.

Auch von Seiten der Trainer entsteht eine Entspannung, da sie im Präsenztraining mit homogenen Gruppen arbeiten können. In Zeiten der virtuellen Phase sind sie nicht den ganzen Tag in ein Training eingebunden. Die praktische Umsetzung wird in homogenen Gruppen in der Präsenzphase z. B. durch Rollenspiele geübt. Die Präsenzphase kann intensiver und praxisnäher gestaltet werden und damit der positive Transfer verstärkt werden.

Für das Unternehmen werden direkte und indirekte Kosten eingespart. Es fallen weniger Übernachtungskosten an, Honorarkosten werden reduziert, das Unternehmen selber wirkt innovativer und kommt den Wünschen der Generation X und Y nach flexibler und autonomer Gestaltung der Arbeitszeit und des Ortes entgegen.

1 Blended Learning

1 Die folgende Abbildung verdeutlicht die einzelnen Optimierungen durch den Einsatz von Blended Learning.

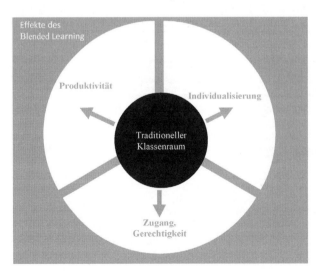

Abb. 1: Effekte des Blended Learning

Quelle: Eigene Darstellung.

Beim Blended Learning werden Vorteile von diversen Medien, lerntheoretische   2
Ausrichtungen und methodisches Vorgehen kombiniert. Dabei werden Präsenzveranstaltungen didaktisch sinnvoll mit E-Learning Formen verknüpft. Es wechseln sich synchrone und asynchrone Lernmethoden ab. Synchrone Methoden sind
alle Lernereignisse, die gleichzeitige Interaktion mit den Teilnehmern erfordern.
Ein integriertes Lernen findet statt. Häufig werden Systeme zur Videokonferenz,
virtuelle Klassenräume oder Chatfunktionen genutzt. Beim Einsatz von asynchronen Lernmethoden erfolgt das Lernen selbstgesteuert, dabei kann durch eine
tutorielle Begleitung das Selbstlernen optimiert und in die gewünschte Richtung
gebracht werden. Eine Begleitung des Lernenden findet über E-Mails und News-
groups statt.[1] Als weitere Möglichkeit können z. B. Wikis genutzt werden.

Blended Learning ist ein hybrides Model und vereinigt die Vorteile des traditio-   3
nellen Präsenztrainings mit den Vorteilen des Online Lernens. Somit ist es eine
disruptive Innovation, die eine besondere Nachhaltigkeit im Vergleich zum
klassischen Präsenztraining verspricht. Die am häufigsten verwendeten Blended
Learning Modelle sind sogenannte Rotationsmodelle. Bei dieser Form werden
verschiedene methodische Vorgehensweisen nach einem festen Ablaufplan durchgeführt oder nach individueller Anweisung des Lehrenden durchlaufen.[2]

1.1   Variationen von rotierenden Blended Learning Konzepten

Bei einem rotierenden Blended Learning Modell wechseln virtuelle und Präsenz   4
Phasen nach einem festen Zeitplan ab. Es existieren vier Untermodelle:

1. Station Rotation Modell – Themen werden innerhalb des Trainings mit
    virtuellen Methoden aufbereitet
2. Lab Rotations Modell – Wechselnder Unterricht zwischen Präsenztraining
    und Sprachlabortraining
3. Flipped Classroom bzw. Invert Classroom – Wechselnde Trainingsphasen mit
    Präsenztraining und selbstgesteuertes Lernen mit aufbereiteten Online Inhal-
    ten und online Anweisungen
4. Individuelles Rotationsmodell – Individualisierter Lernplan[3]

Im weiteren Verlauf wird auf ein rotierendes Blended Learning Modell, den
Flipped Classroom fokussiert.

---

1   Krauss-Hoffmann/Kuszpa/Sieland-Bortz: Mobile Learning Grundlagen und Perspektiven.
    2007, S. 25–26.
2   Christensen/Horn/Staker: Is K-12 Blended Learning Disruptive? An introduction to the
    theory of hybrids. 2013, S. 26..
3   Staker/Horn: Classifying K-12 Blended Learning. 2012, S. 9–10.

1.2 Vor- und Nachteile des Blended Learning am Beispiel Flipped Classroom

5   Durch Blended Learning Modelle entsteht eine Individualisierung. Die Kontrolle über die Zeit, den Ort, das Lerntempo und den Lernweg, in dem die Lerninhalte erarbeitet werden, behält der Lernende. Dadurch wird die Entscheidungsfreiheit der Lernenden gestärkt.[4] Der Lernende entscheidet eigenständig. So wird er weder über- noch unterfordert. Das fördert und steigert die Produktivität. Der Lernzugang wird erleichtert, da die virtuellen Phasen von jedem Ort der Wahl durchgeführt werden können. So werden auch Ressourcen wie z. B. Anreise, Übernachtungen reduziert und damit Kosten gespart.

6   Ein möglicher Ablauf und eine Methodenauswahl für Blended Learning Phasen sind in der folgenden Grafik dargestellt.

Abb. 2: Möglichkeit zum Ablauf und Methodeneinsatz von Blended Learning
Quelle: Eigene Darstellung.

1.2.1 Aus Unternehmenssicht

7   Durch das Angebot des Blended Learnings kann sich die Arbeit an den Bedürfnissen der Beschäftigten orientieren. Dies ist für die Arbeit 4.0 unerlässlich. Durch den Vorteil der Orts- und Zeitunabhängigkeit entstehen neue Freiräume für selbstbestimmtes Arbeiten. Dadurch wird die Work Life Balance gesteigert, da eine nach den Bedürfnissen ausgerichtete individualisierte und flexiblere

---

4   Christensen/Horn/Staker: Is K-12 Blended Learning Disruptive? An introduction to the theory of hybrids. 2013, S. 7.

Wissensaneignung ermöglicht wird. Die Gefahr liegt allerdings in einer zeitlichen und räumlichen Entgrenzung der Arbeitszeit.[5]

Entgrenzung:

Die vorgegebenen Strukturen mit festen Arbeitsorten und Arbeitszeiten sowie die langfristig angelegten Mitarbeiterbindungen verlieren zu Gunsten einer neuen Offenheit an Bedeutung.

Die Gefahr, die Gesundheit negativ zu beeinflussen, ist durch die Möglichkeit der andauernden Erreichbarkeit gegeben. Um das zu vermeiden, sind die Anforderungen zu definieren. Sie sollten in einem normalen Arbeitstag bewältigt werden können und lösbar sein. So kann das Lernen durch das Blended Learning zur Humanisierung der Arbeit beitragen.[6]   8

Auf Unternehmen kommen durch die Umstellung auf virtuelles Lernen bei benötigten Neuinvestitionen in virtuelle Systeme erst einmal Kosten zu. Bei einem geringen Teilnehmerkreis sind die Kosten zu Beginn höher oder vergleichbar zu dem eines Präsenztrainings.[7] Die Kosten explodieren, wenn man Inhalte interaktiv und didaktisch aufbereiteten und erstellen lässt. Nutzt man für die virtuellen Phasen die in Unternehmen vorhandenen Videokonferenzsysteme, entstehen geringere Zusatzkosten als in einem Präsenztraining. Es entfallen Übernachtungskosten, Raumkosten und Honorarkosten. Die geringeren Honorarkosten fallen an, da Trainer nur zeitweise aktiv eingebunden sind und nicht wie bei einem Präsenztraining tageweise im Training eingebunden sind. Bei der Erstellung von Blended Learning Konzepten ist zu berücksichtigen, dass bei virtuellen – und Präsenztrainings die gleichen Erfolgsfaktoren gelten. Das Lernen fällt stets leichter, je mehr interaktive Prozesse im Training eingebaut werden.[8]   9

Humanisierung der Arbeit:

Eine möglichst gerechte Gestaltung der Arbeitswelt. Hierunter wird alles verstanden, was eine Verbesserung der Arbeitsinhalte und der Arbeitsmaßnahmen beinhaltet.

---

5   Bundesministerium für Arbeit und Soziales: Arbeit weiter denken. Grünbuch Arbeiten 4.0. 2015.
6   Bundesministerium für Arbeit und Soziales: Arbeit weiter denken. Grünbuch Arbeiten 4.0. 2015.
7   Geldermann u. a.: Blended Learning für die betriebliche Praxis. 2005.
8   Häfele/Maier-Häferle: 101 e-Le@rning Seminarmethoden. 2004.

1.2.2 Aus Trainersicht

10 Durch den Aufbau des Blended Learnings können sich die Lernenden entsprechend ihres Wissensstandes das für sie nötige Wissen aneignen. Im darauffolgenden Präsenztraining findet der Trainer eine homogene Gruppe vor. Das bedeutet, dass der Wissensstand der Teilnehmer identisch ist. Das Präsenztraining kann genutzt werden, um Verhalten einzuüben und den Schwerpunkt auf die Umsetzung von Theorie in die Praxis zu legen wie z. B. durch Rollenspiele. Ein auf das virtuelle Training aufbauendes Präsenztraining steigert die Wahrscheinlichkeit der Durchführung der Selbstlernphasen.[9]

11 Wie bei einem Präsenztraining müssen die virtuellen Phasen ebenso didaktisch und methodisch aufbereitet werden, denn der Prozess der Wissensaneignung verläuft nach den gleichen Vorgängen in allen Lernphasen. In der E-Learning Phase sind die Lehrenden nicht mehr die „allwissenden Dozenten", sondern Unterstützer bzw. Begleiter im Prozess des Lernens.[10] Dies bedeutet ein Umdenken der eigenen Rollenidentifikation. Dadurch entstehen ein Kontrollverlust und die Befürchtung, schlechtere Bewertungen von den Lernenden zu erhalten. Die Vorbereitung und die Durchführung sind ebenfalls – gerade am Anfang – zeitaufwendiger.[11]

1.2.3 Aus Teilnehmersicht

12 Im Präsenztraining kommt es oft vor, dass Teilnehmer eine eher passive Rolle einnehmen und sich „belehren" lassen. Durch den Einsatz des Flipped Classrooms werden Teilnehmer befähigt, sich zu Wissensarbeitern zu entwickeln. Dies bedeutet:

a) Autonome Lernentscheidung: Im Wissensaneignungsprozess der virtuellen Phase bestimmt der Teilnehmer, wie und wann er lernt. Er entscheidet, welche Elemente er aus dem Angebot auswählt um z. B. Leitfragen, die zur Thematik gestellt worden sind, zu beantworten.

b) Selbstorganisation: In der Phase des virtuellen Lernens organisiert der Teilnehmer das Lernen selbstständig. Dabei werden die autodidaktischen Methoden, mit denen sich der Lernende das Wissen selber aneignet, eigenständig gewählt. Autodidaktische Methoden sind z. B. Videos, E-Books, Selbstlernmodule.

c) Verschmelzung von Lernen und Arbeit: Durch die Wahl von gezielten Fragen (Leitfragen) während der virtuellen Trainingssequenz konzentriert sich das Lernen von vornherein auf die relevanten Inhalte. In der Präsenzphase wird das Wissen in die Praxis umgesetzt, z. B. durch Rollenspiele.

---

9 Geldermann u. a.: Blended Learning für die betriebliche Praxis. 2005.
10 Müller: Lerneffizienz mit E-Learning. 2004.
11 e-teaching.org, 2017. e-teaching.org Redaktion: Blended Learning. 2017. Online: Leibniz-Institut für Wissensmedien: https://www.e-teaching.org/lehrszenarien/blended_Learning/index_html [Zugriff am 12.06.2018].

d) Neue Experten Souveränität: Dieser Punkt kann nur dann erfolgen, wenn die organisatorischen Voraussetzungen geschaffen werden. Viele Unternehmen geben den Mitarbeitern nicht die Möglichkeiten, selber zu entscheiden, was sie an Weiterbildungen benötigen, um sich die geforderte Expertise anzueignen. Dies wäre ein wichtiger Schritt für die Arbeitswelt 4.0.[12]

Durch den kontinuierlichen Wandel, gerade in Hinblick auf die Arbeitswelt 4.0, benötigt der Mitarbeiter eine lebenslange Kompetenzentwicklung. Besonders wichtig ist dabei die Employability (Beschäftigungsfähigkeit) um seine Workability (Arbeitsfähigkeit) aufrecht zu erhalten.[13]　13

Durch die oben genannten Punkte steigen die Flexibilität und Erfahrung beim Lernen. Ort und Zeit können selber bestimmt werden. Verpflichtungen, sei es in der Familie, oder in der Ausübung von Freizeitaktivitäten, kann nachgegangen werden, da von zu Hause gelernt werden kann. Der Lernerfolg ist häufig höher als bei traditionellen Lernszenarien. Dies steigert merklich die Work Life Balance. Häufig wird der Arbeitsaufwand unterschätzt. Von den Teilnehmern ist mehr Selbstdisziplin im Bereich Selbst- und Zeitmanagement erforderlich. Außerdem steigt die eigene Verantwortung für den Lernerfolg und die Technik. Der Teilnehmer muss erlernen, sich mit ungewohnten Kommunikationstechniken und Kooperationswerkzeugen auseinanderzusetzen.[14]　14

2　Implementierung in/im Unternehmen

Um ein Blended Learning nachhaltig zu implementieren, bedarf es der Einbindung des oberen Managements, da es mit einem veränderten Rollenverständnis der Mitarbeiter in Bezug der Weiterentwicklung einhergeht. Durch das Einbinden des oberen Managements entsteht ein verbindlicher Charakter. Der Change-Prozess erfolgt reibungsloser, da eine Verhaltensänderung beim direkten Vorgesetzten und Mitarbeiter forciert wird. Dabei ist es ausreichend, wenn die Unternehmensleitung z. B. die Begrüßung im virtuellen Raum übernimmt. Eine weitere Option ist es, die Teilnahme an einem Blended Learning zu honorieren.[15] Die Intensität der Unterstützung des oberen Managements beeinflusst den Erfolg und die Akzeptanz der Blended Learning Maßnahme.[16]　15

12　Geldermann u. a.: Blended Learning für die betriebliche Praxis. 2005.
13　Krauss-Hoffmann/Kuzpa/Sieland-Bortz: Mobile Learning Grundlagen und Perspektiven. 2007.
14　e-teaching.org Redaktion: Blended Learning. 2017, Online: Leibniz-Institut für Wissensmedien: https://www.e-teaching.org/lehrszenarien/blended_Learning/index_html [Zugriff am 12.06.2018].
15　Keller/Back: Blended-Learning-Projekte im Unternehmen. 2004.
16　Piezzi: Transferförderung in der betrieblichen Weiterbildung. Theoretische Modellbildung und empirische Untersuchung der Bedeutung der Arbeitsumgebung sowie der Integration der Weiterbildung in die Unternehmensführung. 2002.

16   Damit die Trainingssequenzen aufeinander aufbauen und ineinandergreifen, ist es wichtig, dass die Inhalte passend zu den Medien aufbereitet werden. Im virtuellen Raum fehlen Mimik und Gestik. Somit geht ein Teil der Kommunikation verloren. Virtuelle Medien sind demensprechend vorwiegend zur Inhaltsvermittlung einzusetzen. Übungen zum Verhalten, Auftreten und der Umsetzung sowie der Erfahrungsaustauch, bei dem die nonverbalen Signale eine Rolle spielen, sind besser für Präsenzveranstaltungen geeignet. Werden diese einfachen Regeln befolgt, steigt der Lerneffekt und zugleich die Work Life Balance, da die Sinnhaftigkeit einer Anreise bei allen Beteiligten deutlicher wird, als bei einem reinen Wissensvermittlungsseminar, welches genauso gut über virtuelles Lernen vermittelbar ist. Die Lernbereitschaft steigt so an.

3   Chancen und Risiken des Blended Learnings in der Arbeitswelt 4.0

17   In der Grafik sind die Vorteile und die Herausforderungen bezüglich des Blended Learnings dargestellt.

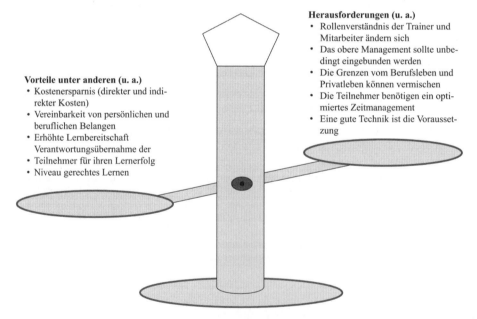

Herausforderungen (u. a.)
- Rollenverständnis der Trainer und Mitarbeiter ändern sich
- Das obere Management sollte unbedingt eingebunden werden
- Die Grenzen vom Berufsleben und Privatleben können vermischen
- Die Teilnehmer benötigen ein optimiertes Zeitmanagement
- Eine gute Technik ist die Voraussetzung

Vorteile unter anderen (u. a.)
- Kostenersparnis (direkter und indirekter Kosten)
- Vereinbarkeit von persönlichen und beruflichen Belangen
- Erhöhte Lernbereitschaft Verantwortungsübernahme der
- Teilnehmer für ihren Lernerfolg
- Niveau gerechtes Lernen

Abb. 3: Beurteilung des Einsatzes von Blended Learning
Quelle: Eigene Darstellung.

18   Wie in der Abbildung ersichtlich, überwiegen die Vorteile des Blended Learning Einsatzes. Die Work Life Balance wird nach Aussagen der Teilnehmer dadurch verbessert. Auch von Unternehmensseite überwiegen die Vorteile einer Umset-

zung der Blended Learning Ansätze. Der Wechsel des Rollenverständnisses auf Seiten der Trainer sollte bei der Einführung dieser Vorgehensweise besonders berücksichtigt werden. Hier ist die Befürchtung groß, „die Bühne der Präsentation" im Präsenztraining aufzugeben. Empfehlenswert ist es, den Mehrwert eines solchen Ansatzes von den Trainern erarbeiten zu lassen, damit der Change-Prozess gut durchlaufen werden kann.

Literatur

Bundesministerium für Arbeit und Soziales: Arbeit weiter denken. Grünbuch Arbeiten 4.0. Berlin 2015.

Christensen, C./Horn, M./Staker, H.: Is K-12 Blended Learning Disruptive? An introduction to the theory of hybrids. Boston 2013.

e-teaching.org Redaktion: Blended Learning, unter: Leibniz-Institut für Wissensmedien. Online: https://www.e-teaching.org/lehrszenarien/blended_Learning/index_html [abgerufen am 12.6.2018].

Geldermann, B. u. a.: Blended Learning für die betriebliche Praxis. Bielefeld 2005.

Häfele, H./Maier-Häferle, K.: 101 e-Le@rning Seminarmethoden. Bonn 2004.

Keller, M./Back, A.: Blended-Learning-Projekte im Unternehme. St. Gallen. 2004.

Klaffke, M.: Generationen Management. Berlin, 2014.

Krauss-Hoffmann/P., Kuszpa, M./Sieland-Bortz, M.: Mobile Learning Grundlagen und Perspektiven. Dortmund/Berlin/Dresden 2007.

Müller, M.: Lerneffizienz mit E-Learning, München/Mering 2004.

Piezzi, D.: Transferförderung in der betrieblichen Weiterbildung. Theoretische Modellbildung und empirische Untersuchung der Bedeutung der Arbeitsumgebung sowie der Integration der Weiterbildung in die Unternehmensführung. Brühl 2002.

Staker, H./Horn, M.: Classifying K-12 Blended Learning. Lexington MA 2012.

Digital Leadership – Betriebliches Gesundheitsmanagement für Führungskräfte

Peter Biltzinger

Abstract: Der Autor beschäftigt sich mit dem Aspekt der Überforderung von Führungs-kräften in der Gestaltung des Digitalen Wandels und der Arbeitswelt 4.0 aufgrund fehlender Digital Leadership-Kompetenzen. Es werden die Rahmenbedingungen der Digitalisierung und die damit verbundenen, grundlegend neuen Herausforderungen für Führungskräfte beleuchtet und herausgearbeitet, warum traditionelle, bisher erfolgreiche Management- und Führungskonzepte zur Gestaltung der Digitalen Transformation nicht geeignet sind. Die wesentlichen Elemente einer neuen Unternehmenskultur als Basis für nachhaltigen Erfolg in der Digital Economy werden vorgestellt und es wird begründet, warum Führungskräfte proaktiv in den notwendigen Management- und Führungsmethoden für den digitalen Wandel ausgebildet werden sollten – als wesentliches Element des betrieblichen Gesund-heitsmanagements in einem erweiterten Sinne.

1 Führungskräfte im Spanungsfeld der Digitalisierung

1 Der unternehmerische Erfolg eines Unternehmens hängt im Zeitalter der Digita-lisierung entscheidend von dem Gestaltungswillen und -kompetenz der Unter-nehmensführung sowie aller Führungskräfte ab. Dies führt zu einem entsprechen-den Leistungsdruck bei Führungskräften: Veränderungen, induziert durch technologische Trends und neue Geschäftsmodelle, zu erkennen und Antworten zu finden, die Chancen der Digitalisierung für das eigene Unternehmen zu sehen und zu gestalten sowie die Mitarbeiter in eine Arbeitswelt 4.0 zu überführen umreißen den Erwartungsrahmen.

2 Gefühle der Überforderung, emotionale Ermüdung und reduzierte Leistungs-zufriedenheit angesichts der digitalen Herausforderungen sind bei Führungskräf-ten häufig die Folge und können sich in Form hoher Fehltage bis hin zur Arbeitsunfähigkeit bemerkbar machen – oft verbunden mit psychischen Erkran-kungen.

3 Das Gefühl der Überforderung in der Gestaltung des Digitalen Wandels ist jedoch eher als faktische Überforderung anzusehen: Führungskräfte versuchen den Wan-del mit den bisher als erfolgreich erlebten und gelernten Management- und Führungskonzepten zu bewältigen. Diese Konzepte führen jedoch häufig nicht zum Erfolg – neue methodische Konzepte sind erforderlich, um den Digitalen Wandel zu gestalten.

4 Die Befähigung der Führungskräfte, durch geeignete Management- und Füh-rungsmethoden den Digitalen Wandel erfolgreich zu gestalten, sollte daher als wesentliches Element eines betrieblichen Gesundheitsmanagements in einem erweiterten Sinne gesehen werden und stellt ein primäres Handlungsfeld dar, dem Unternehmen hohe Aufmerksamkeit schenken sollten.

5 Die Bedeutung resultiert insbesondere aus der Erkenntnis, dass Unternehmen, die den digitalen Wandel gestalten, wettbewerbsfähiger und wirtschaftlich erfolg-reicher sind und diese Gestaltung des digitalen Wandels sowie das Ergreifen der

damit verbundenen Chancen maßgeblich von den Führungskräften des Unternehmens abhängen.

2 Traditionelle Führungsansätze sind für den Digitalen Wandel oft ungeeignet

Technologische und gesellschaftliche Entwicklungen, getrieben durch die Digitalisierung, führen zu Veränderungen im Kundenverhalten und infolge dessen zu Veränderungen in Geschäftsmodellen und Wettbewerbssituationen von Unternehmen sowie zu Veränderungen in der Arbeitswelt. 6

Digitale Technologien stellen hierbei die Basis der Digitalisierung dar. Als zentrale Treiber der technologischen Entwicklung mit grundlegender Bedeutung[1] sind (1) Exponentielles Wachstum, (2) Economics of Digitalization und (3) Kompatibilität zu benennen: 7

Exponentielles Wachstum ist in allen wesentlichen Bereichen der Informationstechnologie über die letzten Dekaden festzustellen: Ob Computerleistung, Datenspeicherung oder Netzwerk- bzw. Kommunikationstechnologien. Dieses exponentielle Wachstum der Leistungsfähigkeit der Basistechnologien führt dazu, dass technologische Entwicklungssprünge immer größer werden und in immer kürzeren Zeiträumen auftreten. 8

Economics of Digitalization adressiert den geschäftlichen Kern digitaler Technologien: Digitale Produkte und digitale Dienstleistungen sind in der Regel leicht skalierbar und Märkte können oft sehr schnell weltweit adressiert werden. Aufgrund der leichten Kopierbarkeit der zugrundeliegenden Software und der einfachen Auslieferung digitaler Produkte und digitale Dienstleistungen kann mit vergleichsweise geringen Mitteln starkes, auch weltweites, Wachstum in kurzer Zeit erreicht werden. 9

Kompatibilität stellt den dritten und letzten technologischen Treiber dar: Viele Basistechnologien sind kompatibel zueinander und unterstützen sich gegenseitig, so dass digitale Produkte und digitale Dienstleistungen, die diese nutzen, hohen Mehrwert für den Kunden erlangen. Smartphones inkl. deren eingebauter Sensorik und soziale Netzwerke, die die Basis für völlig unterschiedliche Geschäftsmodelle bilden können, sind entsprechende Beispiele. 10

Als Ergebnis dieser drei technologischen Treiber ergeben sich als zentrale Themen[2] (a) die Vernetzung zwischen Mensch, Maschine und Gegenständen, 11

---

1 Brynjolfsson/McAfee: The Second Machine Age: An Industrial Revolution Powered by Digital Technologies. In: Digital Transformation Review 2014/5, S. 12–17.
2 Brynjolfsson/McAfee: The Second Machine Age: An Industrial Revolution Powered by Digital Technologies. In: Digital Transformation Review 2014/5, S. 12–17.

(b) Künstliche Intelligenz und (c) Big Data – die einzeln, gepaart oder in Summe die Basis disruptiver Geschäftsmodelle darstellen.

12   Induziert durch den technologischen Wandel mit neuen Kommunikationsmöglichkeiten ist ein gesellschaftlicher Wandel zu beobachten, der sich in einem Wertewandel manifestiert: Social Media, starke kommunikative Vernetzung, Aufhebung geographischer Grenzen in der Kommunikation und das Teilen von Erlebnissen, Erfahrungen und Wissen sind für Digital Natives[3], d. h. die Generationen, die mit digitalen Technologien aufgewachsen sind, Ausdruck dieses Wertewandels. Zudem ist bei großen Teilen der Bevölkerung, die altersbedingt nicht mit sozialen Medien aufgewachsen sind, ebenfalls der gleiche Wertewandel vorzufinden (Digital Immigrants). Zusammen mit der Gruppe der Digital Ignorants, die digitale Technologien weitgehend verweigert, bilden diese zusammen die Arbeitnehmer und Arbeitnehmerinnen in Unternehmen.

13   Ein verändertes Kundenverhalten geht einher mit dem beschriebenen gesellschaftlichen Wertewandel: Im Fokus der Kunden steht die konsequente und authentisch gelebte Serviceorientierung der Unternehmen, verbunden mit Transparenz und Nachvollziehbarkeit der Dienstleistungen und Produkte. Ein offener Austausch über soziale Medien und anderen technologische Plattformen zu Produkten und Dienstleistungen werden seitens der Kunden konsequent genutzt. Zudem haben sie die Erwartung, jederzeit und ortunabhängig mit Unternehmen in Kontakt treten und maximale Flexibilität erleben zu können.

14   Der technologische Wandel, die exponentiellen Entwicklung der grundlegenden Technologien sowie der Wertewandel in der Gesellschaft, zusammen mit den mit diesem verbundenen Kundenerwartungen, haben hohe Auswirkungen auf Geschäftsmodelle und die Wettbewerbssituation von Unternehmen. Dies betrifft mittlerweile alle Branchen und Industrien. Lediglich der zeitliche Verlauf und die Auswirkungen disruptiver Geschäftsmodelle in den einzelnen Branchen können als unterschiedlich angesehen werden. Führungskräfte in allen Branchen und Industrien müssen sich intensiv mit den Chancen und Auswirkungen der Digitalisierung für ihr Unternehmen beschäftigen.

15   Ebenfalls in allen Branchen und Industrien wird die Digitalisierung die Arbeitswelt verändern. Neben der Frage nach der Anzahl und Art künftiger Jobs, zu der es zahlreiche Studien mit sehr unterschiedlichen Schlussfolgerungen gibt, ist die Frage nach der Gestaltung der Arbeit von besonderem Interesse: Die Welt der Arbeit 4.0, d. h. einer von Digitalisierung geprägten Arbeitswelt, hängt entscheidend von Gestaltungswillen und -fähigkeiten der Führungskräfte ab.

16   Vor dem Hintergrund dieser Auswirkungen der Digitalisierung verändert sich die Umwelt für unternehmerische Entscheidungen: Im Gegensatz zu einer eher

---

3   Prensky: Digital Natives. Digital Immigrants Part 1. In: On the Horizon 9(5)/2001, S. 1–6.

statischen, durch Tradition und langfristige Planung geprägten Unternehmenswelt, setzt sich zunehmend die Sichtweise durch, dass Unternehmen in einer VUCA-Welt[4] agieren. Hierbei steht VUCA für Votality, Uncertainty, Complexity und Ambiguity:

Votality (Volatilität) – Häufige Veränderungen der Rahmenbedingungen, neue Wettbewerber und neue Wettbewerbssituationen. Diese Veränderungen sind ihrem Wesen nach nicht zwingend unvorhersehbar, eine Absicherung im klassischen Sinne ist aber häufig nicht möglich. Solche Situationen erfordern die unternehmerische Fähigkeit, sich verschiedene Optionen offenzuhalten und schnell sowie flexibel zu reagieren (Agilität).   17

Uncertainty (Ungewissheit, Unsicherheit) – Unklare Situationen und undurchsichtige Veränderungen. Diese erfordern es, in Szenarien zu denken, die eigene Informationsbasis zu verbessern und die Investitionen in die notwendige Interpretation zu erhöhen (Information und Verständnis).   18

Complexity (Komplexität, Vielschichtigkeit) – Situationen, in denen viele und vielfältige Aspekte und Elemente ineinandergreifen und sich gegenseitig beeinflussen. In diesen Situationen ist die Fähigkeit wichtig, Komplexität durch Vereinfachung herauszunehmen und sich mit weiteren Annahmen und Hypothesen Klarheit zu verschaffen (Vereinfachung und Klarheit).   19

Ambiguity (Ambivalenz, Mehrdeutigkeit) – Unklare und unscharfe, zum Teil auch widersprüchliche Situationen. Solche unklaren Ursache-Wirkung-Beziehungen erfordern die Fähigkeit, Hypothesen aufzustellen, diese zu validieren und aus Fehlern schnell zu lernen (Experimentierfreudigkeit und Agilität).   20

Das Zeitalter der Digital Economy, eingeläutet durch die beschriebenen technologischen Treiber und den gesellschaftlichen Wertewandel, bedeutet für viele Unternehmen, dass häufig alle vier Aspekte einer VUCA-Welt schon heute oder in naher Zukunft zum Tragen kommen. Augenscheinlich wird dies durch die Erkenntnisse, dass aus Unternehmenssicht Geschäftsentwicklungen weniger planbar sind als dies in der Vergangenheit der Fall war.   21

In der Konsequenz sind erfolgreiche Führungs- und Managementmodelle der Vergangenheit, die auf detaillierter Analyse und langfristiger Planung beruhen, zum unternehmerischen und personellen Führen nicht mehr in vollem Umfang geeignet und müssen um neue Elemente in der Welt der Digital Economy erweitert werden.   22

---

4   Bennett/Lemoine: What VUCA Really Means for You. In: Harvard Business Review 1/2014, S. 27.

3 Management- und Führungsmethoden zur Gestaltung des Digitalen Wandels

23 Die Erkenntnis, dass in der Digital Economy, die alle Industrien und Branchen erfassen wird, die Umwelt- und Wettbewerbssituationen zunehmend durch die Begriffe einer VUCA-Welt charakterisiert werden können, führt zur Notwendigkeit neuer Führungsmodelle, d. h. entsprechender Digital Leadership-Kompetenzen.[5]

24 Auf Basis der Analyse diverser digitaler Geschäftsmodellinnovationen und der jeweils zugrunde liegenden Unternehmensphilosophien und Führungskonzepte nennt Willms Buhse[6] folgende vier Aspekte für die erfolgreiche Führung in einer Digital Economy: Vernetzung, Offenheit, Partizipation, und Agilität (VOPA-Kultur).

25 **Vernetzung** bedeutet die Kommunikation und Interaktion sowohl der Führungskräfte als auch der Mitarbeiter über alle Hierarchieebenen und Abteilungen hinweg und zieht sich auch in den Bereich jenseits des Alltagslebens. Für eine starke Vernetzung bedarf es einer inneren und äußeren Haltung der Führungskräfte und der Mitarbeiter. Führungskräfte müssen den digitalen Wandel tatsächlich wollen und vorantreiben. Im Ergebnis dient eine starke Vernetzung innerhalb eines Unternehmens als Basis für ein gemeinsames Leitbild und sorgt für Motivation, aber auch für eine Erwartungshaltung, die Herausforderungen der Digitalisierung gemeinsam erfolgreich gestalten.

26 **Offenheit** als Element einer Unternehmenskultur stellt eine wesentliche Voraussetzung für die erfolgreiche Gestaltung des Digitalen Wandels dar. Nur ein offener und ehrlicher Dialog über unterschiedliche Perspektiven ist für ein Unternehmen gewinnbringend. Gleiches gilt für die unternehmensinterne Informationspolitik: Auch diese sollte soweit irgendwie möglich offen und hierarchiefrei sein, um Herrschaftswissen zu unterbinden und allen die gleiche Informationslage zu geben. Um Offenheit in einer Unternehmenskultur zu verankern, muss diese von den Führungskräften und in gleichem Maße von der Unternehmensleitung zugelassen und gelebt werden.

27 **Partizipation** bedeutet, dass sich in Entscheidungs- und Problemlösungsprozessen alle Beteiligten einbringen können – wieder hierarchiefrei. Das Zusammenführen von top-down und bottom-up Prozessen ermöglicht die Gewinnung gemeinsamer Sichtweisen, die vom ganzen Unternehmen getragen und umgesetzt werden, verbunden mit entsprechend hohem Engagement.

28 **Agilität** stellt eine zentrale Fähigkeit dar: In der VUCA-Welt der Digital Economy sind viele Herausforderungen nicht linear und nicht bis zum Ende planbar zu

5 Petry: Digital Leadership – Unternehmens- und Personalführung in der Digital Economy. In: Petry (Hrsg.): Digital Leadership. 2016, S. 21–74.
6 Buhse: Management by Internet. 2014, S. 24.

meistern. Daher ist es besonders wichtig, flexibel vorzugehen: eingeschlagene Wege, die sich nicht als die richtigen herausstellen, schnell zu verlassen und neue Wege zu suchen. Entscheidungen nicht aus Prinzip wider besseren Wissens aufrechtzuhalten. Eine positive Fehlerkultur unterstützt agile Managementmethoden und ist zwingend notwendig.

Die Fähigkeit, als Führungskraft im eigenen Wirkungskreis eine Vernetzung herzustellen, eine Kultur der Partizipation zu schaffen, Agilität im Handeln einzufordern und vorzuleben sowie die notwendige Offenheit im Miteinander sicherzustellen, ist als Voraussetzung für unternehmerischen Erfolg im Zeitalter der Digital Economy anzusehen.   29

Das Modell einer VOPA-Kultur kann um das Element Vertrauen erweitert werden (VOPA+[7]): Hierarchiefreies Vertrauen zwischen Führungskräften und Mitarbeitern in Unternehmen ist eine weitere Voraussetzung für gesamtunternehmerischen Erfolg in der Digital Economy, die jedoch häufig in von traditionellen Führungsmodellen geprägten Unternehmen nicht in ausreichender Form anzutreffen ist.   30

VOPA+ kann als grundlegendes Modell der wichtigsten Management- und Führungselemente zur erfolgreichen Gestaltung der Digitalisierung sowie einer modernen und adäquaten Unternehmenskultur angesehen werden.   31

Die entscheidende, im Zeitalter der Digital Economy zu erlernende Führungskompetenz ist somit diejenige der agilen Führung – in Kombination mit Vernetzung, Partizipation und Offenheit. Jedoch sind nicht alle unternehmerischen Bereiche und Herausforderungen zur Anwendung agiler Führungsmodelle geeignet. In nahezu allen Unternehmen existieren Aufgaben und Problemstellungen, in denen traditionelle Führungsmethoden, die auf Effizienz und Exzellenz ausgerichtet sind, die beste Wahl darstellen. Hierzu gehören z. B. Aufgaben, die mit hoher Präzision, Zuverlässigkeit und Genauigkeit erledigt werden müssen. Dies können wiederkehrende Aufgaben sein, oder Aufgaben, deren Fehlerhaftigkeit große und nichtrevidierbare Tragweiten aufweisen würden.   32

Herausforderungen, die in allen oder in Teilaspekten der VUCA-Welt unterliegen, sind hingegen mittels agiler Methoden und auf Basis einer VOPA-Kultur häufig besser zu gestalten.   33

Entscheidend für Führungskräfte ist zum einen, die Methoden des agilen Managements zu beherrschen, und zum anderen, zu erkennen, in welchen Aufgaben und Problemstellungen traditionelle und in welchen agile Führungs- und Managementmodelle erfolgversprechend anzuwenden sind.   34

---

7   Petry: Führungskräften mangelt es oft an Digitalkompetenz. In: Human Resources Manager 6/2014, S. 86–88.

35 Die Fähigkeit, beide Führungsansätze zu beherrschen und anwenden zu können, wird als Beidhändigkeit der Führung (Ambidexterity[8]) bezeichnet: Bewährte, auf Effizienz und Exzellenz ausgerichtete Führungsmethoden (linke Hand) sowie auf Geschwindigkeit und Innovation ausgerichtete Managementmethoden (rechte Hand).

4 Vermittlung von Digital Leadership-Kompetenzen als Element des Betrieblichen Gesundheitsmanagements

36 In einer Marktumgebung, die zunehmend durch die Elemente einer VUCA-Welt geprägt ist, merken Führungskräfte, dass ihre gewohnten Herangehensweisen an Problemstellungen sowie ihre gelernte Art, Mitarbeiter zu führen und mit Teams an Lösungen zu arbeiten, oft nicht mehr zur Lösung der Probleme geeignet sind. In der Konsequenz entsteht das Gefühl von Überforderung.

37 Dieser Konsequenz kann entgegengewirkt werden, indem Unternehmensführer und deren Personalabteilungen zunächst die grundlegenden Veränderungen der Digitalisierung und des Zeitalters der Digital Economy verstehen und akzeptieren und diese Veränderungen für ihr Unternehmen bzw. ihre Branche nicht negieren. Im zweiten Schritt sollten alle Führungskräfte proaktiv im Rahmen der Personalentwicklung in Management- und Führungsmethoden geschult werden, die geeignet sind, in einer VUCA-Welt zu führen und eine VOPA-Kultur aufzubauen. Neue Elemente wie agile Methoden (z. B. Scrum) und Workshop-Formate wie z. B. BarCamps, Hackathon und FedExDays und viele weitere Elemente[9,10] sollten Gegenstand der Methodenschulung für Führungskräfte sein, um ihnen die Mittel an die Hand zu geben, die notwendig sind, um die Herausforderungen der Digital Economy zu meistern.

38 Vor dem Hintergrund der großen und grundsätzlich neuen Herausforderungen der Digitalisierung sowie der Arbeit 4.0 kommt der Stärkung der Digital Leadership-Kompetenzen somit eine Schlüsselfunktion zu und sie ist Voraussetzung für unternehmerischen Erfolg. Die methodische Ausbildung aller Führungskräfte eines Unternehmens in Digital Leadership-Kompetenzen sollte als zentrales, proaktives Element eines betrieblichen Gesundheitsmanagements in einem erweiterten Sinne verstanden werden – mit dem Ziel, die drohende und jetzt schon oft beklagte Überforderungen von Führungskräften mit den bekannten psychischen Folgeerkrankungen zu vermeiden.

---

8 Gibson/Birkinshaw: The antecedents, consequences, and mediating role of organizational ambidexterity. In: Academy of Management Journal 2/2004, S. 209–226.
9 Petry: Digital Leadership – Unternehmens- und Personalführung in der Digital Economy. In: Petry, T. (Hrsg.): Digital Leadership. 2016. S. 63–66.
10 Buhse: Management by Internet. 2014, S. 157–159.

Literatur

Bennett, N./Lemoine, G.: What VUCA Really Means for You. In: Harvard Business Review 1/2014, S. 27–28.

Brynjolfsson, E./McAfee, A.: The Second Machine Age: An Industrial Revolution Powered by Digital Technologies. In: Digital Transformation Review 5/2014, S. 12–17.

Buhse, W.: Management by Internet. Kulmbach 2014.

Buhse, W./Stamer, S. (Hrsg.): Die Kunst, loszulassen. Enterprise 2.0. Berlin 2008.

Gibson, C.B./Birkinshaw, J.: The antecedents, consequences, and mediating role of organizational ambidexterity. In: Academy of Management Journal 2/2004, S. 209–226.

Petry, T.: Digital Leadership – Unternehmens- und Personalführung in der Digital Economy. In: Petry, T. (Hrsg.): Digital Leadership. 2016, S. 21–74.

Petry, T.: Führungskräften mangelt es oft an Digitalkompetenz. Human Resources Manager 6/2014.

Prensky, M.: Digital Natives, Digital Immigrants Part 1. In: On the Horizon 9(5)/2001, S. 1–6.

Betriebliches Eingliederungsmanagement: Arbeit zukunftsfähig und menschengerecht gestalten

Anja Liebrich/Tobias Reuter/Marianne Giesert

Abstract: Das Betriebliche Eingliederungsmanagement ist ein Instrument, das die menschen- und gesundheitsgerechte Gestaltung der Arbeit in den Mittelpunkt stellt. Gerade vor dem Hintergrund der Auswirkungen der digitalen Transformation wird dessen Bedeutung deutlich: Die Initiierung und Verstetigung eines Betrieblichen Dialogs zur Unterstützung der Arbeitsfähigkeit in einer sich immer schneller wandelnden und digitalisierenden Umwelt. Als konkretes betriebliches Instrument im BEM, das diesen Dialog systematisch unterstützt, wird das Arbeitsfähigkeitscoaching vorgestellt.

1 Einleitung

1 Die Megatrends „Demografischer Wandel" und „Digitale Transformation" bestimmen die öffentliche und wissenschaftliche Diskussion um die Frage, wie die „Arbeitswelt der Zukunft" aussehen wird. Älter werdende Mitarbeiterinnen und Mitarbeiter treffen auf immer neuere und „potentere" Technologien, die große Veränderungen im Arbeitsablauf, -umfeld, in nachgefragten und angewendeten Kompetenzen, in Arbeitsort und -zeit, in Führungsstrukturen und -verständnis etc. mit sich bringen. In diesem Kontext hat unter dem Stichwort „Arbeiten 4.0" die Gestaltung von Arbeitssituationen Eingang in die Diskussion gefunden. Unter Berücksichtigung des älter werdenden Erwerbspersonenpotenzials und der damit zunehmenden interindividuellen Unterschiedlichkeit bei der psychischen und physiologischen Leistungsfähigkeit[1], wird die Notwendigkeit einer differentiellen Arbeitsgestaltung bei älter werdenden Belegschaften in einer sich digitalisierenden Arbeitswelt deutlicher denn je.

2 Mit dem BEM existiert ein Handlungsfeld, das einen entscheidenden Beitrag zur Gestaltung von menschen- und gesundheitsgerechter Arbeit in einer vom digitalen Wandel gezeichneten Umwelt leisten kann. D. h. Arbeitstätigkeiten so zu gestalten, dass diese „die psychophysische Gesundheit der Arbeitstätigen nicht schädigen, ihr psychosoziales Wohlbefinden nicht – oder allenfalls vorübergehend – beeinträchtigen, ihren Bedürfnissen und Qualifikationen entsprechen, individuelle und/oder kollektive Einflussnahme auf Arbeitsbedingungen und Arbeitssysteme ermöglichen und zur Entwicklung ihrer Persönlichkeit im Sinne der Entfaltung ihrer Potenziale und Förderung ihrer Kompetenzen beizutragen vermögen."[2]

2 Handlungsfeld Betriebliches Eingliederungsmanagement

3 Seit 2004 ist das Management von Betrieblichen Eingliederungsprozessen gesetzlich verankert. Durch § 167 Abs. 2 SGB IX – vor 2018 in § 84 Abs. 2 SGB IX zu

---

1 Buck/Reif: Betriebliche Folgen veränderter Altersstrukturen in der Montage. In: Bullinger/Enderlein (Hrsg.): Betriebliche Folgen veränderter Altersstrukturen in der Montage. 1996, S. 11.
2 Ulich: Arbeitspsychologie. 2011, S. 154.

finden – ist der Arbeitgeber verpflichtet, gemeinsam mit der zuständigen Interessensvertretung sowie mit Zustimmung und Beteiligung des BEM-Berechtigten ein BEM durchzuführen. Es ist zu klären, „wie die Arbeitsunfähigkeit möglichst überwunden werden und mit welchen Leistungen oder Hilfen erneuter Arbeitsunfähigkeit vorgebeugt und der Arbeitsplatz erhalten werden kann".[3] Somit haben Arbeitnehmerinnen und Arbeitnehmer, die mehr als sechs Wochen in einem Zeitraum von zwölf Monaten ununterbrochen oder wiederholt arbeitsunfähig sind, ein Anrecht darauf, sich an der Gestaltung der eigenen Arbeitssituation durch einem im Unternehmen verankerten Managementprozess zu beteiligen, der im Sinne einer korrektiven und präventiven Arbeitsgestaltung gestaltet ist. Das BEM unterstützt damit Beschäftigte nach längerer Arbeitsunfähigkeit, wieder im Betrieb Fuß zu fassen und zeigt Wege auf, eine Balance zwischen den Arbeitsanforderungen auf der einen Seite und den individuellen Möglichkeiten auf der anderen Seite herzustellen. Durch Präventionsmaßnahmen sollen erneuter Arbeitsunfähigkeit vorgebeugt und der Arbeitsplatz erhalten werden.

Dabei existiert keine verbindliche Vorgehensweise, denn es ist lediglich festgeschrieben, den Mitarbeiterinnen und Mitarbeitern ein BEM anzubieten, das – bei Zustimmung des BEM-Berechtigten – auch durchzuführen ist. Die Ausgestaltung des eigentlichen Managementprozesses ist den Unternehmen gemeinsam mit der Betrieblichen Interessenvertretung selbst überlassen. 4

Seit Aufnahme des BEM in das SGB IX haben sich jedoch aus der Rechtsprechung einige Aspekte herauskristallisiert, die als Mindeststandards dieses unternehmerischen Prozesses interpretiert werden können. Das Bundesarbeitsgericht verdeutlicht, dass alle im Gesetz geforderten Stellen und Personen einzubinden sind und betont, dass eine sachliche Erörterung der eingebrachten Vorschläge aller am Prozess Beteiligten zu erfolgen hat. Dabei dürfen keine Anpassungs- und Änderungsmöglichkeiten per se ausgeschlossen werden.[4] Ebenso wird aufgezeigt, dass eine Analyse der bestehenden Arbeitsbedingungen einzubinden ist, um konkrete Anpassungen vornehmen zu können. Zu möglichen Maßnahmen gehören auch der Einsatz von technischen Hilfsmitteln, Anpassung des Arbeitsgeräts, Arbeitsplatz- und Arbeitszeitgestaltung.[5] 5

Aus dem Kontext mehrerer Forschungs- und Umsetzungsprojekte zum Thema zeichnet sich deutlich ab, dass für die erfolgreiche Umsetzung der Ziele des BEM systematische, verbindliche und transparente Strukturen und Prozesse notwendig sind. Hinsichtlich deren Gestaltung können folgende wesentliche Grundsätze als Erfolgsfaktoren herausgestellt werden:[6] 6

---

3   SGB IX § 164 Abs. 2.
4   BAG 10.12.2009 – 2 AZR 400/08.
5   BVerwG 5.6.2014 – 2 C 22/13.
6   Reuter/Prümper/Jungkunz: Grundsätze des Betrieblichen Eingliederungsmanagement. In: Prümper/Reuter/Sporbert (Hrsg.): BEM-Netz – Betriebliche Eingliederungsmanagement erfolgreich umsetzen. 2015, S. 43–45.

- Freiwilligkeit: Das BEM erfordert ein Höchstmaß an Vertrauen und Akzeptanz. Der Prozess soll als Unterstützung wahrgenommen werden und es sollte für alle Beschäftigten transparent sein, dass alle Aktivitäten und Maßnahmen in diesem Kontext freiwillig sind und ihrer Zustimmung bedürfen.

- Gleichheit: Das BEM sollte so gestaltet sein, dass alle BEM-Berechtigten einen systematischen Prozess und damit die gleiche Chance erhalten. Der Arbeitgeber ist in der Verantwortung, alle Berechtigten zu identifizieren und genügend personelle Ressourcen für den gesamten Prozess bereitzustellen.

- Beteiligung: Der Erfolg der Betrieblichen Eingliederung hängt von der konstruktiven Mitarbeit der inner- und außerbetrieblichen Akteurinnen und Akteure ab. Es ist sicherzustellen, dass insbesondere die BEM-Berechtigten an allen Schritten entscheidend mitgestalten können. Der Aufbau eines Netzwerks zur Unterstützung des Prozesses ist zielführend, damit die innerbetrieblichen (z. B. Betriebsärztin/-arzt, Fachkraft für Arbeitssicherheit, Führungskräfte) und außerbetrieblichen (z. B. Rehabilitationsträger und Integrationsamt) Akteurinnen und Akteure gut eingebunden sind.

- Vertraulichkeit und Datenschutz: Die vertrauensvolle Zusammenarbeit aller Beteiligter, insbesondere die Partizipation des BEM-Berechtigten ist entscheidend für den Erfolg der Verbesserungsmaßnahmen. Somit ist es entscheidend, dass der gesamte BEM-Prozess für alle transparent, und der Datenschutz für alle Verantwortlichen in jedem Schritt geklärt und kommuniziert ist.

- Prävention: BEM bedeutet nicht nur die Wiederherstellung der Arbeitsfähigkeit, sondern die Maßnahmen auch so zu gestalten, dass langfristig eine stabile Balance zwischen Arbeitsanforderungen und den Möglichkeiten der Beschäftigten entsteht. Dabei ist sowohl die Verhaltens- als auch Verhältnisprävention zu beachten.

7   Insbesondere der Grundsatz der Prävention verdeutlicht die Eignung des Instrumentes BEM, die Arbeitssituation und die Arbeitsbedingungen zukunftsfähig in der digitalen Transformation zu gestalten. Das formulierte Ziel einer langfristigen Passung zwischen Arbeitsanforderungen und Fähigkeiten und Fertigkeiten von Mitarbeitenden ist dabei Dreh- und Angelpunkt. In einem Arbeitsumfeld, in dem sich durch den Einsatz neuer Technologien Arbeitstätigkeiten und geforderte Kompetenzen permanent und teilweise grundlegend ändern, sind diese Veränderungen bei der menschengerechten Gestaltung der Arbeitssituation zu berücksichtigen. Um dies zu ermöglichen, wäre z. B. die Anreicherung der geforderten Analyse der bestehenden Arbeitsbedingungen durch antizipierte Veränderungen des Tätigkeitsbereichs zielführend. Ebenso ist die Unterstützung einer langfristigen Balance durch die gezielte Verwirklichung von lern- und persönlichkeitsförderlicher Elemente unumgänglich. Durch die Einräumung von Handlungs- und Entscheidungsspielräumen ist die Schaffung von Betrieblichen Ressourcen möglich, um den Belastungen, die aus der digitalen Transformation erwachsen, zu begegnen.

Somit lassen sich aus einem strukturierten und partizipativen BEM Maßnahmen   8
ableiten, um Arbeitssituationen für BEM-Berechtigte zu gestalten, die aktuelle und
zukünftig absehbare Änderungen aufgreifen und die Arbeits- und Beschäftigungsfähigkeit langfristig erhalten und fördern.

Um das Potenzial des BEMs als Gestaltungsinstrument auszuschöpfen, bedarf es   9
umfassender und ganzheitlicher Ansätze, die es ermöglichen, die aktuellen und
zukünftigen Anforderungen und Bedarfe zu erfassen sowie realistische und
umsetzbare Lösungen zu generieren und zu verwirklichen. In diesem Kontext
erscheint das im Folgenden dargestellte Arbeitsfähigkeitscoaching als zielführend.

3   Arbeitsfähigkeitscoaching als Gestaltungskonzept

Um einen Betrieblichen Eingliederungsprozess erfolgreich zu implementieren, ist   10
es notwendig, auf vorhandene Strukturen, Abläufe und kulturelle Faktoren des
jeweiligen Unternehmens aufzubauen. Damit wird gewährleistet, dass die spezifische Situation berücksichtigt wird und der Prozess nicht nur definiert, sondern auch „gelebt" werden kann. Aus diesem Grund ist das Arbeitsfähigkeits-
coaching® (AFCoaching) als Rahmenkonzept gestaltet, das bereits bestehende
Prozesse und Strukturen aufgreift und diese im Sinne der Gestaltung eines ganzheitlichen und systematischen Prozess optimiert.[7] Die inhaltliche Basis dieses
Coachingansatzes bildet das finnische Arbeitsfähigkeitskonzept[8], das die Bereiche
Gesundheit, Kompetenz, Werte, Arbeitsbedingungen und Führung sowie Rahmenbedingungen – z. B. familiäre Situation, soziales und gesellschaftliches Umfeld – als Einfluss- und somit Gestaltungsfaktoren der Arbeitsfähigkeit modelliert
(vgl. Abb. 1).

---

7   Reuter/Liebrich/Giesert: Das Arbeitsfähigkeitscoaching® bei der Betrieblichen Eingliederung
    – ein wichtiger Baustein der Prävention. In: Giesert/Reuter/Liebrich (Hrsg.): Arbeitsfähigkeit
    4.0 – Eine gute Balance im Dialog gestalten. 2017, S. 108.
8   Ilmarinen/Tempel: Arbeitsfähigkeit 2010 – Was können wir tun, damit Sie gesund bleiben?
    2002, S. 338.

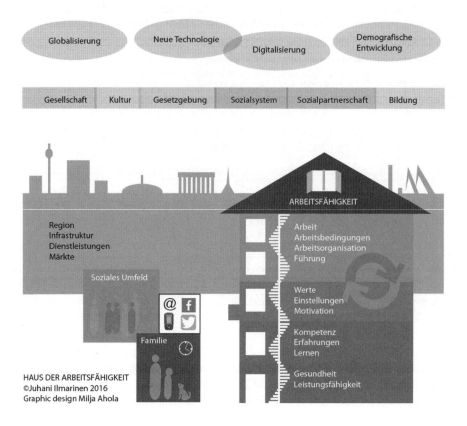

Abb. 1: Haus der Arbeitsfähigkeit

Quelle: Juhani Ilmarinen (2016).

11 Um den Prozess des BEM im Unternehmen nachhaltig zu verankern, verfolgt das AFCoaching einen Drei-Ebenen-Ansatz, der durch einen strukturierten Evaluationsprozess flankiert wird:

● Betriebliche Ebene: Es werden Strukturen angestrebt, um das Handlungsfeld BEM im Betrieblichen Gesundheitsmanagement mit den weiteren Bereichen betrieblicher Arbeitsschutz und betriebliche Gesundheitsförderung fest zu verankern. Als zentrale Punkte sind beispielhaft die Etablierung und Qualifizierung der Verantwortungsträger im BEM (Steuerungskreis, BEM-Koordination, Fallmanagement), die Ausgestaltung eines effektiven und effizienten Prozesses unter umfassender Berücksichtigung des Datenschutzes sowie schließlich der Abschluss einer Betriebs- bzw. Dienstvereinbarung zu nennen.

● Überbetriebliche Ebene: Die Etablierung eines BEM-Unterstützungsnetzwerks ist zielführend für die Prozessoptimierung an der Schnittstelle zu externen

Akteurinnen und Akteuren (z. B.. Integrationsämter, Rentenversicherer, Krankenkassen). Neben Möglichkeiten der finanziellen bzw. materiellen Unterstützung sowie Beratung bei der Eingliederung zielt das Netzwerk auf einen kontinuierlichen Erfahrungsaustausch ab.

- Individuelle Ebene: Das AFCoaching unterstützt BEM-Berechtigte in ihrer aktiven Rolle bei der Wiederherstellung, dem Erhalt und der Förderung ihrer eigenen Arbeitsfähigkeit. Dreh- und Angelpunkt ist die gemeinsamen Entwicklung von Maßnahmen mit den BEM-Berechtigten und den Betrieblichen Verantwortungsträgern (z. B. Führungskräfte und Interessenvertretung), damit diese in ihrer Umsetzung der Betrieblichen Realität entsprechen. Die gezielte Einbindung wichtiger Akteurinnen und Akteure in die Entscheidungsprozesse – insbesondere die der BEM-Berechtigten selbst – macht das AFCoaching zu einem echten partizipativen Instrument, das die gesetzliche Forderung nach „Beteiligung der betroffenen Person" gezielt umsetzt.
- Evaluation: Ein strukturierter kennzahlenbasierter Evaluationsprozess bildet die Grundlage der kontinuierlichen Verbesserung des BEM im Unternehmen. Hierbei werden innerhalb eines Reviews auf Basis aktueller Daten Stärken und Handlungsbedarfe auf allen drei Ebenen identifiziert und entsprechende Maßnahmen zu deren Verstetigung bzw. Verbesserung abgeleitet und umgesetzt.[9]

Um die Auswirkungen der digitalen Transformation hinsichtlich der konkreten Arbeitsanforderungen im Unternehmen zu berücksichtigen, sollten diese auf allen Ebenen mitgedacht und essentieller Bestandteil des Gestaltungsprozesses sein.   12

Die Implementierung des AFCoachings beginnt mit einer Ist-Situationsanalyse von Betrieblichen Strukturen, Prozessen und Ergebnissen der Betrieblichen Eingliederung. Um im weiteren Prozess Synergien aus dem Bereich des Arbeitsschutzes und der Betrieblichen Gesundheitsförderung nutzen zu können, werden ebenfalls grundlegende Daten aus diesen Bereichen mit in die Analyse hinzugezogen. Damit ist es möglich, das BEM als essentiellen Prozess eines BGM zu gestalten. Die Auswertung und Diskussion der so erhobenen Informationen bilden die Grundlage für die Ausgestaltung der zukünftigen BEM-Arbeit.   13

Die Einführung bzw. Optimierung ist ein organisationaler Veränderungsprozess. Um diesen erfolgreich zu gestalten, ist es zielführend, entsprechende sachliche und psychologische Voraussetzungen zu schaffen.[10] In diesem Kontext kristallisierten sich folgende grundlegende Erfolgsfaktoren in der Praxis heraus: 14

---

9   Reuter/Liebrich/Giesert: Das Arbeitsfähigkeitscoaching® bei der Betrieblichen Eingliederung – ein wichtiger Baustein der Prävention. In: Giesert/Reuter/Liebrich (Hrsg.): Arbeitsfähigkeit 4.0 – Eine gute Balance im Dialog gestalten. 2017, S. 108.

10   Liebrich/Reuter: Neue Wege im Betrieblichen Eingliederungsmanagement. In: Bruder/von Hauff (Hrsg.): Arbeit im Wandel. Aufgaben der Arbeitswissenschaft im 21. Jahrhundert. 2012, S. 238–239.

- frühzeitige, transparente und zielgruppenadäquate interne Informations- und Kommunikationsaktivitäten,[11]
- die Sensibilisierung von Führungskräften und Interessenvertretungen für das Thema der Arbeitsfähigkeit,[12]
- die Herausarbeitung der jeweiligen Rollen, die diese Personen innerhalb des Prozesses im Unternehmen einnehmen, sowie
- die Verbesserung der Netzwerkarbeit mit externen Akteurinnen und Akteuren (z. B. Integrationsamt und Rehabilitationsträger). Hier sind „Runde Tische" zur Schaffung eines Unterstützungsnetzwerks hilfreich, die von allen bisher teilnehmenden Betrieben ausnahmslos als wertvoll und gewinnbringend für die eigene operative Arbeit beurteilt werden.[13]

15   Im Rahmen der individuellen Fallarbeit wird der BEM-Berechtigte durch einen Arbeitsfähigkeitscoach (AFCoach) in einem strukturierten Prozess begleitet. Dieser kann in sieben inhaltliche Schritte unterteilt werden (vgl. Abbildung 2).

11 Liebrich: Gut geplant ist halb gewonnen – Kommunikation und Information zum BEM. In: Prümper/Reuter/Sporbert (Hrsg.): BEM-Netz – Betriebliches Eingliederungsmanagement erfolgreich umsetzen. 2015, S. 62.
12 Giesert/Reuter: Qualifizierung betrieblicher AkteurInnen – Kooperation und Handlungskompetenz. In: Prümper/Reuter/Sporbert (Hrsg.): BEM-Netz – Betriebliches Eingliederungsmanagement erfolgreich umsetzen. 2015, S. 63–64.
13 Lippold/Wögerer: Externe Unterstützung im BEM. In: Prümper/Reuter/Sporbert (Hrsg.): BEM-Netz – Betriebliches Eingliederungsmanagement erfolgreich umsetzen. 2015, S. 95–96.

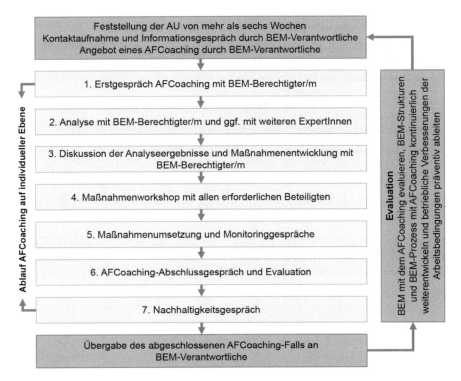

Abb. 2: Sieben Schritte des Arbeitsfähigkeitscoachings auf individueller Ebene

Quelle: Eigene Darstellung nach Giesert/Reiter/Reuter, 2013, S. 22.

Beginnend mit einem Erstgespräch wird im weiteren Ablauf die aktuelle Lage des BEM-Berechtigten anhand des „Hauses der Arbeitsfähigkeit" (vgl. Abb. 1) gemeinsam besprochen und Handlungsmöglichkeiten entwickelt. Grundlegend hierfür sind zwei Perspektiven: 16

- Was kann die/der BEM-Berechtigte selbst tun? 17
- Was kann das Unternehmen tun, um die persönliche Arbeitsfähigkeit wiederherzustellen bzw. zu fördern?

Unterstützend wird bei der Analyse auf weitere fundierte Instrumente der arbeits- und organisationspsychologischen Forschung oder bestehende Gefährdungsbeurteilungen zurückgegriffen. Die Ergebnisse dieser umfassenden Betrachtung sowie der im Gespräch entwickelten Maßnahmen sind die Grundlage für den „Maßnahmenworkshop". Hier setzen sich alle notwendigen Personen für die Umsetzung von Maßnahmen (z. B. Führungskraft, Betriebsärztin/-arzt) zusammen, um gemeinsam über deren Ausgestaltung sowie konkrete Umsetzung zu diskutieren und zu entscheiden. Die in diesem Zusammenhang festgelegten Vereinbarungen, wie z. B. Umsetzungstermine oder Verantwortlichkeiten, haben sich in der Praxis als besonders wertvoll für eine zügige Umsetzung gezeigt. 18

19   Daraufhin begleitet der AFCoach die BEM-Berechtigten bei der Umsetzung der festgelegten Maßnahmen und führt am Ende des persönlichen Coachings ein Abschlussgespräch über den Verlauf des Prozesses. Nach ca. vier bis sechs Monaten folgt dann ein Nachhaltigkeitsgespräch zur Überprüfung der Stabilität der Arbeitsfähigkeit.

20   Vor allem der individuelle Coachingprozess bietet großes Potential zur konkreten Ableitung von Möglichkeiten einer menschen- und gesundheitsgerechten Arbeitsgestaltung in der digitalen Transformation. Hier können aktuelle Tätigkeitsfelder und Kompetenzanforderungen im Hinblick auf deren Veränderungs- und Substitutionspotenzial im Rahmen der Digitalisierung analysiert werden. Im Sinne eines lebensbegleitenden Lernens sollten hierbei die abgeleiteten Maßnahmen zum langfristigen Erhalt der Arbeitsfähigkeit der Personen, die diese Tätigkeit ausführen, beitragen.

21   Seit der Pilotierung des Instruments im ersten Forschungsprojekt „Neue Wege im BEM"[14], das 2010 begann, sind bis heute (Stand Januar 2018) über 100 Arbeitsfähigkeitscoaches in etwa 25 unterschiedlichen Betrieben qualifiziert worden. Die meisten der Betriebe sind Großunternehmen mit mehr als 500 Beschäftigten, wobei diese zum Teil durch kleinere dezentrale Einheiten auch KMU-ähnliche Strukturen aufweisen.

4   Fazit

22   Durch die digitale Transformation werden sich Arbeitsplätze und Tätigkeitsfelder, und mit ihnen die Anforderungen, die an Arbeitnehmerinnen und Arbeitnehmer gestellt werden, verändern. Die antizipierten Veränderungen bringen in einigen Bereichen und Branchen grundlegende Neugestaltungen der Arbeitssituationen mit sich – in einigen Fällen bis hin zur Möglichkeit der vollständigen Substituierbarkeit von Tätigkeiten.

23   Mit dem Betrieblichen Eingliederungsmanagement liegt bereits jetzt ein Instrument vor, das die Unterstützung der langfristigen Arbeitsfähigkeit von Arbeitnehmerinnen und Arbeitnehmern per Gesetz unterstützen soll. Dies impliziert, dass die Auswirkungen der Digitalisierung in den Arbeitsgestaltungsprozess aufgenommen werden sollten, damit dieses Ziel in erreichbare Nähe rückt. So erscheint es sinnvoll, nicht nur die aktuelle Arbeitsplatzsituation mit in die Analyse aufzunehmen, sondern auch Entwicklungstendenzen der digitalen Transformation mit aufzunehmen. Somit ist es möglich, auf Veränderungen der Belastungssituation von Mitarbeiterinnen und Mitarbeitern mit dem Auf- und Ausbau

---

14   Giesert/Reiter/Reuter: Neue Wege im Betrieblichen Eingliederungsmanagement – Arbeitsfähigkeit wiederherstellen, erhalten und fördern. Ein Handlungsleitfaden Unternehmen, betriebliche Interessenvertretungen und Beschäftigte. 2013.

betrieblicher Ressourcen zu reagieren, um einen langfristigen Erhalt der Arbeitsfähigkeit zu unterstützen.

Das vorgestellte AFCoaching ist ein Gestaltungskonzept, das Möglichkeiten eröff-   24
net, genau dies in der individuellen wie kollektiven Maßnahmengestaltung zu
berücksichtigen. Durch die Digitalisierung verändern sich Rahmenbedingungen
für jede Tätigkeit – hier können Arbeitnehmerinnen und Arbeitnehmer durch das
AFCoaching Konzepte und Maßnahmen zur zukunftsfähigen Gestaltung des
Tätigkeitsprofils beitragen.

Dieses Gestaltungspotenzial wird vor allem deutlich, wenn das BEM als präventi-   25
ves Gestaltungsinstrument im Unternehmen verstanden wird. Die Frage, wie die
Arbeitsfähigkeit von Mitarbeiterinnen und Mitarbeitern langfristig und vor dem
Hintergrund der Veränderungen der Digitalisierung unterstützt werden kann, ist
nicht notwendigerweise mit einer Arbeitsunfähigkeit verknüpft. Es ist die grundlegende Frage, wie Arbeitssituationen gestaltet werden können, dass eine langfristige Arbeitsfähigkeit in der digitalen Transformation möglich ist. Es ist die
Frage nach dem Agieren anstatt dem Reagieren.

Literatur

Buck, H./Reif, A.: Betriebliche Folgen veränderter Altersstrukturen in der Montage. In: Bullinger,
    H.-J./Enderlein, H. (Hrsg.): Betriebliche Folgen veränderter Altersstrukturen in der Montage.
    Chemnitz 1996, S. 3–22.
Bundesarbeitsgericht: Urteil vom 10.12.2009, Az.: 2 AZR 400/08. 2009.
Bundesverwaltungsgericht: Urteil vom 05.06.2014. BVerwG 2 C 22.13. 2014.
Giesert, M./Reuter, T.: Qualifizierung betrieblicher AkteurInnen – Kooperation und Handlungs-
    kompetenz. In: Prümper, J./Reuter, T./Sporbert, A. (Hrsg.): BEM-Netz – Betriebliches Ein-
    gliederungsmanagement erfolgreich umsetzen. Berlin 2015, S. 63–68.
Giesert, M./Reiter, D./Reuter, T.: Neue Wege im Betrieblichen Eingliederungsmanagement –
    Arbeits- und Beschäftigungsfähigkeit wiederherstellen, erhalten und fördern. Ein Handlungs-
    leitfaden für Unternehmen, betriebliche Interessenvertretung und Beschäftigte. Düsseldorf
    2013.
Ilmarinen, J./Tempel, J.: Arbeitsfähigkeit 2010 – Was können wir tun, damit Sie gesund bleiben?
    Hamburg 2002.
Liebrich, A.: Gut geplant ist halb gewonnen – Kommunikation und Information zum BEM. In:
    Prümper, J./Reuter, T./Sporbert, A. (Hrsg.): BEM-Netz – Betriebliches Eingliederungsmana-
    gement erfolgreich umsetzen. Berlin 2015, S. 59–62.
Liebrich, A./Reuter, T.: Neue Wege im Betrieblichen Eingliederungsmanagement. In: Bruder, R./
    von Hauff, M. (Hrsg.): Arbeit im Wandel. Aufgaben der Arbeitswissenschaft im 21. Jahr-
    hundert. Stuttgart 2012, S. 231–252.
Lippold, K./Wögerer, K.: Externe Unterstützung im BEM. In: Prümper, J./Reuter, T./Sporbert, A.
    (Hrsg.): BEM-Netz – Betriebliches Eingliederungsmanagement erfolgreich umsetzen. Berlin
    2015, S. 93–96.
Reuter, T./Liebrich, A./Giesert, M.: Das Arbeitsfähigkeitscoaching® bei der Betrieblichen Einglie-
    derung – ein wichtiger Baustein der Prävention. In: Giesert, M. /Reuter, T. /Liebrich, A.
    (Hrsg.): Arbeitsfähigkeit 4.0 – Eine gute Balance im Dialog gestalten. Hamburg 2017, S. 108–
    118.

Reuter, T./Prümper, J./Jungkunz, C.: Grundsätze des Betrieblichen Eingliederungsmanagement. In: Prümper, J./Reuter, T./Sporbert, A. (Hrsg.): BEM-Netz – Betriebliches Eingliederungs-management erfolgreich umsetzen. Berlin 2015, S. 43–48.
Ulich, E.: Arbeitspsychologie. 6. Auflage. Stuttgart 2011.

Gesundheitliches Generationen-Management in einer digitalen Arbeitswelt

Arnd Schaff

Abstract: Die demografische Entwicklung wird den schon heute deutlich spürbaren Fach- und Führungskräftemangel in Zukunft weiter verschärfen. Es wird deshalb noch wichtiger, die vorhandene Belegschaft gesund und motiviert zu erhalten. Arbeit 4.0, das Arbeiten in einer digitalen Welt, birgt neben allen Chancen vor allem im Bereich der psychischen Belastungen auch Risiken. Diese Risiken müssen vor dem Hintergrund des demografisch-strukturellen Personalmangels mithilfe eines gesundheitlichen Generationen-Managements bearbeitet werden. Damit können die negativen Folgen der Alterung der Gesellschaft und der Digitalisierung vor allem für kleine und mittlere Unternehmen durch einen neuen Schwerpunkt im Betrieblichen Gesundheitsmanagement abgemildert werden.

1 Einleitung

1 Der demografische Wandel ist ein Einflussfaktor im Unternehmen geworden, der bereits heute dramatische Auswirkungen auf den Unternehmenserfolg haben kann und bei vielen Unternehmen auch hat. Besonders mittelgroße und kleinere Unternehmen haben mit einem geringen Zustrom an jüngeren Bewerbern zu kämpfen und müssen diesen Engpass mit erheblichen Aufwendungen im Personalmarketing ausgleichen. Gleichzeitig leiden die älteren Fach- und Führungskräfte zunehmend unter körperlichen und seelischen Belastungen bei gleichzeitig steigendem Rentenalter. Die dadurch ansteigenden Absentismus- und Präsentismusquoten bedeuten für die Unternehmen bei fehlender Kompensationsmöglichkeit durch Ersatzpersonal zum Teil drastische Umsatz- und damit auch Ergebniseinbußen.[1] Das Management von demografischem Wandel ist damit zu einer überlebenswichtigen Aufgabe geworden.

2 Diese Veränderungen finden vor dem Hintergrund einer immer stärker werdenden Digitalisierung der Arbeitswelt statt. Moderne Arbeit wird heute unter dem Schlagwort Arbeit 4.0 als „digitale Arbeit" oder Arbeit in einer digitalisierten Welt verstanden, wobei das damit bezeichnete Spektrum sehr weit sein kann.[2] Ausprägungen können z. B. folgendermaßen aussehen:

- Digitaler Arbeitsplatz im Unternehmen
- Arbeit in einem online-basierten Geschäftsmodell
- Vernetztes Arbeiten in einer virtuellen Community mit digitalen Hilfsmitteln
- Einsatz digitaler Hilfsmittel bei operativen Arbeiten in Produktion und Logistik
- Digitale Führungs- und Steuerungsprozesse

---

1 Ernst & Young: Mittelstandsbarometer Januar 2017. 2017. S. 23. Online: http://www.ey.com/ Publication/vwLUAssets/ey-mittelstandsbarometer-januar-2017/$FILE/ey-mittelstands-barometer-januar-2017.pdf [abgerufen am 13.10.2017].
2 Bundesministerium für Arbeit und Soziales: Grünbuch zum Dialogprozess Arbeiten 4.0. 2015, S. 35. Online: https://www.bmas.de/SharedDocs/Downloads/DE/PDF-Publikationen-DinA4/gruenbuch-arbeiten-vier-null.pdf [abgerufen am 15.11.2017].

Der Übergang von einer analogen in eine digitale Welt erfordert immer große 3
Veränderungen im Geschäftsmodell, in den Unternehmensprozessen und nicht
zuletzt auch bei den beteiligten Mitarbeiterinnen und Mitarbeitern. Detaillierte
und langfriste Vorbereitung, Schulung und psychologische Begleitung sind notwendige Voraussetzungen, damit Beteiligte durch diesen Wandel nicht zu Betroffenen werden und die Unternehmen den mit der Digitalisierung eigentlich
erhofften Vorsprung auch wirklich realisieren können.

Insbesondere für ältere Mitarbeiter stellt die Digitalisierung oft einen zusätzlichen 4
Risikofaktor dar, der im Übergangsprozess besonders beachtet werden muss. Hier
kommt dem Betrieblichen Gesundheitsmanagement (BGM) eine besondere Aufgabe zu, auch im Management der im Generationenwandel immer stärker
werdenden generationellen Aufspaltung der Unternehmen.

Die jüngeren Mitarbeiter der so genannten Generationen Y (Geburtsjahrgänge 5
1980-2000) und Z (Geburtsjahrgänge ab 1995) sind bereits in einer digitalen Welt
aufgewachsen und betrachten die Arbeit in dieser Welt als selbstverständlich –
und haben oft wenig Verständnis für die Probleme, Sorgen und Abneigungen der
älteren Kolleginnen und Kollegen gegenüber der für sie neuen Arbeitswelt. Bei
ihnen kann der selbstverständliche Umgang der jungen Kollegen mit digitalen
Hilfsmitteln zu Frustration und Minderwertigkeitsgefühlen führen, die langfristig
einen erheblichen Risikofaktor für die psychische Gesundheit der Älteren darstellen. Aber auch für die Jüngeren ist die digitale Arbeitswelt nicht risikofrei,
wobei sich diese Altersgruppe den Risiken oft nicht bewusst ist – auch hier ist
BGM in neuer Weise gefordert.

Abbildung 1 fasst die Zusammenhänge der Risiken und Risikofolgen zusammen: 6

- Demografische Entwicklung führt zu Personalknappheit im Unternehmen
- Gleichzeitig verstärkt die demografische Entwicklung zusammen mit zunehmender digitaler Arbeit gesundheitliche Risikofaktoren im Unternehmen
  → weitere Verstärkung der Personalknappheit
- Betriebliches Gesundheitsmanagement hat als Gesundheitliches Generatio-
  nenmanagement einen neuen wichtigen Schwerpunkt

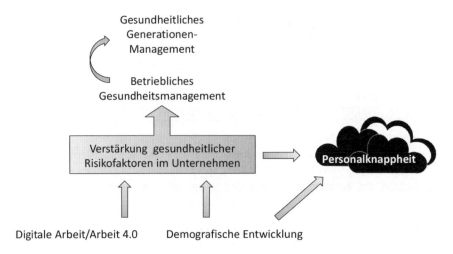

Abb. 1: Zusammenhang der Risiken und Risikofolgen

Quelle: Eigene Darstellung

2 Demografische Entwicklung und die Auswirkungen im Personalbereich

2.1 Bevölkerungsentwicklung in Deutschland

7 Der demografische Wandel bedeutet heute für Unternehmen ein erhebliches Risiko durch den entstehenden Arbeitskräftemangel. Die Zahl der statistisch zur Verfügung stehenden Arbeitskräfte im Gesamtarbeitsmarkt sinkt deutlich, wie Abbildung 2 in eindrücklicher Weise demonstriert.

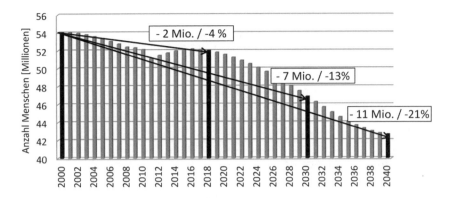

Abb. 2: Bevölkerungsentwicklung in Deutschland in der Altersspanne zwischen 20 und 67 von 2000 bis 2040

Quelle: Eigene Darstellung, in Anlehnung an Statistisches Bundesamt: 13. koordinierte Bevölkerungsvorausberechnung. 2015. Online: https://service.destatis.de/bevoelkerungspyramide/ [abgerufen am 15.11.2017].

Gemessen am Basisjahr 2000 sinkt die Größe der Bevölkerungsgruppe zwischen 20 und 67 um etwa 2 Mio. Menschen oder knapp 4 %. Das ist die Grundlage für den bereits heute deutlich spürbaren Arbeitskräftemangel und die entsprechenden Umsatzeinbußen. Leider wird sich dieser Trend in Zukunft weiter beschleunigen: bis 2030 fehlen bezogen auf das Basisjahr schon 7 Mio. Menschen bzw. 13 % und im Jahr 2040 summiert sich der Verlust auf 11 Mio. Arbeitskräfte oder 21 %. 8

2018 ist dabei der Beginn einer neuen Entwicklungsphase. Von 2000 bis 2018 weist die Bevölkerungsentwicklung eine V-Form auf, in der die Zahl der Arbeitskräfte in den letzten 7 Jahren sogar angestiegen ist. Viele Unternehmen nehmen aus diesem Grund eine leichte Entspannung der Situation wahr und verkennen, dass sich dieser Trend dramatisch ändern wird: nach 2018 fällt die Entwicklungskurve in fast linearer Weise bis zum Ende der Betrachtungsperiode ab. Der heute in vielen Bereichen schon drastisch spürbare Arbeitskräfteverlust von 2000 bis 2018 wird dann nur einen kleinen Teil des Gesamtverlustes ausmachen. 9

Der Mangel an Arbeitskräften wird zu einer besonderen Bedrohung, wenn er sich in einen Fach- und Führungskräftemangel übersetzt. Dieser wird zurzeit als höchstes Risiko für die Unternehmensentwicklung bewertet. Mehr als drei Viertel aller Unternehmen schätzen die Akquise von ausreichend qualifiziertem Personal als schwer oder sehr schwer ein. Diese Ergebnisse lieferte das aktuelle Mittelstandsbarometer 01/2017 von Ernst &Young, eine repräsentative Befragung von 3.000 mittelständischen Unternehmen in Deutschland mit 30 bis 2.000 Mitarbeitern. Laut der Studie entgehen dem deutschen Mittelstand bereits heute ca. 10

50 Mrd. EUR jährlich an Umsatz durch den Fachkräftemangel.[3] Die Mehrzahl der Unternehmen weist dabei den Flüchtlingen einen höchstens geringfügig positiven Einfluss bei der Lösung des Fachkräftemangels zu.

11　Die mittelständischen Unternehmen versuchen durch verstärkte Personalakquise ein Gegengewicht zu schaffen, sind dabei aber im „war for talent" nur mit einem Top-Brand erfolgreich. Insbesondere weniger beliebte oder bekannte größere Mittelständler und kleinere Unternehmen haben dabei heute oft schon das Nachsehen.

12　Neues Personal kann also von vielen Unternehmen nur mit großem Aufwand gewonnen werden. Die Folge ist, dass bestehende Mitarbeiter deshalb unbedingt länger gesund und motiviert in der Arbeit bleiben müssen, damit Arbeitsabläufe und Umsatz überhaupt realisiert werden können. Dies gilt sowohl für die älteren Mitarbeiter als auch für die weniger unternehmenstreuen Gruppen der Generationen Y und Z. Wenn Gesunderhaltung und Motivation nicht gelingen, verschärft sich der Kapazitätsengpass, die Kosten für Ersatzmaßnahmen steigen und die Produktivität sinkt. Das kann im Extremfall zu einer lebensbedrohlichen Situation für die Unternehmen führen.

2.2　Altersstruktur der Beschäftigten

13　Gleichzeitig mit immer knapper werdendem Personalangebot verändert sich auch die Altersstruktur im Unternehmen in gesundheitlich ungünstiger Weise, wie Abbildung 3 zeigt. Der Anteil der älteren Bevölkerungsgruppe zwischen 55 und 67 an der Gesamtgruppe zwischen 20 und 67 steigt bis 2025 bis auf 33 % an, das sind 8 % mehr als in 2018. Erst in 2032 wird wieder das Niveau von 2018 erreicht werden.

3　Ernst & Young: Mittelstandsbarometer Januar 2017. 2017. S. 23. Online: http://www.ey.com/Publication/vwLUAssets/ey-mittelstandsbarometer-januar-2017/$FILE/ey-mittelstands-barometer-januar-2017.pdf [abgerufen am 13.10.2017].

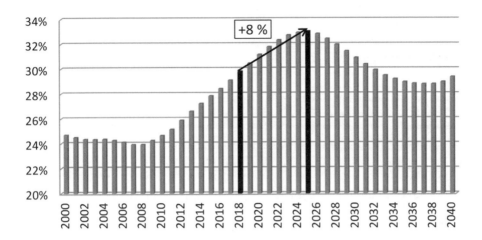

Abb. 3: Anteil der Bevölkerung in der Altersspanne zwischen 55 und 67 an der Bevölkerung zwischen 20 und 67 von 2000 bis 2040

Quelle: Eigene Darstellung, in Anlehnung an Statistisches Bundesamt: 13. koordinierte Bevölkerungsvorausberechnung. 2015. Online: https://service.destatis.de/bevoelkerungspyramide/ [abgerufen am 15.11.2017].

Die Forschung geht davon aus, dass die Arbeitsfähigkeit im Alter abnimmt, sofern   14 keine geeigneten Maßnahmen im Verhaltens- und Verhältnismanagement getroffen werden.[4] Durch den weiter steigenden Anteil der älteren Arbeitnehmerinnen und Arbeitnehmer verstärkt sich das Personalrisiko also noch einmal zusätzlich zur generellen demografisch bedingten Personalknappheit und unterstützt damit die Notwendigkeit eines geeigneten Gesundheitsprogramms im Unternehmen.

3 Digitale Arbeit als gesundheitlicher Risikofaktor

Digitale Arbeit ermöglicht neue Geschäftsmodelle, neue und effizientere Prozesse   15 und kann das Arbeiten erleichtern und angenehmer machen. Auf der anderen Seite bergen die zunehmende Digitalisierung und die damit einhergehenden Veränderungen auch gesundheitliche Risiken, im privaten wie auch im betrieblichen Umfeld. Dabei sind die Risiken nicht einheitlich in den Generationen ausgeprägt. Eine differenzierte generationenorientierte Risikobetrachtung ist notwendig und zeigt einen Risikoschwerpunkt im Bereich der älteren Beschäftigten – wobei auch Beschäftigte der jüngeren Generationen durchaus nicht risikofrei sind.

Die Generation der so genannten Babyboomer umfasst die Geburtsjahrgänge ab   16 etwa 1956 bis 1965. Im Jahr 2018 befindet sich diese Generation also im Alter

---

4   Richenhagen: Altersgerechte Personalarbeit: Employability fördern und erhalten. In: Personalführung 7/2007, S. 35–47.

zwischen etwa 53 und 62. Die daran anschließende Generation X deckt 2018 die Alterspanne zwischen etwa 38 und 53 ab. Damit befindet sich die Babyboomer-Generation heute im zentralen Bereich des Risikos der verminderten Alters-arbeitsfähigkeit, und die Generation X wächst kontinuierlich in diesen Bereich hinein.

17   Zu den bereits seit langer Zeit erforschten und beobachteten Risiken des zunehmenden Arbeitsalters (die hier nicht betrachtet werden sollen) gesellen sich durch Arbeit 4.0 neue Risiken bzw. verstärken sich bereits vorhandene Risiken. Diese Risiken führen insbesondere zu psychischen Belastungen und den entsprechend zu erwartenden psychischen Erkrankungen. Einen Versuch der Annäherung an die wichtigsten psychischen Beanspruchungen innerhalb der Generationen als Folge der Risikofaktoren durch Digitalisierung und Arbeit 4.0 liefert Tabelle 1.

– Risikofaktoren, die auf alle Beschäftigten gleichermaßen wirken (aber bei älteren Beschäftigten auf eine insgesamt stärker ausgeprägte Risikosituation treffen)
– Risikofaktoren, die insbesondere ältere Beschäftigte betreffen
– Risikofaktoren, die eher „Digital Natives" betreffen

18   Dabei ist unter dem Begriff der älteren Beschäftigten vor allem die Babyboomer-Generation zu verstehen. Dagegen abgegrenzt werden die in einer digitalen Welt aufgewachsenen Generationen, die so genannten „Digital Natives" der Generationen Y und Z.

Tab. 1: Risikofaktoren durch Digitalisierung und Arbeit 4.0 als Ursache für psychische Beanspruchungen und generationelle Betroffenheit

Risikofaktoren durch Digitalisierung/Arbeit 4.0	Psychische Beanspruchungen	Generations-Schwerpunkt
Tiefgreifende Prozess- und Organisationsanpassungen	Überforderung	B/D
Virtualisierung bisher physischer Prozesse		B
Häufige und schnelle Veränderungen im alltäglichen Arbeitsumfeld		B/D
Zuwachs an notwendigen Kenntnissen im digitalen Bereich		B
Zunahme der Erreichbarkeit/Verfügbarkeit		B/D
Verdichtung der Arbeitsbelastung/Reduzierung Erholungszeiten		B/D
Grundsätzliche Sinnfrage/Sinnkrise bezüglich Digitalisierung & Ängste	Demotivation	B
Neg. Fremdbewertung seitens Managements in Bezug auf dig. Kompetenzen		B
Neg. Fremdbewertung seitens (jüngerer) Kollegen in Bezug auf dig. Kompetenzen		B
Neg. Selbstbewertung in Bezug auf dig. Kompetenzen		B
Dezentralisierung und Virtualisierung der Arbeit	Vereinsamung	B/D
Zunahme projektartiger Arbeit mit veränderlicher Teamzusammensetzung		B/D
Abnahme direkter Führung/Betreuung durch Dezentralisation und Virtualisierung		B/D
Aufwertung virtueller Netzwerke zulasten physischer Netzwerke		D

B Babyboomer, D Digital Natives

Quelle: Eigene Darstellung.

Drei zentrale, aus den Risikofaktoren resultierende psychische Beanspruchungen   19
sind Überforderung, Demotivation und Vereinsamung. Bei der differenzierten
Betrachtung der Beanspruchungen fällt der strukturelle Unterschied zwischen den
Generationen auf.

- Überforderung: Die Risiken einer beschleunigten und hoch anspruchsvollen
  Arbeitswelt mit zunehmender Entgrenzung von Arbeit und Privatleben treffen
  im Grundsatz beide Gruppen gleichermaßen. Bei den älteren Beschäftigten
  addieren sich zu den generell hohen Anforderungen allerdings die Umstellung
  auf eine digitale Welt und der Druck, die eigenen Kenntnisse deutlich zu
  erweitern. Zusätzlich ist die Gesamtbelastung mit zunehmendem Alter tendenziell ansteigend. Bei älteren Beschäftigungsgruppen wird sich durch die
  zunehmende Überforderung also eher ein psychisches Störungsbild entwickeln als bei den „Digital Natives", bei denen allerdings durch die Belastungssituation auch die Grundlage für spätere Probleme gelegt wird.
- Demotivation: Die Generation der Babyboomer ist zum größten Teil in einer
  analogen Welt aufgewachsen. Diese Welt verändert sich im Zuge der Digitalisierung, die zu Recht als vierte industrielle Revolution bezeichnet wird, ganz
  grundsätzlich. Das konfrontiert die Babyboomer mit mehreren grundsätzlichen Sinnfragen, zum Beispiel:

  - Ist die Digitalisierung wirklich notwendig und wird die (Arbeits-)Welt da-
    durch angenehmer?
  - Wenn im digitalen Zeitalter alles besser ist/wird, war dann früher alles
    schlechter?
  - Welchen Platz habe ich als „Non-Digital-Native" in dieser neuen Welt?

Wenn diese und andere aufkommende Sinnfragen nicht befriedigend auf persönlicher Ebene beantwortet werden können, wird sich unausweichlich ein Gefühl
der Demotivation einstellen. Aber auch bei positiver Sinnfindung sind weitere
Risiken vorhanden, vor allem das tendenziell negative Fremd- und Selbstbild
bezüglich der digitalen Kompetenzen Älterer. Wichtig ist dabei zu verstehen,
dass nicht die fehlenden Kompetenzen an sich zur Demotivation führen (diese
führen eher zu Überforderung), sondern die Auswirkungen auf das Selbstwertgefühl.

Die „Digital Natives" verstehen sich als natürlicher Teil einer digitalen Welt und
sind von diesen Risiken eher nicht betroffen. Sie kennen digitale und virtuelle
Prozesse als Teil der Normalität und stellen die Sinnhaftigkeit nicht grundsätzlich
in Frage, gleichzeitig sind sie selbstbewusst, was die digitalen Kompetenzen
angeht. In diesem Bereich besteht deshalb besonderes Spannungspotential durch
die jeweils bestehenden Eigen- und Fremdbilder der Gruppen.

- Vereinsamung: Dies ist eine Beanspruchung, die alle Generationen gleichermaßen betrifft. Da, wo Arbeit 4.0 menschliche Kontakte zu Kollegen, Team-
  mitgliedern und Führungskräften dezentralisiert und virtualisiert, fehlt ein

wichtiger stärkender Faktor des Arbeitens. Der soziale Kontakt und die damit erlebte Gruppenzugehörigkeit ist eine Ressource, die insbesondere in Krisenzeiten wichtig ist. Ohne das reale physische Netzwerk fehlt die Möglichkeit zum unmittelbaren Austausch, für den es vor allem im Bereich der nichtverbalen Kommunikation keinen befriedigenden virtuellen Ausgleich gibt.

- Physischer sozialer Kontakt ist in einer analogen Arbeitswelt eine Selbstverständlichkeit, der man kaum ausweichen kann. Das ist in der digitalen Arbeitswelt anders, es besteht eine geringere Notwendigkeit, sich real zu begegnen. Bei Menschen mit einer Tendenz zum sozialen Rückzug kann die Virtualisierung so eine vorhandene Risikodisposition verstärken. In diesem Bereich sind die „Digital Natives" tendenziell im Nachteil. Ältere Beschäftigte haben bereits ein größeres soziales Netzwerk in ihrer Arbeitsumgebung, das durch die Virtualisierung möglicherweise geschwächt wird, aber nicht komplett verloren geht. „Digital Natives" haben dagegen die „Chance", ohne oder nur mit einem sehr losen Netzwerk zu arbeiten.

4 BGM im Generationen-Management

20 Die Digitalisierung der Arbeitswelt verschärft vor allem die psychische Risikosituation der Beschäftigten auf eine generationenspezifische Weise. Psychische Belastungen stellen dabei bereits heute die drittgrößte Gruppe der diagnosegruppenspezifischen Gründe für Arbeitsunfähigkeitstage (AU-Tage) dar, wie die Bundesanstalt für Arbeitsschutz und Arbeitsmedizin in ihrer neuesten Analyse, basierend auf Daten des Jahres 2015, festgestellt hat (Abb. 4).

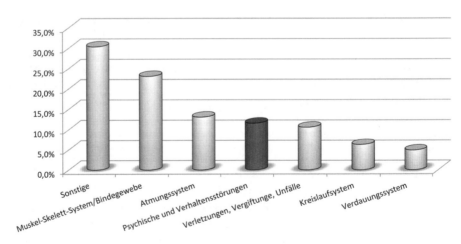

Abb. 4: Anteil der AU-Tage nach Diagnosegruppen

Quelle: Eigene Darstellung, in Anlehnung an Bundesanstalt für Arbeitsschutz und Arbeitsmedizin: Arbeitswelt im Wandel. 2017. S. 41. Online: https://www.baua.de/DE/Angebote/Publikationen/Praxis/A97.pdf [abgerufen am 15.11.2017].

Der DAK Gesundheitsreport 2016 sieht die Gruppe der psychischen Erkrankun- 21
gen mit einem Anteil von 17,1 % an allen AU-Tagen sogar schon auf Platz 2.[5]

Für das Betriebliche Gesundheitsmanagement ergibt sich hier also eine klare 22
Aufgabenstellung in der Bearbeitung der durch die Digitalisierung entstehenden
oder größer werdenden Risikofaktoren. Um dies erfolgreich zu gestalten, ist der
Blick auf die anders geartete Ausgangslage der verschiedenen Generationen
wichtig. Es ist notwendig, im BGM Programm sowohl generationelle Schwerpunkte zu setzen als auch eine gemeinsame Bearbeitung auftretender Belastungen
zu fördern. Eine beispielhafte Auswahl möglicher BGM-Zielsetzungen, basierend
auf der Risikostruktur aus dem vorangegangenen Abschnitt, ist in Tabelle 2
dargestellt.

Tab. 2: Mögliche Zielsetzungen für ein generationenspezifisches BGM-Programm zur
Adressierung der Beanspruchungen aus Digitalisierung.

Spezifisch	Babyboomer	Digital Natives (Generation Y/Z)
	• Motivationsförderung und Adressierung der Sinnfragen	• Bildung physischer Netzwerke
	• Förderung digitaler Kompetenzen	• Abbau generationeller Vorurteile und Hemmschwellen
	• Psychische Begleitung der Virtualisierung und Digitalisierung (u. a. Bearbeitung Ängste)	
Gemeinsam	• Soziale Integration im Unternehmen	
	• Stressanalyse- und Begrenzung	
	• Absicherung von Erholungszeiten	
	• Gesunder Umgang mit Erreichbarkeit	
	• Aufbau gesunder digitaler Prozesse und Organisationen	
	• Psychische Begleitung der Veränderungsprozesse	

Quelle: Eigene Darstellung.

Wenn BGM generationenspezifisch aufgebaut wird, besteht grundsätzlich das 23
Risiko einer wahrgenommenen Diskriminierung der einen oder anderen Zielgruppe. Es ist für den Erfolg des Programms deshalb entscheidend, diesen Aspekt
von vorne herein in die Programmplanung und Kommunikation miteinzubezie-
hen, damit jede Anspruchsgruppe Vertrauen darin entwickelt, dass eine Differenzierung keine Bevor- oder Benachteiligung, Auf- oder Abwertung bedeutet. Das
Ziel ist vielmehr, die unterschiedlichen Ausgangsvoraussetzungen so gut wie
möglich im Programm aufzunehmen und passende Maßnahmen zu finden.
Wesentliche Erfolgsfaktoren sind dabei im Change Management zu finden: Frühe

---

5   DAK: DAK Gesundheitsreport 2016. 2016, S. 19. Online: https://www.dak.de/dak/download/
    gesundheitsreport-2016—warum-frauen-und-maenner-anders-krank-sind-1782660.pdf
    [abgerufen am 13.10.2017].

und transparente Kommunikation über den generationsspezifischen Ansatz, Partizipation der Beteiligten oder Beteiligtenvertreter in Planung und Durchführung sowie die Integration der Teilgruppen mit dem Ziel der Harmonisierung der Belegschaft gegenüber der anstehenden Herausforderungen.

5 Ausblick

24 Die Herausforderung des Fachkräftemangels durch die demografische Entwicklung und die Verschiebung der Alterspyramide im Unternehmen hinterlässt bereits heute deutlich sichtbare Spuren im deutschen Mittelstand. Dieser Mangel trifft auf die gleichzeitig stattfindende Digitalisierung der Arbeit, mit deutlichen Risiken vor allem für die psychische Gesundheit der Belegschaften.

25 Beide Entwicklungen werden auf absehbare Zeit weiter anhalten und sich zum Teil verschärfen. Die Gesunderhaltung der Belegschaft wird damit zu einem Überlebensfaktor. BGM wird sich in Zukunft stärker auf die Auswirkungen der Digitalisierung fokussieren müssen, in einer auf die unterschiedlichen Anforderungen der Generationen angepassten Weise. Viel stärker als zuvor hat das BGM dabei mit Aufgabenstellungen zu tun, die bisher eher dem Bereich des Change Managements zugerechnet worden sind. Aus diesem Grund steigen die Anforderungen an die BGM-Verantwortlichen, die sich unter den Rahmenbedingungen der Digitalisierung und der demografischen Entwicklung zu Change Managern weiterentwickeln müssen.

Literatur

Bundesanstalt für Arbeitsschutz und Arbeitsmedizin: Arbeitswelt im Wandel. 2017. Online: https://www.baua.de/DE/Angebote/Publikationen/Praxis/A97.pdf [abgerufen am 15.11.2017].
Bundesministerium für Arbeit und Soziales: Grünbuch zum Dialogprozess Arbeiten 4.0. 2015. Online: https://www.bmas.de/SharedDocs/Downloads/DE/PDF-Publikationen-DinA4/gruenbuch-arbeiten-vier-null.pdf [abgerufen am 15.11.2017].
DAK: DAK Gesundheitsreport 2016. 2016. Online: https://www.dak.de/dak/download/gesundheitsreport-2016—warum-frauen-und-maenner-anders-krank-sind-1782660.pdf [abgerufen am 13.10.2017].
Ernst&Young: Mittelstandsbarometer Januar 2017. 2017. Online: http://www.ey.com/Publication/vwLUAssets/ey-mittelstandsbarometer-januar-2017/$FILE/ey-mittelstandsbarometer-januar-2017.pdf [abgerufen am 13.10.2017].
Statistisches Bundesamt: 13. koordinierte Bevölkerungsvorausberechnung. 2015. Online: https://service.destatis.de/bevoelkerungspyramide/ [abgerufen am 15.11.2017].
Richenhagen, G.: Altersgerechte Personalarbeit: Employability fördern und erhalten. In: Personalführung 7/2007, S. 35–47.

Datenschutz im Betrieblichen Gesundheitsmanagement

Thomas Jäschke

Abstract: Die durch Krankheit entstehenden Kosten für Unternehmen können durch ein BGM grundlegend verringert werden. Dies hat eine Vielzahl von Unternehmen bereits erkannt und investiert in ein entsprechendes BGM. Der Datenschutz sollte hierbei ein grundlegender Bestandteil sein: Denn Mitarbeiterdaten, insbesondere deren Gesundheitsdaten, fordern einen besonders sensiblen Umgang.

Datenschutz und ein professionelles BGM sind grundsätzlich vereinbar. In der Praxis gestalten sich gewisse Prozesse allerdings immer wieder als schwierig. Durch die Beachtung einiger grundlegender Aspekte, wie z. B. die Anonymisierung und Pseudonymisierung von personenbezogenen Daten, das Einbeziehen des Datenschutzbeauftragten in die entsprechenden Prozesse und das Hervorheben der Freiwilligkeit zur Teilnahme an den Maßnahmen des BGM, kann ein professionelles BGM im Unternehmen umgesetzt werden.

1   Einleitung

1   Die durch Krankheit entstehenden Kosten für Unternehmen können durch ein BGM grundlegend verringert werden. Dies hat eine Vielzahl von Unternehmen bereits erkannt und investiert in ein entsprechendes BGM.[1]

2   Die demographische Entwicklung, der „War of Talents" und eine wünschenswerte kontinuierliche Mitarbeiterzufriedenheit fordern ein ganzheitliches BGM. Sinnvoll scheint es daher, dass ein betriebliches Gesundheitsmanagement im Unternehmen aufgebaut wird, um durch strukturierte Einzelmaßnahmen die Mitarbeitergesundheit und damit Leistungsfähigkeit zu erhalten bzw. zu steigern.[2] Der Datenschutz sollte hierbei ein grundlegender Bestandteil sein: Denn Mitarbeiterdaten, insbesondere deren Gesundheitsdaten, fordern einen besonders sensiblen Umgang.

2   Datenschutz als Voraussetzung

3   Arbeitgebern ist es nicht erlaubt, nach allgemeinem Ermessen in das Recht der informationellen Selbstbestimmung ihrer Arbeitnehmer einzugreifen. Sowohl das Betriebsverfassungsgesetz als auch das Grundgesetz und Entscheidungen durch das Bundesverfassungsgericht bestätigen dies. In Einzelfällen können sich allerdings Einschränkungen des Persönlichkeitsrechts ergeben.

4   Als Datenschutz wird der Schutz der informationellen Selbstbestimmung von Privatpersonen sowie der Schutz deren personenbezogener Daten vor einem möglichen Datenmissbrauch gesehen. Hierunter wird verstanden, dass es jedem selbst obliegt, über die Preisgabe und Verwendung seiner personenbezogenen

---

1   Haufe Online Redaktion: So lassen sich Fehlzeiten verringern. 2015. Online: https://www. haufe.de/arbeitsschutz/gesundheit-umwelt/betriebliche-gesundheitsfoerderung-fehlzeiten-verringern_94_301322.html [abgerufen am 3.4.2018].

2   Hans-Böckler-Stiftung: Betriebliches Gesundheitsmanagement in der Praxis. o. J. Online: https://www.uni-trier.de/fileadmin/fb4/prof/VWL/APO/Abschlussbericht_Pbsf_WS08/Betriebsraeteumfrage_Uni_Trier.pdf. [abgerufen am 3.4.2018].

Daten zu bestimmen. Zur Einhaltung des Datenschutzes – somit auch der informationellen Selbstbestimmung – sind alle personenbezogenen Daten verarbeitenden Stellen (gemäß EU-DSGVO als Verantwortliche bezeichnet) verpflichtet. Demnach unterliegen alle personenbezogenen Daten von Mitarbeitern grundsätzlich dem Datenschutz.

Die Bestimmung solcher Daten gestaltet sich in der Praxis als Herausforderung. 5 Zwar wird grundsätzlich vom Gesetzgeber festgehalten, dass es sich um alle Einzelangaben handelt, die Auskunft über sachliche oder persönliche Verhältnisse des Betroffenen Auskunft geben. Eindeutig ist die Sachlage bei der Zuordnung von Daten wie dem Namen oder der Personalnummer – komplexer wird dies bei Datenformen, die nicht eindeutig zuordenbar sind. Diese beschäftigen in regelmäßigen Abständen die Gerichte – so gelten z. B. Arbeitszeiten, ebenso wie die IP-Adresse, als personenbezogene Daten.[3]

Im BGM gilt es, eine noch viel komplexere Thematik zu beachten – personenbe- 6 zogene Daten besonderer Kategorie.

Gemäß Art. 9 EU-DSGVO ist […] 7

„Die Verarbeitung personenbezogener Daten, aus denen die rassische und ethnische Herkunft, politische Meinungen, religiöse oder weltanschauliche Überzeugungen oder die Gewerkschaftszugehörigkeit hervorgehen sowie die Verarbeitung von genetischen Daten, biometrischen Daten zur eindeutigen Identifizierung einer natürlichen Person, Gesundheitsdaten oder Daten zum Sexualleben oder der sexuellen Orientierung einer natürlichen Person ist untersagt."[4]

U. a. gelten Gesundheitsdaten als besonders sensibel und haben einen erhöhten 8 Schutzbedarf mit besonderen Voraussetzungen für die Verarbeitung. Es gelten demnach eine Reihe von Rahmenbedingungen, die erfüllt sein müssen, wie beispielsweise der Zweck der

– Medizinischen Diagnostik,
– Arbeitsmedizin,
– Gesundheitsvorsorge oder
– Verwaltung von Gesundheitsdiensten.

Sobald – und das ist innerhalb des Betrieblichen Gesundheitsmanagement häufig 9 der Fall – Daten erhoben werden, die Auskunft über den Gesundheitszustand eines Mitarbeiters geben, verarbeitet der Arbeitgeber besonders schützenswerte Daten.

Als ein Bestandteil des Betrieblichen Gesundheitsmanagement fungiert der Be- 10 triebsarzt des Unternehmens. Dieser hat beispielsweise die Pflicht und demnach auch das Interesse, die Untersuchungsergebnisse von Mitarbeitern zu dokumen-

---

3 Urt. v. 16.05.2017, Az. VI ZR 135/13.
4 Art. 9 EU-DSGVO.

tieren. Hierzu ist er nach § 630 BGB und der MBO-Ä verpflichtet, diese in elektronischer oder in Papierform zu führen. Gleichzeitig unterliegt der Betriebsarzt sowie seine Ausführungsgehilfen der ärztlichen Schweigepflicht, wodurch eine Offenbarung der Daten eine Verletzung dieser darstellt und strafrechtliche Konsequenzen nach sich ziehen kann.[5] Der Arbeitgeber hingegen hat innerhalb des Betrieblichen Gesundheitsmanagements allerdings ein Interesse daran, Auskünfte über Zusammenhänge von Arbeitssituation und Gesundheitszustand zu erlangen.

11 Dieses Interesse wird als sekundärer Verwendungszweck bezeichnet. Unter bestimmten Voraussetzungen kann diese Nutzung von Gesundheitsdaten zu sekundären Zwecken möglich sein.

12 Neben dem regulären Datenschutz von Gesundheitsdaten gilt es beim BGM noch die Fürsorgepflicht des Arbeitgebers sowie des Gesundheits- und Arbeitsschutzes zu berücksichtigen. Im Rahmen der Fürsorgepflicht ist der Arbeitgeber nämlich dafür verantwortlich, erforderliche Maßnahmen zu ergreifen, um Gesundheit und die Sicherheit des Arbeitnehmers zu gewährleisten. Das direkte Hinterfragen von Beschwerden etc. ist für den Arbeitgeber allerdings nicht erlaubt, sodass dieser keine Details von Erkrankungen erfragen darf.

3 Auswirkungen auf das BGM

13 Datenschutz und ein professionelles BGM sind grundsätzlich vereinbar. In der Praxis gestalten sich gewisse Prozesse allerdings immer wieder schwierig. Grundsätzlich ziehen die Analysemethoden des BGM nicht auf Aussagen von einzelnen Mitarbeitern ab. Vielmehr soll die Gesamtsituation der Arbeit für die komplette Unternehmung eruiert werden, um so allgemeingültige Aussagen über die vorherrschende Arbeitssituation zu schaffen. Hierzu werden innerhalb der Belegschaft unterschiedliche Gruppierungen gebildet, die sich beispielsweise an Faktoren wie Abteilung, Alter, Geschlecht oder Tätigkeit orientieren.

14 Die Bandbreite von Gesundheitsindikatoren reicht von Einstellung und positivem Selbstwertgefühl, physischen Indikatoren, psychischen Indikatoren wie Motivation, verhaltensbezogene Indikatoren wie Engagement bis hin zu Leistungsindikatoren, wie Produktivität.[6] Grundsätzlich könnte sich behaupten lassen, dass der Umgang mit Datenschutzthematiken innerhalb des Betriebes Auswirkungen auf die Bereitstellung und Analyse von Gesundheitsindikatoren haben könnte. Hierzu schauen wir uns die Mitarbeiterbefragung als BGM-Werkzeug näher an.

---

5 § 203 StGB.
6 Uhle/Treier: Betriebliches Gesundheitsmanagement: Gesundheitsförderung in der Arbeitswelt. Mitarbeiter einbinden, Prozesse gestalten, Erfolge messen. 2015, S. 6.

4   Beispiel: Mitarbeiterbefragung als Werkzeug des BGMs

Bei der Durchführung einer Mitarbeiterbefragung sind – nicht nur im Rahmen des betrieblichen Gesundheitsmanagements – Vorgaben zu beachten. Eine Mitarbeiterbefragung darf grundsätzlich dann durchgeführt werden, wenn die statistische Anonymität der Probanden gewährt sowie die Freiwilligkeit zur Teilnahme gewährleistet ist. Das Ziel solcher Methoden muss es sein, dass allgemein gültige Aussagen für das Unternehmen abgeleitet werden können und nicht die Daten einzelner Mitarbeiter von Interesse sind. Mitarbeiterbefragungen sind unter bestimmten Voraussetzungen zulässig und möglich. Jedoch sollte je nach Unternehmens- bzw. Abteilungsgröße oder Zusammenstellung des befragten Teilnehmerkreises die Wahl der Abfragekriterien auch hinsichtlich einer später möglichen Identifizierung von Mitarbeitern datenschutzrechtlich bewertet werden.   15

Folgendes Beispiel soll die Notwendigkeit einer vorherigen, datenschutzkonformen Beurteilung der Abfragekriterien verdeutlichen: 16

In einem mittelständischen Unternehmen soll eine Mitarbeiterbefragung zum Thema Gesundheitsbewusstsein der Mitarbeiterschaft durchgeführt werden. Die Mitarbeiter werden darauf hingewiesen, dass es sich bei der Befragung um eine freiwillige Teilnahme handelt und sich keinerlei Konsequenzen bei einer Nicht-Teilnahme ergeben.   17

Abgefragt werden auf den ersten Blick unbedenkliche Aspekte, wie die sportliche Betätigung in Minuten pro Woche, Sportarten, Abteilungszugehörigkeit, das Geschlecht und das Alter. Datenschutzrechtlich bedenklich wird die Befragung dann, wenn es Abteilungen innerhalb des Unternehmens gibt, deren Zusammenstellung so spezifisch ist, dass Rückschlüsse auf eine bestimmbare oder bestimmte Person geschlossen werden können. Beispielsweise, wenn eine Abteilung eine geringe Anzahl an Männer hat und diese auch noch unterschiedliche Sportarten betreiben.   18

Aus diesem Grund sollte immer der betriebliche Datenschutzbeauftragte in das BGM involviert sein und bereits innerhalb des Erhebungsdesigns aktiv mitgestalten können, sodass diese in Hinblick auf Anonymisierung, Pseudonymisierung und Aggregation geprüft werden kann. Gleichzeitig kann der Datenschutzbeauftragte prüfen, ob es sich bei den erhobenen Daten um Gesundheitsdaten nach EU-DSGVO handelt und die Daten so nur mit explizierter Einwilligung erhoben werden dürfen.   19

Exkurs – Anonymisierung, Pseudonymisierung und Aggregation

Anonymisierung

Grundsätzlich existieren drei Varianten der Anonymisierung – formale, faktische und absolute Anonymisierung:

Bei der formalen Anonymisierung werden direkte Identifikationsmerkmale der Mitarbeiter, wie z. B. Name oder Anschrift, aus den Ergebnissen entfernt. Bei der faktischen Anonymisierung hingegen werden die Datensätze so verändert, dass eine Re-Anonymisierung nur durch einen unverhältnismäßig großen Aufwand möglich ist. Bei einer absoluten Anonymisierung werden die Datensätze soweit „vergröbert", dass eine Wiederherstellung der Daten nicht mehr möglich ist.

Wichtig ist hier vor allem, dass die Anonymisierung von einem unabhängigen Dritten durchgeführt wird oder die Erhebung der Daten anonym erfolgt, sprich keine personenidentifizierenden Merkmale erhoben werden.

Pseudonymisierung

Pseudonymisierung meint das Ersetzen von personenidentifizierenden Merkmalen durch eine Zuordnungsvorschrift (z. B. Zuordnung von Vor- und Nachname, etc. zu einer eindeutigen Nummer) – so werden Originalangaben pseudonymisiert. Der Einsatz von Pseudonymisierung ist nur dann die Variante der Wahl, wenn es nachträglich ggf. notwendig werden kann, eine Person zu re-identifizieren. Wird diese Methode für das betriebliche Gesundheitsmanagement eingesetzt, sind zum einen der Zweck für eine nachträglich Re-Identifikation eines Beteiligten im Vorfeld zu definieren sowie den Mitarbeiter über die Möglichkeit der Re-Identifizierung zu informieren und zum anderen eine vertrauenswürdige Stelle zu bestimmen, welche die Zuordnungsvorschrift aufbewahrt und die Re-Identifizierung übernimmt.

Aggregation

Die Aggregation hingegen kann zu einem besseren Schutz der Re-Anonymisierung beitragen, indem aus den einzelnen Daten Gruppen oder Cluster gebildet werden. So wird beispielsweise das Geburtsdatum oder Alter durch eine Altersklasse (z. B. 50–60 Jahre, etc.) oder das Gewicht durch eine Gewichtsklasse (z. B. 50–60 kg) ersetzt. Achtung: Die Aggregation von Datensätzen ist so zu wählen, dass eine bestimmte Mindestanzahl von Mitarbeitern einer Gruppe bzw. einem Cluster zugeordnet werden können, sodass die Anonymität des Einzelnen gewahrt wird.

5 Grundlegende Tipps zum Thema Datenschutz

Tipp: Beachtung grundsätzlicher Datenschutzaspekte 20

– Auswertungen/Analyse von Daten (wenn möglich) immer anonym durch-führen durch z. B. Streichung von personenidentifizierbaren Merkmalen und/oder der Clusterung von Datensätzen
– Bei einer notwendigen Pseudonymisierung eine Vertrauensstelle für die Aufbewahrung der Zuordnungsvorschrift benennen
– Freiwilligkeit zur Teilnahme an den Maßnahmen des BGM hervorheben
– Mitarbeiter immer über das Vorgehen sowie die Maßnahmen zum Schutz ihrer personenbezogenen Daten informieren
– Unbefugter Zugriff auf die Daten durch technischen und organisatorische Maßnahmen minimieren
– Zugriffsbeschränkungen durch ein entsprechendes Rechte-Rollen-Konzept definieren
– Bei der Beteiligung von externen Dienstleistern bei der Datenerhebung sowie -auswertung sind klar definierte Anforderungen zu stellen (ggf. Vertrag zur Auftragsverarbeitung abschließen)
– Datenschutzbeauftragte in die Prozesse des BGM rechtzeitig einbeziehen
– Durchführung einer Risikoanalyse bei digitalen Verarbeitungsverfahren von personenbezogenen Daten
– Definition von Daten, welche der Arbeitgeber einsehen darf
– Keine Nutzung von Daten durch den Arbeitgeber, welche durch den Betriebsarzt erhoben wurden, da dieser der Schweigepflicht unterliegt

Tipp: Datenschutz bedarf häufig einer Einzelfallentscheidung

– Bei der Analyse von Kennzahlen und Datenströmen ist die Einhaltung des Datenschutzes zu beachten. Verantwortliche in Unternehmen sollten daher zwingend einzelfallbezogen prüfen, ob der Zugriff bzw. die Übermittlung bestimmter Mitarbeiterdaten zulässig ist.

Literatur

BGH: Urt. v. 16.05.2017, Az. VI ZR 135/13.
Hans-Böckler-Stiftung: Betriebliches Gesundheitsmanagement in der Praxis. o. J. Online: https://www.uni-trier.de/fileadmin/fb4/prof/VWL/APO/Abschlussbericht_Pbsf_WS08/Betriebsraeteumfrage_Uni_Trier.pdf. [abgerufen am 17.7.2018].
Haufe Online Redaktion: So lassen sich Fehlzeiten verringern. 2015. Online: https://www.haufe.de/arbeitsschutz/gesundheit-umwelt/betriebliche-gesundheitsfoerderung-fehlzeiten-verringern_94_301322.html [abgerufen am 17.7.2018].
Uhle, T./Treier, M.: Betriebliches Gesundheitsmanagement: Gesundheitsförderung in der Arbeitswelt. Mitarbeiter einbinden, Prozesse gestalten, Erfolge messen. 3. Aufl. Berlin/Heidelberg 2015.

Forschung

Ein Blick in die Zukunft des BGM

Fabian Krapf/Niklas Walter/Lotte Sophia Roessler/Filip Mess

Abstract: Der Beitrag umfasst ausgewählte Ergebnisse der im Jahr 2017 durchgeführten Studie „whatsnext – Gesund arbeiten in der digitalen Arbeitswelt", einem Projekt des Instituts für Betriebliche Gesundheitsberatung (IFBG), der Techniker Krankenkasse und der Haufe-Gruppe. Als eine der größten Zukunftsstudien, die es je in Deutschland zum Betrieblichen Gesundheitsmanagement (BGM) gegeben hat, zeigt sie die aktuelle und zukünftige Bedeutung zahlreicher Aspekte des BGM aus Sicht von Unternehmens- und Gesundheitsverantwortlichen auf. Aus den Ergebnissen werden Handlungsempfehlungen für die Einstellung des BGM auf zukünftige Herausforderungen der digitalisierten Arbeitswelt abgeleitet.

1 Neue Herausforderungen und Bedürfnisse

1.1 Veränderung der Arbeitswelt

1   Die fortschreitende Digitalisierung verändert die Arbeitswelt zunehmend. Das genaue Ausmaß dieser Veränderungen ist schwer zu greifen. Sicher ist jedoch, dass sie Beschäftigte und Organisationen vor neue Möglichkeiten, aber auch Herausforderungen stellt (vgl. Abb. 1). So erfordern die steigende Menge und Komplexität der Aufgaben die höheren Ansprüche an Informationsverarbeitung und auch die permanente Erreichbarkeit innovative Lösungen.

2   Die Veränderungen in der Arbeitswelt wirken sich auch auf die Themen des Betrieblichen Gesundheitsmanagements aus. Mit Arbeit 4.0 wird es um mehr gehen als um klassische Gesundheitsmaßnahmen wie Rückentraining oder die wöchentliche Obstkiste. Das bedeutet nicht, dass Betriebliche Gesundheitsförderung (BGF) zukünftig unwichtig wird. Im Gegenteil, aber das Management hinter diesen Maßnahmen wird sich auf struktureller Ebene weiterentwickeln müssen.

3   Um besser verstehen zu können, welche Veränderungen die Zukunft der Arbeitswelt bringt und inwiefern sich diese auf das BGM auswirken, wurde die vorliegende Studie herausgebracht. Ziel war es, die aktuelle und zukünftige Bedeutung zahlreicher Aspekte im BGM aus Sicht von Unternehmens- und Gesundheitsverantwortlichen aufzuzeigen. Damit schafft die Studie eine Grundlage zur Identifizierung künftiger Handlungsfelder, die bei der Entwicklung von gesundheitsfördernden Strategien und Maßnahmen zur Begegnung von Arbeit 4.0 bedeutsam sind.

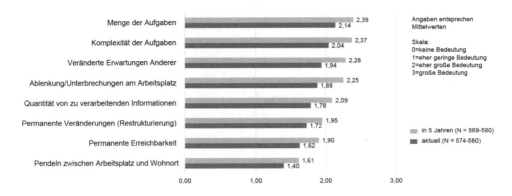

Abb. 1: Die größten Herausforderungen

Quelle: Eigene Darstellung.

1.2 Hintergrund der whatsnext-Studie

An der deutschlandweiten Studie nahmen während eines sechswöchigen Zeit- 4
raums 825 Unternehmen und Einrichtungen des Öffentlichen Dienstes (vgl.
Abb. 2) teil. Damit ist die Studie eine der größten, die bisher in Deutschland zur
Betrieblichen Gesundheitsförderung (BGF) durchgeführt wurde. Die hohe Teilnahme macht deutlich, dass für viele Organisationen die Themen BGM und BGF
einen hohen Stellenwert haben. Mit dem Ausfüllen eines etwa 30-minütigen
Online-Fragebogen leisteten die Teilnehmenden ihren persönlichen Beitrag zum
Erfolg der Studie und gaben dabei in insgesamt 14 Themenblöcken (vgl. Abb. 3)
an, welche Bedeutung sie verschiedenen Aspekten der BGF und des BGM sowohl
aktuell als auch in fünf Jahren beimessen.

Abb. 2: Stichprobenbeschreibung. Größe und Art der Organisationen

Quelle: Eigene Darstellung.

Die 14 Themenblöcke der Zukunftsstudie

- BGM-Themen *(z. B. digitale BGF)*
- BGM-Formate *(z. B. aufsuchende BGF)*
- BGM-Personengruppen *(z. B. Azubis)*
- BGM-Analyseverfahren *(z. B. Interviews)*
- BGM-Kennzahlen *(z. B. Arbeitszufriedenheit)*
- Umgang mit Vielfalt *(z. B. Aging Workforce)*
- Vereinbarkeit Beruf und Privatleben *(z. B. Home Office)*

- Themen für die Führungskultur *(z. B. Digital Leadership)*
- Arbeitsformen *(z. B. Desk Sharing)*
- Beschäftigungsformen *(z. B. Sabbaticals)*
- Kommunikationstechnologien *(z. B. Skype)*
- Herausforderungen *(z. B. permanente Erreichbarkeit)*
- Kompetenzen *(z. B. Zeitmanagement)*
- Entwicklungen, Trends und Themen *(z. B. Big Data)*

Abb. 3: Themenblöcke der whatsnext-Studie

Quelle: Eigene Darstellung.

2 Ergebnisse der Studie

2.1 Gesundheitsmanagement in Deutschland

5 Im Jahr 2013 wurde in Deutschland das Arbeitsschutzgesetz an die veränderten Bedingungen des modernen Arbeitslebens angepasst. Aufgrund der Zunahme an Leistungseinbußen und psychischen Erkrankungen in der Arbeitswelt, sind Beurteilung und Dokumentation der psychischen Gefährdung inzwischen für alle Arbeitgeber, unabhängig von Größe und Mitarbeiterzahl, verpflichtend. Diese Veränderung scheint das BGM in den letzten Jahren vorangetrieben zu haben. So zeigt sich, dass immer weniger Unternehmen überhaupt keine Maßnahmen zur Förderung der Gesundheit ihrer Beschäftigten anbieten. Dieser Trend zu einer größeren Gesundheitsaffinität spiegelt sich auch in den Zahlen wider. Etwa ein Drittel (36,8 %) der befragten Organisationen berichtet von aktuell laufenden gesundheitsfördernden Maßnahmen oder dem Aufbau eines BGM. In 26,3 % der Organisationen existiert sogar bereits ein ganzheitliches Gesundheitsmanagement.

6 Doch trotz dieser positiven Tendenzen zeigt ein kritischer Blick auf die gegenwärtige Situation, dass das BGM in deutschen Organisationen weiterhin großes Entwicklungspotenzial hat. So ergab die Befragung, dass in knapp vier von zehn Unternehmen noch kein Gesundheitsmanagement existiert oder höchstens vereinzelte BGF-Maßnahmen angeboten werden. In jeder elften Organisation (8,6 %) bleiben Gesundheitsangebote sogar vollständig aus.

Gesundheit fördern oder managen?

7

Der Fokus der **Betrieblichen Gesundheitsförderung (BGF)** liegt auf der aktiven Förderung der Mitarbeitergesundheit. Klassische BGF-Bereiche sind Bewegung, Entspannung oder Ernährung.

Betriebliches Gesundheitsmanagement (BGM) bezeichnet das „große Ganze": Es fasst Aktivitäten zur Verbesserung von Arbeitssicherheit, Gesundheitsschutz und Gesundheitsförderung systematisch zusammen. Bei einem ganzheitlichen BGM werden die fünf Hauptphasen eines BGM-Zyklus (Strukturaufbau, Analyse, Maßnahmenplanung, Maßnahmenumsetzung und Evaluation) auf allen Ebenen der Betriebsführung (Individuum, Organisation, Umwelt und Arbeitsbedingungen) durchgeführt.

2.2 Entwicklungstendenzen im BGM

2.2.1 BGM wird zielgruppenspezifischer

Die Entwicklungen in der Arbeitswelt zeigen auf, dass das klassische Gießkannenprinzip nicht ausreicht, um den Großteil der Beschäftigten mit BGF-Maßnahmen wirklich zu erreichen. Allein die jeweilige Arbeitsweise in verschiedenen Abteilungen bringt unterschiedliche gesundheitliche Schwierigkeiten mit sich, und auch die Erreichbarkeit von Beschäftigten im Außendienst ist nicht vergleichbar mit der von Büroangestellten. Zudem werden Belegschaften immer vielfältiger, das ist bei der Maßnahmenplanung unbedingt zu berücksichtigen. Ziel muss es aber auch sein, durch gesundheitsfördernde Strukturen die Eigenverantwortung der Beschäftigten in Bezug auf ihre Gesundheit zu stärken. Zukünftig stehen vor allem Auszubildende und junge Beschäftigte sowie Flüchtlinge und Personen mit Migrationshintergrund im Fokus.

8

2.2.2 BGM wird systematischer

Um bei den Beschäftigten wirklich anzukommen, müssen individuelle Bedürfnisse berücksichtigt und spezifische Maßnahmen entwickelt werden. Das Grundgerüst bilden hierbei systematische Bedarfsanalysen mittels Befragungen, Beobachtungsverfahren, Interviews oder Workshops. Die Ergebnisse der whatsnext-Studie zeigen, dass diese Verfahren weiter an Bedeutung gewinnen werden und vor allem Workshops und Gesundheitszirkel wieder in den Vordergrund rücken. Sie sind laut der Teilnehmenden in fünf Jahren die wichtigsten Analyseverfahren. Ein Vorteil der systematischen Herangehensweise ist, dass am Ende eine genaue Erfolgsmessung steht. Diese Ergebnisse können in einem Kennzahlensystem zusammengeführt werden, was die Nachverfolgung und Überprüfung von Umfang, Art und Erfolg aller Gesundheitsmaßnahmen in der eigenen Organisation möglich macht. Die Studie zeigt, dass im modernen BGM ein gutes Kennzahlenmanagement zunehmend wichtiger wird.

9

2.2.3 BGM wird digitaler und spielerischer

Den größten Bedeutungszuwachs bei den BGM-Themen hat in den nächsten fünf Jahren die digitale BGF. Das bringt viele Vorteile mit sich, denn mit Gesundheits-Apps, Wearables (tragbare Sensoren) und Gesundheits-Portalen lassen sich zielgruppenspezifische Maßnahmen deutlich leichter umsetzen. So bieten digitale

10

Lösungen beispielsweise die Möglichkeit, Beschäftigte auch unterwegs oder Angestellte an kleineren Standorten gut zu erreichen. Auch der spielerische Aspekt nimmt dabei laut der Studie zukünftig eine wichtigere Rolle ein. So können Schrittzähleraktionen oder persönliche Ranglisten die Motivation fördern und gesundheitsförderliches Verhalten mit Spaß verstärken. Trotz der Vorteile dürfen die Risiken selbstverständlich nicht außer Acht gelassen werden. Durch den zunehmenden Einsatz digitaler Verfahren wird u. a. der Schutz personen- und gesundheitsbezogener Daten noch mehr an Bedeutung gewinnen. Der Aspekt Datenschutz wird von den Befragten sogar über alle Themenbereiche hinweg als das wichtigste Thema angesehen. In der Praxis zeigt sich jedoch, dass die Vereinbarkeit von digitaler BGF und Datenschutz möglich ist.

2.2.4 BGM wird aufsuchender

11 Eine der großen Herausforderungen in der BGF ist es, auch die weniger gesundheitsaffinen Beschäftigten zu erreichen. Für diese Personengruppe sind externe Angebote wie die Laufgruppe nach Feierabend oder subventionierte Mitgliedschaften im Fitnessstudio weder interessant noch überzeugend. Für eine nachhaltige Sensibilisierung der gesamten Belegschaft stellen aufsuchende Gesundheitsmaßnahmen deshalb eine vielversprechende Möglichkeit dar. Dabei werden die Beschäftigten direkt am Arbeitsplatz, oft auch während der Arbeitszeit, mit Gesundheitsangeboten und Informationen konfrontiert. Die Studienergebnisse zeigen, dass der Trend genau in diese Richtung geht.

2.2.5 BGM wird mehr inhouse gelöst

12 Die Ergebnisse der Studie zeigen, dass für Gesundheitsmaßnahmen zukünftig verstärkt auch interne Lösungen zum Einsatz kommen. Darunter wird verstanden, dass bereits gesundheitsaffine Beschäftigte zu Multiplikatoren – z. B. „Gesundheitsbotschaftern" – ausgebildet werden. Sie erhalten den Auftrag, sich für die Gesundheit ihrer Kolleginnen und Kollegen zu engagieren und haben die Möglichkeit, Gesundheitsangebote direkt an den Arbeitsplatz zu bringen. Eine zeitsparende und nachhaltige Methode, die noch weitere Vorteile mit sich bringt. So können beispielsweise Gesundheitsbotschafter mit Migrationshintergrund durch ihre Herkunft und Mehrsprachigkeit auch die Beschäftigten begeistern, die ansonsten aufgrund sprachlicher oder kultureller Barrieren möglicherweise nicht erreicht werden. Die Ausbildung von internen Multiplikatoren ist laut der Befragten das BGM-Format mit dem größten Bedeutungszuwachs in den nächsten fünf Jahren.

2.2.6 BGM wird kommunikativer

„Wenn du einen Euro in Dein BGM investierst, halte einen weiteren bereit, um das bekanntzumachen." – Henry Ford   13

In Anlehnung an Henry Ford kann die Gesundheitskommunikation als eines der   14
zentralen Elemente für die erfolgreiche Umsetzung von geplanten Maßnahmen
gesehen werden. Das bestätigt auch die Studie: Nach der digitalen BGF erlangt
die Gesundheitskommunikation den zweitgrößten Bedeutungszuwachs bei den
BGM-Themen. Das ist gut nachvollziehbar, denn transparente Kommunikation
spielt für Akzeptanz und Verständnis von Veränderungen eine ausschlaggebende
Rolle. Je offener und klarer die Kommunikation, desto eher fühlen sich die
Beschäftigten abgeholt und die Bereitschaft, sich auf Angebote einzulassen, steigt.
Bei der Umsetzung von Gesundheitskommunikationsmaßnahmen bietet sich eine
Kombination aus verschiedenen Techniken an, die auch im klassischen Marketing
Anwendung finden. Besonders wichtig ist dabei die persönliche Kommunikation.
Durch sie ist direktes Feedback, die Beantwortung konkreter Fragen, aber auch die
Vermittlung von emotionalen Botschaften möglich. Das sind zentrale Aspekte für
die individuelle Überzeugung von Beschäftigten – eine wichtige Aufgabe, die
der Gesundheitskommunikation neben der gezielten Weiterleitung von Information zukommt. Auch neuartige Kommunikationswege wie „gesunde" Betriebs-
ausflüge, Gesundheitstheater oder Gesundheits-Flashmobs werden an Bedeutung
zunehmen.

3 Fokus: Gesunde Kultur und gesunde Führung

Die systematische Herangehensweise ist für den Aufbau eines ganzheitlichen   15
BGM unerlässlich, denn Ausgangspunkt für jede Gesundheitsmaßnahme sollte
eine bedarfsorientierte Erfassung des Ist-Zustands der Organisation sein. Die
gesetzliche Pflicht zur psychischen Gefährdungsbeurteilung hat diesbezüglich
bereits für eine gute Basis gesorgt. Neben dieser Grundlage gibt es zwei weitere
Faktoren, die für die erfolgreiche Implementierung eines ganzheitlichen und
tiefgreifenden BGM laut der whatsnext-Studie im Vordergrund stehen. Das ist
zum einen die Schaffung einer Gesundheitskultur und zum anderen die Etablierung einer gesunden Führung.

3.1 Gesundheitskultur

„Ziel ist es, das Thema Gesundheit in der Organisationsentwicklung tatsächlich zu verankern. Dann wird es irgendwann ganz normal sein, an einem Stresspräventi-onskurs teilzunehmen." – Fabian Krapf   16

Die Studie zeigt, dass das moderne BGM über Einzelmaßnahmen zur Förderung   17
der Gesundheit hinausgeht. Es beginnt bereits in den fundamentalen Strukturen

einer Organisation – der Organisationskultur. Die zugrundeliegende Kultur prägt Normen und Werte einer Organisation und hat maßgeblichen Einfluss auf die Verhaltensweisen der Organisationsmitglieder. Die Verankerung des Gesundheitsgedankens als zentrales Element in der Organisationskultur ist deshalb für ein erfolgreiches BGM von großer Wichtigkeit. Das Ziel dabei ist es, Strukturen und Prozesse in der Organisation nachhaltig gesund zu gestalten und ein gemeinsames Gesundheitsbewusstsein zu schaffen. Dadurch entsteht eine Basis für die dauerhafte Sicherung der Leistungsfähigkeit und ermöglicht eine flexible und zeitnahe Reaktion auf Veränderungen. Eine gesundheitsorientierte Organisationskultur entsteht selbstverständlich nicht von heute auf morgen. Die Entwicklung braucht Zeit und hohes Engagement aller Beteiligten, vor allem auch der unteren und mittleren Führungsebene. Ein zentraler Baustein bei der Entwicklung einer Gesundheitskultur ist deshalb die Integration einer gesunden Führung.

3.2 Gesunde Führung

18 Führungskräfte sind auch in Zukunft für die Gesundheit ihrer Organisation unerlässlich. Sie sind laut der Befragungsteilnehmenden die entscheidenden Kräfte für ein erfolgreiches BGM und die Beschäftigtengesundheit. So sagen neun von zehn Befragten (88,3 %), dass es den stärkeren Einsatz der Führungskräfte braucht, um das BGM weiterzuentwickeln. Damit wird Führung als deutlich wichtiger erachtet als Faktoren wie Budget und personelle Ressourcen.

19 Gesundes Führen wird auch als wichtigstes Thema der Führungskultur in fünf Jahren erachtet. So messen 87,7 % der Befragten diesem Thema eine „große" oder „eher große" Zukunftsbedeutung für ihre Organisation bei. Dabei ist zu beachten, dass sich mit den Entwicklungen von Arbeit 4.0 auch die Aufgaben und Ziele des BGM ändern werden. So werden sich Führungskräfte zukünftig vor allem mit zentralen BGM-Themen wie Lebenslanges Lernen, Gesundheitskommunikation und psychische Gefährdungsbeurteilung konfrontiert sehen (vgl. Abb. 4). Doch nicht nur Wissen und Kompetenz sind entscheidend, sondern auch das persönliche Gesundheitsverhalten der Führungskräfte. Durch ihre Vorbildfunktion können sie die anderen Beschäftigten maßgeblich beeinflussen, auch im negativen Sinne. Das Vorleben gesundheitsförderlicher Verhaltensweisen sollte deshalb Bestandteil jeder Führungskultur sein.

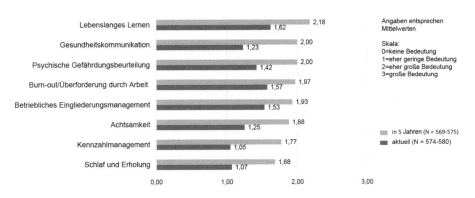

Abb. 4: Die wichtigsten BGM-Themen

Quelle: Eigene Darstellung.

3.2.1 Neue Herausforderungen für Führungskräfte

Mit der Digitalisierung erhöhen sich die kognitiven Anforderungen an die Beschäftigten. Die Förderung der körperlichen Fitness wird zukünftig im BGM deshalb nicht mehr ausreichen. Damit Beschäftigte neue Technologien auch bis ins hohe Alter erlernen, verstehen und mit permanenten Veränderungen sowie wechselnden Anforderungen gut zurechtkommen, müssen auch die kognitiven Kapazitäten ausreichend gestärkt werden. Laut der whatsnext-Studie wird Lebenslanges Lernen sowohl aktuell als auch in fünf Jahren als wichtigstes BGM-Thema angesehen. So ist es die Aufgabe der Führungskräfte im Rahmen des BGM, ihre Beschäftigten darin zu unterstützen, mit der digitalen Transformation mitzuhalten sowie größere und komplexere Arbeitsmengen erfolgreich zu meistern. Ganzheitliches BGM sollte allerdings über eine reine Verhaltensprävention durch Stärkung der Beschäftigten hinausgehen. Die Schaffung der notwendigen Verhältnisse, wie etwa die Optimierung weniger gesunder Arbeitsprozesse, sind für eine effektive Ursachenbekämpfung genauso wichtig.

3.2.2 Führungskräfte qualifizieren

Die Erkenntnisse der Zukunftsstudie betonen die Wichtigkeit, Führungsverantwortlichen ihre herausragende Rolle für die Beschäftigtengesundheit klar vor Augen zu führen. Das BGM und die Umsetzung wichtiger Maßnahmen stehen und fallen mit der Führung. Damit Führungskräfte ihrer bedeutungsvollen Aufgabe als BGM-Kommunikatoren gewachsen sind, müssen sie umfangreich qualifiziert und gezielt unterstützt werden. So können beispielsweise Vorträge und Schulungen zur Förderung der Gesundheitskompetenzen von großem Wert sein. Aber auch Führungskräfteworkshops zu Themen wie gesunde Führung, Kommunikation, Wertschätzung oder psychische Gefährdung sind für das Erlangen ausreichender Kompetenzen notwendig. Für die Verfolgung einer klaren Linie kann es hilfreich sein, das Thema Gesundheit in Zielvereinbarungen mit definierten Aufträgen aufzunehmen.

4 Whatsnext-Messages: Konkrete Handlungsempfehlungen

22 Zusammenfassend kann festgehalten werden, dass sich BGF und BGM im Zeitalter von Arbeit 4.0 verändern werden. Unternehmen und Einrichtungen des Öffentlichen Dienstes sollten sich früh darauf einstellen und Lösungen entwickeln. Basierend auf den Ergebnissen der whatsnext-Studie ergeben sich folgende Handlungsempfehlungen für Personal- und Gesundheitsverantwortliche. Die Praxistipps unterstützen dabei, das BGM erfolgreich an die zukünftigen Herausforderungen der digitalen Arbeitswelt und die veränderten Bedürfnisse der Beschäftigten anzupassen.

- **Psychische Gefährdungsbeurteilung als Chance sehen:** Die gesetzliche Pflicht zur psychischen Gefährdungsbeurteilung beeinflusst das BGM im positiven Sinne. Sie ist zudem eine gute Möglichkeit für Organisationen, um über eine analytische Herangehensweise ein ganzheitliches BGM zu implementieren. Hier ist zukünftig eine stärkere Einbindung der Betroffenen (Partizipation) wichtig.
- **Die notwendigen Ressourcen bereitstellen:** Zur erfolgreichen Implementierung eines zukunftsfähigen BGM sind sowohl ausreichende finanzielle als auch personelle Ressourcen nötig. Organisationsleitungen sind hier gefordert, mehr zu investieren. Auch bedarf es klarer Verantwortlichkeiten und der Bereitstellung von Personal – weit mehr als bisher.
- **Gesundheitskultur verankern:** Durch die Verankerung von Gesundheit in der Organisationskultur lebt das BGM. Das ist bereits ab dem ersten Ausbildungsjahr nachhaltig möglich. Doch auch schon davor lassen sich in Abstimmung mit Berufs- und Verwaltungsschulen Konzepte zur Gesundheitsbildung entwerfen, die eine Stärkung der Gesundheitskompetenz beinhalten.
- **Mehr Unterstützungsangebote für Führungskräfte:** Das Engagement der Führungskräfte ist der wichtigste Faktor für die Weiterentwicklung des BGM. Ausreichend Unterstützungsangebote sind notwendig, um sie für diese Schlüsselfunktion zu qualifizieren.
- **Eigene Mitarbeiter einbinden und aufsuchend denken:** Die Ausbildung von Beschäftigten zu Gesundheitsbotschaftern ermöglicht die direkte und kontinuierliche Erreichung der Beschäftigten am Arbeitsplatz. Das erhöht die Erfolgswahrscheinlichkeit, ist ressourcenschonend und verbessert das interne Know-how.
- **Innovative Konzepte für Beschäftigungsformen:** Organisationen müssen sich durch flexiblere Arbeitsmodelle auf neue Beschäftigungsmodelle einstel-

len. Hier sollten die Beschäftigten zunächst selbst zu ihrer favorisierten Arbeitsweise befragt werden. Sind Beruf und Privatleben besser vereinbar, können die zeitliche und emotionale Komplexität der beruflichen Tätigkeit und damit möglicher Stress reduziert werden.

- **Auf ressourcenstärkende Maßnahmen setzen:** In Zukunft gewinnen ressourcenstärkende Maßnahmen wie Resilienz (psychische Widerstandsfähigkeit), Stresstoleranz sowie Schlaf und Erholung an Bedeutung. Auch im Sinne der komplexeren und umfangreicheren Anforderungen an die Beschäftigten wird es noch wichtiger werden, die eigenen Potenziale der Beschäftigten zu stärken.
- **Lebenslanges Lernen weiter fördern:** Als wichtigstes BGF-Thema sollte Lebenslanges Lernen in die Organisationskultur integriert werden und von den Auszubildenden bis hin zu den älteren Beschäftigten reichen. Der Erwerb von Kompetenzen – beispielsweise zum gesundheitsgerechten Umgang mit Arbeit und Privatleben oder mit digitalen Medien – spielt hier eine wichtige Rolle.
- **Gesundheitskommunikation ausbauen:** Maßnahmen, Investitionen und Erfolge im BGM müssen bekannt gemacht werden. Zentral ist es dabei, systematisch vorzugehen und BGM-relevante Kommunikationsbereiche zu nutzen. Dazu zählen etwa Öffentlichkeitsarbeit, Mediawerbung, Verkaufsförderungsmaßnahmen oder Eventmarketing. Die persönliche Kommunikation ist im Kontext des BGM jedoch besonders wichtig.
- **Erfolge messen und Fakten schaffen:** Nutzen und Kosten der BGM-Maßnahmen müssen kontinuierlich überprüft und mithilfe eines Kennzahlensystems transparent gemacht werden. Das hilft, den Überblick zu bewahren und den Fokus gezielt zu setzen. Zudem liefert es Argumente zur Durchsetzung der wichtigen Maßnahmen.
- **Digitale BGF und Datenschutz:** Die Sicherheit von personen- und gesundheitsbezogenen Daten hat mit dem zunehmenden Einsatz von digitalen Lösungen größte Priorität. Eine frühe Einbindung der Datenschutzbeauftragten und des Betriebsrats sowie ein transparenter Umgang den Beschäftigten gegenüber ist ratsam.

Literatur

Krapf, F. u. a. Staub, R. (Hrsg.): Studienband #whatsnext – Gesund arbeiten in der digitalen Arbeitswelt. Sonderveröffentlichung in: Straub, R. (Hrsg.): Personalmagazin – Management, Recht und Organisation. Freiburg 2017.

Krapf, F. u. a./Straub, R. (Hrsg.): Gesund arbeiten in der Zukunft. Wie Mitarbeiter und Unternehmen im digitalen Wandel gesund bleiben. Praxisratgeber der Sonderveröffentlichung. In: Straub, R. (Hrsg.): Personalmagazin – Management, Recht und Organisation. Freiburg 2017.

Nieder, P.: Die Rolle der Vorgesetzten bei der gesundheitsfördernden Organisationsentwicklung. In: Faller, G. (Hrsg.): Lehrbuch betriebliche Gesundheitsförderung. Bern 2010, S. 144–149.

Macht Homeoffice krank?

Lutz Bellmann/Werner Widuckel

Abstract: Vor dem Hintergrund der Zunahme von psychischen Erkrankungen ist die Frage nach der Nutzung von Homeoffice und den damit möglicherweise verbundenen gesundheitlichen Auswirkungen zu stellen. Aktuelle Ergebnisse aus dem Linked Personnel Panel zu den Erfahrungen der Beschäftigten mit Homeoffice zeigen, dass Arbeitnehmer Vorteile des Homeoffice, wie eine bessere Vereinbarkeit von Privatleben und Beruf, bessere Bezahlung und geringere Pendelzeiten durchaus schätzen, jedoch die Entgrenzung von Arbeit und Freizeit, eine ungeeignete häusliche Arbeitsumgebung und schlechtere Kontakte zu Kollegen als gesundheitlich problematisch ansehen. Deshalb erscheint es wichtig, im Einzelfall die Bedeutung dieser Faktoren zu verstehen und zu beurteilen, um sie zielgerichtet beeinflussen zu können.

1 Einleitung

1 Aktuelle Forschungsarbeiten weisen auf einen klaren Zusammenhang zwischen der Gesundheit und der Gestaltung der Arbeitszeit hin. Ein großer Anteil der gegenwärtig vorherrschenden gesundheitlichen Störungen ist auf Fehlanpassungen zwischen körperlichen und psychischen Ressourcen und den Arbeitsbedingungen zurückzuführen.[1] Vor dem Hintergrund der Zunahme von psychischen Erkrankungen sind generell die Einflüsse und Auswirkungen der Digitalisierung, der Erreichbarkeit von Mitarbeitern, auch in ihrer Freizeit und in besonderem des Homeoffice als eine Form der alternierenden Telearbeit zu betrachten. Die Digitalisierung führt zu schwierigeren Arbeitsbedingungen, wie Termindruck oder wechselnde Arbeitszeiten.[2] Zweifellos sind sowohl aus Sicht der Beschäftigten und der Betriebe Vorteile des Homeoffice zu sehen, als problematisch sind aber auch die Entgrenzung von Arbeit und Freizeit, das „Nicht-mehr-Abschalten-Können" und der schlechtere Kontakt zu Kollegen zu bewerten.

2 Der Aufbau des Beitrags ist folgender: Nach dem Überblick zur Verbreitung von Homeoffice in Deutschland folgt eine Darstellung verschiedener Herausforderungen im Zusammenhang mit der Nutzung von Homeoffice, wie die stärkere Vermischung von Arbeit und Privatleben, den schlechteren sozialen Beziehungen im Homeoffice, die Gestaltung von psychologischen Verträgen und die Selbstorganisation der Beschäftigten im Homeoffice. Der Beitrag schließt mit einem Fazit.

---

1 Hurrelmann/Richter: Gesundheits- und Medizinsoziologie – Eine Einführung in sozialwissenschaftliche Gesundheitsforschung. 2013, S. 139–148; Beermann/AmlingerChatterjee/Brenscheidt/Gerstenburg/Niehaus/Wöhrmann: Orts- und zeitflexibles Arbeiten. Gesundheitliche Chancen und Risiken. 2017, S. 13.
2 Warning/Weber: Wirtschaft 4.0. Digitalisierung verändert die betriebliche Personalpolitik. In: IAB-Kurzbericht 12/2017, S. 8.

2 Verbreitung von Homeoffice in Deutschland

Auf der Basis des Sozioökonomischen Panels (SOEP) hat Brenke ermittelt, dass gut 40 % der Arbeitnehmer von zu Hause aus arbeiten könnten, da ihren Angaben zufolge ihr Arbeitsplatz bzw. ihre Tätigkeit, das Arbeiten von zu Hause aus erlaubt.[3] Jedoch ist dies bei nur etwa 12 % tatsächlich der Fall. Nach den Daten des SOEP ist der Anteil unter den Beschäftigten mit umfassenden Führungsaufgaben und Beamten im höheren Dienst besonders hoch. Darüber hinaus ist die Möglichkeit, im Homeoffice zu arbeiten, generell für höher qualifizierte Beschäftigte im Dienstleistungsbereich und in größeren Betrieben häufiger vorhanden als im Durchschnitt. Zusätzlich zeigen Auswertungen aus dem SOEP, dass viele Arbeitnehmerinnen und Arbeitnehmer von zu Hause arbeiten könnten und auch möchten, ohne dass diesem Wunsch entsprochen wurde. Nach den Ergebnissen des Linked Personnel Panels (LPP) des IAB, das bei privaten Unternehmen mit mindestens 50 Beschäftigten im Jahr 2015 durchgeführt wurde, geben etwa 30 % der Betriebe an, dass ihre Beschäftigten die Möglichkeiten haben, zumindest gelegentlich von zu Hause aus zu arbeiten. Dies betrifft etwa ein Fünftel der abhängig Beschäftigten in Mittel- und Großbetrieben.[4] Laut einer Studie von Deloitte nutzen 28 % der Erwerbstätigen in der Schweiz diese Möglichkeit mindestens einmal pro Woche – und sind damit sehr zufrieden.[5] Von den weiteren 72 % würden 29 % gerne auch die Vorteile von Home Office genießen.

3 Stärkere Vermischung von Arbeit und Privatleben im Homeoffice

Gajendra und Harrison[6] haben bereits in einer Metaanalyse mit mehr als 46 Einzelstudien gezeigt, dass alternierende Telearbeit sich grundsätzlich positiv auf das Autonomieempfinden von Beschäftigten auswirkt und das Risiko von Work-Family-Konflikten reduziert. In dieser Studie wird der intensiven Telearbeit (mehr als 2,5 Tage pro Woche) eine positive Wirkung auf die Work-Family-Konflikte zugesprochen, während nach Golden die arbeitsbedingte Erschöpfung und das Auftreten von Work-Family-Konflikten bei extensiver Nutzung häufiger sind.[7] Die Studie von Arnold u. a. auf der Basis der Daten des Linked Personnel Panels

3   Brenke: Home office. Möglichkeiten werden bei weitem noch nicht ausgeschöpft. In: DIW-Wochenbericht 5/2016, S. 95–105.

4   Arnold/Steffes/Wolter: Mobiles und entgrenztes Arbeiten – aktuelle Ergebnisse einer Betriebs- und Beschäftigtenbefragung. 2015.

5   Deloitte: Der Arbeitsplatz der Zukunft – Wie digitale Technologie und Sharing Economy die Schweizer Arbeitswelt verändern. 2016, S. 20.

6   Gajendran/Harrison: The good, the bad, and the unknown about telecommuting. Meta-analysis of psychological mediators and individual consequences. In: Journal of applied Psychology 92/2008, S. 1524–1541.

7   Golden: Altering the effects of work and family conflict on exhaustion. Telework during traditional and non-traditional work hours. In: Journal of Business and Psychology 27/2012, S. 255–269.

(LPP) 2015 berichtet über die Erfahrungen insbesondere der Beschäftigten mit dem Homeoffice, die zumindest teilweise während ihrer Arbeitszeit von zu Hause arbeiten. Diese Erfahrungen sind aufschlussreich: Manche Tätigkeiten lassen sich demnach von zu Hause aus besser erledigen. Dies sagen 63 % aller Befragten, die während ihrer Arbeitszeit Homeoffice nutzen. Mit 78 % noch häufiger wird eine verringerte Fahrzeit und mit 73 % eine bessere Vereinbarkeit von Beruf und Privatleben angegeben.[8]

5 Allerdings berichten 49 % derjenigen, die während ihrer Arbeitszeit von zu Hause aus arbeiten, über eine stärkere Vermischung von Arbeit und Privatleben und 40 % über längere Wochenarbeitszeiten, weil die räumliche und zeitliche Distanz fehlt, die bei getrenntem Arbeits- und Wohnort zum „Abschalten" genutzt werden kann. So kann festgestellt werden, dass die Nutzung von Homeoffice unter bestimmten Bedingungen zu einer Erhöhung von Stress führt. Hierbei entstehen spezifische Stressoren, durch Zunahme der Arbeit an Wochenenden und Tagesrandzeiten. Analysen mit den Linked Personnel Panel zeigen in diesem Zusammenhang, dass der Anteil der Angestellten, die zumindest gelegentlich in der Freizeit dienstlich kontaktiert werden, im Vergleich der Jahre 2013 und 2015 von 60 % auf 65 % gestiegen ist.[9]

6 Demgegenüber sind die mit Homeoffice verbundenen Einkommenserzielungsmöglichkeiten und die Chance z. B. der „Teilzeitfalle" zu entkommen auch aus Sicht der Beschäftigten positiv zu bewerten.

4 Schlechtere soziale Beziehungen im Homeoffice

7 In der Studie mit den Daten des Linked Personnel Panels 2015 geben 22 % der Beschäftigten im Homeoffice ebenfalls an, dass sich der Kontakt zu Kollegen, Mitarbeitern und Vorgesetzten verschlechtert habe. Der zwischenmenschliche Austausch beim gemeinsamen Mittagessen oder der Kaffeepause trägt erheblich zur Arbeitszufriedenheit bei. Nach dem Job-Demand-Ressourcen-Modell des Burnouts von Demerouti u. a. sind die soziale Unterstützung durch Vorgesetzte, Kollegen, Familienmitglieder oder Angehörige von Bezugsgruppen gerade in Situationen mit hoher Arbeitsbelastung und Schwierigkeiten wichtige gesundheitliche Schutzfaktoren.[10] Auch die Lösung von am Arbeitsplatz auftretenden Konflikten erfordert ein Mindestmaß an gemeinsamer Präsenz im Betrieb.

8 Prümper u. a. haben die mit mobiler Arbeit verbundenen Arbeitsanforderungen untersucht und gezeigt, dass damit erhöhte Anforderungen an zentrale Schlüssel-

---

8 Arnold/Steffes/Wolter: Mobiles und entgrenztes Arbeiten – aktuelle Ergebnisse einer Betriebs- und Beschäftigtenbefragung. 2015, S. 14.
9 Arnold/Steffes/Wolter: Mobiles und entgrenztes Arbeiten – aktuelle Ergebnisse einer Betriebs- und Beschäftigtenbefragung. 2015, S. 11.
10 Demerouti u. a.: The Job Demands Resources Model of Burnout. In: Journal of Applied Psychology 86(3)/2001, S. 499–512.

kompetenzen und Persönlichkeitseigenschaften wie Selbstständigkeit, Flexibilität, Initiative, geistige Offenheit, Verantwortungsbereitschaft, Leistungsbereitschaft und Zuverlässigkeit verbunden sind. Höhere Anforderungen werden außerdem mit Blick auf die kommunikativen Kompetenzen wie schriftliche Ausdrucksfähigkeit, Diskussionsfähigkeit und partnerorientierte Kommunikation gestellt.[11] Kritisch bewerten Prümper u. a. zudem die Ergonomie der zum Einsatz kommenden Arbeitsmittel, da diese häufig nicht für eine berufliche Dauernutzung vorgesehen sind: „Auch die jeweiligen Arbeitsplätze, -räume und -umgebungen (wie Verkehrsmittel oder Wartebereiche in Bahn- und Flughäfen) entsprechen eher selten den Anforderungen des Arbeitsschutzes und bergen damit auch die Gefahr negativer körperlicher Beanspruchungsfolgen."[12]

Neben diesen direkten Zusammenhängen der Nutzung von Homeoffice und seinen Wirkungen, lohnt sich auch ein Blick auf den Kontext der sozialen Beziehungen sowie der Bindung zwischen Arbeitnehmern und Unternehmen. Hierbei ist in einigen Studien Homeoffice als Gegenstandsbereich von psychologischen Verträgen untersucht worden.[13] Psychologische Verträge umfassen Erwartungen an das Verhältnis von Leistung und Gegenleistung und die Befriedigung von Bedürfnissen, die von Arbeitnehmern an ihre Arbeitgeber gerichtet werden.[14] Hierbei sind langfristig beziehungsbezogene (relationale) Aspekte (z. B. Arbeitsplatzsicherheit) von kurzfristig austauschbezogenen (transaktionalen) Faktoren (z. B. Vergütung) zu unterscheiden.

5 Homeoffice als Gegenstandsbereich von psychologischen Verträgen

Diese Erwartungen auf Gegenseitigkeit haben eine besondere Bedeutung für die Wahrnehmung und das Verhalten bei der Nutzung von Homeoffice. So kann schon die Einführung als ein Signal gewertet werden, dass von Seiten des Unternehmens besondere Rücksicht auf Bedürfnisse und Lebenssituationen von betroffenen Arbeitnehmern genommen wird. Dies würde eine relationale Erwartung i. S. von Arbeitgeberfürsorge erfüllen. Daran sind allerdings Voraussetzungen geknüpft. Denn es ist entscheidend, wie die Beziehungsqualität zwischen Ar-

---

11 Prümper/Becker/Hornung: Ein Zug rollte los: Mobiles Arbeiten erobert Mehrheit der Beschäftigten. In: Personalführung 9/2016a, S. 61–64; Prümper/Becker/Hornung: Mobiles Arbeiten – Chance oder Risiko? In: Personalwirtschaft 8/2016b, S. 26–28.
12 Prümper/Becker/Hornung: Mobiles Arbeiten – Chance oder Risiko? In: Personalwirtschaft 8/2016b, S. 26–28.
13 Collins/Cartwright/Hislop: Homeworking. Negotiating the psychological contract. In: Human Resource Management Journal 23(2)/2013, S. 211–225; Tietze/Nadin: The psychological contract and the transition from office – based to home – based work. In: Human Resource Management Journal 31(3)/2011, S. 318–333.
14 Rousseau: Psychological Contracts in Organization. 1995.

beitnehmer und Unternehmen vor der Einführung von Homeoffice aussah. So berichten Tietze und Nadin von einem Rückzugsverhalten im Homeoffice, weil sich die betroffene Mitarbeitergruppe weder durch ihre Bezahlung noch durch die wahrgenommene Wertschätzung vor dessen Einführung ausreichend gewürdigt und anerkannt sah. Die Einführung von Homeoffice hatte in diesem Fall den für die Beschäftigten ohnehin schon vorhandenen Bruch des psychologischen Vertrages sogar noch verstärkt.[15]

11   Der psychologische Vertrag wurde durch „Dienst nach Vorschrift" im Homeoffice angepasst. Homeoffice war hierfür nicht die Ursache, sondern machte die Wirkungen enttäuschter Anerkennungserwartungen auf das Leistungsverhalten nur sichtbar. In seiner Wirkung auf die Gesundheit könnte diese Anpassung sogar positiv bewertet werden, da durch die Rücknahme des Engagements ein Schutz vor weiteren Enttäuschungen aufgebaut worden ist. Dieser Schutz dient allerdings zu Vermeidung psychischer Folgen anhaltender Enttäuschungen und nicht einem opportunistischem Nutzenkalkül. Derartige Zusammenhänge sind auch bei der Abschätzung bzw. Untersuchung möglicher Wirkungen von Homeoffice auf das Arbeitsverhalten und die Wahrnehmung im Unternehmen zu berücksichtigen.

12   Eine weitere wesentliche Komponente stellt die Beziehung zwischen Mitarbeiter und Vorgesetzten dar. Dies betrifft wesentlich die Kontrolle sowie das Feedback durch Vorgesetzte. Hier zeigt sich, dass die Erfüllung des psychologischen Vertrages von einer Übereinstimmung zwischen Führungsverhalten und Verhaltenserwartungen von Mitarbeitern an ihre Vorgesetzen abhängt.[16] Dies betrifft z. B. Kontrollinstrumente, Verfügbarkeitsverpflichtungen und die Kommunikation. Eine als unangemessen empfundene oder gar intransparente Kontrolle führt zu einer grundlegenden Störung der sozialen Austauschbeziehung zwischen Beschäftigtem und Unternehmen, die zu einem Stressor werden kann. Hierbei ist besonders zu berücksichtigen, dass die geringeren Präsenzzeiten von Beschäftigten im Homeoffice eine Lösung dieser Konflikte nicht erleichtern. Deshalb ist die Klärung von Erwartungen bei der Gestaltung von Führungsbeziehungen im Homeoffice für das Wohlbefinden als einer wesentlichen Basis für Gesundheit entscheidend.

13   Als dritter Aspekt ist die Bewertung von Fairness und Gerechtigkeit der Arbeits- und Leistungsbedingungen im Homeoffice durch Mitarbeiter zu nennen. So kann davon ausgegangen werden, dass eine ganzheitliche Bewertung von Leistungsgerechtigkeit durch Mitarbeiter vorgenommen wird, die v. a. die Leistungsanforderungen, die Leistungsbedingungen sowie den Gewinn an Selbständigkeit bilan-

---

15   Tietze/Nadin: The psychological contract and the transition from office – based to home – based work. In: Human Resource Management Journal 31(3)/2011, S. 318–333.
16   Collins/Cartwright/Hislop: Homeworking. Negotiating the psychological contract. In: Human Resource Management Journal 23(2)/2013, S. 211–225.

ziert und hinsichtlich ihrer Fairness bewertet.[17] Somit reicht es nicht aus, eine „Vertrauenskultur" im Kontext von Homeoffice zu fordern. Vielmehr erwarten Arbeitnehmer im Homeoffice eine beeinflussbare, transparente und als gerecht wahrgenommenen Balance von Leistung und Gegenleistung. Fairness und Gerechtigkeit als subjektive Erwartungsansprüche in psychologischen Verträgen sind ebenfalls gesundheitlich in hohem Maße relevant.[18]

6 Selbstorganisation der Beschäftigten im Homeoffice

Komplexe Aufgaben gehen mit hohen Kompetenzanforderungen zur Selbstorganisation einher.[19] Dies hat vor dem Hintergrund der sozialen Kontextgestaltung im Homeoffice eine besondere Bedeutung. Ein möglicher Hang zum Aufschieben bzw. „Vertagen" kann im Homeoffice eher wirksam werden, da Mechanismen sozialer Kontrolle nicht so direkt wirksam werden können wie an einem Präsenzarbeitsplatz. Die Ursachen für diesen Hang zum Vertagen bzw. Aufschieben können in Motivationsproblemen, Befürchtungen des Scheiterns, Überforderung oder in einer mangelhaften Ressourcenausstattung begründet sein. Die Wirkung ist jedoch fatal, da Stress und Leidensdruck als Folge auftreten. Individuelle Kompetenzen der Selbststeuerung, methodische Kompetenzen der Selbstorganisation, sachliche und zeitliche Ressourcen, Rollen- und Aufgabenklarheit sowie Kommunikation und Interaktion bilden zu Gewährleistung einer gelingenden Selbstorganisation Grundvoraussetzungen für eine gesundheitsförderliche Gestaltung von Homeoffice, die die erforderliche Balance von Risiko- und Schutzfaktoren berücksichtigt.[20]

7 Fazit

Insgesamt hat dieser Beitrag gezeigt, dass in Deutschland die Verbreitung von Homeoffice noch nicht besonders ausgeprägt ist. Die Chancen und Risiken von Homeoffice sind gleichermaßen zu beachten. Herausforderungen bestehen bei der stärkeren Vermischung von Arbeit und Privatleben, den verschlechterten sozialen Beziehungen mit den Kollegen, der Gestaltung von psychologischen Verträgen und der Selbstorganisation der Beschäftigten im Homeoffice. Nach der Studie von Arnold u. a. lassen sich in toto weder positive noch negative gesundheitliche Auswirkungen der Einführung des Homeoffice ermitteln – auch weil der Unter-

---

17 Collins/Cartwright/Hislop: Homeworking. Negotiating the psychological contract. In: Human Resource Manage-ment Journal 23(2)/2013, S. 211–225.
18 Vgl. hierzu Siegrist: Soziale Krisen und Gesundheit. 1996, S. 99–115.
19 Erpenbech/Grote/Sauter: Einleitung zu. In: Erpenbeck u. a. (Hrsg.): Handbuch Kompetenzmessung. 2017, S. IX–XXXVIII.
20 Hurrelmann/Richter: Gesundheits- und Medizinsoziologie – Eine Einführung in sozialwissenschaftliche Gesundheitsforschung. 2013.

suchungszeitraum zu kurz ist.[21] Dennoch konnte in diesem Beitrag aufgezeigt werden, dass potenzielle gesundheitliche Risiken von Homeoffice vielschichtig sind und individuell wie organisational differenzierte Gestaltungsansätze erforderlich machen. Grundsätzlich sind Beschäftigte, die einen Teil ihrer Arbeitszeit im Homeoffice verbringen, zufriedener als solche, die nie von zu Hause arbeiten. Dies gilt allerdings nur unter bestimmten Voraussetzungen.

Literatur

Arnold, D./Steffes, S./Wolter, S.: Mobiles und entgrenztes Arbeiten – aktuelle Ergebnisse einer Betriebs- und Beschäftigtenbefragung. Berlin 2015.

Beermann, B. u. a.: Orts- und zeitflexibles Arbeiten. Gesundheitliche Chancen und Risiken. Dortmund 2017.

Brenke, B.: Home office. Möglichkeiten werden bei weitem noch nicht ausgeschöpft. In: DIW-Wochenbericht 5/2016, S. 95–105.

Collins, A. M./Cartwright, S./Hislop, D.: Homeworking. Negotiating the psychological contract. In: Human Resource Management Journal 23(2)/2013, S. 211–225.

Deloitte: Der Arbeitsplatz der Zukunft – Wie digitale Technologie und Sharing Economy die Schweizer Arbeitswelt verändern. 2016, S. 20.

Demerouti, E.: The Job Demands Resources Model of Burnout. In: Journal of Applied Psychology 86(3)/2001, S. 499–512.

Erpenbeck, J. u. a.: Einführung. In: Erpeneck, J. u. a. (Hrsg.): Handbuch Kompetenzmessung. 3. Aufl. Stuttgart 2017, S. IX-XXXVIII.

Gajendran, R. S./Harrison, D. A.: The good, the bad, and the unknown about telecommuting. Meta-analysis of psychological mediators and individual consequences. In: Journal of applied Psychology 92/2008, S. 1524–1541.

Golden, T. D.: Altering the effects of work and family conflict on exhaustion. Telework during traditional and non-traditional work hours. In: Journal of Business and Psychology 27/2012, S. 255–269.

Hurrelmann, K./Richter, M.: Gesundheits- und Medizinsoziologie – Eine Einführung in sozialwissenschaftliche Gesundheitsforschung. Weinheim/Basel 2013.

Prümper, J./Becker, M./Hornung, S.: Ein Zug rollte los: Mobiles Arbeiten erobert Mehrheit der Beschäftigten. In: Personalführung 9/2016a, S. 61–64

Prümper, J./Becker, M./Hornung, S.: Mobiles Arbeiten – Chance oder Risiko? In: Personalwirtschaft 8/2016b, S. 26–28.

Rousseau, D. M.: Psychological Contracts in Organization. London/Neu-Delhi 1995.

Siegrist, J.: Soziale Krisen und Gesundheit. Luxemburg 1996.

Tietze, S./Nadin, S.: The psychological contract and the transition from office – based to home-based work. In: Human Resource Management Journal 31(3)/2011, S. 318–333.

Warning, A./Weber, E.: Wirtschaft 4.0. Digitalisierung verändert die betriebliche Personalpolitik. In: IAB-Kurzbericht 12/2017, S. 8.

---

21 Arnold/Steffes/Wolter: Mobiles und entgrenztes Arbeiten – aktuelle Ergebnisse einer Betriebs- und Beschäftigtenbefragung. 2015.

Authentisches Selbstmanagement – Chance für Führungskräfte, Schutz für Mitarbeiter

Jörg Pscherer

Abstract: In Zeiten digitalisierter Arbeitsformen scheint es manchmal an der Basis menschlichen Umgangs zu mangeln. Ständige Veränderungsprozesse in Unternehmen erzeugen eine psychosoziale Dauerspannung, die Betriebsklima, aber auch Effektivität belastet. Kompetentes, sprich glaubwürdiges und respektvolles Führungsverhalten, ist anzustreben aufgrund der positiven Wirkung auf die Arbeitszufriedenheit. Vor dem Hintergrund wissenschaftlicher Modelle der Gesundheitsförderung sowie einer eigenen Online-Studie wird im Beitrag die Bedeutung des Selbstmanagements für Führungskräfte vorgestellt. Authentisches Selbstmanagement ist achtsame Selbstreflexion und Selbstkontrolle auf kognitiver, emotionaler und behavioraler Ebene. Dies ist weniger eine persönliche Typfrage, sondern eine trainierbare Möglichkeit der Selbstregulierung. Es werden Strategien resilienter Selbst- und Mitarbeiterführung dargestellt als Kernkompetenz einer gesunden Arbeitswelt.

1 Moderne Zeiten: Druck von allen Seiten

1 Auch wenn jede historische Phase Parallelen zu anderen Zeiten aufweist, ob nun bedingt durch Armut, Kriege, Umwelt oder technische Einflüsse, die moderne Phase der Arbeit 4.0 scheint nach den industriellen und sozialstaatlichen Umwälzungen arbeitsweltlicher Vorgängerphasen auf eine bestimmte Weise einzigartig zu sein: Tempo. Spätere Generationen werden vermutlich von einer Zeit digitalen Wettrennens sprechen, von Multitasking-Plagen, obsoleten Altroutinen oder auch Schmalspurgesprächen zwischen gehetzten Smartphone-Junkies. Gleichzeitig schwinden traditionelle „Kuschelecken", denn der moderne Mensch muss seine berufliche wie private Umwelt vornehmlich selbst gestalten[1] – ein Paradox zwischen Druck und Freiheit. Die sogenannte VUCA-Welt (volatile, uncertain, complex, ambiguous) braucht neue Kompetenzen in Kommunikation und Entscheidungsfindung. Die Reibungsverluste jedoch sind unübersehbar: Der Flexibilisierungs- und Mobilisierungsstress hat in den letzten Jahren massiv zugenommen, die psychosozialen und gesundheitlichen Anpassungsprozesse sind noch im Laufen, die langfristigen Auswirkungen auf Leistungsfähigkeit und menschliches Miteinander noch nicht absehbar. Erkennbar ist jedoch der gestiegene Bedarf nach kurativen und präventiven Maßnahmen gegen Stress und Burnout, zusammengefasst im aktuellen Forschungsbericht der Bundesanstalt für Arbeitsschutz und Arbeitsmedizin über psychische Gesundheit in der Arbeitswelt. Allein die Reduktion von Stressoren wie etwa der Arbeitsintensität und Arbeitsbedingungen im Zuge der Digitalisierung reicht dem Bericht zufolge nicht aus, sondern vor allem verhaltenspräventive Maßnahmen: *„Hierfür müssen sowohl ausreichende Handlungsspielräume zur Verfügung gestellt als auch Kompetenzen für deren Nutzung vermittelt werden".*[2] Auch ist im Rahmen betrieblichen Gesundheitsmanagements

---

[1] Lohmer/Sprenger/von Wahlert: Gesundes Führen. Life-Balance versus Burnout im Unternehmen. 2012, S. 59.

[2] BAuA: Psychische Gesundheit in der Arbeitswelt – wissenschaftliche Standortbestimmung. 2017, S. 8.

etwa bei der Rehabilitation zu vermeiden, Beschäftigte weder zu über- noch unterfordern, und sie aufgrund sensitiver Klassifikationssysteme und gestiegener Arbeitsausfalltage nicht unnötig zu pathologisieren. Auf der anderen Seite müssen gerade in der Forschung die besonderen Anforderungen und Wechselwirkungen technischer Entwicklung berücksichtigt werden, seien es Informationsverarbeitungskapazitäten oder Lärm- und Beleuchtungsfaktoren bei Bildschirmarbeit in Großraumbüros: *„Beeinträchtigungen der circadianen Rhythmik korrespondieren mit einem verschlechterten psychischen Wohlbefinden und Risiken für die körperliche Gesundheit".*[3] Hinzu kommen Belastungen etwa durch Teilzeitmobilität und dem gefürchteten allgemeinen Zeitdruck: Gerade die gesunde Gestaltung der Arbeitszeit ist eine Schlüsselressource für demographische wie wirtschaftlich-innovative Herausforderungen.[4]

Auf persönlicher Ebene sind Burnoutsymptome eng verbunden mit geringer Widerstandskraft: Je niedriger der individuelle Resilienzquotient[5], desto wahrscheinlicher sind emotionale Erschöpfung, Zynismus und Leistungseinbußen sowie psychosomatische Beschwerden. Die Anforderungen der heutigen Arbeitswelt setzen mehr denn je Ressourcen voraus, um im Sinne transaktionaler Stresskompetenz realistische Einschätzungen und entsprechende Copingmaßnahmen zu nutzen.[6] Perfektionismus und Überkontrolle sind deswegen schädlich, weil sie intrinsische Leistungsmotivation und Energiepotenziale konterkarieren. Insbesondere Führungskräfte müssen hier umsichtig sein, um für sich und die Mitarbeiter Prioritäten im Rahmen von Wichtigkeiten und Dringlichkeiten zu setzen und individuelle Leistungsfähigkeiten nachhaltig regulieren zu können. Gutes Führen heißt vor allem gesundes Führen.[7] Eine zentrale Ebene ist hierbei die der klaren und respektvollen Kommunikation. 2

2 Schadensfaktor: Schlechte Kommunikation

Wo Menschen zusammenarbeiten, treffen oft konträre Erwartungen und Meinungen aufeinander. Dabei geht es meist weniger um Sachdifferenzen, sondern häufig – oft unbewusst – um gestörte Beziehungsfaktoren.[8] Kenntnisse und Kompetenzen in Gesprächsführung und Umgang miteinander sind daher nicht nur für professionelle Kommunikatoren wichtig, sondern für jeden einzelnen Mitarbeiter. Denn Zusammenarbeit auf sozial adäquater Basis bestimmt nicht 3

---

3 BAuA: Psychische Gesundheit in der Arbeitswelt – wissenschaftliche Standortbestimmung. 2017, S. 67.
4 Hellert: Nacht- und Schichtarbeit modern gestalten. 2014, S. 16.
5 Mourlane: Resilienz. Die unentdeckte Fähigkeit der wirklich Erfolgreichen. 2015.
6 Lazarus: Stress, Appraisal and Coping. 1984.
7 Becker (Hrsg.): Executive Health. Gesundheit als Führungsaufgabe. Arbeitsfreude und Unternehmenserfolg fördern. 2015.
8 Watzlawik/Beavin/Jackson: Menschliche Kommunikation. Formen, Störungen, Paradoxien. 2016.

zuletzt die Arbeitseffizienz. Mitarbeiter und Führungskräfte müssen Kenntnisse über Kommunikationsebenen und Konfliktarten sowie hilfreiche Strategien haben. Das wichtigste für gute Zusammenarbeit aber ist der Ton: ein respektvoller Ton, der an konstruktiven Lösungen interessiert ist und das Anderssein achtet, aber auch klar und selbstbewusst ist. Schlechte Kommunikation, verschärft durch digitale Kurzbotschaften, lässt sich erkennen an undifferenzierter Wahrnehmung, voreiliger Beurteilung und einseitiger Rückmeldung. Umfragen zur Arbeits- und Lebenszufriedenheit verweisen regelmäßig auf die Notwendigkeit hilfreicher, sprich persönlicher sozialer Beziehungen für das Wohlbefinden, noch vor Gesundheit und Geld. Glücksforscher wie der Volkswirt Karlheinz Ruckriegel sehen im Menschen die „sozialste Spezies" und die Beschränkung auf den Mitarbeiter als Homo oekonomicus als Kontrapunkt einer guten Führungsethik.[9]

4   Umso mehr wundert es, dass in Unternehmensgängen und Führungsetagen nach wie vor ein rauer, hektischer, aber auch seltsam schweigsamer Ton zu hören sowie kühl-abweisende Körpersprache zu sehen ist. Mag es an kommunikativen Defiziten auf Persönlichkeitsebene liegen,[10] oder dem digitalisierten Stressklima geschuldet sein, die Fähigkeit, Emotionen zu erkennen und sich sozial angemessen zu verhalten, wird nach wie vor auch in ihrer Berufserfolgsrelevanz verkannt. Studienergebnisse zur emotionalen Intelligenz untermauern deren funktionalen Zusammenhang mit dem Arbeitsplatzhandeln. Mangelndes Verständnis etwa der aktuellen emotionalen Befindlichkeit anderer Personen erschwert den sozialen Umgang: „Wenn jemand beispielsweise verärgert ist, wird er rigider, und er wird vielen Vorschlägen nicht zustimmen".[11] Dies nicht zu erkennen und am besten zu einer positiveren Stimmung allein schon durch Aufmerksamkeitssignale beizutragen, schädigt Vertrauen und macht Kommunikation unsicher, wie auch umfangreiche Studien aus der Gesundheitswissenschaft belegen.[12] Die Autoren veranschaulichen mittels evidenzbasierter Fallbeispiele, wie genannte unsichere Kommunikation zu Behandlungsfehlern führt und die Patientensicherheit gefährdet. Bei fast allen medizinischen Vorgängen ist laut Hannawa und Jonitz Kommunikation das Mittel dafür, dass eine Versorgung überhaupt stattfinden kann; trotzdem wird sie weder von Versorgern noch von Patienten genügend verstanden. „Unzureichende, inakkurate, unklare, unangepasste und kontextferne Kommunikation verursacht nicht nur kleine Ärgernisse im Alltag. In Hochrisikobranchen wie dem Gesundheitswesen kann sie Behandlungserfolge beeinträchtigen."[13]

---

9   Ruckriegel/Niklewski/Haupt: Gesundes Führen mit Erkenntnissen der Glücksforschung. 2015.

10   Riedelbauch/Laux: Persönlichkeitscoaching. Acht Schritte zur Führungsidentität. 2011.

11   Blickle/Schütte: Erfolg im Beruf. Warum es hilfreich ist, Emotionen zu erkennen. In: Wirtschaftspsychologie aktuell 3/2015, S. 23–26.

12   Hannawa/Jonitz: Neue Wege für die Patientensicherheit. Sichere Kommunikation. Evidenzbasierte Kernkompetenzen mit Fallbeispielen aus der medizinischen Praxis. 2017.

13   Hannawa/Jonitz: Neue Wege für die Patientensicherheit. Sichere Kommunikation. Evidenzbasierte Kernkompetenzen mit Fallbeispielen aus der medizinischen Praxis. 2017, S. 284.

Kommunikation als komplizierter Prozess zwischenmenschlicher Verständnisfindung des Enkodierens, Dekodierens und der gemeinsamen, transaktionalen Sinnfindung erfordere nicht ein Mehr, sondern ein Besser als interaktives Aushandeln von Bedeutungswahrnehmungen. Fehlkommunikation habe oft etwas mit dem sogenannten Common-Ground-Trugschluss zu tun, der Überschätzung sozialer Ähnlichkeiten und der irrigen Annahme des Von-sich-aus-Verstehens trotz divergierender individueller und soziokultureller Hintergründe. Gute Kommunikation müsse daher inhaltlich suffizient, akkurat (valide), klar (statt mehrdeutig), kontextualisiert (situationsadäquat) und unterschiedlichen Bedürfnissen angepasst sein, um die Wahrscheinlichkeit für ein einheitliches Verständnis zu erhöhen.

Entgegen dieser Forschungsergebnisse gibt es nach wie vor genügend Schadensfaktoren in der Kommunikation und „schwierige Menschen am Arbeitsplatz" – so ein Buchtitel von Schüler-Lubienetzki und Lubienetzki.[14] Das Beraterduo mit Erfahrung aus dem Business-Coaching fokussiert, wie die Persönlichkeitspsychologen,[15] die individuelle Ebene konfliktbesetzter Arbeitsatmosphäre: *„Toxische Menschen tragen in viel größerem Ausmaß als etwa die falsche ergonomische Ausstattung eines Büroarbeitsplatzes dazu bei, dass wir krank werden"*, so Lubienetzki.[16] Toxische Persönlichkeitsmerkmale fänden sich insbesondere im narzisstischen, psychopathischen oder machiavellistischen Bereich, geprägt von selbstüberhöhten, egoistisch manipulativen und machtbesessenem Verhalten.[17] Gerade Führungskräfte in Sandwich-Positionen seien durch Loyalitätskonflikte für toxische Interaktionen anfällig, ob nun als Opfer oder Verursacher. Der schädliche Kommunikationsprozess besteht den Autoren zufolge aus vier Schritten: Schwachstellen-Analyse, Umwelt-Manipulation, Ausbeutung, Unterordnung ganzer Unternehmensbereiche. Das „Vergiftungspotenzial" wirke sich schlimmstenfalls auf alle organisatorisch verbundenen Menschen aus.[18] Systemisch betrachtet führen Angriffe zu Anspannung und Ausgrenzung der Betroffenen, was wiederum das Betriebsklima durch Insuffizienz und Stresskommunikation beeinträchtigt. Für persönliche Aussprachen bleibt durch die Flut digitaler, sachfokussierter Kurzbotschaften kaum Zeit, was die Klärung von Konflikten und Missverständnissen auf der Beziehungsebene zusätzlich erschwert.

5

---

14 Schüler-Lubienetzki/Lubienetzki: Schwierige Menschen am Arbeitsplatz. Handlungsstrategien für den Umgang mit herausfordernden Persönlichkeiten. 2017.

15 Riedelbauch/Laux: Persönlichkeitscoaching. Acht Schritte zur Führungsidentität. 2011.

16 Schüler-Lubienetzki/Lubienetzki: Schwierige Menschen am Arbeitsplatz. Handlungsstrategien für den Umgang mit herausfordernden Persönlichkeiten. 2017, S. 18.

17 Schüler-Lubienetzki/Lubienetzki: Schwierige Menschen am Arbeitsplatz. Handlungsstrategien für den Umgang mit herausfordernden Persönlichkeiten. 2017.

18 Schüler-Lubienetzki/Lubienetzki: Schwierige Menschen am Arbeitsplatz. Handlungsstrategien für den Umgang mit herausfordernden Persönlichkeiten. 2017, S. 25.

3 Kompetenzfaktor: Achtsame Kommunikation

6   Gute Kommunikation im wirtschafts- und gesundheitspsychologischen Kontext ist immer auch Diversity Management individueller und kultureller Besonderheiten. Lohmer und Kollegen beschreiben ein Getriebesand-Beispiel durch Nichtbeachtung impliziter Regeln[19]: Das Missverständnis bei einem geplanten Klinikkauf ergab sich dadurch, dass die deutsche Delegation von der hervorragenden Lage auf dem Land begeistert war, während die portugiesischen Partner mit ungesagter Stadtpräferenz diese für absolut unmöglich hielten. Missverständnisse solcher Art können durch kultursensitive Informationen relativ leicht abgebaut werden. Viel schwieriger wird es, wenn Personen destruktive oder gar pathogene Muster aufweisen. Denn diejenigen, die eine Klärung ihrer Kommunikationsprobleme am dringendsten bräuchten, lehnen es häufig ab, offen kommunikative Schwächen zu reflektieren und zu bearbeiten. Viele Führungskräfte, so weiß der Managementberater Louis Lewitan aus Erfahrung, glauben fest daran, dass der bisherige Erfolg ihnen auch zukünftig weiter recht geben wird: *„Als scheinbares Korrektiv fordern sie von Untergebenen ein konstruktives Feedback ein, das aus Angst vor Ausgrenzung und Sanktionierung jedoch nicht erfolgt."*[20] Notwendige Rückmeldungen seitens der Mitarbeiter unterbleiben gerade in digitalen Veränderungsprozessen oft auch aufgrund negativer Erfahrungen und resignativen Erwartungen im Sinne einer Self-Fullfilling-Prophecy. Das Problembewusstsein der Führungskräfte wird neben der genannten Erfolgsverwöhnung durch Angst vor Kontrollverlust im permanenten Wettstreit mit (potenziellen) Konkurrenten konterkariert. Genau hier setzt eine kommunikations- und persönlichkeitspsychologische Beratung an; auf vertrauensvoller Basis werden schrittweise klärend und lösungsorientiert Selbstbewertung und Selbstveränderung sozioemotionaler Kompetenz angeregt.[21] Denn Menschen stört es meist mehr, *„wenn ihre soziale Reputation beschädigt wird […] als wenn man ihnen Faulheit unterstellt".*[22] In der Sprache der sogenannten Big-Two-Persönlichkeitsfaktoren Agency (Zielstrebigkeit) und Communion (Gemeinschaft) bilden zielorientiertes und gemeinschaftliches Verhalten keine Gegensätze, sondern ergänzen sich im Bestfall.

7   Kommunikative Strategien können auf Wahrnehmungs- und Ausdrucksebenen (Erkennen und Handeln) ansetzen und geübt werden, die Tool-Boxes sind vielfältig.[23] Mittels Rollenspiel, Videofeedback oder Techniken aus dem Psychodrama können habituelle Interaktionsmuster identifiziert und bearbeitet

---

19   Lohmer/Sprenger/von Wahlert: Gesundes Führen. Life-Balance versus Burnout im Unternehmen. 2012.
20   Lewitan: Coaching ist nützlich. Nur nicht für mich. In: Wirtschaftspsychologie aktuell 1/2014, S. 57.
21   Riedelbauch/Laux: Persönlichkeitscoaching. Acht Schritte zur Führungsidentität. 2011.
22   Abele-Brehm/Bruckmüller: Das A und C der Persönlichkeit. In: Gehirn und Geist 4/2015, S. 35.
23   Scharlau/Rossié: Gesprächstechniken. 2016.

werden.[24] Das von Schulz von Thun verwendete „Teufelskreis-Schema" hilft, problematische Kommunikationsstile zu visualisieren und sie aus einer individuellen Pathologisierung in eine Beziehungsdynamik einzubetten.[25] Im Handbuch „Führungskompetenzen trainieren" wird die Kunst dialogischer Kommunikation beschrieben:[26] Information wird erst dann zu hilfreicher Kommunikation, wenn Dialoge stattfinden, in denen Wissen interaktiv mittels subjektiver Perspektiven erzeugt wird; aus „Haben Sie das verstanden?" wird „Was haben Sie verstanden?". Eine Frage sozial kompetenter Haltung, die erkennbar ist an: erkunden, respektieren, aushalten. Und *„wenn man sich nicht ganz einig in der Sache ist, bleibt man handlungsfähig, wenn man Entscheidungen für die nächste Zukunft – aber nicht für alle Zeiten – fällt".*[27] Dazu brauche es Mut zum Risiko und zum Experiment sowie Zivilcourage und Konfliktfähigkeit, wenn es darauf ankommt, Unstimmigkeiten anzusprechen – auf analoger wie auf digitaler Ebene.[28]

Je besser es gelingt, Präsenz und Achtsamkeit gegenüber den eigenen Gefühlen und Erwartungen sowie denen des Gegenüber zu sensibilisieren, desto gelassener können Konflikttrigger entschärft und das soziale Miteinander gestärkt werden. Sender und Empfänger von Botschaften sind gleichermaßen angesprochen, ob nun durch respektvolle Weitergabe oder adäquate Aufnahme von Informationen. Das Ergebnis ist im besten Fall ein Arrangement statt Ausgrenzung. Bisweilen, speziell unbelehrbaren Toxikern gegenüber, hilft jedoch nur eigene oder fremde Abgrenzung als energiesparende und gesundheitsschützende Entscheidung: Das „giftige Umfeld" verlassen oder mit verantwortungsvoller Machtbefugnis Toxiker zum Weggang auffordern beziehungsweise (präventiv) durch professionelle Personalauswahl gar nicht erst einstellen.[29] Erkennbar sind Nicht-Toxiker auch an deren authentisch unabhängigem und trotzdem sozial verträglichem Kommunikationsstil.[30] 8

4   Metakompetenz: Authentisches Selbstmanagement

Selbstmanagement im Spannungsfeld digitaler Multianforderungen ist eine zentrale Kompetenz moderner Führung, die fachliches Know-how mit persönlicher gesundheits- und werteorientierter Integrität verknüpft. Authentische Selbstregulierungsfähigkeit mit dem Ziel nachhaltigen betriebswirtschaftlichen Manage- 9

---

24   Riedelbauch/Laux: Persönlichkeitscoaching. Acht Schritte zur Führungsidentität. 2011.
25   Schulz von Thun: Miteinander Reden 2. Stile, Werte und Persönlichkeitsentwicklung. 2010.
26   Reineck/Sambeth/Winklhofer: Führungskompetenzen trainieren. 2011, S. 186.
27   Reineck/Sambeth/Winklhofer: Führungskompetenzen trainieren. 2011, S. 190.
28   Reineck/Sambeth/Winklhofer: Führungskompetenzen trainieren. 2011.
29   Schüler-Lubienetzki/Lubienetzki: Schwierige Menschen am Arbeitsplatz. Handlungsstrategien für den Umgang mit herausfordernden Persönlichkeiten. 2017.
30   Abele-Brehm/Bruckmüller: Das A und C der Persönlichkeit. In: Gehirn und Geist 4/2015.

ments kann natürlich nicht verordnet, aber auf Basis psychosozialer Kompetenzen und persönlicher Eigenschaften trainiert werden. Authentizität ist fordernd und fürsorglich zugleich und Ausdruck einer Haltung, die Engagement von maladaptivem Ehrgeiz zu unterscheiden vermag: Den Ball flach halten und trotzdem mutig nach vorn spielen, ist das Motto authentischer Selbst- und Mitarbeiterführung. Der Blick ist auf aktivierbare Ressourcen gerichtet, ob nun beim Ziel- oder Aufgabenmanagement, Konflikt- oder Stressmanagement. Mit den Ergebnissen ihrer internationalen Studie und der Entwicklung eines Messinstruments (ALQ) unterscheiden Walumbwa und Kollegen hinsichtlich authentischer Führungskompetenz zwischen vier Dimensionen: Self-Awareness (kritisches Reflektieren des eigenen Wertesystems), Relational Transparency (Offenheit und Ehrlichkeit), Balanced Processing of Information (ausgewogene Entscheidungsfindung) sowie Authentic Behavior (Glaubwürdigkeit und moralische Haltung).[31]

10 Im Rahmen einer Pilotstudie[32] wurde die spezifische Bedeutung resilienten Selbstmanagements für nachhaltiges Erfolgserleben bei Führungskräften hervorgehoben. Selbstmanagement als Regulierungskompetenz und eigenes Erfolgserleben stehen in engem Zusammenhang, insbesondere bei den Verhaltenskompetenzen Problemlösung und Stress-Coping. Je besser dies gelingt, desto erfolgreicher erlebt sich die Führungskraft, gerade wenn sie Mitarbeiter inspirierend motivieren kann. Hinsichtlich Resilienz und Erfolgserleben kommt es auf die richtige, sprich flexible Mischung, aus Bestimmtheit und Gelassenheit an. Für die Einschätzung des allgemeinen Unternehmenserfolgs jedoch spielt die persönliche Widerstandskraft eine eher geringe Rolle. Die befragten Führungskräfte erachten Gesundheit zwar als Wert an sich, den sie allerdings immer noch zu wenig selbst umsetzen. Resilientes Selbstmanagement hat viel mit Gewissenhaftigkeit, emotionaler Stabilität und Selbstvertrauen zu tun. Diese Merkmale sind in interaktioneller Sicht trainierbare Kompetenzen verhaltensnaher Selbstregulierung auf Basis von Persönlichkeitseigenschaften. Authentisches Selbstmanagement ist nicht zu verwechseln mit Perfektionierung; kritische Stimmen würdigen und mit der eigene Zeit und der Anderer sorgsam umzugehen setzt Grenzen. Letztlich eine Einstellungsfrage mit Vorbildwirkung, nämlich eine selbstwirksame Überzeugung, Gesundheit und Leistung nachhaltig zu balancieren.

11 Selbstregulation ist ein dynamischer Prozess auf mehreren Ebenen: Dem beobachtbaren Verhalten, der kognitiv-emotionalen sowie der physiologisch-körperlichen Ebene. Beispiel Stressbewältigung: Selbstmanagement optimiert die Steuerung von Stressbedingungen wie selbstüberfordernde Einstellungen, somatische Daueranspannung und dysfunktionale Handlungsmuster. Dazu dienen etwa funktionale Pausengestaltung, mutige Abgrenzung oder das Reduzieren per-

---

31 Walumbwa/Wersing/Peterson: Authentic Leadership Development and Validation of a Theory-Based Measure. In: Journal of Management 34(1)/2008.
32 Pscherer: Resilientes Selbstmanagement. In: Organisationsberatung, Supervision, Coaching, 4(23)/2008. Pscherer: Selbstmanagement als gesunde Führungsaufgabe. In: Wirtschaftspsychologie aktuell 1/2017.

manenter digitaler Breitbandkommunikation. Ursprünglich in der klinischen Verhaltenstherapie[33] entwickelt, ermöglichen entsprechende Methoden in Workshops oder Coachings eine individuelle nachhaltige Selbstregulierung im eigenen Unternehmenskontext. Selbstmanagement als Fähigkeit, eigene Prozesse und Ressourcen zu organisieren, ist ein Ziel und Mittel zugleich, um selbstwirksam, zufrieden und gesund berufliche Herausforderungen zu bewältigen. Diese authentische Selbstregulierung hat durch ihre kommunikative Wirkung auch soziale Motivationseffekte, ähnlich der Wildgans-Metapher: *„Wenn eine Wildgans mit ihrem Flügel schlägt, erzeugt sie für die Gans, die in der V-Formation hinter ihr fliegt, einen Auftrieb. Die Gänse als Gruppe können 71 % weiter fliegen als eine einzelne Gans."*[34]

5 Oberstes Ziel: Resiliente Führung

Die Kunst liegt vereinfacht gesagt im Maßhalten: Resilientes Selbstmanagement ist eine Metakompetenz, ein Cluster aus Eigenschaften, Einstellungen und Verhaltensmustern, geprägt von (sozialer) Offenheit, Gewissenhaftigkeit und eben der Fähigkeit, Balance zu halten. Dies gelingt nur, wenn man Druck von außen und innen standhält. Resilienz ist keine Resistenz, sondern umsichtiges Commitment gerade auch im Erkennen digitaler Chancen versus Risiken. Früher verschrien als weicher oder gar Luxus-Faktor ist Resilienz einer der wichtigsten Motivatoren und Gesundheitsfaktoren zugleich. Man könnte es auch so sagen: Gesundheitsbewusste Zeit für Leistung liegt künftig darin, Herausforderungen gelassen anzunehmen.   12

Die Gesundheitsfrage der Arbeitswelt 4.0 zielt neben der Verbesserung von Verhältnisstrukturen insbesondere auf die Ressourcen des Einzelnen, da Individuen mit guter Selbstführung mehr denn je gefordert werden, geprägt durch Selbstbestimmung und Kompromissbereitschaft. Eine resiliente Führungskraft nutzt Protektivfaktoren, wie etwa verhaltensbezogene Skills, kognitive Selbstwirksamkeit[35] und psychovegetative Immunsteuerung auf der körperlichen Ebene.[36] Dabei ist die Förderung des autonomen und partizipativen Selbstmanagements im Rahmen persönlicher Motivationen und Fertigkeiten eine zentrale Aufgabe für das Gesundheitsmanagement der Zukunft. Mitarbeiter und Mitarbeiterinnen müssen zielgruppenspezifisch und individuell „abgeholt" und ressourcennah gefördert werden, gerade auch unter Berücksichtigung bildungs- und herkunftsbedingter   13

---

33 Kanfer/Reinecker/Schmelzer: Selbstmanagement-Therapie. Ein Lehrbuch für die klinische Praxis. 2011.

34 Bannink: Praxisbuch Positive Kognitive Verhaltenstherapie: Ein integratives lösungsorientiertes Konzept. 2014, S. 295.

35 Bandura: Self-efficacy. Toward a unifying theory of behavioral change. In: Psychological Review 2/1977.

36 Pscherer: Selbstmanagement – Grundlagen und aktuelle Entwicklungen. Organisationsberatung, Supervision, Coaching 1(22)/2015.

Einschränkungen. Ein allgemeines „Ausgießen" von Maßnahmen der Gesundheitsförderung geht an entsprechenden Hemmnissen, Bedürfnissen und Widerständen vorbei.[37]

14 Die Gesundheitsforschung verweist seit einigen Jahren auf die hohe Bedeutung selbstwirksamer Maßnahmen zur Stärkung persönlicher Resilienz, um im Sinne partizipativer Verhaltensprävention problematische Gedanken, Emotionen und Reaktionsmuster eigenaktiv besser steuern zu können. Experten des betrieblichen Gesundheitsmanagements[38] betonen die künftige Rolle des Empowerments, unter dem Strategien der Erhöhung von Selbstbestimmung mit aktiver Mitgestaltung verstanden werden. Im Rahmen der Gesunderhaltung steht dabei auch die Führungskraft als Vorbild und Befähiger in der Verantwortung, Ressourcen zielgruppengerecht zur Verfügung zu stellen. Folgerichtig wird auf Basis einer salutogenetischen Sichtweise[39] ein Gesundheitssystem gefordert, das spezifische Belastungen ebenso berücksichtigt wie funktionale Ressourcen für eine erfolgreiche Gesundheitsförderung. Insbesondere auf kommunikativer Ebene spiegelt sich dies in einer Aufgeschlossenheit gegenüber den individuellen Bedürfnissen, Meinungen und Werten wider.[40] Eine *„transparente und systematische Vorgehensweise, bei der Beschäftigte, Führungskräfte und Betriebsratsmitglieder einbezogen werden, hilft, Vorbehalte abzubauen und schafft Verständnis für Veränderungen"*, etwa bei der Einführung neuer Arbeitszeitmodelle.[41] Gerade in Zeiten des digitalen Wandels mit rasanten Veränderungen in der Arbeits- und Geschäftswelt macht dies ein Umdenken des Führungsverhaltens erforderlich. Verschiedene Mitarbeiterbefragungen aus dem Mittelstand belegen den Stellenwert guter persönlicher und zielorientierter Information durch Vorgesetzte. Klare und respektvolle Kommunikation ist damit kein Selbstzweck, sondern integraler Bestandteil der Unternehmenseffektivität.

Literatur

Abele-Brehm, A. E./Bruckmüller, S.: Das A und C der Persönlichkeit. In: Gehirn und Geist 4/2015, S. 30–35.
Antonovsky, A.: The salutogenetic perspective: Toward a new view of health and illness. Advances 4/1987, S. 47–55.
Bandura, A.: Self-efficacy. Toward a unifying theory of behavioral change. In: Psychological Review 2/1977, S. 191–215.
Bannink, F.: Praxisbuch Positive Kognitive Verhaltenstherapie: Ein integratives lösungsorientiertes Konzept. Weinheim 2014.

---

37 Drath: Resilienz in der Unternehmensführung. 2014.
38 Uhle/Treier: Betriebliches Gesundheitsmanagement. Gesundheitsförderung in der Arbeitswelt – Mitarbeiter einbinden, Prozesse gestalten, Erfolge messen. 2015.
39 Antonovsky: The salutogenetic perspective: Toward a new view of health and illness. Advances 4/1987.
40 Kuhl u. a.: Persönlichkeit und Motivation im Unternehmen. 2010.
41 Hellert: Nacht- und Schichtarbeit modern gestalten. 2017, S. 29.

BAuA: Psychische Gesundheit in der Arbeitswelt – wissenschaftliche Standortbestimmung. Dortmund 2017.

Becker, P. (Hrsg.): Executive Health. Gesundheit als Führungsaufgabe. Arbeitsfreude und Unternehmenserfolg fördern. Wiesbaden 2015.

Blickle, G./Schütte, N.: Erfolg im Beruf. Warum es hilfreich ist, Emotionen zu erkennen. In: Wirtschaftspsychologie aktuell 3/2015, S. 23–26.

Drath, K.: Resilienz in der Unternehmensführung. Freiburg 2014.

Hannawa, A. F./Jonitz, G.: Neue Wege für die Patientensicherheit. Sichere Kommunikation. Evidenzbasierte Kernkompetenzen mit Fallbeispielen aus der medizinischen Praxis. Berlin 2017.

Hellert, U.: Arbeitszeitmodelle der Zukunft. Arbeitszeiten flexibel und attraktiv gestalten. Freiburg 2014.

Hellert, U.: Nacht- und Schichtarbeit modern gestalten. 4. Aufl. Münster 2017.

Kanfer, F./Reinecker, H./Schmelzer, D.: Selbstmanagement-Therapie. Ein Lehrbuch für die klinische Praxis. 5. Aufl. Berlin 2011.

Kuhl, J. u. a.: Persönlichkeit und Motivation im Unternehmen. Stuttgart 2010.

Lazarus, R.: Stress, Appraisal and Coping. New York 1984.

Lewitan, L.: Coaching ist nützlich. Nur nicht für mich. In: Wirtschaftspsychologie aktuell 1/2014, S. 57–60.

Lohmer, M./Sprenger, B./von Wahlert, J.: Gesundes Führen. Life-Balance versus Burnout im Unternehmen. Stuttgart 2012.

Mourlane, D.: Resilienz. Die unentdeckte Fähigkeit der wirklich Erfolgreichen. 6. Aufl. Göttingen 2015.

Pscherer, J.: Selbstmanagement – Grundlagen und aktuelle Entwicklungen. In: Organisationsberatung, Supervision, Coaching 1(22)/2015, S. 5–17.

Pscherer, J.: Resilientes Selbstmanagement. In: Organisationsberatung, Supervision, Coaching 4 (23),/2016, S. 391–409.

Pscherer, J.: Selbstmanagement als gesunde Führungsaufgabe. In: Wirtschaftspsychologie aktuell 1/2017, S. 47–50.

Reineck, U./Sambeth, U./Winklhofer, A.: Führungskompetenzen trainieren. 2. Aufl. Weinheim 2011.

Riedelbauch, K./Laux, L.: Persönlichkeitscoaching. Acht Schritte zur Führungsidentität. Weinheim 2011.

Ruckriegel, K/Niklewski G./Haupt, A.: Gesundes Führen mit Erkenntnissen der Glücksforschung. Freiburg 2015.

Scharlau, C./Rossié, M.: Gesprächstechniken. 3. Aufl. Freiburg 2016.

Schüler-Lubienetzki, H./Lubienetzki, U.: Schwierige Menschen am Arbeitsplatz. Handlungsstrategien für den Umgang mit herausfordernden Persönlichkeiten. 2. Aufl. Berlin 2017.

Schulz von Thun, F.: Miteinander Reden 2. Stile, Werte und Persönlichkeitsentwicklung. 32. Aufl. Reinbek 2010.

Watzlawik, P./Beavin, J. H./Jackson, D. D.: Menschliche Kommunikation. Formen, Störungen, Paradoxien. 13. Aufl. Bern 2016.

Uhle, T./Treier, M.: Betriebliches Gesundheitsmanagement. Gesundheitsförderung in der Arbeitswelt – Mitarbeiter einbinden, Prozesse gestalten, Erfolge messen. Berlin 2015.

Walumbwa, F. A./ Wersing, T./Peterson, S.: Authentic Leadership Development and Validation of a Theory-Based Measure. In: Journal of Management 34(1)/2008, S. 89–126.

Shared Leadership – Erfolgsfaktoren und Herausforderungen geteilter Führungspositionen

Laura Schubert/Götz Walter/Dana Fischer/Ricarda Merkwitz

Abstract: Die moderne Arbeitswelt ist von Fachkräftemangel, Globalisierung, Digitalisierung und dem demographischen Wandel geprägt und erfordert eine stetige Anpassung von Unternehmen an die wachsenden Bedürfnisse der Mitarbeiter und Führungskräfte. Eine Herausforderung in diesem Kontext ist die Bindung erfahrener Führungskräfte, die hohe Ansprüche an die Work-Life-Balance und einen Fokus auf die Familie haben. Eine mögliche Lösung für diese Herausforderung stellt das Arbeitszeitmodell Shared Leadership (=geteilte Führung) dar. Das bedeutet: zwei oder mehr Führungskräfte arbeiten in Teilzeit und teilen sich eine Vollzeit-Führungsposition. Ein solches Führungsmodell ist neben Vorteilen bezüglich der Work-Life-Balance auch mit Herausforderungen für die betroffenen Führungskräfte, ihre Mitarbeiter und die Organisation verbunden. Wie ist die zeitliche Verfügbarkeit der Führungskräfte in Teilzeit auszugestalten? Wie soll die Zuordnung von Aufgaben und Verantwortlichkeiten auf die beteiligten Führungskräfte erfolgen? Wie genau ist die Interaktion zwischen den Führungskräften sowie mit ihren Mitarbeitern und übrigen Mitgliedern der Organisation zu gestalten? Basierend auf einem Literaturreview und Experteninterviews mit 13 Führungskräften in geteilten Führungspositionen liefert dieser Beitrag erste Antworten auf diese drängenden Fragen. Individuums-, arbeits- und organisationsbezogene Erfolgsfaktoren und Herausforderungen für geteilte Führungspositionen werden definiert. Die Analyse zeigt, dass spezifische Rahmenbedingungen auf allen drei genannten Ebenen gegeben sein müssen, um eine erfolgreiche Ausgestaltung geteilter Führungspositionen zu ermöglichen. Nur wenn diese Rahmenbedingungen erfüllt sind, kann Shared Leadership eine geeignete Maßnahme sein, um Führungskräften eine optimale Vereinbarkeit von Beruf und Privatleben zu ermöglichen und sie so langfristig an das Unternehmen zu binden.

1 Einleitung und Begriffsbestimmung

1 Führungskräfte sind aktuell mit verschiedenen Herausforderungen konfrontiert. Digitalisierung und Globalisierung führen zu einer stetigen, rasanten und fortlaufenden Änderung des Marktumfeldes vieler Unternehmen. Managern wird es so erschwert, inhaltlich in ihren jeweiligen Themenbereichen auf dem neuesten Stand zu bleiben. Hinzu kommt eine gestiegene Anspruchshaltung bezüglich des Umgangs mit Mitarbeitern. Sie müssen nicht mehr nur gemanagt, sondern tatsächlich auch geführt werden: Nach dem Modell der transformationalen Führung sollen moderne Führungskräfte Vorbild sein sowie ihre Mitarbeiter inspirierend motivieren, intellektuell anregen und individuell unterstützen.[1] Einfacher formuliert es der Ansatz des Servant Leadership: Manager sollen ihr Führungsverhalten „einfach" vollständig auf die Interessen der Mitarbeiter ausrichten.[2] Es ist anzunehmen, dass nur ein geringer Anteil der heute tätigen Manager all diesen Anforderungen gerecht werden kann.

2 Shared Leadership, zu Deutsch geteilte Führung, ist eine Möglichkeit, um mit diesen gestiegenen Anforderungen im Bereich Führung umzugehen. In seiner ursprünglichen Form bedeutet der Begriff, dass es nicht mehr nur eine Führungskraft gibt, sondern die Führung je nach Anforderung und Aufgabe dynamisch

---

1 Bass/Avolio: Improving organizational effectiveness through transformational leadership. 1994.
2 Greenleaf: The servant as leader. 1991.

innerhalb eines Teams verteilt wird.[3] Doch auch weniger radikal geteilte Führungsmodelle sind möglich, beispielsweise wenn sich zwei Führungskräfte als Tandem eine Führungsposition teilen. Solche „dualen" Führungsmodelle (auch joint leadership, collaborative leadership oder co-leadership) ermöglichen es erfahrenen Führungskräften, eine anspruchsvolle Tätigkeit mit Familiengründung, Unterstützung älterer Familienangehöriger oder mehr Freizeit zu vereinen. Weitere mögliche Vorteile für die Tandempartner sind eine geringere Arbeitsbelastung und damit höhere Arbeitszufriedenheit aufgrund geteilter Verantwortung[4], ein erhöhtes Lernpotential, v. a. aufgrund einer kritischen Reflexion der Stärken und Schwächen beider Tandempartner[5] sowie bessere Karrieremöglichkeiten als bei alleiniger Teilzeitarbeit.[6] Doch auch für Unternehmen bieten solche dualen Führungsmodelle einige Vorteile: Die Bindung der Tandempartner an das Unternehmen festigt sich, und durch die doppelte Besetzung der Managementstelle bekommt das Unternehmen mehr Wissen und Fähigkeiten zur Verfügung gestellt, bei gleichzeitiger Reduktion des Risikos von Arbeitsausfällen und Wissensverlusten.[7] Weiterhin scheint es möglich zu sein, dass Führungstandems über eine bessere Leistung verfügen als einzelne Führungskräfte, was in Forschungsarbeiten gerne mit der Formel „1 + 1 = 3" veranschaulicht wird.[8]

---

3 Pearce: The future of leadership: Combining vertical and shared leadership to transform knowledge work. In: Academy of Management Executive 18(1)/2004, S. 48.

4 Eckman: Co-principals: Characteristics of dual leadership teams. In: Leadership and Policy in Schools 5(2)/2006, S. 89–107.; Klinga u. a.: Co-Leadership – A Management Solution for Integrated Health and Social Care. In: International Journal of Integrated Care 16(2)/2016, S. 1–9; Rosengren/Bondas: Supporting "two-getherness": Assumption for nurse managers working in a shared leadership model. In: Intensive and Critical Care Nursing 26(5)/2010, S. 288–295; Daniels: Job Sharing at Senior Level: Making it work. Recommendations and best practices for the implementation of job sharing within global corporations. 2011, S. 1–20, Online unter: www.thejobshareproject.com [abgerufen am 3.1.2018]; Wilhelmson: Transformative learning in joint leadership. In: Journal of Workplace Learning 18(7/8)/2006, S. 495–507; Wilhelmson/Döös: Joint principalship: a potential support for democratic practice in schools. In: Nordic Journal of Studies in Educational Policy, 2016(1)/2016, S. 1–11.

5 Klinga u. a.: Co-Leadership – A Management Solution for Integrated Health and Social Care. In: International Journal of Integrated Care 16(2)/2016, S. 1–9; Wilhelmson: Transformative learning in joint leadership. In: Journal of Workplace Learning 18(7/8)/2006, S. 495–507.

6 Daniels: Job Sharing at Senior Level: Making it work. Recommendations and best practices for the implementation of job sharing within global corporations. 2011, S. 1–20, Online: www.thejobshareproject.com [abgerufen am 3.1.2018].

7 Daniels: Job Sharing at Senior Level: Making it work. Recommendations and best practices for the implementation of job sharing within global corporations. 2011, S. 1–20, Online: www.thejobshareproject.com [abgerufen am 3.1.2018].

8 Daniels: Job Sharing at Senior Level: Making it work. Recommendations and best practices for the implementation of job sharing within global corporations. 2011, S. 1–20, Online: www.thejobshareproject.com [abgerufen am 3.1.2018]; Klinga u. a.: Co-Leadership – A Management Solution for Integrated Health and Social Care. In: International Journal of Integrated Care 16(2)/2016, S. 1–9; Rosengren/Bondas: Supporting "two-getherness": Assumption for nurse managers working in a shared leadership model. In: Intensive and Critical Care Nursing 26(5)/2010, S. 288–295; Wilhelmson/Döös: Joint principalship: a potential support for democratic practice in schools. In: Nordic Journal of Studies in Educational Policy 2016(1)/2016, S. 1–11.

3   Es scheint, dass geteilte Führungspositionen einen guten Weg für Unternehmen darstellen, erfahrene Führungskräfte mit hohen Ansprüchen an die Work-Life-Balance an das Unternehmen zu binden und gleichzeitig die Führungsqualität in einem dynamischen Marktumfeld konstant zu halten, wenn nicht sogar zu erhöhen. Um den Erfolg einer geteilten Führungsposition zu sichern, müssen allerdings spezifische individuums-, arbeits- und organisationsbezogene Rahmenbedingungen geschaffen werden (vgl. Tabelle 1). Im Folgenden werden sieben Erfolgsfaktoren für geteilte Führungspositionen vorgestellt, die auf einem Literaturreview und Interviews mit 13 Personen basieren, die bereits als Tandempartner in einem geteilten Führungsmodell gearbeitet haben.[9]

4

Tab. 1: Individuums-, arbeits- und organisationsbezogene Erfolgsfaktoren geteilter Führungspositionen

Ebene	Erfolgsfaktor/ Herausforderung	Beispielhafte Zitate
Individuumsbezogen	1) Persönlichkeit der Tandempartner (2) Passung der Tandempartner	„Wenn man ein Alphatier ist, dann funktioniert das nicht wirklich" „Die müssen natürlich das gleiche Führungsverständnis haben"
Arbeitsbezogen	(3) Geeignete Arbeitsaufteilung (4) Detaillierte Kommunikation	„Mein Kollege ist drei Tage und ich bin zwei Tage in der Woche vor Ort" „Wenn man sich jetzt nicht telefonisch abstimmen möchte oder bereit ist, in seiner Freizeit Dinge abzuklären, dann könnte es Probleme geben"
Organisationsbezogen	(5) Unterstützung durch Management (6) Passende Unternehmenskultur	„Man braucht einen Vorgesetzten, der da 100 % dahinter steht" „Wenn die Unternehmenskultur sehr stark auf Konkurrenz aufgebaut ist und es nicht unterstützt, dann werden sie sich schwertun"

Quelle: Eigene Darstellung.

2   Individuumsbezogene Erfolgsfaktoren

5   (1) Persönlichkeit der Tandempartner

Die Rolle eines Tandempartners in einer geteilten Führungsposition ist nicht für jede Führungskraft geeignet. Der Erfolg der Partnerschaft scheint zum Teil insbesondere von Eigenschaften der Tandempartner abzuhängen, die bei vielen Führungskräften eher selten zu finden sind. Hierzu gehören insbesondere Demut

---

9   Für Details zur Stichprobe und Originalzitate siehe Schubert: Chancen und Herausforderungen von Shared Leadership – Eine qualitative Untersuchung anhand ausgewählter Führungstheorien. Unveröffentlichte Masterarbeit. München 2016; im Artikel enthaltene Zitate wurden auf Schriftdeutsch angepasst.

und Bescheidenheit.[10] Die Persönlichkeit der Tandempartner sollte nicht auf Wettkampf und Konkurrenz, sondern auf Kooperation und Harmonie ausgerichtet sein.[11] Weiterhin scheinen gutes Konfliktmanagement-[12] sowie Organisations- und Kommunikationsfähigkeiten für erfolgreiche Tandems zentral zu sein. Nicht zuletzt sollten sich beide Tandempartner zu Beginn der Partnerschaft eigenständig und vollumfänglich für das Modell der geteilten Führung entscheiden und gemeinsam die Verantwortung für den Erfolg der Partnerschaft übernehmen.[13] Eine gute Zusammenarbeit auf Führungsebene in einem Job Sharing Modell ist kaum möglich, wenn die Partnerschaft für einen oder beide Partner von außen erzwungen wurde. Folgende Zitate mehrjähriger Tandempartner veranschaulichen den Erfolgsfaktor Persönlichkeit:

„Eine Herausforderung liegt sicher generell in der persönlichen Ebene. Zuerst einmal, dass man persönlich dieses Thema geteilte Führung für sich akzeptiert, mit allen Konsequenzen. Nicht jede Entscheidung kann man selber treffen, nicht in jeden Prozess ist man involviert, man muss einfach auch vertrauen und akzeptieren, dass manche Dinge etwas anders passieren, als man das selber gesteuert hätte."

„Es gibt einfach Menschen, die sich schwer tun mit Absprachen und Kommunikation, die auch eher Einzelkämpfer sind, und die wird man meiner Ansicht nach auch schwierig dazu bekommen, in solchen Modellen zu arbeiten."

(2) Passung der Tandempartner   6

Erfolgreiche Job Sharing Modelle scheinen stark von der Zusammensetzung des Tandems abzuhängen. Im Idealfall scheint das Zusammenspiel der Tandem-

---

10 Döös: Together as one: Shared leadership between managers. In: International Journal of Business and Management 10(8)/2015, S. 46–58; Eckman: Co-principals: Characteristics of dual leadership teams. In: Leadership and Policy in Schools 5(2)/2006, S. 89–107; Klinga/ Hansson/Hasson/Sachs: Co-Leadership – A Management Solution for Integrated Health and Social Care. In: International Journal of Integrated Care 16(2)/2016, S. 1–9; O'Toole/ Galbraith/Lawler: When two (or more) heads are better than one: The promise and pitfalls of shared leadership. In: California Management Review 44(4)/2002, S. 65–83; Sally: Co- leadership: Lessons from republic rome. In: California Management Review 44 (4)/2002, S. 84–99.

11 Daniels: Job Sharing at Senior Level: Making it work. Recommendations and best practices for the implementation of job sharing within global corporations. 2011, S. 1–20, Online: www.thejobshareproject.com [abgerufen am 3.1.2018]; Wilhelmson/Döös: Joint principalship: a potential support for democratic practice in schools. In: Nordic Journal of Studies in Educational Policy 2016(1)/2016, S. 1–11.

12 Reid/Karambayya: Impact of dual executive leadership dynamics in creative Organizations. In: Human Relations 62(7)/2009, S. 1073–1112; Daniels: Job Sharing at Senior Level: Making it work. Recommendations and best practices for the implementation of job sharing within global corporations. 2011, S. 1–20, Online: www.thejobshareproject.com [abgerufen am 3.1.2018].

13 Daniels: Job Sharing at Senior Level: Making it work. Recommendations and best practices for the implementation of job sharing within global corporations. 2011, S. 1–20, Online: www.thejobshareproject.com [abgerufen am 3.1.2018].

partner in geteilten Führungspositionen einer Art Symbiose zu gleichen.[14] Hierfür ist ein vorheriges Kennen der Tandempartner weniger relevant als eine gleichgestellte, ausgeglichene und langfristige Rollenverteilung,[15] in der sich die Führungskräfte mit Vertrauen und Respekt begegnen.[16]

7   Ein hohes gegenseitiges Vertrauen kann als Grundvoraussetzung für eine erfolgreiche Ausübung geteilter Führungspositionen angesehen werden.[17] Eine wesentliche Basis hierfür scheinen ähnliche Wertvorstellungen zu sein[18]: Ein Tandem kann scheinbar nur dann harmonieren, wenn sowohl Ziel als auch Vision der Tätigkeit übereinstimmen und beide Tandempartner ein einheitliches Verständnis für den Umgang und das Führen von Menschen aufweisen.[19] Weiterhin scheint eine gleiche Auffassung hinsichtlich Arbeitszeiten und Karriere ein erfolgreiches Job Sharing auf Führungsebene zu begünstigen.[20]

8   Während sich Rollenvorstellung, Werte, Ziele und Vision der Tandempartner ähneln sollten, scheinen sich die Fähigkeiten erfolgreicher Tandempartner zu unterscheiden bzw. zu ergänzen.[21] So können Herausforderungen aus unterschiedlichen Perspektiven betrachtet und bearbeitet werden[22], was die Leistungsfähigkeit

---

14   O'Toole/Galbraith/Lawler: When two (or more) heads are better than one: The promise and pitfalls of shared leadership. In: California Management Review 44(4)/2002, S. 65–83.

15   Sally: Co-leadership: Lessons from republic rome. In: California Management Review 44 (4)/2002, S. 84–99.

16   Rosengren/Bondas: Supporting "two-getherness": Assumption for nurse managers working in a shared leadership model. In: Intensive and Critical Care Nursing 26(5)/2010, S. 288–295.

17   Reid/Karambayya: The shadow of history: situated dynamics of trust in dual executive leadership. In: Leadership 12(5)/2015, S. 609–631; Döös: Together as one: Shared leadership between managers. In: International Journal of Business and Management 10(8)/2015, S. 46–58.

18   Klinga u. a.: Co-Leadership – A Management Solution for Integrated Health and Social Care. In: International Journal of Integrated Care 16(2)/2016, S. 1–9; Wilhelmson/Döös: Joint principalship: a potential support for democratic practice in schools. In: Nordic Journal of Studies in Educational Policy, 2016(1)/2016, S. 1–11; Döös: Together as one: Shared leadership between managers. In: International Journal of Business and Management 10(8)/2015, S. 46–58; Daniels: Job Sharing at Senior Level: Making it work. Recommendations and best practices for the implementation of job sharing within global corporations. 2011, S. 1–20, Online: www.thejobshareproject.com [abgerufen am 3.1.2018]; Wilhelmson: Transformative learning in joint leadership. In: Journal of Workplace Learning, 18(7/8)/2006, S. 495–507.

19   Döös: Together as one: Shared leadership between managers. In: International Journal of Business and Management 10(8)/2015, S. 46–58.

20   Daniels: Job Sharing at Senior Level: Making it work. Recommendations and best practices for the implementation of job sharing within global corporations. 2011, S. 1–20, Online: www.thejobshareproject.com [abgerufen am 3.1.2018].

21   Daniels: Job Sharing at Senior Level: Making it work. Recommendations and best practices for the implementation of job sharing within global corporations. 2011, S. 1–20, Online: www.thejobshareproject.com [abgerufen am 3.1.2018].

22   O'Toole/Galbraith/Lawler: When two (or more) heads are better than one: The promise and pitfalls of shared leadership. In: California Management Review 44(4)/2002, S. 65–83.

des Tandems steigert.[23] Folgendes Zitat veranschaulicht den Erfolgsfaktor Passung der Tandempartner:

„Die Herausforderung war sicherlich, die geeignete Person zu finden. Gerade wenn zwei Personen sich einen Arbeitsplatz teilen, müssen diese beiden Menschen auch miteinander harmonieren. Ich könnte mir nicht vorstellen, das gleiche Modell mit jemandem zu leben, den ich menschlich nicht schätzen würde, der von der Herangehensweise der Arbeit völlig anders wäre als ich, oder der andere Pläne oder Ziele verfolgen würde."

3 Arbeitsbezogene Erfolgsfaktoren

(3) Geeignete Arbeitsaufteilung   9

Für die Arbeitsaufteilung zwischen den Führungskräften in einer geteilten Führungsposition gibt es grundsätzlich drei Möglichkeiten: „Job Split", „Hybrid Job Share" und „Pure Job Share".[24] Im „Job Split" Modell teilen sich die beteiligten Führungskräfte die Tätigkeiten auf, indem beispielsweise die eine Führungskraft für die Kundenschnittstelle und die andere Führungskraft für den Zielvereinbarungsprozess verantwortlich ist. Auf der anderen Seite des Kontinuums liegt das „Pure Job Share" Modell: die beiden Tandempartner übernehmen für ihren gesamten Tätigkeitsbereich gemeinsam die Verantwortung, es gibt keine getrennten Zuständigkeiten. Das „Hybrid Job Share" stellt eine Mischung zwischen den beiden erstgenannten Modellen dar, wobei einige Themenbereiche klar einem der Tandempartner zugeordnet sind und andere Themenbereiche gemeinsam verantwortet werden.

Die Vorteile geteilter Führungspositionen, wie sie im Kapitel 1 genannt wurden,   10
scheinen sich nur mit den Modellen „Hybrid Job Share" und „Pure Job Share" verwirklichen zu lassen[25], da nur so Stärken der Tandempartner hervorgehoben und Schwächen kompensiert werden können. So wird das alleinige Arbeiten an einer Aufgabe mit anschließender vertiefter Diskussion mit dem Tandempartner als Beispiel für gute Arbeitsaufteilung angesehen.[26] Ebenso sollte es keine Hie-

---

23   Reid/Karambayya: The shadow of history: situated dynamics of trust in dual executive leadership. In: Leadership 12(5)/2015, S. 609–631.
24   Daniels: Job Sharing at Senior Level: Making it work. Recommendations and best practices for the implementation of job sharing within global corporations. 2011, S. 1–20, Online: www.thejobshareproject.com [abgerufen am 3.1.2018].
25   Döös: Together as one: Shared leadership between managers. In: International Journal of Business and Management 10(8)/2015, S. 46–58; Eckman: Co-principals: Characteristics of dual leadership teams. In: Leadership and Policy in Schools 5(2)/2006, S. 89–107; Klinga u. a.: Co-Leadership – A Management Solution for Integrated Health and Social Care. In: International Journal of Integrated Care 16(2)/2016, S. 1–9; Sally: Co-leadership: Lessons from republic rome. In: California Management Review 44 (4)/2002, S. 84–99.
26   Döös: Together as one: Shared leadership between managers. In: International Journal of Business and Management 10(8)/2015, S. 46–58.

rarchie zwischen den Tandempartnern geben, das Büro sollte idealerweise geteilt werden, und wichtige Meetings sollten nach Möglichkeit gemeinsam besucht werden.[27] Das Wissen um die gegenseitige Ergänzung bei der Ausführung von Aufgaben scheint ein Erfolgsfaktor erfolgreicher Job Sharing Modelle zu sein.[28] Die folgenden Zitate veranschaulichen den Erfolgsfaktor geeignete Arbeitsaufteilung:

„Wir haben uns nach unseren Stärken aufgeteilt, haben aber definitiv ein gleiches Ziel, eine geteilte Verantwortung und sprechen auch die wichtigsten Themen immer zu zweit ab. Das heißt, wir sind immer gut informiert über die Themen der jeweils anderen, so dass wir jederzeit einspringen können, Urlaubsvertretung machen können etc."

11   (4) Detaillierte Kommunikation

Im Vergleich zu normalen Führungspositionen erfordert geteilte Führung einen höheren Kommunikationsaufwand, wodurch die Tandempartner Mehrarbeit leisten müssen.[29] Gründe hierfür sind vertiefte Diskussionen in der Entscheidungsfindung aufgrund unterschiedlicher Ansichten[30] sowie das jeweilige Arbeitszeitmodell. Modelle, bei denen sich die involvierten Führungskräfte die Präsenzzeit aufteilen, scheinen mehr Kommunikation zu erfordern als andere Modelle der geteilten Führung. Typischerweise sieht ein Modell mit Arbeitszeitaufteilung vor, dass das Tandem mindestens einen halben bis einen Tag in der Woche gemeinsame Arbeitszeit verbringt, um persönlich kommunizieren sowie reibungslose Übergänge schaffen zu können.[31] Zudem scheinen Tandems mit Tagen, an denen nur einer von beiden arbeitet, ebenfalls einen zusätzlichen Abstimmungs- bzw. Kommunikationsbedarf[32] von bis zu drei Stunden pro Woche[33] zu generieren.

---

27 Klinga u. a.: Co-Leadership – A Management Solution for Integrated Health and Social Care. In: International Journal of Integrated Care 16(2)/2016, S. 1–9.

28 O'Toole/Galbraith/Lawler: When two (or more) heads are better than one: The promise and pitfalls of shared leadership. In: California Management Review 44(4)/2002, S. 65–83; Sally: Co-leadership: Lessons from republic rome. In: California Management Review 44 (4)/2002, S. 84–99.

29 Daniels: Job Sharing at Senior Level: Making it work. Recommendations and best practices for the implementation of job sharing within global corporations. 2011, S. 1–20, Online: www.thejobshareproject.com [abgerufen am 3.1.2018].

30 Döös: Together as one: Shared leadership between managers. In: International Journal of Business and Management 10(8)/2015, S. 46–58.

31 Daniels: Job Sharing at Senior Level: Making it work. Recommendations and best practices for the implementation of job sharing within global corporations. 2011, S. 1–20, Online: www.thejobshareproject.com [abgerufen am 3.1.2018].

32 Wilhelmson/Döös: Joint principalship: a potential support for democratic practice in schools. In: Nordic Journal of Studies in Educational Policy, 2016(1)/2016, S. 1–11.

33 Daniels: Job Sharing at Senior Level: Making it work. Recommendations and best practices for the implementation of job sharing within global corporations. 2011, S. 1–20, Online: www.thejobshareproject.com [abgerufen am 3.1.2018].

Diese besonderen Kommunikationsanforderungen der geteilten Führung erfordern von Seiten der Tandempartner exzellente soziale und kommunikative Fähigkeiten[34], weshalb das Miteinander des Tandems oft als eheähnlich bezeichnet wird.[35] Wie eine mögliche Umsetzung der Kommunikation in der Praxis aussehen kann, zeigen folgende Zitate: 12

„Dadurch, dass wir 100 % hinter dem stehen, was wir tun, ist das Telefonieren für uns keine Belastung, sondern eher eine Bereicherung, weil wir dadurch unseren Job reibungsloser machen können."

„Wir sehen uns faktisch quasi in der Woche nicht. Wir haben es aber so, dass wir uns ganz viel über Mail austauschen oder halt telefonieren, wenn was ansteht."

4 Organisationsbezogene Erfolgsfaktoren

(5) Unterstützung durch Management 13

Geteilte Führung kann nur funktionieren, wenn die Geschäftsleitung hinter dem Modell steht und es vollumfänglich unterstützt.[36] Dies ist insbesondere ein wichtiger Erfolgsfaktor, weil geteilte Führungspositionen im ersten Schritt mit einem finanziellen Mehraufwand für Unternehmen verbunden sind. Die Personalplanung wird überschritten, und unternehmerische Zusatzleistungen müssen doppelt bezahlt werden.[37] Dies macht geteilte Führungspositionen insbesondere zu Beginn organisatorisch angreifbar und ihr Erfolg ist von einer guten Schnittstellengestaltung zwischen dem Tandem, den Mitarbeitern und dem Rest der Organisation abhängig. Ohne die vollumfängliche Unterstützung des Managements erscheint die erfolgreiche Etablierung geteilter Führungspositionen in einem Unternehmen sehr zweifelhaft, wie folgende Zitate veranschaulichen:

„Es ist in der Tat so, dass ein Unternehmen investieren muss. Und der Erfolg und das Positive nicht sofort gesehen wird. Also ich kann es nicht gleich in Zahlen fest machen, ich sehe halt nur, dass ich zweimal Gehälter zahlen muss, je nachdem was es für eine Position ist, zwei Geschäftsfahrzeuge, ich muss immer zweimal investieren."

„Und was ich schon gemerkt habe, es ist ganz wichtig und es ist ganz ein zentraler Punkt in dem ganzen Job Sharing, es muss befürwortet werden von der Geschäftsleitung."

---

34 Eckman: Co-principals: Characteristics of dual leadership teams. In: Leadership and Policy in Schools 5(2)/2006, S. 89–107.

35 Döös: Together as one: Shared leadership between managers. In: International Journal of Business and Management 10(8)/2015, S. 46–58; Eckman: Co-principals: Characteristics of dual leadership teams. In: Leadership and Policy in Schools 5(2)/2006, S. 89–107.

36 Daniels: Job Sharing at Senior Level: Making it work. Recommendations and best practices for the implementation of job sharing within global corporations. 2011, S. 1–20, Online: www.thejobshareproject.com [abgerufen am 3.1.2018].

37 O'Toole/Galbraith/Lawler: When two (or more) heads are better than one: The promise and pitfalls of shared leadership. In: California Management Review 44(4)/2002, S. 65–83.

14 (6) Passende Unternehmenskultur

Das Modell geteilte Führung kann nur erfolgreich sein, wenn es in der Unternehmenskultur verankert wird. Die gesamte Organisation, also sowohl Führungskräfte als auch Mitarbeiter, müssen die geteilte Führung akzeptieren, im Detail verstehen und leben.[38] Dies scheint schwieriger in klassischen, hierarchisch strukturierten Unternehmen, als in Organisationen, die bereits Erfahrung mit verteilten Zuständigkeiten und Macht haben.[39]

15 Hierzu gehört auch eine gewisse administrative Flexibilität. Viele Strukturen und Systeme sind nur auf eine Führungskraft ausgerichtet, und können die Arbeit des Tandems erschweren. Folgende Zitate aus der Praxis zeigen, dass geeignete Unternehmenskulturen sowie administrative Flexibilität einen deutlichen Beitrag zum Erfolg oder Misserfolg geteilter Führungsmodelle leisten können.

„Also ich glaube, wenn es die Unternehmenskultur nicht unterstützt und sehr stark auf Konkurrenz aufbauend ist, dann haben sie Themen wie „Wissen ist Macht" und diese Dinge. Das ist die Unternehmenskultur, da werden sie sich wahnsinnig schwer tun."

„Die Organisation und die Kollegen in dieser Organisation müssen offen sein für dieses Modell, sich darauf einlassen, die Rahmenparameter müssen stimmig sein."

„Ungeschickt ist, dass zum Beispiel bei SAP nur eine Führungskraft eingetragen werden kann, und der andere dann immer der Vertreter ist, der kann dann ein paar Dinge nicht machen, aber damit kann man umgehen."

5 Fazit

16 Geteilte Führungspositionen scheinen eine geeignete Maßnahme zu sein, um Führungskräften eine optimale Vereinbarkeit von Beruf und Privatleben zu ermöglichen und so an das Unternehmen zu binden. Dies scheint allerdings nur möglich zu sein, wenn mehrere spezifische Rahmenbedingungen auf individueller sowie auf der Arbeits- und Organisationsebene erfüllt sind. Aufgrund des Reviews bisheriger Forschungsarbeiten scheint es, dass geteilte Führungsmodelle insbesondere im Bildungs- und Gesundheitssektor genutzt werden, jedoch selbst hier nur im geringen Maße. Unternehmen und Gesellschaft scheinen gut beraten, geeignete Rahmenbedingungen zu schaffen sowie die Anwendung geteilter Führungsmodelle aktiv zu fördern, um so die Führungsqualität und die Zufriedenheit der Führungskräfte zu erhöhen.

---

38 O'Toole/Galbraith/Lawler: When two (or more) heads are better than one: The promise and pitfalls of shared leadership. In: California Management Review 44(4)/2002, S. 65–83; Klinga/Hansson/Hasson/Sachs: Co-Leadership – A Management Solution for Integrated Health and Social Care. In: International Journal of Integrated Care 16(2)/2016, S. 1–9.
39 Sally: Co-leadership: Lessons from republic rome. In: California Management Review 44 (4)/2002, S. 84–99.

Literatur

Bass, B. M./Avolio, B. J.: Improving organizational effectiveness through transformational leadership. London/Neu-Delhi 1994.

Daniels, L.: Job Sharing at Senior Level: Making it work. Recommendations and best practices for the implementation of job sharing within global corporations.2011. Online: www.thejobshareproject.com [abgerufen am 3.1.2018].

Döös, M.: Together as one: Shared leadership between managers. In: International Journal of Business and Management 10(8)/2015, S. 46–58.

Eckman, E.: Co-principals: Characteristics of dual leadership teams. In: Leadership and Policy in Schools 5(2)/2006, S. 89–107.

Greenleaf, R.: The servant as leader. Indianapolis 1991.

Klinga, C. u. a.: Co-Leadership – A Management Solution for Integrated Health and Social Care. In: International Journal of Integrated Care 16(2)/2016, S. 1–9.

O'Toole, J./Galbraith, J./Lawler, E.: When two (or more) heads are better than one: The promise and pitfalls of shared leadership. In: California Management Review 44(4)/2002, S. 65–83.

Pearce, C. L.: The future of leadership: Combining vertical and shared leadership to transform knowledge work. In: Academy of Management Executive 18(1)/2004, S. 47–57.

Reid, W./Karambaya, R.: Impact of dual executive leadership dynamics in creative Organizations. In: Human Relations 62(7)/2009, S. 1073–1112.

Reid, W./Karambaya, R.: The shadow of history: situated dynamics of trust in dual executive leadership. In: Leadership 12(5)/2015, S. 609–631.

Rosengren, K./Bondas, T.: Supporting "two-getherness": Assumption for nurse managers working in a shared leadership model. In: Intensive and Critical Care Nursing 26(5)/2010, S. 288–295.

Sally, D.: Co-leadership: Lessons from republic rome. In: California Management Review 44 (4)/2002, S. 84–99.

Schubert, L.: Chancen und Herausforderungen von Shared Leadership – Eine qualitative Untersuchung anhand ausgewählter Führungstheorien. Unveröffentlichte Masterarbeit. München 2016.

Wilhelmson, L.: Transformative learning in joint leadership. In: Journal of Workplace Learning 18(7/8)/2006, S. 495–507.

Wilhelmson, L./Döös, M.: Joint principalship: a potential support for democratic practice in schools. In: Nordic Journal of Studies in Educational Policy 2016(1)/2016, S. 1–11.

Biopsychosoziale Auswirkungen moderner Arbeitsplatzkonzepte

Dana Fischer/Elisabeth Strunz/Götz Walter

Abstract: Die zunehmende Digitalisierung und Flexibilisierung von Arbeitsprozessen ermöglicht das Arbeiten von verschiedenen Standorten aus und erfordert die Optimierung herkömmlicher Konzepte der Arbeitsplatzgestaltung. Das Teilen von Arbeitsplätzen und deren aktivitätsorientierte Gestaltung sind dabei Möglichkeiten, Aspekte der Wirtschaftlichkeit zu berücksichtigen und gleichzeitig projektspezifischen Anforderungen gerecht zu werden. Unternehmen wie Microsoft und Google nutzen diese neu geschaffenen Strukturen, um situativen Gegebenheiten wie beispielsweise Teamgesprächen und Projektarbeiten mehr Dynamik zu verleihen. Flexible Anpassungen aufgrund veränderter Organisations- und Teamstrukturen sind dadurch leichter zu realisieren. Auswirkungen dieser veränderten Arbeitsplatzkonzepte sind auf physiologischer, psychologischer und sozialer Ebene sichtbar. Im Rahmen des Kapitels sollen sowohl gesundheitsförderliche Aspekte als auch personale und interpersonelle Herausforderungen beleuchtet werden. Darauf basierend werden Handlungsempfehlungen zur Schaffung einer modernen Arbeitsumgebung abgeleitet. Die Beschreibung moderner Konzepte zur Arbeitsplatzgestaltung erfolgt am Beispiel des Smart Workspace von Microsoft.

1 Einleitung: Aktuelle Konzepte zur Arbeitsplatzgestaltung

1 Die letzten Jahre sind gekennzeichnet durch veränderte Arbeitsbedingungen wie flexiblere Arbeitszeitmodelle (z. B. Vollzeit vs. Teilzeit, Job Sharing, Home Office), höhere Verantwortung, komplexeres Arbeitsaufkommen in agilen Teams und Projekten sowie einer höheren Mobilität.[1] Insgesamt liegt die Verantwortung auf Unternehmensseite nicht nur darin, der zunehmenden Digitalisierung offen gegenüberzutreten, sondern auch innerbetriebliche Umstrukturierungen vorzunehmen und Arbeitsplätze entsprechend der veränderten Rahmenbedingungen anzupassen.[2] Hierbei zeigt sich ein Wechsel von konventionellen und territorialen Arbeitsplätzen zu innovativen, offenen und transparenten Konzepten. Dazu zählen u. a. Großraumbüros als auch aktivitätsorientierte Arbeitsplatzkonzepte.[3] Beide bieten die Möglichkeit, Arbeitsplätze zu teilen (= Desk-Sharing) und somit die Chance flexiblen Arbeitens in verschiedenen Teams an parallelen Projekten. Aktivitätsorientierte Arbeitsplatzkonzepte sind darauf ausgerichtet, dass der Mitarbeiter zwischen verschiedenen Arbeitsflächen je nach aktueller Tätigkeit wählen kann. So stehen den Mitarbeitern Einzelarbeitsplätze, Projekt- und Meetingräume oder auch Flächen für Brainstorming, Entspannung und Regeneration zur Verfügung. Demzufolge wird der Büroraum so gestaltet, dass spezifische Flächen zum aktiven Austausch, Zusammenarbeiten und konzentrierten Arbeiten geschaffen werden. Die Mitarbeiter haben dann die Möglichkeit, situationsspezifisch die Arbeitsfläche zu wählen, die sie bestmöglich unterstützt. Die Suche nach dem Arbeitsplatz erfolgt anhand verschiedener Faktoren wie Tätigkeit, eigene Präfe-

---

1 De Croon u. a.: The effect of office concepts on worker health and performance: a systematic review of the literature. In: Ergonomics 48(2)/2005, S. 119–134.

2 Vischer: The effects of the physical environment on job performance: towards a theoretical model of workspace stress. In: Stress and Health 23(3)/2007, S. 175–184.

3 Windlinger/Gersberg/Konkol: Unterstützung mobil-flexibler Arbeit durch aktivitätsorientierte Gestaltung von Büroräumen. In: Wirtschaftspsychologie 16(4)/2014, S. 83–95.

renz sowie Stimmung. Folglich wird den Mitarbeitern eine höhere Gestaltungs-
freiheit gegeben, was wiederum zu besserer Leistung führen kann.

Solche Konzepte bringen auch wirtschaftliche Vorteile für das Unternehmen: 2
Büroflächen werden effektiver genutzt und Kosten ungenutzter Arbeitsplätze
(z. B. Miete, Heiz- und Klimaanlagenkosten, Beleuchtung) werden eingespart.
Das übergeordnete Ziel ist es, Arbeitsprozesse schneller, effektiver und vor allem
mobiler zu gestalten, um den Mitarbeitern die Möglichkeit zu geben, ortsunge-
bunden zu arbeiten. Unternehmen wie Microsoft oder Google nutzen bereits
vermehrt aktivitätsorientierte Arbeitsflächen. Dieses Konzept wird im Folgenden
am Beispiel Microsoft spezifischer erläutert.

2 Darstellung aktivitätsorientierter Arbeitsflächen am Beispiel Microsoft

Microsoft hat in enger Zusammenarbeit mit dem Fraunhofer-Institut für Arbeits- 3
wirtschaft und Organisation in Stuttgart ein Raumkonzept geschaffen und umgesetzt, das aktivitätsorientierte Arbeitsflächen beinhaltet. Das Unternehmen will
weg von dem Verständnis einer Work-Life Balance und hin zum sogenannten #worklifeflow.[4] Während früher vorrangig eine Abgrenzung von verschiedenen Lebensbereichen und -aufgaben als erfolgsversprechend galt, verschwimmen
heutzutage die Grenzen zwischen privatem Arbeiten und Leben. Die drei Komponenten Mensch, Ort sowie Technologie müssen laut Microsoft beachtet werden,
wenn es um die Etablierung neuer Konzepte zur Arbeit geht.

Im Mittelpunkt der Veränderungen stehen die *Menschen*, die flexibles, selbst- 4
bestimmtes und weitgehend hierarchiefreies Arbeiten fordern. Den Mitarbeitern
wird die Flexibilität geboten, welche passend zu ihrem eigenen Lebensstil ist –
unabhängig von Geschlecht, Alter, Rolle etc. Auch das Arbeiten in crossfunk-
tionalen Teams und Projekten soll durch Desk-Sharing Konzepte unterstützt
werden.

Die zweite Komponente *Ort* beschreibt den Wandel von traditionellen Bürokon- 5
zepten zu aktivitätsorientierten Arbeitsflächen. Zudem wird dem Mitarbeiter
freigestellt, ob er das Büro oder einen anderen Ort als möglichen Arbeitsplatz
wählt. Das Unternehmen setzt hierbei auf Vertrauensarbeitszeit und es gibt keine
Zeiterfassung. Darüber hinaus enthalten verschickte Outlook-Termine einen
Skype-Link, wodurch Meetingteilnahmen ebenso ortsunabhängig gestaltet werden
können. Hinsichtlich der aktivitätsorientierten Arbeitsflächen wurden bei Microsoft vier verschiedene Arbeitsflächen geschaffen, zwischen denen die Mitarbeiter

---

4   Microsoft: Work. Life. Flow. Arbeitsplatzsouverinität als Treiber von Innovation. 2017. Online:
    https://ncmedia.azureedge.net/ncmedia/2017/02/Booklet-Journalisten_PK_11102016.pdf [ab-
    gerufen am 23.1.2018].

je nach Bedarf wählen können. Die Arbeitsflächen werden als Accomplish, Think, Share & Discuss und Converse bezeichnet. Auf der Accomplish Aktionsfläche hat der Mitarbeiter einen Schreibtisch zur Verfügung, welcher durch Trennwände von seinem Sitznachbarn abgetrennt ist. Hierdurch soll konzentrierte Einzelarbeit ermöglicht werden. Die Think Flächen bieten ebenso einen Rückzugsort für hochkonzentriertes Alleinarbeiten, entweder an einzeln abgetrennten Schreibtischen – im sogenannten Cube – oder informeller im Lounge-Sessel. Die Accomplish- und die Think-Arbeitsflächen sind ruhige Bereiche und werden als Quiet Areas bezeichnet. Die Share & Discuss Flächen sollen hingegen die Kommunikation und Interaktion zwischen den Mitarbeitern fördern. Mitarbeiter können hier spontan zusammenkommen, beispielsweise um gemeinsam Ideen und Konzepte zu entwickeln. Der Converse Space bietet Flächen für den schnellen Austausch und kollaboratives Arbeiten, auf denen Schreibtischplätze ohne Trennwände, Stuhlkreise oder anderes Mobiliar geboten werden. Den Mitarbeitern steht es jederzeit frei, in welchem Bereich sie arbeiten. Zusätzlich zu diesen vier Arbeitsflächen bietet Microsoft mehrere Dachterrassen, eine Kantine, ein Fitnessstudio und entsprechendes Kursangebot sowie formell und informell möblierte Konferenzräume. Zugleich hat jedes Team eine sogenannte Anchor Area. Diese dient als gemeinsamer Anlaufpunkt im Gebäude für kollaborative Arbeit. Damit Telefonate, Skype-Calls und Meetings nicht auf den verschiedenen Arbeitsflächen stattfinden, können auch Focus Rooms genutzt werden, die jedoch nicht reservierbar sind.

6 Die letzte Komponente *Technologie* soll es den Mitarbeitern ermöglichen, jederzeit und ortsunabhängig zu arbeiten. Voraussetzung hierfür ist eine digitale Grundkompetenz und die ortsunabhängige Verfügbarkeit der Technologien. Dafür stattet Microsoft die Mitarbeiter und die verschiedenen Flächen mit entsprechender Hard- und Software (u. a. Laptop, Smartphone, Maus) aus. Ebenso steht den Mitarbeitern eine Cloud als ortsunabhängiges Speichermedium zur Verfügung.

7 Am Beispiel von Microsoft wird deutlich, dass aktivitätsorientierte Arbeitsflächen die Rahmenbedingungen moderner Wissensarbeit erheblich verändern. Inwieweit dies biologische, psychische und/oder soziale Auswirkungen für Mitarbeiter mit sich bringen kann, ist Gegenstand aktueller Forschung und soll im Folgenden näher dargestellt werden.

3 Auswirkungen moderner Arbeitsplatzkonzepte

8 Laut eines aktuellen Reviews gibt es bisher nur wenige Studien, die Effekte verschiedener Bürokonzepte auf die Gesundheit und Produktivität untersuchen.[5] Weiter ist zu berücksichtigen, dass die Ergebnisse durch unterschiedliche Gestal-

---

5 De Croon u. a.: The effect of office concepts on worker health and performance: a systematic review of the literature. In: Ergonomics 48(2)/2005, S. 119–134.

tungsaspekte der Bürokonzepte sowie verschiedene Unternehmensphilosophien und -kulturen sehr heterogen sind.[6]

3.1 Biologische Auswirkungen

Verschiedene Forschergruppenn vermuten, dass moderne Arbeitsplatzkonzepte 9 biologische Veränderungen bei den Mitarbeitern mit sich bringen. So führen aktivitätsorientierte Arbeitsplatzkonzepte u. a. zu mehr Ablenkungen, was langfristig Gesundheit und Performanz der Mitarbeiter gefährdet.[7] Weiterhin sind negative hygienische Auswirkungen denkbar[8]: Mitarbeiter, die sich Tastatur, Telefon sowie Möbel teilen, könnten dadurch auch mehr Krankheitserregern ausgesetzt sein. Weitere Studien beziehen sich außerdem auf den Einfluss von Luft, Klima und ergonomischer Ausstattung auf verschiedene allgemeine Gesundheitsvariablen (z. B. Müdigkeit, Kopfschmerzen, allgemeine Gesundheit). Hierzu liegen auch erste empirische Erkenntnisse vor: In einer Untersuchung zeigte sich eine Verbesserung der allgemeinen Gesundheit sowie Reduktion von Beschwerden der oberen Extremitäten (u. a. Nacken und Schulter) 15 Monate nach Einführung eines innovativen Bürokonzeptes.[9] Luft und Klima könnten hier entscheidende Wirkvariablen sein, da bei aktivitätsorientierten Arbeitsflächen sowie Desk-Sharing Konzepten die Möglichkeit besteht, dass Mitarbeiter ihre Platzwahl nach diesen Variablen ausrichten. Eine weitere Studie zeigte auf, dass es in Großraumbüros vermehrt zu Ermüdung, Kopfschmerzen und Konzentrationsproblemen kommt.[10] Spezifisch für aktivitätsorientierte Arbeitsplatzkonzepte liegen bisher keine Studien dazu vor.

3.2 Psychische Auswirkungen

Im Gegensatz zu biologischen Auswirkungen sind psychische Auswirkungen 10 moderner Arbeitsplatzkonzepte recht gut belegt. Die freie Wahlmöglichkeit zwischen verschiedenen Arbeitsplätzen inklusive Home Office sowie flexible Arbeits-

---

6   Windlinger/Gersberg/Konkol: Unterstützung mobil-flexibler Arbeit durch aktivitätsorientierte Gestaltung von Büroräumen. In: Wirtschaftspsychologie 16(4)/2014, S. 83–95.
7   Candido u. a.: Impact of workspace layout on occupant satisfaction, perceived health and productivity. In: 9th Windsor Conference: Making Comfort Relevant, proceedings of the international conference in Cumberland Lodge. 2016.
8   Kim u. a.: Desk ownership in the workplace: The effect of non-territorial working on employee workplace satisfaction, perceived productivity and health. In: Building and Environment 103/2016, S. 203–214.
9   Meijer/Frings-Dresen/Sluiter: Effects of office innovation on office workers' health and performance. In: Ergonomics 52/2009, S. 1027–1038.
10 Klitzman/Stellman: The impact of the physical environment on the psychological well-being of office workers. In: Social Science & Medicine 29(6)/1989, S. 733–742; Pejtersen u. a.: Indoor climate, psychosocial work environment and symptoms in open-plan offices. In: Indoor Air 16(5)/2006, S. 392–401; Witterseh/Wyon/Clausen: The effects of moderate heat stress and open-plan office noise distraction on SBS symptoms and on the performance of office work. In: Indoor Air 14(s8)/2004, S. 30–40.

zeiten steigern das Wohlbefinden ebenso wie die Gesamt-Bürozufriedenheit (umfasst Stolz, Wertschätzung der Mitarbeiter von Seiten des Unternehmens sowie Attraktivität der Büroumgebung).[11] Aktivitätsorientierte Arbeitsflächen scheinen aufgrund erhöhter Autonomie und Kontrollerleben im Vergleich zu klassischen Arbeitsplätzen das Arbeitsengagement und die Arbeitsleistung der Mitarbeiter zu steigern.[12]

11   Großraumbüros hingegen sind eher mit negativen psychischen Auswirkungen assoziiert. So beschreiben Mitarbeiter an offenen Arbeitsplätzen die Gespräche zwischen anderen Kollegen, an denen sie ungewollt teilnehmen, als belastend.[13] Der Verlust von Privatsphäre und der Kontrolle über die Situation sind weitere ungünstige Folgen[14], die zu psychischer Belastung führen. Diese Störungen gehen mit einer reduzierten Arbeitsmotivation, Arbeitsplatzunzufriedenheit, erhöhter Ablenkung und eingeschränkter Arbeitsleistung einher.[15] Die kognitive Belastung wird in solchen Arbeitssituationen als höher bewertet und die Konzentrationsfähigkeit ist eingeschränkt.[16] Arbeitsaufgaben, die höhere kognitive Leistungsfähigkeit erfordern, werden zudem als anstrengender empfunden.[17]

3.3   Soziale Auswirkungen

12   Auch zu sozialen Auswirkungen von modernen Arbeitsplatzkonzepten liegen empirische Studienergebnisse vor, allerdings nur zu Desk-Sharing und Großraumbüros und nicht spezifisch zu aktivitätsorientierten Arbeitsflächen.

13   Es lässt sich festhalten, dass Desk-Sharing Konzepte das Zusammenkommen verschiedener Teams fördern. Wissensaustausch wird ermöglicht und Mitarbeiter sowie

---

11   Candido u. a.: Impact of workspace layout on occupant satisfaction, perceived health and productivity. In: 9th Windsor Conference: Making Comfort Relevant, proceedings of the international conference in Cumberland Lodge. 2016.

12   Kim u. a.: Desk ownership in the workplace: The effect of non-territorial working on employee workplace satisfaction, perceived productivity and health. In: Building and Environment 103/2016, S. 203–214.

13   De Croon u. a.: The effect of office concepts on worker health and performance: a systematic review of the literature. In: Ergonomics 48(2)/2005, S. 119–134; Kim u. a.: Desk ownership in the workplace: The effect of non-territorial working on employee workplace satisfaction, perceived productivity and health. In: Building and Environment 103/2016, S. 203–214; Kim/de Dear: Workspace satisfaction: The privacy-communication trade-off in open-plan offices. In: Journal of Environmental Psychology 36/2013, S. 18–26.

14   Kim/de Dear: Workspace satisfaction: The privacy-communication trade-off in open-plan offices. In: Journal of Environmental Psychology 36/2013, S. 18–26.

15   De Croon u. a.: The effect of office concepts on worker health and performance: a systematic review of the literature. In: Ergonomics 48(2)/2005, S. 119–134; Kaarlela-Tuomaala u. a.: Effects of acoustic environment on work in private office rooms and open-plan offices–longitudinal study during relocation. In: Ergonomics 52(11)/2009, S. 1423–1444.

16   De Croon u. a.: The effect of office concepts on worker health and performance: a systematic review of the literature. In: Ergonomics 48(2)/2005, S. 119–134.

17   Brennan/Chugh/Kline: Traditional versus open office design: A longitudinal field study. In: Environment and Behavior 34(3)/2002, S. 279–299.

Teams können sich besser vernetzen. Allerdings sinkt bei flexiblen Arbeitsplätzen die Identifikation mit dem Team im Vergleich zu einem fixen Arbeitsplatz.[18]

Großraumbüros hingegen führen zu einer besseren Kommunikation zwischen den Teams, jedoch gleichzeitig zu einer Reduktion des wahrgenommenen qualitativen Austauschs innerhalb des Teams.[19] Die Privatsphäre ist eingeschränkt und vertrauensvolle Gespräche sind in solchen Bürokonzepten weniger möglich. Dadurch kann die Zusammenarbeit und auch der Zusammenhalt nicht intensiviert werden, was sich negativ auf Kooperation und interpersonelle Interaktion auswirkt.[20] Außerdem fühlen sich Mitarbeiter aufgrund der kontinuierlichen Störung durch Kollegen belastet. Die Folge ist, dass sie gereizter auf Interaktionen der Kollegen reagieren.

14

Daraus lässt sich schlussfolgern, dass sich Großraumbüros und Desk-Sharing positiv auf den Austausch zwischen Teams auswirken, wodurch sich das Gefühl der Vernetzung und Kollaboration erhöht. Allerdings geht innerhalb des Teams Privatsphäre verloren und die Zufriedenheit sowie die Identifikation mit dem eigenen Team verringern sich.

15

4 Fazit: Herausforderungen und Ableitung erfolgreicher Maßnahmen

16

Tab. 1: Biologische, psychische und soziale Folgen moderner Arbeitsplatzkonzepte

Folgen der Arbeitsplatzgestaltung	Arbeitsplatzkonzepte			
	Shared-Desk Konzept	Open office	Aktivitätsorientierte Arbeitsplatzgestaltung	Klassisch
Biologische Folgen				
Ablenkung	↓	–	↑	–
Hygiene	↓	↓	–	↑
Allgemeiner Gesundheitszustand	↑	↑	↑	–
Psychische Folgen				
Arbeitsleistung	–	↓	↑	↑
Motivation	↑	↓	↑	–
Konzentrationsprobleme	↑	↑	↑	↓
Ermüdung	↑	↑	↑	–
Privatsphäre	↓	↓	–	↑
Autonomieerleben	–	–	↑	↓

---

18 Millward/Haslam/Postmes: Putting employees in their place: The impact of hot desking on organizational and team identification. In: Organization Science 18(4)/2007, S. 547–559.

19 De Croon u. a.: The effect of office concepts on worker health and performance: a systematic review of the literature. In: Ergonomics 48(2)/2005, S. 119–134.

20 Morrison/Macky: The demands and resources arising from shared office spaces. In: Applied Ergonomics 60/2017, S. 103–115.

Tab. 1: *(Fortsetzung)*

Soziale Folgen				
Interdiszipliärer Austausch	↑	↑	–	–
Austausch innerhalb des Teams	↓	↓	–	↑
Identifikation mit Team	↓	↓	–	↑
Offene Kommunikation	–	↓	–	↑

Quelle: Eigene Darstellung.

17 Es scheint, dass Desk-Sharing und Großraumbüros sowohl mit positiven als auch negativen Auswirkungen auf den drei betrachteten Ebenen verbunden sind. Allerdings lässt sich ableiten, dass bei Desk-Sharing Konzepten positive Auswirkungen überwiegen, während bei Großraumbüros das Gegenteil der Fall ist. Bei aktivitätsorientierten Arbeitsflächen lässt sich anmuten, dass diese das Beste aus beiden Welten vereinen (vgl. Tabelle 1): Eine Flexibilisierung des Arbeitsplatzes erhöht die Arbeitszufriedenheit, insbesondere aufgrund verbesserter Informations- und Kommunikationsstrukturen, verschiedener ergonomischer Ausgestaltung und freier Wahl der Arbeitsplätze.[21] Gleichzeitig birgt eine solche Flexibilisierung auch Herausforderungen, wie weniger Privatsphäre, einen kontinuierlichen Geräuschpegel sowie visuelle Ablenkung. Dem kann durch aktivitätsorientierte Arbeitsflächen entgegengewirkt werden[22], ebenso wie durch einfachere Methoden, z. B. die Bereitstellung von Kopfhörern mit Rauschunterdrückung.

18 Desk-Sharing und aktivitätsorientierte Arbeitsflächen scheinen also in Summe positive biopsychosoziale Effekte auf Mitarbeiter zu haben. Allerdings haben diese Konzepte seitens der Mitarbeiter häufig mit mangelnder Akzeptanz zu kämpfen. Dies ist insbesondere auf den erhöhten Komplexitätsgrad zurückzuführen, zum Beispiel bei der Lagerung arbeitsbezogener Dinge, der ergonomischen Anpassung des Arbeitsplatzes sowie der Schwierigkeit, in der alltäglichen Arbeit das Team oder den jeweiligen Kommunikationspartner zu finden. Hierbei sei jedoch auf Microsoft zu verweisen, das den Mitarbeitern Schließfächer zur Lagerung bietet sowie Anchor Areas als Anlaufpunkte für Teams. Bei Desk-Sharing Konzepten kommt hinzu, dass Mitarbeiter keine Möglichkeit mehr haben, ihren Arbeitsplatz zu personalisieren.[23] Dies steht im Widerspruch zu dem menschlichen Bedürfnis nach Identität und Status.

19 Ein wesentlicher Erfolgsfaktor bei der Einführung moderner Arbeitsplatzkonzepte ist dementsprechend die Einbeziehung der Mitarbeiter in den Gestaltungsprozess der neuen Arbeitswelt. Die Entwürfe für die neue Microsoft Zentrale basierten

---

21 van der Voordt: Costs and benefits of innovative workplace design. 2003, S. 240–246.
22 Morrison/Macky: The demands and resources arising from shared office spaces. In: Applied Ergonomics 60/2017, S. 103–115.
23 van der Voordt: Productivity and employee satisfaction in flexible workplaces. In: Journal of Corporate Real Estate 6(2)/2004, S. 133–148.

u. a. auf den Ergebnissen einer umfassenden Mitarbeiterbefragung. Darüber hinaus wurde nach dem Umzug in die neue Bürowelt eine Kommunikationsplattform etabliert, die von mehreren Change Agents betreut wurde und einen Dialog zum neuen Arbeiten förderte. So konnte sich innerhalb von zwölf Monaten die Unternehmenskultur weiterentwickeln und ein konsensfähiger Umgang mit den neuen Arbeitsflächen etabliert werden. Dies beinhaltet u. a. die Definition klarer Verhaltensregeln, beispielsweise bezüglich des sauberen Hinterlassens von Schreibtischen. Eine langfristige, aktive Steuerung durch das Vorleben und die Toleranz bzw. eine Selbstverständlichkeit des Neuen Arbeitens sind hier besonders wichtig, um den Mitarbeitern flexible und individuelle Möglichkeiten zum Arbeiten zu schaffen.

Zum Abschluss wird empfohlen, vor Einführung eines neuen Arbeitsplatzkonzeptes folgende Punkte zu beachten[24]:   20

- Das Konzept langsam einführen und den Mitarbeitern Zeit geben, sich daran zu gewöhnen.
- Mitarbeitermeinungen und -sorgen ernst nehmen, diese vor Einführung berücksichtigen, aber auch eine kontinuierliche Prozessevaluation anwenden.
- Enthusiastische Initiatoren einsetzen, die entsprechende Meinungen und Sorgen aufnehmen, aber das ganze Konzept auch vorantreiben.
- Klare Regeln bezogen auf Kommunikation und Vertrauen schaffen.
- Prüfen, ob die Eigenständigkeit der Mitarbeiter für dieses Konzept gegeben ist.
- Mitarbeiter müssen mobil hinsichtlich ihrer Arbeitswerkzeuge sein (u. a. mobiles IT- und Telefonkonzept sowie papierlose Arbeitsprozesse).
- Zielstrebige Arbeit kann nicht mehr anhand von Anwesenheit deklariert werden, sondern nur durch entsprechende Zielvereinbarungen sowie damit verbundene Ergebniskontrollen.
- Ein weiterer wichtiger Erfolgsprädiktor ist die Führungskraft. Nur wenn diese das Konzept als Vorbild lebt und dem Mitarbeiter seine Freiräume gibt, lässt sich dieses entsprechend in den Arbeitsalltag etablieren. Gleichzeitig gilt es als Führungskraft, kontinuierlich mit den Mitarbeitern in Kontakt zu sein.

Aktivitätsorientierte Arbeitsplatzkonzepte haben potentiell positive biologische,   21 psychologische und soziale Auswirkungen auf die Mitarbeiter. Durch Nutzung verschiedener Flächen zum konzentrierten Arbeiten und Austauschmöglichkeiten für verschiedene Teams wird dieses Konzept den projektspezifischen Bedürfnissen gerecht. Es wird außerdem die notwendige Privatsphäre für gelingende Kommunikation im Team gewährleistet, wodurch Nachteile von Großraumbüros vermieden werden können. Der Erfolg ist allerdings von der unternehmensspezifischen Ausgestaltung, von der Bereitstellung entsprechender Technologien, einer

---

24   van der Voordt: Costs and benefits of innovative workplace design. 2003; Windlinger/ Gersberg/Konkol: Unterstützung mobil-flexibler Arbeit durch aktivitätsorientierte Gestaltung von Büroräumen. In: Wirtschaftspsychologie 16(4)/2014, S. 83–95.

langfristigen und umfassenden Umsetzungsbegleitung sowie von der Unterstützung auf Mitarbeiterebene abhängig.

Literatur

Brennan, A./Chugh, J. S./Kline, T.: Traditional versus open office design: A longitudinal field study. In: Environment and Behavior 34(3)/2002, S. 279–299.

Candido, C. u. a.: Impact of workspace layout on occupant satisfaction, perceived health and productivity. In 9th Windsor Conference: Making Comfort Relevant, proceedings of the international conference in Cumberland Lodge 2016. Windsor 2016.

*De Croon, E. u. a.:*The effect of office concepts on worker health and performance: a systematic review of the literature. In: Ergonomics 48(2)/2005, S. 119–134.

Kaarlela-Tuomaala u. a.: Effects of acoustic environment on work in private office rooms and open-plan offices–longitudinal study during relocation. In: Ergonomics 52(11)/2009, S. 1423–1444.

Kim, J./de Dear, R.: Workspace satisfaction: The privacy-communication trade-off in open-plan offices. In: Journal of Environmental Psychology 36/2013, S. 18–26.

Kim, J. u. a.: Desk ownership in the workplace: The effect of non-territorial working on employee workplace satisfaction, perceived productivity and health. In: Building and Environment 103/2016, S. 203–214.

Klitzman, S./Stellman, J. M.: The impact of the physical environment on the psychological well-being of office workers. In: Social Science & Medicine 29(6)/1989, S. 733–742.

Lee, S. Y./Brand, J. L.: Can personal control over the physical environment ease distractions in office workplaces?. In: Ergonomics 53(3)/2010, S. 324–335.

Meijer, E. M./Frings-Dresen, M. H./Sluiter, J. K.: Effects of office innovation on office workers' health and performance. In: Ergonomics 52/2009, S. 1027–1038.

Microsoft: Work. Life. Flow. Arbeitsplatzsouveränität als Treiber von Innovation. 2017. Online: https://ncmedia.azureedge.net/ncmedia/2017/02/Booklet-Journalisten_PK_11102016.pdf [abgerufen am 23.1.2018].

Millward, L. J./Haslam, S. A./Postmes, T.: Putting employees in their place: The impact of hot desking on organizational and team identification. In: Organization Science 18(4)/2007, S. 547–559.

Morrison, R. L./Macky, K. A.: The demands and resources arising from shared office spaces. In: Applied Ergonomics 60/2017, S. 103–115.

Newsham, G. u. a.: Linking indoor environment conditions to job satisfaction: a field study. In: Building Research & Information 37/2009, S. 129–147.

Pejtersen, J. u. a.: Indoor climate, psychosocial work environment and symptoms in open-plan offices. In: Indoor Air 16(5)/2006, S. 392–401.

van der Voordt, D. J. M.: Costs and benefits of innovative workplace design. Delft 2003.

van Der Voordt, T. J.: Productivity and employee satisfaction in flexible workplaces. In: Journal of Corporate Real Estate 6(2)/2004, S. 133–148.

Veitch, J. A. u. a.: A model of satisfaction with open-plan office conditions: COPE field findings. In: Journal of Environmental Psychology 27/2007, S. 177–189.

Vischer, J. C.: The effects of the physical environment on job performance: towards a theoretical model of workspace stress. In: Stress and Health 23(3)/2007, S. 175–184.

Windlinger, L./Gersberg, N./Konkol, J.: Unterstützung mobil-flexibler Arbeit durch aktivitätsorientierte Gestaltung von Büroräumen. In: Wirtschaftspsychologie 16(4)/2014, S. 83–95.

Witterseh, T./Wyon, D. P./Clausen, G.: The effects of moderate heat stress and open-plan office noise distraction on SBS symptoms and on the performance of office work. In: Indoor Air 14 (s8)/2004, S. 30–40.

Die Qualität Mensch in digitalen Zeiten

Nicole Krüttgen/Melanie Erzberger

Abstract: Die Digitalisierung und Dynamisierung verändert die Art, wie wir menschliche Qualitäten in der (Arbeits-)Welt einbringen. Diese Veränderungen zeigen sich sowohl in Gehirn und Körper, in Kommunikation und Beziehungen und im Kontakt zu unserer Umwelt. Mit zunehmenden digitalen Möglichkeiten findet auf diesen drei Ebenen eine Reduzierung von Körperlichkeit, Resonanz und auch Wahrnehmung statt. Eine Entwicklung in der die Frage danach, wo es mehr Raum für menschliche Qualitäten braucht, immer wichtiger wird.

1 Einleitung: Arbeiten 4.0

1 Blickt man auf den Arbeitsalltag von Menschen vor allem in agilen Organisationen, so reiht sich ein Daily[1] an das nächste, eingebettet in dynamische Sprints.[2] Dazu gesellen sich Videokonferenzen, die sich gut dazu eignen, nebenher noch andere Aufgaben zu erledigen und sich nur dort aktiv einzuschalten, wo es nötig ist. Doch wissen wir mittlerweile auch um das Stresspotenzial von angeblichem Multitasking. Zudem kennt man u. U. in einem projektbezogenen digitalen Arbeitsumfeld nicht mal mehr die Gesichter des Kollegen zwei Büros weiter. Um Zeit zu sparen schaut man auch lieber, ob Kollegen schon am Schreibtisch sind, in dem man den Chatstatus prüft.

2 Was in die Arbeit Einzug hält, macht auch vor dem Leben nicht halt. Der hohen Informationsdichte begegnen wir unbewusst, indem unser tägliches Lesen z. B. in Nachrichten-Apps in ein Scannen übergeht. Unsere Aufmerksamkeitsspanne beim Lesen ganzer Bücher lässt dagegen nach. Über Whatsapp oder Facebook sind wir scheinbar in dichterem Austausch mit Freunden, Kollegen und z. T. auch wildfremden Menschen. Kontakthalten über Plattformen etc. wird einfacher. Doch in der beliebigen und körperlosen Kommunikation steckt die Einladung, den wirklichen Kontakt zu uns selbst und dem anderen zu verlieren. Wenn wir mit dem Navigationsgerät durch die Welt fahren, reduziert sich ein erheblicher Teil unserer Wirklichkeit auf das Display. Wir finden uns schneller und besser zurecht. Unser Orientierungssinn hat weniger Bedarf sich mit der Wirklichkeit außerhalb unserer Autofenster zu verbinden – ohne Navi wird es dann schwierig.

3 Veränderungen, die sich nach und nach vollziehen, ohne dass sie einem immer bewusst sind. Doch nach C.G. Jung wandelt man nur, was man annimmt. Daher gilt es, diese Veränderungen ins Bewusstsein zu bringen, die vielfältigen Chancen der Digitalisierung zu gestalten und gleichzeitig Risiken zu minimieren. So kann eine gesunde digitale Veränderung gelingen.

---

1 Erläuterung: Daily bezeichnet einen in der agilen Arbeitsweise gebräuchlichen Begriff für ein tägliches kurzes Status-Meeting des Teams.
2 Erläuterung: Sprint bezeichnet einen im agilen Projektmanagement gebräuchlichen Begriff, der einen Arbeitsabschnitt innerhalb eines iterativen Entwicklungsprozesses bezeichnet.

Wichtig ist dabei insbesondere die bewusst reflektierende Betrachtung der Beeinflussung menschlicher Qualitäten im Zusammenspiel mit der Digitalisierung. Der Artikel fokussiert sich dabei auf die drei Ebenen: 4

1. Gehirn und Körper
2. Beziehung und Kommunikation
3. Weltbeziehungen

2   1. Ebene: Gehirn und Körper

Spricht man von menschlicher Qualität, so ist unser Körper das zentrale Element. 5 Folgt man dem Konzept des Embodiments[3], also der Verkörperung, so steht unser kognitives System mitsamt seinem Organ, dem Gehirn, immer in Bezug zu unserem gesamten Körper. Gehirn und Körper wiederum sind in die restliche Umwelt eingebettet. Das Konzept des Embodiments geht davon aus, dass ohne diese Einbettung das Gehirn nicht intelligent arbeiten kann. Damasio führt dazu aus: *"Das menschliche Gehirn und der restliche Körper bilden einen unauflöslichen Organismus, integriert durch wechselseitig aufeinander einwirkende biochemische und neuronale Regelkreise [...]."*[4] Es besteht also eine enge Vernetzung von Körperempfindungen, Emotionen und Reaktionsselektion. Hinzu kommt, dass die Zusammenhänge nicht einseitig ausgestaltet sind, sondern Körper und Geist sich wechselseitig beeinflussen.

Die Digitalisierung beeinflusst dieses System und zwar in mehrfacher Hinsicht. 6 Gerald Hüther wird zitiert mit dem Ausspruch „das Gehirn wird so, wie man es nutzt".[5] Studien scheinen dies auch in Bezug auf die Digitalisierung zu belegen. So zeigt z. B. eine Studie aus dem Jahr 2014[6], dass bei Smartphone-Nutzern die Region im Gehirn, die für den Daumen zuständig ist, inzwischen fast doppelt so groß ausgebildet ist wie noch vor den Smartphone-Zeiten. Für die Initiatoren der Studie ein Beweis dafür, wie schnell sich das Gehirn anpasst. Im Gegenzug verkümmern Areale, die nicht so stark genutzt werden.

Ebenso warnen[7] Hirnforscher, Sozialforscher, Psychologen und andere Experten 7 ausdrücklich insbesondere vor einem zu hohen Mediengebrauch bei Kindern. Die

---

3   Vgl. u. a. Storch u. a.: Embodiment. Die Wechselwirkung von Körper und Psyche verstehen und nutzen. 2011, S. 15.
4   Damasio: Descartes' Irrtum. Fühlen, Denken und das menschliche Gehirn. 1994, S. 18.
5   Hüther.. Das Gehirn ist eine Baustelle. In: Spiegel-Gespräch 2009, Online: http://www.spiegel.de/spiegel/spiegelwissen/d-65115067.html [abgerufen am 22.2.2018]
6   Vgl. Gindrat u. a.: Use-Dependent Cortical Processing from Fingertips in Touchscreen Phone Users. In: Current Biology 25/2015, S. 109–116, Online: http://www.cell.com/current-biology/fulltext/S0960-9822(14)01487-0 [abgerufen am 15.2.2018].
7   Löhrke: Wie digitale Medien unser Gehirn verändern. 2011. Online: https://www.swr.de/odysso/wie-digitale-medien-unser-gehirn-veraendern/-/id=1046894/did=7558350/nid=1046894/1m84pg2/index.html [abgerufen am 11.1.2018].

Warnungen sind eindrücklich. Wenn Kinder z. B. zu viel Zeit im Chat verbringen, verkümmern die Hirnregionen, die Mimik und Gestik entschlüsseln. Es leidet der frontale Cortex, der Bereich im Hirn, wo Netzwerke liegen, mit deren Hilfe wir uns in andere Menschen hineinversetzen können, Handlungen planen und wo wir auch lernen, Frustrationen auszuhalten und unsere Impulse zu kontrollieren. Dieser Teil des Gehirns leidet insbesondere unter der Reizüberflutung und sprunghaften Aufmerksamkeit. Empathiefähigkeit als wichtige Kompetenz menschlichen Handelns, gerade auch im Arbeitskontext, reduziert sich.

8   Doch auch unser Körper wird durch ein zunehmend digitales Arbeitsumfeld beeinflusst. Naheliegende Effekte hat allein schon die Mediennutzung auf die Körperhaltung. Die Sinnesorgane werden zu einem Großteil auf Finger und Augen beschränkt. Die Körperhaltung passt sich der Gerätenutzung an. In der Regel führt die Mediennutzung zu einer eher gekrümmten Haltung in der Kopf und Augen eher gesenkt sind. Schon 1992 zeigte Sabine Stepper[8], in einer Versuchsanordnung, welchen Einfluss die Körperhaltung auf unsere Emotionen haben kann. Zwei Versuchsgruppen wurden gebeten, an einem Schreibtisch zu arbeiten. Die eine Gruppe in gekrümmter Haltung, die andere in aufrechter Haltung. Nun bekamen die Probanden ein Lob für einen Intelligenztest ausgesprochen, den sie im Vorfeld absolviert hatten. Die Versuchspersonen, die in aufrechter Haltung gesessen hatten, waren signifikant stolzer auf ihr überdurchschnittlich gutes Abschneiden. Verkörperung funktioniert also nicht nur von innen nach außen sondern auch von außen nach innen.

9   Hinzu kommt die entscheidende Bedeutung unserer unterschiedlichen Sinneszugänge. Schon die Befunde der Gedächtnisforschung verdeutlichen, dass z. B. die olfaktorischen Erinnerungen, diejenigen sind, die am weitesten zurückreichen und die sich am tiefsten in das biographische Gedächtnis eingeschrieben haben. Sie verfügen über die Eigenschaft, dass Episoden als Ganzes inklusive ihrer visuellen, auditiven, taktilen und vor allem emotionalen Qualität wieder lebendig werden können.[9]

10   Mit den Händen greifen wir zielgerichtet in die Welt ein, mit der Stimme können wir die Welt zum Antworten bringen und ein Feedback erzeugen. Die Digitalisierung verkleinert die Einsatzflächen unserer Sinne, gleichzeitig verkürzt die Dynamisierung Zeiträume für die bewusste Wahrnehmung. Während wir also mit zunehmend komplexeren Herausforderungen konfrontiert sind, beschneiden wir unseren Körper in seiner Funktion als Ressource und Werkzeug.

---

8   Stepper/Strack: Proprioceptive Determinants of Emotional and Nonemotional Feelings, in: Journal of Personality and Social Psychology 64(2)/1993, S. 211–216.
9   Rosa: Resonanz. Eine Soziologie der Weltbeziehung. 2016. S. 155.

3   2. Ebene: Kommunikation und Beziehungen

Neben den Veränderungen, die wir in und an uns wahrnehmen können, verändert   11
die Digitalisierung auch die Art und Weise unserer Kommunikation und (Arbeits-)
Beziehungen.

Die Kommunikation von Angesicht zu Angesicht, im selben Raum, zur selben Zeit   12
gilt als die intensivste, weil ursprünglichste Form des sozialen Miteinanders.
Innerhalb der Soziologie, ebenso wie der Psychologie und den Kommunikations-
wissenschaften hat sie daher einen besonderen Stellenwert. Folgt man, wie es in
diesem Zusammenhang auch Klemm und Staples[10] nahe legen, Goffman, der die
soziale Beschaffenheit der menschlichen Erfahrung in den Mittelpunkt seiner
Soziologie stellt, so bewegt sich der Mensch in Situationen nicht unabhängig,
sondern immer in einer Art und Weise, die vom Kontext beeinflusst ist. Entscheidend für ihn ist dabei, dass die Art, wie wir Kommunikation und Verhalten
interpretieren, nicht im leeren Raum entsteht, sondern durch die erlebte soziale
Wirklichkeit geprägt ist. Für Goffman sind Menschen immer dann wirklich
füreinander relevant, wenn sie tatsächlich präsent sind. Das ist insbesondere
dann der Fall, wenn ihre Körper zeitgleich im selben Raum sind. Goffman
erkannte, wie viel Interaktionsarbeit der Körper weitgehend automatisch und
unwillkürlich erbringt. Wie schnell kleine Handlungen, unwillkürliche Gesten
oder die Mimik bestimmen, welche Bedeutung wir wechselseitig einer Situation
geben. Nur in dieser Art von „Ko-Präsenz" geben Menschen seines Erachtens
Informationen am umfänglichsten, weil auch am unkontrolliertesten preis.
Gleichzeitig geht es jedoch nicht nur darum, wie wir andere wahrnehmen bzw.
welche Bedeutung wir einer Situation beimessen. Es geht auch darum, wie wir
selbst uns wahrgenommen fühlen. Auch das ist am umfänglichsten im direkten
Kontakt.

Die Digitalisierung setzt jedoch einen Filter vor die unmittelbare körperliche   13
Präsenz. Denn im digitalen Zeitalter können Menschen durchaus räumlich
getrennt und dennoch gleichzeitig im Chat mit vielen anderen Personen verbunden sein. Die sogenannte mediatisierte Präsenz[11] ist lediglich eine abgeschwächte
Form des Kontaktes, die zwar zeitliche Simultanität erlaubt, aber durch die
räumliche Trennung keine Unmittelbarkeit zulässt. Die Möglichkeiten, miteinander in Kontakt zu treten, werden durch technische Hilfsmittel einerseits ermöglicht, andererseits wird die Umfänglichkeit der jeweiligen Informationsweitergabe
begrenzt und eingeschränkt.

Die körperliche Präsenz schafft eine Vielschichtigkeit von Kommunikation und   14
erzeugt in Beziehungen eine tiefere Qualität von Wahrnehmen und Wahrgenom-

---

10   Klemm/Staples: Leib und Netz. Sozialität zwischen Verkörperung und Virtualisierung.
      2018, S. 3–5.
11   Klemm/Staples: Leib und Netz. Sozialität zwischen Verkörperung und Virtualisierung.
      2018, S. 15.

men werden. Man muss nur überlegen, welche Resonanzwirkung ein gehetzter, leerer, trauriger Blick oder eine gekränkte Körperhaltung, aber auch ein freudig strahlender, glücklicher oder stolzer Kollege am Konferenztisch bei einem selbst erzeugt.[12] Wie anders sind Beziehungen zu Kollegen, mit denen wir Tränen der Überforderung oder Glückssprünge geteilt haben? Wie unterschiedlich belastbar sind unsere Beziehungen, wenn wir uns bei Projektdesastern, Schicksalsschlägen oder Vorstands-Watschen umarmt und die Emotion geteilt haben? Wie leicht ist es, etwas mit Worten zu beteuern. Oftmals sagt uns jedoch eine Geste oder die Mimik mehr darüber, was der andere über uns denkt. Und lebendige Emotionen im direkten Kontakt schaffen mehr Verbindung, als dies auf digitalem Weg möglich ist.

15　Eine Beziehungsgestaltung, die sich zunehmend digitalisiert und entkörpert, schafft eine andere Qualität der Resonanz. Hinzu kommt ein weitere Einfluss der Digitalisierung und auch Dynamisierung. Georg Milzner formuliert es in einem Interview wie folgt: „Natürlich ist es toll, mit vielen Leuten Kontakt zu halten, zu kommunizieren. Doch Untersuchungen zeigen, dass wir nur mit einer überschaubaren Zahl an Menschen enge Beziehungen haben können. Der hohe Vernetzungsgrad lenkt daher ab, von dem, was wir eigentlich sind und wollen. Das liegt aber nicht an der Digitalisierung an sich. Wenn wir mit einem Kind auf dem Tablet ein Spiel spielen, kann das wunderbar sein und uns verbinden. Was Probleme macht, sind die Vielzahl der Reize und die engen Taktungen, durch die unsere engsten Beziehungen und die zu uns selbst aus dem Blick geraten."[13] Dies passiert, wenn wir uns mit Blick auf die scheinbar unbegrenzten Möglichkeiten auf das, was alles machbar ist, anstatt auf das Sinnhafte fokussieren. Wir verlieren nicht nur den Kontakt zu anderen, sondern auch zu uns selbst. Der Fokus richtet sich dann darauf, die Bandbreite digitaler Möglichkeiten zu nutzen, anstatt sich im Abgleich mit betrieblichen Erfordernissen zu fragen, was den aktuellen Bedürfnissen und Wünschen beziehungsweise den erforderlichen Kompetenzen tatsächlich entspricht.

16　Doch Digitalisierung schafft auch Möglichkeiten, Beziehungen überhaupt erst zu bilden. Betrachten wir dazu ein Experiment, das Ryan Bell 2015 an der Harvard Business School durchgeführt hat. Er hat untersucht, welchen Einfluss der Kontakt zwischen einem Koch und seinem Gast auf die Qualität des Essens hat.[14] Bell testete drei Szenarien:

1. Der Gast konnte den Koch sehen, der Koch jedoch nicht den Gast.
2. Der Koch konnte den Gast sehen, der Gast jedoch nicht den Koch.

12　Rosa: Resonanz. Eine Soziologie der Weltbeziehung. 2016. S. 121.
13　Maeck: Digitale Entfremdung. Online: 2018. http://www.spiegel.de/netzwelt/web/digitalisierung-wir-braeuchten-dringend-mehr-dates-mit-uns-selber-a-1184663.html [abgerufen am 16.1.2018].
14　Purps-Pardigo/Kehren: Digitalisieren mit Hirn. Wie Führungskräfte ihre Mitarbeiter für den Wandel gewinnen. 2018. S. 29–31.

3. Koch und Gast konnten einander sehen.
4. Gast und Koch standen nicht im direkten, persönlichen Kontakt zueinander sondern sahen einander über ein Video-Konferenz-System.

In jedem Szenario wurden die Gäste hinsichtlich der Qualität des Essens befragt. 17
Die erste Gruppe bewertete das Essen marginal besser als die Kontrollgruppe (hier waren die Screens ausgeschaltet). Die zweite Gruppe bewertete die Qualität des Essens schon um 10 % besser als die Kontrollgruppe. In Gruppe drei stieg die Wahrnehmung der Qualität nochmal. Hier wurde das Essen um 17 % leckerer bewertet. Und nicht nur subjektiv, sondern auch tatsächlich verbesserte sich die Qualität. Für gewöhnlich brieten die Köche Spiegeleier immer auf Vorrat und hielten diese warm. Ging länger keine Eibestellung ein, hatten die Gäste dann das Nachsehen und ein viel zu durchgebratenes Ei. Waren die Kameras aktiv und die Köche konnten ihre Gäste sehen, brieten sie die Eier nur dann, wenn eine Bestellung einging. Der Fokus hatte sich weg von der eigenen Bequemlichkeit hin zum Kunden gewendet. Zudem berichteten die Köche, wie sehr es ihnen gefiel, die Kunden zu beobachten. Denn allein der Videokanal hatte eine andere Art der Resonanz geschaffen. Hier zeigt sich, wie Digitalisierung auch Verbindung schaffen kann, wo sie sonst aufgrund der Rahmenbedingungen nicht möglich gewesen wäre. Die Aussagen der Köche zeigen zudem auf, dass in diesem Fall das Gefühl der Selbstwirksamkeit durch den digitalen Kontakt im Vergleich zu der kontaktlosen Arbeitsweise deutlich gesteigert werden konnte.

4   3. Ebene: Weltbeziehungen

Nach Hartmut Rosa[15] kommt es im Leben auf die Qualität der Weltbeziehungen 18
an, das heißt, auf die Art und Weise, wie wir die Welt erfahren und wie wir zu ihr Stellung nehmen, wie wir in Resonanz gehen. Zum gelingenden und damit gesunden Leben gehört seiner Auffassung nach die wahre Zuneigung zu den Dingen. Über sie entsteht das, was er einen „vibrierender Draht" zwischen uns und der Welt nennt. Und aus dieser Resonanz speist sich auch das Gefühl von Selbstwirksamkeit.

Die Analyse, wie Menschen Verbindungen zwischen sich und der Welt gestalten, 19
beginnt ganz unwillkürlich auch wieder mit dem Körper. Mit ihm treten wir in Kontakt, erfahren wir die Umwelt und nehmen sie wahr. In diesem Kontext stellt sich die Frage, wie sich die Natur des Menschlichen insgesamt ändert, wenn „Bildschirme zum Leitmedium[16]" nahezu aller Beziehungen mit unserer Umwelt werden. Was passiert, wenn wir die Welt zunehmend mit Hilfe unseres Smartphones wahrnehmen? Die Aufmerksamkeit, das Bewusstsein und die Körperäu-

---

15   Rosa: Resonanz. Eine Soziologie der Weltbeziehung. 2016. S. 19–21.
16   Rosa: Resonanz. Eine Soziologie der Weltbeziehung. 2016. S. 155.

ßerungen sind auf einen winzigen Ausschnitt, nämlich auf das Display bzw. den Bildschirm reduziert. Das hat laut Rosa zwei bedeutsame Konsequenzen[17]:

1. Der Bildschirm wird zum Nadelöhr, durch das sich unsere Erfahrung mit der Umwelt vollzieht: die Welt antwortet uns und wir erreichen sie auf immer dieselbe Art und Weise – über den gleichen Kanal der Daumen- und Augenbewegung.

2. Die physische Erfahrung in Resonanz zu unserer Umwelt wird dadurch trotz aller technischen Neuerungen extrem reduziert. Die mit der Digitalisierung fortschreitende empfundene Dematerialisierung unterstützt diesen Prozess. Denn nicht nur Daten (Information über Kunden, Mitarbeiter etc.) und Prozesse (wie Beratung, Verkauf, Zahlungsprozesse) werden zunehmend digitalisiert, sondern auch bisher überwiegend physisch bereitgestellte Produkte (bspw. Bücher, Zeitungen, Zeitschriften, CDs, DVDs) verlieren ihre individuelle Körperlichkeit.[18]

20   Während wir also das Gefühl haben, in einer zunehmend vernetzteren Welt mit scheinbar unbegrenzten Möglichkeiten, immer mehr zu erfahren und zu wissen, wird die Reichweite unserer persönlichen, physischen Erfahrung kleiner. Während wir in einer digitalen Welt die Komplexität immer weiter erhöhen, reduzieren wir die vielfältigen Kompetenzen, die wir als Menschen mit unserem körperlichen Erleben und Erfahren als Antwort auf diese Komplexität geben könnten.

5   Fazit: Arbeiten 5.0

21   Das Zeitalter der digitalen Transformation hält viele Herausforderungen und Chancen für uns bereit. Wir wissen heute noch nicht, welche Anpassungsleistungen unser Gehirn und auch unser Körper die nächsten Jahrzehnte vornehmen werden, wenn die digitale Qualität der Dinge weiterwächst. Wie die Beispiele gezeigt haben, entwickeln wir innerhalb des Anpassungsprozesses neue Kompetenzen und verlieren bestehende. Die Frage ist, wie wir dies reflektieren und bewerten. Auch angesichts der Tatsache, dass vieles bisher nicht evident untersucht ist und die Wechselbeziehungen immer komplexer zu sein scheinen. Was die Veränderung wirklich für uns bedeutet, können wir heute nur bedingt voraussagen.

22   In diesem Übergang, in dem das Alte nicht mehr und das Neue noch nicht ist, ist es daher angemessen, aus einer Haltung des wohlwollend-kritischen Beobachters heraus die Entwicklung zu reflektieren, relevante Unterschiede und Auswirkungen festzuhalten, Fragen zu stellen und kontextspezifische Antworten für das Jetzt zu generieren. Dabei darf auch die Frage berechtigt sein, welche Qualitäten es wo

---

17   Rosa: Resonanz. Eine Soziologie der Weltbeziehung. 2016. S. 157.
18   Kreutzer/Land: Digitaler Darwinismus. Der stille Angriff auf Ihr Geschäftsmodell und Ihre Marke. 2016, S. 39.

und wann braucht. Was es braucht, ist kein Denken im ENTWEDER ODER, sondern ein starkes UND. Ein UND, das in einer ausbalancierten, kontextangepassten Steuerung der jeweiligen Intensität der digitalen oder menschlichen Qualität ausreichend Raum gibt.

Der bewusste Fokus auf menschliche Qualitäten und die bewusste Entscheidung, wann und wo es Räume für Verkörperung und körperliche Begegnung braucht, sind ein wichtiger Schritt in der Gestaltung dieses Übergangs. Die deutsche Sprache hat wunderschöne Worte für diese Qualität – Worte, die wir gerne in den Kontext von Arbeiten 4.0 einbinden möchten. Diese Worte handeln davon, etwas zu ersinnen, zu erfühlen, zu erahnen und es zu verkörpern. 23

Umso mehr wir auch die ganze Bandbreite menschlicher Qualität in unserer Arbeit nutzen, desto besser können wir adäquate Antworten auf die Herausforderungen von Unternehmen in der heutigen Zeit geben. Gleichzeitig sind menschliche Qualitäten, wie Dingen Sinn zu verleihen, sozial miteinander in Beziehung zu treten, und lebendige Resonanz zu erzeugen, eine starke Quelle für unsere Gesundheit. Sie schaffen den Rahmen, dass wir all unser Potenzial in unsere Arbeit einbringen können. 24

Führt uns das nicht in ein **Arbeiten 5.0**, in dem digitale und menschliche Qualitäten stärkenorientiert ineinandergreifen? 25

Literatur

Damasio, A.: Descartes' Irrtum. Fühlen, Denken und das menschliche Gehirn. München 1994.

Gindrat, A. D. u. a.: Use-Dependent Cortical Processing from Fingertips in Touchscreen Phone Users. In: Current Biology 25/2015, S. 109–116, Online: http://www.cell.com/current-biology/fulltext/S0960-9822(14)01487-0 [abgerufen am 15.2.2018].

Hüther, G.: Das Gehirn ist eine Baustelle. In: Spiegel-Gespräch 2009. Online: http://www.spiegel.de/spiegel/spiegelwissen/d-65115067.html [abgerufen am 22.2.2018].

Klemm, M./Staples, R.: Leib und Netz. Sozialität zwischen Verkörperung und Virtualisierung. Wiesbaden 2018.

Kreutzer, R./Land, K.-H.: Digitaler Darwinismus. Der stille Angriff auf Ihr Geschäftsmodell und Ihre Marke. Wiesbaden 2016.

Löhrke, S.: Wie digitale Medien unser Gehirn verändern. 2011. Online: https://www.swr.de/odysso/wie-digitale-medien-unser-gehirn-veraendern/-/id=1046894/did=7558350/nid=1046894/1m84pg2/index.html [abgerufen am 11.1.2018].

Maeck, S.: Digitale Entfremdung. Online: 2018. http://www.spiegel.de/netzwelt/web/digitalisierung-wir-braeuchten-dringend-mehr-dates-mit-uns-selber-a-1184663.html [abgerufen am 16.1.2018].

Purps-Pardigo, S./Kehren, H.: Digitalisieren mit Hirn. Wie Führungskräfte ihre Mitarbeiter für den Wandel gewinnen. Frankfurt 2018.

Rosa, H.: Resonanz. Eine Soziologie der Weltbeziehung. 4. Auflage. Berlin 2016.

Stepper,S./Strack, F.: Proprioceptive Determinants of Emotional and Nonemotional Feelings, in: Journal of Personality and Social Psychology 64(2)/1993, S. 211–216.

Storch, M. u. a.: Embodiment. Die Wechselwirkung von Körper und Psyche verstehen und nutzen. 2. erw. Auflage Bern 2011.

BGM 4.0 – Neue Wege für die Betriebliche Gesundheitsförderung: Individuelle Sensor-Messung mit digitaler Nachbetreuung

Silvester Fuhrhop/Johannes Heering/Jonas Böhme

Abstract: Die Landschaft an Maßnahmen der betrieblichen Gesundheitsförderung (BGF) ist bunt und vielfältig. Oftmals werden BGF-Maßnahmen anhand von Themenjahren oder auf Grundlage von Mitarbeiterbefragungen ausgewählt. **Die Folge:** Der Teil der Beschäftigten, der eine zielgerichtete Maßnahme entsprechend ihrer Handlungsbedarfe erhält, bleibt eher gering. Die Teilnehmer erfahren eine Sensibilisierung hinsichtlich des Themas Gesundheitsförderung am Arbeitsplatz, werden jedoch nicht nachhaltig präventiv tätig. Dies ist auf der Mitarbeiterseite demotivierend sowie nicht zielführend bezogen auf eine gesundheitsfördernde Verhaltensweise. Auf Unternehmerseite gestalten sich die Themen des betrieblichen Gesundheitsmanagements (BGM) und die Auswahl der richtigen BGF-Maßnahmen zäh. Im Zeitalter der Digitalisierung sind neue und effektive Methoden möglich, um sowohl die Betriebsgesundheit einfach zu evaluieren und zu steuern sowie den Beschäftigten entsprechend ihrer Handlungsbedarfe eine passende digitale Nachbetreuung anzubieten, unabhängig von Zeit und Ort. Eine mögliche Lösung: 2 Tage Lebensrealität durch sensorische Messung in Kombination mit digitaler Nachbetreuung durch den individuell passenden zertifizierten Onlinekurs.

1   Einleitung

1   Die steigende Relevanz der Gesundheitsförderung in den Lebenswelten der Menschen ist unumstritten. Dies spiegelt sich nicht zuletzt in der gesetzlichen Verankerung des BGMs wider. Hinsichtlich der Bezuschussung der Krankenkassen von BGF-Maßnahmen und –Konzepten rückt immer mehr die Qualität und der nachweisbare Nutzen in den Mittelpunkt. Darüber hinaus stellt ein ganzheitliches, agiles und ausgefeiltes Gesundheitsmanagement einen Wettbewerbsvorteil in Zeiten des Fachkräftemangels dar.

2   Ein paar Fakten über Gesundheitsförderung im betrieblichen Kontext:

Laut dem Präventionsbericht 2017 wurden im Jahr 2016 1,97 Mio. Arbeitnehmer insgesamt erreicht, davon 1,44 Mio. direkt und 0,53 Mio. indirekt.[1] Demgegenüber stehen im Jahr 2016 43,5 Mio. Erwerbstätige mit Arbeitsort in Deutschland.[2] Gegenüber dem Jahr 2013 ist eine Steigerung erreichter Arbeitnehmer um 0,8 % festzuhalten. Eine Reichweite von 4,5 % kann jedoch nicht zufriedenstellend sein. Vor allem nicht in Hinblick auf künftige gesellschaftliche Herausforderungen wie Diabetes Typ 2, Herzkreislauferkrankungen sowie die Zunahme psychischer Erkrankungen, die alle drei das Arbeitsumfeld massiv beeinflussen.

3   Ein möglicher Grund für die im Verhältnis geringe Erreichbarkeit der Mitarbeiter könnte die breite Streuung der BGF-Angebote sein, die sogenannte „BGF-Gieß-

---

1   GKV-Spitzenverband (Hrsg.): Präventionsbericht 2017. Leistungen der gesetzlichen Krankenversicherung: Primärprävention und Gesundheitsförderung, Berichtsjahr 2016. 2017, S. 92. Online: https://www.gkv-spitzenverband.de/media/dokumente/krankenversicherung_1/praevention__selbsthilfe__beratung/praevention/praeventionsbericht/2017_GKV_MDS_Praeventionsbericht.pdf.

2   Destatis, Statistisches Bundesamt: Erwerbstätigenrechnung. 2016. Online: https://www.destatis.de/DE/ZahlenFakten/GesamtwirtschaftUmwelt/Arbeitsmarkt/Erwerbstaetigkeit/TabellenErwerbstaetigenrechnung/InlaenderInlandskonzept.html [abgerufen am 30.1.2018].

kanne". Es wird versucht, mit einem vielfältigen, breit ausgerichteten Angebot an BGF-Maßnahmen das Thema Gesundheitsförderung in Betrieben abzudecken. Maßnahmen werden jedoch eher wahrgenommen, wenn sie als sinnvoll und zielführend erachtet werden – sprich ausgerichtet auf die realen Handlungsbedarfe der Beschäftigten. Doch wie werden die realen Handlungsbedarfe effektiv und aussagekräftig ermittelt?

– Durch eine valide Messmethode, welche sowohl subjektive Wahrnehmungen der Beschäftigten als auch objektiv gemessene Gesundheitsparameter miteinander vergleicht und dabei einen belastbaren Zeitraum berücksichtigt.

2   Vorstellung mesana, corvolution

Die Idee hinter dem Gesundheits-Check-Up mesana ist es, die Handlungsbedarfe   4
zu ermitteln, welche für die Beschäftigten am relevantesten sind, um präventiv eine Symptomatisierung zu verhindern. **Aber wie?**

Im Zuge von 60 Mannjahren interdisziplinärer Forschung aus den Bereichen der Elektro- und Medizintechnik, Kardiologie, Schlafmedizin, Psychologie sowie Sportwissenschaften wurde die der Messung zugrunde liegende Sensorik und Algorithmik entwickelt. Mithilfe der Sensorik wurde eine kaum spürbare Langzeitmessung von Stressbelastung, Bewegungs- und Schlafverhalten sowie Gesundheitsrisiken im Berufs- und Privatalltag entwickelt. Die insgesamt 16 erfassten Gesundheitsparameter werden individuell für den Teilnehmer mittels Ampelsystem visualisiert. Aufgrund der hohen Messgenauigkeit, der Konformität zum Präventionsgesetz und den hohen Ansprüchen an den Datenschutz, wird der Check-Up von betriebsärztlichen Diensten eingesetzt und von Krankenversicherern bezuschusst.

3   Die Rolle verlässlicher Check-Ups bei der Steuerung der Betrieblichen Gesundheitsförderung

Die Anforderungen an einen verlässlichen Check-Up in diesem Kontext sind   5
vielfältig. Vor allem dann, wenn ein Effekt hinsichtlich der möglichen Handlungsbereitschaft bei gesundheitsförderlichen Verhalten unter den Beschäftigten gewünscht ist. Neben der Messgenauigkeit mit einhergehender Validierung des Messverfahrens muss ein verlässlicher Check-Up im BGF-Setting weitere Anforderungen erfüllen. Um für alle Beschäftigten ein möglichst realistisches Bild seines Gesundheitszustandes zu visualisieren, muss ein geeigneter Check-Up folgende Kriterien erfüllen:

- Hohe Alltagstauglichkeit und „Usability"
- Für jede Zielgruppe im Betrieb anwendbar und zu verstehen (Außendienst und verteilte Strukturen) sein

- Zeit- sowie ortsunabhängige Durchführung sollte möglich sein
- Kommunikationswege, Verarbeitung der Daten und Versand der Ergebnisse muss sicher erfolgen
- Verständliche Aufbereitung der Daten sowie der angestrebten Handlungsimpulse
- Anonyme fachliche Gesundheitsberatung bei Rückfragen zu einzelnen Werten oder Zusammenhängen

6   Abschließend sollte die Datengrundlage genutzt werden, um dem Teilnehmer eine auf seine individuelle Situation zugeschnittene Lösung anzubieten. Dabei ist zu beachten, dass die angebotenen Lösungen je nach Zielgruppe – z. B. Schichtarbeit oder Außendienst – umsetzbar sind. Daher bietet es sich an, bedarfsgerecht sowohl unternehmensspezifische Maßnahmen vor Ort als auch digitale Maßnahmen in die Handlungsempfehlungen aufzunehmen. Das Ziel sollte sein, die Beschäftigten an die für sie richtige Stelle des BGMs zu verweisen. Dies ist in Unternehmenskontexten der Fall, in denen schon eine Struktur an Maßnahmen vorhanden ist. Sind noch keine oder wenige gesundheitsfördernde Strukturen vorhanden, dienen objektive Check-Ups der Ermittlung eines Ist-Zustands auf belastbarer Datenbasis. Entscheidend bei den angebotenen Maßnahmen ist, ob die Beschäftigten sich angesprochen fühlen. Dies kann neben der Kommunikation über die Sinnhaftigkeit und Identifikation mit der entsprechenden Maßnahme erreicht werden. Sehen die Beschäftigten einen Handlungsbedarf auf Grundlage einer verlässlichen Messung und werden sie im gleichen Zug auf eine passende Lösung aufmerksam gemacht, steigt nicht nur die Wahrscheinlichkeit, den Handlungsimpuls umzusetzen, sondern auch die Verhaltensänderung aufrechtzuerhalten.

7   Neben dem Nutzen für jeden einzelnen Beschäftigten, sind die Möglichkeit der Steuerung von BGF-Maßnahmen und die Evaluation wichtige Anforderungen von Seiten des Unternehmens. Die anonymisierte Bündelung der Daten in Form eines Abteilungs- oder Standortberichts sind ein wichtiges Werkzeug bei der Ausrichtung zukünftiger BGF-Maßnahmen an den Handlungsbedarfen der Beschäftigten. So kann auf Veränderungen innerhalb der Gesundheit der Beschäftigten frühzeitig reagiert werden. Dies kommt auch den Beschäftigten zu Gute und der Unternehmer setzt die verfügbaren Mittel für die betriebliche Gesundheitsförderung möglichst effektiv ein. Darüber hinaus bietet ein sensorischer Check-Up die Chance, subjektiv erfragte Skalen zum Gesundheitszustand und objektiv gemessene Parameter miteinander zu vergleichen, um so ein möglichst realistisches Bild des Gesundheitszustands vom Anwender zu erhalten.

8   Wie wichtig und entscheidend so ein Abgleich ist, beschreibt das Phänomen der kognitiven Dissonanz. Dabei handelt es sich um einen unangenehm empfundenen Gefühlszustand, der aufgrund zweier widersprüchlicher Kognitionen entsteht. Um diesen Spannungszustand aufzuheben, kann es unter anderem zu der Nichtwahrnehmung oder Leugnung von Informationen kommen. Die soziale Erwünschtheit

spielt hier auch eine Rolle. Ein Beispiel aus dem Ernährungsreport: Demnach legen 92 % der Deutschen Wert auf gesundes Essen, knapp 50 % essen täglich ein Stück Obst und nur jeder Fünfte greift einmal am Tag zu Süßigkeiten, Softdrinks oder Ähnlichem. Den Angaben steht der Fakt gegenüber, dass 59 % der berufstätigen Männer und 37 % der berufstätigen Frauen übergewichtig sind.[3] Hier scheint etwas nicht zu stimmen. Ähnliche Beobachtungen konnte die corvolution GmbH im Rahmen von 2000 Messungen zum Thema Aktivität/Inaktivität im Vergleich zum DKV-Bericht zur Gesundheit der Deutschen 2015 vorweisen. Laut DKV-Bericht sitzen Deutsche durchschnittlich 7,5 Stunden am Tag.[4] Demgegenüber steht die Angabe von 13,3 Stunden Inaktivität, das heißt stehend oder sitzend, der ausgewerteten mesana Messungen. Die restlichen 8,9 Stunden wurden liegend und 1,8 Stunden aktiv verbracht, das heißt laufend oder gehend.

Praxisbeispiel mesana Check-Up samt Nachbetreuung   9

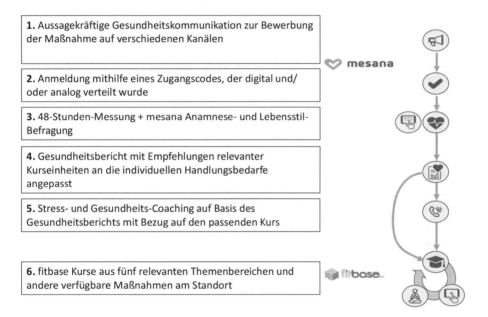

Abb. 1: Ablauf mesana Check-Up mit fitbase Follow-Up

Quelle: Eigene Darstellung.

---

3   Rövekamp: Weniger Fleisch, viel Obst. Die große Heuchelei bei der Ernährung. 2018. Online: https://www.tagesspiegel.de/wirtschaft/weniger-fleisch-viel-obst-die-grosse-heuchelei-bei-der-ernaehrung/20864570.html [abgerufen am 26.1.2018]; Jahberg/Sirleschtov: Repräsentative Umfrage. Das sind die Essgewohnheiten der Deutschen. Online: https://www.tagesspiegel.de/weltspiegel/repraesentative-umfrage-das-sind-die-essgewohnheiten-der-deutschen/20858548.html [abgerufen am 22.01.2018].
4   Froböse/Wallmann-Sperlich: Der DKV-Report „Wie gesund lebt Deutschland?" 2015. 2016, S. 44. Online: https://www.dkv.com/downloads/20150126-DKV-Report-2015-Wie-gesund-lebt-Deutschland.pdf [abgerufen am 24.1.2018].

10   Auch bei einer individuellen Sensormessung mit Nachbetreuung gilt es, diese Maßnahme entsprechend aussagekräftig über verschiedenste Unternehmenskanäle zu kommunizieren. Neben der Gewinnung von Führungskräften als Vorbild beziehungsweise Vorreiter, ist die potentielle Erreichbarkeit der gesamten Belegschaft als Zielgruppe entscheidend. Es gilt, die Beschäftigten mit und ohne uneingeschränktem Zugang zu Computern des Unternehmens gleichermaßen zu erreichen. Die Anmeldung zum mesana Check-Up erfolgt über einen Zugangscode. Dieser kann zum einen per Mail verschickt und zum anderen auf Einladungskarten gedruckt werden. Im Nachgang können die Beschäftigten frei entscheiden, ob sie den Anmeldevorgang am Arbeitsplatz oder zu Hause vollziehen. Im Rahmen der Anmeldung wählen die Teilnehmer die Mailadresse für die weitere Kommunikation sowie die Adressdaten für den Versand des Sensors. Es folgt ein ausführlicher Online-Fragebogen, welcher neben anthropometrischen Daten unter anderem subjektive Skalen zum Thema Stress (*Perceived Stress Scale*) und Schlaf (*Pittsburgh Sleep Quality Index*) erfragt. Im Nachgang des Fragebogens wird das Wunschdatum für den Sensorversand gewählt. Es wird empfohlen, einen Zeitpunkt für die 48-Stunden-Messung zu wählen, welcher mindestens einen Arbeitstag umfasst, um ein repräsentatives Bild des Arbeitsalltags zu erlangen. Der zugeschickte Sensor befindet sich in einer kleinen Verpackung, die in jeden handelsüblichen Postkasten passt. Ist die Messung abgeschlossen, werden die Teilnehmer in der Anleitung instruiert, den gebrauchten Sensor in der vorfrankierten Versandbox zurückzuschicken. Im Nachgang der Auswertung der Daten wird der Gesundheitsbericht entweder auf dem Postweg oder per Mail versandt, in Abhängigkeit des Teilnehmerwunsches. Der Gesundheitsbericht unterteilt sich in die Darstellung der insgesamt 16 erfassten Einzelparameter der Kategorien Aktivität, Schlaf, Stress und Risiko sowie zwei Tagesverläufe – siehe Abb. 2. Darüber hinaus werden Handlungsempfehlungen entsprechend der Gesundheitsbereiche auf Grundlage der Messergebnisse formuliert.

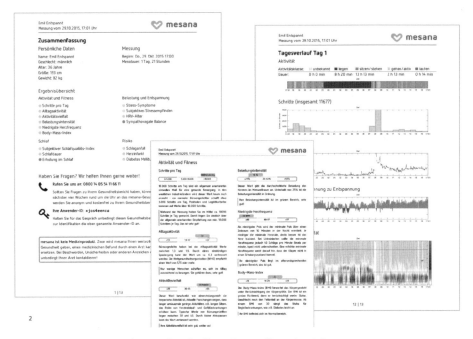

Abb. 2: Auszüge aus dem individuellen Gesundheitsbericht

Auszüge aus dem individuellen Gesundheitsbericht. Einzelwerte werden entsprechend des Ampelsystems (grün, gelb, rot) dargestellt, um Handlungsbedarfe anschaulich zu visualisieren. Farbige Tagesverläufe (2x 24 Stunden) erlauben die Kontextdarstellung wichtiger Gesundheitsparameter.

Quelle: Eigene Darstellung.

Das Besondere:

Mithilfe des entwickelten BGF-Konzeptes wird eine im Alltag kaum spürbare belastbare Langzeit-Messung von Stressbelastung, Bewegungs- und Schlafverhalten und Gesundheitsrisiken im Berufs- und Privatalltag durchgeführt und die Werte individuell für den Teilnehmer und anonymisiert als Unternehmensstatistiken ausgewertet. In seinem persönlichen Gesundheitsbericht erhält der Teilnehmer im Anschluss an die Analyse Empfehlungen, wie er die gemessenen Gesundheitsparameter durch die Teilnahme an einem Onlinekurs verbessern kann. Ein Zugangscode zu einem der vorgeschlagenen § 20-Onlinekurse von fitbase und anderen passenden Unternehmens-Angeboten am Standort wird dann im Gesundheitsbericht vermittelt. Die abgeleiteten Handlungsempfehlungen sind somit individuell auf die Bedürfnisse der Angestellten zugeschnitten und können zeit- und ortsunabhängig digital durchgeführt werden. Durch die innovative Kombination aus realer Handlungsbedarfsanalyse und digitalem Coaching wird der Gesundheitszustand von Teilnehmern ganzheitlich erfasst und nachhaltig verbessert.

12

13 Bei dieser Art der Nachbetreuung können die Teilnehmer einen Onlinekurs aus den Präventionsbereichen Bewegung, Stressbewältigung oder Ernährung wählen. Die Auswahlmöglichkeit aus fünf verschiedenen Kursen fördert darüber hinaus die Motivation des Angestellten, aktiv etwas für seine Gesundheit zu tun. Innerhalb der Onlinekurse sorgen zahlreiche motivierende Elemente wie zum Beispiel kurze Bewegungseinheiten, vertonte Entspannungsübungen oder interaktive Tagebücher zum Festhalten des Fortschritts, für eine optimale Unterstützung der Gesundheit. Ergebnisse aktueller Nachbefragungen zur Annahme der Lösung sind den Abbildungen 3 und 4 zu entnehmen.

14

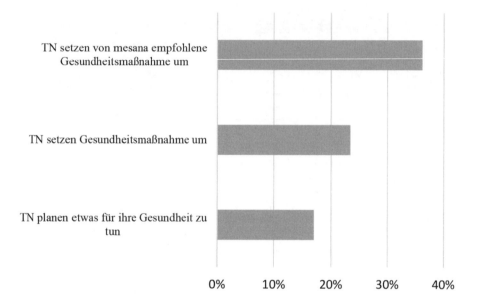

Abb. 3: Nachbefragung Motivationseffekt mesana Gesundheits-Check
Quelle: Eigene Darstellung.

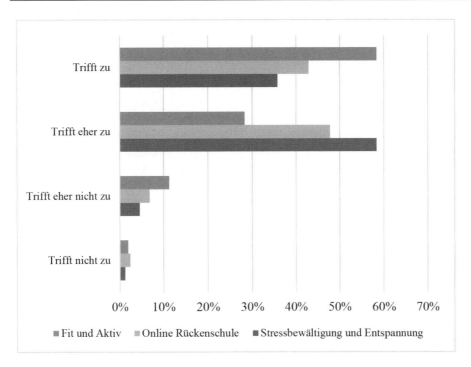

Abb. 4: Der Kurs konnte meine körperliche Fitness/Rückengesundheit/Stressbewälti-
gungskompetenzen steigern

Quelle: Eigene Darstellung.

4 Zunehmend relevante Gesundheitsbereiche hinsichtlich der Produktivität der Beschäftigten

Die Objektivierung beziehungsweise Quantifizierung nimmt in ihrer Wichtigkeit   16
weiter zu. Zum einen geht es dabei um die Möglichkeit der Evaluierung und
zielgerichteten Steuerung von BGM. Zum anderen bedarf es einer soliden Wis-
sensbasis des Gesundheitszustandes für das Treffen richtiger Gesundheitsent-
scheidungen. Die zwei Gesundheitsbereiche Schlaf und Stress fallen dabei besonders ins Augenmerk der Unternehmen, da diese hinsichtlich der Produktivität
einen großen Einfluss haben. Wird kein Ausweg aus der Negativspirale gefunden,
manifestieren sich resultierende Erkrankungen wie z. B. Depressionen. Hier reicht
die Bezifferung des volkswirtschaftlichen Schadens von 15 Mrd. bis 22 Mrd. Euro.[5]

5   Allianz Deutschland AG, Rheinisch-Westfälisches Institut für Wirtschaftsforschung e. V.
    (Hrsg.): Depression – wie die Krankheit unsere Seele belastet. Report der Allianz Deutschland
    AG und des Rheinisch-Westfälischen Institutes für Wirtschaftsforschung e. V. 2011, S. 29–
    30. Online: https:// www.rwi-essen.de/media/content/pages/publikationen/sonstige/Allianz-
    Report-Depression.pdf [abgerufen am 27.1.2018].

Nicht nur der finanzielle Schaden auf Unternehmerseite, sondern auch die Beschäftigtenseite sollte betrachtet werden. Schlafstörungen sowie stressbedingte Krankheitsbilder wie Angststörungen oder Depression gehen mit einem großen Verlust an Lebensqualität der Betroffenen einher. Umfragen zum Thema Schlaf zeigen auf, dass über 50 % der Erwachsenen über Einschlafprobleme klagen. Davon weisen ca. 11 % eine klinisch relevante Einschlafstörung auf, das heißt, sie sind drei Mal oder häufiger die Woche betroffen. Durchschlafstörungen weisen sogar eine Prävalenz von 64 %, davon 25 % mit einer klinischen Relevanz, auf.[6] Die primäre Bewältigungsstrategie ist Medien- und Medikamentenkonsum, womit die eigentliche Ursache von Schlafstörungen unbehandelt bleibt. Beim Thema Stress zeigt sich ein ähnliches Bild. Laut der TK-Stress-Studie geben 60 % der Befragten an, dass ihr Leben in den letzten drei Jahren eine Stresszunahme erfahren hat. Tatsächlich leiden in Deutschland ca. 11 % unter chronischer Stressbelastung.[7] Dies verdeutlicht noch einmal den Fokus, dass sowohl Maßnahmen zur Stressbewältigung als auch zur Stressprävention beziehungsweise Stressentstehung relevant sind. Ein Abwenden von Stressreizen ist im Arbeitsalltag nur schwer umsetzbar. Es gilt, rechtzeitig für das Thema zu sensibilisieren und den Beschäftigten neben einem realistischen Bild des Ist-Zustands zielgerichtete Maßnahmen anzubieten, um Handlungsimpulse zu setzen.

17 Das frühzeitige Handeln in den Bereichen Schlaf und Stress ist von entscheidender Bedeutung, um Spätfolgen und eine Manifestierung von Symptomen zu vermeiden. Das Kredo muss heißen, Prävention vor Rehabilitation, sowohl im privaten als auch im beruflichen Setting. Mithilfe eines verlässlichen Messinstrumentes können bereits gesundheitsförderliche Handlungen initiiert werden, bevor sich ein Krankheitsbild manifestiert.

18 Im Zusammenhang mit dem Handlungsfeld Schlaf werden zunehmend Studien hinsichtlich einer Schichtumstellung anhand der Chronobiologie der Beschäftigten konzipiert. Entscheidend ist neben der Akzeptanz der Schichtumstellung der Nachweis eines positiven Effekts sowohl auf subjektive als auch objektive Stressparameter. Hierbei leistet der mesana Check-Up einen Betrag in Form der Objektivierung von Stress und der Auswirkungen der Schichtumstellung der Beschäftigten auf das autonome Nervensystem.

---

6 Schlack u. a.: Häufigkeit und Verteilung von Schlafproblemen und Insomnie in der deutschen Erwachsenenbevölkerung. Ergebnisse der Studie zur Gesundheit Erwachsener In Deutschland (DEGS1). In: Bundesgesundheitsblatt 56/2013, S. 742.

7 Techniker Krankenkasse (Hrsg.): Entspann dich, Deutschland. TK-Stressstudie 2016. 2016, S. 10. Online: https://www.tk.de/resource/blob/2026630/9154e4c71766c410dc859916aa79-8217/tk-stressstudie-2016-data.pdf [abgerufen am 15.01.2018]; Hapke u. a.: Chronischer Stress bei Erwachsenen in Deutschland. Ergebnisse der Studie Gesundheit Erwachsener in Deutschland (DEGS1). In: Bundesgesundheitsblatt 56/2013, S. 751.

5   Erkenntnisse

1. Moderne Sensorik liefert solide Entscheidungsgrundlage zur Ausrichtung und   19
Steuerung des BGMs,
2. Evaluationsmöglichkeiten und Feinjustierung mit objektiven Messinstrumen-
ten helfen bei der Etablierung des BGMs in der Unternehmenskultur und
machen Gesundheitsförderung effizienter,
3. Die Kombination von objektiven Messungen des Gesundheitszustandes mit
einer individuellen Nachbetreuung sorgen für eine hohe Motivationskurve
mit anschließend größerer Handlungsbereitschaft gegenüber herkömmlichen
BGF-Maßnahmen.

Literatur

Allianz Deutschland AG/Rheinisch-Westfälisches Institut für Wirtschaftsforschung e. V. (Hrsg.):
Depression – wie die Krankheit unsere Seele belastet. Report der Allianz Deutschland AG und
des Rheinisch-Westfälischen Institutes für Wirtschaftsforschung e. V. 2011. Online: https://
www.rwi-essen.de/media/content/pages/publikationen/sonstige/Allianz-Report-Depression.
pdf [abgerufen am 27.1.2018].
Destatis, Statistisches Bundesamt: Erwerbstätigenrechnung. 2016. Online: https://www.destatis.
de/DE/ZahlenFakten/GesamtwirtschaftUmwelt/Arbeitsmarkt/Erwerbstaetigkeit/Tabellen-
Erwerbstaetigenrechnung/InlaenderInlandskonzept.html [abgerufen am 30.1.2018].
Froböse, I./Wallmann-Sperlich, B.: Der DKV-Report „Wie gesund lebt Deutschland?" 2015.
2016. Online: https://www.dkv.com/downloads/20150126-DKV-Report-2015-Wie-gesund-
lebt-Deutschland.pdf [abgerufen am 24.1.2018].
GKV-Spitzenverband (Hrsg.): Präventionsbericht 2017. Leistungen der gesetzlichen Krankenversicherung: Primärprävention und Gesundheitsförderung, Berichtsjahr 2016. 2017. Online:
https://www.gkv-spitzenverband.de/media/dokumente/krankenversicherung_1/praeventi-
on__selbsthilfe__beratung/praevention/praeventionsbericht/2017_GKV_MDS_Praeventi-
onsbericht.pdf [abgerufen am 25.1.2018].
Hapke, U. u. a.: Chronischer Stress bei Erwachsenen in Deutschland. Ergebnisse der Studie
Gesundheit Erwachsener in Deutschland (DEGS1). In: Bundesgesundheitsblatt 56/2013,
S. 749–754.
Jahberg H./Sirleschtov, A.: Repräsentative Umfrage. Das sind die Essgewohnheiten der Deutschen. Online: https://www.tagesspiegel.de/weltspiegel/repraesentative-umfrage-das-sind-die-
essgewohnheiten-der-deutschen/20858548.html [abgerufen am 22.1.2018].
Rövekamp, M.: Weniger Fleisch, viel Obst. Die große Heuchelei bei der Ernährung. 2018. Online:
https://www.tagesspiegel.de/wirtschaft/weniger-fleisch-viel-obst-die-grosse-heuchelei-bei-
der-ernaehrung/20864570.html [abgerufen am 26.1.2018].
Schlack, R. u. a.: Häufigkeit und Verteilung von Schlafproblemen und Insomnie in der deutschen
Erwachsenenbevölkerung. Ergebnisse der Studie zur Gesundheit Erwachsener In Deutschland
(DEGS1). In: Bundesgesundheitsblatt 56/2013, S. 740–748.
Techniker Krankenkasse (Hrsg.): Entspann dich, Deutschland. TK-Stressstudie 2016. 2016.
Online: https://www.tk.de/resource/blob/2026630/9154e4c71766c410dc859916aa798217/tk-
stressstudie-2016-data.pdf [abgerufen am 15.1.2018].

Arbeit und Kognition im Kontext des Alterns

Michael Falkenstein/Claudia Kardys

Abstract: Die moderne Arbeitswelt fordert von den Beschäftigten ein hohes Maß an Kompetenzen wie Flexibilität und Lernfähigkeit. Hierfür sind bestimmte mentale (kognitive) Fähigkeiten notwendig, die unter dem Begriff „fluide Intelligenz" subsumiert werden. Besonders relevant sind dabei die sog. exekutiven Funktionen. Im Kontext eines ganzheitlichen Betrieblichen Gesundheitsmanagements sollte sowohl an arbeitsbezogenen als auch an persönlichen Faktoren angesetzt werden, um die fluide Intelligenz und damit die Leistungsfähigkeit einer alternden Belegschaft zu fördern.

1 Einleitung

1 Moderne Arbeit im Kontext von Industrie 4.0 oder Arbeit 4.0 ist durch eine flächendeckende Digitalisierung und Automatisierung charakterisiert. Diese bringt eine weitgehende körperliche Entlastung der Beschäftigten sowie eine Reduktion mentaler Routinetätigkeiten mit sich. Infolge der steigenden Komplexität und der raschen Innovationen führt sie jedoch letztendlich zu einer geistigen Mehrbelastung. Beschäftigte müssen deutlich häufiger als früher geschult und umgeschult werden, um mit den neuen komplexen Tätigkeiten umgehen zu können. Vor diesem Hintergrund rücken Kompetenzen wie Offenheit für Neues und Flexibilität verstärkt in den Fokus, wohingegen starre Anforderungs- und Leistungsprofile eine eher untergeordnete Rolle spielen. Darüber hinaus ist die heutige Berufswelt zunehmend durch Stressoren wie Arbeitsverdichtung, Zeitdruck, Verkürzung von Taktzeiten, Aufgabenwechsel bzw. zeitgleiche Arbeit an mehreren Arbeitsplätzen, häufige Unterbrechungen sowie Umstrukturierungen gekennzeichnet.[1]

2 Sowohl die Arbeitsstruktur mit ihren hohen mentalen Anforderungen als auch die psychisch belastenden Rahmenbedingungen, die Stress induzieren, erfordern bestimmte mentale (kognitive) Fähigkeiten, die unter dem Begriff fluide Intelligenz subsumiert werden. Fluide Intelligenz beinhaltet verschiedene Einzelfunktionen, z. B. die Speicherung und Transformation von aktueller Information (das sog. Arbeitsgedächtnis), den flexiblen Wechsel zwischen Teilaufgaben, die Unterdrückung von Ablenkreizen, die Suche von Information in einem visuellen Umfeld, die zeitlich exakte Vorbereitung, die Erkennung und Revision eigener Fehlhandlungen sowie die Verarbeitung von Rückmeldereizen und darauf basierend die Planung und Adaption von Handlungen und Zielen. Fluide Intelligenz gehört zu den sog. Schlüsselqualifikationen, die für einen flexiblen Einsatz von Wissen und den Umgang mit neuen Situationen nötig sind. Sie stellt zusammen mit Motivation und Persönlichkeitsausprägungen die Basis aller Kompetenzen und Fertigkeiten dar, die für verschiedene Arbeitstätigkeiten notwendig sind. Eine hohe fluide Intelligenz ist mit hoher selbst- und fremdbewerteter Arbeitsleistung assoziiert.[2]

---

1 Lohmann-Haislah: Stressreport Deutschland 2012. Psychische Anforderungen, Ressourcen und Befinden. 2013.
2 Higgins u. a.: Prefrontal cognitive ability, intelligence, Big Five personality, and the prediction of advanced academic and workplace performance. In: Journal of Personal and Social Psychology 93/2007, S. 298–319.

Bestimmte Teilfunktionen der fluiden Intelligenz, die sog. exekutiven Funktionen, sind von besonderer Bedeutung. Exekutive Funktionen steuern untergeordnete Funktionen wie Aufmerksamkeit und Kurzzeitgedächtnis und stehen daher in der Hierarchie der fluiden Intelligenz an oberster Stelle. Sie ermöglichen die Bewältigung neuer, unerwarteter oder komplexer Situationen bzw. Aufgaben. Ein hohe Ausprägung der exekutiven Funktionen Arbeitsgedächtnis und Inhibition geht mit höheren Werten der selbstbeurteilten Arbeitsfähigkeit (WAI) einher.[3] Exekutive Funktionen sind zudem bedeutsam, um einen adäquaten Umgang mit Stressoren in der Arbeitswelt zu ermöglichen. Defizite in exekutiven Funktionen können z. B. das Auftreten von Burnout-Symptomen in Folge von emotionaler Dissonanz verstärken.[4] Ist der Status der fluiden Intelligenz und insbesondere der exekutiven Funktionen niedrig, kann die berufliche Tätigkeit Überforderung, Stress und letztlich psychische Störungen begünstigen. In der Konsequenz führen die mentalen Anforderungen der modernen Arbeitswelt bei unzureichender Ausprägung der fluiden Intelligenz – im Speziellen der exekutiven Funktionen – zu psychischer Überbeanspruchung und Erkrankung.

3

2 Einflussfaktoren auf die fluide Intelligenz

Die fluide Intelligenz ist zum Teil genetisch bedingt.[5] Darüber hinaus wird sie durch Umwelt- und Arbeitsbedingungen sowie den Lebensstil beeinflusst. Vor allem nimmt die fluide Intelligenz jedoch mit zunehmendem Alter ab.[6] Diese Abnahme tritt nicht erst im hohen Lebensalter auf, sondern kann sich bereits im mittleren Lebensalter abzeichnen.[7] Demnach muss bei älteren Beschäftigten mit einer Beeinträchtigung der fluiden Intelligenz gerechnet werden. Das Nachlassen der fluiden Intelligenz Älterer zeigt sich im Labor unter Zeitdruckbedingungen in Form einer deutlich erhöhten Fehlerrate bei zugleich alterstypisch leicht bis deutlich verlängerter Reaktionszeit.[8] Im Alltag und bei der Arbeit finden Leistungseinbußen Älterer meist nur in bestimmten Situationen Ausdruck, v. a. auch hier bei hohem Zeitdruck, Mehrfachtätigkeit und unklaren bzw. überraschenden

4

---

3 Ihle u. a.: The Association of Leisure Activities in Middle Adulthood with Cognitive Performance in Old Age: The Moderating Role of Educational Level. In: Gerontology 1/2015, S. 543–550.

4 Diestel/Schmidt: The moderating role of cognitive control deficits in the link from emotional dissonance to burnout symptoms and absenteeism. In: Journal of Occupational Health Psychology 16/2011, S. 313–330.

5 Gajewski u. a.: The Met-genotype of the BDNF Val66Met polymorphism is associated with reduced Stroop interference in elderly. In: Neuropsychologia 50/2012, S. 3554–3563.

6 Hedden/Gabrieli: Insights into the ageing mind: a view from cognitive neuroscience. In: Nature Reviews Neuroscience 5/2004, S. 87–96.

7 Wild-Wall u. a.: Kognitive Leistungsfähigkeit älterer Arbeitnehmer. In: Zeitschrift für Gerontologie und Geriatrie 42/2009, S. 299–304.

8 Gajewski u. a.: Effects of Aging and Job Demands on cognitive flexibility assessed by task switching. In: Biological Psychology 85/2010, S. 187–199.

Situationen. Gerade diese Alltags- und Arbeitsumstände werden im Zuge der Digitalisierung zunehmen.

5 Die altersbegleitende Abnahme der fluiden Intelligenz verläuft interindividuell extrem unterschiedlich. Dies liegt daran, dass nicht nur die fluide Intelligenz per se, sondern auch ihr altersbegleitendes Nachlassen dem Einfluss verschiedener Faktoren unterliegt. Diese sind einerseits umweltbedingt, bspw. durch die Länge der Ausbildung und die Art der Arbeit, andererseits lebensstilbedingt, etwa durch körperliche und geistige Aktivität.[9] Die Art der Arbeit ist aufgrund der langen Einwirkungszeit der gewichtigste umweltbedingte Einflussfaktor. Bereits Hacker und Richter (1980)[10] weisen darauf hin, dass einseitige und geistig anspruchslose Arbeit ohne Handlungsspielräume zu einem körperlichen und geistigen Voraltern führen kann. Hingegen führt kognitiv anspruchsvolle Arbeit zu einer Zunahme der fluiden Intelligenz der Beschäftigten.[11] Dieser Einfluss komplexer Arbeit ist unabhängig von der Anzahl der Ausbildungsjahre[12] und stärker für Beschäftigte mit geringeren kognitiven Ausgangswerten.[13] Einen elementaren arbeitsbezogenen Faktor stellt die Vielfalt der beruflichen Tätigkeit dar. Im Rahmen des PFIFF-Projekts konnte gezeigt werden, dass ältere Beschäftigte mit langjähriger vielfältiger Arbeit in einer anspruchsvollen Testaufgabe nahezu die gleiche Leistung zeigten wie jüngere Beschäftigte, während Beschäftigte mit langjähriger repetitiver Arbeit hier deutliche Defizite gegenüber ihren gleichaltrigen flexibel beschäftigten Kollegen aufwiesen.[14] Auch eine hohe horizontale berufliche Mobilität fördert die fluide Intelligenz[15], da sie mit neuen Lernanforderungen verknüpft ist, wodurch verschiedene Aspekte fluider Intelligenz gefordert und trainiert werden.

6 Zudem beeinträchtigen lange Arbeitszeiten[16] sowie Schichtarbeit und insbesondere Nachtarbeit[17] die fluide Intelligenz.

---

9   Gajewski/Falkenstein: Lifestyle and interventions for improving cognitive performance in older adults. In: M. Raab u. a. (Eds.): Performance Psychology: Perception, Action, Cognition, and Emotion. 2015.

10 Hacker/Richter: Psychische Fehlbeanspruchung: Psychische Ermüdung, Monotonie, Sättigung und Stress 1980.

11 Marquié u. a.: Higher mental stimulation at work is associated with improved cognitive functioning in both young and older workers. In: Ergonomics, 53. 2010, S. 1287–301.

12 Smart u. a.: Occupational complexity and lifetime cognitive abilities. In: Neurology 83/2014, S. 2285–2291.

13 Potter u. a.: Associations of job demands and intelligence with cognitive performance among men in late life. In: Neurology 70/2008, S. 1803–1808.

14 Gajewski u. a.: Effects of Aging and Job Demands on cognitive flexibility assessed by task switching. In: Biological Psychology 85/2010, S. 187–199; Freude u. a.: Geistig fit im Beruf! Wege für ältere Arbeitnehmer zur Stärkung der grauen Zellen. 2008.

15 Oltmanns: Don't Lose Your Brain at Work – The Role of Recurrent Novelty at Work in Cognitive and Brain Aging. In: Frontiers in Psychology 8/2017, S. 117.

16 Virtanen u. a.: Long working hours and cognitive function: the Whitehall II Study. In: American Journal of Epidemiology 169/2009, S. 596–605.

17 Rouch u. a.: Shiftwork experience, age and cognitive performance. In: Ergonomics 48/2005, S. 1282–1293; Ansiau u. a.: Effects of working conditions and sleep of the previous day on cognitive performance. In: Applied Ergonomics 39/2008, S. 99–106.

Ferner gilt chronischer Stress als weiterer fundamentaler Einflussfaktor auf die fluide Intelligenz. Stress ist die individuelle Reaktion auf eine schwierige oder unangenehme Situation (Stressor). Stressoren im Arbeitskontext nehmen gerade bei modernen Arbeitsbedingungen kontinuierlich zu. Chronischer Stress begünstigt nicht nur körperliche Erkrankungen und Depressionen, sondern mindert auch eine Vielzahl fluider Funktionen.[18] Eine aktuelle Studie zu Beschäftigten mit chronischem Stress, die bereits Symptome einer emotionalen Erschöpfung zeigen, belegt eine Beeinträchtigung diverser Aspekte der fluiden Intelligenz, wie eine Verminderung von Vorbereitungsprozessen, des Arbeitsgedächtnisses und der Wahrnehmung von negativem Feedback.[19]

Neben den genannten Umweltfaktoren wie Arbeit und Stress besitzt der individuelle Lebensstil einen erheblichen Einfluss auf die fluide Intelligenz. Die wesentlichen Lebensstilfaktoren sind ein geeigneter Umgang mit Stressoren sowie kontinuierliche körperliche und mentale Aktivität.[20] Körperliche Aktivität verbessert neben der körperlichen Fitness auch die fluide Intelligenz. Langjährig körperlich aktive Männer demonstrieren bei Testaufgaben zur fluiden Intelligenz bessere Leistungen als inaktive Männer.[21] Körperliches Ausdauertraining führt zu einer Verbesserung der fluiden Intelligenz und hier vor allem der exekutiven Funktionen.[22] Eine aktuelle Übersicht zur Wirkung von körperlicher Aktivität auf körperliche und mentale Fitness findet sich bei Gajewski und Falkenstein (2016).[23] Auch kontinuierlich durchgeführte, mental anspruchsvolle Freizeitaktivitäten wie Musizieren, Tanzen und komplexe Spiele erhalten und verbessern die fluide Intelligenz und verlangsamen ihr Nachlassen mit zunehmendem Alter.[24]

7

---

18 Lupien u. a.: Effects of stress throughout the lifespan on the brain, behaviour and cognition. In: Nature Reviews Neuroscience 10/2009, S. 434–445.

19 Gajewski u. a.: Executive control, ERP and pro-inflammatory activity in emotionally exhausted middle-aged employees. Comparison between subclinical burnout and mild to moderate depression. In: Psychoneuroendocrinology 86/2017, S. 176–186; Gajewski u. a.: Cognitive Training Sustainably Improves Executive Functioning in Middle-Aged Industry Workers Assessed by Task Switching: A Randomized Controlled ERP Study. In: Frontiers in Human Neurosciences 11/2017, S. 81.

20 Gajewski/Falkenstein: Lifestyle and interventions for improving cognitive performance in older adults. In: M. Raab u. a. (Hrsg.): Performance Psychology: Perception, Action, Cognition, and Emotion. 2015; Freude u. a.: Geistig fit im Beruf! Wege für ältere Arbeitnehmer zur Stärkung der grauen Zellen. 2008.

21 Gajewski/Falkenstein: Lifelong physical activity and executive functions in older age assessed by memory based task switching. In: Neuropsychologia 73/2015, S. 195–207.

22 Colcombe/Kramer: Fitness effects on the cognitive function of older adults: A meta-analytic study. In: Psychological Science 14/2003, S. 125–130.

23 Gajewski/Falkenstein: Physical activity and cognitive functioning in aging – a condensed updated review. In: European Review of Aging and Physical Activity 13/2016, S. 1–7.

24 Park u. a.: The impact of sustained engagement on cognitive function in older adults: the Synapse Project. In: Psychological Science 25/2014, S. 103–112.

3 Maßnahmen zur Förderung der fluiden Intelligenz bei Beschäftigten

8 Wie dargelegt, ist der Status der fluiden Intelligenz und ihre Abnahme mit zunehmendem Alter weitgehend durch Faktoren determiniert, die prinzipiell modifizierbar sind. Aus diesen lassen sich Maßnahmen eines umfassenden betrieblichen Gesundheitsmanagements zum Erhalt und zur Förderung der fluiden Intelligenz alternder Belegschaften ableiten. Diese Maßnahmen zielen zum einen auf die Gestaltung der Arbeit (Verhältnisprävention) ab. Zum anderen streben sie eine Veränderung des Lebensstils durch verschiedene Trainingsprogramme (Verhaltensprävention) an.

3.1 Verhältnisprävention

9 Ungünstige Arbeitsbedingungen wie monotone Arbeit, fehlende Handlungsspielräume, Stressoren, Schichtarbeit und fehlerhaftes Führungsverhalten beeinträchtigen die fluide Intelligenz und beschleunigen ihre Abnahme mit zunehmendem Alter. Hacker und Richter (1980)[25] geben wichtige Empfehlungen für gute Arbeit und ganzheitliche Arbeit, etwa Teilaufgaben mit verschiedenen Anforderungen an Bewegung und Denken sowie Lernforderungen der Arbeitsprozesse. Variable Arbeit kann z. B. durch den Wechsel zwischen Tätigkeiten (Rotation) erreicht werden[26], wobei hinreichend unterschiedliche Rotations-Stationen wichtig sind.

10 Viele Stressoren im modernen Berufsalltag wie Zeitdruck und das Bearbeiten mehrerer Aufgabengebiete sind nie gänzlich vermeidbar und werden im Zuge zukünftiger Arbeitsbedingungen tendenziell steigen. Veränderbar sind hingegen Stressoren, die aus der sozialen Interaktion mit Führungskräften resultieren. Insbesondere Führungskräfte der unteren und mittleren Ebene, die im direkten Kontakt mit den Beschäftigten stehen, üben einen starken Einfluss auf deren psychische und mentale Gesundheit aus. Hier ist eine Schulung von Führungskräften aller Ebenen angezeigt. Inhalte solcher Fortbildungen sollten neben psychologischen Grundprinzipien auch Informationen über funktionelle Altersveränderungen und die Führung altersgemischter Teams sein. Da Schichtarbeit die fluide Intelligenz mindert, sollte diese vor allem für Ältere reduziert werden. Für die Gestaltung haben sich zudem Schichtpläne mit schneller Vorwärtsrotation als günstig erwiesen.[27]

---

25 Hacker/Richter: Psychische Fehlbeanspruchung: Psychische Ermüdung, Monotonie, Sättigung und Stress. 1980.
26 Weichel u. a.: Job rotation in the automotive industry: Implications for old and impaired assembly line workers. In: Occupational Ergonomics 9/2010, S. 67–74.
27 Knauth u. a.: Development and Evaluation of Working-Time Models for the Ageing Workforce: Lessons Learned from the KRONOS Research Project. In: Schlick u. a. (Hrsg.): Age-Differentiated Work Systems. 2013, S. 45–63.

Auch die ergonomische Arbeitsgestaltung sollte die Problembereiche Älterer berücksichtigen. Ein Übermaß an Ablenkreizen oder eine visuell überfüllte Arbeitsumgebung können die ohnehin abgeschwächten fluiden oder exekutiven Funktionen älterer Beschäftigter überlasten und zu Stress führen. Einige Empfehlungen zur altersfreundlichen Arbeitsplatzgestaltung finden sich bei Falkenstein (2013).[28]

11

3.2 Verhaltensprävention

Verhaltensprävention setzt am Individuum und seiner Kompetenz sowie Gesundheit an. Insofern betrifft es zugleich die Bereiche des betrieblichen Gesundheitsmanagements (BGM) und Human Resource Managements (HRM) mit der Schnittstelle des Kompetenzmanagements. Ansatzpunkte sind hier ein umfangreiches Stressmanagement sowie Interventionen im Bereich der körperlichen und kognitiven Aktivität.

12

3.2.1 Stressmanagement und Achtsamkeitstraining

Die Vermeidung von Stressoren im Arbeitsumfeld gelingt nicht immer mit Hilfe von verhältnispräventiven Maßnahmen. Der Zeitdruck nimmt eher zu. Schulungen erreichen oftmals diejenigen Führungskräfte, welche ohnehin bereits gut und gesund führen. Daher wird dem Erlernen von Bewältigungsmechanismen sowie adäquaten Umgang mit Stressoren eine wichtige Rolle zugeschrieben. Dies findet im Idealfall in Stressmanagement-Kursgruppen statt, die von einem professionellen Trainer geleitet werden. Ein sinnvolles Stressmanagement-Training besteht aus mindestens acht wöchentlichen Gruppensitzungen mit einer Gruppengröße von ca. acht Personen. Das Trainingsprogramm sollte nicht nur Entspannungstechniken vermitteln, sondern stressauslösende Gedanken hinterfragen sowie zu einem besseren Umgang mit konkreten Stressoren verhelfen. Im Rahmen des PFIFF-Projekts wurde ein derartiges multimodales Stressmanagement-Training von zwei professionellen Trainern durchgeführt.[29] Die Intervention wurde von allen teilnehmenden Beschäftigten sehr gut angenommen. Nach dem Training zeigte sich bei ihnen eine deutliche Verbesserung der Bewertung der Arbeitssituation sowie der subjektiven Stressverarbeitung. Auf der Körperebene stellte sich eine Verringerung des Stresshormons Cortisol im Speichel dar. Ein fundiertes multimodales Stressmanagement-Training bedarf einer zusätzlichen Komponente: Achtsamkeitstraining weist eine bedeutsame positive Wirkung auf

13

---

28 Falkenstein: Menschengerechtes Arbeiten für ältere Beschäftigte. In: Zeitschrift für betriebliche Prävention und Unfallversicherung 4/2013, S. 210–215.
29 Bundesanstalt für Arbeitsschutz und Arbeitsmedizin (Hrsg.): Länger geistig fit im Beruf! Abschlussbericht PFIFF 2: Umsetzung des Programms PFIFF – Training zur Förderung von Gesundheit und geistiger Leistungsfähigkeit bei älteren Arbeitnehmern Nr. 43. 2012.

verschiedene Aspekte der fluiden Intelligenz auf und kann ihren altersbegleitenden Abfall vermindern.[30]

3.2.2 Körperliche Aktivität

14   Interventionen zur körperlichen Aktivität gelten als ein unabdingbarer Baustein für betriebliche Maßnahmen zur Förderung der körperlichen und mentalen Fitness bei Beschäftigten. Von hoher Relevanz ist das Erreichen der bislang sportlich Inaktiven, die nachweisbar seltener an solchen Programmen teilnehmen. Die Motivation inaktiver und bewegungsentwöhnter Beschäftigter lässt sich durch eine Kombination von Maßnahmen verbessern. Zum einen sollte die Belegschaft im Rahmen von Aufklärungskampagnen darüber informiert werden, dass körperliche Betätigung nicht nur körperlich, sondern auch geistig fit hält. In diesem Zusammenhang ist die Begrifflichkeit Sport zu meiden, die oft Assoziationen an als aversiv erlebten Schulsport weckt. Zweitens sollte den Beschäftigten die Art der körperlichen Aktivitäten ins freie Ermessen gestellt werden, denn nur selbstgewählte Bewegungsformen werden nachhaltig weitergeführt. Regelmäßige und moderate Aktivitäten sind dabei das Ziel. Drittens sollten betriebliche und außerbetriebliche Anreizsysteme etabliert werden. Nach einer Anschubphase können bspw. finanzielle oder Freizeitanreize allmählich reduziert werden, da körperliche Aktivität nach einiger Zeit selbstmotivierend wirkt. Als externe Akteure sind Krankenkassen u. a. durch Prämienausschüttung unterstützend zu beteiligen. Anhand von Testung der fluiden Intelligenz vor und nach einer hinreichend langen Aktivitätsphase kann die positive Veränderung gemessen werden. Dies ist erfahrungsgemäß ein beachtlicher Anreiz für die Aufnahme und kontinuierliche Fortführung der körperlichen Betätigung.

3.2.3 Kognitive Aktivität

15   Die fluide Intelligenz lässt sich durch mental anspruchsvolle Arbeit und Freizeitaktivitäten fördern. In der Realität herrschen vermehrt wenig herausfordernde und abwechslungsreiche Arbeitsaufgaben vor. Auch Freizeitaktivitäten werden ebenfalls innerhalb kürzester Zeit zur Routine. Zudem benötigen kognitiv anspruchsvolle Freizeitaktivitäten wie das Musizieren ein hohes Maß an Motivation. Daher bietet sich als weiterer Ansatz das direkte Training fluider kognitiver Funktionen durch papier- und PC-gestützte Übungen an. Kognitives Training hat einige Vorteile gegenüber herausfordernden Alltagstätigkeiten: Kürze, Vielfalt, einfacher Einstieg und Anpassung an die aktuellen Fähigkeiten des Trainierenden (Adaptivität) sowie permanente Leistungsrückmeldung. Bei der Auswahl der Übungen muss neben den formalen Merkmalen auf einen spielerischen Charakter der Übungen geachtet werden. Das Training sollte zunächst durch einen Trainer

---

30   Gard u. a.: The potential effects of meditation on age-related cognitive decline: A systematic review. Annals of the New York Academy of Sciences 1307/2014, S. 89–103.

angeleitet werden, der die Trainees persönlich fördert und fordert sowie zu individuellen Strategien anregt. Im weiteren Verlauf erfolgt das Training auf selbstständiger Basis. Kognitives Training kann entweder breit zur allgemeinen Förderung der fluiden Intelligenz oder gezielt zur Verbesserung einzelner unzureichend ausgeprägter kognitiver Funktionen eingesetzt werden. Jede Zielfunktion gilt es, mit verschiedenen Übungsaufgaben zu trainieren. Ein professionell durchgeführtes kognitives Interventionsprogramm verbessert nicht nur die Leistung im Training selbst, sondern auch die damit implizit trainierten fluiden Funktionen.[31]

Unter Berücksichtigung der genannten Prinzipien konnten mit einem 3-monatigen kognitiven Training einige Aspekte der fluiden Intelligenz von Senioren gesteigert werden, was sich auch in der Intensivierung der zugeordneten Hirnprozesse herausstellte.[32] Darauf aufbauend zeigten ältere Beschäftigte (40+) mit langjähriger monotoner Arbeit im Rahmen des PFIFF-Projekts 2 eine beträchtliche Steigerung ihrer fluiden Intelligenz durch ein kognitives Training.[33] Im Anschluss an das Programm zeigte sich in der elektrischen Hirnaktivität eine Verbesserung der fluiden Funktionen Entscheidungsfähigkeit und Fehlerdetektion, welche sich im Verhalten in einer drastischen Senkung der Fehlerrate widerspiegelte. Diese Verbesserungen waren auch drei Monate nach dem Training zu sehen. Auf der subjektiven Ebene charakterisierte sich bei den Teilnehmern eine Zunahme der Selbstwirksamkeit heraus. Anhand des aktuellen Forschungsstands geht sie mit einer Intensivierung der Fehlerdetektion einher[34], wie sie auch nach dem PFIFF-Training beobachtet werden konnte.

3.2.4 Kombination von Trainingsmaßnahmen

Kognitives Training lässt sich – wie im Rahmen des PFIFF Projekts 2 – mit einem Stressmanagement-Training kombinieren. Die Teilgruppe der Teilnehmer erhielt zusätzlich zum kognitiven Training acht Gruppensitzungen eines multimodalen Stressmanagement-Trainings (bei gleicher Gesamtstundenzahl). Nach dem Training zeigte sich neben den genannten positiven Veränderungen der fluiden Intelligenz eine Verbesserung der subjektiven und objektiven Stressverarbeitung,

16

17

---

31 Lampit u. a.: Computerized cognitive training in cognitively healthy older adults: a systematic review and meta-analysis of effect modifiers. In: PLoS Medicine, 11/2014, e1001756; Ballesteros u. a.: Maintaining older brain functionality: A targeted review. In: Neuroscience and Biobehavioral Reviews 55/2015, S. 453–477.

32 Gajewski u. a.: Dortmunder Altersstudie: Studie zur Förderung der Hirnleistungsfähigkeit bei Älteren Forschungsbericht VV04. 2010.

33 Bundesanstalt für Arbeitsschutz und Arbeitsmedizin (Hrsg.): Länger geistig fit im Beruf! Abschlussbericht PFIFF 2: Umsetzung des Programms PFIFF – Training zur Förderung von Gesundheit und geistiger Leistungsfähigkeit bei älteren Arbeitnehmern Nr. 43. 2012; Gajewski u. a.: Cognitive Training Sustainably Improves Executive Functioning in Middle-Aged Industry Workers Assessed by Task Switching: A Randomized Controlled ERP Study. In: Frontiers in Human Neurosciences 11/2017, S. 81.

34 Themanson u. a.: Self-efficacy effects on neuroelectric and behavioral indices of action monitoring in older adults. In: Neurobiology of Aging 29/2008, S. 1111–1122.

wobei letztere durch die Messung des Stresshormons Cortisol erfolgte.[35] Die Verbesserungen der fluiden Intelligenz waren trotz der reduzierten Sitzungszahl nicht geringer als in den Gruppen, die lediglich kognitives Training erhielten. Zudem war die Akzeptanz des kombinierten Trainings höher als die des reinen kognitiven Trainings.

18 Auch eine Kombination von körperlichem und kognitivem Training ist ratsam. Neuere Forschungsarbeiten deuten darauf hin, dass eine solche Kombination stärkere Verbesserungen fluider Funktionen bei Älteren mit sich bringt als jegliches Training allein.[36] In einer aktuellen Studie[37] in einem mittelständischen Produktionsbetrieb konnte bei ca. 100 Beschäftigten altersunabhängig ermittelt werden, dass Steigerungen der geistigen und körperlichen Fitness für diejenige Trainingsgruppe am größten waren, die ein kombiniertes Programm aus körperlichem Training an Fitnessgeräten und kognitivem Training durchlief. Die kognitiven Elemente wurden dabei direkt mit der körperlichen Bewegung verwoben, indem die Reaktion auf eine kognitive Aufgabe durch körperlich beanspruchende Bewegungen ausgeführt wurde (sog. „Exergaming"). Eine wichtige Rolle für den Trainingserfolg spielte dabei die adaptive Anpassung sowohl der physischen als auch kognitiven Übungen an das jeweilige Leistungsniveau der Trainierenden.

4   Fazit

19 Fluide Intelligenz ist für die Arbeit 4.0 eine essenzielle Ressource. Sie wird durch viele Faktoren beeinflusst, wie z. B. Arbeitsbedingungen, Stress und den Alterungsprozess. Hieraus lassen sich BGM-Maßnahmen ableiten, die zum einen an den Arbeitsbedingungen (Verhältnisprävention), zum anderen am individuellen Lebensstil ansetzen (Verhaltensprävention). Verhältnisprävention schafft variable, geistig möglichst anspruchsvolle Arbeit und reduziert Stressoren. Innovative Maßnahmen der Verhaltensprävention sind neben körperlichem und Stressmanagement-Training auch das direkte Training kognitiver Funktionen. Kognitives Training sollte idealerweise in Kombination mit Stressmanagement- und Achtsamkeits-Trainings sowie mit körperlichem Training durchgeführt werden. Ein solches multimodales Trainingsprogramm ist zugleich Bestandteil des betrieblichen Gesundheitsmanagements mit dem Ziel der Erhaltung und Förderung der mentalen Fitness als auch der Personalentwicklung mit dem Ziel der Verbesserung unzureichend entwickelter Kompetenzbereiche.

---

35 Bundesanstalt für Arbeitsschutz und Arbeitsmedizin (Hrsg.): Länger geistig fit im Beruf! Abschlussbericht PFIFF 2: Umsetzung des Programms PFIFF – Training zur Förderung von Gesundheit und geistiger Leistungsfähigkeit bei älteren Arbeitnehmern, Nr. 43. 2012.

36 Theill u. a.: Effects of simultaneously performed cognitive and physical training in older adults. In: BMC Neurosciences 14/2013, S. 103.

37 Kardys: Effekte von körperlichem und mentalem Training auf die kognitive und motorische Leistungsfähigkeit bei Beschäftigten. Längsschnittstudie im Feld. 2017.

Literatur

Ansiau, D. u. a: Effects of working conditions and sleep of the previous day on cognitive performance. In: Applied Ergonomics 39/2008, S. 99–106.

Ballesteros, S. u. a.: Maintaining older brain functionality: A targeted review. In: Neuroscience and Biobehavioral Reviews 55/2015, S. 453–477.

Bundesanstalt für Arbeitsschutz und Arbeitsmedizin/BAuA (Hrsg.): Länger geistig fit im Beruf! Abschlussbericht PFIFF 2: Umsetzung des Programms PFIFF – Training zur Förderung von Gesundheit und geistiger Leistungsfähigkeit bei älteren Arbeitnehmern. (Initiative Neue Qualität der Arbeit, INQA-Bericht, Nr. 43). Berlin/Dortmund/Dresden, BAuA. 2012.

Colcombe, S./Kramer, A. F.: Fitness effects on the cognitive function of older adults: A meta-analytic study. In: Psychological Science 14/2003, S. 125–130.

Diestel, S./Schmidt, K. H.: The moderating role of cognitive control deficits in the link from emotional dissonance to burnout symptoms and absenteeism. In: Journal of Occupational Health Psychology 16/2011, S. 313–330.

Falkenstein, M.: Menschengerechtes Arbeiten für ältere Beschäftigte. In: Zeitschrift für betriebliche Prävention und Unfallversicherung 4/2013, S. 210–215.

Freude, G. u. a.: Geistig fit im Beruf! Wege für ältere Arbeitnehmer zur Stärkung der grauen Zellen. INQA, Initiative Neue Qualität der Arbeit. Dortmund 2008.

Gajewski, P. u. a.: Executive control, ERP and pro-inflammatory activity in emotionally exhausted middle-aged employees. Comparison between subclinical burnout and mild to moderate depression. In: Psychoneuroendocrinology 86/2017, S. 176–186.

Gajewski, P./Freude, G./Falkenstein, M.: Cognitive Training Sustainably Improves Executive Functioning in Middle-Aged Industry Workers Assessed by Task Switching: A Randomized Controlled ERP Study. In: Frontiers in Human Neurosciences 11/2017, S. 81.

Gajewski, P./Falkenstein, M.: Lifestyle and interventions for improving cognitive performance in older adults. In: Raab, M. u. a. (Hrsg.): Performance Psychology: Perception, Action, Cognition, and Emotion. Oxford 2015.

Gajewski, P./Falkenstein, M.: Lifelong physical activity and executive functions in older age assessed by memory based task switching. In: Neuropsychologia 73/2015, S. 195–207.

Gajewski, P./Falkenstein, M.: Physical activity and cognitive functioning in aging – a condensed updated review. In: European Review of Aging and Physical Activity 13/2016, S. 1–7.

Gajewski, P. u. a.: Effects of Aging and Job Demands on cognitive flexibility assessed by task switching. In: Biological Psychology 85/2010, S. 187–199.

Gajewski, P.: Dortmunder Altersstudie: Studie zur Förderung der Hirnleistungsfähigkeit bei Älteren (Forschungsbericht, VV04). Gesamtverband der deutschen Versicherungswirtschaft (GDV). Berlin 2010.

Gajewski, P. u. a.: The Met-genotype of the BDNF Val66Met polymorphism is associated with reduced Stroop interference in elderly. In: Neuropsychologia 50/2012, S. 3554–3563.

Gard, T./Hölzel, B. K./Lazar, S. W.: The potential effects of meditation on age-related cognitive decline: A systematic review. In: Annals of the New York Academy of Sciences 1307/2014, S. 89–103.

Hacker, W./Richter, P.: Psychische Fehlbeanspruchung: Psychische Ermüdung, Monotonie, Sättigung und Stress. Berlin 1980.

Hedden, T./Gabrieli, J. D.: Insights into the ageing mind: a view from cognitive neuroscience. In: Nature Reviews Neuroscience 5/2004, S. 87–96.

Higgins, D. M.: Prefrontal cognitive ability, intelligence, Big Five personality, and the prediction of advanced academic and workplace performance. In: Journal of Personal and Social Psychology 93/2007, S. 298–319.

Ihle, A. u. a.: The Association of Leisure Activities in Middle Adulthood with Cognitive Performance in Old Age: The Moderating Role of Educational Level. In: Gerontology 1/2015, S. 543–550.

Kardys, C.: Effekte von körperlichem und mentalem Training auf die kognitive und motorische Leistungsfähigkeit bei Beschäftigten. Längsschnittstudie im Feld. Dissertation. Fakultät Erziehungswissenschaften, Psychologie und Soziologie der Technischen Universität. Dortmund 2017.

Knauth, P./Karl, D./Gimpel, K.: Development and Evaluation of Working-Time Models for the Ageing Workforce: Lessons Learned from the KRONOS Research Project. In Schlick, C.M. u. a. (Hrsg.): Age-Differentiated Work Systems. Berlin 2013, S. 45–63.

Lampit, A./Hallock, H./Valenzuela, M.: Computerized cognitive training in cognitively healthy older adults: a systematic review and meta-analysis of effect modifiers. In: PLoS Medicine 11/2014, e1001756.

Lohmann-Haislah, A.: Psychische Anforderungen, Ressourcen und Befinden. In: Bundesanstalt für Arbeitsschutz und Arbeitsmedizin (Hrsg.): Stressreport Deutschland 2012. Berlin/Dortmund/Dresden 2013.

Lupien, S. J. u. a.: Effects of stress throughout the lifespan on the brain, behaviour and cognition. In: Nature Reviews Neuroscience 10/2009, S. 434–445.

Marquié, J. C. u. a.: Higher mental stimulation at work is associated with improved cognitive functioning in both young and older workers. In: Ergonomics 53/2010, S. 1287–1301.

Park, D. C. u. a.: The impact of sustained engagement on cognitive function in older adults: the Synapse Project. In: Psychological Science 25/2014, S. 103–112.

Oltmanns, J. u. a: Don't Lose Your Brain at Work – The Role of Recurrent Novelty at Work in Cognitive and Brain Aging. In: Frontiers in Psychology 8/2017, S. 117.

Potter, G. G./Helms, M. J./Plassman, B. L.: Associations of job demands and intelligence with cognitive performance among men in late life. In: Neurology 70/2008, S. 1803–1808.

Rouch, I. u. a.: Shiftwork experience, age and cognitive performance. In: Ergonomics 48/2005, S. 1282–1293.

Smart, E. L./Gow, A. J./Deary, I. J.: Occupational complexity and lifetime cognitive abilities. In: Neurology 83/2014, S. 2285–2291.

Theill, N. u. a.: Effects of simultaneously performed cognitive and physical training in older adults. In: BMC Neurosciences 14/2013, S. 103.

Themanson, J. R. u. a.: Self-efficacy effects on neuroelectric and behavioral indices of action monitoring in older adults. In: Neurobiology of Aging 29/2008, S. 1111–1122.

Virtanen, M. u. a.: Long working hours and cognitive function: the Whitehall II Study. In: American Journal of Epidemiology 169/2009, S. 596–605.

Weichel, J. u. a.: Job rotation in the automotive industry: Implications for old and impaired assembly line workers. In: Occupational Ergonomics 9/2010, S. 67–74.

Wild-Wall, N./Gajewski, P./Falkenstein, M.: Kognitive Leistungsfähigkeit älterer Arbeitnehmer. In: Zeitschrift für Gerontologie und Geriatrie 42/2009, S. 299–304.

Stress- und Emotionsregulation in der Arbeitswelt: Wirksamkeit des Trainings Stark im Stress (SIS) im beruflichen Umfeld

Marcus Eckert/Torsten Tarnowski/Bernhard Sieland

Abstract: Belastungs- und Stresserleben nehmen im beruflichen Kontext zu. Eine Vielzahl von Studien konnte zeigen, dass andauernde stressbezogene und emotionale Belastungen die Leistungsfähigkeit, die Gesundheit und die Zufriedenheit von Mitarbeitern negativ beeinflussen. Maßnahmen zur Reduzierung von Stress fanden deswegen Eingang ins Betriebliche Gesundheitsmanagement (BGM). Es zeigten sich jedoch häufig Probleme mit der Nachhaltigkeit und dem Transfer in den Alltag. Zudem wird in den meisten Programmen der Umgang mit komplexen Interaktionsemotionen wenig berücksichtigt. Eine Möglichkeit zur Überwindung der Nachhaltigkeitsprobleme sind onlinebasierte Trainings. Inzwischen sind ihre Wirksamkeit sowie deren nachhaltige Wirkung gut belegt. Allerdings scheinen reine Online-Trainings nicht bei allen Zielgruppen auf gleichermaßen gute Akzeptanz zu stoßen. Vielen fehlt der direkte Kontakt zum Trainer.

Das Training Stark im Stress ist als blended-learning-Training so konzipiert, dass es flexibel onlinebasierte, App-basierte und Präsenzkomponenten kombiniert. So werden sowohl die Probleme mangelnder Nachhaltigkeit als auch akzeptanzbedingte Probleme überwunden. Es werden Strategien zur Belastungsreduzierung und Strategien zur Regulierung komplexer emotionaler Interaktionen systematisch vermittelt.

In diesem Beitrag wird das Training Stark im Stress vorgestellt und ausgewählte Strategien praxisnah beschrieben. Es werden drei Studien berichtet, die die Wirksamkeit der Online-Komponente im beruflichen Kontext belegen. Abschließend werden mögliche blended-Settings für die Betriebliche Gesundheitsförderung (BGF) aufgezeigt und Erfahrungen berichtet.

1 Grundlegendes zu Stress und Emotionen in der Arbeitswelt

1 Stress und Emotionen sind Wahrnehmungs- und Verhaltensprogramme, die in der Regel ohne Beteiligung des Bewusstseins funktionieren – obgleich sie meistens bewusstseinsfähig sind. Sie versetzen uns damit in die Lage, schnell und effizient auf Gefahren oder in Interaktionen zu reagieren. Stress und Emotionen legen uns erstens eine schnelle und automatische Einschätzung (Interpretation und Bewertung) der Situation nahe und sie stellen uns Handlungsimpulse zur Verfügung, die in einer potentiellen Gefahrensituation die (soziale) Überlebenswahrscheinlichkeit erhöht (z. B. Kampf oder Flucht). Zudem haben sowohl Stress als auch Emotionen eine subjektive Erlebenskomponente, die die ganze Person erfasst und zur Durchführung der Handlungsimpulse „drängen" (motivationale Funktion). Im Laufe der Evolution haben sich diese „Programme" als vorteilhaft erwiesen und sich entsprechend durchgesetzt. Auch in unserer modernen und technisierten Welt, geben diese schnellen Programme sichere Orientierung und leiten unsere sozialen Interaktionen meistens sehr effektiv im Autopiloten. Menschen, bei denen diese Programme sehr schwach ausgeprägt sind, erleben im zwischenmenschlichen Miteinander eine Reihe von Problemen und Einschränkungen (z. B. Menschen mit autistischen Störungsbildern).

2 Der Vorteil, den diese schnellen Programme mit sich bringen, hat einen hohen Preis. Beispielsweise konnte Kahneman[1] zeigen, dass Emotionen und Stress

---

1 Kahneman: Thinking, fast and slow. 2011.

schnelle Entscheidungsprozesse begünstigen (schnelles Denken) und die Analyse komplexer Situationen oft zu stark reduzieren, so dass wesentliche Aspekte nicht berücksichtigt werden. Es werden vor allem Aspekte einer Situation erfasst, die zu der aktivierten Emotion passen. Wer sich beispielsweise stark ärgert, achtet verstärkt auf Ärgerliches. Mehrdeutige Reize (z. B. Gesichtsausdrücke) werden in der Regel im Sinne der aktivierten Emotion interpretiert und bewertet. So kann z. B. im Sinne des „Ärger-Programms" ein müder Gesichtsausdruck des Gegenübers als Abweisung oder Desinteresse interpretiert werden. Die Möglichkeit, dass unser Gegenüber einen langen und anstrengenden Tag hatte, wird dann ausgeblendet. Diese Verzerrungen in der Wahrnehmung, Interpretation und Bewertung können zu Fehlentscheidungen und Interaktionsproblemen führen.

Während die Nachteile des schnellen Denkens vielfach in Interaktions- und 3
Befindlichkeitsproblemen bestehen, kann Stress eine Reihe gesundheitsschädigender Folgen haben.[2] Das Programm „Stress" legt eine schnelle Kampf- oder Fluchtreaktion nahe und führt zu entsprechenden körperlichen Aktivierungen und zur Veränderung des Stoffwechsels (z. B. Steigerung der Blutdrucks und der Herzfrequenz, Bereitstellen von Glukose und Fetten im Blut). Das ist kurzfristig adaptiv, wenn man schnell körperlich aktiv werden muss. Da viele Stress auslösende Ereignisse heute kaum körperlichen Einsatz verlangen (z. B. Termindruck für die Erstellung und Abgabe eines Dokuments), können die Veränderungen des Aktivitätsniveaus und des Stoffwechsels langfristig zu gesundheitlichen Problemen wie Bluthochdruck, kardiovaskulären Erkrankungen oder Diabetes führen. Zudem wirkt Stress komplexerweise auf das Immunsystem ein und führt zu einer Veränderung der Immunabwehr.[3] Das kann eine Reihe unerwünschter Folgen haben wie Erhöhung des Krebs- oder Infektionsrisikos. Chronischer Stress geht mit einer Erhöhung des Kortisolspiegels (Stresshormon) einher. Dies begünstigt (1) den Abbau von Nervenzellen im Präfrontalen Kortex (u. a. zuständig für Handlungsplanung und Emotionsregulation) und im Hippocampus (u. a. für Gedächtnis- und Lernprozesse zuständig), (2) eine Vergrößerung der Amygdala („Gefahren- und Stresszentrum" im Gehirn) und (3) eine erhöhte Wahrscheinlichkeit, an einer Depression zu erkranken.[4]

Neben dem menschlichen Leid, das damit einhergeht, führen diese Erkrankungen 4
zu hohen direkten und indirekten Krankheitskosten (wie Arbeitsausfall und Produktivitätsverlust). Schnelles Denken aufgrund maladaptiver emotionaler Erregung kann die Befindlichkeit von Mitarbeitern beeinträchtigen und in der Folge

---

2   McEwen: Central effects of stress hormones in health and disease. Understanding the protective and damaging effects of stress and stress mediators. In: European journal of pharmacology 583(2-3)/2008, S. 174–185.
3   Schubert: Psychoneuroimmunologie und Psychotherapie. 2011.
4   McEwen: Central effects of stress hormones in health and disease. Understanding the protective and damaging effects of stress and stress mediators. In: European journal of pharmacology 583(2-3)/2008, S. 174–185.

zu einem reduzierten Commitment, zu Präsentismus und innerer Kündigung, zu erhöhtem, chronischem Stress führen[5] oder zu Prokrastination[6] führen.

2 Stressmanagement im Rahmen des BGMs

5 Maßnahmen des Betrieblichen Gesundheitsmanagements umfassen deswegen in der Regel auch Module, die Mitarbeiter*innen darin unterstützen, die Vorteile von Stress und Emotionen zu nutzen und zugleich die damit verbundenen Risiken zu minimieren. Während die Wahrnehmungs- und Verhaltensprogramme (Stress und Emotionen) zu einem Großteil evolutionär determiniert sind, lässt sich der Umgang mit Stress und Emotionen in einer zunehmend komplexen (Arbeits-) Welt erlernen.[7] Damit die Anwendung in alltäglichen Belastungssituationen funktioniert, ist es notwendig diese Fähigkeiten zu trainieren wie das Erlernen eines Musikinstruments. Hier ist es besonders erfolgskritisch, ob das Erlernte regelmäßig geübt und im Alltag integriert wird.[8] Faktisch scheint das ein Problem von vielen Stressmanagementmaßnahmen im Rahmen des Betrieblichen Gesundheitsmanagements zu sein. In der Praxis werden häufig ein bis drei Workshops durchgeführt, in denen Strategien zum guten und gesunden Umgang mit Stress vermittelt werden. Die Nachhaltigkeitssicherung wird nicht selten dem Zufall überlassen. Das erscheint auch plausibel, wenn man den Kostenrahmen bedenkt, der durch eine engmaschige Betreuung entstehen würde (Trainerkosten und Arbeitszeit). Hier haben sich onlinebasierte Trainings als gute und nachhaltige Lösung erwiesen, denn sie sind kostengünstig sowie zeit- und raumunabhängig.[9] Obwohl die Möglichkeit reiner Online-Trainings attraktiv ist, hat sich gezeigt, dass nicht alle Mitarbeiter*innen im gleichen Maße profitieren. Viele wünschen sich einen Trainer „aus Fleisch und Blut" und eine Trainingsgruppe, in der Austausch stattfinden kann. Das begünstigt bei vielen affektives Commitment mit dem Training und erhöht somit die Bereitschaft, im Alltag zu trainieren. In diesem Beitrag wird das Training Stark im Stress[10] vorgestellt, das den skizzierten Problemen durch eine Kombination von Präsenz- und Online-Phasen und dem zusätzlichen Einsatz mobiler Komponenten (Apps) begegnet (blended-learning).

6 Ein zweites Problem herkömmlicher Stressmanagementmaßnahmen besteht darin, dass die wenigsten Trainings die komplexen Interaktionsemotionen berück-

---

5 Berking: Training emotionaler Kompetenzen. 2015.
6 Eckert: Overcome procrastination: Enhancing emotion regulation skills reduce procrastination. In: Learning and Individual Differences 52/2016, S. 10–18.
7 Berking: Training emotionaler Kompetenzen. 2015; Eckert/Tarnowski: Stress- und Emotionsregulation. Trainingsmanual zum Programm Stark im Stress. 2017.
8 Eckert u. a.: Teachers' emotion regulation skills facilitate implementation of health-related intentions. In: American journal of health behavior 39(6)/2015, S. 874–881.
9 Nobis/Lehr/Ebert: E-Mental-Health – am Beispiel von internetbasierten Gesundheitsinterventionen. In: Müller-Mielitz/Lux (Hrsg.): E-Health-Ökonomie. 2017, S. 723–737.
10 Eckert/Tarnowski: Stress- und Emotionsregulation. Trainingsmanual zum Programm Stark im Stress. 2017.

sichtigen, die im beruflichen Kontext seit Jahren eine zunehmende Rolle bei der Belastung von Arbeitnehmer*innen und Führungskräften spielen.[11] Aus diesem Grund zielt das Training Stark im Stress sowohl auf einen guten und gesunden Umgang mit Stress als auch mit Emotionen ab. Das Training Stark im Stress wird im nächsten Abschnitt vorgestellt. Es werden exemplarisch praxistaugliche Übungen für den Arbeitsalltag beschrieben.

3 Das Training Stark im Stress: Aufbau und Übungen

Das Training Stark im Stress (SIS) liegt in unterschiedlichen Versionen vor. Die Neun-Wochen- und die Kompakt-Version (s. u.) sind von der zentralen Prüfstelle für Prävention nach § 20 (SGB V) als multimodale Stressprävention zertifiziert. Die Wirksamkeit des Trainings und die Erfahrungen mit dem Einsatz als blended-learning-Format werden im nachfolgenden Abschnitt berichtet. In diesem Abschnitt wird die Kompakt-Version vorgestellt, weil diese Version besonders für den Einsatz im Betrieblichen Gesundheitsmanagement geeignet ist.

7

3.1 Inhaltlicher Überblick

In allen Versionen gibt es drei große thematische Blöcke (Module):

8

Modul 1: Ressourcen fördern

Ein Problem, das in diesem Modul adressiert wird, ist, dass ein Mangel an Regeneration zur Chronifizierung von Stresserleben führen kann, da sich erstens maladaptive Erlebnisverarbeitungsmuster etablieren und zweitens physiologische Um- und Abbauprozesse beginnen, die weiteres Stresserleben begünstigen und schließlich zu Folgeschäden führen können. Deswegen liegt der Schwerpunkt des ersten Moduls auf dem Umschalten vom Stress- und Belastungsmodus (Sympathikus) in den Erholungs-, Ruhe- und Regenerationsmodus (Parasympathikus). Es werden Strategien und Kompetenzen aufgebaut, die das Umschalten unter Alltagsbedingungen begünstigen. Hier kommen bewährte Verfahren zu Einsatz, deren Wirksamkeit gut belegt ist. Dazu gehören (1) Entspannungs- und Achtsamkeitsübungen, (2) Aufbau und Abruf positiver Emotionen und (3) das Entwickeln und Entdecken von Mini-Regenerationsmöglichkeiten im beruflichen Alltag („Abschalten zwischendurch").

Übung: Tagessätze finden

9

Eine Übung aus dem ersten Modul, die sich als Resilienz fördernd erwiesen hat, besteht darin, sich jeden Abend an drei schöne und positive Dinge lebendig

---

11 Zapf u. a.: Emotionsarbeit in Organisationen und psychische Gesundheit. In: Musahl/ Eisenhauer (Hrsg.): Psychologie der Arbeitssicherheit. Beiträge zur Förderung von Sicherheit und Gesundheit in Arbeitssystemen. 2000, S. 99–106.

(d. h. mit allen Sinnen) zu erinnern und sich dabei zu fragen: Welchen Anteil habe ich daran? (Stärkung der emotionalen Selbstwirksamkeit)

Diese Frage ist manchmal nicht ganz leicht zu beantworten: Denn welchen Anteil hat man schon daran, wenn man es genossen hat, ein Eichhörnchen im Baum zu beobachten? Mögliche Antworten könnten sein: Man war achtsam genug, dieses Eichhörnchen wahrzunehmen und offen genug, es zu genießen.

Es konnte gezeigt werden, dass sich das tägliche Durchführen dieser sehr einfachen Übung (Dauer: eine Woche) noch sechs Wochen später positiv auf die Resilienz auswirkt.

10   Modul 2: Unveränderbares Annehmen

Vielfach trägt ein Nicht-Akzeptieren-Können gegebener Bedingungen und Umstände zu grenzwertigem Belastungserleben bei.[12] In diesem Modul werden Strategien erarbeitet und trainiert, die das Annehmen und Aushalten-Können von (zunächst) Unveränderbarem unterstützen, um so zusätzliche psychische Belastungen (und auch Grübeltendenzen) zu reduzieren. Die vermittelten Strategien zielen darauf ab, (1) dass durch positive Umdeutungen und durch Wechsel der zeitlichen Perspektive das Belastungserleben reduziert und die Akzeptanz erhöht wird. (2) Weiterhin werden kraft- und identitätsstiftende Aktivitäten im Alltag angeregt, geplant und umgesetzt. Das ist deswegen besonders wirksam, weil Menschen unter hoher Belastung zunächst auf ebendiese Aktivitäten verzichten. Solche Aktivitäten haben sich jedoch als wirksamer Puffer für Überlastungen erwiesen.[13] (3) Zudem werden Selbstwertschätzung, Wertschätzung anderer und das Würdigen dessen, was da ist, als Haltung eintrainiert.

Übung: Selbst- und Fremdwertschätzung

Emotionen verführen uns zu schnellem – und vor allem einseitigem Denken.[14] Das kann zu riskanten Lernprozessen führen: Mittel- bis langfristig werten wir uns selbst (z. B.: „Ich mache die Dinge nicht perfekt genug!") oder unsere Interaktionspartner ab (z. B.: „Das ist ein rücksichtsloser Kollege!").

Übung: Nehmen Sie sich bei einem Interaktionspartner, über den Sie sich häufig ärgern, Folgendes vor: Suchen Sie nachträglich, wenn Sie sich über ihn geärgert haben und wieder etwas ruhiger geworden sind, einen positiven oder für Sie verständlichen Aspekt an dessen Verhalten (Fremdwertschätzung). Dieser kann neben Ihrer (wahrscheinlich) berechtigen Kritik an dessen Verhalten stehen. Finden Sie nun auch noch einen Aspekt, den Sie an Ihrem

---

12   Berking: Training emotionaler Kompetenzen. 2015.
13   Hautzinger: Kognitive Verhaltenstherapie bei Depressionen. 2013.
14   Kahneman: Thinking, fast and slow. 2011.

eigenen Verhalten wertschätzen können – auch wenn Sie mit Abstand das ein oder andere kritisch sehen mögen.

Modul 3: Emotionen verändern   11

Das Erkennen, Verstehen und Verändern-Können von Emotionen ist nicht nur mit höherem Wohlbefinden assoziiert, es führt auch zu einer Verbesserung zwischenmenschlicher Interaktionen. Deswegen liegt der Schwerpunkt dieses Moduls darauf, Emotionen zu erkennen, zu verstehen und sie so zu gestalten, dass sie sich förderlich auf problematische Interaktionen auswirken. Die Veränderung von Emotionen wird über die Stellschraube Körper (s. Übung), über Veränderungen von Kognitionen und Überzeugungen sowie über das Verändern von Verhalten vor, in und nach kritischen Situationen erreicht.

Übung: Emotionen mit der Stellschraube Körper veränden

Emotionen beeinflussen u. a. unsere Körperhaltung, -spannung und die Art, wie wir uns bewegen. Umgekehrt lassen sich Emotionen durch Körperhaltungen, -spannungen und Bewegungen gezielt herbeiführen, verstärken oder abschwächen.[15]

Experiment: Stellen Sie sich mit nach unten gesenktem Blick, hängenden Schultern, eingefallenem Brustkorb und leicht zusammengebissenem Kiefer hin. Stellen Sie dabei Ihre Füße eng zusammen. Schätzen Sie jetzt auf einer Skala von 0 bis 10 Ihre Stimmung ein. Richten Sie sich dann auf, stellen Ihre Füße schulterbreit hin, blicken leicht nach oben bzw. geradeaus, lächeln leicht und entspannt und lassen Ihren Atem entspannt fließen. Schätzen Sie erneut Ihre Stimmung ein. Merken Sie einen Unterschied?

Übung: Experimentieren Sie in Ihrem Alltag mit dieser Stellschraube. Nehmen Sie dazu in emotional schwierigen Situationen wahr, wie Ihre körperliche Haltung und Spannung ist, versuchen Sie diese dann im nächsten Schritt gezielt zu verändern. Beobachten Sie einfach nur was passiert. Bewerten Sie stets im Nachhinein, (1) wie gut es Ihnen gelungen ist, Ihre Emotionen zu beeinflussen und (2) ob es für Sie hilfreich war.

3.2   Blended-Learning: Die Kompaktversion

Die Kompaktversion des Trainings Stark im Stress besteht aus drei Präsenz-   12
phasen, die thematisch jeweils ein Modul beinhalten. Zwischen den Präsenzveranstaltungen liegen optimalerweise zwei bis drei Wochen Zeit. In dieser Zeit

---

15   Bohus/Wolf-Arehult: Interaktives Skillstraining für Borderline-Patienten. 2013.

trainieren die Teilnehmer*innen selbstständig die jeweiligen Aufgaben. Dazu erhalten sie einen Account zum Online-Training (www.training-sis.de). Hier stehen (1) Videos, in denen die Inhalte aufgearbeitet und leicht verständlich illustriert werden, und (2) tägliche Übungen, die in Form von Audios (MP3) oder ansprechenden Arbeitsblättern (PDF) das Trainieren im Alltag unterstützen und strukturieren, zur Verfügung. Zugleich sind die Teilnehmer*innen eingeladen, ihre Trainingstätigkeiten und -erfolge benutzerfreundlich einzugeben, so dass das Online-Training mit individualisierten Textbausteinen zu weiterem Trainingsverhalten motiviert.

13   Damit das Training wirksam ist, sollten sich die Teilnehmer*innen mindestens viermal in der Woche etwa 20 Minuten Zeit zum Trainieren der jeweiligen Aufgaben nehmen. Ein bekanntes Problem, das beim selbstständigen Ausführen von Gesundheitsverhalten jeglicher Art auftritt, besteht in der eigenverantwortlichen Initiierung der erfolgskritischen Handlung.[16] Konkret bedeutet das für das Training Stark im Stress, dass die Teilnehmer*innen selbstständig gegen alle Ablenkungen des Alltags die Übungen beginnen müssen. Um sich dabei zu unterstützen, laden die Teilnehmer*innen eine App zum Training auf ihr Smartphone. Diese App hält täglich zwei Mini-Impulse in Form von Push-Nachrichten bereit. Die Umsetzung der Impulse ist sehr einfach und dauert in der Regel etwa 10 bis 30 Sekunden. Die Zeiten, zu denen die beiden täglichen Impulse kommen sollen, können frei gewählt werden. In randomisierten Studien konnten wir zeigen, dass Teilnehmer*innen, die diese Push-Impulse bekommen, häufiger und effektiver trainieren als Teilnehmer*innen, die nur an einem Online-Training teilnehmen.[17]

3.3   Wirksamkeit des Trainings

14   Die Wirksamkeit des Trainings Stark im Stress wurde in drei Studien nachgewiesen. Die Studien wurden an einer Stichprobe mit Angehörigen von Gesundheitsberufen, an einer Stichprobe mit verschiedensten Berufen und einer Studierendenstichprobe durchgeführt. Dabei zeigte sich, dass wahrgenommener Stress, die Tendenz, sich Sorgen zu machen und die Anspannung signifikant abnahm. Die Effektstärken waren mittel bis groß. Hingegen nahm die Tendenz, Freude zu erleben signifikant zu. Depressive Symptome (wie Antrieblosigkeit, Beeinträchtigungen des Schlafes etc.) nahmen signifikant ab. Auch hier lag der Effekt im Bereich mittlerer bis großer Effektstärken. Die Unterstützung durch tägliche Impulse (via SMS) verbesserte die Adhärenz und die Wirksamkeit des Trainings.

---

16   Schwarzer: Modeling health behavior change. How to predict and modify the adoption and maintenance of health behaviors. In: Applied psychology 57(1)/2008, S. 1–29.
17   Eckert u. a.: Does SMS-Support Make a Difference? Effectiveness of a Two-Week Online-Training to Overcome Procrastination. A Randomized Controlled Trail. Under Review.

4   Fazit

Das Erleben von Stress und Emotionen kann nicht nur die Gesundheit beein- 15
trächtigen, es wirkt vor allem zunächst auf die zwischenmenschlichen Interaktionen. In einem Alltag, der zunehmend komplexer wird, wird die Fähigkeit, gut und
gesund mit Stress und Emotionen umzugehen, zunehmend relevanter. Maßnahmen, die im Rahmen des Betrieblichen Gesundheitsmanagements auf diese Fähigkeiten abzielen, bedürfen Settings, die ein nachhaltiges Erwerbs- und Anwen-
dungslernen ermöglichen, damit die gut gemeinte Absicht solcher Maßnahmen
nicht wie ein Strohfeuer verpufft und materielle wie organisationale Ressourcen
„verbrennt". Mit dem Wandel der Arbeitswelt liegt genau hier die Herausforderung für die Zukunft.

Literatur

Berking, M.: Training emotionaler Kompetenzen. 3. Aufl. Heidelberg 2015.

Bohus, M./Wolf-Arehult, M.: Interaktives Skillstraining für Borderline-Patienten. Stuttgart 2013.

Eckert, M./Tarnowski, T.: Stress- und Emotionsregulation. Trainingsmanual zum Programm
Stark im Stress. Weinheim 2017.

Eckert, M. u. a.: Overcome procrastination: Enhancing emotion regulation skills reduce procrastination. In: Learning and Individual Differences 52/2016, S. 10–18.

Eckert, M., u. a.: Does SMS-Support Make a Difference? Effectiveness of a Two-Week Online-
Training to Overcome Procrastination. A Randomized Controlled Trail. Under Review.

Eckert, M. u. a.: Teachers' emotion regulation skills facilitate implementation of health-related
intentions. In: American journal of health behavior 39(6)/2015, S. 874–881.

Hautzinger, M.: Kognitive Verhaltenstherapie bei Depressionen. 6. Aufl. Weinheim 2013.

Kahneman, D.: Thinking, fast and slow. New York 2011.

McEwen, B. S.: Central effects of stress hormones in health and disease. Understanding the protective and damaging effects of stress and stress mediators. In: European journal of pharmacology 583(2–3)/2008, S. 174–185.

Nobis, S./Lehr, D./Ebert, D. D.: E-Mental-Health – am Beispiel von internetbasierten Gesundheitsinterventionen. In: Müller-Mielitz S./Lux T. (Hrsg.): E-Health-Ökonomie. Wiesbaden
2017, S. 723–737.

Schubert, C.: Psychoneuroimmunologie und Psychotherapie. Stuttgart 2011.

Schwarzer, R.: Modeling health behavior change. How to predict and modify the adoption and
maintenance of health behaviors. In: Applied psychology 57(1)/2008, S. 1–29.

Zapf, D. u. a.: Emotionsarbeit in Organisationen und psychische Gesundheit. In: Musahl, H.-P./
Eisenhauer, T. (Hrsg.): Psychologie der Arbeitssicherheit. Beiträge zur Förderung von Sicherheit und Gesundheit in Arbeitssystemen. Heidelberg 2000, S. 99–106.

Digital durch die „Rushhour" des Lebens? Zusammenhänge zwischen Flexibilisierung der Arbeit, psychosomatischer Gesundheit und Work-Life-Balance sowie die Rolle von (digitalem) Betrieblichem Gesundheitsmanagement (BGM)

Julia Schorlemmer/Babette Halbe-Haenschke/Ria Maguhn

Abstract: Zu den großen Entwicklungen der Digitalisierung zählen Flexibilisierung und Entgrenzung von Arbeitszeit, Arbeitsort und (privatem) Leben. Potentiale liegen in der Vereinfachung von Kommunikation und Vereinbarkeit. Zugleich erhöhen sich Menge und Komplexität der Aufgaben; permanente Erreichbarkeit hat einen Einfluss auf die psychische Gesundheit. Führt Flexibilisierung zu mehr oder weniger Gesundheit? Wie kann Betriebliches Gesundheitsmanagement die Prävention von Gesundheit in einer digitalen Zukunft unterstützen? Zur Beantwortung wurden 492 Frauen online befragt.

1 Einleitung: Digitalisierung, Flexibilisierung und Gesundheit

1 Die Digitalisierung verändert das Leben und die Art zu arbeiten. Eine wichtige Entwicklung der Digitalisierung mit Folgen für das Zusammenspiel von Arbeitsleben und privatem Leben ist die Flexibilisierung von Zeit und Ort.[1] Ständige technische Neuerungen durch innovative Entwicklungen von Informations- und Kommunikationstechnologien (IKT) ermöglichen das Arbeiten (und Leben) von überall und zu jeder Zeit.[2] Dabei ist zeit- und ortsflexibles Arbeiten höchst ambivalent für die psychische und physische Gesundheit. Große Herausforderungen durch Entgrenzung und ständige Erreichbarkeit stehen den Chancen der Flexibilität für mehr Balance gegenüber. Besonders fordernd ist die Vereinbarkeit von Arbeit und Privatem in der sogenannten "Rushhour des Lebens" – der Lebensphase, in der Berufseinstieg, -aufstieg und Familiengründung zusammen fallen.[3] Ziel dieses Beitrags ist es, genauer zu beleuchten, welche Chancen und Risiken durch digitale flexible Arbeitsbedingungen für die psychische Gesundheit in der Lebensphase bestehen, in der Work-Life Balance eine besondere Rolle spielt. Neben bisherigen Erkenntnissen aus der Forschung werden ausgewählte Ergebnisse einer empirischen Untersuchung dargestellt.[4]

1.1 Theoretischer und empirischer Hintergrund

Digitalisierung zwischen Flexibilisierung und Entgrenzung: ambivalente Folgen für die Gesundheit

2 Vorliegende Studien zeigen, dass die Auswirkungen digitaler flexibler Arbeitsbedingungen auf die psychische und somatische Gesundheit vielfältig und höchst ambivalent sein können[5]:

---

1 Brandt/Polom/Danneberg: Gute digitale Arbeit. Auswirkungen der Digitalisierung im Dienstleistungsbereich. 2016.

2 Ducki/Nguyen: Psychische Gesundheit in der Arbeitswelt: Mobilität. 2016.

3 Bittman/Wajcman: The rush hour: The character of leisure time and gender equity. In: Social forces 79(1)/2000, S. 165–189.

4 Schorlemmer/Maguhn/Fischer: Digital and flexible working condition: The magical bullet for mental health and work-life balance? In: Journal of Occupational Medicine and Toxocology, in press.

5 Messenger u. a.: Working anytime, anywhere: the effects on the world of work. In: Publications Office of the European Union. 2017.

Positiv ist die erleichterte Kommunikation durch moderne IKT, die eine flexible Gestaltung von Arbeitsort und Arbeitszeit ermöglichen. Besonders die Vereinbarkeit von Arbeits- und Privatleben kann durch digitales flexibles Arbeiten erleichtert werden. Die Flexibilität in der Wahl des Arbeitsortes – neben dem Arbeitsplatz am eigentlichen Arbeitsstandort z. B. zuhause, unterwegs oder in anderen Büroräumlichkeiten (als multilokales Arbeiten bezeichnet) – und damit meist auch der Arbeitszeit, kann Konflikte zwischen Privatleben und Arbeitsleben reduzieren. Zudem sind die Möglichkeiten durch größere Flexibilität gewinnbringend für Organisationen und Unternehmen.[6] Verbesserte, schnellere und transparentere Kommunikation kann die Effizienz und Effektivität beim Arbeiten erhöhen, wodurch die Arbeitszufriedenheit und Motivation der Menschen steigen kann.[7] Studien zeigen, dass aufgrund der eigenständigen und individuellen Zeiteinteilung die Arbeit im *Homeoffice* zufriedenstellend ist. Sowohl eine hohe Work-Life Balance (gute Vereinbarkeit) als auch das Gefühl, effektiver arbeiten zu können und über größere Handlungsspielräume zu verfügen, kann einen positiven Effekt auf die psychische Gesundheit haben.[8] Arbeitszufriedenheit ist ein wichtiger Faktor für das psychische Wohlbefinden und somit Basis für Gesundheit.

Neben positiven Effekten für die psychische Gesundheit gibt es allerdings auch negative Folgen für die Psyche, da schnellere Kommunikation und permanente Erreichbarkeit eine zunehmende Menge und Komplexität an Aufgaben zur Folge haben können.[9] So zeigen sich signifikante Zusammenhänge zwischen ständiger Erreichbarkeit, physischer und psychischer Anspannung, Konzentrationsschwäche und emotionaler Erschöpfung (Burnout). Aktuelle Umfragen von Krankenkassen zeigen, dass etwa ein Drittel der Befragten eine gestiegene psychische Belastung durch die Auswirkungen der Digitalisierung ihrer Arbeit wahrnimmt.[10] Mit steigender Tendenz geben schon jetzt über ein Viertel der Erwerbstätigen an, dass von ihnen verlangt wird, außerhalb der regulären Arbeitszeiten erreichbar zu sein.[11] Wahrgenommene Rollenkonflikte zwischen Erwerbsarbeit und dem Privatleben hängen mit emotionaler Erschöpfung (Burnout) zusammen.[12] Als Schat-

3

---

6 Hill u. a.: Workplace flexibility, work hours, and work-life conflict: Finding an extra day or two. In: Journal of Family Psychology 24(3)/2010, S. 349–358.
7 Ducki/Nguyen: Psychische Gesundheit in der Arbeitswelt: Mobilität. 2016.
8 Wöhrmann: Psychische Gesundheit in der Arbeitswelt–Work-Life-Balance. Bundesanstalt für Arbeitsschutz und Arbeitsmedizin (BAuA). 2016.
9 Pauls/Pangert/Schüpbach: Die Auswirkungen arbeitsbezogener erweiterter Erreichbarkeit auf Life-Domain-Balance und Gesundheit, Bundesanstalt für Arbeitsschutz und Arbeitsmedizin (BAuA). 2016.
10 Betriebskrankenkasse (BKK) (Hrsg.) Gesunde neue Arbeitswelt. In: BKK und Industrie 4.0/ 2017. Online: www.dailywear.de/fileadmin/publikationen/magazin/2015_04/bkk_04_2015-c.pdf. [abgerufen am 30.1.2018].
11 Wöhrmann: Psychische Gesundheit in der Arbeitswelt–Work-Life-Balance. Bundesanstalt für Arbeitsschutz und Arbeitsmedizin (BAuA). 2016.
12 Böhm: Auswirkungen der Digitalisierung auf die Gesundheit von Beschäftigten. Vortrag in Berlin. 2016.

tenseite des Arbeitens am heimischen Schreibtisch und von unterwegs gelten zudem der als negativ empfundene reduzierte Kontakt zu Kolleginnen und Kollegen sowie eine erhöhte Anfälligkeit für verschiedene Krankheiten.

Work-Life und Life-Work Balance: Die Vereinbarkeitsanforderungen in der „Rushhour" des Lebens

4   Neben der beruflichen Verwirklichung ist die Gründung einer Familie ein Ziel für viele Menschen. Dabei führen nicht nur Selbstverwirklichung, sondern auch die ökonomische Notwendigkeit, die Pflege von Angehörigen, ehrenamtliches Engagement und weitere private Aktivitäten dazu, dass es manchmal schwer ist, Arbeit (en) und weitere Aktivitäten miteinander zu verbinden. Besonders in jüngeren Jahren kann die Vereinbarkeit eine große Anforderung sein. Nicht umsonst sprechen Familiensoziologen von der "Rushhour" des Lebens, da zwischen dem 30. und 40. Lebensjahr alles zusammenkommt. In besonderem Maße sind Frauen von Vereinbarkeitsanforderungen betroffen.[13] Besteht das Gleichgewicht zwischen (Erwerbs)Arbeit und allen weiteren Lebensbereichen eines Menschen, führt das zu hoher Lebenszufriedenheit und meist guter psychischer Gesundheit. Nimmt aber die Arbeit einen zu großen Teil des privaten (anderen) Lebens ein, oder interveniert das Privatleben und stört die berufliche Entwicklung, entstehen Konflikte und Unausgeglichenheiten.

5   Neuere Ansätze sprechen von *Work-Life Blending*[14] statt von Work-Life Balance und verdeutlichen, dass die Lebensbereiche nicht mehr zu trennen sind, sondern verschmelzen. Die Art und Weise sowie der Umfang der Überschneidung beider Lebensbereiche sind die entscheidenden Aspekte für Zufriedenheit und subjektives Wohlbefinden.

Betriebliches Gesundheitsmanagement in einer digitalen Arbeitswelt

6   Die Anforderungen digitaler flexibler Arbeit sind anders als bisher, folglich muss die Herangehensweise der betrieblich organisierten Prävention von Gesundheit adaptiert werden. Digitales Betriebliches Gesundheitsmanagement (dBGM) liefert neue Ansätze für Gesundheitsprävention auf digitalen Wegen und für digitale Anforderungen.[15] Bedarfsgerechtes BGM, das bei den Mitarbeitenden tatsächlich ankommt, ist nur mit Blick auf die digitalen Veränderungen der Gesellschaft sicherzustellen.[16] Aufgrund steigender Arbeitsunfähigkeitszahlen, nicht zuletzt durch Krankheiten der Psyche, sind gerade die Prävention von Krankheit und die Förderung von Gesundheit zentrale Themen der Zukunft.

---

13   Bittman/Wajcman: The rush hour: The character of leisure time and gender equity. In: Social forces 79(1)/2000, S. 165–189.

14   Hernández/Roßberg: Work-Life-Balance der Mitarbeitenden stärken – Ein überholtes Konstrukt? In: Bechtel/Friedrich/Kerres (Hrsg.): Mitarbeitermotivation ist lernbar. 2018, S. 223–235.

15   Matusiewicz/Kaiser: Digitales Betriebliches Gesundheitsmanagement. 2017.

16   Lück/Macco/Stallauke: Betriebliches Gesundheitsmanagement – eine Unternehmensbefragung. In: Badura u. a. (Hrsg.): Fehlzeiten-Report 2010, S. 37–45.

1.2 Fragestellung und Hypothesen

Aus vereinzelten Studien (s. o.) ist bekannt, dass die Flexibilisierung der Arbeit   7
ambivalente Folgen für die psychische Gesundheit hat. Im vorliegenden Beitrag
wird genauer empirisch untersucht, was die Belastungen des orts- und zeitflexi-
blen Arbeitens genau ausmacht und wo Ressourcen für die psychische Gesundheit
durch Vereinbarkeit von Privatleben und beruflichen Anforderungen entstehen
können. Folgende Fragen – mit entsprechend Hypothesen – sollen beantwortet
werden:

Ist der Gesundheitszustand besser, wenn die Vereinbarkeit zwischen Arbeit und   8
Privatleben erleichtert wird?

Da insgesamt das Wohlbefinden bei zufriedenstellender Vereinbarkeit höher ist,   9
kann davon ausgegangen werden, dass auch der Gesundheitszustand besser ist.

Wird die Vereinbarkeit von Arbeit und Privatleben durch größere Flexibilität   10
aufgrund digitaler Arbeitsbedingungen erleichtert?

Mit flexiblen digitalen Arbeitsbedingungen wird die Vereinbarkeit erleichtert bzw.   11
kann eine höhere Zufriedenheit mit der Vereinbarkeit bestehen. Die Grenzen
zwischen Flexibilität und Entgrenzung sind fließend, vermutet werden kann also
gleichzeitig, dass mit hochflexiblen digitalen Arbeitsbedingungen die Rollenüber-
schneidungen bzw. Vermischung der Lebensbereiche als beanspruchend wahrgenommen werden können.

In welchem Zusammenhang stehen digitale Arbeitsbedingungen und psychische   12
und psychosomatische Gesundheit?

Bisherige Studien haben den ambivalenten Zusammenhang zwischen digitalem   13
Arbeiten und Gesundheit gezeigt. Auch in dieser Studie wird von einem Zusammenhang zwischen psychischer Gesundheit und digitaler flexibler Arbeitsbedingungen ausgegangen, der bei besonderen weiteren Belastungen (z. B. durch
familiäre private Verpflichtungen oder übermäßige berufliche Verantwortung)
durchaus negativ sein kann.

Durch welche Maßnahmen kann das betriebliche Gesundheitsmanagement (BGM)   14
die Gesundheit besonders mit Blick auf die Risiken, die durch Vereinbarkeits-
anforderungen entstehen, unterstützen?

2 Hauptteil: Empirische Untersuchung junger Frauen zu Vereinbarkeit von Arbeit und Privatleben, digitalem flexiblem Arbeiten und spezifischen Belastungen für die psychische Gesundheit

15   Im Folgenden werden ausgewählte Ergebnisse einer empirischen Untersuchung beschrieben, deren Datenbasis eine Online-Befragung war. Eine ausführliche Darstellung findet sich in der Originalarbeit von Schorlemmer, Maguhn und Fischer.[17]

2.1 Methode – Mit wem, wie und womit wurde die Befragung durchgeführt?

Stichprobe

16   Die insgesamt 492 Frauen wurden mit einem Fragebogen online befragt. Die Teilnahme erfolgte anonym und freiwillig, die Frauen wurden über verschiedene Unternehmensnetzwerke und soziale Netzwerke zur Teilnahme aufgefordert. Im Durchschnitt waren die befragten Frauen 29 Jahre alt, wobei die jüngsten 18 Jahre alt und die älteste 59 Jahre alt waren. 13 % studierten, meist dual bzw. berufsbegleitend. Die 82 % Erwerbstätigen waren größtenteils angestellt und arbeiteten in verschiedenen Wirtschaftsbranchen. Die Dienstleistungsbranche (20 %) und das Gesundheitswesen (24 %) waren am stärksten vertreten. 51 % der Befragten hatte familiäre Verpflichtungen durch Kinder oder Pflege von Angehörigen (fünf Personen pflegten zum Zeitpunkt der Befragung aktiv Angehörige).

Befragungsinstrumente

17   Der Fragebogen bestand aus Fragen zur Person und zur allgemeinen Arbeits- und Lebenssituation. Es kamen größtenteils etablierte validierte psychologische Skalen und Fragebögen zum Einsatz, teils neu entwickelte eigene Skalen. Nahezu alle Skalen bestanden aus mehreren Fragen (Items), für die auf einer vier- bis sechsstufigen Skala die Zustimmung bzw. Ablehnung oder die Häufigkeit des Auftretens eines Ereignisses erfragt wurden. Beispielsweise wird die Häufigkeit des Auftretens verschiedener physiologischer Beschwerden (die besonders auf die Nutzung von digitalen Geräten zurückzuführen sind) erfragt von 1 = „nie" bis 4 = „immer" durch die Frage: Wie oft hatten Sie in den letzten zwölf Monaten folgende Beschwerden, z. B. Nacken- und Schulterschmerzen? Für die Skalen wurden dann Mittelwerte berechnet, um so die durchschnittliche Ausprägung, z. B. der Zufriedenheit mit der Vereinbarkeit zwischen Arbeit und Privatleben, für jede Person zu bestimmen. Die diagnostische Güte der normierten etablierten

---

17   Schorlemmer/Maguhn/Fischer: Digital and flexible working conditions: The magical bullet for mental health and work-life balance? In: Journal of Occupational Medicine and Toxicology, in press.

Skalen wurde besonders für die Validität als gegeben vorausgesetzt, die Reliabilität wurde über den Wert Cronbachs-α bestimmt.[18]

Instrumente zur Erhebung der Vereinbarkeit und Entgrenzung von Arbeits- und Privatleben

Die Zufriedenheit mit der Vereinbarkeit bzw. mit der Balance zwischen dem Arbeits- und dem Privatleben wurde erfasst mit der Trierer Skala zur Messung von Work-Life Balance.[19] Als Beispiel: „Ich bin zufrieden mit meiner Balance zwischen Arbeit und Privatleben". Um zu erfragen, wie entgrenzt die Befragten leben, kamen zwei Skalen zum Einsatz: (1) Entgrenzung durch Arbeit im Privatleben (z. B. "Ich nehme regelmäßig Arbeit mit nach Hause.") und (2) Entgrenzung durch Privatleben in der Arbeit ("Ich kläre während meiner Arbeitszeit private Angelegenheiten.").[20] Pro Item wurde zusätzlich erfragt, wie stark sich die Personen durch die jeweilige Situation beansprucht fühlen. Wie stark die Konflikte zwischen Arbeit und Privatleben sind, wurde in beide Richtungen erfragt: (1) Konflikte durch Arbeit im Privatleben (z. B. „Meine Arbeit hält mich mehr als mir lieb ist von Unternehmungen mit meiner Familie/meinem Partner ab.") und (2) Konflikte durch Privatleben in der Arbeit (z. B. „Die Zeit, die ich mit meiner Familie/meinem Partner verbringe, hält mich von meinen beruflichen Aufgaben ab").[21]

Instrumente zur Erfassung von psychischer und somatischer Gesundheit

Neben dem subjektiven Gesundheitszustand (der Einschätzung, wie die Gesundheit auf einer Skala von 0 = „schlechtester denkbarer Gesundheitszustand" bis 10 = „bester denkbarer Gesundheitszustand" wahrgenommen wird[22]), wurde die Häufigkeit von psychosomatischen Beschwerden erhoben, die durch Digitalisierung entstehen können.[23] Psychische Gesundheit wurde zum einen über die Erfassung von Depressionen[24] ermittelt, zum anderen über die Burnout-Dimension „emotionale Erschöpfung (exhaustion)" (z. B. „Ich habe bei der Arbeit immer

18

19

---

18 Durch Cronbachs-α wird die interne Konsistenz bestimmt. Werte ab .8 besagen, dass die Items der Skalen zueinander konsistent sind, also das gleiche psychologische Konstrukt messen. Vgl. Döring/Bortz: Forschungsmethoden und Evaluation. 2016. Für die verwendeten Skalen lagen die Cronbachs-α zwischen .747 und .889.

19 Syrek u. a.: Entwicklung und Validierung der Trierer Kurzskala zur Messung von Work-Life Balance (TKSWLB). In: Diagonstica 57(3)/2011, S. 134–145.

20 Palm u. a.: Zusammenspiel von organisationalen Normen, individuellen Präferenzen und arbeitsbezogenen Entgrenzungsverhalten mit Konflikten zwischen Arbeits- und Privatleben. In: Wirtschaftspsychologie 18(2)/2016, S. 44–54.

21 Carlson/Kacmar/Williams: Construction and initial validation of a multidimensional measure of work–family conflict. In: Journal of Vocational behavior 56(2)/2000, S. 249–276.

22 Müller/Klenke: Handbuch Mitarbeiterbefragung. 2013.

23 Ausgewählte Fragen aus: Bullinger: Erfassung der gesundheitsbezogenen Lebensqualität mit dem SF-36-Health Survey. In: Bundesgesundheitsblatt-Gesundheitsforschung-Gesundheitsschutz 43(3)/2000, S. 190–197.

24 Hautzinger/Bailer: Allgemeine Depressionsskala. 1993.

häufiger das Gefühl, emotional ausgelaugt zu sein.") erhoben.[25] Sowohl bei der Depressionsskala als auch bei Burnout bedeuten hohe Werte eine hohe Ausprägung der jeweiligen Symptome und stehen für schlechte psychische Gesundheit.

Instrumente zur Digitalisierung und Flexibilisierung

20   Zwei Fragen erfassen, wie stark der berufliche und private Alltag durch die Nutzung von IKT geprägt ist. Zum einen wurde gefragt, wieviel Prozent der Arbeitszeit IKT genutzt werden, zum anderen, zu wieviel Prozent in der täglichen Freizeit IKT genutzt werden. Die Werte lagen dann zwischen 0 % und 100 %. IKT ermöglichen zeit- und ortsunabhängiges Arbeiten, z. B. im *Homeoffice* und „von unterwegs". Ob Menschen von zuhause arbeiten, wurde über die Häufigkeit dieses Ereignisses abgefragt: „Ich arbeite täglich (=1)" oder „nie (= 5) von zuhause". Zusätzlich wurde mobiles Arbeiten erfragt, ob mit smart devices z. B. im Flugzeug, der Bahn, bei Kunden oder in Hotels gearbeitet wird.

21   Des Weiteren wurden Fragen zum Informationsstand über Maßnahmen des Betrieblichen Gesundheitsmanagements und zu dem Bedürfnis nach Angeboten des Betrieblichen Gesundheitsmanagements gestellt.

Analysen

22   Anhand der Daten wurden sowohl Häufigkeiten und prozentuale Verteilungen ausgewertet als auch Zusammenhänge und Unterschiede analysiert. Zusammenhänge wurden mittels Korrelationsanalysen berechnet, die auf Signifikanz geprüft werden. Als relevant erachtet werden hier signifikante Korrelationen ($p < .05$), was bedeutet, dass 5 % des Zusammenhangs oder weniger auf den Zufall zurückzuführen sind. Die absoluten Werte des korrelativen Zusammenhangs gelten ab einem Betrag von .3 oder größer als relevant bzw. interpretationswürdig.[26] Mittels t-Tests werden Unterschiede in Gruppen analysiert. Auch hier wird die Höhe des Unterschiedes, z. B. im Mittelwert einer Skala, auf Signifikanz geprüft.

2.2   Ergebnisse

Digitales und flexibles Leben und Arbeiten

23   Mehr als die Hälfte der befragten Frauen arbeiten vertraglich geregelt in einer Vollzeitbeschäftigung (30–40 Stunden in der Woche und mehr). Unabhängig vom Umfang der vertraglich geregelten Arbeitszeiten, machen mehr als ein Drittel regelmäßig Überstunden. Dabei machen diejenigen ohne familiäre Verantwortungen (Kinder oder zu pflegende Angehörige) häufiger Überstunden: Mit familiären Verpflichtungen geben 27 % der Frauen an, wöchentlich Überstunden zu machen, ohne familiäre Verpflichtungen sind es 41 %. 17 % haben eine Führungs-

---

25   Demerouti u. a.: The Convergent Validity of Two Burnout InstrumentS. In: European Journal of Psychological Assessment 19(1)/2003, S. 12–23.
26   Döring/Bortz. Forschungsmethoden und Evaluation. 2016.

position inne. 19 % arbeiten mindestens einen Tag in der Woche im *Homeoffice*, 69 % nie und 12 % gelegentlich. 83 % arbeiten an zwei oder mehr Orten regelmäßig mobil. *Homeoffice* und mobiles Arbeiten sind auf die Gruppen der Frauen mit und ohne familiäre Verantwortungen in etwa gleich verteilt. Frauen in Führungspositionen haben im Vergleich zu jenen ohne Führungsverantwortung gleich häufig familiäre Verantwortung, machen aber signifikant häufiger Überstunden und arbeiten signifikant häufiger im *Homeoffice*. Knapp die Hälfte (44 %) aller Befragten nutzen zu 70 % und mehr ihrer täglichen Arbeitszeit IKT. Etwa ein Drittel (33 %) nutzen zu 70 % und mehr in der täglichen Freizeit IKT.

Es bleibt festzuhalten, dass größere Verpflichtungen im Privatleben nicht dazu führen, dass Frauen häufiger mobil oder von zuhause arbeiten. Allerdings führen familiäre Verpflichtungen dazu, dass weniger Überstunden gemacht werden. Frauen in Führungspositionen machen mehr Überstunden und arbeiten häufiger von zuhause.

Zufriedenheit mit Vereinbarkeit und gleichzeitige Überschneidung von Lebensbereichen

Die Zufriedenheit mit der Balance zwischen Arbeitsleben und Privatleben ist mit einem Mittelwert von 4,1[27] bei allen Befragten relativ hoch. Gleichzeitig gibt es eine Verschmelzung bzw. Überschneidung der Lebensbereiche: Befragte stimmen dem zu, dass Arbeit im Privatleben stattfindet[28], und noch stärker ist die Zustimmung dazu, dass private Angelegenheiten in der Arbeitszeit erledigt werden.[29] Durch diese Überschneidungen der Lebensbereiche fühlen sich im Durchschnitt alle Frauen beansprucht. Frauen mit und ohne familiäre Verpflichtungen unterscheiden sich nicht darin, wie zufrieden sie mit ihrer Vereinbarkeit sind, oder wie stark sich ihre Lebensbereiche überschneiden. Die Frauen, deren vertraglich geregelte Arbeitszeiten mit ihren tatsächlichen Arbeitszeiten übereinstimmen, sind signifikant zufriedener mit der Work-Life Balance[30] als Frauen mit Überstunden. Die Frauen ohne Überstunden nehmen signifikant weniger Arbeit mit nach Hause[31] und fühlen sich durch die Arbeit, die mit ins Privatleben genommen wird, weniger beansprucht[32] als Frauen, die regelmäßig Überstunden machen.

Durchschnittliche psychische Gesundheit in Abhängigkeit von privaten Strukturen und Arbeitszeitbelastungen

Bei Betrachtung der psychischen Gesundheit aller Befragten waren die Werte von Burnout und die Depressionswerte mittelmäßig ausgeprägt und entsprechen den

24

25

26

---

27 1= „stimme gar nicht zu", 6 = „stimme völlig zu"
28 Mittelwert (M) = 2,1, Standardabweichung (SD) = 0,5; Minimum (Min) = 1, Maximum (Max) = 4.
29 M = 2,5, SD = 0,4, Min =1, Max = 4.
30 $M_{Frauen\ ohne\ Überstunden}$ = 4,24, $M_{Frauen\ mit\ Überstunden}$ = 3,72; t = 5.093 (df 488), p <.000.
31 $M_{Frauen\ ohne\ Überstunden}$ = 1,93, $M_{Frauen\ mit\ Überstunden}$ = 2,29; t = 4.233 (df 448), p <.000.
32 $M_{Frauen\ ohne\ Überstunden}$ = 1,55, $M_{Frauen\ mit\ Überstunden}$ = 1,94; t = 3.267 (df 180), p <.001.

Mittelwerten anderer Studien.[33] Zwar wurde relativ häufig von psychosomatischen Beschwerden berichtet, trotzdem fiel die Bewertung des subjektiven Gesundheitszustandes mit einem Mittelwert von 7[34] gut aus. Frauen mit familiären Verpflichtungen hatten ebenso wie Frauen, die wenig Überstunden machen, eine signifikant bessere psychische Gesundheit als Frauen ohne Familie und solche, die wöchentlich Überstunden machen: Burnout[35] und Depressionen[36] waren in den beiden ersten Gruppen signifikant niedriger ausgeprägt. Frauen ohne Überstunden schätzen ihren subjektiven Gesundheitszustand besser ein als die, deren tatsächliche Arbeitszeit häufig ihre vertragliche überschreitet.

Gute Gesundheit bei hoher Zufriedenheit mit Vereinbarkeit – eingeschränkte Gesundheit bei Entgrenzung

27 Eine hohe Zufriedenheit mit der Vereinbarkeit zwischen Arbeit und Privatleben hängt signifikant mit guter Gesundheit zusammen (s. Tab. 1). Die Entgrenzung von Arbeit in das Privatleben allein hängt nicht mit höherer Erschöpfung zusammen.

28

Tab. 1: Korrelationen zwischen Vereinbarkeit und Gesundheit

	Beschwerden durch Digitalisierung	Burnout – Erschöpfung	Depressionen	subjektive Gesundheit
Zufriedenheit mit WLB	-.412**	**-.614****	**-.465****	**.416****
Arbeit in Privatleben (AP)	.208**	.215**	.143**	-.169**
Beanspruchung durch AP	.293**	**.385****	.195**	-.229**

Anmerkungen: **p<.01, fett = Korrelationen >.3
Quelle: Eigene Berechnungen.

29 Wenn sich die Frauen allerdings dadurch beansprucht fühlen, dass die Arbeit Zeit im Privatleben einnimmt, geht mit der Entgrenzung eine größere emotionale Erschöpfung einher. Nur für Frauen mit Kindern und Angehörigen gilt, dass sie umso höhere Depressionswerte haben, je stärker sie sich durch die Vermischung von dem Privatleben, das mit auf die Arbeit genommen wird, beansprucht fühlen.[37] Für Frauen ohne weitere familiäre Verantwortung besteht der Zusammenhang mit Depressionen nicht.

---

33 Demerouti u. a.: The Convergent Validity of Two Burnout InstrumentS. In: European Journal of Psychological Assessment 19(1)/2003, S. 12–23.

34 10 ist der Wert für den bestmöglichen Gesundheitszustand.

35 $M_{Frauen\ ohne\ Überstunden}$ = 2,26, $M_{Frauen\ mit\ Überstunden}$ = 2,57; t = -5.032 (df 444), p <.000.

36 $M_{Frauen\ ohne\ Überstunden}$ = 1,78, $M_{Frauen\ mit\ Überstunden}$ = 1,96; t = -2.918 (df 441), p <.000.

37 Korrelationen zwischen Depressionen und Beanspruchung durch Arbeit im Privatleben r =.348, p<.01.

Es konnte gezeigt werden, dass Vereinbarkeit und Gesundheit zusammenhängen: 30
Eine hohe Zufriedenheit mit der Work-Life Balance geht mit guter Gesundheit
bzw. niedriger Erschöpfung und geringer Depression einher. Frauen mit Kindern
fühlen sich durch Entgrenzung beanspruchter und psychisch ungesunder, je mehr
Privatleben auch in der Arbeit stattfindet. Der Gesundheitszustand der befragten
Frauen ist also eindeutig besser, wenn die Vereinbarkeit zwischen Arbeiten und
Privatleben leichter ist und die Frauen sich weniger durch die Vermischung der
Lebensbereiche beansprucht fühlen.

**Kein Zusammenhang zwischen flexibler Arbeit und Zufriedenheit mit Verein-
barkeit – Beanspruchung durch Konflikte zwischen Arbeit und Privatleben bei
Arbeit im Homeoffice**

Es gibt keinen Zusammenhang zwischen Zufriedenheit mit der Vereinbarkeit und   31
digitalen flexiblen Arbeitsbedingungen (Tab. 2). Je mehr die befragten Frauen
(unabhängig von ihrer familiären Situation) im *Homeoffice* oder mobil arbeiten,
desto häufiger findet Arbeit im Privatleben statt und desto mehr fühlen sie sich
von dieser Vermischung der Lebensbereiche beansprucht (Tab. 2). Je mehr von
zuhause gearbeitet wird, desto stärker wird der Konflikt zwischen Privatleben und
Arbeit wahrgenommen.

Tab. 2: Korrelationen zwischen Vereinbarkeit und Skalen der digitalen flexiblen
Arbeit

	IKT Nutzung beruflich	IKT Nutzung privat	Homeoffice	Mobile Arbeit
Zufriedenheit mit WLB	,042	-,009	-,052	-,034
Arbeit in Privatleben (AP)	-,054	,087	**.481****	**.356****
Beanspruchung durch AP	-,071	,119	**.382****	**.296****

Anmerkungen: **$p < .01$, fett = Korrelationen >.3
Quelle: Eigene Berechnungen.

Der Zusammenhang zwischen Vereinbarkeit und digitalem flexiblem Arbeiten ist   32
in der vorliegenden Untersuchung nicht so eindeutig, wie auf Basis vorheriger
Studien angenommen wurde: Flexibilität durch Digitalisierung geht nicht automatisch mit einer höheren Zufriedenheit mit der Work-Life Balance einher.
Vielmehr zeigten sich die negativen Folgen von Flexibilität, da die subjektive
Beanspruchung dadurch, dass Arbeit im Privatleben Zeit einnimmt, umso höher
war, je mehr im *Homeoffice* oder mobil gearbeitet wird. Zudem stört bzw.
verhindert das Privatleben berufliche Weiterentwicklung, wenn viel am hei-
mischen Schreibtisch oder mobil gearbeitet wird. Besonders bei den Frauen mit
Kindern wird die durch hohe Flexibilität entstehende Vermischung zwischen
Arbeit und Privatleben als beanspruchend empfunden.

Zusammenhänge zwischen Gesundheit, Digitalisierung und Flexibilisierung sind spezifisch und unterschiedlich für Personengruppen

33   Es lässt sich kein übergeordneter eindeutiger Zusammenhang zwischen Gesundheitsvariablen und „der Digitalisierung" ausmachen. Bei der Betrachtung aller Befragten zeigt sich kein Zusammenhang zwischen Gesundheit und den Skalen für digitale flexible Arbeit. Für bestimmte Gruppen können spezifische Zusammenhänge ausgemacht werden: Sehr eindeutig zeigen sich die negativen Auswirkungen von zeitlich ausufernder Nutzung digitaler Medien und Geräte bei Frauen mit Kindern. Ihre psychische Gesundheit leidet darunter, umso mehr sie privat IKT nutzen.[38] Ebenso negativ stellen sich die Folgen der Digitalisierung für Frauen, die Führungsverantwortung haben, dar. Sie neigen stärker zu Burnout, wenn sie beruflich viele digitale Medien nutzen.[39] Insgesamt zeigen die Analysen zum Zusammenhang von Gesundheit und digitalen flexiblen Arbeitsbedingungen aber besonders eins: Die Zusammenhänge und Wirkrichtungen müssen spezifisch und differenziert betrachtet werden, da für bestimmte Personengruppen ganz andere Wirkmechanismen und Zusammenhänge bestehen.

Ansätze für BGM: Verhaltensprävention ist gewünscht und Verhältnisprävention hilfreich

34   Nur 10 % aller befragten Frauen konnten überhaupt Angaben zu digitalen BGM Maßnahmen machen. Über Maßnahmen des betrieblichen Gesundheitsmanagements fühlen sich 68 % zu wenig informiert. Die Maßnahmen, die sich die Frauen wünschen, fokussieren hauptsächlich auf Verhaltenspräventionen, z. B. wünschen sich 46 % Seminare zum Thema Stressbewältigung, Entspannungskurse werden von 51 % als häufigste Maßnahme genannt (Abb. 1).

35   Die Maßnahmen, von denen die Befragten annehmen, dass sich dadurch ihre Belastungen reduzieren lassen, liegen stärker im Bereich der Verhältnisprävention, wobei besonders die flexible Gestaltung von Arbeitszeiten hervorsticht (vgl. Abb. 2). Flexible Arbeitszeit wird besonders von den Frauen als wichtige Maßnahme empfunden, die bereits zum Zeitpunkt der Befragung relativ flexibel von zuhause im *Homeoffice* (75 %) tätig waren.

---

38   Korrelationen zwischen Depressionen und IKT-Nutzung privat r =.326, p<.01.
39   Korrelationen zwischen Burnout und IKT-Nutzung beruflich r =.382, p<.01.

36

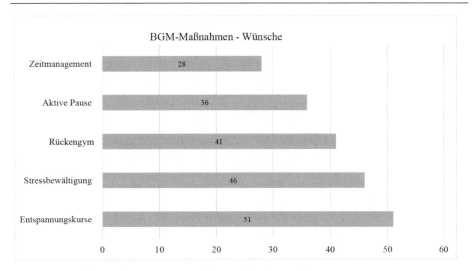

Abb. 1: Von den Befragten gewünschte Maßnahmen des BGM

Anmerkung: Angaben in Prozent, Mehrfachnennung möglich.

Quelle: Eigene Berechnungen.

37

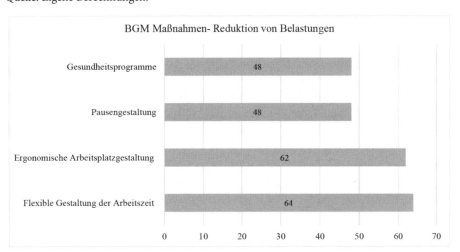

Abb. 2: BGM Maßnahmen, die aus Sicht der Befragten Belastungen reduzieren

Anmerkung: Angaben in Prozent, Mehrfachnennung möglich.

Quelle: Eigene Berechnungen.

Junge Frauen fühlen sich über BGM nicht ausreichend informiert und digitales   38
BGM – obwohl bei allen Experten als wichtiges Thema gelobt – existiert in der
Welt der befragten Frauen kaum. Auffällig ist, dass sich die gewünschten BGM-
Maßnahmen der Frauen eher auf Verhaltenspräventionen beziehen: Sie möchten
darin unterstützt werden, wie sie mit den Arbeitsbelastungen besser umgehen

können, gehen aber davon aus, dass hauptsächlich Verhältnismaßnahmen dabei helfen können, die Belastungen zu reduzieren.

3 Ausblick: digital, flexibel, vereinbar, zufrieden, gesund – Quo vadis Digitalisierung?

39 Für eine Stichprobe von relativ jungen, erwerbstätigen Frauen, von denen etwa die Hälfte familiäre Verpflichtungen durch (kleine) Kinder oder zu pflegende Angehörige hatte, konnten vertiefte Erkenntnisse zu den Themen Digitalisierung, Vereinbarkeit und Gesundheit gewonnen werden. Trotz der Zufriedenheit mit Vereinbarkeit fühlen sich die befragten Frauen durch die Entgrenzung der Lebensbereiche beansprucht. Flexibilisierung von Arbeitsbedingungen hängt für die Frauen nicht mit besserer Vereinbarkeit zusammen und nur sehr spezifisch mit Gesundheit.

40 Der Ausgangspunkt der Studie war die Frage danach, was die Belastungen von ort- und zeitflexiblem Arbeiten sind und wo Ressourcen z. B. für die Vereinbarkeit und Gesundheit bestehen.

Zukünftige Fragen und Ansätze für die Forschung

41 Übergeordnete Fragen, die im Folgenden auf Basis der Ergebnisse noch genauer ausgeführt werden, sollten sein:

42 *Wie können die Ressourcen der Digitalisierung für Vereinbarkeit und Gesundheit ausgebaut werden? Wie können Belastungen der Digitalisierung für Vereinbarkeit und Gesundheit reduziert werden?*

43 Zufriedenheit mit der zeitlichen, gedanklichen und emotionalen Aufteilung verschiedener Rollen und Lebensbereiche ist ein entscheidender Faktor für Gesundheit. In einer Welt, in der durch digitale Medien Lebensbereiche immer mehr verschwimmen, ist es umso wichtiger, zu verstehen, wie die Verteilung der möglichen Rollen so gelingen kann, dass die Gesundheit erhalten bleibt. Eine Arbeitskultur, in der eine Balance zwischen Arbeit und Privatleben auch von Seite der Arbeitgeber unterstützt wird, trägt maßgeblich zur Zufriedenheit und Mitarbeiterbindung bei.[40] Zukünftige Forschungen sollten sich noch stärker der Frage widmen, wie Zufriedenheit und Wohlbefinden bestehen können, obwohl oder gerade weil Lebensbereiche sich im Sinne des *Work Life Blending* überschneiden und Grenzen verschwimmen. Wo sollten externe Grenzen gesetzt werden, z. B. durch innovative gesetzliche Regelungen zur Arbeitszeit und Arbeitsort? Wie kann eine Arbeitskultur entstehen, in der Digitalisierung mit allen Chancen und

---

40 Major u. a.: The influence of work-family culture and workplace relationships on work interference with family: a multilevel model. In: Journal of Organizational Behavior 29/ 2008, S. 881–897.

Herausforderungen genutzt wird, ohne sie zu verteufeln oder hoch zu jubeln? Wie können Menschen dazu befähigt werden, sich selbst Grenzen zu setzen, Verantwortung für sich und andere zu übernehmen und neue Arbeitsformen als Bereicherung zu sehen? Ein Schlüssel zur Stärkung der Verantwortungsübernahme für die eigene Gesundheit und die Gesundheit der Mitarbeitenden könnten spezielle Trainings für Führungskräfte und Mitarbeitende zur Stärkung der Selbstkompetenzen sein.[41] Selbstkompetenzen bestehen aus verschiedenen Facetten: So gibt es neben dem Selbstwissen (z. B. Was sind meine Ziele? Was brauche ich, um zufrieden zu sein?), die Selbstwirksamkeitserwartung (z. B. Ich gehe davon aus, die Fähigkeiten zu besitzen, Anforderungen, die an mich gestellt werden, auch bewältigen zu können.), auch soziale Kompetenzen zur Gestaltung von Interaktion und Verantwortungsbereitschaft zählen dazu.

Empirische Untersuchungen, die zeigen, dass Selbstkompetenz Abgrenzungsproblematiken entgegen wirkt, stehen noch aus. Aber Ansätze dafür, dass der private Lebensbereich nicht mehr als störend für die berufliche Entwicklung wahrgenommen werden muss, sind vielfältig. Die von vielen Seiten geforderte gesellschaftspolitische Wertschätzung von Familiengründung, privatem und sozialem Engagement und gleichzeitiger Erwerbsarbeit sollte hier ausgebaut werden. 44

Und was genau kann auf Ebene der Arbeitsgestaltung gemacht werden? Wie kann Digitalisierung dafür genutzt werden, dass zwar mobil gearbeitet, aber Entgrenzung nicht als beanspruchend empfunden wird? 45

Ein Ansatz dafür bieten Co-Working Spaces, die dazu genutzt werden, z. B. Fahrzeiten zu reduzieren und trotzdem nicht im eigenen (privaten) Zuhause liegen. 46

Ansätze und Implikationen für (d)BGM

Für das noch recht neue Forschungsgebiet zu betrieblichem Gesundheitsmanagement zeigen sich durch diese Arbeit verschiedene Ansätze, in denen wissenschaftliche Erkenntnisse vertieft werden sollten: Zum einen wird mehr Wissen für eine gute (valide, reliabel und ökonomische) Bedarfsanalyse dazu führen, dass Maßnahmen nicht mehr nach dem „Gießkannen-Prinzip" konzipiert, sondern spezifisch zugeschnitten werden können. Zum anderen wird mehr Wissen darüber, wie Mitarbeitende erreicht und zu Gesundheitsprävention (im betrieblichen Kontext) motiviert werden können, eine größere Wirkung von BGM erzielen. Und letztlich mangelt es trotz erster Ansätze[42] an evidenzbasierten Studien und Evaluationen, wie digitales, analoges und hybrides[43] BGM dazu beitragen kann, digitale Arbeitsbedingungen, Flexibilitäts- und Vereinbarkeitsanforderungen ressourcenorientiert zu gestalten. 47

---

41 Lerch: Selbstkompetenz. 2016.
42 Matusiewicz/Kaiser. Digitales Betriebliches Gesundheitsmanagement. 2017.
43 Hybrid bedeutet die Mischung aus analog und digital.

48 Wie die Ergebnisse zeigen, brauchen wir ein innovatives hybrides BGM, das sowohl auf neue Maßstäbe für gesundheitsförderliche Verhältnisse als auch auf die Stärkung der Individuen und deren Selbstkompetenzen setzt. IKT muss noch gezielter für Gesundheitszwecke eingesetzt und im Sinne zufriedenstellender Flexibilisierung weiterentwickelt werden.

Digitale Transformation: Veränderung als übergeordnetes Thema für Gesundheit

49 Beschäftigt man sich mit dem Thema digitaler Transformation, so ist die wohl wichtigste Frage: Was genau verstehen wir bzw. jede und jeder einzelne unter „Digitalisierung"? Gesellschaftlich und von Seiten der Wissenschaft muss genauer definiert werden, was darunter verstanden wird. Dann können wir schauen, welche Ressourcen und Belastungen „die Digitalisierung" für Vereinbarkeit und Gesundheit mit sich bringt. In dieser Studie wurden unter digitaler Transformation digitale flexible Arbeitsbedingungen und der Umfang der beruflichen und privaten Mediennutzung verstanden. Da Zusammenhänge mit Gesundheit nur für spezifische Gruppen auszumachen waren, muss die selbstkritische Frage gestellt werden: Sind die Parameter geeignet, digitale Veränderungen abzubilden? Zukünftige Forschung sollte noch spezifischer darauf achten, was genau die Veränderungen der Arbeitsbedingungen sind, die wir mit Flexibilität in Verbindung bringen. Darüberhinausgehend sollte die Frage sein: Kann Flexibilität, die durch digitale Veränderungen als gesamtgesellschaftliche Aufgabe besteht, mittels bestimmter Arbeitsbedingungen operationalisiert werden? Oder ist es vielmehr die ständige Veränderung als solche, die für Menschen eine Anforderung und Chance zugleich sein kann? Der Leitgedanke sollte hier sein, dass schon in der Bezeichnung „digitale Transformation" ein Prozess steckt, der nicht abgeschlossen wird, sondern anhält. Arbeitspsychologische Forschung sollte besonders darauf achten, wie Menschen mit ständiger Veränderung so umgehen können, dass sie gesund bleiben und Veränderungen als etwas Positives wahrgenommen werden können.

Literatur

Betriebskrankenkasse (BKK): Gesunde neue Arbeitswelt. 2015. Online: www.dailywear.de/file-admin/publikationen/magazin/2015_04/bkk_04_2015-c.pdf [abgerufen am 30.1.2018].

Bittman, M./Wajcman, J.: The rush hour: The character of leisure time and gender equity. In: Social forces 79/2000, S. 165–189.

Böhm, S.: Auswirkungen der Digitalisierung auf die Gesundheit von Beschäftigten. Vortrag. Berlin 2016.

Brandt, A./Polom, L./Danneberg, M.: Gute digitale Arbeit. Auswirkungen der Digitalisierung im Dienstleistungsbereich. Friedrich-Ebert-Stiftung. Studie im Auftrag der Dienstleistungsgewerkschaft Verdi. Bonn 2016. Online: http://library.fes.de/pdf-files/wiso/12786.pdf [abgerufen am 30.1.2018].

Bullinger, M.: Erfassung der gesundheitsbezogenen Lebensqualität mit dem SF-36-Health Survey. Bundesgesundheitsblatt-Gesundheitsforschung-Gesundheitsschutz 43(3)/2000, S. 190–197.

Carlson, D. S./Kacmar, K. M./Williams, L. J.: Construction and initial validation of a multi-dimensional measure of work–family conflict. In: Journal of Vocational behavior 56(2)/2000, S. 249–276.

Demerouti, E. u. a.: The Convergent Validity of Two Burnout Instruments. In: European Journal of Psychological Assessment 19(1)/2003, S. 12–23.

Döring, N./Bortz, J.: Forschungsmethoden und Evaluation. Heidelberg 2016.

Ducki, A./Nguyen, H. T.: Psychische Gesundheit in der Arbeitswelt: Mobilität. Bericht. Bundesanstalt für Arbeitsschutz und Arbeitsmedizin. Dortmund/Berlin/Dresden 2016.

Hautzinger, M./Bailer, M.: Allgemeine Depressionsskala. Göttingen 1993.

Hernández, J./Roßberg, C.: Work-Life-Balance der Mitarbeitenden stärken – Ein überholtes Konstrukt? In: Bechtel, P/Friedrich, D./Kerres, A.: Mitarbeitermotivation ist lernbar. Mitarbeiter in Gesundheitseinrichtungen motivieren, führen, coachen. Berlin/Heidelberg 2018, S. 223–235.

Hill, E. J. u. a.: Workplace flexibility, work hours, and work-life conflict: Finding an extra day or two. In: Journal of Family Psychology 24(3)/2010, S. 349–358.

Lecher, S.: Selbstkompetenzen. Berlin 2016.

Lück, P./Macco, K./Stallauke, M.: Betriebliches Gesundheitsmanagement – eine Unternehmensbefragung. In: Badura, B./Schröder, H./Klose, J./ Macco, K. (Hrsg.). Fehlzeiten-Report 2010: Vielfalt managen: Gesundheit fördern-Potenziale nutzen. Springer. Berlin 2010, S. 37–45.

Major, D. A. u. a.: The influence of work-family culture and work-place relationships on work interference with family: a multilevel model. In: Journal of Organizational Behavior 29/2008, S. 881–897.

Matusiewicz, D./Kaiser, L. (Hrsg.): Digitales Betriebliches Gesundheitsmanagement. Berlin 2017.

Messenger, J. u. a.: Working anytime, anywhere: the effects on the world of work. In: Publications Office of the European Union. Luxemburg. 2017, S. 1–68.

Müller, C./Klenke, B.: Wie Unternehmen psychische Belastungen verhindern können: Gefährdungsbeurteilung und Mitarbeiterbefragung helfen Risiken rechtzeitig zu erkennen. In: Handbuch Mitarbeiterbefragung. Berlin 2013, S. 437– 457.

Palm, E. u. a.: Zusammenspiel von organisationalen Normen, individuellen Präferenzen und arbeitsbezogenen Entgrenzungsverhalten mit Konflikten zwischen Arbeits- und Privatleben. In: Wirtschaftspsychologie 18(2)/2016, S. 44–54.

Pauls, N./Pangert, B./Schüpbach, H.: Die Auswirkungen arbeitsbezogener erweiterter Erreichbarkeit auf Life-Domain-Balance und Gesundheit, 2. Aufl. Bundesanstalt für Arbeitsschutz und Arbeitsmedizin (BAuA). Dortmund 2016.

Schorlemmer, J/Maguhn, R./Fischer, A.: Digital and flexible working condition: The magical bullet for mental health and work-life balance? In: Journal of Occupational Medicine and Toxicology, in press.

Syrek, C. J. u. a.: Entwicklung und Validierung der Trierer Kurzskala zur Messung von Work-Life Balance (TKSWLB). In: Diagnostica 57(3)/2011, S. 134–145.

Wöhrmann, A. M.: Psychische Gesundheit in der Arbeitswelt–Work-Life-Balance. Bundesanstalt für Arbeitsschutz und Arbeitsmedizin (BAuA). 2016.

Demografie-Monitor: Tarifverträge zur Gestaltung der Qualität der Arbeit – Handlungsfelder und Ansätze zu alternsgerechten und demografiefesten Arbeitsbedingungen

Astrid Rimbach

Abstract: Die Abschlüsse von Demografie-Tarifverträgen der Tarif- und Betriebsparteien sind Antworten, mit denen die jeweiligen Wirtschaftszweige, Branchen und Betriebe die Auswirkungen des demografischen Wandels erfolgreich handhaben können. Die Handlungsfelder orientieren sich entlang der Erwerbsphase. Die Demografie-Tarifverträge leisten einen bedeutenden Beitrag zur Wettbewerbsfähigkeit und Arbeitgeberattraktivität, stärken das Image von Branchen, Berufen und Betrieben und verankern alternsgerechte Arbeitsbedingungen. Demografie-Tarifvertrage bewirken branchenweite Standards und Regeln und eröffnen somit für die tarifgebundenen Unternehmen einen längerfristigen Planungshorizont.

1 Arbeiten 4.0 – Megatrend trifft Megatrend

1 Der demografische Wandel ist in den Unternehmen angekommen. Zugleich bestimmt die Digitalisierung die Diskussion um die Zukunft der Industrie. Die Digitalisierung gewinnt im Kontext von Arbeiten 4.0 immer mehr an Bedeutung. Arbeiten 4.0 ist kein vorübergehendes industrielles Phänomen. Unternehmen, Mitarbeitende, Verbraucher sowie Konsumenten werden hiervon einige Jahrzehnte begleitet werden. Maschinen, Anlagen, Roboter werden sich fortwährend zu lernenden Systemen entwickeln. Auf der intelligenten Vernetzung von Mensch, Maschine und industrieller Prozese wird die Zukunft der Unternehmen basieren.[1]

2 Unter Industrie, Arbeits- und Lebenswelt 4.0 (IAL 4.0) wird der grundlegende Wandel in der Produktionsweise verstanden, der sich durch eine veränderte Mensch-Maschine- und Maschine-Maschine-Interaktion wie auch durch Digitalisierung, Vernetzung und Flexibilität auszeichnet. Die Erwartungen an IAL 4.0 sind hoch und es zeichnen sich erhebliche Veränderungen in der Arbeitswelt ab.[2] Von den Unternehmen werden eine hohe Flexibilität und Innovationsfähigkeit gefordert. Ebenso ältere Mitarbeitende wie auch die heute 40-Jährigen müssen in diese Entwicklung mit ihren Konsequenzen hineinwachsen. Die zweite große industrielle Welle der Veränderung erleben die heute 50-Jährigen. Sie müssen ihre neue Rolle in diesem Umbruch finden. Durch die Digitalisierung der Prozesse werden in der Produktion körperlich belastende Tätigkeiten durch die Vernetzung von Maschinen und Anlagen reduziert werden. Doch die psychischen Belastungen werden zukünftig an Bedeutung gewinnen.[3]

2 Demografie-Tarifverträge

3 Die digitalisierte Arbeitswelt mit ihren Wirkungen auf die Arbeitsbedingungen ist keineswegs eindeutig vorherbestimmt. Diese Veränderungen bieten Chancen und Herausforderungen: Genau genommen ist dies für die betriebliche Arbeitswelt

---

1 Rimbach: Megatrend trifft Megatrend. Arbeiten 4.0. In: Der Betriebsrat. 2017b, S. 16.
2 Becker: Auf dem Weg zur Industrie 4.0. In: personalmagazin 12/2015, S. 14–17.
3 Rimbach: Megatrend trifft Megatrend. Arbeiten 4.0. In: Der Betriebsrat. 2017b, S. 16.

kein Schicksal, sondern IAL 4.0 ist gestaltbar. Die bisherigen Transformationen in Branchen, Berufsbildern und Tätigkeiten – Arbeiten 1.0 bis 3.0 – konnten immer gemeistert werden. Davon ist auch für Arbeiten 4.0 auszugehen.[4]

2.1 Ziele von Demografie-Tarifverträgen

Demografie und Arbeiten 4.0 sollten zusammen gedacht werden: Was muss sich   4
im betrieblichen Alltag verändern? Wie bleiben die Beschäftigten möglichst lange gesund – am besten bis zum Eintritt ins gesetzliche Rentenalter? Welche Themen sind schon heute für eine alternsgerechte Arbeit und eine demografieorientierte Personalarbeit in den Blick zu nehmen, damit auch morgen noch motivierte sowie leistungsfähige Mitarbeitende zur Verfügung stehen?

In einer wachsenden Zahl von Branchen und Unternehmen reagieren die Sozial-   5
und Tarifpartner auf diese Herausforderungen: Sie schließen Demografie-Tarif- verträge ab. Die engagierten und gesellschaftspolitisch wertvollen Abschlüsse von Demografie-Tarifverträgen der Sozial und Tarifpartner sind Antworten, mit denen die jeweiligen Wirtschaftszweige, Branchen und Betriebe die Auswirkungen des demografischen Wandels erfolgreich handhaben können. Nachfolgend sind die Ziele von Demografie-Verträgen aufgeführt:[5]

Demografie-Tarifverträge – warum überhaupt?   6

- Gestalten der Folgen des demografischen Wandels
- Erhalten von Gesundheit und Arbeitsfähigkeit
- Fördern der Branchen- und Arbeitgeberattraktivität
- Finden von alternativen Lösungen zur geforderten Altersteilzeit
- Reagieren auf Altersstrukturanalysen und Gefährdungsbeurteilungen
- **Was wollen die Verhandlungspartner erreichen?**
- Arbeitsfähigkeit und Gesundheit bis zur Verrentung erhalten (teilweise durch Entlastung)
- Attraktivität von Branche und Betrieben durch lebensphasenorientierte Arbeitsbedingungen und Arbeitszeitmodelle erhöhen
- Gesundheitsförderung verbessern
- Verantwortung von Arbeitgebern und Beschäftigten sensibilisieren und fördern

---

4 BAVC: Standpunkt: Arbeiten 4.0 FREIHEIT WAGEN – ARBEITEN 4.0 GESTALTEN. 2017a, Online: https://www.bavc.de/bavc/mediendb.nsf/gfx/40A9DE9A715BF746C12581-C200282F3E/$file/OnePager_Arbeiten%204.0_2017_10_23.pdf [abgerufen am 31.1.2018].

5 INQA: Tarifverträge zur Gestaltung der Qualität der Arbeit. Ein aktueller Überblick über Vereinbarungen zu alternsgerechten und demografiefesten Arbeitsbedingungen. 2014, S. 6, Online: http://www.inqa.de/SharedDocs/PDFs/DE/Publikationen/tarifvertraege-zur-gestal-tung-der-qualitaet-der-arbeit.pdf;jsessionid=435263578BBB9386AD53583EE5AA7995?__blob=publicationFile&v=1 [abgerufen am 27.1.2018].

– Nachhaltige und zielgruppenorientierte Personalarbeit fördern
– Qualifizierung und Weiterentwicklung fördern und fordern

7   Demografie-Tarifverträge leisten einen bedeutenden Beitrag zur Wettbewerbs-fähigkeit und Arbeitgeberattraktivität, stärken das Image von Branchen, Berufen und Betrieben und verankern motivierende und altersgerechte Arbeitsbedingungen. Demografie-Tarifvertrage bewirken branchenweite Standards und Regeln und eröffnen somit für die tarifgebundenen Unternehmen einen längerfristigen Planungshorizont.

8   Arbeitgeber und Arbeitnehmervertretungen der Tarifparteien sowie der Betriebs-ebene schätzen den Einfluss der Demografie-Tarifverträge etwa gleich gut ein. Die Frage „Beeinflusst der Tarifvertrag das Image der Branche und des Betriebs positiv?" bejahten 89 % der befragten Personen. Die Höhe des Einflusses der Tarifverträge stuften die befragten Akteure mit 33,3 % sehr hoch und mit 51,3 % hoch ein.[6] Welche Rolle der Tarifvertrag für die Mitarbeiterfindung und -bindung spielt, maßen Arbeitgeber- und die Arbeitnehmervertretungen der Betriebsebene mit 56,6 % eine sehr große Bedeutung zu.[7] Die Tarifverträge werden auch in der Praxis gut bewertet: Arbeitgeber und Betriebsräte bewerten den Tarifvertrag positiver als die Tarifparteien. Beide Betriebsparteien geben den Tarifverträgen die Schulnote 1,7. Die Tarifparteien bewerten den Nutzen für die Branche auf Arbeitgeberseite mit 1,9 und auf Arbeitnehmerseite mit 2,1.[8]

2.2   Handlungsfelder von Demografie-Tarifverträgen

9   Die Regelungen, auf die sich die Unternehmen und Branchen in den Tarifver-trägen geeinigt haben, um demografiefest zu werden, lassen sich verschiedenen Handlungsfeldern zuordnen. Diese skizzieren den gesamten Erwerbsverlauf. Die demografierelevanten Regelungen orientieren sich entlang der gesamten Erwerbs-phase: beginnend mit der Ausbildung und dem Übergang in das Erwerbsleben bis

---

6   INQA: Tarifverträge zur Gestaltung der Qualität der Arbeit. Ein aktueller Überblick über Vereinbarungen zu alternsgerechten und demografiefesten Arbeitsbedingungen. 2014, S. 20, Online: http://www.inqa.de/SharedDocs/PDFs/DE/Publikationen/tarifvertraege-zur-gestal-tung-der-qualitaet-der-arbeit.pdf;jsessionid=435263578BBB9386AD53583EE5AA7995?__blob=publicationFile&v=1 [abgerufen am 27.1.2018].

7   INQA: Tarifverträge zur Gestaltung der Qualität der Arbeit. Ein aktueller Überblick über Vereinbarungen zu alternsgerechten und demografiefesten Arbeitsbedingungen. 2014, S. 26, Online: http://www.inqa.de/SharedDocs/PDFs/DE/Publikationen/tarifvertraege-zur-gestal-tung-der-qualitaet-der-arbeit.pdf;jsessionid=435263578BBB9386AD53583EE5AA7995?__blob=publicationFile&v=1 [abgerufen am 27.1.2018].

8   INQA: Tarifverträge zur Gestaltung der Qualität der Arbeit. Ein aktueller Überblick über Vereinbarungen zu alternsgerechten und demografiefesten Arbeitsbedingungen. 2014, S. 19, Online: http://www.inqa.de/SharedDocs/PDFs/DE/Publikationen/tarifvertraege-zur-gestal-tung-der-qualitaet-der-arbeit.pdf;jsessionid=435263578BBB9386AD53583EE5AA7995?__blob=publicationFile&v=1 [abgerufen am 27.1.2018].

hin zur Gestaltung des Rentenübergangs. Diese Regelungen gelten nicht nur für ältere oder leistungsgeminderte Mitarbeitende, sondern für alle.[9]

10

Tab. 1: Übersicht zu Handlungsfeldern der Demografie-Verträge

Berufseinstieg	Haupterwerbsphase		Ruhestand
• Ausbildung • Übergang in die Erwerbstätigkeit	• Beschäftigungs-sicherung/Personal-entwicklung • Arbeitsbedingungen und Arbeitsgestal-tung • Führungs- und Un-ternehmenskultur • Gesundheitsför-derung • Arbeitszeitgestaltung	• Vereinbarkeit von Beruf und Familie • Qualifizierung und Kompetenz • Umgang mit ein-geschränkter Leis-tungsfähigkeit • Alternsgerechte Berufsverläufe	• Altersübergang • Altersversorgung

Quelle: Eigene Darstellung in Anlehnung an INQA, 2014, S. 7.

In den Handlungsfeldern Gesundheitsförderung, Arbeitszeitgestaltung und Qua-lifizierung sehen die Branchen und Unternehmen den größten Handlungs-bedarf.[10] Die folgende Übersicht der erfassten sieben Branchen- und vier Unter-nehmenstarifverträgen zeigt auf, in welchen Handlungsfeldern Regelungen zu finden sind. Der Demografie-Monitor liefert eine Übersicht zu elf bereits abge-schlossenen Demografie-Tarifverträgen – sieben Branchentarifverträge und vier Unternehmenstarifverträge:[11]

11

9 INQA: Tarifverträge zur Gestaltung der Qualität der Arbeit. Ein aktueller Überblick über Vereinbarungen zu alternsgerechten und demografiefesten Arbeitsbedingungen. 2014, S. 7, Online: http://www.inqa.de/SharedDocs/PDFs/DE/Publikationen/tarifvertraege-zur-gestal-tung-der-qualitaet-der-arbeit.pdf;jsessionid=435263578BBB9386AD53583EE5AA7995?__blob=publicationFile&v=1 [abgerufen am 27.1.2018].

10 INQA: Tarifverträge zur Gestaltung der Qualität der Arbeit. Ein aktueller Überblick über Vereinbarungen zu alternsgerechten und demografiefesten Arbeitsbedingungen. 2014, S. 8, Online: http://www.inqa.de/SharedDocs/PDFs/DE/Publikationen/tarifvertraege-zur-gestal-tung-der-qualitaet-der-arbeit.pdf;jsessionid=435263578BBB9386AD53583EE5AA7995?__blob=publicationFile&v=1 [abgerufen am 27.1.2018].

11 INQA: Tarifverträge zur Gestaltung der Qualität der Arbeit. Ein aktueller Überblick über Vereinbarungen zu alternsgerechten und demografiefesten Arbeitsbedingungen. 2014, S. 9, Online: http://www.inqa.de/SharedDocs/PDFs/DE/Publikationen/tarifvertraege-zur-gestal-tung-der-qualitaet-der-arbeit.pdf;jsessionid=435263578BBB9386AD53583EE5AA7995?__blob=publicationFile&v=1 [abgerufen am 27.1.2018].

12 **Tab. 2:** Übersicht zu Handlungsfeldern von Branchen und Unternehmenstarifverträgen

	Tarifvertrag[1]	Ausbildung	Übergang Erwerbstätigkeit	Beschäftigungs-sicherheit & Personalentwicklung	Arbeitsbedingungen & -gestaltung	Führungs- & Unternehmenskultur	Gesundheits-förderung	Arbeitszeit-gestaltung	Vereinbarkeit Beruf & Freizeit	Qualifizierung & Kompetenz	Altersgerechte Berufsverläufe	Umgang mit eingeschränkter Leistungsfähigkeit	Altersübergang	Alters-versorgung	Finanzierung
Branchen	... zur Gestaltung des demografischen Wandels in der Eisen- und Stahlindustrie		✓		✓		✓			✓			✓		✓
	... zur Qualifizierung Metall- und Elektroindustrie Baden-Württemberg				✓		✓			✓			✓		
	... Lebensarbeitszeit und Demografie, Chemie/Kunststoff	✓		✓			✓	✓		✓	✓			✓	✓
	... zur betriebl. Gesundheitsförderung im Sozial- und Erziehungsdienst					✓	✓	✓							
	... Arbeit und Demografie in Wasserwirtschaftsbe-trieben in NRW		✓				✓	✓	✓	✓	✓	✓			✓ ✓
Unternehmen	... zur Bewältigung des demn Wandels im Nahverkehrografische	✓			✓		✓[2]	✓	✓	✓[2]	✓[2]	✓	✓		✓
	... zum demograf. Wandel & der Generationsge-rechtigkeit, Verkehrs-betriebe H-H AG						✓	✓	✓	✓	✓		✓		✓
	... zum Alter[n]gerechten Arbeiten, Deutsche Post AG			✓	✓	✓	✓			✓				✓	✓
	... Demografie-Tarifvertrag, Deutsche Bahn AG	✓			✓	✓[2]	✓	✓	✓	✓	✓		✓		✓
	... über ein konzernweites Gesundheitsmanagement, IBM				✓	✓	✓			✓					✓

1 Die Aufzählung der Tarifverträge erhebt keinen Anspruch auf Vollständigkeit. Neben den hier aufgezählten Tarifverträgen gibt es weitere Verträge, die das Thema Demografie aufgreifen.

2 Der Tarifvertrag regelt einen Fonds bzw. eine Finanzierung für ein breites Spektrum von Maßnahmen, aus denen auf betrieblicher Ebene eine Auswahl getroffen wird. Daher werden zu den einzelnen Aspekten keine Verpflichtungen, sondern mögliche Maßnahmen beschrieben.

Quelle: Eigene Darstellung in Anlehnung an INQA 2014, S. 9.

2.3 Ein Einblick – Der Tarifvertrag Lebensarbeitszeit und Demografie für die chemische Industrie in Deutschland

13 Die Chemie-Sozialpartner waren die Ersten, die einen Tarifvertrag abgeschlossen haben, der das gesamte Arbeitsleben in den Fokus nimmt: Der 2008 vereinbarte Tarifvertrag „Lebensarbeitszeit und Demografie" (TV Demo) ermöglicht eine vorausschauende Personalpolitik und schafft Anreize für eine längere Beschäftigung.[12]

---

12 BAVC (2017b). Chemie-Formel für den demografischen Wandel. Tarifpolitik. BAVC IMPULS 06I|2017, S. 4, Online: https://www.bavc.de/bavc/mediendb.nsf/gfx/med_DOMO-AN6DYP_380EC3/$file/Impuls_06_2017_TV%20Demo.pdf?Open&highlight=undefined [abgerufen am 31.1.2018].

Der TV-Demo trat am 1.5.2008 zur Förderung einer nachhaltigen und voraus-   14
schauenden Personalpolitik in den Unternehmen der chemischen Industrie die
sogenannte „Chemie-Formel zum demografischen Wandel" in Kraft. Zu den
Elementen dieser Formel gehören im Wesentlichen:[13]

- Durchführung einer Demografieanalyse (Alters- und Qualifikationsstruk-
  turen)
- Maßnahmen zur alters-, alterns- und gesundheitsgerechten Gestaltung des
  Arbeitsprozesses mit dem Ziel der Verbesserung der Beschäftigung und Leis-
  tungsfähigkeit
- Maßnahmen zur Qualifizierung während des gesamten Arbeitslebens
- Maßnahmen der (Eigen-)Vorsorge/Nutzung von Instrumenten für gleitende
  Übergänge zwischen Bildungs-, Arbeits- und Ruhestandsphase

Die Demografieanalyse bildet in diesem Tarifvertrag die Grundlage, um den   15
personalpolitischen Handlungsbedarf zwischen Arbeitgeber und Betriebsrat zu
beraten. Auf den ermittelten Daten aufbauend sollen entsprechende Maßnahmen
vereinbart werden.

Dazu können insbesondere Maßnahmen in folgenden Handlungsfeldern ge-   16
hören:[14]

- Information der Beschäftigten, Sensibilisierung für das Thema
- Arbeitsorganisation: Alters- und alternsgerechte Arbeitsgestaltung und Ar-
  beitsorganisation
- Arbeitszeit: Altersgerechte Arbeitszeitflexibilität (= betriebl. Arbeitszeitmo-
  delle)
- Betriebliche Gesundheitsförderung und gesundheitsgerechtes Verhalten
- Qualifizierung: Förderung und Forderung kontinuierlicher beruflicher Quali-
  fizierung
- Erfahrungs- und Wissenstransfer im Unternehmen
- Nachwuchssicherung, Bindung der Arbeitnehmenden und Ausgebildeten an
  das Unternehmen
- Familienbewusste Personalpolitik zur Förderung der Vereinbarkeit von Beruf
  und Familie

Ein weiteres wegweisendes Element ist die Einrichtung eines betrieblichen Demo-   17
grafiefonds, in den die Betriebe je Tarifarbeitnehmendem einen Demografiebetrag
von 750 EUR einzahlen. Für ein oder mehrere nachfolgende Module, die ih-

---

13   Bundesarbeitgeberverband Chemie e. V. (BAVC), IG Bergbau, Chemie, Energie (IG BCE):
      Tarifvertrag Lebensarbeitszeit und Demografie (TV Demo), Gemeinsame Erläuterungen.
      2015, S. 7.
14   Bundesarbeitgeberverband Chemie e. V. (BAVC), IG Bergbau, Chemie, Energie (IG BCE):
      Tarifvertrag Lebensarbeitszeit und Demografie (TV Demo), Gemeinsame Erläuterungen.
      2015, S. 20.

ren Schwerpunkt im Bereich Arbeitszeit haben, kann der Demografiebetrag verwendet werden und wird im Rahmen einer freiwilligen Betriebsvereinbarung geregelt.[15]

18

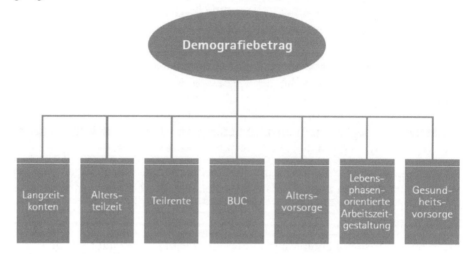

Abb. 1: Die Verwendungszwecke des Demografievertrages

Quelle: Eigene Darstellung in Anlehnung an BAVC, 2017b, S. 4–5.

19 Für die Chemie-Arbeitgeber und die Gewerkschaft IG BCE gilt der Tarifvertrag als wegweisend und als tarifpolitischer Meilenstein.[16] Der Tarifvertrag zeigt somit eine zukunftsfähige und innovative Vorgehensweise auf, um auf die Herausforderungen des demografischen Wandels zu reagieren. Diese Vorreiterrolle in der Industrie bildet eine Ausgangsbasis, um den Herausforderungen der Digitalisierung im Kontext Arbeiten 4.0 zu begegnen.[17]

---

15 BAVC (2017b). Chemie-Formel für den demografischen Wandel. Tarifpolitik. BAVC IMPULS 06I|2017, S. 4–5, Online: https://www.bavc.de/bavc/mediendb.nsf/gfx/med_DOMO-AN6DYP_380EC3/$file/Impuls_06_2017_TV%20Demo.pdf?Open&highlight=undefined [abgerufen am 31.1.2018].

16 West: Sozialpartnerschaft und tarifpolitisches Umsetzungsregime. In: Schack/Volkwein (Hrsg.:) Demographie-Tarifvertrag in der Hessischen Praxis. 2010, S. 6–11.

17 Rimbach: „Die Chemieformel" – Das integrierte Betriebliche Gesundheitsmanagement in der chemischen Industrie in Norddeutschland. In: Matusiewicz,/Kaiser: Digitales Betriebliches Gesundheitsmanagement. 2017a, S. 512.

2.4 Reichweite und Weiterentwicklung der Tarifverträge

Tab. 3: Reichweite von Demografieverträgen   20

	Tarifvertrag	in Kraft seit (Jahr)	Betriebe/ Einrichtungen	Beschäftigte	strukturelle Besonderheiten Branche/Unternehmen
Branchen	… zur Gestaltung des demografischen Wandels in der Eisen- u. Stahlindustrie	2006	80	80.000	70 % Großunternehmen, 30 % mittelständisch; mehrheitlich dezentral organisiert
	… zur Qualifizierung Metall- und Elektroindustrie Baden-Württemberg	2001, Neufassung 2012	1.000	500.000	Unternehmen aller Größenklassen
	… Lebensarbeitszeit und Demografie, Chemie/ Kunststoff	2008, Neufassung 2012	1.9001	550.000-600.000	Hälfte bis zwei Drittel Großunternehmen, sonst Mittelstand
	… zur betriebl. Gesundheitsförderung im Sozial- und Erziehungsdienst	2009	16.000	200.000-300.000	viele Kleinst- und Kleinbetriebe; z. T. mehrere Einrichtungen pro Träger
	… Arbeit und Demografie in Wasserwirtschaftsbetrieben in NRW	2012	18	6.000	Hälfte Kleinst- und Kleinbetriebe, Hälfte Großunternehmen; überwiegend mehrere Standorte
	… zur Bewältigung des demografischen Wandels im Nahverkehr	2014	60	70.000	größtenteils Großunternehmen mit mehreren Standorten
Unternehmen	… zu Langzeitkonten und Demografie Universitätsklinika Ba.-Wü.	2014	4	25.000	Großunternehmen
	… zum demograf. Wandel & der Generationsgerechtigkeit, Verkehrsbetriebe H-H AG	2012	1	1.600	Großunternehmen mit mehreren Standorten
	… zum Alter(n)sgerechten Arbeiten, Deutsche Post AG	2011	70-90	130.0003	Großunternehmen mit mehreren Standorten, aber zentralistisch organisiert
	… Demografie-Tarifvertrag, Deutsche Bahn AG	2013	53	150.000-180.000	größtenteils Großunternehmen
	… über ein konzernweites Gesundheitsmanagement, IBM	2014	11	16.0004	zwei Drittel Großunternehmen, sonst KMU

Abweichende Angaben: 1 100 / 2 38.000 / 3 www.vhhbus.de/unternehmen/philosophie / 4 Zwei Drittel mittelständisch

Quelle: Eigene Darstellung in Anlehnung an INQA, 2014, S. 14.

Die Tabelle 3 zeigt auf, wie viele Beschäftigte entsprechend der Angaben der   21
Tarifparteien von Demografie-Tarifverträgen profitieren. Von den Arbeitgeber-
und Arbeitnehmervertretungen der Tarifparteien sprechen sich 81 % für die
Weiterentwicklung der Demografieverträge aus. Nur 5 % sprechen sich dagegen
aus.[18] Die Sozialpartner der chemischen Industrie haben sich eindeutig auf eine
inhaltliche Weiterentwicklung geeinigt, um auch zukünftig einvernehmlich den
Herausforderungen des demografischen Wandels gerecht zu werden.[19]

2.5 Arbeiten 4.0 – Gesundheit und Kompetenz

Qualifikation und Kompetenz stellen entscheidende Faktoren für die Verbes-   22
serung der Produktivität der deutschen Wirtschaft dar. Gleichzeitig sind sie
bedeutende Stellgrößen für die Bewältigung des demografischen Wandels in der
Arbeitswelt – und sie sind eng verbunden mit einem weiteren wichtigen Parame-

---

18 INQA: Tarifverträge zur Gestaltung der Qualität der Arbeit. Ein aktueller Überblick über
    Vereinbarungen zu altersgerechten und demografiefesten Arbeitsbedingungen. 2014, S. 27,
    Online: http://www.inqa.de/SharedDocs/PDFs/DE/Publikationen/tarifvertraege-zur-gestaltung-
    der-qualitaet-der-arbeit.pdf;jsessionid=435263578BBB9386AD53583EE5AA7995?__blob=pub-
    licationFile&v=1 [abgerufen am 27.1.2018].
19 Winkler: Betriebliche Gestaltung des demografischen Wandels durch Tarifvertrag. In:
    Zeitschrift für Arbeitswissenschaft 69(4)/2015, S. 246.

ter: der Gesundheit. Diese Transformation ist ohne qualifizierte Beschäftigte nicht zu stemmen. *„Wahlweise müssten die Mitarbeitenden über ‚digitale Kompetenzen' ‚digitale Bildung', ‚IT skills' oder zumindest ‚digital literacy' verfügen – und zwar im Modus der Daueraktualisierung: heute gelernt, morgen schon veraltet.“*[20]

23   Das Konzept des Hauses der Arbeitsfähigkeit nach Ilmarinen geht von einer sehr engen Verbindung von Kompetenz und Gesundheit aus, sodass eine Investition in Kompetenz und Qualifikation zusätzlich positive Effekte auf die Gesundheit hat. Produktivität durch mehr Kompetenz und Qualifikation zu verbessern, zielt auf einen Ausgleich. Angestrebt werden eine produktive und eine gute Arbeit.[21] Wie können Erwerbstätige darauf vorbereitet werden, im ständigen Wandel des Arbeitslebens, ihre Identität zu erhalten, dabei Sinn in Veränderungen zu finden und diese motiviert zu gestalten? Wie können im Arbeitsprozess die Voraussetzungen geschaffen und erhalten werden, damit die Beschäftigten im dynamischen Geschehen handelnde Akteure bleiben, eigene Interessen artikulieren, sich Ziele setzen und sich einbringen? Die Antwort liegt in einer lernförderlichen Arbeitsgestaltung.

24   Lernförderliche Arbeitsgestaltung („learning opportunities") wirkt positiv auf Kompetenz und Persönlichkeit sowie Gesundheit. Beschäftigte profitieren von lern- und entwicklungsförderlicher Arbeitsgestaltung auch im Hinblick auf die kognitive Leistungsfähigkeit wie auch auf die intellektuelle Flexibilität und Kompetenzentwicklung. Die Arbeitsgestaltung gehört meist zu den Aufgaben der operativen Vorgesetzten, also der Gruppen- oder Teamleitungen, Pflegedienstleitungen, Verkaufs- oder Lagerleitungen. Diese Führungskräfte beeinflussen das informelle Lernen am Arbeitsplatz: durch ihre Arbeitsgestaltung und durch ihren Einfluss auf die Arbeitsbeziehungen. Als Führungskräfte ermöglichen sie unmittelbar im Arbeitsalltag Lernchancen, indem sie herausfordernde Aufgaben stellen, Unterstützung gewähren und Lernen ermöglichen. Sie wirken aber auch mittelbar durch eine vertrauensvolle Zusammenarbeit, die keine Angst vor Fehlern aufkommen lässt.[22]

25   *„Noch nie haben sich die Bedingungen, unter denen Menschen leben und arbeiten, so schnell verändert wie zu Beginn des 21. Jahrhunderts. Das Mooresche Gesetz, nach dem sich die Leistung von Prozessoren regelmäßig verdoppelt, scheint für alles*

---

20   BAVC: Bildung: Studie zur Weiterbildung. In: BAVC IMPULS 01/2018. S. 4, Online: https://www.bavc.de/bavc/mediendb.nsf/gfx/4093F332FF1669F3C125820A0059D9FF/$file/Impuls_01_2018_Studie%20zur%20Weiterbildung.pdf [abgerufen am 27.1.2018].
21   Schröer u. a.: Kompetenz gewinnt, Wie wir Arbeits-, Wettbewerbs- und Veränderungsfähigkeit fördern können. In: Initiative Neue Qualität der Arbeit INQA (Hrsg.): Drittes Memorandum 2016, S. 21–22, Online: https://www.inqa.de/SharedDocs/PDFs/DE/Publikationen/kompetenz-gewinnt.pdf?__blob=publicationFile&v=12016. [abgerufen am 27.1.2018].
22   Schröer u. a.: Kompetenz gewinnt, Wie wir Arbeits-, Wettbewerbs- und Veränderungsfähigkeit fördern können. In: Initiative Neue Qualität der Arbeit INQA (Hrsg.): Drittes Memorandum 2016, S. 18–19, Online: https://www.inqa.de/SharedDocs/PDFs/DE/Publikationen/kompetenz-gewinnt.pdf?__blob=publicationFile&v=12016 [abgerufen am 27.1.2018].

und jeden zu gelten."[23] Diesem beschleunigten Wandel begegnet die Chemie-Branche, deren Existenzgrundlage Kreativität und Innovationskraft für das Bestehen auf den Weltmärkten darstellt, mit Investitionen in die Weiterbildung der digitalen Kompetenz:[24]

- 2016 haben gemäß der IW-Studie 93,4 % der Chemiefirmen ihre Mitarbeitenden weitergebildet. Das stellt nicht nur eine Steigerung gegenüber der Vorgängeruntersuchung (2013: 91,3 %) dar, es liegt zudem deutlich über dem Durchschnitt aller Unternehmen des Verarbeitenden Gewerbes (83,9 %).
- Ebenso liegt die Intensität der Weiterbildung in der Chemie deutlich höher: Mit jährlich 22,3 Stunden pro Mitarbeitenden liegt sie rund 46 % über dem Durchschnitt aller Unternehmen des Verarbeitenden Gewerbes.
- Insgesamt wurde in der Branche mehr Geld für die Qualifizierung eingesetzt: Pro Mitarbeitenden investierte die Chemie 1.538 Euro. Das ist rund anderthalbmal so viel gegenüber dem Verarbeitenden Gewerbe (1.023 Euro).

Ein Betriebliches Gesundheitsmanagement kann in der Zusammenarbeit mit der Personalentwicklung die Analyse der Tätigkeiten und Anforderungen erheben. Neben den fachlichen Anforderungen, wie Daten- und Prozessbefähigung, rücken die persönlichen Anforderungen durch z. B. Kooperationsfähigkeit und Netzwerkbefähigung ins Blickfeld. Als weitere Befähigungen kommen die Fähigkeiten im Umgang mit Komplexität, Dynamik und Unsicherheit hinzu. Um dies erreichen zu können, müssen Personalentwickler das Lernen und die Weiterbildung zukünftig verstärkt arbeitsplatznah, arbeitsintegriert und kurzzyklisch organisieren. Das arbeitsintegrierte Lernen wird an Wichtigkeit zunehmen. Die damit verbundenen psychischen und physischen Anforderungen können gleichzeitig mit den Akteuren berücksichtigt werden.[25]   26

3 Ausblick: Transformation und alternsgerechte Arbeit

Die Transformationen aufgrund von Digitalisierung und Demografie lassen sich besser mit Belegschaften bewältigen, die mit den Veränderungen offensiv umgehen und in die Gestaltung der Arbeitsbedingungen einbezogen werden. Der Fokus sollte folgerichtig auf die alternsgerechten Arbeitsbedingungen gelegt werden:[26]   27

23 BAVC: Bildung: Studie zur Weiterbildung. BAVC IMPULS 01/2018. S. 4, Online: https://www.bavc.de/bavc/mediendb.nsf/gfx/4093F332FF1669F3C125820A0059D9FF/$file/Impuls_01_2018_Studie%20zur%20Weiterbildung.pdf [abgerufen am 27.1.2018].
24 BAVC: Bildung: Studie zur Weiterbildung. BAVC IMPULS 01/2018. S. 4–5, Online: https://www.bavc.de/bavc/mediendb.nsf/gfx/4093F332FF1669F3C125820A0059D9FF/$file/Impuls_01_2018_Studie%20zur%20Weiterbildung.pdf [abgerufen am 27.01.2018].
25 Rimbach: „Die Chemieformel" – Das integrierte Betriebliche Gesundheitsmanagement in der chemischen Industrie in Norddeutschland. In: Matusiewicz, D./Kaiser, L.: Digitales Betriebliches Gesundheitsmanagement. 2017a, S. 517.
26 Klippert: Gesund und leistungsfähig in die Zukunft – Produktionsarbeit 4.0 mit alternden Belegschaften. In: Richter/Hecker/Hinz (Hrsg.): Produktionsarbeit mit alternden Belegschaften. 2017, S. 31.

1. Abbauen von Belastungen durch gute Arbeitsgestaltung mit dem Ziel, Arbeitstätigkeiten mit angemessenen Beanspruchungen zu schaffen (beanspruchungsoptimale Gestaltung).
2. Stärken von Ressourcen durch lern-, persönlichkeits- und gesundheitsförderliche Arbeitsgestaltung (Gestaltung personaler und organisationaler Ressourcen).
3. Stärken der Veränderungs- und Gestaltungskompetenz der Mitarbeitenden

28 Dieser kombinierte Ansatz zeigt zentrale Handlungsfelder der Demografie-Tarifverträge auf. Die Handlungsfelder sind nicht „trennscharf", sondern überschneiden sich, hängen zusammen und führen zu Synergieeffekten. Gerade dieses Ineinandergreifen unterschiedlicher Handlungsansätze stellt vielfach einen Erfolgsfaktor für die Umsetzung und Nachhaltigkeit der demografieorientierten Maßnahmen dar.[27]

29 Neben den Betriebsparteien sowie Tarifparteien kann bei der Umsetzung des konkreten Prozesses eine Vielzahl von internen und externen Experten unterstützen. Hierzu zählen interne Akteure, die auf gesetzlicher Basis tätig werden, sowie Beauftragte, Stabstellen, Fachkräfte und Fachabteilungen. Zu den externen Akteuren zählen Kooperationen mit verschiedenen institutionellen Einrichtungen sowie die Zusammenarbeit mit den Akteuren aufgrund gesetzlicher Verpflichtung.[28] Die Gestaltungsmöglichkeiten durch die Handlungsfelder und die Instrumente der Demografie-Tarifverträge bieten einen Rahmen zur Gestaltung alternsgerechter Arbeit.

Literatur

BAVC: Bildung: Studie zur Weiterbildung. In: BAVC IMPULS 01/2018. S. 4-5. Online: https://www.bavc.de/bavc/mediendb.nsf/gfx/4093F332FF1669F3C125820A0059D9FF/$file/Impuls_01_2018_Studie%20zur%20Weiterbildung.pdf [abgerufen am 27.1.2018].

BAVC: Standpunkt: Arbeiten 4.0 FREIHEIT WAGEN – ARBEITEN 4.0 GESTALTEN. 2017a, Online: https://www.bavc.de/bavc/mediendb.nsf/gfx/40A9DE9A715BF746C12581C200282F3E/$file/OnePager_Arbeiten%204.0_2017_10_23.pdf [abgerufen am 31.1.2018].

BAVC: Chemie-Formel für den demografischen Wandel. Tarifpolitik. In: BAVC IMPULS 06/2017, S. 4–5. Online: https://www.bavc.de/bavc/mediendb.nsf/gfx/med_DOMO-AN6DYP_380EC3/$file/Impuls_06_2017_TV%20Demo.pdf?Open&highlight=undefined [abgerufen am 31.1.2018].

Becker, M.: Auf dem Weg zur Industrie 4.0. In: personalmagazin 12/2015, S. 14–17.

Bundesarbeitgeberverband Chemie e. V. (BAVC)/IG Bergbau, Chemie, Energie (IG BCE): Tarifvertrag Lebensarbeitszeit und Demografie (TV Demo), Gemeinsame Erläuterungen. Wiesbaden/Hannover 2015.

INQA – Initiative Neue Qualität der Arbeit: Tarifverträge zur Gestaltung der Qualität der Arbeit. Ein aktueller Überblick über Vereinbarungen zu alternsgerechten und demografiefesten

---

27 Rimbach: Gesund älter werden und arbeitsfähig bleiben. Ein Leitfaden zum Einstieg in ein Demografie- und Gesundheitsmanagement für kleine und mittelständische Unternehmen. 2014, S. 7.
28 Rimbach: Megatrend trifft Megatrend. Arbeiten 4.0. In: Der Betriebsrat. 2017b, S. 19.

Arbeitsbedingungen. 2014, Online: https://www.ifb.de/media/files/der-betriebsrat/pdfs/der-betriebsrat_2017-04.pdf [abgerufen am: 30.7.2018].

Klippert, J.: Gesund und leistungsfähig in die Zukunft – Produktionsarbeit 4.0 mit alternden Belegschaften. In: Richter, G./Hecker, C./Hinz, A. (Hrsg.): Produktionsarbeit mit alternden Belegschaften. Berlin 2017, S. 27–41.

Kuhlmann, A.: Ganzheitliches Gesundheitsmanagement im Zeitalter von Industrie 4.0. In: Richter, G./Hecker, C./Hinz, A. (Hrsg.): Produktionsarbeit mit alternden Belegschaften. Berlin 2017, S. 230–245.

Rimbach, A.: „Die Chemieformel" – Das integrierte Betriebliche Gesundheitsmanagement in der chemischen Industrie in Norddeutschland. In: Matusiewicz, D./Kaiser, L.: Digitales Betriebliches Gesundheitsmanagement. Wiesbaden 2017a, S. 509–520.

Rimbach, A.: Megatrend trifft Megatrend. Arbeiten 4.0. In: Der Betriebsrat. Seehausen am Staffelsee 2017 ifb, S. 16–19.

Rimbach, A.: Gesund älter werden und arbeitsfähig bleiben. Ein Leitfaden zum Einstieg in ein Demografie- und Gesundheitsmanagement für kleine und mittelständische Unternehmen. Hamburg 2014.

Schröer, A. u. a.: Kompetenz gewinnt, Wie wir Arbeits-, Wettbewerbs- und Veränderungsfähigkeit fördern können. In: Initiative Neue Qualität der Arbeit INQA (Hrsg.): Drittes Memorandum. Berlin 2016. Online: https://www.inqa.de/SharedDocs/PDFs/DE/Publikationen/kompetenz-gewinnt.pdf?__blob=publicationFile&v=1 [abgerufen am 27.1.2018].

West, K.: Sozialpartnerschaft und tarifpolitisches Umsetzungsregime. In: Schack, A./Volkwein, C. (Hrsg.): Demographie-Tarifvertrag in der Hessischen Praxis. Wiesbaden 2010, S. 6-11

Winkler, M.: Betriebliche Gestaltung des demografischen Wandels durch Tarifvertrag. In: Zeitschrift für Arbeitswissenschaft 69(4)/2015, S. 243–246.

Messbarkeit von Coaching im BGM – die Quadratur des Kreises?

Jonas Asendorpf/Martina Brückner-Starke/Stephan Buchhester/Heiko Schulz

Abstract: Der vorliegende Artikel beschäftigt sich mit der Messbarkeit von Coaching. Ausgehend von den Anforderungen der Arbeit 4.0 stellte Coaching ein oft gewähltes Mittel zur Bewältigung dieser Herausforderungen dar. Dabei entzieht sich das Coaching selbst oft der Messbarkeit. Die enorme Vertrauenssituation zwischen Coach und Coachee erschwert die Wirksamkeit und Wirkweisemessung. Anhand eines Projektes mit einem größeren Umfang an Coachings werden Möglichkeiten des Nutzennachweises aufgezeigt.

1   Coaching im Betrieblichen Gesundheitsmanagement?

Coaching ist „hip", auch im Rahmen des Betrieblichen Gesundheitsmanagements. Nach Ergebnissen der ICF Global Coaching Study 2016 arbeiten etwa 53.300 Personen weltweit als professionelle Coaches. Die 3. Marburger Coaching-Studie 2013 geht davon aus, dass etwa 8.000 Coaches in Deutschland arbeiten. Demnach ist Deutschland in Bezug auf die Anzahl der tätigen Coaches weltweit die Nummer drei nach den USA und dem Vereinigten Königreich. In der Bundesrepublik kommt auf etwa 10.060 Einwohner ein/e Coach.[1] Und der Markt wächst rasant. Coaching ist eine Dienstleistung, die sich in der Arbeitswelt etabliert hat und kontinuierlich wächst.

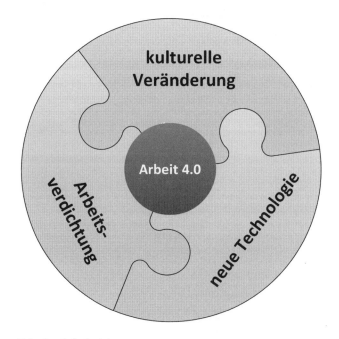

Abb. 1: Arbeit 4.0

Quelle: Eigene Darstellung.

---

1   *Coaching Report*: Der Couching-Markt: Online: https://www.coaching-report.de/coaching-markt.html [abgerufen am 10.1.2018].

Insbesondere im Zusammenhang mit Arbeit 4.0 gewinnt Coaching enorm an Bedeutung. Die Anforderungen an die/den Einzelne/n bezüglich des Umgangs mit neuen Technologien, der Arbeitsverdichtung und der Kulturentwicklung in Organisationen steigen ständig. Daraus resultiert die Notwendigkeit, das individuelle Kompetenzniveau zu erhöhen. Ob durch eine organisational verbesserte Personen-Umfeld-Passung, die Ergonomie von Technologien oder die intraindividuelle Kompetenzsteigerung, soll an dieser Stelle nicht weiter differenziert werden.   2

Die enormen Steigerungsraten bei der Inanspruchnahme von Coaching zeigen jedoch deutlich, dass dieser Methodenmix für viele die Toolbox der Wahl darstellt.   3

Doch kann Coaching diesem Anspruch gerecht werden? Nicht im Einzelfall, sondern systematisch?   4

2 Wie überprüfbar ist Coaching?

Genau wie andere Dienstleistungen auch bedarf das Coaching einer regelmäßigen, möglichst wissenschaftlich fundierten Evaluation.[2]   5

Die Grundlage einer Nutzenbewertung stellt die Ausgangsfrage dar, was bewertet werden soll. Dabei wird zwischen einer Wirkungs- und Wirkweiseevaluation unterschieden.[3] Die Wirkungsevaluation untersucht die Frage, **ob** eine Maßnahme die gewünschte Wirkung erzielt. Die Wirksamkeitsevaluation ermittelt, **was** die erzielte Wirkung verursacht hat. Im Rahmen der Evaluation des Coachings ist diese Unterscheidung besonders wichtig. Denn wenn der Begriff des Coachings nicht definiert ist, entzieht sich das Untersuchungsobjekt per se der genaueren Betrachtung. Das ist beim Coaching schon deshalb schwierig, weil bereits der Begriff des Coachings bzw. der Beratung rechtlich nicht geschützt ist.[4] Aus diesem Grunde soll für den Coachingbegriff eine Definition fixiert werden, auf die sich die Fachverbände einigen konnten: 6

„Coaching ist die professionelle Beratung, Begleitung und Unterstützung von Personen mit Führungs-/Steuerungsfunktionen und von Experten in Unternehmen/ Organisationen. Zielsetzung von Coaching ist die Weiterentwicklung von individuellen oder kollektiven Lern- und Leistungsprozessen bzgl. primär beruflicher Anliegen. Durch die Optimierung der menschlichen Potenziale soll die wertschöpfende und zukunftsgerichtete Entwicklung des Unternehmens/der Organisation gefördert werden. Inhaltlich ist Coaching eine Kombination aus individueller Unterstützung zur Bewältigung verschiedener Anliegen und persönlicher Beratung. In einer sol-   7

---

2   Greif: Coaching bei Stress und Burnout: Nicht ohne Diagnostik. In: Möller/Kotte (Hrsg.): Diagnostik im Coaching. Grundlagen, Analyseebenen, Praxisbeispiele. 2014, S. 159.

3   Mittag/Hager: Ein Rahmenkonzept zur Evaluation psychologischer Interventionsmaßnahmen. In: Hager/Patry/Brezing (Hrsg.): Evaluation psychologischer Interventionsmaßnahmen. Standards und Kriterien: Ein Handbuch. 2010, S. 112–113.

4   Lindart: Was Coaching wirksam macht. Wirkfaktoren von Coachingprozessen im Fokus. 2016, S. 17–18.

chen Beratung wird der Klient angeregt, eigene Lösungen zu entwickeln. Der Coach ermöglicht das Erkennen von Problemursachen und dient daher zur Identifikation und Lösung der zum Problem führenden Prozesse. [...] Ein grundsätzliches Merkmal des professionellen Coachings ist die Förderung der Selbstreflexion und -wahrnehmung und die selbstgesteuerte Erweiterung bzw. Verbesserung der Möglichkeiten des Klienten bzgl. Wahrnehmung, Erleben und Verhalten.[5]

8   Diese Definition stellt richtigerweise ein wesentliches Prinzip des Coachings in den Vordergrund, was messtheoretisch allerdings auch den Kern der Herausforderung darstellt. Coaching zielt auf die „Förderung der Selbstreflexion und -wahrnehmung und die selbstgesteuerte Erweiterung bzw. Verbesserung der Möglichkeiten des Klienten" ab. Somit bedarf das Coaching einer geschützten Vertrauensbasis zwischen Coach und Coachee, damit diese/r die für sie/ihn notwendigen Schritte gehen kann.

9

Abb. 2: Ablauf des Gesundheitscoachings
Quelle: Eigene Darstellung.

10 Erschwerend kommt hinzu, dass es sich bei den Situationen im Coaching in der Regel um individuell sehr unterschiedliche Konstellationen handelt und der Coach darauf mit einem Methodenmix reagiert. Entzieht sich damit das Coaching komplett einer transparenten Nutzenbewertung?

11 Es soll an dieser Stelle ganz deutlich gemacht werden, dass eine Nutzenmessung den besonderen Vertrauensschutz des Coachees im Coaching wahren muss. Insofern dürfen weder konkrete Inhalte über das Coaching noch die gewählten Methoden dezidiert erfasst werden. Der grundsätzliche prozessuale Ablauf des Gesundheitscoachings ist im Folgenden exemplarisch dargestellt (Abb. 2).

12 Das Gesundheitscoaching in dieser untersuchten Organisation ist eine Maßnahme, die den Mitarbeitenden die Möglichkeit gibt, mit einem/einer Coach ihrer Wahl an 3 Terminen à 1 Stunde aktiv zu arbeiten. Dabei steht es den Mitarbeitenden frei, welches Thema des persönlichen Wahrnehmens, Erlebens oder Verhaltens im Mittelpunkt des Coachings steht, solange ein Bezug zur Tätigkeit gegeben ist. Wesentlicher Bestandteil des Coachings ist die hohe Individualität der Situation sowie die Vertrauensbasis zwischen Coach und Coachee. Da der/die Coachee mit dem Coaching nicht nur eine Maßnahme sondern auch Wertschätzung und Aufmerksamkeit durch die Organisation erfährt, ist die retrospektive Frage nach der Zufriedenheit mit der Maßnahme und/oder dem Coach für die

---

5   DBVC: Definition Coaching. Online: http://www.dbvc.de/der-verband/ueber-uns/definition-coaching.html [abgerufen am 10.1.2018].

qualifizierte Auswertung eine notwendige, aber nicht ausreichende Maßnahme. Für eine belastbare Qualitätsprüfung muss diese subjektive Bewertung durch weitere Daten noch verdichtet werden.

Insofern ist der Wunsch der Organisation (neben der herkömmlichen Wirkungs-   13
prüfung durch eine Zufriedenheitsbefragung der Coachees am Ende) vor allem eine Wirkweiseevaluation. Insofern lautet die Frage nach der Messbarkeit nicht vordergründig: „Ist Coaching wirksam?", sondern vielmehr „Was am Coaching erzeugt die Wirksamkeit?"

Dieser Bedarf erklärt sich aus zwei Ansatzpunkten heraus. Zum einen steht im   14
Rahmen des betrieblichen Gesundheitsmanagements die aus Organisationspers-
pektive berechtigte Frage, was am Gesundheitscoaching so erfolgreich ist, dass es gegenüber möglicher Alternativinstrumente bevorzugt eingesetzt wird. Zum anderen ist der Bedarf von Interesse, die im Gesundheitscoaching erfolgreich wirkenden Parameter auch ggf. in weiterführenden innerbetrieblichen Maßnahmen (z. B. Führungskräftetrainings) so zu implementieren, dass der Nutzen des Gesundheitscoachings durch kontinuierliche Führungsarbeit in der Zukunft or-
ganisationsimmanent erzeugt werden kann.

15

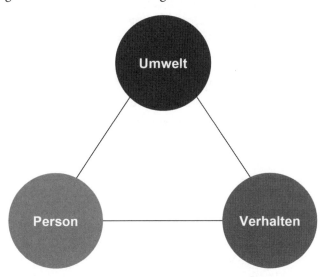

Abb. 3: Parameter
Quelle: Eigene Darstellung.

Somit steht für die Organisation die Frage der Wirkweise elementar im Vorder-   16
grund. Doch wenn nicht gefragt werden darf, was getan wurde, wie kann dann ermittelt werden, was gewirkt hat?

3 Der Dreisatz als Grundlage der Messung

17 Wird die oben genannte Definition zugrunde gelegt, zeigt sich, dass sich eine Nutzenmessung von der Erfassung dreier wesentlicher Parametern abhängig ist:

1. von der Umwelt, in der sich der Coachee befindet,
2. von den Persönlichkeitsmerkmalen des Coachees und
3. von den Verhaltensweisen des Coachees.

18 Um die Vorhersage eines der Parameter zu erhöhen, bedarf es der relativen Konstanz der jeweils beiden anderen Parameter. Diese Voraussetzung ist genau dann gegeben, wenn es sich bei dem Coaching um eine Maßnahme in einer großen Organisation handelt, die definierten Rahmenbedingungen folgt.

19 Dadurch werden die organisatorischen Rahmenbedingungen weitgehend konstant gehalten. Diese Konstellation ist durch die Einbettung in das betriebliche Gesundheitsmanagement einer Organisation mit über 15.000 Mitarbeitenden allein an einem Standort gegeben.

20 Dieses Unternehmen hat den Anspruch, dass Instrumente, wie u. a. die betriebliche Gesundheitsförderung, eine wertschätzende Vertrauenskultur schaffen. Außerdem wird davon ausgegangen, dass die Beteiligung der Beschäftigten in allen Fragen der Gestaltung der Arbeitsbedingungen eine Struktur bietet, die die psychische Gesundheit der Beschäftigten fördert. Diese Strukturen bilden die Rahmenbedingungen für das Gesundheitscoaching und somit eine Grundlage für die Messbarkeit des Coachings, denn aus methodischer Sicht können die Umweltbedingungen damit als vergleichbar betrachtet werden. Diese Grundannahme stellt den ersten wichtigen Schritt zur Erfolgsmessung dar. Damit muss in einem weiteren Schritt geprüft werden, wie der zweite bedeutsame Parameter (Personenmerkmale und/ oder Verhaltensmerkmale – je nachdem, was gemessen werden soll) konstant gehalten werden kann, um die Größe des dritten Parameters vorherzusagen.

4 Forschungsmethodik als Praxislösung

21 Bei Betrachtung der Abb. 2 wird deutlich, dass es bei einer Einzelfallbetrachtung, aufgrund des grundsätzlichen Anspruches des Coachees auf Anonymität und Vertrauensschutz in der Coachingsituation, eine Messung „in vitro" kaum möglich ist. Da die Wahl des jeweiligen Coaches auch der/dem Coachee überlassen wird, ist auch hier eine Messung mit ggf. Persönlichkeitstests indiskutabel.

22 Um die Konstanz hinsichtlich der Persönlichkeitsmerkmale zu begründen, wird auf die klassische Testtheorie und deren Axiome[6] zurückgegriffen. Diese besagen unter anderem, dass der wahre Wert und der Fehler normalverteilt sind. Da angenommen wird, dass der Messfehler zufällig ist (Axiom 1), sollten sich ebenso

---

6 Pospeschill: Testtheorie, Testkonstruktion, Testevaluation. 2010, S. 97.

viele positive wie auch negative Fehlerwerte bei unendlich vielen Messungen einstellen.[7] Diese Fehler sollten sich dann gegenseitig aufheben. Insofern kann davon ausgegangen werden, dass sich bei einer großen Anzahl von Coachings in der gleichen Organisation sowohl die Varianzen in den organisationsspezifischen Merkmalen (andere Abteilungen usw.) als auch die persönlichen Varianzen (Persönlichkeitsmerkmale) in ihrer möglichen Fehlerausprägung aufheben. Dieser Annahme folgend wird der Schwerpunkt auf die Verhaltenskomponente gelegt.

23

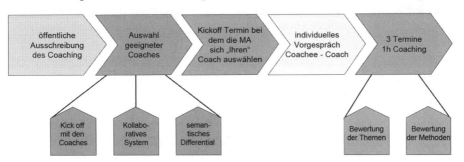

Abb. 4: Ergänzung des Ablaufes
Quelle: Eigene Darstellung.

Insofern ist deutlich, dass beim Gesundheitscoaching der Parameter des „Verhaltens" im Vordergrund steht. Das wird neben den methodischen und ethischen Einschränkungen unter anderem auch durch die Menge der Termine fast zwingend vorgegeben. Drei Termine sind nur schwer geeignet, um manifeste Persönlichkeitsmerkmale und/oder komplexe Organisationsstrukturen zu ändern. Dieser Ableitung entsprechend, steht für eine Wirksamkeitsuntersuchung das Verhalten und Handeln des Coaches im Mittelpunkt. Somit lautete die Kernfrage: „Welche Verhaltensweisen des/der Coaches haben bei welchen Themen die höchste Erfolgswahrscheinlichkeit?"

24

5 Die Mitwirkung des/der Coaches

Die im vorherigen Abschnitt definierte Kernfrage stellt den Coach in den Brennpunkt der Evaluation. Eine besondere Herausforderung stellt dabei die Vertragsbeziehung zwischen Coach und der Organisation dar. Aufgrund des Prozesses (Abb. 2) ist der/die Coach ein/e Dienstleister/in der Organisation. Insofern ist es sowohl aus eigenem Anspruch, aber auch aus wirtschaftlichem Interesse für den/die Coach bedeutsam, bei der Evaluation positiv abzuschneiden (soziale Erwünschtheit). Somit muss wesentlich an der Mitwirkung der Coaches gearbeitet werden. Im Projekt wird der schematisierte Ablauf dafür durch wesentliche Punkte ergänzt.

25

---

7 TU Dresden: Klassische Testtheorie. 2017. Online: http://versuch.file2.wcms.tu-dresden.de/ w/index.php/Klassische_Testtheorie [abgerufen am: 10.8.18].

26 Nach der ausschreibungskonformen Auswahl der Coaches werden bei einer Eröffnungsveranstaltung der Nutzen und der Mehrwert der Evaluation sowohl für die Coaches als auch für die Organisation erläutert. Neben dem bereits definierten Organisationsnutzen, bietet die Evaluation und die interne Kommunikation der Ergebnisse auch für die Coaches zwei wesentliche Nutzenaspekte: Zum einen erhalten die Coaches selten systematisiertes und validiertes Feedback über die eigenen Arbeit im Vergleich mit gleichzeitig agierenden Kollegen; zum anderen wird den Coaches ein kollaboratives IT-System zur Verfügung gestellt. Dort werden anonymisiert Fälle in Intervisions- und Supervisionsszenarien diskutiert. Dass alle Beteiligten zum gleichen Zeitpunkt in der gleichen Organisation agieren, stellt einen hohen Nutzen auch für die interne Abstimmung dar.

27 Des Weiteren werden die Coaches gebeten, ein semantisches Differential zu vervollständigen (Abb. 5).

28

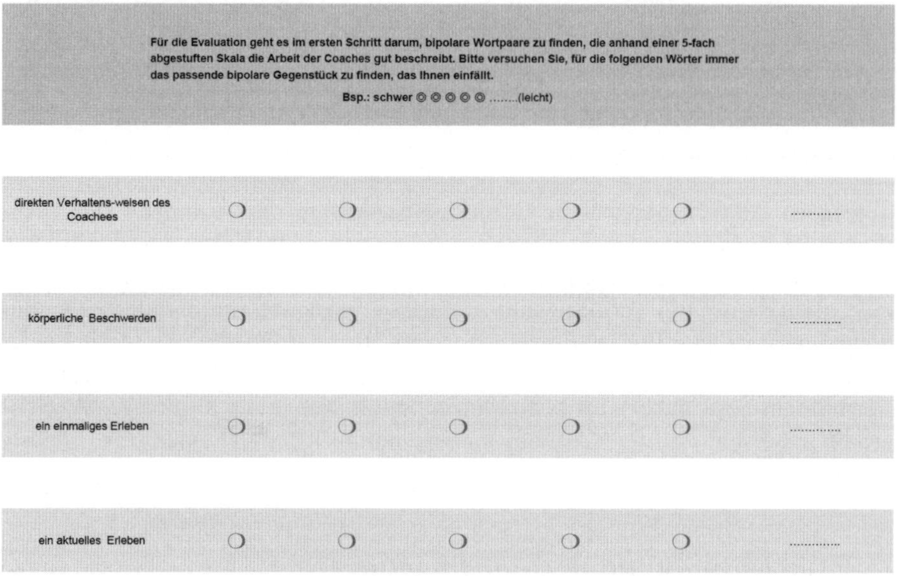

Für die Evaluation geht es im ersten Schritt darum, bipolare Wortpaare zu finden, die anhand einer 5-fach abgestuften Skala die Arbeit der Coaches gut beschreibt. Bitte versuchen Sie, für die folgenden Wörter immer das passende bipolare Gegenstück zu finden, das Ihnen einfällt.

Bsp.: schwer ⊙ ⊙ ⊙ ⊙ ⊙ ....(leicht)

direkten Verhaltens-weisen des Coachees   ○   ○   ○   ○   ○   ....

körperliche Beschwerden   ○   ○   ○   ○   ○   ....

ein einmaliges Erleben   ○   ○   ○   ○   ○   ....

ein aktuelles Erleben   ○   ○   ○   ○   ○   ....

Abb. 5: Auszug aus der Erstellung der Wortpaare
Quelle: Eigene Darstellung.

29 Dieses semantische Differential bildet den Hauptbestandteil der Analyse. Es wird den Coaches am Anfang jeweils nur eine Ausprägung des bipolaren Wortpaares angeboten. Die Coaches ergänzen dann das ihrer Meinung dazu passende Wort.

Aus den häufigsten Nennungen entsteht dann das semantische Differential (Beispiel Abb. 6).

6 Die Datenerhebung

Grundlegend muss an dieser Stelle nochmals deutlich festgehalten werden, dass die   30
folgenden Aussagen und Möglichkeiten unmittelbar mit der Größe der Organisa-
tion und der Menge der eingesetzten Coaches zusammenhängen. Nur so kann
gewährleistet sein, dass die vorausgehend angenommenen Bedingungen (klassische
Testtheorie) erfüllt werden und die erforderliche Datenbasis für den Einsatz der
statistischen Verfahren vorhanden ist.

31

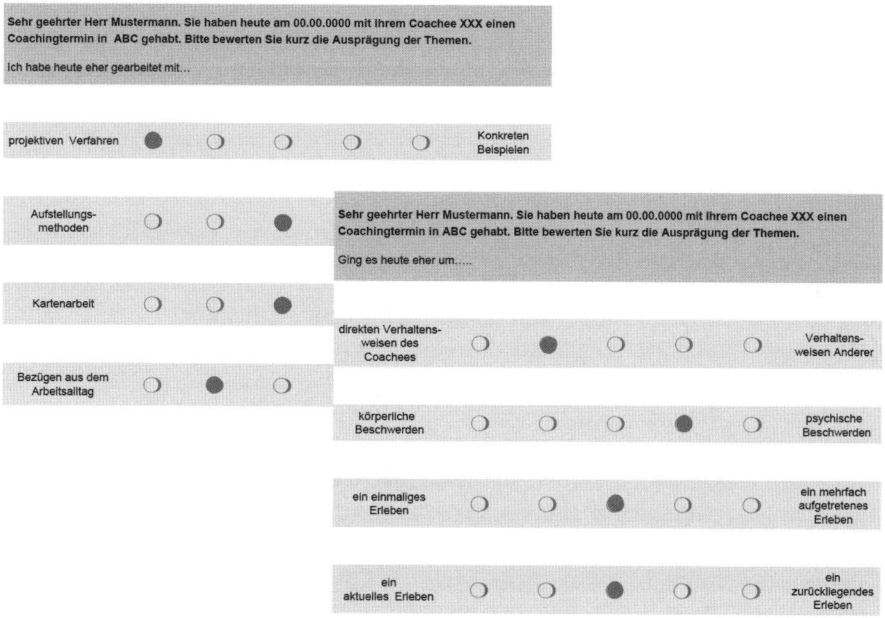

Abb. 6: Ausschnitt des semantischen Differentials

Quelle: Eigene Darstellung.

Die Coaches erhalten online nach jedem Coaching ein semantisches Differential   32
mit jeweils 10 Fragen. (Abb. 6).

In diesem semantischen Differential werden die Coaches nach jedem Coaching-   33
termin aufgefordert, ihre persönliche Einschätzung zu den Themen der Sitzung
anhand einer 5-fach gestuften Skala abzugeben.

Außerdem werden sie gebeten, den Schwerpunkt der eigenen Arbeitsweise in der   34
jeweiligen Coachingsitzung ebenfalls anhand des semantischen Differentials darzustellen. An dieser Stelle zeigt sich die enorme Bedeutung, die Coachs von
Anfang an in die Erstellung der semantischen Differentiale einzubinden. Nur so
kann sichergestellt werden, dass sich die Beteiligten mit ihrer Arbeitsweise und bei
der Einschätzung der Symptomatik in den Online-Abfrage auch wiederfinden.

Gleichzeitig erhebt die Organisation die Zufriedenheitswerte der Teilnehmenden für jeden/jede Coach.

7 Die Ergebnisqualität

35 Da es sich bei dem Projekt um ein laufendes Verfahren handelt und die Evaluation nicht prozessbegleitend, sondern erst am Ende erfolgt, können zu diesem Zeitpunkt nur die avisierten Ergebnisse dargestellt werden.

36 Aus der Kombination der subjektiven Zufriedenheitsangaben der Teilnehmenden als Außenkriterium und den Skalierungen der verwendeten Methoden und der Themenlagen des Coachees lassen sich mittels deskriptiver (Häufigkeiten usw.), strukturendeckender (Korrelationen, Clusteranalysen) und strukturprüfender Verfahren (t-Tests, Regressionen)[8] wesentliche Aussagen über die im Vorfeld definierten Fragestellungen ableiten.

37 1. Wie hoch ist die Gesamtzufriedenheit der Coachees?
2. Welche Methoden werden von den Coaches am häufigsten eingesetzt und führen in welcher Kombination zu welchen Zufriedenheiten?
3. Wie groß ist die Heterogenität der Coaches bezüglich der eingesetzten Methoden?
4. Welche der Methoden finden sich bereits jetzt in z. B. Führungskräfteentwicklungsprogrammen wieder?
5. Welche Themenfelder werden von den Coachees besonders häufig als Ursache für den Coachingbedarf thematisiert und bedürfen somit einer besonderen Aufmerksamkeit der Organisation?
6. Führen besonders herausragende Methoden des Coaches zu signifikant besseren Ergebnissen gegenüber verschiedener Vergleichsgruppen?
7. Welche Kombination von Methoden/Coaches erhöht signifikant die Zufriedenheit?

38 Natürlich sind mit Blick auf die Daten und verschiedene Analyseverfahren noch weitere Fragestellungen denkbar. Da nicht alle Coaches die gleichen Stundensätze haben, stellt die Evaluation auch die Möglichkeit dar, zu prüfen, inwiefern die Methoden mit den Stundensätzen korrelieren und ob davon die Zufriedenheit signifikant betroffen ist.

8 Ausblick

39 Der Nutzen und der Erfolg von Coaching ist messbar! Und es kann mit einem solchen Verfahren nicht nur klar aufgezeigt werden, welche Methoden die höchste

---

8 Bortz/Döring: Forschungsmethoden und Evaluation für Human- und Sozialwissenschaftler. 2003, S. 123–125.

Zufriedenheit beim Coachee erzeugen, sondern auch, in welcher Wechselbeziehung diese Methoden zu anderen Parametern stehen. Allerdings bedarf es für eine solche Aussage auf der Basis quantitativer Daten, eine Datenmenge, die in einem Unternehmen mit einer kleinen Anzahl an Coachingeinsätzen nur schwer erreicht wird.

Darüber hinaus kristallisieren sich jedoch auch Themenschwerpunkte in den Coachings heraus, die in ihrer Aussage durchaus transferiert werden können. 40

Insbesondere diese stellen für die Personalentwicklung eine wertvolle Datenbasis für weiterführende Personalentwicklungsmaßnahmen dar. Das betrifft vor allem die Fragestellung, inwiefern die wirksamsten Methoden ggf. zukünftig zum Ausbildungsrepertoire für Führungskräfte gehören. 41

Der Praxis geschuldet, beinhaltete ein solches Projekt natürlich auch methodische Fehler, die zukünftig eingeschränkt werden müssen, um die Ergebnisse noch aussagekräftiger zu gestalten. 42

So stellt z. B. dass kollaborative System für die Zusammenarbeit der Trainer inkl. der Intervisions- und Supervisionsmöglichkeiten eine methodische Fehlerquelle dar, weil es dadurch zu einer methodischen Angleichung kommen kann. Auf der anderen Seite ist diese Abstimmung der Coaches aus praktischen Erwägungen heraus ein unverzichtbaren Bestandteil des Gesamtprojekts. 43

Eine weitere Möglichkeit wäre die summative (am Ende stattfindende) Evaluation durch eine formative (prozessbegleitende Evaluation) zu ergänzen. Aber auch hier werden sich dann wesentliche Angleichungen der Coaches finden lassen. 44

Auch kleinere Unternehmen können ganz erheblich von den Ergebnissen profitieren. Zum einen durch Einschränkung der Methoden-Tool-Box für spezifische Fragestellungen. Zum anderen durch die Übernahme einzelner Methoden in die eigene Personalentwicklung, um so langfristig die betriebliche Gesundheitsförderung und die Selbstverantwortung aller Mitarbeitenden zu stärken und für die Herausforderungen von Arbeit 4.0 gewappnet zu sein. 45

Literatur

Bortz, J./Döring, N.: Forschungsmethoden und Evaluation für Human- und Sozialwissenschaftler. 3. Aufl. Berlin/Heidelberg 2003.

Coaching Report: Der Couching-Markt: Online: https://www.coaching-report.de/coaching-markt.html [abgerufen am: 10.1.2018].

DBVC: Definition Coaching. Online: http://www.dbvc.de/der-verband/ueber-uns/definition-coaching.html [abgerufen am 10.01.2018].

Greif, S.: Coaching bei Stress und Burnout: Nicht ohne Diagnostik. In: Möller, H./Kotte, S. (Hrsg.): Diagnostik im Coaching. Grundlagen, Analyseebenen, Praxisbeispiele. Berlin 2014, S. 217–232.

Lindart, M.: Was Coaching wirksam macht. Wirkfaktoren von Coachingprozessen im Fokus. Berlin/Heidelberg 2016.

Mittag, W./Hager, W.: Ein Rahmenkonzept zur Evaluation psychologischer Interventionsmaß-
    nahmen. In: Hager, W./Patry, J.-L./Brezing, H. (Hrsg.): Evaluation psychologischer Interven-
    tionsmaßnahmen. Standards und Kriterien: Ein Handbuch. Bern u. a. 2010, S. 102–128.
TU Dresden.: Klassische Testtheorie. 2017. Online: http://versuch.file2.wcms.tu-dresden.de/w/
    index.php/Klassische_Testtheorie [abgerufen am: 10.8.18].
Pospeschill, M.: Testtheorie, Testkonstruktion, Testevaluation. München 2010.

Implementierung und Evaluation von Human Centric Lighting Systemen – zwei randomisierte, feldexperimentelle Kontrollgruppenstudien

Sebastian Schnieder/Lisanne Kächele/Leon von Haugwitz

Abstract: In zwei randomisierten, feldexperimentellen Kontrollgruppenstudien wurden die Effekte chronobiologischer Beleuchtung in verschiedenen Szenarien untersucht. In der ersten Studie werden mit einer Stichprobe von 22 Schichtarbeitenden in der Produktion eines Automobilzulieferers Einflüsse der modifizierten Lichtumgebung empirisch hinsichtlich Stress (48-Stunden EKG) und generellem Befinden getestet. In der zweiten Studie (N = 86) werden im Hotel- und Gastronomiesetting, anhand von Speichelproben, Fragebogen und aktigraphiebasierter Schlafaktivitätsmessung die Einflüsse chronobiologisch adaptierter Beleuchtung auf den circadianen Rhythmus untersucht.

1 Relevanz chronopsychologisch adaptierter Beleuchtungsszenarien

1 Durch die Digitalisierung angetrieben, hat künstliche Beleuchtung, neben dem natürlichen Licht, als Zeitgeber und Determinante der circadianen Rhythmik zunehmend an Relevanz gewonnen. Gerade Phasen z. B. die Zeit vor dem Zubettgehen, die für die Synchronisation des Tag-Nacht-Rhythmus besonders wichtig sind, sind häufig durch Fernsehen, Handys, Tablets oder Laptops geprägt. Durch ihre vom üblichen Tag-Nacht-Rhythmus abweichenden Arbeitszeiten sind Schichtarbeitende besonders anfällig gegenüber Effekten wie circadianer Verschiebung. Zum einen gilt es Licht mit seiner chronobiologischen Wirkung als Faktor in der Arbeitsplatzgestaltung zu berücksichtigen, den Angestellten muss aber auch über den beruflichen Alltag hinaus ein gesunder Umgang mit künstlicher Beleuchtung vermittelt und ermöglicht werden. Die beiden vorgestellten Studien beschäftigen sich mit der psychomedizinischen Lichtwirkung durch chronobiologisch-angepasste Beleuchtung. In der ersten Studie wird die Implementierung eines chronobiologisch adaptierten Lichtsystems in der Produktion eines Automobilzulieferers untersucht und die erwarteten Ergebnisse dargestellt. Die zweite Studie untersucht den Einfluss der chronobiologisch angepassten Beleuchtung im Hotel- und Gastronomiesetting.

2 Randomisierte, feldexperimentelle Kontrollgruppenstudie I – Wirksamkeit chronobiologisch adaptierter Beleuchtung bei Schichtarbeit im Produktionssetting

2 Die Ergebnisse der Hotelstudie zeigen deutlich die Effektivität chronobiologischer Beleuchtung zur Stabilisierung des circadianen Rhythmus. Schichtarbeitende sind durch ihre vom üblichen Tag-Nacht-Rhythmus abweichenden Arbeitszeiten und die Exposition durch helle Beleuchtung und der resultierenden Melatoninsuppression in der Nacht oder bis in den späten Abend eine bekannte Risikogruppe circadianer Verschiebung. Dadurch ergeben sich bestimmte Anforderungen an die Lichtumgebung Schichtarbeitender. Dabei dürfen bestimmte arbeitsspezi-

fische Rahmenbedingungen wie bspw. eine insgesamt ausreichende Lichtintensität aber nicht vernachlässigt werden.

Im Rahmen der folgenden Studie wird getestet, ob durch chronobiologisch   3
angepasste Beleuchtung auch im betrieblichen Kontext negativen Effekten von Lichtwirkung wie Müdigkeits- oder Stresserscheinungen entgegengewirkt werden kann.

2.1 Stichprobenbeschreibung

Die Stichprobe besteht aus 22 Schichtarbeitenden, die in der Produktion eines   4
Automobilzulieferers arbeiten. Ihre Arbeit umfasst das Untersuchen verschiedener Gegenstände wie bspw. Platinen und Displays auf Produktionsfehler und Defekte. Sie setzt sich aus 10 Frauen und 12 Männern zusammen, die zwischen 20 und 60 Jahre alt sind (M (SD) = 39,8 (12.64)). Die Probanden sind zwischen 1,53 und 1,99 Meter groß (M (SD) = 175,09 (11,47)) und zwischen 55 und 99 Kilogramm schwer (M (SD) = 77,18 (8,62)).

Vor der Zuordnung zur Experimental- und Kontrollgruppe wurden die Proban-   5
den nach Schichtzugehörigkeit, Alter und Geschlecht in möglichst ähnliche Paare eingeteilt, im Anschluss wurden die Probanden randomisiert der Experimental- und Kontrollgruppe zugewiesen.

2.2 Messsysteme zur Erfassung psychomedizinischer Lichtwirkung

Elektrokardiographie (EKG). Herzratenvariabilität gilt als Indikator für die   6
Balance zwischen parasympathischer und sympathischer Aktivität des Nervensystems. Niedrige Frequenzen im Bereich von 0,04-0,15 Hz spiegeln sympathische Aktivität wieder und können als Reaktion auf Stressbelastung und als ergotrope Wirkung auf den Organismus interpretiert werden. Hohe Frequenzen (0,15–0,4 Hz) werden als Indikator für niedrige sympathische und gesteigerte parasympathische Aktivität interpretiert, lassen also auf einen ruhigen und erholten Organismus schließen.[1]

Elektrokardiographie-Daten wurden über den non-invasiven movisens EcgMove3   7
erhoben. Der Sensor zeichnet die Rohdaten des EKG-Signals, der 3-Achsen Beschleunigung, des barometrischen Höhensensors und der Temperatur über einen Zeitraum von bis zu zwei Wochen auf. Die Probanden wurden instruiert, wie sie den Sensor ankleben. Zu Beginn ihres jeweiligen Erhebungszeitraums

---

1   Michail u. a.: EEG and HRV markers of sleepiness and loss of control during car driving. In: 2008 30th Annual International Conference of the IEEE Engineering in Medicine and Biology Society. 1/2008, S. 2566–2569.

konnten die Probanden den Sensor mit Hilfe ausgedruckter Instruktionen selber ankleben. Während der EKG-Erhebung sollten die Probanden nicht die Sauna besuchen oder schwimmen gehen, weiterhin gab es keine Einschränkungen (Duschen etc.).

8   Die EKG-Messung startete jeweils Montag ab Schichtbeginn und lief für 48 Stunden bis Mittwochmorgen zum Schichtbeginn.

9   Die Rohdaten werden auf Parameter im Zeitbereich (z. B. mittlere RR-Intervalle, HRV, pNN50, …), Frequenzbereich (z. B. VLF, LF, HF, LF/HF) und nichtlinearen Bereich analysiert (z. B. Poincare Plot: SD1, SD2, SD2/1).

10 **Erholungskompetenzinventar.** Die Kurzskala EKS-10 der Erholungskompetenz-Skala (EKS) von Krajewski, Seiler und Schnieder (2013) ist ein 10 Items umfassendes Inventar zur Erfassung von Erholungsprozessen. Die Erholungskompetenz setzt sich dabei aus Erholungsdauer und -intensität, sowie aus erholungsförderlichen Personaleigenschaften zusammen.

11 **Subjektives Befinden und Arbeitsumgebung.** Der Fragebogen zum allgemeinen Befinden (Bf-SR) und der Arbeitsumgebung wurde zu zwei Zeitpunkten von Kontroll- und Experimentalgruppe ausgefüllt. Für den ersten Testzeitpunkt, am Montag nach Schichtende, umfasst der Fragebogen 9 Items zum allgemeinen Befinden, 11 Items zur Bewertung der Umgebung und 4 Items zur Bewertung des derzeitigen Arbeitsplatzes. Am zweiten Testzeitpunkt (Freitag, nach Schichtende) am letzten Erhebungstag der jeweiligen Probanden hat die Kontrollgruppe den gleichen Fragebogen ausgefüllt. Die Experimentalgruppe füllte eine Version mit den gleichen 9 bzw. 11 Items zum allgemeinen Befinden bzw. zur Bewertung der Umgebung und weitere 8 Items je Komponente der modifizierten Lichtumgebung aus.

2.3   Versuchsaufbau

12 Die Probandenpaare werden jeweils 5 Tage, von Montag bis Freitag erhoben. Dabei arbeiteten die Probanden der Kontrollgruppe jeweils von Montag bis Freitag an ihrem normalen Arbeitsplatz. Die Probanden der Experimentalgruppe arbeiteten montags an ihrem normalen Arbeitsplatz und wechselten ab Dienstag bis zum Rest der Woche an den modifizierten Arbeitsplatz (vgl. Abbildung 1).

13 Die Lichtbedingungen für die Kontrollgruppe im Arbeitsanalysebereich lagen ohne zusätzliche Spot-beleuchtung bei 345 ($a_{biol} \approx 0.25$) Lux, bei Bedarf konnten Objekte mit einer zusätzlicher Spotbeleuchtung (4005 Lux) untersucht werden.

EG: Experimentalgruppe; KG: Kontrollgruppe; FB1: Fragebogen Experimental- & Kontrollgruppe zur Arbeitsumgebung, Wohlbefinden; FB2: Fragebogen Experimentalgruppe zur Arbeitsumgebung, Wohlbefinden; FB3: Fragebogen Kontrollgruppe zur Arbeitsumgebung, Wohlbefinden

Abb. 1: Übersicht des standardisierten Versuchsablaufs, EKG-Messung und Fragebogenerhebung

Quelle: Eigene Darstellung.

Die Lichtbedingungen für die Experimentalgruppe lag bei normaler Raumbeleuchtung bei 750 Lux (bei 6500K), bei teilweise eingeschaltetem Prototypen bei 1450 Lux (6500K, $a_{biol} \approx 0.8$) und bei vollständig eingeschaltetem Prototypen bei 2250 Lux (6500K, $a_{biol} > 1$). Die Beleuchtung konnten die Probanden über 7 verstellbare Module selber wählen.

15

2.4 Antizipierte Ergebnisse

Tab. 1: Antizipierte Ergebnisse der Stress- und Befindlichkeitsparameter der Experimentalgruppe

		Antizipierte Tendenz
HRV-Parameter		
	SDNN	+
	Mean HR	-
	pNN50 (%)	+
	LF	-
	HF	+
	LF/HF	-
	SD1 (ms)	+
	SD2 (ms)	-
	SD1/SD2	+
Subjektives Befinden		+
Bewertung der Arbeitsumgebung		+

Quelle: Eigene Darstellung.

17 **Stress**. Probanden der Experimentalgruppe weisen nach ihrer Arbeit am modifizierten Arbeitsplatz niedrigere Stresserscheinungen in Form niedriger sympathischer Aktivität im Vergleich zur Kontrollgruppe und zu Normalbedingungen auf.

18 **Subjektives Wohlbefinden**. Die angepasste Beleuchtung führt zu einem gesteigerten subjektiv wahrgenommenen Wohlbefinden der Probanden der Experimentalgruppe im Vergleich zu den Probanden der Kontrollgruppe und zu Normalbedingungen.

3 Randomisierte, feldexperimentelle Kontrollgruppenstudie II: chronopsychologisch-adaptiere Beleuchtung im Hotel- und Gastronomiesetting

19 Studien belegen die hohe Relevanz des Schlafes für die Entwicklung und Aufrechterhaltung einer Vielzahl von Funktionen des menschlichen Organismus. Das individuelle Schlafverhalten ist dabei chronobiologisch determiniert und unterliegt einer circadianen Rhythmik. Durch Sozial- oder Umwelteinflüsse kann es jedoch zu einer Phasenverschiebung der circadianen Rhythmik aus Wach- und Schlafzustand kommen, welche mit starken negativen Konsequenzen einhergeht. Erkenntnisse aus Laboruntersuchungen zeigen, dass eine angepasste Beleuchtung zu einer Phasenstabilisierung der circadianen Rhythmik beitragen kann und so das Schlafverhalten und die Schlafqualität positiv beeinflusst. In den zitierten Untersuchungen wurden Probanden jedoch meist unter Laborbedingungen über eine feste Zeit einer hohen Beleuchtungsstärke ausgesetzt. Übliche Innenraumbeleuchtung ist meist unspezifischer platziert und Personen halten sich aufgrund von Bewegung selten konstant über einen längeren Zeitraum unter denselben Beleuchtungsbedingungen auf.

20 Zur Behebung dieser Defizite ist das Ziel dieser Studie die Untersuchung der chronobiologisch wirksamen Lichtszenarien und deren Auswirkungen auf psychophysiologische Aktivierungs- und Deaktivierungsprozesse zur Stabilisierung circadianer Phasen in einem dynamischen anwendungsbezogenen Kontext.

3.1 Hypothesen psychomedizinischer Lichtwirkung

3.1.1 Saliva Melatonin

21 Die tageszeitspezifischen Lichtszenarien, wie in Abbildung 3 dargestellt, führen zu einer chronobiologisch wirksamen Veränderung im circadianen Rhythmus der Personen in dem Maße, dass die Beleuchtung bei Probanden der Experimentalgruppe (EG):

a) abends zur psychophysiologischen Deaktivierung beiträgt und die Probanden daher als Maß der zunehmenden Deaktivierung am Abend vor dem Schlafen sowie als Maß der stärkeren Deaktivierung in der Nacht unmittelbar nach dem

Erwachen einen höheren Saliva-Melatoninwert aufweisen als Probanden der Kontrollbedingung (KG).

b) morgens zur psychophysiologischen Aktivierung beiträgt, sodass der erhöhte Saliva-Melatoninwert aus der Nacht als Maß der zunehmenden Aktivierung im zeitlichen Verlauf stärker abfällt und über den Tag unter dem Wert der KG liegt.

3.1.2 Schlafqualität

Subjektive Schlafqualität. Die Veränderungen in der circadianen Rhythmik 22 führen zu einer besseren subjektiven Schlafqualität in beiden Nächten, erhoben über Selbsteinschätzungen im PSQI der Probanden der EG im Vergleich zu Probanden der KG. Die Intervention führt darüber hinaus zu einer verbesserten subjektiven Schlafqualität der EG in beiden Nächten im Vergleich zur subjektiven Schlafqualität der letzten vier Wochen vor dem Versuch.

Objektive Schlafqualität. Die Veränderungen in der circadianen Rhythmik füh- 23 ren zu einer besseren objektiven Schlafqualität, gemessen über die Aktigraphie-parameter Einschlaflatenz, Gesamtschlafdauer, Phasen nächtlicher Wachheit sowie Schlafeffizienz in der Nacht bei Probanden der EG im Vergleich zu Probanden der KG.

24

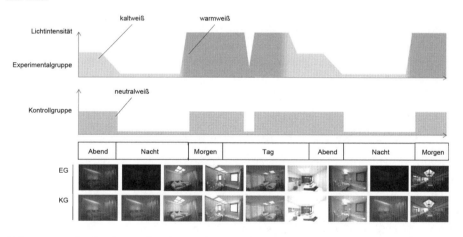

Abb. 2: Vergleich der Beleuchtungskonzepte zwischen den Versuchsbedingungen zu den verschiedenen Tageszeiten. Deaktivierende Beleuchtungen mit geringen Intensitäten im hohen (roten) (in Abbildung hellgrau) Spektralbereich sollen abends zur psychophysiologischen Deaktivierung und aktivierende Beleuchtungen mit hohen Intensitäten im niedrigen (blauen) (in Abbildung dunkelgrau) Spektralbereich sollen morgens sowie tagsüber zur psychophysiologischen Aktivierung der EG beitragen. Beleuchtungen der KG sind tageszeitunspezifisch im mittleren Intensitäts- und Spektralbereich.

Quelle: Eigene Darstellung.

3.2 Stichprobenbeschreibung

25 An der Untersuchung nahmen insgesamt 84 Probanden teil. Diese wurden über einen Email-Newsletter rekrutiert, der an ehemalige Gäste des Hotels versandt wird. Auf diese Anfrage hin meldeten sich insgesamt 525 Personen, was einer Antwortrate von etwa 10 % entspricht. Die Personen, die die Einschlusskriterien erfüllten, bei allgemein guter Gesundheit waren, nicht an Farbblindheit oder Krankheiten, die das Auge und das Sehen betreffen litten und keinen extremen Chronotypen aufwiesen, wurden für die Studie ausgewählt.

26 Die selektierten Probanden wurden randomisiert den beiden Bedingungen zuge- wiesen. Die Experimentalgruppe bestand aus 44 Probanden, die zwischen 20 und 55 Jahre alt waren (M = 42.1, SD = 8.6). Der Anteil weiblicher Probanden lag bei etwa 60 %. Der Kontrollgruppe wurden 40 Probanden zugewiesen, deren Alter ebenfalls zwischen 20 und 55 Jahren lag (M = 40.7, SD = 9.8). Der Anteil weiblicher Probanden lag in dieser Gruppe bei etwa 70 %. Die Gruppen unter- schieden sich hinsichtlich der demographischen Variablen Alter, Geschlecht, Größe, Gewicht und Bildung nicht signifikant voneinander.

27 Diese Stichprobengröße reduzierte sich im Anschluss im Zuge der Auswertung der Daten, da die Variablen zur objektiven Schlafqualität über die Aktigraphiedaten der EDA-Messgeräte am Handgelenk berechnet wurden und diese Daten aufgrund der limitierten Anzahl an Geräten nicht bei allen Probanden, sondern lediglich bei 28 Probanden der EG und 15 Probanden der KG, erhoben werden konnten. Aufgrund des Verhältnisses von fast 2:1 wurde, um Confounding-Effekte einzudäm- men, ein Propensity-Score-Matching nach Rosenbaum & Rubin (1983) angewandt. Die Gruppen unterschieden sich hinsichtlich der demographischen Variablen nach dem Matching nicht signifikant von den Gruppen vor dem Matching.

3.3 Messsysteme zur Erfassung psychomedizinischer Lichtwirkung

28 **Pittsburgh Schlafqualitäts Index (PSQI).** Der Pittsburgh Schlafqualitäts Index, im englischsprachigen Original von Buysse, Reynolds, Monk, Berman und Kupfer (1989), ist ein 24 Items umfassendes Inventar zur Erfassung der selbstberichteten Schlafqualität. Dabei wird retrospektiv für die letzten vier Wochen die selbsteinge- schätzte Schlafqualität, die Häufigkeit schlafstörender Ereignisse, die Schlafzeiten, Einschlaflatenz und Schlafdauer, die Einnahme von Schlafmitteln, sowie die Müdigkeit während des Tages erhoben. Für diese Untersuchung wurde auf die validierte deutschsprachige Übersetzung von Backhaus, Junghanns, Broocks, Riemann und Hohagen (2002) zurückgegriffen.

29 **Aktigraphiebasierte Schlafaktivitätsmessung.** Zur Beurteilung der objektiven Schlafqualität wurden die Aktigraphiedaten aus dem 3-Achsen-Beschleunigungs- sensor (3D) des mobilen EDA-Messgeräts (edaMove, movisens GmbH) genutzt. Hierbei handelt sich um ein tragbares, akkubetriebenes, multimodales Messgerät

zur Erfassung der elektrodermalen Aktivität, der 3D Beschleunigung, der Temperatur, der Luftfeuchtigkeit und des Luftdrucks. Das Messgerät wurde über eine Manschette am Handgelenk der nicht-dominanten Hand der Probanden befestigt und während des kompletten Versuchsablaufs, außer in den Nassbereichen, getragen. Für die Bestimmung der Bewegungsdaten wurde lediglich auf den Beschleunigungssensor zurückgegriffen. Dieser erfasste die Beschleunigung in X-, Y- und Z-Richtung mit einer Abtastrate von 64 Hz bis +/- 8 g bei einem Rauschen von 4 mg.

30

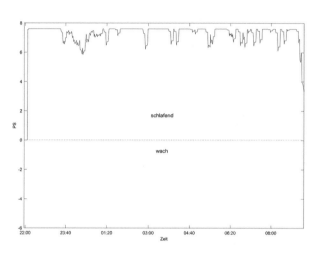

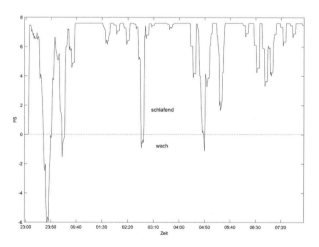

Abb. 3: Wahrscheinlichkeitsberechnungen der Epochen für Schlaf eines guten Schläfers (oben) mit einer geringen Einschlaflatenz, einer durchschnittlichen

Schlafdauer, keinen Phasen nächtlicher Wachheit und einer hohen Schlaf-effizienz sowie eines schlechten Schläfers (unten) mit einer hohen Einschlaf-latenz, einer durchschnittlichen Gesamtschlafdauer, mehreren Phasen nächt-licher Wachheit und einer niedrigen Schlafeffizienz auf Basis des Aktigraphie-Algorithmus von Sadeh, Sharkey & Carskadon (1994); PS = Wahrscheinlich-keit, dass die Epoche als Schlaf gewertet wird (Werte > 0 = Schlaf).

Quelle: Eigene Darstellung.

31   Aus den Rohdaten des Beschleunigungssensors wurde mithilfe des Aktigraphie-Algorithmus von Sadeh, Sharkey und Carskadon (1994) die Aktivität der Pro-banden bestimmt. Der Datenstrom wurde dabei in 1-minütige Epochen unterteilt. Anschließend wurde mittels der Zählung der Nulldurchgänge, auch als Zero-Crossings-Methode bezeichnet, die Aktivität pro Epoche gezählt. Hierbei wurde jedesmal, wenn das Signal die Nulllinie überquert, ein Aktivitätspunkt gezählt. Da willentliche menschliche Bewegungen selten über 3 Hz hinausgehen wurden zur Artefaktreduzierung mittels eines 0.25–3 Hz Bandpassfilters sehr langsame Bewe-gungen (unter 0.25 Hz) sowie schnelle Bewegungen (über 3 Hz) eliminiert.

32   Anschließend wurden, wie von Cole, Kripke, Gruen, Mullaney und Gillin (1992) vorgeschlagen, verschieden Aktigraphieparameter als Kennwerte zur Beurteilung der objektiven Schlafqualität bestimmt. Hierzu zählen die Schlaflatenz in Minuten, als Zeitspanne von der angegeben Einschlafzeit aus dem PSQI bis zur ersten Epoche die als „schlafend" gewertet wurde, die Schlafdauer in Minuten als Zeitspanne von der ersten Epoche die als „schlafend" gewertet wurde bis zur letzten Epoche, die als „schlafend" gewertet wurde vor dem im PSQI angegeben Aufwachzeitpunkt, Wachphasen, die Zeit nächtlichen Erwachens in Minuten als Anzahl Epochen, die als „nicht schlafend" (PS-Werte <0) gewertet wurden, im Intervall der ersten Epoche, die als „schlafend" gewertet wurde, bis zur letzten Epoche, die als „schlafend" gewertet wurde, vor dem Aufwachzeitpunkt sowie die Effizienz des Schlafes in Prozent als Quotient aus der Anzahl der Epochen, die als „schlafend" gewertet wurden und der im PSQI angegeben subjektiven Schlafdauer (Intervall Einschlaf- bis Aufwachzeitpunkt).

33   **Melatonin.** Der Melatoninwert der Probanden in Pikogramm pro Milliliter (pg/ml) wurde zu den unterschiedlichen Testzeitpunkten, beim Erwachen (T1), 30 Minuten nach dem Erwachen (T2), 60 Minuten nach dem Erwachen (T3), nach dem Frühstück (T4), vor dem Wannenbad (T5), nach dem Wannenbad (T6), 60 Minuten vor dem Schlafen (T7), 30 Minuten vor dem Schlafen (T8), beim Erwachen an Tag 2 (T9), 30 Minuten nach dem Erwachen an Tag 2 (T10) jeweils aus dem Speichel (Saliva) bestimmt. Dazu gaben die Probanden selbstständig etwa 2–8 ml Speichel in ein handelsübliches Probengefäß aus Hartplastik, welches anschließend über eine Weichplastikdichtung verschlossen wurde. Die Proben wurden durch die Probanden etikettiert und beschriftet und anschließend von den Versuchsleitern bei -18°C eingefroren. Nach Abschluss der Versuchsreihen wurde

der Saliva Melatoninwert mithilfe eines Radioimmunoassay (RIA) bestimmt (Sensitivität 2.3 pg/ml).

3.4 Technische Umbauten im Hotel- und Gastronomiebereich

Zur Umsetzung der experimentellen Intervention und der erfolgreichen Manipulation der unabhängigen Gruppenvariablen, wurden in verschiedenen Einrichtungen und Räumen im Hotel technische Umbauten vorgenommen. Zwei Suiten (Schlafzimmer, Wohnzimmer, Flur und Bad), ein Wannenbad mit zwei Whirlpool-Badewannen, das Salzsole-Schwimmbad sowie ein Teil des Restaurantbereichs wurden hierbei mit chronobiologisch wirksamen Beleuchtungskonzepten modifiziert. Vergleichbare Räumlichkeiten für die Kontrollgruppe wurden technisch nicht verändert.   34

In den Räumlichkeiten wurden die Fenster mithilfe einer Blende verdunkelt, sodass kein Tageslicht eindrang. Gesteuert werden konnten die Lichtkomponenten über ein Touch-Panel. Die Probanden konnten hierbei das Licht nur Ein- und Ausschalten. Die aktivierenden und deaktivierenden Lichtkonzepte sowie die Weckfunktion am Morgen wurden durch die Versuchsleiter gesteuert. Die Beleuchtung in den Räumen der Kontrollgruppe war tageszeitunabhängig und konnte selbstständig durch die Probanden über die vorhandenen Lichtschalter gesteuert werden.   35

Schlafzimmer. Dem chronobiologischen Lichtkonzept nach sollte am Morgen ein 30 minütiger Lichtwecker durch langsames Hochfahren der Lichtmenge der Flächenleuchten über dem Bett, sowie passend dazu die aus Licht-emittierende Dioden (LED) in den Farben Rot, Grün und Blau (RGB) bestehenden Wall-Washer hinter der Kopfseite des Bettes und den LED RGB an den Vorhängen zur Aktivierung beitragen (siehe Abbildung 4). Abends sollten lediglich die LED RGB Komponenten bei niedriger Beleuchtungsstärke in rötlich-warmweißer Beleuchtung sowie ergänzend dazu die Leseleuchten neben dem Bett zur Entspannung und Deaktivierung beitragen.   36

Ein messtechnischer Vergleich der beiden Versuchsbedingungen am Morgen zeigte einen deutlichen Unterschied. In der EG wurden in horizontaler Richtung auf dem Bett in Augenhöhe eine für eine Innenraumbeleuchtung sehr hohe Beleuchtungsstärke von 1462 lx bei einer kalten Farbtemperatur von 6810 K und einer hohen Leuchtdichte von 468 cd/m² gemessen, wohingegen in der KG eine deutlich geringere Beleuchtungsstärke von 26.8 lx bei einer warmen Farbtemperatur von 1990 K und einer geringen Leuchtdichte von 0.3 cd/m² gemessen wurden.   37

38

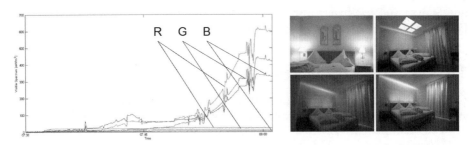

Abb. 4: Veränderungen der Intensitäten der RGB-Komponenten der Lichtweckfunktion der EG am Morgen über 30 Minuten (links). Technische Umbauten im Schlafzimmer (rechts).

Quelle: Eigene Darstellung.

39 **Badezimmer**. In den Bädern der beiden angepassten Hotelsuiten der EG wurden bautechnische Veränderungen im Bereich der Waschbecken, des Spiegels und in der Dusche vorgenommen. Zum aktivierenden Beleuchtungskonzept am Morgen wurden vier Flächenleuchten über dem Waschbecken und vier Downlights im Bereich der Toilette und am Eingang zur Dusche verbaut. Zum deaktivierenden Konzept am Abend wurden die vorhandenen Beleuchtungskomponenten, die Spiegelleuchte und vier Halogen Downlights genutzt.

40 Ein messtechnischer Vergleich der beiden Bedingungen am Morgen zeigte in der Mitte des Badezimmers auf Augenhöhe mit Blickrichtung zum Spiegel, für die EG eine hohe Beleuchtungsstärke von 2020 lx bei einer kühlen Farbtemperatur von 5530 K und einer hohen Leuchtdichte von 406 cd/m². In der KG wurden im Vergleich dazu eine geringe Beleuchtungsstärke von 52 lx bei einer warmen Farbtemperatur von 2480 K und einer niedrigen Leuchtdichte von 5 cd/m² gemessen.

41 **Restaurantbereiche**. Das Restaurant wurde in verschiedene Bereiche unterteilt. Im zentralen Restaurantbereich, der für Probanden der EG vorgesehen war, wurde die vorhandene Lichtdecke mit Lichtleisten neu ausgeleuchtet und in Kombination mit den vorhandenen Halogen Downlights morgens zur Aktivierung genutzt. Zur Deaktivierung wurde lediglich auf die vorhandenen Halogen Downlights zurückgegriffen. Die Fensterfront dieses Restaurantbereichs wurde nicht abgedunkelt, sodass Licht je nach Tageszeit einfallen konnte. Probanden der KG nahmen in fensterlosen Bereichen des Restaurants Platz, die über Hängeleuchten direkt über den Tischen beleuchtet wurden.

42 Der messtechnische Vergleich der beiden Bedingungen zeigte an den Tischen sitzend auf Augenhöhe mit Blickrichtung zum Fenster für die Experimentalbedingung am Morgen eine Beleuchtungsstärke von 700 lx bei einer Farbtemperatur von 4380 K und einer Leuchtdichte von 125 cd/m². An den Tischen der Kontrollbedingung konnten morgens in vergleichbarer Position eine geringere Beleuch-

tungsstärke von 34 lx bei einer Farbtemperatur von 2720 K und einer niedrigen Leuchtdichte von 6.5 cd/m² gemessen werden.

3.5 Versuchsdurchführung

Die Datenerhebung fand in den Räumlichkeiten eines großen Wellnessresorts   43
statt. In insgesamt elf identischen Durchführungen konnten jeweils vier Probanden pro Bedingung parallel untersucht werden. Jeder der 84 Probanden verbrachte
dabei zwei Nächte im Hotel und nahm an verschiedenen Aktivitäten wie in
Abbildung 5 dargestellt teil.

44

B	Din	E	1. Night	Wup	Br	Ba	Lec	S Ba	Nap	Cof	F	S	Din	E-ing	2. Night	Wup	Br	D
B	Din	E	1. Night	Wup	Br	Lec	Ba	S Ba	Nap	Cof	F	S	Din	E-ing	2. Night	Wup	Br	D
B	Din	E	1. Night	Wup	Br	Ba	Lec	S Ba	Nap	Cof	F	S	Din	E-ing	2. Night	Wup	Br	D
B	Din	E	1. Night	Wup	Br	Lec	Ba	S Ba	Nap	Cof	F	S	Din	E-ing	2. Night	Wup	Br	D

Time
5   7   9   11   1   3   5   7   9   11   1   3   5   7   9   11   1   3   5   7   9

Deactivation   Activation

B: Briefing   Din: Dinner   E: Evening   Wup: Waking up   Br: Breakfast   Ba: Bath   Lec: Wellness Lecture
S Ba: Saline Bath   Nap: Power Nap   Cof: Cake & Coffee   F: Foto Documentation   S: Sauna   D: Debriefing

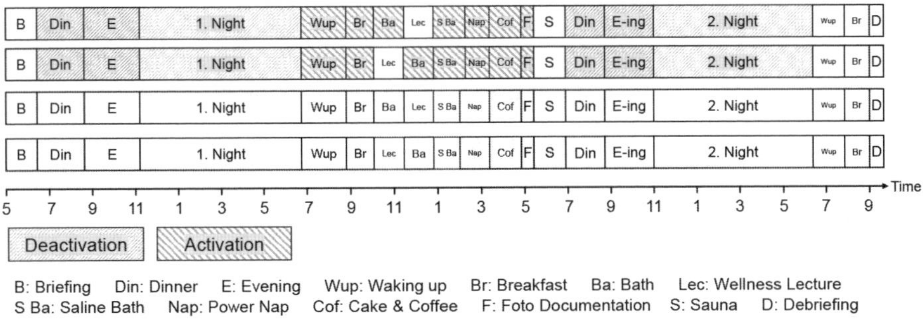

Abb. 5: Experimentell standardisierter Tagesablauf. Abfolgen der Versuchsdurchfüh-
rungen der EG (oben) und KG (unten).

Quelle: Eigene Darstellung.

3.6 Ergebnisse

Saliva Melatonin Im ersten Schritt wurden zur Überprüfung der Intervention   45
durch die technischen Umbauten die Mittelwerte der Melatoninwerte der beiden
Gruppen zu den 10 unterschiedlichen Messzeitpunkten verglichen. Der Verlauf
der Messwerte über die verschiedenen Erhebungszeitpunkte ist in Abbildung 4
dargestellt. Es konnten signifikante Haupteffekte der Faktoren Bedingung (F(1,
298) = 19.89, p < .05) und Zeit (F(9, 280) = 5.72, p < .05), jedoch keine signifikante
Interaktion der beiden Faktoren Bedingung*Zeit (F(9, 280) = 1.24, p > .05)
festgestellt werden.

Post-hoc-Vergleiche der beiden Gruppen zu den einzelnen Messzeitpunkten sind in   46
Tabelle 1 dargestellt. Probanden der EG wiesen zu den Zeitpunkten T1 (p = .02), T2
(p = 0.04), T3 (p = .04) und T5 (p = .01) einen signifikant höheren Melatoninwert
sowie zu den Zeitpunkten T4 (p = .06), T7 (p = .07), T8 (p = .06) und T9 (p = .06)
einen tendenziell signifikant (p < .10) höheren Melatoninwert auf als die Probanden
der KG. Zu den Zeitpunkten T6 (p = .45) und T10 (p = .40) unterschieden sich die
Mittelwerte der beiden Gruppen nicht signifikant voneinander.

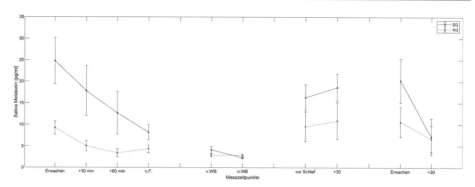

Abb. 6: Saliva Melatonin der EG und KG zu den unterschiedlichen Messzeitpunkten; n. F. = nach Frühstück; v. WB = vor Wannenbad; n. WB = nach Wannenbad.

T1 EG: M(SD) = 23.76 (24.49); KG: M (SD) = 8.96 (6.64), t(df) = 2.26 (16.05) p = .02
T2 EG: M(SD) = 16.69 (24.62); KG: M (SD) = 5.14 (3.67), t(df) = 1.80 (14.62), p = 0.04
T3 EG: M(SD) = 12.73 (19.65); KG: M (SD) = 3.32 (1.40), t(df) = 1.85 (14.14), p = .04
T4 EG: M(SD) = 7.39 (8.81); KG: M (SD) = 3.44 (3.11), t(df) = 1.64 (28), p = .06
T5 EG: M(SD) = 3.22 (0.81); KG: M (SD) = 2.55 (0.78), t(df) = 2.32 (28), p = .01
T6 EG: M(SD) = 2.56 (0.72); KG: M (SD) = 2.61 (1.47), t(df) = -0.13 (28), p = .45
T7 EG: M(SD) = 6.03 (9.75); KG: M (SD) = 10.90 (8.59), t(df) = 1.53 (28), p = .07
T8 EG: M(SD) = 19.57 (12.65); KG: M (SD) = 12.63 (9.92), t(df) = 1.67 (28), p = .06
T9 EG: M(SD) = 21.54 (22.39); KG: M (SD) = 11.46 (8.76), t(df) = 1.62 (18.19), p = .06
T10 EG: M(SD) = 11.48 (14.31); KG: M (SD) = 10.21 (10.66), t(df) 0.28 (28), p = .40
+ p < .10. * p < .05.

Quelle: Eigene Darstellung.

47 **Subjektive Schlafqualität.** Anschließend wurde die subjektive Schlafqualität über die PSQI Werte der beiden Gruppen zu den verschiedenen Messzeitpunkten verglichen. Die Veränderungen der Mittelwerte über die Messzeitpunkte sind in Abbildung 19 dargestellt. Es konnte ein signifikanter Haupteffekt für den Faktor Bedingung (F(1, 88) = 4.65, p < .05), jedoch nicht für den Faktor Zeit (F(2, 87) = 1.60, p > .05) festgestellt werden. Auch eine signifikante Interaktion der beiden Faktoren konnte nicht festgestellt werden (F(2, 87) = 0.50, p > .05).

48 Die Ergebnisse der Post-hoc Vergleiche zwischen den beiden Gruppen zu den einzelnen Erhebungszeitpunkten sind in Tabelle 2 dargestellt. Probanden der KG (M (SD) = 7.60 (4.03)) wiesen zum Zeitpunkt PSQI_1 einen signifikant höheren PSQI Wert auf als Probanden der EG (M (SD)= 5.27 (3.35), t(df) = -1.72 (28), p < .05) Signifikante Unterschiede zwischen den Gruppen zu den Messzeitpunkten PSQI_0 und PSQI_2 konnten nicht festgestellt werden. Vergleiche der Mittelwerte innerhalb der Gruppen über die drei Messzeitpunkte ergaben weder für die EG noch für die KG signifikante Unterschiede

Tab. 2: Mittlere Unterschiede PSQI Werte zwischen EG und KG zu den unterschiedlichen Testzeitpunkten.

	EG (n = 15)	KG (n = 15)		
	M (SD)	M (SD)	t (df)	p
Anreise	5.13 (2.85)	5.73 (2.71)	-0.59 (28)	.28
1. Morgen	5.27 (3.35)	7.60 (4.03)	-1.72 (28)	.04
2. Morgen	4.07 (2.43)	5.73 (4.40)	-1.28 (21.84)	.10

Quelle: Eigene Darstellung.

Objektive Schlafqualität. Die Ergebnisse des multivariaten Vergleichs der Aktigraphieparameter zwischen den Versuchsbedingungen und Erhebungszeiten sind in Tabelle 3 dargestellt. Es konnten signifikante Haupteffekte des Faktors Zeit bei den Variablen Schlafdauer, Schlaflatenz und Wachphasen festgestellt werden. Signifikante Haupteffekte des Faktors Bedingung sowie signifikante Interaktionen der beiden Faktoren konnten für keine der Variablen festgestellt werden. Post-hoc Gruppenvergleiche einzeln zu den jeweiligen Testzeitpunkten zeigten keine signifikanten Unterschiede.

50

Beim Vergleich der Mittelwerte der Aktigraphieparameter der beiden Messzeitpunkte der einzelnen Gruppen konnten jeweils im Vergleich zur 1. Nacht, für die EG eine signifikant längere Schlafdauer in der 2. Nacht sowie eine signifikant kürzere Einschlaflatenz in der 2. Nacht, sowie für die KG eine signifikant längere Schlafdauer in der 2. Nacht, eine signifikant kürzere Einschlaflatenz in der 2. Nacht sowie signifikant längere Wachphasen während der 2. Nacht festgestellt werden.

51

52

Tab. 3: Multivariate Varianzanalyse der Schlafparameter und Post-hoc Unterschiede der EG und KG zwischen der ersten und zweiten Nacht.

	1. Nacht	2. Nacht			$F(1,57)$		
	M (SD)	M (SD)	t (df)	p	Bedingung	Zeit	Zeit x Bedingung
Schlafdauer							
EG	481.71 (40.98)	528.80 (89.02)	-2.87 (13)	.01	0.18	10.68**	0.50
KG	476.53 (57.79)	549.67 (82.21)	-3.31 (14)	.01			
Schlaflatenz							
EG	2.07 (2.20)	1.00 (0.54)	2.16 (13)	.03	2.20	7.16**	2.61
KG	5.20 (7.35)	0.87 (0.52)	-1.53 (13)	.02			

Tab. 3: *(Fortsetzung)*

Wachphasen			2.89 (14)	.08			
EG	11.57 (14.55)	16.87 (14.17)		.01	0.63	4.65**	0.38
KG	6.73 (10.79)	16.27 (13.10)					
Effizienz							
EG	97 %	97 %			0.09	0.61	0.05
KG	98 %	97 %					

Quelle: Eigene Darstellung.

4 Diskussion und Ausblick: Feldexperimentelle Wirksamkeit chronopsychologisch adaptierter Lichtsettings

53 Ziel dieser Untersuchungen war und ist es, unter natürlichen Kontextbedingungen Erkenntnisse über die Wirkung von chronobiologischen Beleuchtungskonzepten auf psychophysiologische Aktivierungs- und Deaktivierungsprozesse zur Stabilisierung circadianer Phasen zu gewinnen. Die Ergebnisse der zweiten Studie belegen, dass die eingesetzten Lichtszenarien zu einer chronobiologisch wirksamen Veränderung im circadianen Rhythmus der Personen beigetragen haben und chronobiologische Beleuchtungsszenarien analog auch in anderen Bereichen eingesetzt werden können.

54

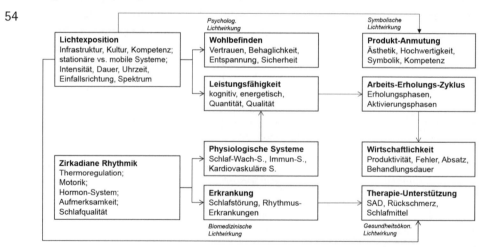

Abb. 7: Einflussfaktoren und Zusammenhänge der Lichtexposition auf den menschlichen Organismus sowie Umwelt-/Kontextfaktoren relevanter funktionaler Prozesse

Quelle: Leder/Schnieder/Krajewski, 2013

Dabei ist die ganzheitliche Betrachtung der Lichtwirkung bzgl. den psychologi- 55
schen, symbolisch-ästhetischen, bio-medizinischen und gesundheitsökonomischen
Effekten zu berücksichtigen (vgl. Abb. 7). Für die betriebliche Eingliederung
chronobiologisch wirksamer Lichtkonzepte ist darüber hinaus das Lichtexpositi-
onsverhalten als Resultat aus der allgemeinen Lichtinfrastruktur, der betrieblichen
Lichtkultur und der Lichtkompetenz des einzelnen Mitarbeiters relevant (vgl.
Abbildung 8).

56

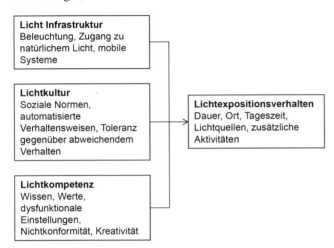

Abb. 8: Determinanten des Lichtexpositionsverhaltens

Quelle: Eigene Darstellung.

Literatur

Leder, A./Krajewski, J./Schnieder, S.: Komfortgewinn für Passagiere auf Langstreckenflügen
 durch den Einsatz chronobiologisch angepasster LED-Kabinenbeleuchtung. Wuppertal 2014.
Michail, E. u. a.: EEG and HRV markers of sleepiness and loss of control during car driving. 2008
 30th Annual International Conference of the IEEE Engineering. In: Medicine and Biology
 Society 1/2008, S. 2566–2569.

Keine Angst vor Kennzahlen – aber vor Selbstbetrug wird gewarnt

Heiko Schulz/Stephan Buchhester/Hannes Zacher

Abstract: Ist Betriebliches Gesundheitsmanagement wirklich rentabel? Welche Chancen und Grenzen haben Kennzahlen im BGM-Prozess überhaupt? Es gibt ein Problem: Gesundheit ist ein Produkt geworden! Daher sind Evaluationsergebnisse, die auf harten Zahlen beruhen, die neue Währung im Kampf um die Legitimation einer ständig wachsenden Dienstleistungsbranche. Doch sind im diffusen Feld von BGM und Betrieblicher Gesundheitsförderung (BGF) die Qualitätsstandards noch weitgehend ungeklärt. Vorgestellt wird ein Workshopkonzept zur Mehrebenen Modellentwicklung, welches in einer zielgenauen Ermittlung von Stellschrauben zur erfolgreichen Initiierung von Maßnahmen mündet. Dabei fließen sowohl langjährige Erfahrungen als auch konzeptionelle Ansätze ein, welche die Autoren im Rahmen von vielen BGM-Projekten und Multilevel Analysen entwickelt haben. Durch duale Aktivitäten in Praxis und Forschung ist ein evidenzbasiertes, berufsgruppenspezifisches Instrument zur Erfassung des Wertschöpfungsbeitrages der BGM-Projekte entstanden. Interessierte Leser werden ein Online Toolkit finden, welches sie in ihrem BGM-Prozess unterstützt. Bevor wir das in Theorie und Praxis bewährte Kennzahlenmodell vorstellen, erfolgt zunächst ein kritischer Blick auf die gegenwärtige Relevanz der Kennzahl in den Unternehmen.

1 Ist Gesundheit rentabel?

1 Gesundheit ist ein Produkt geworden. Anbieter von Yogakursen, Ernährungsberater, Resilienztrainer, bis hin zu klassischen Organisationsentwicklern wollen sich in diesem Markt etablieren. Sind Unternehmen mit Betrieblichem Gesundheitsmanagement (BGM) in Zukunft besser aufgestellt als diejenigen, die das Thema weitgehend ausklammern? Der Ruf nach harten Zahlen wird laut, nach Wertschöpfungsketten, der Umrechnung von eingesetzten Maßnahmen in betriebswirtschaftlichen Erfolg. „Kennzahl" ist das neue Lieblingswort, das alleinselig-machende Indiz für die Sinnhaftigkeit von BGM. Auf harten Zahlen beruhende Evaluationsergebnisse sind die neue Währung im Kampf um die Legitimation einer ständig wachsenden Dienstleistungsbranche. So ist es nicht verwunderlich, dass speziell die Berater für BGM verstärkt Wirksamkeitsnachweise anbieten.

2 Im diffusen Feld von BGM und BGF sind Qualitätsstandards jedoch noch weitgehend ungeklärt: Was ist ein Stellhebel, also ein Indikator, und was ist ein Ergebnis, also eine Kennzahl? Welche Wirkebenen sind zu bedenken und wie hängen sie zusammen? Und: Kann Gesundheit direkt beeinflusst – gemanagt werden – wie es viele in der Branche behaupten? Was ist Gesundheit überhaupt? Um Gesundheit im Unternehmen herzustellen, braucht es Raketentechnik – so scheint es. Dieser Beitrag geht der Frage nach, welche Chancen und Grenzen Kennzahlen im BGM-Prozess haben. Vorgestellt wird ein Workshopkonzept zur Modellentwicklung, welches in einer zielgenauen Ermittlung von Stellschrauben zur erfolgreichen Initiierung von Maßnahmen mündet. Dabei fließen sowohl langjährige Erfahrungen als auch konzeptionelle Ansätze ein, welche die Autoren im Rahmen von vielen BGM-Projekten entwickelt haben. Durch duale Aktivitäten in Praxis und Forschung ist ein evidenzbasiertes, berufsgruppenspezifisches Instrument zur Erfassung des Wertschöpfungsbeitrages der BGM-Projekte entstan-

den. Auf der Website www.successful-aging.com finden Interessierte ein Toolkit, das sie in ihrem BGM-Prozess unterstützt. Bevor wir das in Theorie und Praxis bewährte Kennzahlenmodell vorstellen, erfolgt zunächst ein kritischer Blick auf die gegenwärtige Relevanz der Kennzahl in den Unternehmen.

2 Big Data: Megatrend mit Grenznutzen

Auf den ersten Plätzen der Top 10 Workplace Trends steht das Thema HR-Analytik und Big Data[1] (SIOP, 2017). Manager müssen permanent entscheiden und brauchen Kriterien, die möglichst nachvollziehbar und unabhängig sind. Wunschtraum ist eine effiziente Steuerung vom Cockpit aus – alle Daten auf dem Schirm, hoch aggregiert, visuell anspruchsvoll aufbereitet und möglichst miteinander verknüpft. Doch: Je übersichtlicher die Daten dargestellt und je stärker sie zusammengefasst sind, desto mehr gehen Detailinformationen verloren. Der sogenannte „One Pager" birgt also tendenziell die Gefahr, erneut zur Projektionsfläche für subjektive Interpretationsspielräume zu werden und erzeugt damit genau das Gegenteil von Objektivität und Fehlerfreiheit. 3

3 Kennzahlen als „Kristallkugel"

Kennzahlen sind multifunktional: Für die Alltagspraxis von Managern sind neben der Entscheidungsfunktion vor allem Kontroll-, Steuerungs- und Koordinationsfunktionen relevant. Kennzahlen wie Produktivität, Kundenzufriedenheit, Serviceorientierung, Fluktuation und Krankenstand erlauben jedoch nur einen Rückblick. Immer wichtiger aber wird es, Prognosen zur Ableitung von Strategien zu entwickeln. Gebraucht wird deshalb eine Kombination aus harten und weichen Faktoren, monetären und nicht-monetären Kennzahlen. 4

4 Kennzahlen als Problem

Über Kennzahlen im BGM-Prozess wurde bisher viel veröffentlicht. Um die Akzeptanz von BGM-Projekten zu erhöhen, werden immaterielle Veränderungen monetär gemessen. Bewiesen werden soll: BGM als integraler Bestandteil der Unternehmenssteuerung trägt zur Wertschöpfung bei, Investitionen in Gesundheit lohnen und erhöhen die Rendite. Doch in Wirklichkeit ist die Aussagekraft von Zahlen begrenzt. Eine Kausalität ist in nur in den seltensten Fällen gegeben, die meisten der berichteten Zusammenhänge basieren auf einfachen Korrelationen oder Gegenüberstellungen ohne statistische Analysen. Hier ein paar typische Fehlannahmen: 5

---

[1] SIOP: SIOP Announces Top 10 Workplace Trends for 2017. 2017.Online: http://www.siop.org/article_view.aspx?article=1343 [abgerufen am 20.7.2018].

6   –   **Tunnelblick**: Betriebswirtschaftliche Kennzahlen wie Krankenstand und Fehl-zeitenstatistik liefern nur partielle Erkenntnisse über den Gesundheitszustand der Mitarbeiter und verengen damit den Blick.

     –   **Begrenztheit**: In jedem Unternehmen gibt es relevante Prozesse und Wirkun-gen, die sich dem Kennzahlensystem teilweise oder vollständig entziehen.

     –   **Zeitverzögerung**: In BGM-Prozessen sind Messungen deshalb schwierig, weil Maßnahmen sowie deren Wirkungen und Ergebnisse immer erst zeitverzögert eintreten.

     –   **Unvollständigkeit**: Viele Faktoren, wie z. B. gesellschaftspolitische Rahmen-bedingungen und Wettbewerbsumfelder, beeinflussen die Entwicklung eines Unternehmens – nur wenige dieser externen Einflussfaktoren sind in Zahlen darstellbar.

     –   **Politik**: Zahlen lügen nicht, aber wer die Checkliste festlegt, anhand derer die Wirkung von Maßnahmen gemessen wird, hat die Definitionsmacht.

     –   **Trägheit**: Je größer die Zahlenmengen werden, desto schwieriger wird es, sie zeitnah zu verarbeiten. Für das situationsangemessene, schnelle und proaktive Handeln der Führungskräfte werden sie dadurch immer wertloser.

5   Das Weiche mit dem Harten messen

7   Organisationsdiagnostik mit Kennzahlen – geht das überhaupt? Vergleicht man die einzelnen Ansätze in BGM-Kennzahlensystemen, stellt man viele Ungenau-igkeiten in der Herleitung und in den Berechnungen sowie mangelnde wissen-schaftliche Fundierung fest. Außerdem sei die Frage erlaubt: Warum soll BGM überhaupt den harten Vergleich auf Basis von Kennzahlen antreten, wenn Daten ihren Grenznutzen erreicht haben und ihre Vorhersagekraft ohnehin überschätzt wird? In der hier vorgestellten Diskussion geht es aber gerade nicht um Zahlen-verliebtheit, die Simplifizierung an sich komplexer Prozesse oder die Delegation der Verantwortung an die Controller. Es geht um Erfolgsmessung, Fortschritt und Motivation für soziale Innovationen mit Blick auf gesundheitsförderliche Struk-turen. Das nachfolgende Kapitel gibt eine Roadmap für alle Akteure, die Kenn-zahlen in gesundheits-förderlichen BGM-Prozessen realistisch und strategisch einsetzen wollen und zeigt zugleich, welche Rolle die Unternehmenskultur dabei spielt.

6   Kennzahlen brauchen Spielregeln

8   Evaluation ist wichtig, um BGM-Maßnahmen Nachhaltigkeit zu verleihen. Ohne Kennzahlensysteme ist diese systematische, kontinuierliche Weiterentwicklung in der Organisation kaum möglich. Dabei gibt es sinnvolle Spielregeln und Prozess-stufen, wie im Folgenden dargestellt.

7 Basiskompetenz: Herausforderung Unternehmenskultur annehmen

„Culture eats strategy for breakfast", so beschrieb schon der Sozialökonom Peter 9
Drucker die Stärke der Organisationskultur. Keine Strategie kann glücken, wenn
sie nicht von der Kultur eines Unternehmens getragen wird. Jeder, der einen
BGM-Prozess begleitet, sollte unbedingt ein Gefühl dafür entwickeln, welche
mentalen Strömungen und kulturellen Faktoren innerhalb der Organisation für
das Projekt förderlich oder hinderlich sein könnten. Dazu empfehlen wir folgende
Vier-Schritt-Diagnose:

7.1 Schritt 1: Reifegrad der Organisation erkennen

Vor dem Start wird geprüft, wo die Organisation steht: Gab es im Vorfeld 10
Aktivitäten, vielleicht sogar ähnliche Projekte oder nur einzelne Maßnahmen? Ist
eine Managementstruktur hinterlegt? Wie offen und vertrauensvoll ist die Kommunikation unter den Akteuren und wie werden Vorläuferprojekte bewertet? Gibt
es gemeinsam geteilte Erkenntnisse, woran vorherige Vorhaben gescheitert sind?
Wie hoch ist die Dringlichkeit für das anstehende Projekt? Ist die Stoßrichtung im
Unternehmen eher korrektiv-defizitär oder präventiv? In einem Strategieworkshop
werden mithilfe einer Stärken-und-Schwächen-Analyse diese und andere
Fragen beantwortet sowie Chancen und Risiken kreativ herausgearbeitet.

7.2 Schritt 2: Relevanz von Gesundheit ermitteln

Ermittelt wird der Stellenwert des Themas Gesundheit im Unternehmen. Dabei 11
wird ausgelotet, wieviel Energie für das anstehende Projekt zur Verfügung steht.
So kann Gesundheit zum Beispiel Teil eines Unternehmensleitbilds sein, welches
die langfristige Vision des Unternehmens festlegt und verfolgt.[2] Deshalb wird in
der Anfangsphase feinfühlig ergründet: Wird Gesundheit als zentraler Wert
gesehen oder eher als „nice to have"?

7.3 Schritt 3: Grenzen des Handelns akzeptieren

Ein BGM-Prozess ist ein Veränderungsprozess, der die gesamte Organisation 12
erfasst. Dabei wird nicht nur die Kultur als salutogener Faktor gesehen, sondern
vor allem auch das Verhalten der Führungskräfte. Die Reflexionsfähigkeit der
leitenden Mitarbeiter und ihre Bereitschaft zur eigenen Veränderung sind notwendige Voraussetzungen, um gesundheitsförderliche Veränderungen zu gestal-

---

2 Nowas/Schulz: Die Gesundheit vor Augen, das Unternehmen im Blick. Mit eigenverantwortlichen Gesundheitsnetzwerken in Sozialkapital investieren. In: Hoehner Research and Consulting Group (Hrsg.): Corporate Health Jahrbuch. 2012.

ten. Oder umgekehrt: Eine Organisation, die den Zusammenhang von Kultur, Führung und Gesundheit nicht anerkennt, braucht BGM erst gar nicht erst zu initiieren.

7.4 Schritt 4: Gesundheitsbegriff klären

13 Eine gemeinsam geteilte Definition von Gesundheit fördert nicht nur die Zusammenarbeit, sondern ist auch Basis für die daraus abzuleitenden und zu messenden Indikatoren. In den Organisationen gibt es oft ganz unterschiedliche Vorstellungen davon, was Gesundheit überhaupt ist. Immer noch herrscht die Annahme vor, Gesundheit sei einzig die Abwesenheit von Krankheit. Praxistauglicher ist stattdessen eine Definition, die Gesundheit als einen Zustand des vollständigen körperlichen, geistigen und sozialen Wohlergehens definiert.[3]

8 Ohne Ziel keine Zahl

14 Jeder kennt die berühmten Fragen in Unternehmen: „Und bringt mir das mehr Kunden? Sind die Kunden jetzt zufriedener? Verkaufe ich dadurch mehr Produkte? Was ist das Ziel?" Nach der Vier-Schritt-Diagnose erfolgen jetzt die gemeinsame Zielfindung und Meilensteinplanung. Strategische Zielfindung ist die unbedingte Voraussetzung für einen gelingenden Prozess, zugleich aber auch eine der größten Herausforderungen. Der in einer Organisation vorherrschende Habitus von Wir-Gefühl und Wir-Sprache suggeriert, dass die Ziele klar sind und von allen geteilt werden. Aber genau da liegt ein wesentlicher Stolperstein: Im Mikrokosmos von Unternehmen existieren unendlich viele Ziele, formulierte und unausgesprochene, wichtige und weniger wichtige. Divergierende Interessen, mentale Unterschiede sowie sprachliche Unschärfe verhindern, dass gemeinsame Ziele erkannt und verfolgt werden können. Dadurch kann gerade vor dem Start eines Projektes eine ungünstige Situation entstehen: Entweder werden die Ziele nicht richtig ermittelt oder im Kurzverfahren halbherzig formuliert und verwässern in Folge den gesamten Prozess. In der Planung, Leitung und Evaluation von BGM-Projekten hat sich ein Verfahren herauskristallisiert, bei dem Ziele auf drei Ebenen entwickelt und geclustert werden:

- Ergebnisqualität: Was wollen wir erreichen?
- Prozessqualität: Mit welchen Schritten wollen wir es erreichen?
- Strukturqualität: Mit welcher Aufstellung wollen wir es erreichen?

15 Und: Woran lässt sich messen, ob wir auf der richtigen Spur sind? Dabei sollte jeder Teilnehmer des Gremiums wissen, woran die Zielerreichung tatsächlich erkennbar wird. Vielfach werden die Ziele nach der SMART-Methode formuliert

---

3 World Health Organization: Promoting mental health: Concepts, emerging evidence, practice (Summary report). 2004.

(spezifisch, messbar, attraktiv, relevant, terminiert). Die Autoren präferieren jedoch ein agiles Verfahren. Agil bedeutet: Komplexe Aufgabenstellungen können von den Projektmitgliedern adaptiv bearbeitet werden. Durch die stetige Fokussierung werden sie in die Lage versetzt, produktive und kreative Maßnahmen mit dem höchstmöglichen Nutzen zu initiieren. Diese wertschöpfungsorientierte Zielfindung ist die Vorbereitung für den eigentlichen Raketenstart des Projektes. Sie leitet den Countdown ein (siehe Grafik 1).

Abb. 1: Kein Countdown ohne Ziele

Quelle: Eigene Darstellung.

Abb. 2: Arbeitssituation und ihre Folgen

Quelle: Eigene Darstellung.

9 Ist-Analyse: Stellgrößen und Zielgrößen unterscheiden

16 Gesundheit ist die notwendige Bedingung für Arbeits- und Leistungsfähigkeit, die wiederum die Voraussetzungen von Produktivität und Unternehmenserfolg als Outcome sind. Die Ausprägung von Gesundheit und Engagement kann zwar gemessen, doch nicht direkt beeinflusst werden. Mit Aussagen wie „Mitarbeiter seid gesünder." wird sich nicht viel verändern. Gesundheit kann, wie auch Engagement, nicht von oben verordnet werden, sondern ist das Ergebnis eines Zusammenspiels verschiedener Faktoren wie Tätigkeits- und Wissensmerkmale, Arbeitsorganisation, Führungsstil, Teamklima und Persönlichkeit. Als Grundlage dient das Job Demands-Resources Model.[4] Damit sind diese keine eigenständigen Kennzahlen, sondern Indikatoren, die kurzfristig auf Engagement und Gesundheit, langfristig auf Leistungsfähigkeit und Produktivität wirken. Wir gehen von folgenden zwei Prämissen aus:

---

4 Bakker/Demerouti: The Job Demands-Resources model: State of the art. In: Journal of Managerial Psychology 22/2007, S. 309–328.

9.1 Prämisse 1: Gesundheit differenziert betrachten

Ausschlaggebend für den Gesundheitsstatus ist weniger die Abwesenheit von 17
Krankheit, sondern eine differenzierte Betrachtung von Ausprägungen wie zum
Beispiel körperliche Gesundheit, psychische Gesundheit, Bewältigungsfähigkeit
der Arbeitsaufgaben, Vitalität, Hingabe und Absorbiertheit.[5]

9.2 Prämisse 2: Ressourcen und Belastungen individuell unterschiedlich

Ein und derselbe Faktor kann sich bei einem Mitarbeiter völlig anders auswirken 18
als bei einem anderen. Wir kennen es alle aus dem Betriebsalltag: Was für den
einen eine starke Ressource ist, ist für den anderen ein neutraler Sachverhalt. Und
was für den einen eine starke Belastung darstellt, ist für den anderen eine
willkommene Herausforderung.

Gesundheit entsteht durch das Zusammenwirken verschiedener Indikatoren. Im 19
Zielfindungs- und Kennzahlenworkshop werden die unternehmensspezifischen
Stellschrauben ermittelt, welche entsprechende Schubkraft entfachen und sich auf
Gesundheit und Engagement wirken.

10 Einfluss auf Zielgrößen nehmen

Wie oben beschrieben, wenden wir evidenzbasierte Wirkmechanismen auf 20
Grundlage des Job Demands-Resources Model an, die vereinfacht in Grafik 2
dargestellt sind. Die wissenschaftliche Fundierung in Verbindung mit der evaluierten Beratungspraxis erlaubt es, die einzelnen Indikatoren entsprechend zu
sortieren und die Skalen auf das Unternehmen zuzuschneiden. Weiterführende
Informationen zu den Arbeitsmerkmalen und den dahinter liegenden Skalen und
Berechnungsweisen finden Interessierte unter www.successful-aging.com.

11 Analysieren auf mehreren Ebenen

In den Befragungen wird dann erkennbar, ob es sich um Ressourcen und 21
Belastungen handelt, die nur bei Mitarbeitern, in ganzen Teams oder in ganzen
Bereichen im Unternehmen auftreten. Auf dem Markt gibt es viele Befragungs-
tools, allerdings beschreiben die meisten von ihnen lediglich die Ausprägungen
der abgefragten Variablen auf individueller Ebene.[6] Der Einfluss auf die Zielvaria-
blen kann dabei nur vermutet werden, da die ermittelten Ergebnisse überwiegend

---

5   Schaufeli: Employee engagement. In: Cooper (Hrsg.): Wiley Encyclopedia of Manage-
    ment. 2016.
6   Schulz/Zacher/Lippke: The importance of team health climate for health-related outcomes of
    white-collar workers. In: Frontiers in Psychology 8/2016, S. 74.

in Form von Mittel-werten dargestellt sind. Empfehlenswert ist stattdessen ein Analysemodell, bei denen Phänomene auf unterschiedlichen Ebenen gleichzeitig untersucht werden.[7] Auf der ersten Ebene werden Mitarbeiter befragt, auf einer zweiten werden sie aufgrund bestimmter Merkmale wie Alter, gleiche Aufgaben, Führungskraft etc. speziellen Gruppen analytisch zugeordnet. Das sogenannte Mehrebenenmodell versteht es, eine solche Struktur auszunutzen, indem für jede dieser Gruppen eigenständige Berechnungen durchführt. Es lässt sich z. B. ermitteln, wie unterschiedlich Belastungen, die es im gesamten Unternehmen gibt, auf die Gesundheit der Mitarbeiter wirken. Darauf aufbauend lassen sich weiterhin Aussagen zum Einfluss der individuellen Gesundheitsparameter auf die Performance in Teams treffen. Die Analysen erlauben also eine hohe Präzision durch die Betrachtung von Kontext-faktoren, wie z. B. Ressourcen oder Belastungen im gesamten Team oder auch Unternehmen. Die damit erzeugten Ergebnisse ermöglichen es, die Erfolge geplanter Maßnahmen präzise vorherzusagen. Unterschieden wird dabei sehr genau, wo die Maßnahme ansetzen soll, z. B. im gesamten Unternehmen, in speziellen Teams oder in speziellen Altersgruppen. Verzerrte Ergebnisse, ungenaue Schilderungen von Zusammenhängen (wie es eine Korrelation tut) und im Endeffekt erfolglose Maßnahmen werden vermieden.[8]

12 Rakete starten, Organisation weiter entwickeln

22 Empfohlen werden ein eintägiger Workshop für die Vier-Schritt-Diagnose sowie ein zweiter Workshop, bei dem die Ziele festgelegt werden. Auf dieser Basis kann die Rakete – also das Set an Maßnahmen – starten. Durch die Initiierung von Maßnahmen auf den verschiedenen Unternehmensebenen wird ein organisationaler Lernprozess initiiert. Die Verantwortung für die Umsetzung liegt bei allen an der Entwicklung beteiligten Arbeitsbereichen. Denn oftmals sind nicht Zeitdruck oder Arbeitsmenge die Belastungsfaktoren für Gesundheit und Leistungsfähigkeit, sondern Informationsdefizite und Schnittprobleme in der Zusammenarbeit zwischen Abteilungen oder fehlende Passung zwischen Kompetenzen und Arbeitsaufgabe.[9] Bei der Durchführung dieser Maßnahmen agieren die Berater z. B. als Trainer, die kognitive und affektive Qualifizierungsinhalte vermitteln, welche sich vorrangig an die Mitarbeiter der operativen Ebene wenden. In Management-Coachings für Mitglieder der mittleren und oberen Führungsebenen werden die Teilnehmer in Themen wie „übergreifende Zusammenarbeit" sensibi-

---

7 Nezlek: Mehrebenenanalysen in der psychologischen Forschung. In: Psychologische Rundschau 57/2006. S. 213–223.
8 Langer: Mehrebenenanalyse: Eine Einführung für Forschung und Praxis. 2004.
9 Zacher/Feldman/Schulz: Age, occupational strain, and well-being: A person-environment fit perspective. In: Perrewé/Rosen/Halbesleben (Hrsg.): The Role of Demographics in Occupational Stress and Well Being. 2014. S. 83–111.

lisiert. Möglich ist auch die Initiierung von Programmen für spezielle Zielgruppen durch die Personalabteilung, z. B. Mitarbeitern, die Angehörige pflegen.[10]

13 Fazit: Zahlen sind nützlich – agile Teams entscheiden

Als Autoren empfehlen wir, Kennzahlen nicht abzulehnen, sondern sich bewusst   23
zu machen, was sie leisten und was nicht. Wie Technologie haben Zahlen kein Eigenleben, sondern sind ein Instrument handelnder Akteure. Zahlen helfen, den Blick auf Indikatoren zu schärfen. Außerdem schaffen sie ein Bewusstsein für Wirkmechanismen im Unternehmen. Voraussetzung ist ein unbedingter Realismus in der Anfangsphase, in der mit der systematischen Zielfindung die Weichen für einen gelingenden Prozess gestellt werden.

Bei aller Steuerungseuphorie sollte nicht vergessen werden: Projektverläufe und   24
die Wirkung von Maßnahmen sind nicht bis ins Letzte prognostizierbar. Kluge Entscheidungen beruhen daher auf Evidenz – der Abstimmung von Fakten, Bauchgefühl und Erfahrung – und das in den verantwortlichen Gremien.

Wenn Kennzahlen in eine kommunikative Unternehmenskultur eingebettet sind,   25
die auf Eigeninitiative und gemeinsame Fortentwicklung setzt, können Zahlen echte Lernprozesse mit schnell ansteigenden Lernkurven anregen. Dennoch ersetzt keine Zahl die kollektive Kraft vernetzen Denkens und Handelns und ist so effektiv wie ein gutes Team, das sich auf Ziele committet, sich permanent realistisch verortet und flexibel handelt.

Literatur

Bakker, A. B. u. a.: The Job Demands-Resources model: State of the art. In: Journal of Managerial Psychology 22/2007, S. 309–328.
Langer, W.: Mehrebenenanalyse: Eine Einführung für Forschung und Praxis. Wiesbaden 2004.
Nezlek, J. B./Schröder-Abé, M./Schütz, A.: Mehrebenenanalysen in der psychologischen Forschung. In: Psychologische Rundschau 57/2006. S. 213–223.
Nowas, K. D. /Schulz, H.: Die Gesundheit vor Augen, das Unternehmen im Blick. Mit eigenverantwortlichen Gesundheitsnetzwerken in Sozialkapital investieren. In: Hoehner Research and Consulting Group (Hrsg.): Corporate Health Jahrbuch. 2012.
Schaufeli, W.: Employee engagement. In: Cooper (Hrsg.): Wiley Encyclopedia of Management 2016. Online: https://onlinelibrary.wiley.com/doi/full/10.1002/9781118785317.weom050021 [abgerufen am 20.7.2018].
SIOP: SIOP Announces Top 10 Workplace Trends for 2017. 2017.Online: http://www.siop.org/article_view.aspx?article=1343 [abgerufen am 20.7.2018].
Schulz, H./Zacher, H./Lippke, S.: The importance of team health climate for health-related outcomes of white-collar workers. In: Frontiers in Psychology 8/2016, S. 74.
World Health Organization: Promoting mental health: Concepts, emerging evidence, practice (Summary report). Genf 2004.

---

10 Zacher/Schulz: In Employees' eldercare demands, strain, and perceived support. In: Journal of Managerial Psychology 30/2015.

Zacher, H./Feldman, D. C./Schulz, H.: Age, occupational strain, and well-being: A person-environment fit perspective. In: Perrewé/ Rosen/ Halbesleben (Hrsg.): The Role of Demographics in Occupational Stress and Well Being. 2014. S. 83–111.

Zacher, H./Schulz, H.: In Employees' eldercare demands, strain, and perceived support. In: Journal of Managerial Psychology 30/2015, S. 183–198.

Gesundheitsökonomische Evaluation von internet- und mobilebasierten Interventionen (IMI) zur Behandlung von psychischen Störungen: Ein Überblick

Fanny Kählke/David Daniel Ebert

Abstract: Vergleichende gesundheitsökonomische Evaluationen helfen, endliche Ressourcen innerhalb des Gesundheitssystems optimal zu allokieren, indem sie Kosten- als auch Nutzenkomponenten betrachten. Der Artikel gibt einen kurzen Überblick zur Methodik sowie Ergebnisse von 6 deutschen internet- und mobilebasierten Interventionen (IMI) zur Behandlung der psychischen Gesundheit. Ein Investment in niedrigschwellige IMI lohnt sich, da diese bereits nach 6 Monaten eine hohe Wahrscheinlichkeit der Kosteneffektivität aus gesellschaftlicher und Arbeitgebersicht aufweisen.

1 Die Relevanz psychischer Erkrankungen für die Gesellschaft

1   Weltweit erkrankt jede vierte Person mindestens einmal im Leben an einer psychischen Störung.[1] Psychische Erkrankungen stellen einen beträchtlichen Anteil der nichtübertragbaren bzw. chronischen Erkrankungen weltweit dar und verursachen hohe direkte und indirekte Kosten für den Arbeitgeber und die Gesellschaft. Sie machen 13 % der weltweiten Krankheitslast aus. Depression allein verursacht 4,3 % der globalen Krankheitslast und ist damit der häufigste Grund von Einschränkung bzw. Behinderung.[2] In Deutschland beträgt die 12-Monatsprävalenz psychischer Störungen in der erwachsenen Allgemeinbevölkerung 27,2 %.[3]

1.1 Kosten für das Gesundheitssystem und für den Arbeitssektor

2   Neben zahlreichen Einschränkungen für Personen, die an einer psychischen Erkrankung leiden, entstehen ebenso erhebliche Kosten für das Gesundheitssystem sowie die Gesellschaft an sich z. B. durch Produktivitätsausfälle im Arbeitssektor.

3   Nach Schätzungen verursachen psychische Erkrankungen, unter Berücksichtigung aller direkten und indirekten Krankheitskosten, circa 2.5 Billionen USD im Jahr 2010. Projektionen der WHO gehen sogar davon aus, dass diese beträchtlichen Kosten sich bis zum Jahr 2030 verdoppeln werden. In die Berechnung wurden direkte Kosten für die Behandlung und Medikation sowie indirekte Kosten, die mit Behinderungen assoziiert sind, und entgangene Einkünfte einbezogen.[4]

---

1   WHO (Hrsg.): The world health report. 2001. Online: http://www.who.int/whr/2001/media_centre/press_release/en/ [abgerufen am 10.1.2018].

2   WHO (Hrsg.): Global action plan for the prevention and control of noncommunicable diseases 2013-2020. 2013, S. 10. Online: http://apps.who.int/iris/bitstream/10665/94384/1/9789241506236_eng.pdf [abgerufen am 10.1.2018].

3   Jacobi u. a.: Psychische Störungen in der Allgemeinbevölkerung Studie zur Gesundheit Erwachsener in Deutschland und ihr Zusatzmodul Psychische Gesundheit (DEGS1-MH). In: Nervenarzt 85/2014, S. 77–87.

4   Trautmann u. a.: Economic costs of mental disorders. Do our societies react appropriately to the burden of mental disorders? In: EMBO reports 2016, S. 1245–1249.

Im deutschen Gesundheitssystem werden pro Jahr etwa 20 Mrd. EUR für psy- 4 chische Erkrankungen an direkten medizinischen Kosten ausgegeben. Im Gesundheitssystem fallen für den ambulant-ärztlichen Sektor, Arzneiverordnungen und vollstationäre Krankenhausbehandlung durchschnittlich 145 EUR pro Erwerbsperson zur Behandlung von psychischen Erkrankungen an. Allerdings machen direkte Kosten, im Vergleich zu indirekten, wie Fehltage und Wartezeiten beim Arzt, nur einen Bruchteil der durch psychische Störungen verursachten Kosten aus.

Kosten durch Produktivitätsausfälle werden auf 26 Mrd. EUR geschätzt – ein 5 beträchtlicher Anteil des Wirtschaftswachstums. Pro Jahr beläuft sich der Bruttowertschöpfungsausfall auf circa 45 Mrd. EUR. Nach Schätzungen[5] geht der Hauptanteil der Produktivitätsverluste innerhalb einen Jahres zu 36 % auf Krankheitstage und verringerte Produktivität am Arbeitsplatz zurück. Laut AOK Bericht (2016) führt eine psychische Erkrankung im Schnitt zu 26 ärztlich bescheinigten Fehltagen.[6] Die BARMER berichtet, dass sich 6,5 % der Arbeitnehmer mindestens einmal innerhalb eines Jahres aufgrund einer psychischen Diagnose als arbeitsunfähig melden.[7] Nach Einschätzung von Betriebs- und Werksärzten zeigen 72 % der psychisch erkrankten Arbeitnehmer Präsentismus am Arbeitsplatz. Zudem weisen sie häufigere (40,2 %) und längere (80,2 %) Krankschreibungen (Absentismus)[8] auf.

2 Geringe Inanspruchnahme von Therapieangeboten

Die Kosten-Nutzen-Relationen bzw. das „Return on Investment" (ROI) von 6 psychotherapeutischen Behandlungen beläuft sich nach Modellschätzungen auf 1:2 bis 1:5,5. Demnach erzeugt jeder investierte Euro einen gesamtgesellschaftlichen Nutzen von 2,00 bis 5,50 EUR. Nichtsdestotrotz werden nur 13,6 % der Menschen mit psychischen Erkrankungen innerhalb der Primärversorgung und 41,8 % der Betroffenen insgesamt in ihrer Lebenszeit behandelt.[9] Laut der Bundestherapeutenkammer 2011 warten Patienten im Schnitt 12,5 Wochen auf ein erstes Gespräch und 17 Wochen auf einen ersten Therapieplatz. Vom Auftreten erster Symptome bis zur Behandlung einer psychischen Erkrankung vergehen im Schnitt

5 Lohmann-Haislah: Stressreport Deutschland 2012: Psychische Anforderungen, Ressourcen und Befinden. Bundesanstalt für Arbeitsschutz und Arbeitsmedizin. 2012, S. 136.
6 Badura u. a. (Hrsg.): Fehlzeiten-Report 2017: Krise und Gesundheit-Ursachen, Prävention, Bewältigung. 2017.
7 BARMER (Hrsg.): Gesundheitsreport 2017. Arbeit + Gesundheit = Lebensqualität!? 2017, S. 85.
8 Dietrich u. a.: Psychische Gesundheit in der Arbeitswelt aus der Sicht von Betriebs-und Werksärzten. In: Psychiat Prax. 39/2012, S. 40–42.
9 Mack u. a.: Self-reported utilization of mental health services in the adult German population – evidence for unmet needs? Results of the DEGS1-Mental Health Module (DEGS1-MH). In: International Journal of Methods in Psychiatric Research 23(3)/2014, S. 289–303.

7 Jahre, das erklärt warum die meisten Patienten anstatt ambulant eher stationär versorgt werden.[10]

7 Die Kernbarrieren der Inanspruchnahme sind vor allem einstellungsbedingt, z. B. aufgrund von Stigma, Angst und vor allem der Präferenz, Probleme selbst lösen zu wollen.[11] Im betrieblichen Kontext bestehen ähnliche Barrieren wie Verunsicherung, Verheimlichung, Tabuisierung und Stigmatisierung der Betroffenen. Daher erachten 94 % der Betriebs-und Werksärzte informative sowie präventive Angebote als sinnvoll. Da nur 35 % aller Unternehmen ein solches Angebot zur Verfügung stellen und 37 % der befragten Ärzte eine Weiterbildung zur psychischen Gesundheit absolviert haben, sollte die Aus- und Weiterbildung von Arbeitsmedizinern sowie die Implementierung von präventiven Angeboten im betrieblichen Kontext verstärkt werden.[12]

3 Internet- und mobilebasierte Interventionen (IMI)

8 IMI stellen eine Möglichkeit dar, den Zugang zur Versorgung psychischer Erkrankungen zu erleichtern und die Nutzung evidenz-basierter Interventionen zu erhöhen. Das Internet ermöglicht durch seine Reichweite und Verbreitung eine Versorgung großer Populationen in der Allgemeinbevölkerung und der Arbeitswelt. IMI sind niedrigschwellige Angebote, die eine orts- und zeitunabhängige Behandlung ermöglichen. Ebenso erhalten hierdurch mobilitätseingeschränkte Gruppen Zugang zu Versorgung. Durch die Möglichkeit, Material anonym und im eigenen Lerntempo zu bearbeiten, sinkt die Hemmschwelle, Hilfe in Anspruch zu nehmen. Die Anonymität kann auch zu mehr Offenheit der Patienten in der Behandlung (Enthemmungseffekt) führen und ermöglicht z. B. die Behandlung von Personen, die alleine schon aufgrund ihrer Symptomatik Schwierigkeiten haben, ambulante Behandlungen vor Ort in Anspruch zu nehmen, wie z. B. Patienten mit Agoraphobie oder sozialen Ängsten. Die Niedrigschwellig- und Skalierbarkeit der Angebote begünstigt ferner die Implementierung präventiver Angebote.[13]

Definition

9

IMI sind vielfältig und reichen von evidenzbasierten Selbsthilfeinterventionen oder onlinebasierten Therapieelementen in der psychotherapeutischen Be-

---

10 Nübling u. a.: Versorgung psychisch kranker Erwachsener in Deutschland. In: Psychotherapeutenjournal 4/2014, S. 389–397..

11 Andrade u. a.: Barriers to mental health treatment: results from the WHO World Mental Health surveys. Psychological Medicine 44(6)/2014, S. 1303–1317. Online: http://doi.org/10.1017/S0033291713001943 [abgerufen am 28.1.2018].

12 Dietrich: Psychische Gesundheit in der Arbeitswelt aus der Sicht von Betriebs-und Werksärzten. In: Psychiatrische Praxis 39/2012, S. 40–42.

13 Berger/Andersson: Internetbasierte Psychotherapien: Besonderheiten und empirische Evidenz. In: Psychotherapie Psychologie Medizin 59/2009, S. 159–170.

handlung bis hin zu Psychotherapie via Videokonferenz. Sie vermitteln wissenschaftlich fundierte Informationen zu Ursachen, Symptomen und Verläufen von Erkrankungen sowie bewährte psychotherapeutische Techniken.[14]

IMI stellen den Teilnehmern zu einem gezielten Themenbereich (z. B. Stress, Depression) psychotherapeutische Techniken über einen begrenzten Zeitraum (zwischen 6 bis 12 Wochen) zur Verfügung. Sie können als reine Selbstlernprogramme oder auch mit Unterstützung durch einen ausgebildeten Online-Coach, der regelmäßig Rückmeldung zu den Lektionen gibt, durchgeführt werden. IMI sind durch vier Hauptmerkmale gekennzeichnet: (1) Ihre Anwendungsgebiete erstrecken sich von Prävention über Behandlung zur Nachsorge. Dabei können sie als einzige Behandlungsmöglichkeit (stand-alone), in Kombination mit herkömmlicher Psychotherapie (blended) oder als Element einer gestuften Versorgung (stepped-care) eingesetzt werden. (2) Das Ausmaß der menschlichen Unterstützung variiert von Feedback (begleitet) zu keinerlei Rückmeldung (unbegleitet). (3) IMI bauen auf verschiedenste Therapieverfahren auf (z. B. kognitive Verhaltenstherapie (KVT)). (4) Ihre technische Umsetzung ist vielfältig. Häufig werden IMI auf einer Website bereitgestellt und durch Rückmeldung und Erinnerungen via Email, SMS, App-Funktionen, die den Patienten bei der Umsetzung des Erlernten helfen, unterstützt. 10

Die Wirksamkeit von IMI wurde in zahlreichen randomisierten und kontrollierten Studien (RCT) für unterschiedlichste psychische Störungen bestätigt. Systematische Übersichtsarbeiten und Metaanalysen fassen die Befunde der Wirksamkeit zusammen.[15] Begleitete IMI sind demnach vergleichbar mit klassischen Therapien[16] für Patienten, die diese Therapiemethode bevorzugen. Sie erwiesen sich zudem im Arbeitssetting als wirksam[17] und in der Prävention als vielversprechend.[18] 11

Es wird davon ausgegangen, dass IMI kosteneffektiv sind, da durch sie Kosten, die für die Behandlung entstehen, z. B. Therapiesitzung in der Praxis und Medi- 12

---

14 Sander u. a.: Internet- und mobilbasierte Psychotherapie der Depression. In: Fortschritte der Neurologie Psychiatrie 85/2017, S. 48–58.

15 Ebert u. a.: On behalf of the EFPA E-Health Taskforce & Harald Baumeister. (Im Druck). Internet and mobile-based psychological interventions: applications, efficacy and potential for improving mental health. A report of the EFPA e-health taskforce. 2018; Ebert/Baumeister: Internet-und mobilebasierte Interventionen in der Psychotherapie: ein Überblick. In: Psychotherapeutenjournal 1/2016, S. 22–31.

16 Andersson u. a.: Internet-supported versus face-to-face cognitive behavior therapy for depression. In: Expert Rev Neurother 1/2016, S. 55–60.

17 Lehr u. a.: Occupational e-Mental Health – current approaches and promising perspectives for promoting mental health in workers. In: Wiencke/Fischer/Cacace, M. (Hrsg.): Healthy at work. Interdisciplinary Perspectives. 2016.

18 Sander u. a.: Effectiveness of Internet-Based Interventions for the Prevention of Mental Disorders: A Systematic Review and Meta-Analysis. In: JMIR Mental Health 3(3)/2016: e38.

kamente, entfallen. Diese Aussage ist jedoch nicht belegt und bedarf einer wissenschaftlichen Überprüfung in Form von gesundheitsökonomischen Evaluationen.

4 Kosteneffektivität von IMI zur Behandlung von psychischen Erkrankungen

13 Die Untersuchung der Kosteneffektivität einer IMI beinhaltet die Bewertung einer Intervention hinsichtlich ihres Nutzens , verglichen mit den durch sie entstehenden Behandlungskosten und deren Effekte auf kostenrelevante Parameter, wie die Anzahl von Hausarztbesuchen. Um eine optimale Allokation der verfügbaren Ressourcen zu erreichen, müssen Informationen über die Wirksamkeit und Kosten, der zu Verfügung stehenden Therapien, vorhanden sein. Mit zunehmendem demografischen Wandel, wachsendem Versorgungsbedarf bzw. -ausgaben und uns begrenzt zur Verfügung stehenden finanziellen Ressourcen, sind vergleichende Studien unabdingbar. In diesen Studien werden zwei oder mehrere Therapieformen hinsichtlich ihrer Effektivität und ihrer Kosten verglichen. Entscheidungsträger im Gesundheitssystem bzw. in Betrieben können mit Hilfe dieser Informationen ihre finanziellen Mittel effizienter und effektiver verteilen. Die verschiedenen Arten der gesundheitsökonomischen Evaluation unterscheiden sich hinsichtlich ihrer Vergleichskategorien (monetär, spezifische oder generische Outcomes). Die Wahl der Evaluation hängt von der Zielstellung der Untersuchung und den verfügbaren Daten ab.

4.1 Interpretation der Kosten–Effektivitäts–Relationen mithilfe des Kosten–Effektivitäts–Diagramms und der Zahlungsbereitschaft

14 Wird eine neue Intervention mit einer relevanten Alternative (z. B. Standardtherapie) verglichen, entsteht eine inkrementelle Kosten-Effektivitäts-Relation (IKER), die in einem von vier Quadranten einer 4 Felder-Matrix liegt. Die Intervention kann dabei kostspieliger oder günstiger sowie medizinisch unterlegen oder überlegen gegenüber der Alternative sein (siehe Abb. 1). Aufgrund der Unsicherheit in der Verteilung kostenrelevanter Parameter, verwenden gesundheitsökonomische Analysen das Bootstrapverfahren, in dem durch Bootstrap-Wiederholungen anhand der Originaldaten Mittelwertdifferenzen der Kosten und Effekte in einem Kosten-Effektivitäts-Diagramm dargestellt werden. In einer Stressintervention für Arbeitnehmer von Ebert u. a. 2017 fielen die Mehrzahl der so erzeugten IKER (67 %) in den IV Quadranten. Die Intervention ist demnach zu 67 % kosteneffektiv und dominiert die Vergleichsintervention, weil sie kostengünstiger und wirksamer als diese ist. Die übrigen 34 % der IKER fallen in den I Quadranten, hier ist die Intervention zwar medizinisch wirksamer als die Ver-

gleichsgruppe, führt aber zu erhöhten Kostenausgaben. Nun hängt es von der Zahlungsbereitschaft (willingness-to-pay) der Entscheidungsträger oder Gesellschaft ab, ob die Intervention implementiert wird.

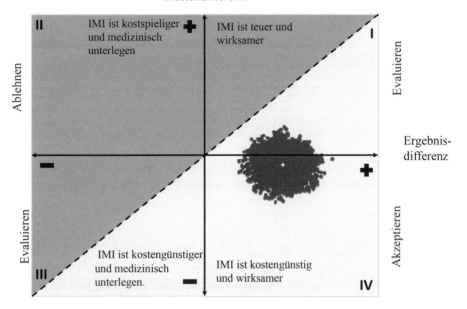

Abb. 1: Kosten-Effektivitäts-Diagramm mit der Darstellung eines Scatterplots der Mittelwertdifferenzen der Kosten und Effekte (symptomfreier Status) unter Verwendung von 5000 Bootstrap-Wiederholungen anhand der Ergebnisse von Ebert u. a.

Quelle: Eigene Darstellung, vgl. Schöffski u. a. 2012, S. 54.

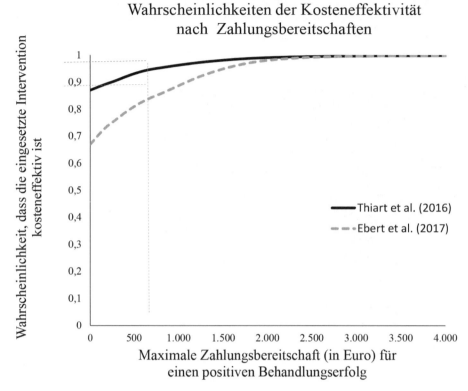

Abb. 2: Kosten-Effektivitäts-Akzeptanzkurve

Quelle: Eigene Darstellung.

15 In der Praxis befinden sich die meisten Interventionen im I. Quadranten, sind also wirksamer als die Alternative, führen aber auch zu höheren Kosten. Um die Entscheidung der Implementierung zu erleichtern, wird die Wahrscheinlichkeit der Kosteneffektivität bei steigenden Zahlungsbereitschaften in einer Kosten-Effektivitäts-Akzeptanz-Kurve dargestellt. In Abbildung 2 sind zwei Beispiele für die Wahrscheinlichkeit der Kosteneffektivität (Y-Achse) in Abhängigkeit der Zahlungsbereitschaft (X-Achse) dargestellt.[19] Diese Beispiele sowie vier weitere Studien, die in Deutschland durchgeführt wurden, werden im Anschluss näher beschrieben und hinsichtlich ihrer Wirksamkeit und Kosteneffektivität beleuchtet.

---

19 Ebert u. a.: A health economic outcome evaluation of an internet-based mobile-supported stress management intervention for employees. In: Scand. Journal for Environmental Health 44(2)2018; S. 171–182; Thiart u. a.: Internet-Based Cognitive Behavioral Therapy for Insomnia: A Health Economic Evaluation. In: Insomnia 39(10)/2016, S. 1769–1778.

4.2   Behandlung von Insomnie bei Arbeitnehmern

Thiart und Kollegen[20] untersuchten in einem RCT die Kosteneffektivität einer   16
IMI basierend auf KVT zur Behandlung von Insomnie bei Lehrern. Sie zeigten,
dass mehr Teilnehmer in der begleiteten IMI (42,2 %) im Vergleich zu einer
Wartelistenkontrollgruppe (WKG) (6,3 %) symptomfrei waren sowie, dass die
IMI eine mögliche kosteneffektive Maßnahme zur Reduktion der Insomnie ist.
Die Kosten-Wirksamkeits-Analyse (CEA) ergab, dass die IMI bei einer Zahlungs-
bereitschaft des Arbeitgebers von 0 EUR und 750 EUR für den Behandlungs-
erfolg einer Person zu 87 % bzw. 95 % kosteneffektiv ist. Die CBA ergab bei
Interventionskosten von 200 EUR einen Nettogewinn (Net-Benefit) von 418 EUR
pro Teilnehmer innerhalb der ersten 6 Monate. Der ROI betrug 3,09 EUR
Demnach erhält der Arbeitgeber für jeden investierten Euro innerhalb einer
Zeitspanne von 6 Monaten 3,09 EUR zurück. Die Intervention hatte vor allem
Einfluss auf Kosten verursacht durch eine reduzierte Produktivität am Arbeits-
platz (Präsentismus).

4.3   Behandlung von Stress am Arbeitsplatz

Ebert und Kollegen[21] untersuchten in einem RCT die Kosteneffektivität einer   17
begleitenden **internet- und mobilbasierten** Stressmanagementintervention (iS-
MI) basierend auf Problemlösestrategien und Emotionsregulation zur Reduzierung von wahrgenommenem Stress bei Arbeitnehmern aus der Arbeitgebersicht.
Sie zeigten, dass mehr Teilnehmer der begleiteten IMI (59,8 %) im Vergleich zu
einer WKG (23,5 %) symptomfrei waren sowie, dass die IMI eine kosteneffektive
Maßnahme darstellt. Die CEA ergab, dass die IMI bei einer Zahlungsbereitschaft
des Arbeitgebers von 0 EUR und 200 EUR für den Behandlungserfolg einer
Person zu 67 % bzw. 74 % kosteneffektiv ist. Die Kosten-Nutzen-Analyse (CBA)
ergab bei Interventionskosten von 299 EUR einen Nettogewinn von 181 EUR pro
Teilnehmer innerhalb der ersten 6 Monate. Der ROI betrug 1,6. Demnach erhält
der Arbeitgeber für jeden investierten Euro innerhalb einer Zeitspanne von
6 Monaten 1,60 EUR zurück. Da für die Intervention auch langfristige Wirk-
samkeitsbefunde vorliegen, die Effekte nach einem Jahr belegen und Kosten
aufgrund von chronischer Stressbelastung eher langfristig entstehen, ist davon
auszugehen, dass der tatsächliche Nettogewinn deutlich höher liegt.

---

20   Thiart u. a.: Internet-Based Cognitive Behavioral Therapy for Insomnia: A Health Econo-
      mic Evaluation. In: Insomnia 39(10)/2016, S. 1769–1778.
21   Ebert u. a.: A health economic outcome evaluation of an internet-based mobile-supported
      stress management intervention for employees. In: Scand. Journal for Environmental
      Health 44(2)2018; S. 171–182.

4.4 Behandlung von chronischem Schmerz

18 Paganini und Kollegen[22] untersuchten in einem RCT die Kosteneffektivität einer IMI basierend auf Akzeptanz- und Commitmenttherapie bei Patienten mit chronischem Schmerz in der Allgemeinbevölkerung aus gesellschaftlicher Perspektive. Hierbei werden alle, für die Gesellschaft relevanten direkten (z. B. Arztbesuche) und indirekten Kosten (z. B. Absentismus, Wartezeiten) berücksichtigt. Die Studie zeigte, dass Teilnehmer der begleiteten (44 %) und unbegleiteten (28 %) IMI im Vergleich zur einer WKG (16 %) einen höheren Behandlungserfolg und eine akzeptable Wahrscheinlichkeit aufwiesen, kosteneffektiv zu sein. Die CEA ergab, dass die IMI bei einer Zahlungsbereitschaft der Gesellschaft von 0 EUR für den Behandlungserfolg einer Person bei 50 % (begleitet) bzw. 66 % (unbegleitet) liegt. Die IMI erwies sich bei einer Zahlungsbereitschaft von 6.490 EUR (begleitet) und 13.460 EUR (unbegleitet) zu 95 % als kosteneffektiv.

4.5 Prävention von Depression

19 Buntrock und Kollegen[23] untersuchten in einem RCT die Kosteneffektivität einer IMI basierend auf Verhaltensaktivierung und Problemlösestrategien zur indizierter Prävention von Depression bei Personen mit subklinischen depressiven Symptomen in der Allgemeinbevölkerung aus gesellschaftlicher Perspektive. Sie konnten zeigen, dass eine internetbasierte begleitete Selbsthilfe-Intervention im Vergleich zur Routineversorgung eine akzeptable Wahrscheinlichkeit aufweist, kosteneffektiv zu sein. Im Verlauf eines Jahres konnte in der Interventionsgruppe im Vergleich zur Routineversorgung das Risiko, an einer depressiven Störung zu erkranken um ca. 40 % gesenkt werden. Die CEA zeigte, dass ausgehend von einer gesellschaftlichen Zahlungsbereitschaft von 20.000 EUR für ein depressionsfreies Lebensjahr, die Wahrscheinlichkeit, dass die IMI kosteneffektiv war, 99 % betrug.

4.6 Behandlung von Depression und Diabetes

20 Nobis und Kollegen[24] untersuchten in einem RCT die Kosteneffektivität einer IMI basierend auf Verhaltensaktivierung und Problemlösestrategien bei Personen mit Diabetes und komorbider Depression in der Allgemeinbevölkerung aus gesellschaftlicher Perspektive. Sie konnten zeigen, dass die Teilnehmer der begleiteten

---

22 Paganini u. a.: A guided and unguided internet- and mobile-based intervention for chronic pain: health economic evaluation alongside a randomized controlled trial. 2018 [in Einreichung].

23 Buntrock u. a.: Preventing Depression in Adults with Subthreshold Depression: Health-Economic Evaluation Alongside a Pragmatic Randomized Controlled Trial of a Web-Based Intervention. In: Journal of Medical Internet Research 19/2018.

24 Nobis u. a.: Web-based intervention for depressive symptoms in adults with types 1 and 2 diabetes mellitus: health economic evaluation alongside a randomised controlled trial. In: British Journal of Psychiatry 2018.

IMI (60 %) im Vergleich zur Routineversorgung (23,5 %) eine klinisch bedeutsame Verbesserung der depressiven Symptome ausweisen sowie, dass die IMI eine akzeptable Wahrscheinlichkeit hat, kosteneffektiv zu sein. Die CEA ergab, dass die IMI bei einer Zahlungsbereitschaft der Gesellschaft von 0 EUR und 5000 EUR für den Behandlungserfolg einer Person zu 48 % bzw. 97 % kosteneffektiv ist.

Tab. 2: Studiencharakteristika im Überblick

Autor Jahr	Stich-probe	Setting	Studien-arme	Begleitung	Zeithori-zont	Analysen und Pers-pektiven	Mittlere inkre-mentelle Kosten[ab] pro Teilnehmer		Kosten pro QALY
							direkt	indirekt	
Nobis et al. 2018	256	Allge-meinbe-völkerung (mit Dia-betes)	iKVT (129) TAU+ (128)	begleitet	6 Monate	CEA, CUA Gesellschaft	€ 798	-€ 690	€10.708/QALYc
Bunt-rock et al 2017	406	Allge-meinbe-völkerung	TAU+ (204) iPST (202)	begleitet	12 Monate	CEA, CUA Gesellschaft, Gesund-heitswesen	€ 164 € 136	-€ 22	€13.400/QALYc
Paga-nini et al., i. E.	302	Allge-meinbe-völkerung mit chro-nischen Schmerzen	iACT (100) iACT (101) WKG (101)	begleitet unbegleitet	6 Monate	CEA, CUA Gesellschaft	€ 611 € 306	-€ 871 -€ 721	€7.514/QALYd -€11.689/QALYd
Thiart et al., 2017	128	Lehrer	iKVT (64) WKG (64)	begleitet	6 Monate	CBA, CEA Arbeitgeber	€ 200e	-€ 618	-
Ebert et al. 2017	264	Arbeitneh-mer	iKVT (132) WKG (132)	unbegleitet	6 Monate	CBA, CEA Arbeitgeber	€ 299	-€ 189	-

Studienoutcome (Spalte):
- Nobis et al. 2018: Moderate bis schwere Depres-sionen (CES-D), QALYs (EQ-5D-3L)
- Buntrock et al 2017: Subklinische de-pressive Sympto-me, QALYs (EQ-5D-3L, SF-6D)
- Paganini et al., i. E.: Schweregrad der Schmerzen (MPI, PGIC), QALYs (AQoL-8D, SF-6D)
- Thiart et al., 2017: Schweregrad der Insomnie (ISI)
- Ebert et al. 2017: Erhöhtes Stress-level (PSS)

a Kosten erhoben mit dem TIC-P Fragebogen, Trimbos and Institute of Medical Technology Assessment Cost Questionnaire for Psychiatry

b Inkrementelle (in)direkte Kosten werden errechnet, indem die Kosten der Kontrollgruppe von den Kosten der Interventionsgruppe abgezogen werden

c QALY basierend auf EQ-5D

d QALY basierend auf AQol

e Geschätzte Höhe der Interventionskosten

AQol, Assessment of Quality of Life; CEA, Kosten-Wirksamkeits-Analyse; CES-D, Center for Epidemiological Studies Depression scale; CUA, Kosten-Nutzwert-Analyse; CBA, Kosten-Nutzen-Analyse; EQ-5D, EuroQol EQ-5D; ISI, Insomia Severity Index; iACT + begleitete Akzeptanz- und Commitmenttherapie, iKVT, internet- und mobilebasierte kognitive Verhaltenstherapie; iPST, internet- und mobilebasierte Problemlösetherapie und Verhaltensaktivierung; MPI, Pain Interference Scale of the Multidimensional Pain Inventory; PGIC, Patient Global Impression of Change scale, PSS, perceived stress scale; TAU+, Zugang zur Routineversorgung und einer online-basierte Psychoedukation; QALY, qualitätskorrigiertes Lebensjahr; SF-6D, Short Form (6) Health Survey; WKG, Wartelistenkontrollgruppe.

5 Was heißt kosteneffektiv? Internationale Schwellenwerte der Zahlungsbereitschaft

21 Es stellt sich die Frage, was ein inkrementelles Kosteneffektivitätsverhältnis für die Praxis bedeutet. Entweder weiß der Arbeitgeber oder die Gesellschaft, wie viel er/sie für einen bestimmten Behandlungserfolg investieren möchte oder es bleibt ungewiss, ob eine IMI in einem Unternehmen implementiert werden soll oder nicht. Zudem gibt es die Möglichkeit, das zur Verfügung stehende Budget für Therapien mit den besten Kosten-Nutzen-Verhältnissen zu verwenden, um Gesundheitsgewinne zu maximieren. Diverse Länder haben festgelegt, wie viel sie bereit sind, für neue fortschrittliche Therapien zu bezahlen.[25] Diese Schwellenwerte werden als Kriterium für die Gesundheitstechnologiebewertung (**Health Technology Assessment, HTA**) herangezogen. Weitere Kriterien sind z. B. medizinische Notwendigkeit, Wirksamkeit, Schwere der Erkrankung und Umsetzbarkeit, Unsicherheit der Kosten-Effektivität-Relationen sowie ethische Gründe.

22 In Deutschland wurde bisher kein Schwellenwert der gesellschaftlichen Zahlungsbereitschaft für ein **qualitätskorrigiertes Lebensjahr (QALY)** festgelegt. Hingegen haben die Niederlande bereits einen oberen Schwellenwert von 80.000 EUR per QALY vorgeschlagen.[26] Die USA wendet bereits einen noch höheren Schwellenwert zwischen 50.000 bis 100.000 USD (85.000 EUR) per QALY an.[27] England hat dagegen den niedrigsten Schwellenwert von 25–35.000 Pfund (ca. 40.000 EUR) pro QALY für ihre Kosten-Nutzen-Bewertungen festgelegt.[28] In Australien liegt der Schwellenwert mit circa 50.000 USD (ca. 28.000 EUR) wieder etwas höher.[29] In der Darstellung 3 werden die Akzeptanzkurven der vorherigen Studien aus gesellschaftlicher Perspektive sowie die Schwellenwerte der verschiedenen Länder dargestellt. Nach dem höchsten Schwellenwert sind zwei von drei Studien im Vergleich zu einer von drei Studien nach dem niedrigsten Schwellenwert kosteneffektiv.

---

25 Neumann/Cohen/Weinstein: Updating cost-effectiveness – the curious resilience of the $50,000-per-QALY threshold. In: New England Journal of Medicine 371(9)/2014, S. 796–797.

26 Raad voor de Volksgezondheid/Zorg: Zinnige en duurzame zorg. Zoetermeer: RVZ, 2006.

27 Neumann/Cohen/Weinstein: Updating cost-effectiveness—the curious resilience of the $50,000-per-QALY threshold. In: New England Journal of Medicine 371(9)/2014, S. 796–797.

28 Rawlins/Culyer: National Institute for Clinical Excellence and its value judgments. In: BMJ 329/2004, S. 224–227.

29 Harris u. a.: The role of value for money in public insurance coverage decisions for drugs in Australia: a retrospective analysis 1994-2004. In: Medical Decision Making 28/2008, S. 713–722.

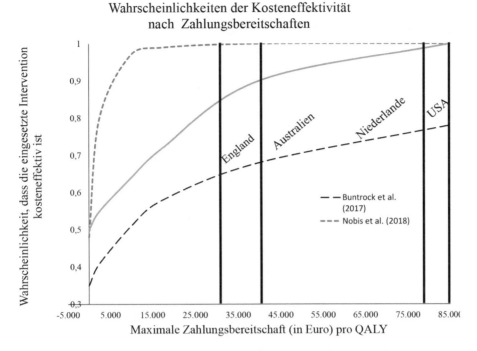

Abb. 3: Darstellung der Wahrscheinlichkeiten der Kosteneffektivität von drei Studien (IMI im Vergleich zu einer Kontrollgruppe siehe Tab. 1) und der maximalen Zahlungsbereitschaft der USA, Australien, England und den Niederlanden.

Quelle: Eigene Darstellung.

5.1 Neue Wege der Kosten–Nutzen-Bewertung

QALYs bieten den Vorteil, dass sie verschiedene Dimensionen einer Erkrankung abbilden und Interventionen mit verschiedenen Effekten (z. B. Abnahme der Angstsymptome, Zunahme der Schlafstunden) miteinander vergleichbar machen. Dennoch wurde in den letzten Jahren das Schwellenwertenkonzept zunehmend kritisiert. Ein einzelner Schwellenwert sei zu starr und nicht auf jede Situation bzw. jeden Kontext anwendbar. Das Institut für Qualität und Wirtschaftlichkeit im Gesundheitswesen (IQWiG)[30] kritisierte zudem, dass zur QALY-Berechnung unterschiedliche Messinstrument zum Einsatz kommen und die Verteilungsgerechtigkeit nicht gewährleistet werde. Die Kosten-Nutzen-Bewertung sei komplex und solle sich an Werte und Präferenzen einer Gesellschaft orientieren.

23

---

30 Koch/Gerber: QALYs in der Kosten-Nutzen-Bewertung. Rechnen in drei Dimensionen. In: Repschläger/Schulte/Osterkamp (Hrsg.): BARMER GEK Gesundheitswesen aktuell 2010. 2010, S. 32–48.

24 Die Weltgesundheitsorganisation (WHO) errechnet Grenzwerte anhand des Volkseinkommens eines Landes. Die Grenzwerte basieren auf dem Bruttoinlandsprodukt (BIP) und ermöglichen die Anpassung an die Inflation und das Wirtschaftswachstum.[31] Demnach wird angenommen, dass eine Intervention, die ein „behinderungsbereinigtes Lebensjahr" (DALYs) vermeidet, kosteneffektiv ist, wenn die Kosten geringer als das jährliche BIP pro Kopf mal drei sind.[32]

25 Die vorgeschlagenen Schwellen- bzw. Grenzwerte sollten neben anderen Kriterien in die Entscheidung einfließen. Letztendlich entscheidet der Geldgeber bzw. die Höhe der Kostenübernahmen der gesetzlichen Krankenkassen im Rahmen des betrieblichen Gesundheitsmanagements, welche Intervention zu welchen Kosten in einem Unternehmen implementiert wird.

6 Zusammenfassung

6.1 Fazit

26 IMI stellen eine kosteneffektive Möglichkeit zur Behandlung von psychischen Erkrankungen für den Arbeitgeber und die Gesellschaft dar. Der Grad der Kosteneffektivität hängt stark von den angesetzten Maßstäben z. B. der Zahlungsbereitschaft und den finanziellen Mitteln des Arbeitgebers ab. In den untersuchten Studien konnte gezeigt werden, dass der Arbeitgeber selbst bei einer Zahlungsbereitschaft von 0 EUR bereits einen positiven Net-Benefit innerhalb der ersten 6 Monate der Behandlung erwarten kann. Im internationalen Kontext wird bspw. der Einsatz von IMI basierend auf KVT am Arbeitsplatz zur Behandlung von Angststörungen im Vergleich zu herkömmlichen Therapien als wirksam und kosteneffektiv angesehen.[33] Die Autoren Naidu u. a. (2015) sprechen basierend auf ihrer systematischen Übersichtsarbeit eine Empfehlung zur Implementierung von IMI als niedrigschwellige Angebote im Rahmen eines gestuften Behandlungsplans am Arbeitsplatz aus.

6.2 Ausblick

27 IMI ermöglichen eine breitflächige und niedrigschwellige Versorgung. Durch den Zugang unterversorgter Gruppen kommt es zu einer enormen Kostenreduktion für den Arbeitssektor und die Gesellschaft. Trotz vieler Vorteile von IMI ist die Inanspruchnahme dieser in verschiedenen Gruppen (Patients, Ärzte, Psycho-

---

31 WHO (Hrsg.): Choosing interventions that are cost effective. 2014. Online: http://www.who.int/choice/en/ [abgerufen am 5.1.2018].

32 WHO (Hrsg.): Thresholds for the cost–effectiveness of interventions: alternative approaches. 2015. Online: http://www.who.int/bulletin/volumes/93/2/14-138206/en [abgerufen am 14.01.2018].

33 Naidu u. a.: Delivery of cognitive behavioural therapy to workers: a systematic review. In: Occupational Medicine 66(2)/2016, S. 112–117.

therapeuten, Entscheidungsträger) noch relativ gering. Zukünftige Forschung sollte neben weiterer gesundheitsökonomischer Evaluationen von IMI zu verschiedensten psychischer Erkrankungen auch auf die Erhöhung der Nutzung solcher innovativen Angebote abzielen.

Zudem sollten Arbeitgeber bzw. Entscheidungsträger im betrieblichen Gesund- 28
heitsmanagement (BGM) in der Lage sein, die Ergebnisse der gesundheitsökonomischen Evaluation hinsichtlich ihrer Unsicherheit und Bedeutung zu interpretieren, um fundierte Entscheidungen treffen zu können. Eine Weiterbildung der Entscheidungsträger sowie die Anwendung der höchsten methodischen Standards der Kosten-Nutzen-Bewertungen nach IQWiG und ISPOR (International Society For Pharmacoeconomics and Outcomes Research) sind dafür unabdingbar.

Im Rahmen der BGM bzw. Gesundheitsförderung ist eine Implementierung von 29
IMI zur Prävention von psychischen Störungen und zur Förderung von psychischer Gesundheit ausbaufähig. Durch die mögliche teilweise Refinanzierung zertifizierter IMI durch die gesetzlichen Krankenkassen, der Kosteneffektivität und der Skalierbarkeit zählen IMI zu zukunftsträchtigen Angeboten am Arbeitsplatz.

Literatur

Andersson, G. u. a.: Internet-supported versus face-to-face cognitive behavior therapy for depression. In: Expert Rev Neurother 1/2016, S. 55–60.

Andrade, L. u. a.: Barriers to mental health treatment: results from the WHO World Mental Health surveys. In: Psychological Medicine 44(6)/2014, S. 1303–1317, Online: http://doi.org/10.1017/S0033291713001943 [abgerufen am 28.1.2018].

Badura, B. u. a. (Hrsg.): Fehlzeiten-Report 2017: Krise und Gesundheit-Ursachen, Prävention, Bewältigung. Berlin 2017.

BARMER (Hrsg.): Gesundheitsreport 2017. Arbeit + Gesundheit = Lebensqualität!? Berlin 2017.

Berger, T./Andersson, G.: Internetbasierte Psychotherapien: Besonderheiten und empirische Evidenz. In: Psychother. Psych. Med. 59/2009, S. 159–170.

Buntrock, C. u. a.: Preventing Depression in Adults With Subthreshold Depression: Health-Economic Evaluation Alongside a Pragmatic Randomized Controlled Trial of a Web-Based Intervention. In: Journal of Medical Internet Research 19/2017, S. e5.

Dietrich, S. u. a.: Psychische Gesundheit in der Arbeitswelt aus der Sicht von Betriebs-und Werksärzten. In: Psychiat Prax. 39/2012, S. 40–42.

Ebert, D. D./Baumeister, H.: Internet-und mobilbasierte Interventionen in der Psychotherapie: ein Überblick. In: Psychotherapeutenjournal 1/2016, S. 22–31.

Ebert, D.D. u. a.: On behalf of the EFPA E-Health Taskforce & Harald Baumeister. (Im Druck). Internet and mobile-based psychological interventions: applications, efficacy and potential for improving mental health. A report of the EFPA e-health taskforce. In: European Psychologist 2018, S. 168–187.

Ebert, D. D. /Kählke, F. u. a.: A health economic outcome evaluation of an internet-based mobile-supported stress management intervention for employees. In Scand. Journal for Environmental Health. 44(2)2018, S. 171–182.

Harris, A. H. u. a.: The role of value for money in public insurance coverage decisions for drugs in Australia: a retrospective analysis 1994-2004. In: Medical Decision Making 28/2008, S. 713–722.

Jacobi, F. u. a.: Psychische Störungen in der Allgemeinbevölkerung Studie zur Gesundheit Erwachsener in Deutschland und ihr Zusatzmodul Psychische Gesundheit (DEGS1-MH). In: Nervenarzt 85/2014, S. 77–87.

Koch, K./Gerber, A.: QALYs in der Kosten-Nutzen-Bewertung. Rechnen in drei Dimensionen. In: Repschläger, U./Schulte, C./Osterkamp, N. (Hrsg.): BARMER GEK Gesundheitswesen aktuell 2010. 2010, S. 32–48.

Lehr, D. u. a.: Occupational e-Mental Health – current approaches and promising perspectives for promoting mental health in workers. In: Wiencke, M./Fischer, S.,/Cacace, M. (Hrsg.): Healthy at work. Interdisciplinary Perspectives. Wiesbaden 2016.

Lohmann-Haislah, A.: Stressreport Deutschland 2012: Psychische Anforderungen, Ressourcen und Befinden. Bundesanstalt für Arbeitsschutz und Arbeitsmedizin. 2012.

Mack, S. u. a.: Self-reported utilization of mental health services in the adult German population – evidence for unmet needs? Results of the DEGS1-Mental Health Module (DEGS1-MH). In: International Journal of Methods in Psychiatric Research 23(3)/2014, S. 289–303.

Naidu, V. V. u. a.: Delivery of cognitive behavioural therapy to workers: a systematic review. In: Occupational Medicine 66(2)2016, S. 112–117.

Neumann, P./Cohen, J./Weinstein, M.: Updating cost-effectiveness – the curious resilience of the $50,000-per-QALY threshold. In: New England Journal of Medicine 371(9)/2014, S. 796–797.

Nobis, S. u. a.: Web-based intervention for depressive symptoms in adults with types 1 and 2 diabetes mellitus: health economic evaluation. In: British Journal of Psychiatry 212(4)/2018, S. 199–206.

Nübling, R. u. a.: Versorgung psychisch kranker Erwachsener in Deutschland. In: Psychotherapeuten Journal 4/2014, S. 389–397.

Paganini, S. u. a.: A guided and unguided internet- and mobile-based intervention for chronic pain: health economic evaluation alongside a randomized controlled trial. 2018 [in Einreichung].

Raad voor de Volksgezondheid/Zorg: Zinnige en duurzame zorg. Zoetermeer: RVZ, 2006.

Rawlins, M. D./Culyer, AJ: National Institute for Clinical Excellence and its value judgments. In: BMJ 329/2004, S. 224–227.

Sander, L. u. a.: Effectiveness of Internet-Based Interventions for the Prevention of Mental Disorders: A Systematic Review and Meta-Analysis. In: JMIR Mental Health 3(3)/2016, e:38.

Sander, L. u. a.: Internet- und mobilbasierte Psychotherapie der Depression. In: Fortsch., Neurlo Psychiatry 85/2017, S. 48–58.

Thiart, H.u. a.: Internet-Based Cognitive Behavioral Therapy for Insomnia: A Health Economic Evaluation. In: Insomnia 39(10)/2016, S. 1769–1778

Trautmann, S. u. a.: Economic costs of mental disorders. Do our societies react appropriately to the burden of mental disorders? In: EMBO reports 17(9)/2016, S. 1245–1249.

WHO (Hrsg.): Choosing interventions that are cost effective. 2014. Online: http://www.who.int/choice/en/ [abgerufen am 5.1.2018].

WHO (Hrsg.): Global action plan for the prevention and control of noncommunicable diseases 2013-2020. 2013, S. 10. Online: http://apps.who.int/iris/bitstream/10665/94384/1/9789241506236_eng.pdf [abgerufen am 10.1.2018].

WHO (Hrsg.): The world health report. 2001. Online: http://www.who.int/whr/2001/media_centre/press_release/en/ [abgerufen am 10.01.2018].

WHO (Hrsg.): Thresholds for the cost–effectiveness of interventions: alternative approaches. 2015 Online: http://www.who.int/bulletin/volumes/93/2/14-138206/en [abgerufen am 14.1.2018].

Praxis

ergoscan – die digitale Haltungsanalyse für gesundes Sitzen am Arbeitsplatz

Johannes Heering/Rainer Planinc

Abstract: Rückenbeschwerden sind eine Hauptursache für Arbeitsunfähigkeitstage und stellen somit einen großen Produktivitätsverlust in Betrieben dar. Im Zuge eines dreijährigen Forschungsprojektes hat die Firma fitbase ein System zur Analyse der Körperhaltung am Arbeitsplatz entwickelt. Der „ergoscan" besteht aus einem 3D Sensor, der Sitzhaltungen in Echtzeit erfasst, analysiert und anschließend in einem individuellen Haltungsreport visualisiert. In diesem Kapitel wird der digitale Helfer mit Anwendungsbeispielen vorgestellt und mögliche Auswirkungen auf die betriebliche Mitarbeitergesundheit erläutert.

1 Einleitung

1 In der gesamten DACH-Region sitzen täglich 15 Millionen Menschen für mehr als 6 Stunden im Büro und klagen über Verspannungen und Rückenschmerzen. Beschwerden dieser Art sind eine Hauptursache für Arbeitsunfähigkeitstage und stellen somit einen großen Produktivitätsverlust für Unternehmen dar.[1] Bisher gibt es nur sehr wenige Methoden, um die Rückengesundheit im Büro effektiv durch Methoden des BGM 4.0 zu fördern. Existierende Maßnahmen beinhalten zum Beispiel die (digitale) Haltungsanalyse anhand eines Fotos, welches am Arbeitsplatz aufgenommen wird und mit einer "Idealposition" verglichen wird. Diese Methode bietet eine Momentaufnahme von einer durch den Büroarbeiter subjektiv häufig eingenommenen Position, stellt jedoch keine umfangreichen Informationen über Sitzhaltungen eines gesamten Arbeitstages, oder sogar einer gesamten Arbeitswoche dar. Meist beinhalten solche BGM-Maßnahmen außerdem keine Nachbetreuung, die gerade in Bezug auf Verhaltensänderungen als sehr wichtig angesehen wird.

2 Im Rahmen eines dreijährigen von der EU und dem BMBF geförderten Forschungsprojektes im Rahmen des AAL Förderprogramms hat fitbase (gemeinsam mit 7 weiteren Partnern) unter der Leitung der cogvis GmbH eine 3D Haltungsanalyse für den Arbeitsplatz entwickelt. Aufbauend auf den im wellbeing Projekt durchgeführten Pilotstudien wurde der ergoscan weiterentwickelt und verbessert. Herausgekommen ist ein Instrument, das im Gegensatz zu herkömmlichen Maßnahmen Langzeitmessungen direkt am Arbeitsplatz durchführen kann. In Kombination mit einer Nachbetreuung in Form eines Onlinekurses bildet dieser digitale Helfer einen innovativen Lösungsansatz, um noch individueller auf die (Rücken-) Gesundheit der Mitarbeiter einzugehen und diese nachhaltig zu fördern. Das oberste Ziel ist dabei, eine Maßnahme anzubieten, die sich einfach ins BGM integrieren lässt, nutzerfreundlich ist und individuelles Feedback gibt, aber gleichzeitig Datenschutzkonform eingesetzt werden kann.

2 Funktionsweise des ergoscans

3 Der ergoscan mit seinem integrierten 3D Sensor wird direkt am Arbeitsplatz auf dem Monitor befestigt (siehe Abb. 1). Im Vergleich zu anderen Messverfahren

---

1 Kempf (Hrsg.): Die Neue Rückenschule. 2014, S. 8.

handelt es sich hierbei um ein Markerfreies Verfahren, da keinerlei Sensoren am Körper befestigt werden müssen. Somit treten keine störenden Effekte auf. Nachdem das Gerät mit dem Strom verbunden wurde ist es sofort einsatzbereit und erfasst die Haltung der Person vor dem Monitor. Als Referenzpunkte werden die Position des Kopfes, des Nackens, der Brust und der Schultern gemessen und für die weitere Auswertung herangezogen. Die Auswertung der Sitzpositionen basiert im Wesentlichen auf der Analyse der Datenpunkte (x ,y, z Koordinaten der Messpunkte) und deren Verhältnis zueinander, um z. B. die Vorwärtsneigung des Körpers berechnen zu können. Die Messung der Position erfolgt ca. fünfmal pro Sekunde, wodurch auch kleine Positionsänderungen sofort erkannt und vom System erfasst werden können. Die erfassten Positionsdaten werden verschlüsselt an einen fitbase Server in Deutschland übermittelt. Der ergoscan verwendet für die Analyse lediglich Tiefendaten der Messpunkte, also Koordinaten im Raum, die anhand von Zahlenfolgen ausgegeben und übermittelt werden. Die Einbindung in das Firmennetzwerk ist nicht erforderlich, da die Datenübertragung mittels SIM Karte unabhängig vom vorhandenen Netzwerk erfolgt, wodurch auch keine weitere Konfiguration erforderlich ist. Die weitere Verarbeitung, Interpretation und Auswertung der Haltungsdaten erfolgt direkt durch fitbase, wo auch der individuelle Report erstellt und dem Teilnehmer zurückgemeldet wird. Der Arbeitgeber hat zu keinem Zeitpunkt Zugriff auf die Daten, er bekommt lediglich einen aggregierten Gesamt-Report zur Verfügung gestellt. Durch die Verwendung einer unabhängigen Internetverbindung ist sichergestellt, dass der ergoscan vollständig unabhängig vom Firmennetz läuft.

4

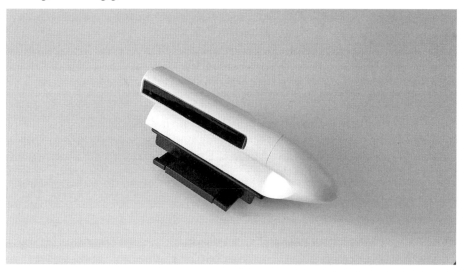

Abb. 1: Der ergoscan
Quelle: fitbase

5   Im Zuge des *wellbeing* Projektes wurde der Grundstein für die Entwicklung gelegt: Erfassung der Ergonomie war neben Bewegung, der automatischen Erkennung von Stress und Ernährung eines von vier Modulen, welche über einen Zeitraum von einem Jahr mit mehr als 50 Personen entwickelt und evaluiert wurden. Zudem wurden im Zuge des Forschungsprojektes auch Umfragen mit mehr als 1.600 Personen in Österreich, Deutschland, den Niederlanden und Rumänien durchgeführt. Im Zuge der Pilotstudie zeigte sich, dass bis zu 80 % der Personalverantwortlichen ein solches System in ihrem Unternehmen einsetzen würden, wobei die Erfassung der Ergonomie als wesentliches Kriterium genannt wurde. Die Zufriedenheit mit dem Ergonomie-Modul lag durchgehend bei annähernd 100 %. Zudem zeigte sich, dass sich die Lebensqualität der Testpersonen durch den Einsatz der 3D Sensorik erhöht und bestimmte Schmerzen (z. B. im Nacken) rückläufig waren. Basierend auf diesen Ergebnissen, wurde der ergoscan als Kombination der Module Ergonomie und Bewegung zur Produktreife weiterentwickelt. Dies erfolgte stets unter Einbezug der NutzerInnen, um ein Produkt gestalten zu können, welches exakt den Bedarf abdeckt.

3   Der individuelle Haltungsreport

6   Der ergoscan erfasst über die Messdauer von 5 Arbeitstagen die Positionsdaten des Teilnehmers und übermittelt diese an den fitbase Server. Dort werden sie unter Anwendung maschinellen Lernens und intelligenter Algorithmen weiterverarbeitet, interpretiert und mithilfe eines 3D Models visualisiert. Die visualisierten Haltungen werden anschließend von spezialisierten Sportwissenschaftlern/Physiotherapeuten mithilfe von Ampelfarben in günstige, bedingt günstige und ungünstige Sitzhaltungen eingeteilt. Teilnehmer erhalten anschließend, basierend auf ihren individuellen Daten, einen detaillierten Haltungsreport, der die eingenommen Haltungen (i. d. R. 6–8 Haupt-Haltungen) erklärt und visualisiert.

7   Zu jeder Sitzposition werden Empfehlungen zur Verbesserung der Haltung vermittelt. Die praktischen Handlungsempfehlungen sind jeweils mit einer graphischen Darstellung der ungesunden Sitzhaltung und einer videogestützten Übung aus der „Online-Rückenschule" verbunden. Untenstehend wird die Datenvisualisierung in Abb. 2 veranschaulicht.

Ungünstige Haltung – Sie haben 18 % Ihrer Zeit in dieser Haltung verbracht   8

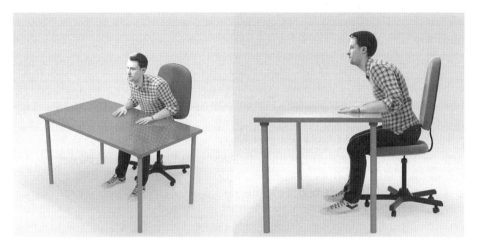

Abb. 2: Visualisierung der Sitzhaltung

Quelle: Eigene Darstellung.

Zudem werden im Haltungsreport sowie im anschließenden Onlinekurs Informa-   9
tionen zum Aufbau der Wirbelsäule, der Problematik von dauerhaftem Sitzen und
die optimalen Verhältnisse für ein gesundes Sitzverhalten erläutert. So werden die
Teilnehmer für das Thema Rückengesundheit sensibilisiert und auf die Entwicklung neuer Verhaltensweisen vorbereitet

4   Die Online-Rückenschule als Nachbetreuung

Um nachhaltige Verhaltensänderungen zu bewirken, wie in diesem Fall eine   10
Verbesserung der Rückengesundheit und Haltung, ist es von großer Relevanz,
die Teilnehmer bei der Umstellung ihrer Gewohnheiten zu unterstützen. Durch
regelmäßige Impulse im Arbeitsalltag sollten Mitarbeiter Schritt für Schritt lernen,
neue Verhaltensweisen aufzubauen und basierend auf gesundheitlichen Fort-
schritten ihre Einstellung zur eigenen Gesundheit langfristig zu verändern.

Neben den ergonomischen Leistungsangeboten befasst sich fitbase mit der Ent-   11
wicklung zertifizierter Präventionskursen. Einer dieser Kurse, die Online-Rückenschule, bildet die Basis für die Nachbetreuung der ergoscan Teilnehmer. Mit dem
Onlinekurs werden die Teilnehmer nach der Messung abgeholt und zur nachhaltigen Förderung ihrer Rückengesundheit motiviert. Das Programm ist ab-
wechslungsreich und praxisorientiert gestaltet: In einem Zeitraum von 10 Wochen
beschäftigen sich die Teilnehmer mit Themen zur Rückengesundheit, Ergonomie
und Bewegung. Mithilfe von Videos werden Bewegungsabläufe und praktische
Übungen für den Arbeitsplatz anschaulich vermittelt sowie Tipps zur Ergonomie

gegeben. So wird neben der Wissenserweiterung zudem ein Transfer in den Alltag sichergestellt. Die ganzheitliche KddR-konforme Online-Rückenschule wird als zertifizierter Präventionskurs von gesetzlichen Krankenkassen zu 80 bis 100 % erstattet.

12 Eine Voraussetzung für die dauerhafte Nutzung und Implementierung des Selbstlernprogramms ist eine regelmäßige Wirksamkeitsüberprüfung. Das Ziel ist es dabei, den positiven Einfluss des Kurses auf die Gesundheit der Teilnehmender nachzuweisen und damit dessen Wirksamkeit zu bestätigen.[2] In der 2018 durchgeführten Wirksamkeitsstudie der Online-Rückenschule stellte sich heraus, dass die Teilnehmer (n = 693) effektiv die Präsenz und Stärke der Rückenbeschwerden sowie die Sitzzeit reduzieren konnten. In Abb. 3 und 4 wird die Reduzierung der Präsenz und Stärke der Rückenschmerzen veranschaulicht. Darüber hinaus wurde der Umgang mit körperlichen Belastungen im Alltag verbessert. Grundsätzlich spiegelte sich die Zufriedenheit der Teilnehmer mit dem Kurs in einer hohen Weiterempfehlungsquote von 93 % wider (siehe Abb. 5). Die Studienergebnisse zeigen, dass die Online-Rückenschule die Teilnehmer zu einer nachhaltigen Verbesserung der Rückengesundheit aktivieren kann.

13

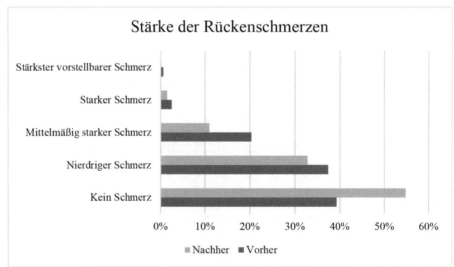

Abb. 3: Die Stärke der Rückenschmerzen zu Beginn und Ende des Kurses
Quelle: Eigene Darstellung.

---

2 Zentrale Prüfstelle Prävention Präventionsleitfaden: Information für Anbieter von Präventionskursen im E-Format/ interaktive Selbstlernprogramme nach § 20 SGB V. 2017. Online: www.zentrale-pruefstelle-praevention.de [abgerufen am 21.03.2018].

14

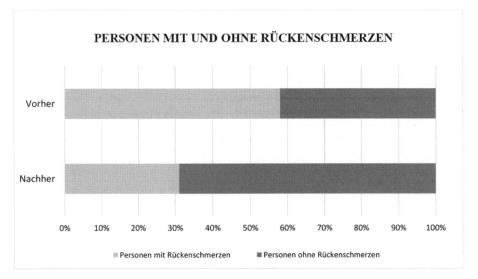

Abb. 4: Prozentuale Präsenz von Rückenschmerzen zu Beginn und Ende des Kurses

Quelle: Eigene Darstellung.

15

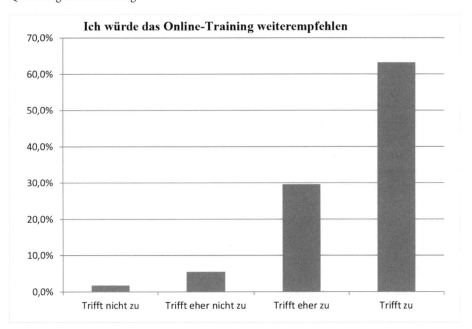

Abb. 5: Weiterempfehlungsquote der Online-Rückenschule

Quelle: Eigene Darstellung.

5 Anwendungsszenario

16 Die Funktionsweise der 3D Sensorik und die Nachbetreuung werden nun an einem praktischen Anwendungsbeispiel veranschaulicht:

> **Beispiel**
> Frau Schmidt arbeitet seit 15 Jahren als Bürokauffrau. In ihrem Arbeitsalltag verbringt sie die meiste Zeit an ihrem Schreibtisch, sitzend. Bis auf einen Gang zum Kopierer und einem kurzen Spaziergang zur Mittagszeit verweilt sie die meiste Zeit an ihrem Arbeitsplatz. Es ist daher nicht überraschend, dass sie am Ende des Tages häufig über Verspannungen und Schmerzen im Nacken-, Schulter- und unteren Rückenbereich klagt. Kürzlich wurde von den BGM Beauftragten ihrer Firma eine neue Technologie zur Vorbeugung von Rückenbeschwerden eingeführt. Nach einer Woche erhält Frau Schmidt einen der vier ergoscans, der nun für fünf Tage an ihrem Monitor angebracht wird. Während der fünf Tage nimmt sie die Präsenz des Gerätes kaum wahr, da es keine Geräusche macht und ihre Arbeit nicht beeinträchtigt. Nach der Messzeit wird der ergoscan wieder abgebaut und an einen anderen Kollegen weitergereicht. So können viele Mitarbeiter in nur kurzer Zeit von der innovativen Technologie profitieren und die BGM Kosten bleiben überschaubar. Frau Schmidt erhält im Anschluss einen individuellen Haltungsbericht. Dieser beinhaltet neben grundsätzlichen Informationen zum gesunden Sitzen eine graphische Darstellung ihrer meist eingenommenen Sitzhaltungen inkl. Erläuterungen. Sie nimmt dadurch wahr, dass sie mehr als 50 Prozent ihrer Sitzzeit in einer vorgebeugten Position verbringt. Kein Wunder, dass die Nackenmuskulatur durch die enorme Haltearbeit täglich verspannt. Zudem wird deutlich, dass sie über den Tag hinweg kaum ihre Position ändert und meist nur in drei verschiedenen Sitzhaltungen verweilt. Zu jeder Sitzhaltung erhält sie zwei Übungsempfehlungen zur Lockerung und Mobilisation ihrer Rückenmuskulatur. Diese Übungen stammen aus der Online-Rückenschule, zu der sie einen Zugangscode erhalten hat, den sie nach der Mittagspause aktiviert.

17 Neben den Informationseinheiten findet sie besonders die kurzen Übungsvideos hilfreich. Die Übungen dauern meist nur wenige Minuten und sind dadurch leicht in den Arbeitsalltag zu integrieren. In den nächsten Tagen macht Frau Schmidt regelmäßig die Lockerungs- und Mobilisationsübungen und lernt in den zugehörigen Theorieeinheiten, wie sie z. B. neue Gewohnheiten in ihren Alltag integrieren oder sich ergonomischer verhalten kann. Bereits nach einer Woche nimmt sie weniger Verspannungen und Schmerzen wahr. Neben dem gesteigerten Wohlbefinden stellt sie zudem eine Verbesserung in ihrer Leistungsfähigkeit fest. Im Austausch mit ihren Kollegen nimmt sie zur Kenntnis, dass auch andere Mitarbeiter positive Erfahrungen mit dem digitalen Helfer gemacht haben.

6 Auswirkungen auf das BGM

18 Das BGM 4.0 bildet durch die digitale Komponente zahlreiche Vorteile gegenüber dem traditionellen BGM. Durch die niedrigschwellige, zeit- und ortsunabhängige Nutzung und Integration von digitalen Gesundheitsmaßnahmen werden viele Mitarbeiter erreicht und in Interventionen mit einbezogen.[3] Dabei ist die hohe Einbeziehung von Personen jedoch nicht gleich mit einem erhöhten Kostenvolumen zu verbinden. Im Gegenteil, mit einer Leasingoption wie die des ergoscans

---

3 Matusiewicz/Kaiser (Hrsg.): Digitales Betriebliches Gesundheitsmanagement. 2018, S. 5.

können diverse Technologien von mehreren Angestellten nacheinander genutzt werden und danach wieder zum Anbieter zurückgeschickt werden. So können viele Mitarbeiter einen Vorteil aus der Maßnahme ziehen und die einzusetzenden BGM Ressourcen werden geschont. Gerade kleine und mittelständische Unternehmen können von der Innovation profitieren. Denn der ergoscan analysiert die Haltungen der Mitarbeiter qualitativ gleichwertig oder sogar besser (da ununterbrochen über mehrere Tage gemessen wird) und dabei kostengünstiger im Vergleich zu herkömmlichen Ansätzen, die mit einem hohen Personaleinsatz verbunden sind. Zudem ist das Feedback und die Nachbetreuung bereits inklusive. Der ergoscan soll die Ergonomie-Beauftragten einer Firma nicht ersetzen sondern ist als digitaler Helfer zu verstehen, denn die Haltungsreports können zusätzlich als Beratungsgrundlage durch Betriebsärzte, Arbeitsschutz- oder Ergonomie-Beauftragte genutzt werden.

Bleibt die Frage, ob sich Teilnehmer durch den ergoscan beobachtet fühlen und um die Verwendung der Daten sorgen? Die im Rahmen des wellbeing Projektes durchgeführten Studien und Nutzer Befragungen konnten diese Befürchtung nicht bestätigen. In allen Studien wurde der ergoscan gut angenommen und nicht als störend empfunden. Der in der Entwicklung durchgängig angewandte privacy-by-design Ansatz begegnet diesen berechtigten Sorgen der Teilnehmer von Beginn an. So wird für die Erfassung der Haltung keine Kamera eingesetzt, sondern ein Tiefensensor, der lediglich Tiefendaten in Form von Zahlen im Raum (x, y, z Koordinaten) erfasst und verschlüsselt überträgt. 19

Die Überprüfung der Effektivität von BGM Maßnahmen stellt in Zeiten, in denen Datenschutz und Persönlichkeitsschutz zunehmend an Bedeutung gewinnen, eine wahre Herausforderung dar. Die Erfolge sollten sowohl auf organisatorischer als auch individueller Ebene sichtbar sein. Fitbase hat dieses Problem durch die Einführung getrennter Evaluationen für beide Ebenen gelöst. Auf individueller Ebene können Mitarbeiter basierend auf einer Vorher-Nachher Befragung im Rahmen des Onlinekurses Verbesserungen in ihrer Rückengesundheit wahrnehmen. Die BGM Beauftragten einer Firma können wiederum auf Anfrage von Fitbase Informationen zu der Effektivität der Maßnahme erhalten. Bei dieser Evaluation werden die Nutzungsdaten und das Feedback der Teilnehmer anonym und aggregiert in einem Unternehmensreport ausgewertet. So werden mit Durchschnittswerten die allgemeinen Tendenzen ermittelt, eine klare Personenzuordnung ist jedoch nicht möglich. 20

7 Ausblick

Der Einsatz von moderner Sensorik in Kombination mit digitalen BGM-Maßnahmen bietet Gesundheitsexperten neue Möglichkeiten, um gesundheitsschädigendes Verhalten auf einem individuellen Level direkt am Arbeitsplatz zu erfassen und die Mitarbeiter zu einer langfristigen Verhaltensänderung zu motivieren. 21

Aufgrund der digitalen Komponente kann eine hohe Anzahl an Mitarbeitern zeit- und ortsunabhängig erreicht und gleichzeitig das BGM Budget geschont werden. Im Zuge digitaler BGM-Maßnahmen sollten jedoch die Herausforderungen in Bezug auf Datenschutz und die Überprüfung der Effektivität der Maßnahmen stets im Auge behalten werden.

22 Fitbase als Anbieter von sechs digitalen BGM-Bausteinen hat es sich zum Ziel gesetzt, den ergoscan als innovativen digitalen Helfer zur Prävention von Rückenschmerzen am Markt zu etablieren und in diversen Betrieben einzusetzen. Parallel dazu werden neue Module entwickelt, wie das intelligente Sitzkissen, welches ebenfalls sensor-basierte ergonomische Analysen des Sitzverhaltens und der Körperhaltung ermöglicht.

Literatur

Kempf, H. (Hrsg.): Die Neue Rückenschule. 2. Aufl. Heidelberg 2014.
Matusiewicz, D./Kaiser, L. (Hrsg.): Digitales Betriebliches Gesundheitsmanagement. Essen 2018.
Zentrale Prüfstelle Prävention Präventionsleitfaden: Information für Anbieter von Präventionskursen im E-Format/ interaktive Selbstlernprogramme nach § 20 SGB V. 2017. Online: www. zentrale-pruefstelle-praevention.de [abgerufen am 21.3.2018].

Internetbasierte Trainings zur Prävention von Depression bei Beschäftigten in der Landwirtschaft

Elena Heber/Marion Baierl/Michael Holzer/Erich Koch/David Daniel Ebert/Stephanie Nobis

Abstract: Stress und psychische Belastungen sind in unserer Gesellschaft allgegenwärtig. Unter Beschäftigten in der Landwirtschaft ist die Prävalenz psychischer Störungen besonders hoch. Insbesondere das hohe Arbeitspensum, die finanziellen Belastungen, aber auch zahlreiche unkalkulierbaren Faktoren, z. B. schwankende Marktpreise oder die wechselnde Witterungslage tragen zu einem anhaltend hohen Belastungsniveau bei. Durch die hohe Verantwortung, die die Beschäftigten in der Landwirtschaft häufig für das eigene Unternehmen und die Familie tragen, haben depressive Erkrankungen als Folgeerscheinung von Stress besonders für diese Zielgruppe häufig gravierende Auswirkungen auf persönlicher Ebene und verursachen hohe Kosten für das Gesundheitssystem.

In den letzten Jahren haben sich Internet-basierte Gesundheitstrainings zur Prävention psychischer Störungen zunehmend als wirksame und kosteneffektive Maßnahme etabliert. Die Implementierung Internet-basierter als niedrigschwellige, zeitlich und örtlich flexible Möglichkeit, psychischen Beschwerden präventiv entgegenzuwirken bzw. vorhandene Symptome zu reduzieren, erscheint für Beschäftigte in der grünen Branche besonders vielversprechend.

Dieser Artikel beschreibt ein aktuelles Praxisprojekt zum Einsatz Internet-basierter Gesundheitstrainings bei Beschäftigten in der Landwirtschaft, dem Forsten und Gartenbau sowie deren wissenschaftliche Evaluation, welche begleitend zur Implementierung durchgeführt wird.

1 Einleitung

1   Etwa jeder zehnte Erwachsene in Deutschland ist aktuell von einer depressiven Symptomatik betroffen.[1] Die Weltgesundheitsorganisation WHO prognostiziert, dass Depression im Jahr 2030 die am weitesten verbreitete Krankheit in den Industrienationen sein wird.[2] Für das Individuum und für die Gesellschaft sind Depressionen mit einer hohen Krankheitslast verbunden.[3] Depression steht zudem in engem Zusammenhang mit weiteren psychischen und körperlichen Symptomen und Erkrankungen, wie z. B. Schlafbeschwerden[4], chronischen Schmerzen[5] oder erhöhtem Alkoholkonsum.[6]

2   Die psychische Belastungssituation von Beschäftigten in landwirtschaftlichen Betrieben ist besonders prekär. Untersuchungen der Europäischen Union zufolge tragen Landwirte ein überdurchschnittliches Risiko eine psychische Störung zu

---

1   Bretschneider/Kuhnert/Hapke: Depressive Symptomatik bei Erwachsenen in Deutschland. In: Journal of Health Monitoring 2(3)/2017, S. 81–88.
2   Mathers/Loncar: Projections of global mortality and burden of disease from 2002 to 2030. In: PLoS Med 3(11):e442/2006.
3   Vos u. a.: Years lived with disability (YLDs) for 1160 sequelae of 289 diseases and injuries 1990-2010. A systematic analysis for the Global Burden of Disease Study 2010. In: Lancet 380 (9859)/2012, S. 2163–2196; Luppa u. a.: Cost-of-illness studies of depression: a systematic review. In: Journal of Affective Disorders 98(1-2)/2007, S. 29–43.
4   Tsuno/Besset/Ritchie: Sleep and Depression. In: The Journal of Clinical Psychiatry 66(10)/2005, S 1254–1269.
5   Demyttenaere u. a.: Mental disorders among persons with chronic back or neck pain. Results from the world mental health surveys. In: Pain 129/2007, S. 332–342.
6   Grant u. a.: Prevalence and co-occurrence of substance use disorders and independent mood and anxiety disorders: results from the National Epidemiologic Survey on alcohol and related conditions. In: Archives of General Psychiatry 61/2004, S. 807–816.

entwickeln.[7] Darüber hinaus können gesundheitliche Beeinträchtigungen auch durch schwierige persönliche Lebensumständen, wie z. B. der Pflege von Angehörigen, auftreten.[8]

Durch ein hohes Verantwortungsempfinden gegenüber dem Betrieb und der 3 Familie werden Frühwarnzeichen für psychische Belastungen bei Beschäftigten in der grünen Branche häufig ignoriert und geeignete Maßnahmen werden nicht rechtzeitig ergriffen. In Krisensituationen nehmen Landwirte nur zögerlich und ungern professionelle Hilfe in Anspruch, suchen diese, wenn überhaupt, erst zu einem sehr späten Zeitpunkt auf, wenn auch das Suizidrisiko oftmals stark erhöht ist.[9] Zudem ist es für Menschen im ländlichen Raum aufgrund der geographischen Lage häufig schwierig, Zugang zu ortsnahen psychotherapeutischen Angeboten zu erhalten.

Auch wenn psychotherapeutische Hilfe verfügbar wäre, zeigen Studien, dass das 4 durch Depressionen verursachte Leid mit den bisherigen Behandlungsmethoden nur um etwa ein Drittel verringert werden kann.[10] Wirksame Präventionsstrategien, die frühzeitig unterstützen, sind für Betroffene und das Gesundheitssystem gleichermaßen wichtig. Aufgrund der hohen gesundheitspolitischen Relevanz, wurde die Prävention, Früherkennung und nachhaltige Behandlung von Depressionen erstmalig neu im Präventionsgesetz 2017 verankert. Die Prävention von Depressionen wurde damit explizit als wichtiger Aufgabenbereich des Gesundheitssystems, insbesondere der Krankenkassen und Arbeitgeber definiert.

Internetbasierte Gesundheitstrainings haben ihr enormes Potenzial in den letzten 5 Jahren vielfach unter Beweis gestellt.[11] Sie bieten eine niedrigschwellige Möglichkeit, Betroffene dabei zu unterstützen, wirksame Techniken zur Bewältigung psychischer Belastungen zu erlernen. Gleichzeitig kann diese Hilfe anonym von zu Hause aus, zu jeder Zeit und flexibel den Alltagsanforderungen entsprechend in Anspruch genommen werden.[12] In zahlreichen internationalen wissenschaftli-

---

7   Eurofound: Fitfh european working conditions survey. In: Publications Office of the European Union (Hrsg.). Luxembourg 2012; Parry u. a.: Farmers, Farm Workers and Work-Related Stress. In: Report 362 by Policy Studies Institute. 2005.

8   Vgl. Sozialversicherung für Landwirtschaft, Forsten und Gartenbau: Soziale Sicherheit in der Landwirtschaft. 2016, S. 5–14.

9   vgl. Hoffmann: Burnout in der Landwirtschaft. Soziale Sicherheit in der Landwirtschaft, In: Sozialversicherung für Landwirtschaft, Forsten und Gartenbau (Hrsg.), 2016, S. 15–25.

10 Andrews u. a.: Utilising survey data to inform public policy: comparison of the cost-effectiveness of treatment of ten mental disorders. In: British Journal of Psychiatry 184/2004, S. 526–533; Chisholm u. a.: Reducing the global burden of depression: population-level analysis of intervention cost-effectiveness in 14 world regions. In: British Journal of Psychiatry 184/2004, S. 393–403.

11 Ebert: Prevention of Mental Health Disorders using Internet and mobile-based Interventions: a narrative review and recommendations for future research. In: Frontiers in Psychiatry 8(116) /2017, S. 1–16.

12 Lehr u. a.: Occupational e-Mental Health. Current Approaches and Promising Perspectives for Promoting Mental Health in Workers. In: Wiencke/Cacace/Fischer (Hrsg.): Healthy at Work. 2016, S. 257–281.

chen Studien haben diese Maßnahmen sich als wirksam in der Reduktion psychischer Beschwerden herausgestellt.[13] Auch in Deutschland wurden Online-Trainings entwickelt, deren Wirksamkeit in randomisiert-kontrollierten Studien festgestellt werden konnte, z. B. in der Prävention von Depression[14], der Bewältigung depressiver Symptome[15], der Reduktion von Stress[16], Panik,[17] chronischen Schmerzen[18] oder übermäßigem Alkoholkonsum.[19]

6 Vor diesem Hintergrund hat der versicherungszweigübergreifende agrarsoziale Sozialversicherungsträger SVLFG ein Präventionsprojekt ins Leben gerufen, welches zum Ziel hat, die psychischen Gesundheit von Beschäftigten in der Landwirtschaft durch Internet-basierte Gesundheitsinterventionen zu erhalten und zu fördern.

2 Praxisbeispiel

7 Im Rahmen des Präventionsprojektes „Mit uns im Gleichgewicht – Primärprävention der Depression" der Sozialversicherung für Landwirtschaft, Forsten und Gartenbau (SVLFG) in Kooperation mit dem GET.ON Institut für Online Gesundheitstrainings GmbH kommen sieben unterschiedliche Gesundheitstrainings in den Bereichen depressive Beschwerden, Stress, chronische Schmerzen, Panik, übermäßiger Alkoholkonsum und Schlafbeschwerden zum Einsatz.

---

13 Hedman/Ljótsson/Lindefors: Cognitive behavior therapy via the Internet. A systematic review of applications, clinical efficacy and cost-effectiveness. In: Expert Review of Pharmacoeconomics & Outcomes Research 12(6)/2012, S. 745–764; Cuijpers u. a.: Psychotherapy for depression in adults. A meta-analysis of comparative outcome studies. In: Journal of Consulting and Clinical Psychology 76(6)/2008, S. 909–922; Andersson u. a.: Guided Internet-based vs. face-to-face cognitive behavior therapy for psychiatric and somatic disorders: a systematic review and meta-analysis. In: World Psychiatry 13/2014, S. 288–295.

14 Buntrock u. a.: Effect of a Web-Based Guided Self-help Intervention for Prevention of Major Depression in Adults With Subthreshold Depression. A Randomized Clinical Trial. In: JAMA 3;315(17)/2016, S 1854–1863.

15 Zagorscak u. a.: Benefits of Individualized Feedback in Internet-Based Interventions for Depression. A Randomized Controlled Trial. In: Psychotherapy and Psychosomatics 87(1)/2018, S. 32–45.

16 Heber u. a.: Web-based and mobile stress management intervention for employees. Results of a randomised controlled trial. In: Journal of Medical Internet Research, 18(1)/2016, S. 21; Ebert u. a.: Self-guided Internet-based and mobile-based stress management for employees. Results of a randomised controlled trial. In: Occupational and Environmental Medicine 73 (5)/2016, S. 1–9; Ebert u. a.: Internet- and mobile-based stress management for employees with adherence-focused guidance. Efficacy and mechanism of change. In: Scandinavian Journal of Work, Environment & Health 42(5)/2016, S. 382–394.

17 Ebenfeld: Treating panic on the go. Results of a randomized controlled trial evaluating a hybrid online-training for panic and agoraphobia symptoms. In preparation.

18 Lin u. a.: An Internet-Based Intervention for Chronic Pain. In: Deutsches Ärzteblatt International 114(41)/2017, S. 681–688.

19 Boß u. a.:Efficacy of a web-based intervention with and without guidance for employees with risky drinking. Results of a three-arm randomized controlled trial. In: Addiction 113(4)/2017, S. 635–646.

2.1 Internet-basierte Gesundheitstrainings

Die Trainings beinhalten in 6-8 Lektionen á 45-60 Minuten Bearbeitungszeit   8
Psychoedukation, evidenz-basierte Techniken zur jeweiligen Verhaltensänderung
und Symptomreduktion, ein Tagebuch zur Beobachtung der Symptomatik sowie
Hausaufgaben für den Alltag. Alle Internet-basierten Gesundheitstrainings sind
auf einer verschlüsselten Online-Plattform zugänglich. Erinnerungen bei Nicht-
absolvieren einer Lektion werden per E-Mail an den Klienten versendet. Die
Teilnehmenden erhalten eine intensive, nach individuellem Wunsch telefon-
oder web-basiert schriftliche Begleitung durch einen persönlichen Online-Coach.
Teilnehmende haben die Möglichkeit, anonym an dem Training teilzunehmen.
Der Inhalt und die Wirksamkeit der eingesetzten Trainings werden nachfolgend
genauer beschrieben.

2.1.1 GET.ON Stimmung

Das Training GET.ON Stimmung ist geeignet für Menschen mit depressiven   9
Beschwerden. Es vereint in 6 Lektionen Techniken aus der kognitiven Verhaltenstherapie (KVT) und besteht aus den Bausteinen Psychoedukation, Aktivitäts-
aufbau und systematischem Problemlösen. GET.ON Stimmung hat sich als wirksam und kosteneffektiv in der Prävention von Depression erwiesen.[20]

2.1.2 GET.ON Fit im Stress

Menschen, die unter arbeitsbezogenen Stress leiden, können ihr Stressniveau und   10
damit verbundene depressive und Angstbeschwerden durch das Training GET.
ON Fit im Stress wirksam reduzieren. Dabei absolvieren Teilnehmende 8 Lektionen mit den Hauptbestandteilen Problemlösen und Emotionsregulation. GET.ON
Fit im Stress hat sich in verschiedenen Begleitungsformaten (Selbsthilfe[21], mit

---

20   Ebert u. a.: Effectiveness of a Web-Based Cognitive Behavioural Intervention for Subthre-
      shold Depression. Pragmatic Randomised Controlled Trial. In: Psychotherapy and Psycho-
      somatics 84(6)/2015, S. 348–358; Buntrock u. a.: Effect of a Web-Based Guided Self-help
      Intervention for Prevention of Major Depression in Adults With Subthreshold Depression.
      A Randomized Clinical Trial. In: JAMA 3;315(17)/2016, S. 1854–1863; Buntrock u. a.:
      Preventing Depression in Adults With Subthreshold Depression: Health-Economic Evalua-
      tion Alongside a Pragmatic Randomized Controlled Trial of a Web-Based Intervention, In:
      Journal of Medical Internet Research 19(1)/2017, S.e5.
21   Ebert: Self-guided Internet-based and mobile-based stress management for employees.
      Results of a randomised controlled trial. In: Occupational and Environmental Medicine 73
      (5)/2016, S. 1–9.

Coaching auf Anfrage[22], mit intensivem Coaching[23]) als sehr wirksam in der Reduktion von Stress gezeigt mit einem positiven Return-On-Investment.[24]

2.1.3 GET.ON Regeneration

11   GET.ON Regeneration ist für Teilnehmende mit insomnischen Beschwerden (Ein- und Durchschlafschwierigkeiten) und starkem Grübeln und Sorgen in Zusammenhang mit beruflichen Problemen geeignet. Das Training basiert auf Techniken der KVT zur Förderung von gutem Schlaf, Erholungsverhalten, und Distanzierung zu beruflichen Problemen. Das Training ist sehr wirksam in der Verbesserung des Schlafes und beeinflusst gedankliches Abschalten positiv und hat sich zudem als kosteneffektiv herausgestellt.[25]

2.1.4 GET.ON Chronische Schmerzen

12   Das Training GET.ON Chronische Schmerzen wurde für Menschen entwickelt, die in ihrem Alltag durch chronische Schmerzen und Niedergeschlagenheit einge-schränkt sind. Es besteht aus insgesamt sieben Lektionen, die allgemeine Infor-mationen zu chronischen Schmerzen vermitteln und Übungen zur Steigerung der psychischen Flexibilität und zur Reduktion der Beeinträchtigungen durch Schmerzen beinhalten. Das Training basiert auf Acceptance and Commitment Therapie und hat sich als wirksam hinsichtlich Schmerzbeeinträchtigung und depressiver Beschwerden erwiesen.[26]

2.1.5 GET.ON Clever weniger trinken

13   Menschen, die an ihrem übermäßigen Alkoholkonsum etwas verändern möchten, können im Training GET.ON Clever weniger trinken, in 8 Lektionen verschiedene evidenz-basierte Techniken zur Kontrolle des Trinkverhaltens erlernen, wie z. B.

---

22   Ebert: Internet- and mobile-based stress management for employees with adherence-focused guidance. Efficacy and mechanism of change. In: Scandinavian Journal of Work, Environment & Health 42(5)/2016, S. 382–394.

23   Heber: Web-based and mobile stress management intervention for employees. Results of a randomised controlled trial. In: Journal of Medical Internet Research 18(1)/2016, S.e21.

24   Ebert: A health economic outcome evaluation of an Internet-based mobile-supported stress management intervention for employees. In: Scandinavian Journal of Work, Environment and Health 42414032(5261)/2017, S. 171–182.

25   Thiart: Log in and breathe out. Efficacy of an online sleep training for teachers affected by work-related strain. Results of a randomized controlled trial. In: Scandinavian Journal of Work, Environment and Health 41(2)/2015, S. 164–174; Thiart: Internet-Based Cognitive Behavioral Therapy for Insomnia: A Health Economic Evaluation. In: Sleep 39(10)/2016: S. 1769–1778; Ebert: Restoring depleted resources: Efficacy and mechanisms of change of an Internet-based unguided recovery training for better sleep and psychological detachment from work. In: Health Psychology 34/2015, S. 1240–1251.

26   Lin: An Internet-Based Intervention for Chronic Pain. In: Deutsches Ärzteblatt Interna-tional 114(41)/2017, S. 681–688.

personalisiertes, normatives Feedback, Monitoring und Zielsetzung in Bezug auf den Konsum, Techniken zur Emotionsregulation und Rückfallprävention. Das Training konnte erfolgreich in Studienteilnehmenden den Alkoholkonsum in verschiedenen Begleitungsformaten reduzieren.[27]

2.1.6 GET.ON Diabetes und depressive Beschwerden

Das Training GET.ON Diabetes und depressive Beschwerden kann Diabetespatienten Typ I und Typ II dabei helfen, ihre gedrückte Stimmung, Hoffnungslosigkeit, und Niedergeschlagenheit zu überwinden. Neben den zwei zentralen Bestandteilen des Trainings, systematische Verhaltensaktivierung und Problemlösen, werden diabetesspezifische Themenfelder in jeder Sitzung besprochen, z. B. die Verbindung zwischen Diabetes und Depression, Grübeln über Probleme mit dem Diabetes, Diabetes und Sexualität, körperliche Aktivität und Kommunikation mit dem Hausarzt. Das Training konnte wirksam depressive Symptome reduzieren[28] und ist kosteneffektiv aus gesamtgesellschaftlicher Perspektive.[29]

14

2.1.7 GET.ON Panik

Für Menschen mit Panikattacken (mit und ohne Agoraphobie) wurde das Training GET.ON Panik entwickelt. Darin erlernen Betroffene wie sie der Spirale von Angst, negativen automatischen Gedanken und körperlichen Angstsymptomen entkommen können. In 6 Einheiten finden bewährte Techniken der Kognitiven Verhaltenstherapie Anwendung, wie z. B. Entspannungsübungen und Exposition mit angstauslösenden Situationen. Das Training hat sich als wirksam in der Reduktion von Paniksymptomen erwiesen.[30]

15

---

27 Boß: Efficacy of a web-based intervention with and without guidance for employees with risky drinking. Results of a three-arm randomized controlled trial. In: Addiction 113(4)//2017, S. 635–646.

28 Nobis: Efficacy of a web-based intervention with mobile phone support in treating depressive symptoms in adults with type 1 and type 2 diabetes mellitus: A randomized controlled trial. In: Diabetes Care 38/2015, S. 776–783; Ebert u. a.: The 6-month effectiveness of Internet-based guided self-help for depression in adults with Type 1 and 2 diabetes mellitus. Results of a randomized controlled trial. In: Diabetic Medicine 34/2017, S. 99–107.

29 Nobis: Web-based intervention for depressive symptoms in adults with type 1 and type 2 diabetes mellitus: A health economic evaluation. In: British Journal of Psychiatry 212(4)/2018, S. 199–206.

30 Ebenfeld: Results of a randomized controlled trial evaluating a hybrid online-training for panic and agoraphobia symptoms. Poster presented at the 8th Scientific Meeting of the International Society for Research on Internet Interventions 04/2016; Ebenfeld: Treating panic on the go. Results of a randomized controlled trial evaluating a hybrid online-training for panic and agoraphobia symptoms. In preparation.

3   Zielgruppenspezifische Anpassung

16   Die genannten Internet-basierten Trainings wurden auf die spezielle Situation von Landwirten und Beschäftigte in einem grünen Beruf angepasst. Zu diesem Zweck wurden eine Literaturrecherche zu zielgruppenspezifischen Besonderheiten, zehn semi-strukturierte Interviews mit Landwirten sowie mehrere Hospitationen in der Lebenswelt der Zielgruppe (auf landwirtschaftlichen Betrieben in Schleswig-Holstein) durchgeführt. Die durch diese Maßnahmen identifizierten schwerpunktmäßigen Problembereiche erstreckten sich vom wirtschaftlicher Fortbestand/ finanziellen Belastungen, dem Thema Hofübergabe/ -nachfolge, Konflikten innerhalb der Familie, einer empfundenen fehlenden Wertschätzung der eigenen Arbeit durch die Familie und die Gesellschaft bis hin zu einem zunehmenden bürokratischen Aufwand und der Pflege von Angehörigen. Die Kernbestandteile der oben dargestellten evaluierten Internet-basierten Interventionen wurden beibehalten und durch auf die Zielgruppe zugeschnittenes Bildmaterial, neue Beispielpersonen, Textänderungen und neu gedrehtes Videomaterial im Sinne der identifizierten Problembereiche und zielgruppenspezifischen Besonderheiten angepasst. Im Anschluss daran wurden die Trainings erneut Beschäftigten in einem grünen Beruf vorgelegt und die Rückmeldungen auf die Trainings eingepflegt.

4   Psychologische Begleitung während des Trainings

17   Die Teilnehmenden werden je nach individuellem Wunsch telefonisch oder schriftlich über eine Online-Plattform während des Trainings durch einen speziell geschulten Online Coach (Qualifikation: PsychologInnen in Ausbildung zum psychologischen Psychotherapeuten bzw. Psychologische Psychotherapeuten) intensiv bei jeder der 6-8 Trainingseinheiten, in der Regel in wöchentlichem Abstand, begleitet. Im Anschluss an das Training findet über 12 Monate eine aufrechterhaltende Phase statt. Dabei stehen die Coaches einmal im Monat mit den Versicherten in Kontakt.

5   Implementierung der Online-Trainings

18   Um Versicherte auf das Angebot aufmerksam zu machen, werden die Betroffenen in erster Linie durch einen mehrseitigen Bericht zu Stress und Belastung in der Landwirtschaft über das Projekt informiert und für das Thema „psychische Gesundheit" sensibilisiert. Darüber hinaus erhalten die Außendienstmitarbeiter der SVLFG eine spezielle Schulung, in der über die Wirksamkeit der Trainings aufgeklärt wird, die vorgenommenen Anpassungen an die Zielgruppe vorgestellt werden und die Mitarbeiter selbst Zugang zu den Trainings erhalten. Die Maßnahme zielt darauf ab, die Akzeptanz unter den Mitarbeitern selbst, aber auch bei den Landwirten zu erhöhen. Die Außendienstmitarbeiter erscheinen dabei als besonders geeignete Multiplikatoren für die Gesundheitstrainings, da diese vor

Ort auf den Höfen der Landwirte agieren und häufig bereits ein Vertrauensverhältnis zu der Zielgruppe aufgebaut haben.

Weiterhin werden zusätzliche akzeptanzfördernde Maßnahmen durchgeführt, wie z. B. ein Image-Film mit einem Erfahrungsbericht eines an einem Online-Training teilnehmenden Landwirts oder die Vorstellung des Angebots auf Messen der Zielgruppe (z. B. die „Grüne Woche" in Berlin). 19

Im Sinne eines Stepped-Care Ansatzes ist es bei Bedarf möglich, während bzw. im Anschluss an ein Internet-basiertes Training in die Routineversorgung einzusteuern. Durch den fortlaufenden Kontakt der Teilnehmenden mit dem Online-Coach über 14 Monate (Trainingsphase von 6–8 Wochen mit wöchentlichem Kontakt sowie monatlicher Kontakt über 12 Monate nach Trainingsende), besteht die Möglichkeit, individuell in weitere Angebote der SVLFG (z. B. Seminare zu den Themen Stressmanagement, „Betriebsübergabe – ein Gesundheitsthema" und „Gesprächsführung nach traumatischen Ereignissen" oder eine Trainings- und Erholungswoche für pflegende Angehörige) sowie in intensivere psychosoziale oder psychotherapeutische Angebote vor Ort einzusteuern. 20

6 Untersuchung der Wirksamkeit und Bedeutung

Die Wirksamkeit aller in diesem Projekt eingesetzten Internet-basierten Interventionen wurde durch randomisiert-kontrollierte Studien erwiesen. Um die Wirksamkeit auch in der Zielgruppe der in der Landwirtschaft Beschäftigten zu untersuchen, findet während der Implementierung eine wissenschaftliche Begleitevaluation statt. 21

Im Rahmen von zwei randomisiert-kontrollierten Studien wird die Wirksamkeit der Trainings bei Versicherten der SVLFG (Unternehmern, deren mitarbeitenden Familienangehörigen und Altenteilern) untersucht. Die Studien werden durch die Universität Ulm und die Friedrich-Alexander-Universität Erlangen-Nürnberg durchgeführt. Es wird untersucht, inwieweit psychische Beschwerden (insbesondere Depression) bei Menschen mit einem grünen Beruf durch ein Internetbasiertes Training reduziert werden können, um schweren und langanhaltenden Erkrankungen vorzubeugen. Dabei soll insbesondere die Auswirkung dieser Interventionen auf die Inzidenz von Depression, sowie die Auswirkung auf Stress, Angst und Schlafqualität, und auf die Verringerung von chronischen Schmerzen sowie problematischem Alkoholkonsum untersucht werden. Die Teilnehmenden werden über drei Jahre regelmäßig befragt. Dies stellt sowohl aus wissenschaftlicher Sicht als auch aus Sicht der SVLFG eine einzigartige Möglichkeit dar, die langfristige Effektivität und Kosteneffektivität der Online-Trainings während des Implementierungsprozesses zu untersuchen und bei Bedarf entsprechende Anpassungen vorzunehmen. 22

7 Ausblick

23 Vor dem Hintergrund, dass psychische Beschwerden weit verbreitet sind und gesundheitliche Beschwerden sowie negative betriebswirtschaftliche Auswirkungen (Absentismus und Präsentismus) mit sich bringen, erscheint es notwendig, klassische präventive und therapeutische Angebote um zeitgemäße, attraktive und wirkungsvolle Maßnahmen zu erweitern, die sowohl für Versicherte als auch für Krankenversicherungen einen gesundheitlichen und ökonomischen Nutzen stiften und das Potenzial haben, die Erreichbarkeit insgesamt zu erhöhen.

24 Die zahlreichen Einsatzbereiche Internet-basierter Gesundheitstrainings zeigen sich vielversprechend darin, verschiedene Akteure des Gesundheitswesens zu vernetzen und eine verbesserte, flächendeckende und bedürfnisspezifische Versorgung der Beschäftigten in der grünen Branche mit psychischen Beschwerden in unterschiedlichen Lebenssituationen zu ermöglichen.

25 Es wird erwartet, dass mit dem beschriebenen Projekt der Internet-basierten Trainings zur Prävention von Depression auch in der Zielgruppe der in der Landwirtschaft Beschäftigten ein wertvolles und wirksames Zusatzangebot geschaffen werden kann. Die Ergebnisse der Implementierungsstudien werden nach Abschluss der Studien in wissenschaftlichen Fachzeitschriften veröffentlicht und sind dem interessierten Fachpublikum sowie der Öffentlichkeit zugänglich.

Literatur

Andersson, G./Cuijpers, P./Carlbring, P. u. a.: Guided Internet-based vs. face-to-face cognitive behavior therapy for psychiatric and somatic disorders: a systematic review and meta-analysis. In: World Psychiatry 13/2014, S. 288–295.

Andrews, G./Issakidis, C./Sanderson, K. u. a.: Utilising survey data to inform public policy: comparison of the cost-effectiveness of treatment of ten mental disorders. In: British Journal of Psychiatry 184/2004, S. 526–533.

Boß, L./Lehr, D./Schaub, M. u. a.: Efficacy of a web-based intervention with and without guidance for employees with risky drinking. Results of a three-arm randomized controlled trial. In: Addiction 113(4)/2017, S. 635–646.

Bretschneider, J./Kuhnert, R./Hapke, U.: Depressive Symptomatik bei Erwachsenen in Deutschland. In: Journal of Health Monitoring 2(3)/2017, S. 81–88.

Buntrock, C./Berking, M./Smit, F. u. a.: Preventing Depression in Adults With Subthreshold Depression: Health-Economic Evaluation Alongside a Pragmatic Randomized Controlled Trial of a Web-Based Intervention. In: Journal of Medical Internet Research 19(1)/2017, S.e5.

Buntrock, C./Ebert, D. D./Lehr, D. u. a.: Effect of a Web-Based Guided Self-help Intervention for Prevention of Major Depression in Adults With Subthreshold Depression. A Randomized Clinical Trial. In: JAMA 3;315(17)/2016, S. 1854-63.

Chisholm, D./Sanderson, K./Ayuso-Mateos, J. L. u. a.: Reducing the global burden of depression: population-level analysis of intervention cost-effectiveness in 14 world regions. In: British Journal of Psychiatry 184/2004, S. 393-403.

Cuijpers, P./van Straten, A./Andersson, G. u. a.: Psychotherapy for depression in adults. A meta-analysis of comparative outcome studies. In: Journal of Consulting and Clinical Psychology 76 (6)/2008, S. 909–22.

Demyttenaere, K./Bruffaerts, R./Lee, S. u. a.: Mental disorders among persons with chronic back or neck pain. Results from the world mental health surveys. In: Pain 129/2007, S. 332–342.

Ebenfeld, L./Lehr, D./Ebert, D. D. u. a.: Results of a randomized controlled trial evaluating a hybrid online-training for panic and agoraphobia symptoms. Poster presented at the 8th Scientific Meeting of the International Society for Research on Internet Interventions, Seattle/USA, 04/2016.

Ebenfeld, L./Lehr, D./Ebert, D. D. u. a.: Treating panic on the go. Results of a randomized controlled trial evaluating a hybrid online-training for panic and agoraphobia symptoms. In preparation.

Ebert, D. D./Cuijpers, P./Muñoz, R. F. u. a.; Prevention of Mental Health Disorders using Internet and mobile-based Interventions: a narrative review and recommendations for future research. In: Frontiers in Psychiatry 8,116/2017.

Ebert, D. D./Heber, E./Berking, M. u. a.: Self-guided Internet-based and mobile-based stress management for employees. Results of a randomised controlled trial. In: Occupational and Environmental Medicine 73(5)/2016, S. 1–9.

Ebert, D. D./Lehr, D./Heber, E. u. a.: Internet- and mobile-based stress management for employees with adherence-focused guidance. Efficacy and mechanism of change. In: Scandinavian Journal of Work, Environment & Health 42(5)/2016, S. 382–394.

Ebert, D. D./Berking, M./Thiart, H. u. a.: Restoring depleted resources: Efficacy and mechanisms of change of an Internet-based unguided recovery training for better sleep and psychological detachment from work. In: Health Psychology 34/2015, S. 1240–1251.

Ebert, D. D./Buntrock, C./Lehr, D. u. a.: Effectiveness of a Web-Based Cognitive Behavioural Intervention for Subthreshold Depression. Pragmatic Randomised Controlled Trial. In: Psychotherapy and Psychosomatics 84(6)/2015, S. 348–358.

Ebert, D. D./Kählke, F./Buntrock, C. u. a.: A health economic outcome evaluation of an Internet-based mobile-supported stress management intervention for employees. In: Scandinavian Journal of Work, Environment and Health 44(2)/2018, S. 171–182.

Ebert, D. D./Nobis, S./Lehr, D. u. a.: The 6-month effectiveness of Internet-based guided self-help for depression in adults with Type 1 and 2 diabetes mellitus. Results of a randomized controlled trial. In: Diabetic Medicine 34/2017, S. 99–107.

Eurofound: Fitfh European working conditions survey. In: Publications Office of the European Union (Hrsg.) Luxembourg 2012.

Grant, B. F./Stinson, F. S./Dawson, D. A. u. a.: Prevalence and co-occurrence of substance use disorders and independent mood and anxiety disorders: results from the National Epidemiologic Survey on alcohol and related conditions. In: Archives of General Psychiatry 61/2004, S. 807–816.

Heber, E./Lehr, D./Ebert, D. D. u. a.: Web-based and mobile stress management intervention for employees. Results of a randomised controlled trial. Journal of Medical Internet Research, 18 (1)/2016, S.e21.

Hedman, E./Ljótsson, B./Lindefors, N.: Cognitive behavior therapy via the Internet. A systematic review of applications, clinical efficacy and cost-effectiveness. In: Expert Review of Pharmacoeconomics & Outcomes Research 12(6)/2012, S. 745–764.

Hetzel, C.: Evaluation des SVLFG-Gesundheitsangebots „Trainings- und Erholungswoche für pflegende Angehörige". Soziale Sicherheit in der Landwirtschaft, In: Sozialversicherung für Landwirtschaft, Forsten und Gartenbau (Hrsg.) 1/2016, S. 5–14.

Hoffmann, V.: Burnout in der Landwirtschaft. Soziale Sicherheit in der Landwirtschaft, In: Sozialversicherung für Landwirtschaft, Forsten und Gartenbau (Hrsg.) 1/2016, S. 15–25.

Lehr, D./Geraedts, A./Persson Asplund, R. u. a.: Occupational e-Mental Health. Current Approaches and Promising Perspectives for Promoting Mental Health in Workers. In: Wiencke, M./Cacace, M./Fischer S. (Hrsg.): Healthy at Work., Cham 2016, S. 257–281.

Lin, J./Paganini, S./Sander, L. u. a.: An Internet-Based Intervention for Chronic Pain. In: Deutsches Ärzteblatt International 114(41)/2017, S. 681–688.

Luppa, M./Heinrich, S./Angermeyer, M. C. u. a.: Cost-of-illness studies of depression: a systematic review. In: Journal of Affective Disorders 98(1–2)/2007, S. 29–43.

Mathers, C. D./Loncar, D.: Projections of global mortality and burden of disease from 2002 to 2030. In: PLoS Med 3(11):e442/2006.

Nobis, S./Ebert, D. D./Lehr, D. u. a.: Web-based intervention for depressive symptoms in adults with type 1 and type 2 diabetes mellitus: A health economic evaluation. In: British Journal of Psychiatry 212(4)/2018, S.199–206.

Nobis, S. u. a.: Efficacy of a web-based intervention with mobile phone support in treating depressive symptoms in adults with type 1 and type 2 diabetes mellitus: A randomized controlled trial. In: Diabetes Care 38/2015:S. 776–783.

Parry, J. u. a.: Farmers, Farm Workers and Work-Related Stress. Report 362 by Policy Studies Institute, London 2005.

Thiart, H./Ebert, D. D./Lehr, D. u. a.: Internet-Based Cognitive Behavioral Therapy for Insomnia: A Health Economic Evaluation. In: Sleep 39(10)/2016:S. 1769–1778.

Thiart, H./Lehr, D./Ebert, D. D. u. a.: Log in and breathe out. Efficacy of an online sleep training for teachers affected by work-related strain. Results of a randomized controlled trial. In: Scandinavian Journal of Work, Environment and Health 41(2)/2015, S. 164–174.

Tsuno, N./Besset, A./Ritchie, K.: Sleep and Depression. In: The Journal of Clinical Psychiatry 66 (10)/2005, S. 1254–1269.

Vos, T./Flaxman, A. D./Naghavi M. u. a.: Years lived with disability (YLDs) for 1160 sequelae of 289 diseases and injuries 1990-2010. A systematic analysis for the Global Burden of Disease Study 2010. In: Lancet 380(9859)/2012, S. 2163–2196.

Zagorscak, P./Heinrich, M./Sommer, D. u. a.: Benefits of Individualized Feedback in Internet-Based Interventions for Depression. A Randomized Controlled Trial. In: Psychotherapy and Psychosomatics 87(1)/2018, S. 32–45.

Psychische Belastungen von Beschäftigten: Online-Interventionen im BGM als sinnvolle Ergänzung zu konventionellen Maßnahmen in Unternehmen

Andrea Jakob-Pannier/Solveig Wessel/Ralph Molner

Abstract: Nach Schätzungen der Weltgesundheitsorganisation (WHO) werden sich Depressionen bis zum Jahr 2020 weltweit zur zweithäufigsten Volkskrankheit entwickeln.[1] Vor allem rechtzeitig erkannte depressive Erkrankungen sind jedoch in der Regel gut behandelbar und stellen keine Einschränkung für die Betroffenen im Berufsalltag dar. Die BARMER bietet Firmen und Beschäftigten vielfältige Maßnahmen zur Stärkung und Förderung der Gesundheit an: Zum Beispiel präventive Online-Trainings zur Stressbewältigung, für einen erholsamen Schlaf bis hin zum verantwortungsvollen Umgang mit Alkohol. Für Arbeitgeber lohnt sich die Investition in präventive Online-Trainings, da der ökonomische Nutzen mittels randomisierter-kontrollierter-Studien nachgewiesen ist.

1 Psychische Gesundheit im Erwerbsleben

1 Mehr als 38 % der Gesamtbevölkerung Europas (164,8 Mio. Menschen) sind psychisch erkrankt. Dieser Trend spiegelt sich auch in Deutschland wider: Nach den Auswertungen des BARMER GEK Gesundheitsreports von 2014 wurde bei nahezu 30 % der versicherten Erwerbspersonen innerhalb eines Jahres mindestens eine psychische Erkrankung gemäß dem Diagnoseschlüssel ICD-10[2] zur Abrechnung mit den Krankenkassen dokumentiert – Tendenz steigend. Lediglich 6 % waren jedoch aufgrund dieser Diagnosen arbeitsunfähig gemeldet und nur 1 % der versicherten Erwerbspersonen wurde stationär im Krankenhaus behandelt (siehe Abb. 1).[3] Für die meisten gemeldeten Arbeitsunfähigkeitstage waren depressive Episoden verantwortlich.

---

1 World Federation for Mental Health: Depression: A Global Crisis. World Mental Health Day. 2012. Online: http://www.who.int/mental_health/management/depression/wfmh_paper_depression_wmhd_2012.pdf [abgerufen am 5.3.2018].
2 ICD-10= Internationale statistische Klassifikation der Krankheiten und verwandter Gesundheitsprobleme, 10. Revision.
3 BARMER GEK: Gesundheitsreport 2014. Psychische Gesundheit im Erwerbsleben. 2014, S. 3.

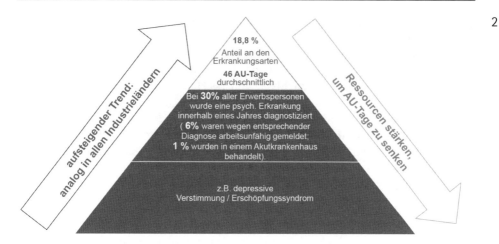

Abb. 1: Psychische Gesundheit im Erwerbsleben

Quelle: Eigene Darstellung.

Die volkswirtschaftlichen Auswirkungen sind ebenso bedeutend. Eine Studie der 3
Bundespsychotherapeutenkammer aus dem Jahr 2013 zeigt, dass nahezu jede
zweite Frühverrentung (42 %) 2012 durch psychische Erkrankungen verursacht
wurde.[4] Rund 82 Millionen Arbeitsunfähigkeitstage in Deutschland werden auf
psychische Erkrankungen zurückgeführt.[5] Geht man von einer durchschnittlichen
Entgeltfortzahlung in Höhe von 150 EUR je Tag aus, summieren sich diese Kosten
auf ca. 12,3 Milliarden EUR.

2 Anforderungen an Interventionen in der Arbeitswelt 4.0

Frühzeitige präventive Interventionen sind notwendig, um eine Manifestierung 4
von psychischen Belastungen in eine psychische Erkrankung zu verhindern.
Insbesondere in Betrieben steht somit die Stärkung der gesundheitlichen Ressourcen und Fähigkeiten im Fokus. Daher werden in der Betrieblichen Gesundheitsförderung nach Erhebung der gesundheitlichen Situation der Beschäftigten vielfach verhältnis- und verhaltenspräventive Maßnahmen in Gruppen angeboten.

Von Beschäftigten positiv wahrgenommene Ausprägungen der Arbeitswelt 4.0 5
sind beispielsweise Home-office Möglichkeiten, die eine Neubewertung von
gruppenorientierten Maßnahmen bewirken: Digitale und mobile Kommunikation

4 BPtK: Fast jede zweite neue Frührente psychisch bedingt. BPtK-Studie zu psychischen
  Erkrankungen und Frührente 28.1.2014. Online: http://www.bptk.de/aktuell/einzelseite/ar-
  tikel/fast-jede-zw.html [abgerufen am 23.7.2018].
5 BPtK: BPtK-Studie zur Arbeitsunfähigkeit. Psychische Erkrankungen und Krankengeldmanagement. Online: http://www.bptk.de/uploads/media/20150305_bptk_au-studie_2015_
  psychische-erkrankungen_und_krankengeldmanagement.pdf [abgerufen am 23.7.2018].

führt zu neuen Möglichkeiten der Zusammenarbeit und Koordination von Aufgaben trotz räumlicher und zeitlicher Verteilung auch über Landesgrenzen hinweg. In der Folge entstehen neue Formen des ortsungebundenen Arbeitens und eine Vielzahl von Arbeitszeitmodellen.[6] In Deutschland bietet ein Drittel der Firmen Beschäftigten die Möglichkeit, von zu Hause aus zu arbeiten. In Unternehmen mit über 500 Beschäftigten ist es sogar die Hälfte.[7] Als wichtigste Voraussetzung für eine ausgewogene Work-Life-Balance wurden in einer angewandten Studie bei Microsoft die Autonomie der Beschäftigten über Arbeitszeit und Arbeitsort identifiziert und deshalb als positive Effekte einer Arbeitsflexibilisierung bewertet.[8]

6 Von Unternehmen angebotene zeit- und ortsgebundene gruppenorientierte Angebote zur Stärkung der psychischen Gesundheit werden in der Folge von Beschäftigten immer weniger wahr- bzw. angenommen – insbesondere bei sensiblen Themen, wie „Schlafstörungen" oder „depressive Stimmungen". Oftmals fehlt hier eine Vertrauensbasis für einen offenen Austausch; zu groß ist in der Regel noch die Angst vor Stigmatisierung. Gerade der arbeitsbezogene Stress zeigt viele Reaktionen, wie emotionale Erschöpfung, Depression, Angst und auch Schlafstörungen. Daher können auf gesellschaftlicher Ebene durch Arbeitsausfälle, Produktivitätsverluste und die Inanspruchnahme des Gesundheitswesens beträchtlich Kosten entstehen.[9] Es müssen somit neue Trainingsformen angeboten werden, die den veränderten Rahmenbedingungen in der Arbeitswelt 4.0 entsprechen.

2.1 Gesetzliche Grundlagen

7 Mit mehr als 9,3 Millionen Versicherten ist die BARMER eine der führenden deutschen gesetzlichen Krankenkassen. Ihre unverzichtbaren Aufgaben sind der Schutz vor Krankheiten und die Förderung der Gesundheit, um die Lebensqualität und Leistungsfähigkeit ihrer Versicherten zu erhalten sowie ein gesundes Altern zu ermöglichen. Versicherte sollen dabei unterstützt werden, Krankheitsrisiken möglichst frühzeitig vorzubeugen und ihre gesundheitlichen Potenziale und Ressourcen zu stärken. Basis für dieses Aufgabengebiet ist der Leitfaden Prävention, der die Handlungsfelder und Kriterien nach den Vorgaben des Spitzenverbands der gesetzlichen Krankenversicherungen zur Umsetzung der Paragraphen § 20, § 20a und § 20b des Sozialgesetzbuches fünftes Buch beschreibt. Daher

---

6 Rump/Eilers: Auf dem Weg zur Arbeit 4.0. 2017.
7 Bundesministerium für Arbeit und Forschung. Forschungsbericht 460. Mobiles und entgrenztes Arbeiten. 2015, S. 1, Online: http://www.bmas.de/DE/Service/Medien/Publikationen/Forschungsberichte/Forschungsberichte-Arbeitsmarkt/fb-460-mobiles-und-entgrenztes-arbeiten.html [abgerufen am 1.2.2018].
8 Bundesministerium für Arbeit und Soziales: Forschungsbericht 463. Foresight-Studie „Digitale Arbeitswelt". 2016, S. 26.
9 Van der Klink u. a.: The benefits of interventions for workrelated stress. 2001.

werden die Leistungen für präventive Maßnahmen sowohl nach dem Setting- oder individuellen Ansatz als auch nach der Zielsetzungen der Betrieblichen Gesundheitsförderung angeboten.

Die BARMER hat hierzu firmenspezifische Lösungen für ein ganzheitliches   8
Betriebliches Gesundheitsmanagement entwickelt, die sich am Bedarf der Unternehmen und Beschäftigten orientieren. Gesunde, motivierte und leistungsfähige Mitarbeiterinnen und Mitarbeiter sind schließlich eine wesentliche Voraussetzung für den Unternehmenserfolg. Ein strukturiertes und nachhaltiges Betriebliches Gesundheitsmanagement sollte besonders die psychische Gesundheit der Mitarbeiterinnen und Mitarbeiter verantwortungsvoll mit qualitätsgesicherten Angeboten unterstützen, um langfristig eine wertschöpfende Unternehmenskultur im Sinne aller Beteiligten zu etablieren.

Die Betriebliche Gesundheitsförderung als wesentliches Element des Betrieblichen   9
Gesundheitsmanagements zielt auf die Verbesserung der gesundheitlichen Situation und die Stärkung der gesundheitlichen Ressourcen und Fähigkeiten der berufstätigen Versicherten. Jedoch nicht nur das Hinwirken auf gesundheitsförderliches Verhalten des Beschäftigten ist zu berücksichtigen, sondern gleichzeitig auch, gesundheitsgerechte Arbeitsbedingungen zu schaffen.[10]

3   Einsatz von präventiven Online-Trainings

Die steigende Zahl psychischer Erkrankungen, der Wunsch von Beschäftigten   10
nach mehr Flexibilität und ortsungebundenem Arbeiten sowie die steigende Akzeptanz von digitalen Angeboten in den Altersgruppen der 16- bis 59-Jährigen haben dazu geführt, dass die BARMER 2013 den Einsatz von online-basierten Trainings als innovatives Instrument zur Prävention psychischer Störungen in Kooperation mit der Leuphana Universität Lüneburg wissenschaftlich überprüft hat.

Im Vorfeld dieser Zusammenarbeit entwickelte die Leuphana Universität Lüne-   11
burg bereits im Zuge eines EU-geförderten Projekts mit dem Namen „Innovations-Inkubator Lüneburg" wegweisende Online-Programme zur Stressbewältigung und Gesundheitsförderung in Zusammenarbeit mit weltweit führenden Wissenschaftlern im Bereich E-Mental-Health. Gerade durch die Entwicklung von E-Mental-Health können neue Informations- und Kommunikationstechnologien angeboten werden, die die psychische Gesundheit von Menschen im Rahmen der Prävention und Versorgung unterstützen. Dies beweisen auch die beiden präventiven Online-Trainings, die darüber hinaus die Verknüpfung von erfolgreichen kognitiv-verhaltenstherapeutischen und multi-modalen Interventions-

---

10 Präventionsbericht 2017: Leistungen der gesetzlichen Krankenversicherungen: Primärprävention und Ge-sundheitsförderung, Berichtsjahr 2016. 2016.

ansätzen vornehmen, die sonst zur Behandlung von psychischen Erkrankungen eingesetzt werden:

12 • FIT im Stress (FIT = Flexibles Internet Training) – ein Angebot zur Stressbewältigung für Berufstätige sowie

• GET.ON Stimmung zur Bewältigung depressiver Stimmung und Erschöpfung.

13 So setzt sich beispielsweise „FIT im Stress" aus den Komponenten Psychoedukation, Problemlösen, Emotions- und Handlungsregulation sowie Zukunftsplanung zusammen. Jedes Programm besteht aus sieben Lektionen und kann ein- bis zweimal wöchentlich mit 45- bis 60-minütigen Lerneinheiten durchgeführt werden. Das aufeinander aufbauende Online-Programm wird durch einen persönlichen eCoach begleitet. Dieser persönliche eCoach ist ein zertifizierter Psychologe oder psychologischer Psychotherapeut, der per E-Mail, SMS, oder auch telefonisch individuell auf die zuvor gestellten Aufgaben antwortet und Ratschläge gibt. Die Teilnehmer lernen, mit Problemen und negativen Gefühlen wie Ärger und Enttäuschung anders umzugehen und besser abzuschalten. Aufgrund der breit angelegten Studie konnte die BARMER ihren Versicherten sowie Interessierten ab 18 Jahren diese beiden Online-Trainings inklusive persönlichem eCoaching zur präventiven und gesundheitsbewussten Lebensweise im Beruf kostenfrei anbieten.

14 Das Ziel der Studie war es, evidenzbasierte Online-Angebote zur Stärkung der psychischen Gesundheit von Beschäftigten zu entwickeln, die ergänzend zu gruppenorientierten Verfahren im Betrieblichen Gesundheitsmanagement niederschwellig und bei einer größeren Anzahl von Beschäftigten eingesetzt werden können. Zugleich wurde im Rahmen der Studie untersucht, ob psychische Erkrankungen, wie depressive Episoden, durch den frühzeitigen Einsatz von Online-Angeboten verhindert werden konnten.

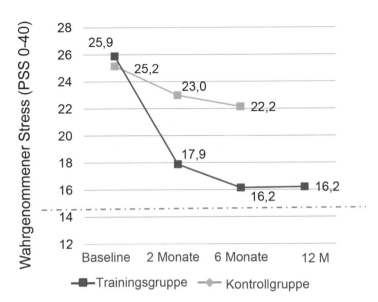

Beispiel: **Entwicklung der Stressbelastung** beim Online-Training
GET.ON Fit im Stress (N=264)

Abb. 2: Entwicklung der Stressbelastung beim Online-Training „GET.ON" und „FIT
im Stress"

Quelle: Eigene Darstellung, Heber et al. (2016).

Durch die Ergebnisse der Studie, zu der über 10.000 Berufstätige ihr Interesse   16
bekundet haben, konnte nachgewiesen werden, dass Online-Trainings aufgrund
ihrer Flexibilität wesentlich zur Stressreduktion von Berufstätigen beitragen und
sich Depressionssymptome in größerem Ausmaß verbessern. Bei frühzeitigem
Einsatz von GET.ON Stimmung konnte die Entstehung einer Depression bei
einem von sechs Teilnehmern verhindert[11] und bei jedem zweiten Teilnehmer
von „FIT im Stress" die wahrgenommene Belastung deutlich verringert[12] werden.
Aufgrund einer Nachbefragung konnte gezeigt werden, dass die Nachhaltigkeit
dieser positiven Effekte auch nach einem Jahr immer noch vorhanden war (siehe
auch Abb. 2).[13] Bei dem präventiven Online-Training „FIT im Stress" konnten

---

11   Buntrock u. a.: Effect of a Web-Based Guided Self-help Intervention for Prevention of Major
      Depression in Adults with subthreshold Depression-a Randomized Clinical Trial. JAMA.
      2016.
12   Ebert u. a.: A health economic outcome evaluation of an internet-based mobile-supported
      stress management intervention for employees. In: Scandinavian Journal of Work 2017.
13   Datenerhebung mittels PSS-Fragebogen: Die „Perceived Stress Scale (PSS oder PSS-10)" –
      ein Maßstab des wahrgenommenen Stress – ist das am weitesten verbreitete psychologische
      Messinstrument für Stress. Damit soll ermittelt werden, in welchem Ausmaß die jeweiligen
      Lebenssituationen als stressvoll erlebt werden.

264 Personen die Einschlusskriterien erfüllen und nach einem 12- Monats-Follow-up die Stressbeeinträchtigungen wesentlich mindern.

17   Diese durchweg positiven Erkenntnisse führen zu der Frage, welche Rolle internetbasierte Interventionen in der Versorgung von Menschen mit psychischen Belastungen in der Zukunft spielen können.

18   Um eine Beurteilung der Zukunftsfähigkeit von internetbasierter Interventionen zu treffen, lohnt sich ebenso ein Blick in die 2014 durchgeführte Metaanalyse zum Vergleich von begleiteten internetbasierten Interventionen mit face-to-face Verhaltenstherapien[14], d. h. im direkten Gegen-übersitzen von Patient und Therapeut. In der Gesamtbetrachtung lässt sich feststellen, dass begleitete internetbasierte Interventionen ebenbürtig zu face-to-face Verhaltenstherapien sind. 2018 erfolgte eine Aktualisierung der Metaanalyse, die die Ergebnisse aus 2015 untermauerte.[15]

4   Ökonomischer Nutzen von online-basierten Trainings

19   Neben der Wirksamkeit von Interventionen spielt für Unternehmen der ökonomische Nutzen eine wesentliche Rolle, insbesondere das Verhältnis von eingesetztem Kapital zum Gewinn, den sogenannten Return on Invest (ROI).

20   Wie ein Review von Knapp et. al aus dem Jahr 2011 aufzeigt, entstehen erhebliche wirtschaftliche Verluste für Unternehmen durch Fehlzeiten oder Präsentismus aufgrund von Depressionen oder Angststörungen. Eine quasi-experimentelle Studie, die Knapp et al. in ihren Review einbezogen haben, berichtet deutlich über weniger Stress, geringere Fehlzeiten und weniger Präsentismus für eine Interventionsgruppe verglichen mit der Kontrollgruppe.

21   Der ökonomische Nutzen des Online-Trainings „FIT im Stress" wurde mittels randomisierter-kontrollierter Studie im Rahmen einer Evaluation nachgewiesen:

22   Bereits nach 6 Monaten verringerten sich die Kosten für Absentismus je Teilnehmer um 690,00 EUR. Bei einem Kosteneinsatz von 200,00 EUR pro online-basiertem Training, liegt somit ein Return on Investment von 1 zu 3,5 vor. Grundlage für die monetäre Bewertung der Einsparungen waren unter anderem die in den demografischen Daten erhobenen Angaben zu den Gehältern. Es

---

14   Andersson u. a.: Guided Internet-based vs. face-to-face cognitive behavior therapy for psychiatric and somatic disorders: a systematic review and meta-analysis. In: World Psychiatry 13(3)/2014, S. 288–295. Online: doi:10.1002/wps.20151 [abgerufen am 23.7.2018]; Carlbring u. a.: Internet-based vs. face-to-face cognitive behavior therapy for psychiatric and somatic disorders: an updated systematic review and meta-analysis, In: Cognitive Behaviour Therapy 47(1)/2018, S. 1–18, Online: DOI: 10.1080/ 16506073.2017.1401115 [abgerufen am 19.7.2018].

15   Carlbring u. a.: Internet-based vs. face-to-face cognitive behavior therapy for psychiatric and somatic disorders: an updated systematic review and meta-analysis, In: Cognitive Behaviour Therapy 47(1)/2018, S. 1–18, Online: DOI: 10.1080/16506073.2017.1401115 [abgerufen am 23.7.2018].

wurden die verlorenen Arbeitstage aufgrund von Präsentismus sowie die subjektiven Einschätzungen der Teilnehmerinnen und Teilnehmer zur eigenen Ineffizienz berechnet.

Die Ergebnisse der Studie sowohl zur nachhaltigen Wirksamkeit als auch zum 23 ökonomischen Nutzen zeigen, dass mit präventiven Online-Trainings die Kosten durch Präsentismus gesenkt und Arbeitsunfähigkeitszeiten vermieden werden können.

5 Einsatz der Online-Trainings bei der BARMER

Aufgrund dieser zufriedenstellenden Ergebnisse hat die BARMER die präventiven 24 Online-Trainings in ihr Produktportfolio aufgenommen: Neben GET.ON und FIT im Stress und GET.ON Stimmung werden im Rahmen des Betrieblichen Gesundheitsmanagements das GET.ON Regenerationstraining für besseren Schlaf bei beruflicher Anspannung sowie GET.ON Clever weniger trinken angeboten. Darüber hinaus wird BARMER Versicherten exklusiv seit 2015 das Online-Training „PRO MIND" zur psychischen Gesundheit angeboten, das für Menschen mit leichten psychischen Beschwerden wie Stress, Burnout-Syndrom und depressive Stimmung im Rahmen des Versorgungsmanagements zur Verfügung gestellt wird. Dabei kann und soll das Training eine Psychotherapie nicht ersetzen. Es ist ein ergänzendes Angebot und kann zur Überbrückung der Wartezeit auf einen Therapieplatz genutzt werden.

5.1 Zugangswege zu den Online-Trainings im BGM

Im Falle der präventiven GET.ON Online-Trainings erfolgt im Betrieblichen 25 Gesundheitsmanagement der Zugang aller Teilnehmer zunächst über eine passwortgeschützte Landing-Page. Auf der Landing-Page werden die Inhalte der verschiedenen Online-Trainings vorgestellt sowie die Teilnehmer durch einen Stresstest geführt, der im Anschluss eine Empfehlung für ein gezieltes präventives Training gibt. Jeder Teilnehmer kann abschließend selbst entscheiden, ob er der Empfehlung nachkommt oder ein Training wählt, das er selbst für relevant hält.

Um die Ängste vor Stigmatisierung möglichst gering zu halten, können verschiedene 26 Zugänge in Unternehmen zur Landing-Page ermöglicht werden. Hierzu zählen:

- Anonymisierter Zugang über das unternehmensinterne Intranet
- Bewerbung über aufgestellte Roll-ups im Unternehmen
- Übergabe durch ein betriebsärztliches Beratungsgespräch
- Übergabe durch eine Ansprechperson zur psychosozialen Gesundheit im Unternehmen
- Übergabe durch eine Beraterin/einen Berater im Gesundheitsmanagement der BARMER

27   Auf Wunsch des Unternehmens kann ein firmenspezifischer Code vergeben werden, so dass einmal pro Quartal ein anonymisierter, aggregierter Bericht zur Verfügung gestellt werden kann. Aus diesem wird lediglich ersichtlich, wie viele Beschäftigte (ohne Personenbezug) das Angebot nutzen und welche Trainings im Fokus stehen.

5.2   Zugangsweg Gesundheitscampus – Service für BARMER-Versicherte

28   Die Gesundheit zu fördern heißt nach vorne zu denken und eine frühzeitige Vermeidung einer Erkrankung im Blick zu haben. Prävention ist aber mehr als ein gedankliches Experiment. Wie schaffen wir es daher, wertstiftende Ideen in die Wirklichkeit und Praxis umzusetzen? Der

BARMER Gesundheitscampus auf der BARMER-Homepage macht es möglich, zeigt neue digitale Wege auf, wie wir gesünder leben können auch in der Arbeitswelt 4.0.

29   Die BARMER hat einen hohen Qualitätsanspruch an ihre Leistungen und möchte ihren Versicherten zielgruppenspezifische und bedarfsgerechte Präventions- und Versorgungsangebote über unterschiedliche Zugangswege zur Verfügung stellen. Dies nicht nur in der Betrieblichen Gesundheitsförderung als Online-Trainings zur Stärkung der psychischen Gesundheit, sondern auch ganz klassisch als Service-Leistung vor Ort. Hintergrund für diese Entscheidung ist insbesondere die mit der psychischen Belastung einhergehende Stigmatisierung der Betroffenen. Aufgrund dieser Entscheidung sind die Online-Trainings zur psychischen Gesundheit, die unter dem Titel „PRO MIND" über die BARMER-Homepage angeboten werden, fester Bestandteil der Versorgung geworden.

30   Unabhängig vom betrieblichen Setting bietet die BARMER auch ihren Versicherten Online-Trainings zu den Themen „Stress" und „Stimmung" an sowie seit Beginn des Jahres 2018 außerdem zu „Diabetes in Verbindung mit depressiven Beschwerden" und „Schlaf und Regeneration". Darüber hinaus werden andere Zielgruppen mit den Online-Trainings erreicht, wie beispielsweise (Fach-)Hochschulen, denn die BARMER beteiligt sich an der Studie „STUDICARE" zur Förderung der psychischen Gesundheit von Studierenden. In diesem Zusammenhang werden die bisher aufgeführten Online-Interventionen sowie weitere bedarfsgerechte Programme kostenlos angeboten.

31   Bis dato fallen die bisherigen Ergebnissen aus 355 vollständig absolvierten Trainings zu dem Online-Angebot PRO MIND – Stress – verglichen mit den Studienergebnissen aus den Jahren zuvor – ähnlich gut aus (siehe Abb. 3). Im aktiven Einsatz bei der BARMER wurden deutliche Verbesserung des Punktwertes um plus 8 erzielt, was nahezu identisch ist mit den Werten aus den Studien (siehe Abb. 2). Folgerichtig legt dies ebenfalls den Schluss nahe, dass die Integration

eines solchen Services in das Leistungsportfolio der BARMER eine sinnvolle Erweiterung darstellt.

32

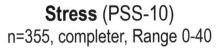
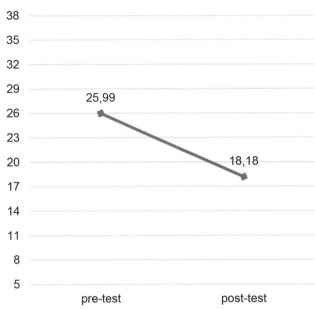

Abb. 3: Entwicklung Teilnehmer PRO MIND – Stress

Quelle: Eigene Darstellung.

6 Stärkung der Gesundheitskompetenz

Die Vorteile von Online-Trainings liegen dabei auf der Hand, da sie zu jeder Zeit 33 und an jedem Ort abrufbar sind und durch einen ausgewogenen Mix aus Theorie und Praxis die Gesundheitskompetenz der Versicherten individuell stärken können. Themenauswahl und Anbieter sind dabei vielfältig und verlaufen sowohl über die „GET.ON"-Trainings als auch über Online-Trainings von weiteren Kooperationspartnern zu den Themen Rückengesundheit, Resilienzförderung oder Ernährung bis hin zu einem Augen- und Sehtraining.

6.1 Was zeichnet Gesundheitskompetenz aus und wer benötigt sie?

34 Gesundheitskompetenz ist eine wichtige Ressource für den Alltag, sowohl im privaten als auch im betrieblichen Umfeld. Sie beschreibt die Fähigkeit eines Menschen, für seine Gesundheit sinnvolle Entscheidungen und Maßnahmen zu treffen. Genauer definiert die WHO die Gesundheitskompetenz als ein umfassendes Konzept, welches Menschen ermöglicht, sich Zugang zu Gesundheitsinformationen und gesundheitsrelevantem Wissen zu verschaffen, um die Informationen zu verstehen, zu beurteilen sowie sich mit anderen auszutauschen und die Information und das Wissen für gesundheitsrelevante Entscheidungen zu nutzen, welche wiederum zu einer gesundheitsförderlichen Lebensführung beitragen.

35 Hierbei kommt der personalen Gesundheitskompetenz des Beschäftigten eine besondere Bedeutung zu. Für Arbeitnehmer ist es vorteilhaft, wenn sie achtsam sind und auf ihre Gesundheit im beruflichen Alltag Wert legen. Denn sie haben es – zum Teil – selbst in der Hand, wie sie kompetent auf die vielfältigen Belastungen im Arbeitsalltag (Arbeitsverdichtung, Zeitdruck, Flexibilisierung, Digitalisierung, etc.) mit gesundheitsförderlichen Bewältigungsstrategien reagieren. Gleichzeitig ist die organisationale Gesundheitskompetenz wichtig: Durch ein systematisches Management können im Unternehmen die Bedingungen und Ressourcen für die Gesundheit von Mitarbeitern erhalten und gefördert werden.[16]

7 Fazit

36 „Die Digitalisierung hat das Potenzial, das Gesundheitswesen nicht nur weiter zu entwickeln, sondern zu revolutionieren. Beim Thema Prävention sehen wir einen wachsenden Bedarf", betonte BARMER Vorstandsmitglied, Dr. Mani Rafii bei der Vorstellung des „Digital Health Wettbewerbs" im November 2017 in Berlin.

37 Mit ihrem Leistungsportfolio im digitalen Bereich verfolgt die BARMER neben den präventiven Angeboten im Betrieblichen Gesundheitsmanagement auch das Ziel, Versorgungslücken im ambulanten sowie stationären Bereich zu schließen und Prozessketten innerhalb der Versorgung zu optimieren. Einzelne Leistungserbringer können über die Digitalisierung in einer völlig neuen Art und Weise miteinander kommunizieren, sodass gänzlich veränderte Versorgungslösungen entstehen wie es beispielsweise in der E-Health Telemedizin umgesetzt wird.

38 Für BARMER Versicherte, insbesondere Beschäftigte, entstehen dadurch zielgerichtete und individuelle digitale Gesundheitsangebote. Die Betroffenen werden zudem stärker in der Rolle eines mitverantwortlichen Akteurs im Gesundheitssystem unterstützt. Gerade für Unternehmen bedeutet dies eine sinnvolle Ergän-

---

16 BARMER GEK: Gesundheitsreport 2010, Teil 2. Gesundheitskompetenz. 2010.

zung zu bisherigen konventionellen Maßnahmen im Betrieblichen Gesundheitsmanagement sowie eine nachhaltige Investition.

Die BARMER begrüßt die durch die Digitalisierung angestoßenen Entwicklungen 39 auf dem Gesundheitsmarkt und wird zukünftig unter Berücksichtigung der geltenden Datenschutzbestimmungen und mit der notwendigen Sorgfalt weitere Handlungsfelder sowie Zielgruppen erschließen. Getreu dem Motto: Gesundheit weitergedacht!

Literatur

Andersson, G. u. a.: Guided Internet-based vs. face-to-face cognitive behavior therapy for psychiatric and somatic disorders: a systematic review and meta-analysis. In: World Psychiatry 13(3)/2014, S. 288–295.

BARMER Gesundheitsreport 2010 Teil 2: Gesundheitskompetenz.Wuppertal 2010. Online: www.barmer.de/p003536 [abgerufen am 23.7.2018].

BARMER GEK: Gesundheitsreport 2014, Psychische Gesundheit im Erwerbsleben. Wuppertal 2014.

Bundetsherapeutenkammer: Fast jede zweite neue Frührente psychisch bedingt. BPtK-Studie zu psychischen Erkrankungen und Frührente 28.1.2014. Online: http://www.bptk.de/aktuell/einzelseite/artikel/fast-jede-zw.html [abgerufen am 23.7.2018].

Bundestherapeutenkammer: BPtK-Studie zur Arbeitsunfähigkeit. Psychische Erkrankungen und Krankengeldmanagement. Online: http://www.bptk.de/uploads/media/20150305_bptk_austudie_2015_psychische-erkrankungen_und_krankengeldmanagement.pdf [abgerufen am 23.7.2018].

Bundesministerium für Arbeit und Soziales: Forschungsbericht 463. Foresight-Studie „Digitale Arbeitswelt". Berlin 2016. Online: https://www.bmas.de/SharedDocs/Downloads/DE/PDF-Publikationen/Forschungsberichte/f463-digitale-arbeitswelt.pdf;jsessionid=233D52C62818C7F1766EEB10F5C0D369?__blob=publicationFile&v=2 [abgerufen am 23.7.2018].

Bundesministerium für Arbeit und Forschung: Forschungsbericht 460. Mobiles und entgrenztes Arbeiten 2015. Online: http://www.bmas.de/DE/Service/Medien/Publikationen/Forschungsberichte/Forschungsberichte-Arbeitsmarkt/fb-460-mobiles-und-entgrenztes-arbeiten.html [abgerufen am 1.2.2018].

Buntrock, C. u. a.: Effect of a Web-Based Guided Self-help Intervention for Prevention of Major Depression in Adults with subthreshold Depression-a Randomized Clinical Trial. In: JAMA 315(17)/2016, S. 1854–1863.

Carlbring, P. u. a.: Internet-based vs. face-to-face cognitive behavior therapy for psychiatric and somatic disorders: an updated systematic review and meta-analysis. In: Cognitive Behaviour Therapy 47(1)/2018, S. 1–18.

Ebert D. D. u. a.: A health economic outcome evaluation of an internet-based mobile-supported stress management intervention for employees. In: Scandinavian Journal of Work 2017.

Klein J. P./Berger T.: Internetbasierte psychologische Behandlung bei Depressionen. In: Verhaltenstherapie 23/2013, S. 149–159.

Leitfaden Prävention: Kapitel 6: Betriebliche Gesundheitsförderung nach § 20b SGB V aus dem Leitfaden Prävention Handlungsfelder und Kriterien des GKV-Spitzenverbandes zur Umsetzung der §§ 20, 20a und 20b SGB V vom 10. Dezember 2014 in der Fassung vom 27. November 2017. Berlin 2017. Online: www.gkv-spitzenverband.de [abgerufen am 23.7.2018].

Medizinischer Dienst des Spitzenverbandes – Bund der Krankenkassen e. V. (MDS) (Hrsg.): Präventionsbericht 2017, Leistungen der gesetzlichen Krankenversicherungen: Primärprävention und Gesundheitsförderung, Berichtsjahr 2016. Berlin 2017. Online: www.mds-ev.de [abgerufen am 23.7.2018].

Mohr, D. C. u. a.: Perceived Barriers to Psychological Treatments and Their Relation-ship to Depression. In: Journal of clinical psychology 66(4)/2010, S. 394–409.

Rump, J./Eilers, S.: Auf dem Weg zur Arbeit 4.0. Berlin 2017.

Van der Klink, J. J. L.: The benefit of interventions for workrelated stress. In: American Journal of Public Health 91/2001, S. 270–276.

Wöhrmann, A. u. a.: Arbeitszeitreport Deutschland 2016. Berlin/Dresden 2016.

Das neue Präventionsgesetz – Weiterentwicklung des BGM?

Mustapha Sayed/Iris Brandes

Abstract: Die zunehmenden Angebote an neuen Informations- und Kommunikationstechnologien haben die Arbeitswelt stark verändert und auch das Betriebliche Gesundheitsmanagement (BGM) bleibt davon nicht unberührt. Die rasante Entwicklung digitaler Technologien und die immer größere Affinität zu digitalen Angeboten in der Gesellschaft lassen den Schluss zu, dass die Bedeutung digitaler Lösungen im BGM weiter steigen und das BGM zukünftig nachhaltig verändern wird. Eine tragende Rolle bei der Umsetzung von (digitalen) BGM-Maßnahmen kann dabei die Gesetzliche Krankenversicherung (GKV) spielen. Die Einführung des Präventionsgesetzes im Jahr 2015 hat den Stellenwert der Prävention – insbesondere im betrieblichen Kontext – nochmal unterstrichen. Der Gesetzgeber hat mit dem PrävG ausdrücklich das Ziel formuliert, eine stärkere Verankerung der Betrieblichen Gesundheitsförderung auch in Klein- und Mittelständischen Unternehmen (KMU) zu erreichen.

1 Betriebliches Gesundheitsmanagement in der veränderten Arbeitswelt

1.1 Hintergrund

1 Die aktuellen gesellschaftlichen Herausforderungen in der Arbeitswelt, wie Fachkräftemangel, technologischer Fortschritt, internationaler Wettbewerbsdruck, aber auch Aspekte wie demographischer Wandel und die Zunahme von Zivilisationskrankheiten führen zu einem stetig wachsenden Anforderungsdruck in den Unternehmen. Die dadurch veränderten Arbeits- und Lebensbedingungen konfrontieren auch die Mitarbeiter der Unternehmen mit immer neuen Anforderungen und Belastungen. Vor diesem Hintergrund wird es wichtiger, dass Unternehmen nicht nur auf die Verbesserung der fachlichen Qualifikation ihrer Mitarbeiter achten, sondern durch die Implementierung eines Betrieblichen Gesundheitsmanagements den Erhalt einer gesunden, motivierten und leistungsfähigen Belegschaft fördern. Nur gesunde Mitarbeiter sind in der Lage, motiviert und leistungsfähig zu sein, daher ist Gesundheit ein entscheidender Erfolgs- und Wettbewerbsfaktor. Großunternehmen mit BGM-Aktivitäten haben das bereits unter Beweis gestellt. Das gilt auch für klein- und mittelständische Unternehmen, auch wenn diese andere Voraussetzungen und Bedürfnisse haben als Großunternehmen.[1]

2 Mit der Verabschiedung des Gesetzes zur Stärkung der Gesundheitsförderung und der Prävention (Präventionsgesetz – PrävG) durch den Deutschen Bundestag am 18. Juni 2015 war auch die Hoffnung verbunden, Gesundheitsförderung und Prävention (GFP) auch im betrieblichen Umfeld zu stärken. Die Bündelung der in anderen Sozialgesetzen verankerten Regelungen zu GFP und damit die Schaffung einer gesetzlichen Grundlage für Gesundheitsförderung und Prävention in

---

1 Sayed/Kubalski: Überwindung betrieblicher Barrieren für ein betriebliches Gesundheitsmanagement in kleinen und mittelständischen Unternehmen. In: Pfannstiel/Mehlich (Hrsg.): Betriebliches Gesundheitsmanagement. Konzepte, Maßnahmen, Evaluation. 2016, S. 1–20.

Deutschland hat allerdings eine lange Vorgeschichte und glückte erst nach mehreren Anläufen und drei gescheiterten Novellierungs-Entwürfen.[2]

Im Präventionsgesetz wird der Aufbau einer Kooperations- und Koordinierungs- 3 struktur als Voraussetzung für eine intensivere Zusammenarbeit der Sozialversicherungsträger, Länder und Kommunen in den Bereichen Prävention und Gesundheitsförderung eingefordert, wobei sich das Gesetz weiter wesentlich auf die Gesetzliche Krankenversicherung (GKV) stützt und die anderen Sozialversicherungen sowie den Arbeitsschutz miteinbezieht.[3] Mit dem PrävG sollen strukturelle (soziale und geschlechtsbezogene) Ungleichheiten in der Gesundheitsförderung und Prävention verringert werden. Ziel ist daher ein ganzheitlicher Ansatz der GFP in jedem Lebensalter und in verschiedenen explizit genannten Lebenswelten.[4] Der Settingansatz erleichtert den Zugang zu sozial benachteiligten Bevölkerungsgruppen und ermöglicht Veränderungen nicht nur auf Verhaltens-, sondern auch auf Verhältnisebene.[5] Der Gesetzgeber hat mit dem PrävG ausdrücklich das Ziel formuliert, eine stärkere Verankerung der Betrieblichen Gesundheitsförderung (BGF) auch in den kleinen und mittelständischen Betrieben zu erreichen.[6]

1.2 Chancen eines Betrieblichen Gesundheitsmanagement für Unternehmen

Sowohl Großunternehmen als auch KMU werden neben den technologischen 4 Veränderungen auch durch den demografischen Wandel und seine Auswirkungen auf die Arbeitsmärkte herausgefordert. Unternehmen aller Größenordnungen werden sich zunehmend mit einer alternden Belegschaft und zeitgleich einem Fachkräftemangel konfrontiert sehen. Laut dem Fortschrittsreport „Altersgerechte Arbeitswelt" des Bundesministeriums für Arbeit und Soziales (2013) werden mehr als zwei Fünftel aller Menschen im erwerbsfähigen Alter Anfang des nächsten

---

2   Altgeld u. a.: Prävention und Gesundheitsförderung. Ein Programm für bessere Sozial- und Gesundheitspolitik. In: Friedrich-Ebert-Stiftung Gesprächskreis Sozialpolitik 2006, S. 6–8, Online: http://www.gesundheit-nds.de/downloads/fes.gutachten.2006.pdf [abgerufen am 17.1.2018]; Meierjürgen/Becker/Warnke: Die Entwicklung der Präventionsgesetzgebung in Deutschland. In: Prävention und Gesundheitsförderung 4/2016, S. 206–2013.
3   Bundesministerium für Gesundheit: Präventionsgesetz. Glossar. 2017. Online: https://www.bundesgesundheitsministerium.de/service/begriffe-von-a-z/p/praeventionsgesetz.html [abgerufen am 17.1.2018].
4   Pieck/Polenz/Sochert: Neues zur Gesundheitsförderung und Prävention im Betrieb. In: Präv. Gesundheitsf. 11/2016, S. 271–281.
5   Kuhn: Prävention in Deutschland – eine Sisyphosgeschichte. In: G+G Wissenschaft (GGW) 13/2013, S. 22–30.
6   IHK: Baden-Württembergischer Industrie- und Handelskammertag. In: Betriebliches Gesundheitsmanagement Nr. 14793, Online: http://www.gesundheitswirtschaft.ihk.de/management [abgerufen am 7.2.2018].

Jahrzehnts 50 Jahre und älter sein.[7] Für Betriebe wird es somit immer schwieriger, geeignete (Nachwuchs-)Fachkräfte zu finden – insbesondere für KMU, die weniger Zeit und Geld in die Fachkräftesuche investieren können als Großunternehmen. Damit Arbeitnehmer auch in höherem Alter leistungsfähig bleiben und die Gewinnung neuer Fachkräfte durch attraktive Sozialleistungen gefördert wird, ist die Einführung eines Betrieblichen Gesundheitsmanagements von großer Bedeutung. Die Leistungsfähigkeit von Unternehmen ist unter anderem von der körperlichen und psychischen Gesundheit der Mitarbeiter abhängig. Das ist für Unternehmen im Zuge der demographischen Entwicklung insofern eine Herausforderung, da sich der Gesundheitszustand im Durchschnitt mit zunehmendem Alter verschlechtert.[8] Zwar sinkt mit steigendem Alter die Erkrankungshäufigkeit, deren Dauer steigt aber im Altersverlauf und erhält dadurch einen enormen Einfluss auf die Höhe des Krankenstands.[9]

5   Große Betriebe haben bereits den Nutzen von BGM erkannt und setzen entsprechende finanzielle und personelle Ressourcen ein. Eine Reihe von Studien zeigt, dass sich eine Investition in ein BGM lohnt -auch für KMU.[10] Um die gesundheitliche Gesamtsituation im Unternehmen zu beurteilen, werden sowohl von Großunternehmen als auch von KMU häufig Kennzahlen wie Krankenquote oder Fehlzeitenquote herangezogen. Chapman (2012) kommt in seiner Metaanalyse zu dem Ergebnis, dass durch BGM bis zu 25 % der krankheitsbedingten Fehlzeiten gesenkt werden können.

6   Die Auswertung der vorliegenden nationalen und internationalen Literatur zu verschiedenen Maßnahmen der Betrieblichen Gesundheitsförderung bestätigt, dass verhaltenspräventive Angebote im Bereich der Bewegung und Ernährung und bedingt auch bei psychischen Erkrankungen und Stress sowie der Suchtprävention positive Effekte bei den Mitarbeitern bewirken können, wobei stärker individualisierte Konzepte bessere Wirkung zeigen. Verhältnispräventive Angebote werden eher selten umgesetzt, sind aber tendenziell wirksamer, insbesondere bei Ernährung, Stress und psychischen Erkrankungen. Die besten Ergebnisse konnten mit kombinierten Programmen erzielt werden.[11]

---

7   Bundesministeriums für Arbeit und Soziales: Fortschrittsreports „Altersgerechte Arbeitswelt". Ausgabe 2: „Altersgerechte Arbeitsgestaltung". 2013. Online: https://www.bmas.de/SharedDocs/Downloads/DE/PDF-Publikationen-DinA4/fortschrittsreport-februar-2013.pdf?__blob=publicationFile [abgerufen am 24.7.2018].

8   Knieps/Pfaff: Digitale Arbeit – Digitale Gesundheit. Gesundheit in Regionen. Zahlen, Daten, Fakten – mit Gastbeiträgen aus Wissenschaft, Politik und Praxis. BKK Gesundheitsreport 2017, 2017, S. 48–64.

9   Badur: Fehlzeitenreport 2009. Arbeit und Psyche. 2010.

10   Baicker/Cutler/Song: Workplace wellness programs can generate savings. In: Health Affairs 29(2)/2010, S. 304–311; Chapman: Meta-Evaluation of Worksite Health Promotion Economic Return Studies: 2012 Update. In: American Journal of Health Promotion 26(4)/2012, S. 1–12.

11   Pieper/Schröer: Wirksamkeit und Nutzen betrieblicher Gesundheitsförderung und Prävention – Zusammenstellung der wissenschaftlichen Evidenz 2006-2012. In: AOK Bundesverband (Hrsg.): iga.Report 28.Wirksamkeit und Nutzen betrieblicher Prävention. 2015,

1.3 Digitales Betriebliches Gesundheitsmanagement

Die Digitalisierung der Arbeitswelt hat weitreichende Folgen für das Betriebliche Gesundheitsmanagement. Zum einen sind die Beschäftigten durch flexible Arbeitsorte schwieriger am Arbeitsplatz zu erreichen. Zum anderen steigen durch die ständige Erreichbarkeit die Anforderungen hinsichtlich der Selbstorganisation an die Beschäftigten, da die Trennung zwischen Arbeit und Freizeit immer schwieriger wird.[12] 7

Der digitale Fortschritt bietet den Unternehmen aber auch neue Möglichkeiten im BGM. Unternehmen stehen im Rahmen des Betrieblichen Gesundheitsmanagements häufig vor der Herausforderung, weniger gesundheitsaffine Beschäftigte für gesundheitsfördernde Maßnahmen zu gewinnen.[13] Der Einsatz onlinebasierter Gesundheitsinterventionen oder Gesundheits-Apps kann die Motivation dieser Mitarbeiter erhöhen.[14] Außerdem können digitale Gesundheitslösungen Unternehmen bei der Prozesssteuerung und Kennzahlengenerierung im BGM unterstützen. Es ist zu beobachten, dass sowohl eHealth- als auch mHealth-Anwendungen (engl. für mobile Gesundheit) in den letzten Jahren im Betrieblichen Gesundheitsmanagement zunehmend an Bedeutung gewonnen haben.[15] Die Verzahnung von individueller und unternehmensbezogener Gesundheitsförderung wird dadurch ermöglicht. Zudem können neue Zielgruppen erreicht werden, für die es bislang auf dem Gesundheitsmarkt wenig geeignete BGM-Angebote gibt, wie beispielsweise für Außendienstmitarbeiter, Leiharbeiter oder Unternehmen mit kleinen Standorten.[16] 8

So wird das Betriebliche Gesundheitsmanagement in seiner ursprünglichen Form auch aufgrund des oben skizzierten Wandels in der Arbeitswelt zunehmend durch neue digitale Medien erweitert. Digitale Lösungen im Betrieblichen Gesundheitsmanagement können Unternehmen durch neue und innovative Angebote bei der Etablierung eines nachhaltigen Gesundheitsmanagements unterstützen. In diesem Zusammenhang bestehen für Unternehmen auch bei digitalen Angeboten durch die Zusammenarbeit mit einer oder mehrerer Krankenkassen Finanzierungsmög- 9

S. 68–69; Sockoll/Kramer/Bödecker: Wirksamkeit und Nutzen betrieblicher Gesundheitsförderung und Prävention. In: BKK Bundesverband, BGAG, AOK-Bundesverband, vdek (Hrsg.): iga.Report 13. 2008, S. 63–66

12 Ahlers: Anspruch und Wirklichkeit des Betrieblichen Gesundheitsmanagements in einer sich verändernden Arbeitswelt. In: Badura u. a. (Hrsg.): Fehlzeiten-Report 2015. Neue Wege für mehr Gesundheit – Qualitätsstandards für ein zielgruppenspezifisches Gesundheitsmanagement. 2015, S. 39–47.

13 Walter/Wäsche/Sander: Dialogorientierte Kommunikation im Betrieblichen Gesundheitsmanagement. In: Prävention und Gesundheitsförderung 7/2012, S. 295–301.

14 Walter/Maes: Virtuelle Gesundheitshelfer. In: Personalmagazin 09/2015, S. 48–50.

15 Peters/Klenke: eHealth und mHealth in der Gesundheitsförderung. In: Ghadiri/Ternès/Peters (Hrsg.): Trends im Betrieblichen Gesundheitsmanagement. 2016, S. 107–122.

16 Sayed/Kubalski: BGM im digitalen Zeitalter – Herausforderungen und Möglichkeiten. In: Matusiewicz/Kaiser (Hrsg.): Digitales Betriebliches Gesundheitsmanagement – Theorie und Praxis. 2017, S. 553–573.

lichkeiten im Rahmen der betrieblichen Gesundheitsförderung nach § 20b SGB V. Mit dem GKV-Leitfaden Prävention (und hier insbesondere Kapitel 6) gibt der GKV-Spitzenverband den Krankenkassen den qualitativen Rahmen vor, welcher krankenkassenübergreifende Qualitätskriterien hinsichtlich der Anbieter und der Ausgestaltung von Leistungen beschreibt.[17]

2 Betriebliche Gesundheitsförderung vor dem Hintergrund des neuen Präventionsgesetzes

2.1 Akteure und Finanzierung der Betrieblichen Gesundheitsförderung

10 Gemäß § 20b SGB V soll die Umsetzung der Betrieblichen Gesundheitsförderung (BGF) maßgeblich in den Händen der Krankenkassen bleiben, allerdings in Zusammenarbeit mit den Unfallversicherungsträgern und den für Arbeitsschutz zuständigen Landesbehörden. Mittels gemeinsamer regionaler Koordinierungsstellen sollen Beratungs- und Unterstützungsleistungen für die Unternehmen erbracht werden. Dabei regeln die Landesverbände der Krankenkassen und Ersatzkassen die Aufgaben, die Arbeitsweise und die Finanzierung sowie die mögliche Beteiligung örtlicher Unternehmensorganisationen.

11 Um ihren Aufgaben gerecht zu werden, wurden die Ausgaben für GFP in der Gesetzlichen Krankenversicherung (GKV) auf 7,00 EUR pro Versicherten angehoben, darin enthalten sind 2,00 EUR für BGF und weitere 2,00 EUR für Prävention in nicht-betrieblichen Lebenswelten.[18] Dadurch haben sich die jährlichen Ausgaben für betriebliche und nicht-betriebliche Lebenswelten mehr als verdoppelt.

12 Allerdings belegt der im Präventionsbericht dokumentierte Anstieg der erreichten Betriebe bzw. Standorte, dass die Einführung des PrävG und der damit einhergehende Mittelzuwachs zumindest im Bereich der betrieblichen Gesundheitsförderung keinen wesentlichen Schub ausgelöst haben, sondern über den Verlauf von 10 Jahren ein relativ kontinuierlicher Anstieg zu verzeichnen ist (siehe Abbildung 1).

---

17 Kapitel 6: Betriebliche Gesundheitsförderung nach § 20b SGB V aus dem Leitfaden Prävention. Handlungsfelder und Kriterien des GKV-Spitzenverbandes zur Umsetzung der §§ 20, 20a und 20b des SGB V vom 21. Juni 2000 in der Fassung vom 27. November 2017.

18 Schempp/Strippel: Präventionsbericht 2017. Leistungen der gesetzlichen Krankenversicherung: Primärprävention und Gesundheitsförderung Berichtsjahr 2016. In: Medizinischer Dienst des Spitzenverbandes der Krankenkassen, S. 53–54. Online: https://www.gkv-spitzenverband.de/media/dokumente/krankenversicherung_1/praevention__selbsthilfe__beratung/praevention/praeventionsbericht/2017_GKV_MDS_Praeventionsbericht.pdf [abgerufen am 24.7.2018].

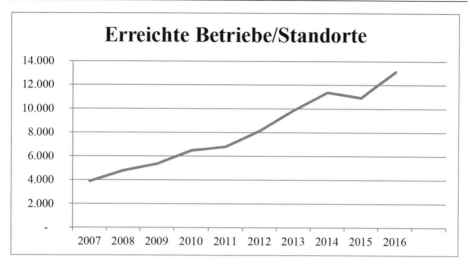

13

Abb. 1: Mit betrieblicher Gesundheitsförderung erreichte Betriebe/Standorte

Quelle: In Anlehnung an: Schempp, Nadine/Strippel, Harald: Präventionsbericht 2017. Leistungen der gesetzlichen Krankenversicherung: Primärprävention und Gesundheitsförderung Berichtsjahr 2016. Hg. von: Medizinischer Dienst des Spitzenverbandes der Krankenkassen, S. 51.

Die Krankenkassen sind gehalten, die bereitgestellten Mittel für GFP in dem laufenden Jahr auszugeben. Damit wird der Druck auf die Krankenkassen erhöht, zeitnah Maßnahmen zur betrieblichen Gesundheitsförderung umzusetzen. Allerdings wird durch diese Regelung auch ein Anreiz geschaffen, dass Krankenkassen Projekte mit geringer Komplexität und schneller Umsetzbarkeit präferieren werden, um die Mittel schnell ausgeben zu können.[19]

14

2.2   Anforderungen an Betriebliche Gesundheitsförderung

An die Entwicklung, Implementation und nachhaltige Umsetzung von GFP sind verschiedene Anforderungen zur Sicherstellung der Qualität und der Förderung der Wirksamkeit formuliert worden. Diese betreffen:

15

- eine sorgfältige Bedarfsanalyse, ohne die die Ableitung und Priorisierung spezifischer Interventionen nicht möglich ist[20];

16

---

19   BDA Bundesvereinigung der Deutschen Arbeitgeberverbände: Viel zusätzlicher Aufwand mit wenig Aussicht auf große Wirkung. Stellungnahme zum Entwurf eines Gesetzes zur Stärkung der Gesundheitsförderung und der Prävention (Präventionsgesetz – PrävG). 2014. Online: https://www.bundesgesundheitsministerium.de/fileadmin/Dateien/3_Downloads/Gesetze_und_Verordnungen/Stellungnahmen_WP18/PraevG_-_Praeventionsgesetz_NEU/BDA_StnPraevG.pdf [abgerufen am: 7.2.2018].
20   Der Präventionsbericht belegt ein erhebliches Defizit an Verfahren, die eine individuelle Bedarfsermittlung ermöglichen. Schempp/Strippel: Präventionsbericht 2017. Leistungen der gesetzlichen Krankenversicherung: Primärprävention und Gesundheitsförderung Berichtsjahr 2016. In: Medizinischer Dienst des Spitzenverbandes der Krankenkassen (Hrsg.).

- den Einsatz ausschließlich theoriegeleiteter Gesundheitsförderungsprogramme z. B. basierend auf sozialwissenschaftlichen Modellen zur Verhaltensänderung[21];
- die Verbesserung der weiterhin niedrigen Teilnahmequoten bei gleichzeitiger Reduzierung der Selektion zu Lasten der Menschen mit höheren gesundheitsbezogenen Risiken;
- die feste Integration der Programme in die Strukturen und Prozesse der Betriebe (auch in das Leitziel), um so auch über den Betrieb als „soziale Einheit" die Identifikation mit den Gesundheitszielen zu ermöglichen;
- die Verringerung sozialer und geschlechtsbezogener Unterschiede[22];
- eine längere Dauer der Gesundheitsförderungsprogramme, um nachhaltige Effekte zu erzielen und die Integration in die Unternehmenskultur zu ermöglichen;
- die Entwicklung und Umsetzung mehrdimensionaler Ansätze, d. h. die Verknüpfung verhaltens- und verhältnispräventiver Angebote und/oder handlungsfeldübergreifender Konzepte.

17 Allerdings gibt es bislang kein abgestimmtes Konzept zur Evidenzbasierung.[23] Zudem stellt der Nachweis der Effektivität der Maßnahmen zur BGF auch aus wissenschaftlicher Sicht eine große Herausforderung dar. So besteht hinsichtlich eines kausalen Zusammenhangs zwischen den Einflussfaktoren (Ursachen) einer Erkrankung und der Krankheit selbst und den daraus resultierenden Kosten durchaus noch Klärungsbedarf, da multiple Einflussfaktoren auf die Krankheitsentwicklung und das Krankheitsgeschehen einwirken, die zum Teil auch außerhalb des Einflussbereiches eines Betriebes liegen. Die bislang vorliegenden Forschungsergebnisse sind nicht ausreichend.

18 Die Auslegung von § 20b Abs. 1 SGB V „Leistungen zur Gesundheitsförderung in Betrieben" könnte nahelegen, dass das Setting Betrieb als Zugang zur Erreichung der Zielgruppe angesehen wird. Damit wäre der Fokus auf individuelle verhaltenspräventive Maßnahmen gelegt. Bestätigt wird das durch den aktuellen Präventionsbericht 2017, in dem rein verhältnispräventive Aktivitäten mit 8 % und verhaltenspräventive Interventionen mit 46 % angegeben werden. Weitere 46 %

S. 61; Huber/Weiß: Betriebliche Gesundheitsförderung – Trends und Forschungsupdate 2014. In: Bewegungstherapie und Gesundheitssport 31/2015 S. 6–9.

21 Kreis/Bödecker: Gesundheitlicher und ökonomischer Nutzen betrieblicher Gesundheitsförderung und Prävention. Zusammenstellung der wissenschaftlichen Evidenz. In: BKK Bundesverband (Hrsg.): iga.Report 3/2003. S. 32–43.

22 Pieck/Polenz/Sochert: Neues zur Gesundheitsförderung und Prävention im Betrieb. In: Präv. Gesundheitsf. 11/2016, S. 271–281.

23 Pieper/Schröer: Wirksamkeit und Nutzen betrieblicher Gesundheitsförderung und Prävention – Zusammenstellung der wissenschaftlichen Evidenz 2006–2012. In: AOK Bundesverband (Hrsg.): iga.Report 28 Wirksamkeit und Nutzen betrieblicher Prävention 2015, S. 68–69.

wurden als Kombination beider Konzepte eingestuft.[24] Das läuft jedoch der Intention des PrävG wider, die den Aufbau von Strukturen vorsieht, was für das Setting Betrieb mit Maßnahmen im Bereich der Verhältnisprävention zu verstehen ist.[25]

Übersichtsarbeiten haben zudem gezeigt, dass die Angaben zur Erfolgskontrolle   19 überwiegend auf Untersuchungen der Teilnehmer der BGF-Maßnahmen beruhen. Hier zeigen sich kleine bis mittlere Effekte. Eine Aussage über die Wirksamkeit für den gesamten Betrieb lassen die Ergebnisse jedoch nicht zu, insbesondere da von einer Selektion zugunsten gesundheitsbewusster Mitarbeiter und Mitarbeiterinnen auszugehen ist.[26]

Die Datenlage zu dem ökonomischen Nutzen aus Perspektive der Betriebe und/   20 oder der Krankenversicherungen ist begrenzt und sehr heterogen insbesondere in Bezug auf die Zielgrößen und die Komplexität der Untersuchungssituation. Daher werden weitere und qualitativ hochwertige Studien zur Untersuchung der Effektivität und Effizienz der Interventionen zur betrieblichen Gesundheitsförderung eingefordert.[27] Der Fokus sollte dabei verstärkt *„auf Prozessen der Organisationsentwicklung, statt auf zeitlich befristeten Einzelmaßnahmen in den Betrieben liegen“.*[28]

2.3 Mögliche Auswirkungen des PrävG auf Betriebliche Gesundheitsförderung

Das Erfordernis von Gesundheitsförderung im Setting Betrieb wird damit begründet,   21 dass die berufstätigen Menschen dort einen erheblichen Teil ihrer Lebenszeit verbringen und somit der Betrieb als soziales Umfeld und durch seine Organisa-

---

24 Schempp/Strippel: Präventionsbericht 2017. Leistungen der gesetzlichen Krankenversicherung: Primärprävention und Gesundheitsförderung Berichtsjahr 2016. In: Medizinischer Dienst des Spitzenverbandes der Krankenkassen. 2016, S. 63. Online: https://www.gkv-spitzenverband.de/media/dokumente/krankenversicherung_1/praevention__selbsthilfe__beratung/praevention/praeventionsbericht/2017_GKV_MDS_Praeventionsbericht.pdf [24.7.2018].

25 Pieck/Polenz/Sochert: Neues zur Gesundheitsförderung und Prävention im Betrieb. In: Präv. Gesundheitsf. 11/2016, S. 271–281.

26 Kreis/Bödecker: Gesundheitlicher und ökonomischer Nutzen betrieblicher Gesundheitsförderung und Prävention. Zusammenstellung der wissenschaftlichen Evidenz. In: BKK Bundesverband (Hrsg.) iga.Report 3/2003. S. 32–43.

27 Pieper/Schröer: Wirksamkeit und Nutzen betrieblicher Gesundheitsförderung und Prävention – Zusammenstellung der wissenschaftlichen Evidenz 2006–2012. In: AOK Bundesverband (Hrsg.): iga.Report 28 Wirksamkeit und Nutzen betrieblicher Prävention 2015, S. 68–69; Sockoll/Kramer/Bödecker: Wirksamkeit und Nutzen betrieblicher Gesundheitsförderung und Prävention. In: BKK Bundesverband, BGAG, AOK-Bundesverband, vdek (Hrsg.): iga.Report 13/2008 S. 63–66.

28 Sockoll/Kramer/Bödecker: Wirksamkeit und Nutzen betrieblicher Gesundheitsförderung und Prävention. In: BKK Bundesverband, BGAG, AOK-Bundesverband, vdek (Hrsg.): iga. Report 13/2008 S. 63–66.

tionsstruktur Einfluss auf ihre Gesundheit nimmt. Daraus leitet sich auch die Anforderung an Organisationsentwicklung als Methode der Gesundheitsförderung ab.[29] Darüber hinaus ist der Betrieb das einzige Setting, in dem erwachsene (erwerbstätige) Menschen unterschiedlicher sozialer Schichten in Deutschland gezielt erreicht werden können, um das Gesundheitsverhalten zu verbessern.[30]

22 Auch wenn die im Präventionsbericht dokumentierten Daten eine steigende Teilnahme zeigen, so muss dahingestellt bleiben, inwieweit die Aktivitäten der Krankenkassen im Bereich betrieblicher Gesundheitsförderung tatsächlich den Zielen des PrävG entsprechen (systematische Integration und Weiterentwicklung der Leistungen zu GFP, die dafür notwendige Evaluation sowie der Aufbau von Strukturen und die Entwicklung von Kooperationen).[31] Auch bleibt überwiegend unerwähnt, wie dem bestehenden Problem struktureller (sozialer und geschlechtsbezogener) Ungleichheiten in Gesundheitsförderung und Prävention, das den Zielen der WHO und EU entgegenläuft, im Rahmen des BGM begegnet wird.[32]

23 Die Akzeptanz der Angebote zu betrieblicher Gesundheitsförderung durch die Betriebe ist noch nicht ausreichend untersucht. Jedoch ist davon auszugehen, dass (in Deutschland) die Evidenz von BGF nicht ausreichend belegt ist und die vorliegende Evidenz nicht ausreichend wahrgenommen wird.[33]

24 Darüber hinaus werden bislang eher Großbetriebe erreicht.[34] Ein vorrangiges Ziel wird es sein, vorliegende Erkenntnisse stärker und gezielter klein- und mittelständischen Unternehmen zugänglich zu machen. Hier sind die Sozialversicherungsträger gefordert, welche die Erkenntnisse aus den bereits erfolgreich durchgeführten Projekten allen Betrieben in Form von konkreten, praxisnahen Informationsmaterialien zur Verfügung stellen. Ein erster Schritt ist mit dem von der GKV-Gemeinschaft eingerichteten Internetportal bereits getan.[35]

---

29 Kaba-Schönstein: Gesundheitsförderung 1: Grundlagen. In: BZgA Leitbegriffe der Gesundheitsförderung 2017. Online: doi: 10.17623/BZGA:224-i033-1.0 [abgerufen am 4.1.2017].

30 Huber/Weiß: Betriebliche Gesundheitsförderung – Trends und Forschungsupdate 2014. In: Bewegungstherapie und Gesundheitssport 31/2015, S. 6–9.

31 Pieck/Polenz/Sochert: Neues zur Gesundheitsförderung und Prävention im Betrieb. In: Präv. Gesundheitsf. 11/2016, S. 271–281.

32 Kuhn: Prävention in Deutschland – eine Sisyphosgeschichte. In: G+G Wissenschaft (GGW) 13/2013, S. 22–30; Rosenbrock: Das Präventionsgesetz 2015: Alte Defizite – Neue Chancen. 2014, Online: https://www.uni-bielefeld.de/forum/vortraege/160111.pdf [abgerufen am 17.1.2018].

33 Huber/Weiß: Betriebliche Gesundheitsförderung – Trends und Forschungsupdate 2014. In: Bewegungstherapie und Gesundheitssport 31/2015, S. 6–9; Walter/Brandes: Gesundheitsförderung im Setting Betrieb – Hemmnisse und förderliche Faktoren bei der Erreichung der Mitarbeiter. In: Knieps/Pfaff (Hrsg.): Gesundheit und Arbeit. In: BKK Gesundheitsreport 2016, S. 212–221.

34 Beck/Schnabel: Verbreitung und Inanspruchnahme von Maßnahmen zur Gesundheitsförderung in Betrieben in Deutschland. In: Gesundheitswesen 72/2010, S. 222–227.

35 Vockert:. BGF im Kontext des Präventionsgesetzes – Herausforderungen an eine gesetzliche Krankenkasse. Bewegungstherapie und Gesundheitssport 33/2017, S. 164–167.

In Deutschland wird zwar Gesundheitsförderung und Prävention als gesamt-gesellschaftliche Aufgabe gesehen[36], aufgrund der großen Bedeutung der Arbeitswelt in den Betrieben liegt jedoch bei BGF ein besonderer Fokus auf gezielten Maßnahmen zwischen (einzelnen) Krankenkassen und einzelnen Unternehmen. Während Prävention im Rahmen der Arbeitsschutzgesetze für die Betriebe verpflichtend vorgeschrieben ist, ist die Umsetzung von Gesundheitsförderungsangeboten eine freiwillige Aufgabe der Betriebe, bei denen diese eine Unterstützung der Krankenkassen beanspruchen können. Die Verantwortung für die Entwicklung und Umsetzung obliegt den Betrieben, die auch an der Finanzierung wesentlich beteiligt sind.[37]

Die Krankenkassen unterliegen in Zusammenhang mit der Finanzierung von BGF strengen Regelungen und zeitlichen Begrenzungen. Grundsätzlich sollen vor allem die Betriebe die Verantwortung für eine langfristige Veränderung übernehmen. Daraus ergibt sich das Problem, dass die Leistungen nicht flächendeckend, sondern punktuell in Betrieben mit einem hohen Anteil an Mitarbeitern mit Zugehörigkeit zu der jeweils fördernden Krankenkasse umgesetzt werden.

3 Fazit und Ausblick

Damit Arbeitnehmer noch in höherem Alter leistungsfähig bleiben und die Gewinnung neuer Fachkräfte durch attraktive Sozialleistungen gefördert wird, ist die Einführung eines Betrieblichen Gesundheitsmanagements auch in einer veränderten Arbeitswelt von großer Bedeutung – insbesondere für KMU. Im Rahmen des gesetzlichen Auftrages zu BGF sowie der Möglichkeit finanzielle Unterstützungen zu BGM zu leisten, können Krankenkassen für Unternehmen ein hilfreicher Partner sein. Entscheidend für den Erfolg (digitaler) Gesundheitsangebote in Unternehmen ist die Akzeptanz aufseiten der Konsumenten und somit der Belegschaft. Für die Sensibilisierung von Gesundheitsmaßnahmen ist im BGM weiterhin der persönliche Austausch mit den Mitarbeitern von enormer Bedeutung. Daher ist für ein nachhaltiges und ganzheitliches Betriebliches Gesundheitsmanagement die Verknüpfung von Onlineangeboten mit Präsenzmaßnahmen am Arbeitsplatz zu empfehlen.

Auch wenn Betriebe als geeignetes Setting für Maßnahmen der Gesundheitsförderung anzusehen ist, so wird ein langfristiges Ziel darin zu sehen sein, settingübergreifende Konzepte (z. B. die Entwicklung von für Fußgänger und Fahrradfahrer geeigneten Anfahrtswegen zusammen mit dem Setting Kommune, oder die Entwicklung von Kinderbetreuungskonzepten für neue und flexiblere Arbeitszeitformen zusammen mit den Settings Kita und Schule) zu entwickeln. Es

---

36 Vockert: BGF im Kontext des Präventionsgesetzes – Herausforderungen an eine gesetzliche Krankenkasse. Bewegungstherapie und Gesundheitssport 33/2017, S. 164–167

37 Pieck/Polenz/Sochert: Neues zur Gesundheitsförderung und Prävention im Betrieb. In: Präv. Gesundheitsf. 11/2016, S. 271–281.

ist jedoch grundsätzlich abzuwägen, inwieweit eine Ausweitung überbetrieblicher BGF-Maßnahmen unter Abstimmung mit den Unternehmenszielen und den individuellen Bedarfen der jeweiligen Belegschaften möglich und sinnvoll sein kann.

29 Gesundheitliche Chancengleichheit und die Notwendigkeit der Bekämpfung der gesundheitlichen Ungleichheit als Voraussetzung der Gesundheit für Alle durch Gesundheit in allen Politikbereichen (Health for all – Health in all policies) ist in den letzten 15 Jahren zu einem Schwerpunkt und Ziel vieler Akteure, Programme und Initiativen geworden. Sie erfordert eine an den sozialen und politischen Determinanten orientierte gesundheitsfördernde Gesamtpolitik.

30 Prävention und Gesundheitsförderung ist in Deutschland geprägt durch die föderale Gliederung mit der vorrangigen Länderverantwortung für Gesundheits- und Gesundheitsförderungspolitik sowie das insgesamt stark gegliederte, plurale Gesundheitssystem mit einer Vielzahl von Akteuren, Strukturen, Finanzierungen und Interessen.[38] Das sicherlich vordringlichste Problem ist die Zusammenarbeit unterschiedlicher Akteure mit unterschiedlichen Zielen und Intentionen.

Literatur

Ahlers, E.: Anspruch und Wirklichkeit des Betrieblichen Gesundheitsmanagements in einer sich verändernden Arbeitswelt. In: Badura, B. u. a. (Hrsg.): Fehlzeiten-Report 2015. Neue Wege für mehr Gesundheit – Qualitätsstandards für ein zielgruppenspezifisches Gesundheitsmanagement. Berlin/Heidelberg 2015, S. 39–47.

Altgeld, T.: Prävention und Gesundheitsförderung. Ein Programm für bessere Sozial- und Gesundheitspolitik. In: Friedrich-Ebert-Stiftung/Gesprächskreis Sozialpolitik. 2006, S. 6–8. Online: http://www.gesundheit-nds.de/downloads/fes.gutachten.2006.pdf, [abgerufen am 17.1.2018].

Badura, B.: Fehlzeitenreport 2009. Arbeit und Psyche. Berlin 2010.

Baicker, K./Cutler, D./Song, Z.: Workplace wellness programs can generate savings. In: Health Affairs 2010/29(2), S. 304–311.

BDA | DIE ARBEITGEBER Bundesvereinigung der Deutschen Arbeitgeberverbände: Viel zusätzlicher Aufwand mit wenig Aussicht auf große Wirkung. Stellungnahme zum Entwurf eines Gesetzes zur Stärkung der Gesundheitsförderung und der Prävention (Präventionsgesetz – PrävG). 21. November 2014. Online: https://www.bundesgesundheitsministerium.de/fileadmin/Dateien/3_Downloads/Gesetze_und_Verordnungen/Stellungnahmen_WP18/PraevG_-_Praeventionsgesetz_NEU/BDA_StnPraevG.pdf. [abgerufen am 7.2.2018].

Beck, D/Schnabel, P.-E.: Verbreitung und Inanspruchnahme von Maßnahmen zur Gesundheitsförderung in Betrieben in Deutschland. In: Gesundheitswesen 72/2010, S. 222–227, Online: http://dx.doi.org/10.1055/s-0029-1220755 [abgerufen am 17.1.2018].

Bundesministeriums für Arbeit und Soziales: Fortschrittsreports „Altersgerechte Arbeitswelt". Ausgabe 2: „Altersgerechte Arbeitsgestaltung". Berlin 2013.

Bundesministerium für Gesundheit: Präventionsgesetz. Glossar. 2017. Online: https://www.bundesgesundheitsministerium.de/service/begriffe-von-a-z/p/praeventionsgesetz.html [abgerufen am 17.1.2018].

---

38 Kaba-Schönstein: Gesundheitsförderung 1: Grundlagen. In: BZgA Leitbegriffe der Gesundheitsförderung 2017. Online: doi: 10.17623/BZGA:224-i033-1.0 [abgerufen am 4.1.2017].

Chapman L.: Meta-Evaluation of Worksite Health Promotion Economic Return Studies: 2012 Update. In: American Journal of Health Promotion 26(4)/2012, S. 1–12.

Huber, G./Weiß, K.: Betriebliche Gesundheitsförderung – Trends und Forschungsupdate 2014. In: Bewegungstherapie und Gesundheitssport 31/2015, S. 6–9. Online: http://dx.doi.org/10-1055/s-0034-1384326 [abgerufen am 17.1.2018].

IHK Baden-Württembergischer Industrie- und Handelskammertag: Betriebliches Gesundheitsmanagement Nr. 14793. Online: http://www.gesundheitswirtschaft.ihk.de/management [abgerufen am 7.2.2018].

Kaba-Schönstein, L.: Gesundheitsförderung 1: Grundlagen. In: BZgA Leitbegriffe der Gesundheitsförderung. 017. Online: doi: 10.17623/BZGA:224-i033-1.0 (letzte Aktualisierung am 4.1.2017) [abgerufen am 24.7.2018].

Kaba-Schönstein, L.: Gesundheitsförderung 5: Deutschland. In: BZgA Leitbegriffe der Gesundheitsförderung 2017. Online: doi: 10.17623/BZGA:224-i053-1.0 [abgerufen am 4.1.2017].

Kapitel 6: Betriebliche Gesundheitsförderung nach § 20b SGB V aus dem Leitfaden Prävention. Handlungsfelder und Kriterien des GKV-Spitzenverbandes zur Umsetzung der §§ 20, 20a und 20b des SGB V vom 21. Juni 2000 in der Fassung vom 27. November 2017.

Knieps, F./Pfaff, H.: Digitale Arbeit – Digitale Gesundheit. Gesundheit in Regionen. Zahlen, Daten, Fakten – mit Gastbeiträgen aus Wissenschaft, Politik und Praxis. In: MWV Medizinisch Wissenschaftliche Verlagsgesellschaft (Hrsg.): BKK Gesundheitsreport 2017. Berlin 2017, S. 48–64.

Kreis, J./Bödecker, W.: Gesundheitlicher und ökonomischer Nutzen betrieblicher Gesundheitsförderung und Prävention. Zusammenstellung der wissenschaftlichen Evidenz. In: BKK Bundesverband (Hrsg.): iga.Report 3/2003, S. 32–43. Online: http://gesundheitsfördernde-hochschulen.de/Inhalte/G_Themen/G2_BGF/IGA_2003_Nutzen_BGF.pdf, [abgerufen am 17.1.2018].

Kuhn, J.: Prävention in Deutschland – eine Sisyphosgeschichte. In: G+G Wissenschaft (GGW) 13/2013, S. 22–30. Online: http://www.josephkuhn.de/pdf/Pr%C3 %A4vention_G+G_2013.pdf [abgerufen am 17.1.2018].

Meierjürgen, R./Becker, S./Warnke, A.: Die Entwicklung der Präventionsgesetzgebung in Deutschland. In: Prävention und Gesundheitsförderung 4/2016, S. 206–2013. Online: DOI 10.1007/s11553-016-0556-z [abgerufen am 24.7.2018]

Peters, T./Klenke, B.: eHealth und mHealth in der Gesundheitsförderung. In: Ghadiri, A./Ternès, A./Peters, T. (Hrsg.): Trends im Betrieblichen Gesundheitsmanagement. Wiesbaden 2016, S. 107–122.

Pieck, N./Polenz, W./Sochert, R.: Neues zur Gesundheitsförderung und Prävention im Betrieb. In: Präv. Gesundheitsf. 11/2016, S. 271–281. Online: DOI 10.1007/s11553-016-0566-x [abgerufen am 24.7.2018].

Pieper, C./Schröer, S.: Wirksamkeit und Nutzen betrieblicher Gesundheitsförderung und Prävention – Zusammenstellung der wissenschaftlichen Evidenz 2006–2012. In: AOK Bundesverband (Hrsg.): iga.Report 28. Wirksamkeit und Nutzen betrieblicher Prävention 2015, S. 68–69, Online: https://www.iga-info.de/veroeffentlichungen/igareporte/igareport-28/ [abgerufen am 17.1.2018].

Rosenbrock, R.: Das Präventionsgesetz 2015: Alte Defizite – Neue Chancen. 2014. Bielefeld. Online: https://www.uni-bielefeld.de/forum/vortraege/160111.pdf [abgerufen am: 17.1.2018].

Sayed, M./Kubalski, S.: BGM im digitalen Zeitalter – Herausforderungen und Möglichkeiten. In: Matusiewicz, D/Kaiser, L. (Hrsg.): Digitales Betriebliches Gesundheitsmanagement – Theorie und Praxis. Wiesbaden 2017, S. 553–573.

Sayed, M./Kubalski, S.: Überwindung betrieblicher Barrieren für ein betriebliches Gesundheitsmanagement in kleinen und mittelständischen Unternehmen. In: Pfannstiel, M./Mehlich, H. (Hrsg.): Betriebliches Gesundheitsmanagement. Konzepte, Maßnahmen, Evaluation. Wiesbaden 2016, S. 1–20.

Schempp, N./Strippel, H.: Präventionsbericht 2017. Leistungen der gesetzlichen Krankenversicherung: Primärprävention und Gesundheitsförderung Berichtsjahr 2016. In: Medizinischer Dienst des Spitzenverbandes der Krankenkassen 2017, S. 53–54. Online: https://www.gkv-spitzenverband.de/media/dokumente/krankenversicherung_1/praevention__selbsthilfe__beratung/praevention/praeventionsbericht/2017_GKV_MDS_Praeventionsbericht.pdf [abgerufen am 17.1.2018].

Sockoll, I./Kramer, I./Bödecker, W.: Wirksamkeit und Nutzen betrieblicher Gesundheitsförderung und Prävention. In: BKK Bundesverband/BGAG/AOK-Bundesverband/vdek (Hrsg.): iga.Report 13/2008, S. 63–66. Online: https://www.iga-info.de/veroeffentlichungen/igareporte/igareport-30/?L=0 [abgerufen am 17.1.2018].

Vockert, T.: BGF im Kontext des Präventionsgesetzes – Herausforderungen an eine gesetzliche Krankenkasse. In: Bewegungstherapie und Gesundheitssport 33/2017, S. 164–167. Online: doi. org/10-1055/s-0043-113142 [abgerufen am 24.7.2018].

Walter, U./Brandes, I.: Gesundheitsförderung im Setting Betrieb – Hemmnisse und förderliche Faktoren bei der Erreichung der Mitarbeiter. In: Knieps, F./Pfaff, H.(Hrsg.): Gesundheit und Arbeit. BKK Gesundheitsreport. 2016, S. 212–221.

Walter, U. N./Maes, F.: Virtuelle Gesundheitshelfer. In: Personalmagazin 09/2015, S. 48–50.

Walter, U. N./Wäsche, H./Sander, M.: Dialogorientierte Kommunikation im Betrieblichen Gesundheitsmanagement. Prävention und Gesundheitsförderung. 7. Aufl. Berlin/Heidelberg 2012, S. 295–301.

Die Kampagne „*kommmitmensch*": Ein inhaltlich und methodisch neuer Präventionsbeitrag der gesetzlichen Unfallversicherung zum Thema Sicherheit und Gesundheit

Annekatrin Wetzstein/Anna-Maria Hessenmöller

Abstract: Die aktuelle Präventionskampagne der gesetzlichen Unfallversicherung „*kommmitmensch*" adressiert das Thema Präventionskultur und wirbt dafür, Sicherheit und Gesundheit in allen Arbeitsbereichen zu berücksichtigen. Die inhaltliche Ausrichtung der Kampagne orientiert sich damit an den Bedürfnissen der aktuellen Arbeitswelt: eine etablierte Kultur der Prävention garantiert Sicherheit und Gesundheit auch unter sich schnell ändernden Arbeits- und Produktionsbedingungen. Die Evaluation der Kampagne erfolgt anhand eines Neun-Ebenen-Modells, welches eine detaillierte Analyse auf verschiedenen Ebenen ermöglicht.

1   Einleitung

1   Neben der Rehabilitation und Entschädigung zählt die Prävention zu den Kernaufgaben der gesetzlichen Unfallversicherung. Dabei werden entsprechend der gesetzlichen Vorgabe „mit allen geeigneten Mitteln" unterschiedlichste Präventionsmaßnahmen angeboten und umgesetzt, um Arbeitsunfälle, Berufskrankheiten und arbeitsbedingte Gesundheitsgefahren zu verhindern: Sie reichen von der Beratung und Überwachung der Betriebe, der Forschung und Entwicklung neuer Produkte über Qualifizierungsmaßnahmen bis hin zu Präventionskampagnen. Letztere haben dabei in der Vergangenheit – nicht zuletzt durch die hohe potenzielle Reichweite, die sie trotz wachsender Informationsflut im Zuge der Digitalisierung erreichen – zunehmend an Bedeutung gewonnen.

2   Die inhaltliche Ausrichtung der Präventionsmaßnahmen orientiert sich dabei an den Bedürfnissen der Arbeitswelt. Bisherige Kampagnen thematisierten Stolper-, Rutsch und Sturzunfälle („Aktion Sicherer Auftritt", 2003/2004), Hauterkrankungen („Die wichtigsten 2m2 Deines Lebens", 2007/2008), innerbetrieblichen Transport und Verkehr („Risiko raus!", 2010/2011) und arbeitsbedingte Rückenbelastungen und Erkrankungen („Denk an mich. Dein Rücken", 2013-2015). Die aktuelle Kampagne „*kommmitmensch*" betrachtet die Themen Sicherheit und Gesundheit nun aus einem ganzheitlichen Ansatz heraus und will damit Botschaften und Maßnahmen anbieten, die Betriebe dabei unterstützen durch eine verbesserte Kultur der Prävention fit für zukünftige Herausforderungen der modernen Arbeitswelt zu werden.

2   Präventionskampagnen der gesetzlichen Unfallversicherung

3   Seit 2003 führen die gewerblichen Berufsgenossenschaften und Unfallversicherungsträger der öffentlichen Hand in enger zeitlicher Folge mehrjährige gemeinsame Präventionskampagnen zu einem spezifischen Thema durch. Diese sind durch eine Kombination vieler verschiedener Maßnahmen aus den unterschiedlichen Präventionsleistungen der Unfallversicherungträger gekennzeichnet und richten sich an eine breite Öffentlichkeit und damit mehrere Zielgruppen, die

sowohl über massenmediale Kommunikationswege als auch persönlich angesprochen werden. Alle Leistungen und Maßnahmen werden dabei strategisch geplant und aufeinander abgestimmt, um eine intensive und wirksame Fokussierung der Präventionsaktivitäten auf das gewählte Präventionsziel beziehungsweise Ziel der Kampagne zu erreichen.

Charakteristisch für die Präventionskampagnen der gesetzlichen Unfallversicherung ist die Aufteilung in eine gemeinsame Dachkampagne und speziell auf die auf unterschiedliche Branchen und Zielgruppen ausgerichteten Trägerkampagnen. Die vorwiegend medial ausgerichtete Dachkampagne wird durch die Deutsche Gesetzliche Unfallversicherung (DGUV), dem Spitzenverband der Unfallversicherungsträger, koordiniert. Sie hat die Aufgabe, ein einheitliches Erscheinungsbild der Kampagne zu schaffen, durch gezielte Presse- und Medienarbeit für die mediale Präsenz der Kampagne und deren Botschaften zu sorgen sowie branchen- beziehungsweise zielgruppenübergreifende Medien zur Verfügung zu stellen. Dies schont die Ressourcen aller Beteiligten (Effizienz), der einheitliche Auftritt verstärkt zudem die Wiedererkennung und erhöht die Aufmerksamkeit (Effektivität). Die branchen- beziehungsweise zielgruppenspezifischen Kampagnen der einzelnen Unfallversicherungsträger haben wiederum die passgenaue und als besonders wirksam zu betrachtende direkte Ansprache der Zielgruppen im Blick.[1]

2.1 Die Präventionskampagne „*kommmitmensch*"

Die Präventionskampagne „*komm*mit*mensch*" hat zum Ziel, die Präventionskultur in Unternehmen und Institutionen in dem Sinne weiterzuentwickeln, dass Sicherheit und Gesundheit bei allen Entscheidungen Berücksichtigung finden. Sie will damit anregen, den Menschen in den Mittelpunkt der Betrachtung von Arbeitsprozessen zu stellen und beruft sich dabei auch auf ein Verständnis von gesund, das weit über die Abwesenheit von Krankheit hinausgeht. Im Sinne der Definition der Weltgesundheitsorganisation[2] werben die Unfallversicherungsträger dafür, Arbeitsverhältnisse und Führungsverhalten so zu gestalten, dass die Beschäftigten dabei unterstützt werden, aktiv am Arbeitsleben teilzuhaben, sich einzubringen, fit zu bleiben und dadurch nicht nur im aktuellen Moment sicher und gesund zu sein, sondern auch mit zukünftigen Herausforderungen einer sich schnell ändernden Arbeitswelt umgehen zu können. Eine gute „Kultur der Prävention" beinhaltet dabei, dass in öffentlichen wie privaten Unternehmen und Bildungseinrichtungen Aspekte von Sicherheit und Gesundheit auf allen Entscheidungs- und Handlungsebenen als wichtige Kriterien berücksichtigt werden. Das bedeutet, dass dem Thema nicht nur punktuell bei der Umsetzung

---

1 Otten/Wetzstein: Gemeinsame Präventionskampagnen der gesetzlichen Unfallversicherung und deren Evaluation. In: Windemuth u. a.(Hrsg.): Psychische Faktoren als Unfallrisiken. Relevanz in Bildung und Beruf. 2017.
2 World Health Organization (WHO): Ottawa Charta for Health Promotion. An international conference on health promotion. 1987.

sicherheitstechnischer und arbeitsmedizinischer Maßnahmen Bedeutung bei-
gemessen wird, sondern Prävention systematisch und dauerhaft in Prozesse und
Strukturen integriert wird. Eine Kultur der Prävention setzt dabei ein umfassendes
Grundverständnis von Prävention voraus. So werden nicht nur technische und
organisatorische, sondern alle Einflussfaktoren auf die Sicherheit und Gesundheit
in den Blickpunkt gerückt. Ein besonderer Fokus wird dabei auf die Beziehungen
zwischen den Menschen gelegt.

6   Die Kampagne „*kommmitmensch*" unterscheidet sich mit dieser Zielstellung
deutlich von vorhergehenden Kampagnen. Während die letzten Kampagnen
jeweils im Wechsel entweder ein spezifisches Thema aus dem Bereich Sicherheit
oder aus dem Bereich Gesundheit in den Fokus nahmen, beinhaltet das Thema
"Kultur der Prävention" in „*kommmitmensch*" beide Bereiche.

7   Damit sind einige Chancen verbunden – so z. B. das Thema Prävention einmal
ganzheitlich zu thematisieren. Gleichzeitig wird deutlich, dass die Umsetzung der
Kampagne mit der Herausforderung einhergeht, eine breite Themenpalette für
unterschiedliche Zielgruppen aufzubereiten. Zwei Ansätze, die dabei helfen sollen,
diese Herausforderungen zu meistern, sind die inhaltliche Ausarbeitung des
Kampagnenthemas „Kultur der Prävention" in sechs Handlungsfeldern sowie
eine umfangreiche formative Evaluation, welche die Entwicklung und Umsetzung
der Kampagne begleitet. Im Folgenden werden das Fachkonzept der Kampagne
sowie das Evaluationskonzept näher beschrieben.

2.2   Die Handlungsfelder der Kampagne „*kommmitmensch*"

8   Den Ausgangspunkt für die inhaltliche Ausgestaltung der Kampagne „*kommmitmensch*" bildeten sowohl Gremien mit Expertinnen und Experten der Unfallversicherungsträger mit ihren Erfahrungen als auch eine Analyse des IST-Standes
auf der Grundlage von empirischen Daten. Eine im Vorfeld der Kampagne durch
das Markt- und Sozialforschungsinstitut „infas" durchgeführte repräsentative
Befragung in Betrieben zum Thema Sicherheit und Gesundheit bestätigte in einem
ersten Schritt den Handlungsbedarf, wenn es um die Bedeutung der Themen
Sicherheit und Gesundheit allgemein geht. Insgesamt wurden 500 Unternehme-
rinnen und Unternehmer sowie 1.100 Beschäftigte in einem standardisierten
Telefoninterview durch das Institut befragt. Die Befragung in den Betrieben ergab,
dass Sicherheit und Gesundheit trotz hoher Bedeutsamkeit keine integrierten
Bestandteile der Strukturen und Prozesse dort sind. Obwohl 97 % der befragten
Unternehmensleitungen und 92 % der Beschäftigten angeben, dass das Thema für
ihren Betrieb wichtig sei, gibt lediglich rund die Hälfte der Befragten an, dass
finanzielle, personelle oder zeitliche Investitionen in Sicherheit und Gesundheit
erkennbar sind. Ebenfalls lediglich rund die Hälfte der Unternehmensleitungen
berichtet, dass Sicherheit und Gesundheit Bestandteile der Unternehmensziele
sind. Im Durchschnitt geben nur vier von zehn Betrieben an, dass das Thema in

den Führungsleitlinien berücksichtigt wird. Besondere Gruppen, die speziell für die Sicherheit und Gesundheit im Betrieb verantwortlich sind, gibt es gerade mal in einem von zehn Unternehmen.[3] Die Ergebnisse bestätigen damit den Eindruck, der schon in einer Untersuchung aus dem Jahr 2014 entstanden ist.[4] Bereits in dieser Erhebung mit 1.628 befragten Unternehmensleitungen und 2.596 Beschäftigten hatte sich gezeigt, dass in weniger als der Hälfte der Betriebe Gesundheitsziele im Unternehmensleitbild verankert sind. Ein Managementsystem, welches Sicherheit und Gesundheit systematisch in die Unternehmensprozesse integriert (BGM), gab es lediglich in einem Viertel der Unternehmen. Weiterhin waren Sicherheit und Gesundheit lediglich in einer sehr geringen Anzahl der befragten Betriebe Führungsaufgabe. Lediglich ein Viertel der befragten Unternehmensleitungen gab an, dass Führungskräfte hinsichtlich eines gesundheitsfördernden Führungsstils qualifiziert sind. Auch bei der Beurteilung der Arbeitsleistung der Führungskraft spielt es bisher nur in jedem vierten Betrieb eine Rolle, inwiefern der Führungsstil gesundheitsfördernd ist oder nicht.[5]

Ein ähnliches Bild ergab sich für den Kontext Schulen: Auch hier sind Sicherheit und Gesundheit im täglichen Handeln noch nicht flächendeckend präsente Themen.[6] Eine Gruppe von Expertinnen und Experten hat auf Grundlage dieser Daten und den Erfahrungen der Unfallversicherungsträger herausgearbeitet, welche Bereiche die eigene Präventionskultur einer Organisation definieren und damit auch Ansatzpunkte für die Weiterentwicklung sind. Die sechs Bereiche „Führung", „Kommunikation", „Partizipation", „Fehlerkultur", „Betriebsklima" und „Sicherheit und Gesundheit als Unternehmensstrategie" wurden als Ergebnis dieses Analyseprozesses als Handlungsfelder der Kampagne *kommmitmensch* definiert. 9

Die Handlungsfelder sind nicht unabhängig voneinander – die Wahrnehmung von Führung wird beispielsweise maßgeblich durch die jeweilige Kommunikation geprägt. Der ganzheitliche Ansatz der Kampagne hat im Gegensatz sogar das Ziel, Abhängigkeiten deutlich zu machen und die Vielzahl an Einflussfaktoren auf die Sicherheit und Gesundheit der Beschäftigten in ihrer Komplexität darzustellen. 10

Das Handlungsfeld **Führung** umfasst dabei die Einflussmöglichkeiten von Führungskräften und Unternehmensleitungen, die eigene Präventionskultur weiterzuentwickeln und ist ein entscheidender Faktor für eine gut gestaltete Kultur der Prävention. Führungskräfte haben eine wichtige Schlüsselposition, denn sie sind für die Zuteilung von Arbeitsaufgaben, die Arbeitsmenge und Arbeitsabläufe 11

---

3   Rahnfeld/Wetzstein/Hessenmöller: IAG-Report 2/2016. Kultur der Prävention in Unternehmen und Bildungseinrichtungen: Eine Befragung zum Ist-Zustand. 2016.

4   Hessenmöller/Rogosky: IAG-Report 1/2014. „Denk an mich. Dein Rücken" – Eine Befragung zu Rückengesundheit und Präventionskultur in Unternehmen. 2014.

5   Hessenmöller/Rogosky: IAG-Report 1/2014. „Denk an mich. Dein Rücken" – Eine Befragung zu Rückengesundheit und Präventionskultur in Unternehmen. 2014.

6   Rahnfeld/Wetzstein/Hessenmöller: IAG-Report 2/2016. Kultur der Prävention in Unternehmen und Bildungseinrichtungen: Eine Befragung zum Ist-Zustand. 2016.

zuständig. Sie haben nicht nur durch ihre Aufgaben im Arbeitsschutz, sondern auch durch ihr persönliches Führungsverhalten einen Einfluss auf die Sicherheit und Gesundheit ihrer Mitarbeiterinnen und Mitarbeiter und den Stellenwert, welchen die Beschäftigten der Sicherheit und Gesundheit beimessen. Mit ihrem eigenen Verhalten wirken sie zudem als Vorbild für die Beschäftigten. Im Zuge der Digitalisierung werden sich Arbeitsformen und -orte ändern. In der Folge wandelt sich die Arbeitsorganisation ebenso wie die Anforderungen an Führung. Eine höhere Selbstverantwortung für die eigene Sicherheit und Gesundheit bei der Arbeit, aber auch an Führung und Motivation von Mitarbeitenden kann durch eine Förderung der Präventionskultur in Unternehmen und Organisationen unterstützt werden.

12 Das Handlungsfeld **Kommunikation** beschreibt den Austausch und Informationsfluss und ist die Grundlage für eine Identifikation der Beschäftigten mit der Präventionskultur. Ein effektiver, reibungsloser Informationsfluss fördert das Betriebsklima, regt zu interessanten Ideen und Verbesserungsvorschlägen an und hilft, Missverständnisse und Konflikte zu vermeiden. Darüber hinaus gewährleistet er, dass sicherheits- und gesundheitsrelevante Informationen zur Verfügung stehen. Bei der internen Kommunikation geht es dabei auch um die Beziehungen der Akteure zu- und miteinander und von welchen Werten diese zwischenmenschliche Verständigung geprägt ist.

13 Das Handlungsfeld **Beteiligung** thematisiert die Einbindung der Beschäftigten in Maßnahmen und Entscheidungen der betrieblichen Prävention. Sie sollen sich gleichberechtigt an den Entwicklungsprozessen zu sicheren und gesunden Betrieben beteiligen und Vorschläge einbringen können, denn sie kennen ihre Arbeitsplätze am besten. Aufgabe der Führungskräfte ist es dabei, die Beschäftigten zur Beteiligung und Mitarbeit zu motivieren und zu befähigen. Eine erfolgreiche Beteiligung motiviert, da Kompetenzen und Meinungen gefragt werden.

14 Das Handlungsfeld **Fehlerkultur** beschreibt, in welcher Art und Weise mit Fehlern, Fehlerrisiken und Fehlerfolgen umgegangen und welcher Stellenwert dem Fehler in Arbeits- und Lernprozessen zugeschrieben wird. Für die Sicherheit und Gesundheit ist es wichtig, dass eine offene Fehlerkultur im Betrieb gelebt wird. Fehler sollten konstruktiv betrachtet und für die Entwicklung von Maßnahmen und für Verbesserungen genutzt werden. Es sollte ein Klima, eine Arbeitsatmosphäre bestehen, in der Mitarbeiterinnen und Mitarbeiter offen Fehler, Probleme, Hindernisse und Risiken ansprechen können, um Beinahe-Unfälle, Unfälle oder arbeitsbedingte Erkrankungen zu verhindern und aus Erfahrungen zu lernen.

15 Das Handlungsfeld **Betriebsklima** beschreibt, wie die Art und der Umgang im Kollegium sowie zwischen den Beschäftigten und Vorgesetzten auf der Ebene der gesamten Belegschaft wahrgenommen werden. Ein positives soziales Klima zeichnet sich durch einen kollegialen und wertschätzenden Umgang von Führungskräften mit ihren Mitarbeiterinnen und Mitarbeitern sowie der Beschäftigten untereinander aus. Das soziale Klima hängt entscheidend damit zusammen, ob

die Mitarbeiterinnen und Mitarbeiter beginnen, sich mit dem Betrieb und den dort geltenden Werten, Normen, Einstellungen und Verhaltensweisen zu identifizieren und diese in ihr eigenes Handeln übernehmen, auch außerhalb der Arbeitswelt.

Das Handlungsfeld **Sicherheit und Gesundheit** als Unternehmensstrategie beinhaltet die Erfassung und möglicherweise Weiterentwicklung eines systematischen Ansatzes zur Verbesserung von Sicherheit und Gesundheit. Eine gute Kultur der Prävention zeichnet sich dadurch aus, dass Sicherheit und Gesundheit über punktuelle Maßnahmen hinaus fest in die Strukturen und Prozesse integriert sind; sei es im Leitbild, beim Kauf neuer Maschinen, oder in regelmäßigen Besprechungen. Ein betriebliches Management für Sicherheit und Gesundheit ist ein wesentlicher Beitrag in diesem Handlungsfeld.   16

Der Zustand dieser sechs Handlungsfeldern kann als die eigene Präventionskultur einer Organisation beschrieben werden. Auf dem Weg hin zu einer gut gestalteten Kultur der Prävention bieten sich hier zahlreiche Ansatzpunkte. Die Kampagne setzt hier durch die Kommunikation von Botschaften und Angeboten der Reflektion und Weiterentwicklung an.   17

2.3   Die Evaluation der Präventionskampagne „kommmitmensch"

Mit den inhaltlichen und methodischen Herausforderungen der Präventionsarbeit geht die Verpflichtung einher, frühzeitig die Wirksamkeit zu untersuchen um im Sinne einer formativen Evaluation die Maßnahmen der Kampagne an Anforderungen aus der Arbeitswelt anpassen zu können. Eine besondere Herausforderung der Evaluation liegt dabei in der hohen Komplexität der Präventionskampagne. Diese zeigt sich nicht nur in der Kampagnenarchitektur – auch das aktuelle Kampagnenthema „Kultur der Prävention" zeichnet sich durch ein hohes Maß an Komplexität aus.   18

Die Evaluation hat dabei sowohl Fragestellungen hinsichtlich der Wirksamkeit von Maßnahmen zu beantworten als auch Informationen zur Optimierung der internen Abläufe und Prozesse bei der Durchführung der Kampagne zu generieren. Die systematische Untersuchung berücksichtigt neun Ebenen[7], welche sowohl die Phasen der Kampagnenwirkung als einen Prozess der Wahrnehmung der Kommunikationsinhalte bis hin zur Übernahme und Beibehaltung eines sicherheits- und gesundheitsgerechten Verhaltens beinhalten als auch die relevanten internen Strukturen für die Kampagnendurchführung berücksichtigen.[8]   19

[7]   Singhal/Rogers: Entertainment Education. A Communication Strategy for Social Change. 1999.

[8]   Hessenmöller u. a.: IAG Report 5/2017. Die Evaluation der Präventionskampagne „Denk an mich. Dein Rücken" Planung, Durchführung und zentrale Ergebnisse. 2017.

20 Auf *Ebene 0* wird bereits vor Beginn der Kampagne in einer internen Konzeptevaluation untersucht, inwiefern die Überzeugung und Akzeptanz der Kampagne bei den internen Akteuren, die maßgeblich an der Verbreitung der Kampagneninhalte beteiligt sind, vorhanden ist. Die externe Konzeptevaluation auf dieser Ebene wird dazu genutzt, um verschiedene Kampagnenmaßnahmen bereits im Vorfeld eines breiten Einsatzes bei den Zielgruppen zu testen (so z. B. Zielgruppentests von Broschüren). Die Bedeutung der externen Konzeptevaluation hat dabei durch die Nutzung neuer Kommunikationswege – wie den verstärkten Einsatz und Fokus auf Social-Media-Aktivitäten zur Verbreitung der Botschaften – sowie der digitalen Umsetzung von Maßnahmen (Apps, Online-Lernplattformen, Videos etc.) zugenommen.

21

Abb. 1: Ebenenmodell der Evaluation von Präventionskampagnen

Quelle: Hessenmöller, A./Rahnfeld, M./Renner, S./Wetzstein, A.: IAG Report 5/2017. Die Evaluation der Präventionskampagne „Denk an mich. Dein Rücken" Planung, Durchführung und zentrale Ergebnisse. Berlin 2017.

22 Auf den *Ebenen 1 (Umfang der Aktivitäten)* und *2 (Medienresonanz)* wird untersucht, ob die Kampagne in den Betrieben und in der Öffentlichkeit präsent ist. Dazu werden alle Kampagnenaktivitäten in einer Datenbank erfasst, die von den Trägern der Kampagne und der DGUV durchgeführt werden. Zudem werden alle Beiträge und Veröffentlichungen in den Print- und Onlinemedien sowie im Hörfunk und Fernsehen dokumentiert und hinsichtlich der potenziellen Reichweite ausgewertet.

23 Um herauszufinden, ob die Zielgruppen die Kampagne und ihre Botschaften auch tatsächlich wahrgenommen haben und erinnern, wird im nächsten Schritt die Bekanntheit, Bewertung und Akzeptanz ermittelt (*Ebene 3*). Hierzu werden Befragungen bei den Zielgruppen durchgeführt.

24 Auf der *4. Ebene (Veränderung)* wird erfasst, inwiefern es Veränderungen auf der Verhaltens- und Verhältnisebene gegeben hat. Dazu werden Fallstudien in Be-

trieben durchgeführt, die die Kampagne mit ihren Maßnahmen umsetzen. Dabei werden unterschiedliche Methoden verwendet – beispielsweise Fragebögen, Beobachtungen sowie Interviews, um festzustellen, wie und in welchem Ausmaß die Kampagne Veränderungen bewirkt. Konnte auf den ersten vier Ebenen eine Wirkung erzielt werden, dann wird es auch Effekte im Betrieb selbst geben. Das sollte sich später in den Kennzahlen widerspiegeln *(Ebene 5)*. Da diese Kennzahlen aber durch eine Vielzahl an Faktoren beeinflusst werden und keinen eindeutigen Rückschluss auf die Wirkung der Kampagne zulassen sowie oftmals methodische Probleme der Messbarkeit existieren, werden sie im Rahmen der Evaluation nicht erhoben (Problem der Messbarkeit/Kausalität).

Eine Wirkung auf die vorhergehenden Ebenen lässt aber den Schluss zu, dass die Kampagne auch Auswirkungen auf die Kennzahlen hat. 25

Nicht zuletzt ist es für die Qualität von Kampagnen wichtig, neben der Wirksamkeit der Kampagne bei den Zielgruppen auch die internen Prozesse und Strukturen zu überprüfen und gegebenenfalls zu optimieren *(Ebene 6)*, die Trägerkampagnen zu evaluieren *(Ebene 7)* und durch eine strukturierte und kontinuierliche Rückmeldung der Evaluationsergebnisse ihre Nutzung sicherzustellen *(Ebene 8)*. 26

Mit den letzten drei Ebenen 6 bis 8 des Modells werden somit eher formale Aspekte betrachtet. Auch wenn sie somit streng genommen nicht mehr zur Wirkungskette gehören, sind sie für die Qualität der Evaluation von großer Bedeutung. 27

3   Ausblick

Die aktuelle Präventionskampagne der gesetzlichen Unfallversicherung in Deutschland „*komm*mit*mensch*" adressiert das Thema Präventionskultur. Sie beinhaltet Botschaften und Maßnahmen aus insgesamt sechs Handlungsfeldern und hat zum Ziel, Sicherheit und Gesundheit in Organisationen nachhaltig als Werte zu implementieren. Die Kampagne orientiert sich damit auch an den Bedürfnissen einer sich schnell verändernden Arbeitswelt: eine etablierte Kultur der Prävention garantiert Sicherheit und Gesundheit von Beschäftigten auch unter sich schnell ändernden Arbeits- und Produktionsbedingungen. Die ganzheitliche Betrachtungsweise von Prävention geht auch mit einer größeren Komplexität der Inhalte und Maßnahmen einher. Vor diesem Hintergrund sollen die Evaluationsergebnisse auf der Grundlage eines Neun-Ebenenmodells dazu beitragen, Maßnahmen der Kampagne in ihrer Umsetzung zielgruppengerecht zu steuern, Entwicklungen zu beobachten, neue Maßnahmen zu konzipieren sowie bestehende Maßnahmen zu verbessern. Auch die begleitende Wirksamkeitsforschung hat in der Zukunft die Aufgabe, sich mit der Präventionsarbeit weiterzuentwickeln. Die Kampagne „*komm*mit*mensch*" bietet durch die Struktur der Handlungsfelder und das korrespondierende Evaluationsmodell auch die Möglichkeit, noch während 28 der Laufzeit der Kampagne auf Veränderungen der Arbeitswelt zu reagieren und diese mitaufzunehmen.

Literatur

Hessenmöller, A./Rogosky, E. (DGUV): IAG Report 1/2014. „Denk an mich. Dein Rücken" – Eine Befragung zu Rückengesundheit und Präventionskultur in Unternehmen. Berlin 2014.

Hessenmöller, A. u. a.: IAG Report 5/2017. Die Evaluation der Präventionskampagne „Denk an mich. Dein Rücken" Planung, Durchführung und zentrale Ergebnisse. 2017.

Otten, E./Wetzstein, A.: Gemeinsame Präventionskampagnen der gesetzlichen Unfallversicherung und deren Evaluation. In: Windemuth, D. u. a. (Universum Verlag): Psychische Faktoren als Unfallrisiken. Relevanz in Bildung und Beruf. Wiesbaden 2017. S. 475–483.

Rahnfeld, M./Wetzstein, A./Hessenmöller, A. (DGUV): IAG Report 2/2016. Kultur der Prävention in Unternehmen und Bildungseinrichtungen. Eine Befragung zum Ist-Zustand. Berlin 2016.

Singhal, A./Rogers, E.M. (Lawrence Erlbaum Associates): Entertainment Education. A Communication Strategy for Social Change. New Jersey 1999.

Taskan-Karamürsel, E. u. a. (DGUV): IAG-Report 1/2011. Evaluation von Präventionskampagnen. Die Teile analysieren, das Ganze besser sehen: Effekte von Kampagnen der Unfallversicherung messen. Berlin 2011.

World Health Organization (WHO): Ottawa Charta for Health Promotion. An international conference on health promotion. Copenhagen 1987.

Die Implementierung eines Betrieblichen Gesundheitsmanagements im Klinikum Osnabrück

Stephanie Nobis/Tatjana Dellos/Jürgen Breitkreuz/Kerstin Moldenhauer

Abstract: Dieser Artikel beschreibt die Implementierung eines Betrieblichen Gesundheitsmanagements am Klinikum Osnabrück. Auf der Grundlage einer ausführlichen Ist-Analyse bezüglich der aktuellen gesundheitlichen Situation, der Zufriedenheit und der Wünsche an das BGM seitens der Mitarbeitenden wurde ein erster Maßnahmenkatalog erstellt. Basierend auf diesen Ergebnissen und unter Berücksichtigung aktueller Forschungsergebnisse wird exemplarisch das Konzept von Online-Gesundheitstrainings im BGM des Klinikums Osnabrück vorgestellt. Als Empfehlung kann abgeleitet werden, dass Kliniken bei der Implementierung eines BGM von Beginn an systematisch vorgehen sollten und durch eine detaillierte Bedarfserhebung die Anforderungen des jeweiligen Betriebes möglichst genau identifizieren und darauf aufbauend klassische und digitale zielgruppenspezifische Maßnahmen verbinden.

1 Einleitung

1   Gleichwohl das Betriebliche Gesundheitsmanagement (im Folgenden BGM) auf einigen Grundpfeilern besteht, existiert kein allgemeingültiges Konzept, das auf jedes Unternehmen übertragbar ist. Vielmehr ist es erforderlich, die vorherrschenden Besonderheiten des Unternehmens zu untersuchen und daraufhin die richtige BGM Strategie zu implementieren.[1] Das Setting Krankenhaus zeichnet sich dabei durch einige spezielle Herausforderungen aus, die beim Implementierungsprozess des BGM berücksichtigt werden müssen. So bestehen die Tätigkeitsfelder im Krankenhaus aus differenten Abteilungen und Berufsgruppen, die das Krankenhaus insgesamt zu einer hochkomplexen innerbetrieblichen Organisation gestalten.[2] Die daraus resultierende interdisziplinäre Zusammenarbeit, die unterschiedlichen arbeitsorganisatorischen Abläufe und die starken Hierarchien im Krankenhaus stellen besondere Herausforderungen an die Mitarbeitenden und an das BGM.[3] Des Weiteren haben sich die Arbeitsbedingungen durch reduzierte Verweildauern der Patienten (durchschnittlich 7,3 Tage im Jahr 2016) und erhöhte Fallzahlen pro Jahr (durchschnittlich 19.532.779 im Jahr 2016) verändert.[4] Zudem stellt der Schichtbetrieb eine weitere Besonderheit im Krankenhaus dar. Studien belegen, dass Schicht- und Nachtarbeit das Schlafverhalten negativ beeinflussen und dies zu Schlafstörungen[5] führen kann. Insbesondere bei Personen, die aufgrund der Schichtarbeit kürzere Schlafzyklen aufweisen, stellt

---

1   Reiter: Das Ganzheitliche Betriebliche Gesundheitsmanagement im Krankenhaus. Standortbestimmung und Handlungsempfehlungen für die Einführung und Umsetzung. 2011, S. 123.

2   Müller: Und wer denkt an uns? Gesundheitsförderung in Einrichtungen des Gesundheitswesens. In: Faller (Hrsg.): Lehrbuch betriebliche Gesundheitsförderung. 2012, S. 269.

3   Wichels-Schnieber: Exkurs: Brücken zur Klinik schlagen – Chancen einer neuen Managergeneration. In: Deba-tin/Ekkernkamp/Schulte/Tecklenburg (Hrsg.): Krankenhausmanagement. Strategien, Konzepte, Methoden. 2013, S. 73–75.

4   Statistisches Bundesamt: Einrichtungen, Betten und Patientenbewegungen. 2016. Online: https://www.destatis.de/DE/ZahlenFakten/GesellschaftStaat/Gesundheit/Krankenhaeuser/Tabellen/GDKrankenhaeuserJahreOhne100000.html [abgerufen am 24.3.2018].

5   Zulley/Knab: Unsere Innere Uhr: Natürliche Rhythmen nutzen und der Non-Stop-Belastung entgehen. 2014, S. 143–153.

sich bspw. ein erhöhter Risikofaktor für Herz-Kreislauferkrankungen ein.[6] Darüber hinaus stellt das Thema Führung eine weitere stetig wachsende Anforderung im Krankenhaus dar. Neben der Erfüllung von fachbezogenen Anweisungen, obliegt es der Führungskraft, eine gesundheits- und generationengerechte Führung vorzuleben und umzusetzen. Die Führungskräfte mit ihrem fachlichen, aber auch zwischenmenschlichen Verhalten stellen dabei einen nicht zu unterschätzenden Faktor für den wirtschaftlichen Erfolg eines Krankhauses dar.[7]

Im Rahmen dieses Artikels wird die Etablierung eines BGM in der Klinikum Osnabrück GmbH (im Folgenden Klinikum Osnabrück) vorgestellt. Das Klinikum Osnabrück ist ein Krankenhaus der Maximalversorgung mit 660 Belegbetten und 2.238 Mitarbeitenden im Jahr 2016. Es besteht aus 15 Fachabteilungen, in denen im Jahr 2015 ca. 54.700 Patienten ambulant und knapp 30.000 Patienten stationär versorgt wurden.   2

2 Hauptteil – Die Etablierung eines BGM am Klinikum Osnabrück

Zum 1.10.2016 wurde der Fachbereich BGM im Klinikum Osnabrück gegründet.   3
Dieser ist mit einer Vollzeitstelle besetzt, die von 2 Mitarbeitenden in Teilzeit ausgeführt wird. Die Zielsetzung des Fachbereichs BGM ist die Entwicklung und nachhaltige Implementierung eines Managementsystems, um körperliche und psychische Belastungen zu reduzieren, individuelle Gesundheitskompetenzen zu stärken und gesundheitsförderliche Strukturen weiterzuentwickeln. Kurzfristig sollen im Klinikum Osnabrück durch das BGM Investitionen getätigt werden, um das Wohlbefinden am Arbeitsplatz und die Mitarbeiterzufriedenheit zu erhalten bzw. zu stärken. Langfristig betrachtet sollen die Veränderungen auch aus ökonomischer Perspektive eine positive Entwicklung aufweisen. Hierzu zählen eine Erhöhung der Gesundheitsquote und die Reduktion von Präsentismus. Ein weiteres langfristig wichtiges Ziel stellt die Förderung eines gesundheitsorientierten Führungsstils dar.

Die Ausrichtung des BGM am Klinikum Osnabrück basiert dabei grundsätzlich   4
auf vier Strategien.[8]

---

6   Cappuccio/Cooper/D'Elia/Strazzullo/Miller: Sleep duration predicts cardiovascular outcomes: a systematic review and meta-analysis of prospective studies. In: European Heart Journal 32(12)/2011, S. 1484–1492.
7   Schmidt: Personalführung. In: Schmidt u. a. (Hrsg.): Betriebliches Gesundheitsmanagement im Krankenhaus. Strukturen, Prozesse und Arbeiten im Team gesundheitsfördernd gestalten. 2013, S. 134–147.
8   Uhle/Treier: Betriebliches Gesundheitsmanagement. Gesundheitsförderung in der Arbeitswelt – Mitarbeiter einbinden, Prozesse gestalten, Erfolge messen. 2015, S. 57–77.

- **Kurative Strategie**: adressiert kranke, demotivierte und abwesende Mitarbeiterinnen und Mitarbeiter. Die Symptome können dabei in verschieden starken Stufen ausgeprägt sein. Ziel ist, die Gesundheit der Beschäftigten zu verbessern.
- **Präventiv Strategie**: orientiert sich an gesunden, anwesenden und motivierten Mitarbeiterinnen und Mitarbeiter und zielt darauf ab, die Gesundheit der Beschäftigten zu erhalten.
- **Verhaltensprävention**: bezeichnet personenbezogene Interventionen, d. h. Maßnahmen, die darauf abzielen, die Gesundheit durch Änderung des persönlichen Verhaltens zu fördern.
- **Verhältnisprävention**: verhältnisbezogene Maßnahmen zielen auf eine gesundheitsförderliche Gestaltung der Arbeit und der Arbeitsumgebung ab.

5   Eine weitere, über alle Bereiche laufende Kernstrategie des BGM am Klinikums Osnabrück ist die Verbindung von klassischen Maßnahmen mit digitalisierten Angeboten. Dies ist für ein nachhaltiges BGM von großer Relevanz, da Untersuchungen zeigen, dass klassische Maßnahmen des BGM von einem Anteil der Beschäftigten nicht genutzt werden.[9] Folglich sollten innovative und digitalisierte Zugangswege von Beginn an mitgedacht und im BGM implementiert werden, um so die Beschäftigten mit ihren unterschiedlichen Präferenzen zu erreichen.

3   Erste Schritte am Klinikum Osnabrück

6   Um ein zielgerichtetes BGM umzusetzen, wurde beschlossen, zu Beginn eine ausführliche Ist-Analyse über den aktuellen Gesundheitszustand und über das Wohlbefinden der Mitarbeitenden zu erheben. Die Ergebnisse wurden in einen Gesundheitsbericht verschriftlicht, wobei dieser ein erstes festes Instrument im BGM des Klinikums Osnabrücks darstellt, um so stetig Entwicklungen zu erkennen und Erfolge und weitere Verbesserungspotentiale aufzuzeigen. Im Folgenden werden die Inhalte kurz erläutert:

7   Für den ersten Gesundheitsbericht wurden die Jahre 2015 bis 2017 (1.Quartal) betrachtet. In dem Gesundheitsbericht wurden sowohl interne Daten als auch externe Daten analysiert. Die internen Daten bestehen aus den folgenden Quellen:

- den Ergebnissen einer vollständigen Mitarbeiterbefragung im Frühjahr 2017
- der Betrachtung der Fehlzeiten
- Daten zum betrieblichen Eingliederungsmanagement
- Daten des Arbeitsschutzes zu Unfallquoten

8   Neben diesen internen Daten wurden die Versichertenanteile der Mitarbeitenden bei den gesetzlichen Krankenkassen analysiert und folglich die vier gesetzlichen

---

9   Robroek u. a.: Determinants of participation in workside health promotion programmes: a systematic review. In: The international journal of behavioural nutrition and physical activity 2009, S. 26.

Krankenkassen mit den größten Versichertenanteilen angeschrieben, um Auswertungen zu Fehlzeiten und hierfür verantwortlichen Diagnosen zu erhalten. Darüber hinaus wurden diese Daten einem Branchenvergleich mit anderen Krankenhäusern unterzogen, um so die betriebliche Situation am Klinikum Osnabrück realistisch einzuschätzen.

Im weiteren Verlauf des Artikels werden die Kernergebnisse der im Frühjahr 2017 9
durchgeführten Mitarbeiterbefragung hinsichtlich der Wünsche an das BGM vorgestellt. Aufbauend auf den Ergebnissen des Gesundheitsberichts wurden verschiedene Maßnahmen implementiert, wobei beispielhaft der digitale Ansatz der Implementierung von Online-Gesundheitstrainings ebenfalls näher erläutert wird.

4 Ergebnisse Mitarbeiterbefragung: Wünsche an das BGM

Die Mitarbeiterbefragung am Klinikum Osnabrück konnte basierend auf § 20 10
SGB V mit der gesetzlichen Krankenkasse Barmer umgesetzt werden, wodurch eine vollständige Kostenübernahme inklusive Auswertung seitens der Barmer stattfand. Eingesetzt wurde der standardisierter Fragebogen Copenhagen Psychosocial Questionnaire (COPSOQ). Den Kernbereich des Fragebogens bilden die psychosozialen Faktoren bei der Arbeit.[10] Darüber hinaus wurden einige unternehmensspezifische Zusatzfragen vom BGM formuliert, um so weitere gesundheitliche Einschränkungen zu erfassen sowie Wünsche an das BGM besser und zielgruppenspezifisch herausfiltern zu können. Die Mitarbeitenden des Klinikums Osnabrück hatten die Möglichkeiten, den Fragebogen entweder online oder als Papierversion auszufüllen. Das Klinikum Osnabrück umfasste zum Befragungszeitpunkt eine Mitarbeiterzahl von 2.377. Die Rücklaufquote betrug insgesamt N = 958. Folglich haben sich 40,3 % der Mitarbeitenden an der Befragung beteiligt. Der Großteil der Mitarbeitenden hat die Befragung anhand der Papierversion ausgefüllt (N = 728, 76 %). Lediglich N = 230 (24 %) haben die Alternative der Online-Befragung genutzt.

Im Folgenden werden die Ergebnisse der Befragung zu Maßnahmen des BGMs 11
vorgestellt. Die Abb. 1 veranschaulicht, dass sich berufsgruppen- und abteilungsübergreifend die Mitarbeitenden am meisten Angebote zur Rückengesundheit (47 %), zum Umgang mit Stress (46 %) und zu Entspannungsverfahren (39 %) wünschen. Die Nachfrage sonstigen Angeboten sowie nach Suchtprävention fiel mit jeweils 3 % am geringsten aus.

---

10 Nübling u. a.: Erfassung psychischer Belastungen anhand eines erprobten Fragebogens-Aufbau der COPSOQ-Datenbank. In: Schriftenreihe der Bundesanstalt für Arbeitsschutz und Arbeitsmedizin 2011, S. 1–24.

12

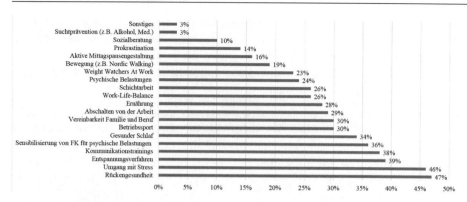

Abb. 1: Generische Ergebnisse zu den Wünschen an das BGM

Quelle: Eigene Darstellung.

13 Zusätzlich zu den gewünschten Angeboten wurde nach der gewünschten Dauer gefragt. Fast die Hälfte der Befragten (49 %) haben Interesse an Schnupperkursen/ Kurzimpulsen in einem Umfang von 20–90 Minuten. Fast 40 % wünschen sich Tagesseminare. Über 30 % gaben an, dass sie sich Onlineseminare wünschen, die zeitlich flexibel absolvierbar sind. Block-Seminare sowie Halbtages-Seminare können sich 25 % der Mitarbeitenden vorstellen, wohingegen Block-Tagesseminare nur 12 % präferieren.

14

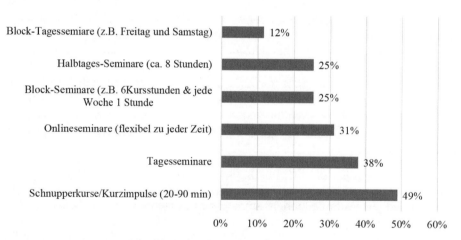

Abb. 2: Gewünschte Dauer der Angebote

Quelle: Eigene Darstellung.

15 Neben dieser generischen Auswertung wurde eine detaillierte Erörterung der Ergebnisse zu den Wünschen an das BGM anhand der erfragten Zugehörigkeitsbereiche (z. B. Gesundheits- und Krankenpflege, Ärzte, Verwaltung) am Klinikum Osnabrück vorgenommen. Hier kristallisierten sich zum Teil starke Interessens-

unterschiede zwischen den Berufsgruppen heraus. Besonders nennenswert ist, dass insbesondere der ärztliche Bereich (45 %) und die Mitarbeitenden aus der Akademie (43 %) digitale BGM-Maßnahmen präferieren.

5 Erste Maßnahmen des BGM im Klinikum Osnabrück

Basierend auf den Ergebnissen des Gesundheitsberichts und in Absprache mit dem Steuerkreis wurden folgende erste Maßnahmen im Zeitfenster von 12 Monaten am Klinikum Osnabrück initiiert: 16

- Seminarprogramm (klassische Seminare und digitalisierte Angebote) 17
- Sprechstunde BGM (für Führungskräfte und Mitarbeitende)
- Fachvorträge und Weiterbildungen (z. B. Integration des BGM in die Unterweisung, Integration des BGM in die Lehre der Auszubildenden, Integration BGM Fortbildung Nachwuchsführungskräfte)
- Gesundheitszirkel
- Erster Gesundheitstag
- Start der Zusammenarbeit mit dem Betrieblichen Eingliederungsmanagement

Im Folgenden wird exemplarisch ein innovatives, digitalisiertes Angebot des Seminarprogrammes am Klinikum Osnabrück vorgestellt. 18

6 Digitalisiertes Angebot: Online-Gesundheitstrainings im BGM

Entsprechend der oben beschriebenen positiven Resonanz zu Online-Seminaren erhielten die Mitarbeitenden die Möglichkeit Online-Gesundheitstrainings im Klinikum Osnabrück in Anspruch zu nehmen. 19

Allgemein beschreibend charakterisieren sich Online-Gesundheitstrainings als ein evidenzbasiertes, niedrigschwelliges Angebot, das individuell, anonym, entsprechend der zeitlichen Möglichkeiten und Bedürfnisse genutzt werden kann und keiner örtlichen Bindung unterliegt. Es handelt sich dabei um Trainingsprogramme, die über das Internet absolviert werden. Die Inhalte basieren auf evidenzbasierten Komponenten klassischer face-to-face Maßnahmen (z. B. Entspannungsverfahren oder verhaltenstherapeutisch-orientierten Verfahren) und bestehen aus mehreren Lektionen (zwischen 6 und 7), wobei Teilnehmende diese in einem wöchentlichen Rhythmus durchlaufen sollten.[11] Online-Gesundheitstrainings gelten dabei dank intensiver Forschungsarbeiten als ein wirksames Instrument zur 20

---

11 Nobis/Heber/Lehr: E-Mental Health im Betrieblichem Gesundheitsmanagement – das Potential von Online-Gesundheitstrainings am Beispiel von GET.ON Stress. In: Matusiewicz/Kaiser (Hrsg.): Digitales betriebliches Gesundheitsmanagement. Theorie und Praxis. 2018, S. 475–490.

Prävention und Behandlung von psychischen Beschwerden. Internationale Studien belegen, dass Depressivität, Ängste oder Schlafstörungen substanziell und nachhaltig reduziert werden können.[12] Die ersten Studien aus Deutschland bestätigen diese positiven Effekte für bspw. Stress[13], Schlaf[14] und Depression.[15]

21 Das Klinikum Osnabrück bietet in Zusammenarbeit mit der Barmer und der GET.ON Institut GmbH den Mitarbeitenden des Klinikums Osnabrück dieses neuartige Angebot im BGM an. Um die Online-Trainings zu nutzen, können sich die Mitarbeitenden des Klinikum Osnabrücks auf einer Webseite mit einem unternehmensspezifischen Passwort einloggen und zu Beginn einen Online-Stresstest durchlaufen.

22 Das vorgeschaltete Assessment besteht aus vier validierten Fragebögen zu den Themen Stress, Depression, Schlaf und Alkoholkonsum (*Patient Health Questionnaire-8, PHQ-8; Perceived Stress Scale, PSS; Insomnia Severity Index, ISI; Alcohol Use Disorders Identification Test, AUDIT*). Nach dem Ausfüllen erhalten die Teilnehmenden eine Einschätzung dazu, in welchem Ausmaß bei ihnen beruflicher Stress vorliegt, der gesundheitsgefährdend ist. Sie erhalten zudem eine Einschätzung, welche gesundheitlichen Folgen von Stress bei ihnen im Vordergrund stehen. Ausgehend von diesen Angaben erhalten die Mitarbeitenden am Klinikum Osnabrück eine individuelle Empfehlung, welches Online-Training zur Gesundheitsförderung bei ihnen sinnvoll sein könnte. Es stehen folgende vier Online-Trainings zur Auswahl:

23 • GET.ON Stimmung: Depressive Beschwerden stellen die schwerwiegendste Problematik dar. Bei mittel bis sehr starker Ausprägung der Depressivität ist die Trainings-Standardempfehlung „GET.ON Stimmung"
 • GET.ON Fit im Stress: Stress stellt einen wichtigen allgemeinen Risikofaktor für gesundheitliche Probleme dar. Die Empfehlung an dem Training „GET.ON Fit im Stress" teilzunehmen erfolgt, wenn keine Indikation für einen spezifischen Problembereich mit dem entsprechenden Training vorliegt, oder wenn ausschließlich im Bereich Stress starke oder sehr starke Beschwerden vorliegen.
 • GET.ON Regeneration: Bei starker oder sehr starker Ausprägung der Schlafbeschwerden wird das Training „GET.ON Regeneration" empfohlen.

---

12 Ebert/Cuijpers/Muñoz/Baumeister: Prevention of Mental Health Disorders using Internet and mobile-based Interventions: a narrative review and recommendations for future research. In: Frontiers in Psychiatry 08/2017, S. 116.
13 Heber u. a.: Web-based and mobile stress management intervention for employees: results of a randomised controlled trial. In: Journal of Medical Internet Research 18/2016, S. e21
14 Thiart u. a.: Log in and breathe out: efficacy of an online sleep training for teachers affected by work-related strain-Results of a randomized controlled trial. In: Scandinavian Journal of Work, Environment & Health 41(2)/2015, S. 164–174.
15 Buntrock u. a.: Effect of a Web-Based Guided Self-help Intervention for Prevention of Major Depression in Adults With Subthreshold Depression: A Randomized Clinical Trial. In: Journal of the American Medical Association 17/2018, S. 1854–1863.

- GET.ON Clever weniger trinken: Das Training zielt auf die Veränderung eines gesundheitsgefährdenden Alkoholkonsums ab, adressiert jedoch kein Suchtverhalten. Die Veränderung von Konsumgewohnheiten setzt im besonderen Maße einen Veränderungswunsch voraus. Das Training wird bei riskantem und hoch riskantem Konsum empfohlen. Bei einem Hinweis auf Sucht wird das Training nicht angeboten, sondern auf entsprechende Angebote der Suchthilfe verwiesen.

Bei der Bearbeitung der Online-Trainings werden die Teilnehmenden animiert, das Gelernte zwischen den Trainingseinheiten in Übungen zu vertiefen und ein Online-Tagebuch über den Trainingserfolg zu führen. Das Online-Tagebuch ist auch als Smartphone-App verfügbar. Eine Besonderheit an den angebotenen Online-Trainings der GET.ON Institut GmbH ist, dass die Wirksamkeit durch randomisierte-kontrollierte Studien an der Leuphana Universität Lüneburg belegt ist und diese demnach nachhaltig zu einer Verbesserung der psychischen Gesundheit beitragen können. Analysen zur Kosten-Effektivität der angebotenen Trainings zeigen zudem, dass Online-Trainings nicht nur sehr wirksam, sondern auch kosteneffektiv für Unternehmen sein können.[16]   24

7 Ausblick

Die heutigen Arbeitsbedingungen beinhalten für Mitarbeitende an Kliniken verschiedene Herausforderungen, die die psychische Gesundheit, aber auch den wirtschaftlichen Erfolg eines Krankenhauses negativ beeinflussen können. Daher ist es erstrebenswert, ein auf das jeweilige Krankenhaus zugeschnittenes BGM zu implementieren, um so zum einen die Zufriedenheit, Arbeitsfähigkeit und Unternehmenstreue zu fördern und zum anderen betriebswirtschaftliche negative Auswirkungen (Präsentismus/Absentismus) zu verringern.   25

Die Ergebnisse der am Klinikum Osnabrück durchgeführten Mitarbeiterbefragung zu Aspekten des BGM zeigen, dass ein beachtlicher Anteil der Mitarbeitenden Interesse an Onlineseminaren hat. Es ist empfehlenswert, dass Unternehmen diese Präferenzen erfassen und das BGM entsprechend ausrichten.   26

Das vorgestellte Angebot „Online-Gesundheitstrainings" stellt eine Möglichkeit einer digitalen BGM-Maßnahme dar. Studien belegen, dass diese das Potential beinhalten, die Mitarbeitenden durch evidenzbasierte Methoden zu einer langfristigen Verhaltensänderung zu motivieren, die sowohl für sie selbst als auch für den Betrieb positive Auswirkungen hinsichtlich Präsentismus und Absentismus erzielen können. Einschränkend muss konstatiert werden, dass Online-Gesundheitstrainings bislang nicht systematisch im BGM-Kontext evaluiert wurden. Erste Projektevaluationen sind jedoch derzeit in der Umsetzung. Gleichwohl lassen die   27

---

16   Thiart u. a.: Internet-Based Cognitive Behavioral Therapy for Insomnia: A Health Economic Evaluation. In: Sleep 39(10)/2016. S. 1769–1778.

positiven Studienergebnisse bereits heute vermuten, dass diese Ansätze eine zeitgemäße, wirkungsvolle Ergänzung im BGM darstellen werden.

28 Schlussendlich sollten Unternehmen, um zukunftsfähig zu agieren, digitalisierte Angebote nicht nur für verhaltenspräventive Maßnahmen nutzen, sondern ebenso solche für den verhältnisbezogenen Teil eines umfassenden und nachhaltigen BGM entwickeln. Dabei ist stetig zu beachten, dass solche neuen Ansätze nur erfolgreich sein werden, wenn die Unternehmensleitung und Führungsebenen diese Maßnahmen aktiv befürworten und glaubwürdig in das Unternehmen tragen.

Literatur

Buntrock, C. u. a.: Effect of a Web-Based Guided Self-help Intervention for Prevention of Major Depression in Adults With Subthreshold Depression: A Randomized Clinical Trial. In: Journal of the American Medical Association 17/2018, S. 1854–1863.

Cappuccio, F. P. u. a.: Sleep duration predicts cardiovascular outcomes: a systematic review and meta-analysis of prospective studies. In: European Heart Journal 32(12)/2011, S. 1484–1492.

Ebert, D. D. u. a.: Prevention of Mental Health Dis-orders using Internet and mobile-based Interventions: a narrative review and recommendations for future research. In: Frontiers in Psychiatry 8/2017, S. 116.

Heber, E. u. a.: Web-based and mobile stress management intervention for employees: results of a randomized controlled trial. In: Journal of Medical Internet Research 18/2016, S. e21.

Müller, B.: Und wer denkt an uns? Gesundheitsförderung in Einrichtungen des Gesundheits-wesens. In: Faller, G. (Hrsg.): Lehrbuch betriebliche Gesundheitsförderung. 2 Aufl. 2012, S. 269.

Nobis, S./Heber, H./Lehr, D.: E-Mental Health im Betrieblichem Gesundheitsmanagement – das Potential von Online-Gesundheitstrainings am Beispiel von GET.ON Stress. In: Matusiewicz, D./Kaiser.L. (Hrsg.): Digitales betriebliches Gesundheitsmanagement. Theorie und Praxis. 1. Aufl. Wiesbaden 2018, S. 475–490.

Nobis, S. u. a.: Efficacy of a web-based intervention with mobile phone support in treating depressive symptoms in adults with type 1 and type 2 diabetes mellitus: A randomized controlled trial. In: Diabetes Care 38/2015. S. 776–783.

Nübling, M.u. a.: Erfassung psychischer Belastungen anhand eines erprobten Fragebogens-Aufbau der COPSOQ-Datenbank. In: Schriftenreihe der Bundesanstalt für Arbeitsschutz und Arbeitsmedizin 2011, S. 1–24.

Reiter, P.: Das Ganzheitliche Betriebliche Gesundheitsmanagement im Krankenhaus. Stand-ortbestimmung und Handlungsempfehlungen für die Einführung und Umsetzung. Stuttgart, 2011.

Robroek, S. J. W. u. a.: Determinants of partici-pation in worksite health promotion program-mes: a systematic review. The international journal of behavioural nutrition and physical activity 6(1)2009, S. 26.

Schmidt, C.: Personalführung. In: Schmidt,C. u. a. (Hrsg.): Betriebliches Gesundheitsmanage-ment im Krankenhaus. Strukturen, Prozesse und Arbeiten im Team gesundheitsfördernd gestalten. Berlin 2013, S. 134–147.

Statistisches Bundesamt: Einrichtungen, Betten und Patientenbewegungen. 2016. Online: https://www.destatis.de/DE/ZahlenFakten/GesellschaftStaat/Gesundheit/Krankenhaeuser/Tabellen/GDKrankenhaeuserJahreOhne100000.html [abgerufen am 24.3.2018].

Thiart, H. u. a.: Internet-Based Cognitive Behavioral Therapy for Insomnia: A Health Economic Evaluation. In: Sleep 39 (10)/2016. S. 1769–1778.

Thiart, H. u. a.: Log in and breathe out: efficacy of an online sleep training for teachers affected by work-related strain – Results of a randomized controlled trial. In: Scandinavian Journal of Work, Environment & Health 41(2)/2015, S. 164–174.

Uhle,T./Treier,M.: Betriebliches Gesundheitsmanagement. Gesundheitsförderung in der Arbeitswelt – Mitarbeiter einbinden, Prozesse gestalten, Erfolge messen. 3. Aufl. Berlin/Heidelberg 2015.

Wichels-Schnieber, A.: Exkurs: Brücken zur Klinik schlagen – Chancen einer neuen Managergeneration. In: Debatin, J. u. a. (Hrsg.): Krankenhausmanagement. Strategien, Konzepte, Methoden. 2013, S. 73–75.

Zulley,J./Knab,B.: Unsere Innere Uhr: Natürliche Rhythmen nutzen und der Non-Stop-Belastung entgehen. 2. Aufl. Frankfurt am Main 2014.

Lebensphasengerechte Arbeitsgestaltung – auf die Passgenauigkeit kommt es an

Bernd Runde/Elisabeth Tenberge

Abstract: Eine Analyse des aktuellen Handlungsbedarfs in Bezug auf die alter(n)sgerechte Gestaltung von Arbeit in den Niels-Stensen-Kliniken führt zu der Erkenntnis, dass neben zahlreichen konkreten Maßnahmen vor allem die Verpflichtung zur Passgenauigkeit der Angebote für deren Erfolg und Nachhaltigkeit entscheidend ist. Im Artikel wird die Herleitung und Umsetzung einer unternehmensweiten – intern durch die Personalentwicklung verantworteten – Demografie-Beratung/-Begleitung vorgestellt, die aus unserer Sicht alternativlos ist, wenn es um die Berücksichtigung abteilungsspezifischer Besonderheiten geht.

1 Ausgangslage

1   Die Gestaltung lebensphasen- bzw. alter(n)sgerechter Arbeitsbedingungen stellt eine der wesentlichen Herausforderungen für Unternehmen dar, um die zukünftig notwendigen Anpassungsprozesse zu bewältigen. Fortschreitende Digitalisierung, Veränderungen der Altersstruktur der Mitarbeitenden, zunehmend wachsende Anforderungen jüngerer Mitarbeitender an ausreichend flexible und auf die individuellen Bedürfnisse ausgerichtete Arbeitsinhalte, -zeiten und -ziele und nicht zuletzt ein zunehmend begrenzter Markt an qualifiziertem Personal bilden nur einige gegenwärtige und zukünftige Herausforderungen ab. Es geht um nicht weniger, als Tätigkeiten in eine Arbeitsumgebung zu integrieren, die Abwechslung (psychisch und körperlich) ermöglicht und Lernanreize bietet, um vor allem dem Leistungsabbau älterer Mitarbeitender vorzubeugen. Selbstverständlich soll hier nicht dem Defizitmodell des Alterns Vorschub geleistet werden. Kompetenzbereiche wie Weitsicht, Gelassenheit und Erfahrungswissen nehmen nachweislich[1] im Alter zu. Außerdem sind die veränderten privaten Anforderungen mit zunehmendem Alter von großer Bedeutung (z. B. seltener Verantwortung für eigene Kinder, zunehmendes Eingebundensein in die Pflege Angehöriger). Zurecht hat sich daher der Einheitsbegriff „lebensphasengerechte Arbeitsgestaltung" etabliert, um sowohl alters- als auch alternsgerechte Gestaltungsmöglichkeiten menschlicher Arbeit zu beschreiben.

2   Dennoch steht ebenso außer Frage, dass mit zunehmendem Alter vor allem körperliche Belastungsgrenzen schneller werden und damit einhergehende Einschränkungen der universellen Einsetzbarkeit älterer Mitarbeitender Berücksichtigung finden müssen. Der damit zusammenhängende Handlungsbedarf ist vor allem im Gesundheitsbereich und insbesondere in der stationären Gesundheitsversorgung schwer zu erfüllen. Systematische Belastungswechsel und vor allem lernförderliche Arbeitsumgebungen sind in der stationären Pflege, auf die sich dieser Beitrag konzentriert, begrenzt bzw. schwer umsetzbar. Und auch für die Pflege gilt: nicht der Rückgang der potenziell den Pflegeberuf ergreifenden Menschen ist das vordringliche Problem, sondern die deutliche Alterung.

---

1   Frieling/Gösel: Betriebliche Gesundheitspolitik – Wo besteht in der deutschen Wirtschaft besonderer Handlungsbedarf? Expertise für die Expertenkommission „Betriebliche Gesundheitspolitik" der Bertelsmann Stiftung und der Hans Böckler Stiftung. 2003, S. 13 ff.

Hinzu kommt, dass der demografische Wandel in doppelter Hinsicht den Pflege- 3
beruf belastet: Die Mitarbeitenden werden kontinuierlich älter, ohne dass es
zumindest in den kommenden zehn Jahren Möglichkeiten der Gestaltung eines
ausgewogenen Altersmix gibt. Und auch die Patienten, die sich den Pflegenden
anvertrauen, werden zunehmend multimorbider, teilweise dementer und somit
erheblich pflegeaufwendiger.[2]

Schließlich zeichnet den Pflegeberuf noch die Besonderheit einer im Vergleich zu 4
anderen Branchen sehr hohen Teilzeitquote der Beschäftigten aus. Dies wiederum
führt dazu, dass vor allem die Teilzeitbeschäftigten aus Angst vor Altersarmut
Möglichkeiten der vorzeitigen Beendigung der aktiven Erwerbstätigkeit kaum in
Anspruch nehmen. Dennoch, bzw. gerade deswegen, formulieren diese Beschäftigten zunehmend die Erwartung an den Arbeitgeber, Sorge dafür zu tragen, dass
die Mitarbeitenden bis zur Erreichung ihres Rentenalters erwerbs- und leistungsfähig bleiben.

2 Praktische Umsetzung

Für die Niels-Stensen-Kliniken, einen regionalen Krankenhausverbund mit ca. 5
6.000 Mitarbeitenden, führten die vorgenannten Überlegungen bereits 2008 im
Rahmen der Neuformulierung der Unternehmensstrategie zu einer Priorisierung
und entsprechenden Beauftragung zur Einführung eines umfassenden betrieblichen Gesundheitsmanagements, welches insbesondere der lebensphasengerechten
Arbeitsgestaltung genügen sollte.

In den darauffolgenden Jahren wurden zahlreiche Themenschwerpunkte voran- 6
getrieben:

- Leitfäden für Mitarbeiter-Vorgesetzten-Gespräche mit Hinweisen und Tipps
  für lebensphasengerechte Arbeitsgestaltung
- Unternehmenseigene Betreuungsangebote für Kinder und Unterstützungs-
  angebote zur Vereinbarkeit von Beruf und Pflege von Angehörigen
- Diverse Maßnahmen im Rahmen der betrieblichen Gesundheitsförderung,
  z. B. Firmenfitess-Programm, Fahrrad-Leasing-Angebot, Stressmanagement-
  Fortbildungen
- Arbeitszeitflexibilisierungen mit Job-Sharing-Modellen, Ausfallkonzepten und
  neuen Schichtsystemen
- Einführung von Lebensarbeitszeitkonten zur individuellen und den persönli-
  chen Anforderungen genügenden beruflichen Entwicklung
- Einsatz von Servicekräften und Einrichtung von Stationssekretariaten zur
  Entlastung der Pflegekräfte

---

2 Löffert/Golisch: Alter(n)sgerechtes Arbeiten im Krankenhaus. Stand und Perspektiven einer
   langfristigen Bindung von Pflegekräften. Eine Studie im Auftrag der Berufsgenossenschaft für
   Gesundheitsdienst und Wohlfahrtspflege (BGW). 2010, S. 5.

7   Trotz dieser und weiterer Initiativen zeigen verbundinterne Dialogforen, Rückmeldungen aus Führungskräfteworkshops sowie zahlreiche Einzelfälle, dass oben
genannte Maßnahmen noch keine Nachhaltigkeit im Sinne einer erfolgreichen
Beschäftigungsfähigkeit älterer Mitarbeitenden zeigten. Zu häufig wurde das
Thema altersgerechte Arbeit auf Arbeitsmedizin und Arbeitssicherheit reduziert,
ohne den Blick auf Themen der Personalentwicklung, Fort- und Weiterbildung
sowie Führung zu erweitern. Die beispielsweise von Gröning et al. (2012)
genannten Maßnahmen, wie Veränderungen der Arbeitsplätze und -zeiten,
altersausgewogene Personalbesetzungen, Einführungen von Karrieremodellen
oder gezieltes Mentoring und Gesundheitsförderung, wurden nur begrenzt genutzt.

8   Die Ursachen dieser, je nach Arbeitsbereich sehr unterschiedlichen Nutzung sowie
Umsetzung der Angebote zur lebensphasengerechten Arbeitsgestaltung sind vielfältig. Vor allem folgende Besonderheiten der Arbeitseinheiten scheinen eine
wesentliche Rolle zu spielen:

- Die Offenheit der Führungskraft für Veränderungsprozesse sowie der Sensibi-
  lisierungsgrad für das Thema älter werdender Mitarbeitender.
- Die Relevanz sonstiger aktueller Problemfelder, wie z. B. wenig effiziente
  dienstartenübergreifende Zusammenarbeit, strukturelle/räumliche Einschränkungen am Arbeitsplatz, teaminterne Konfliktfelder u. v. m. können im
  Arbeitsbereich zur Einstellung führen, dass zunächst die vermeintlich „wichtigen" Probleme zu klären seien, bevor der Fokus auf „weichere" Themen
  gerichtet werden kann. Der enge Zusammenhang beider Themenbereiche
  bzw. Ebenen wird hier oftmals zu wenig beachtet.
- Die vorhandene Altersstruktur: besteht aktuell in dem jeweiligen Arbeitsbereich aufgrund eines noch angemessenen Altersmix keine sich direkt aus
  der Altersstruktur ergebende Problematik, besteht die Gefahr einer nur halb-
  herzigen Beschäftigung mit dem Thema. Liegen dagegen konkrete personenbezogene Einzelfälle vor, wird oftmals nur auf die Lösung für die betroffenen
  (älteren) Mitarbeitenden hingearbeitet, ohne nachhaltige Lösungen zu entwickeln.

2.1   Ziele

9   Vor diesem Hintergrund wurde ein Projekt initiiert, dessen Ziel darin bestand,
anhand der Durchführung und Auswertung von Pilot-Projekten umsetzungs-
fähige Ideen und Methoden zur Schaffung alter(n)sgerechter Arbeitsbedingungen
zu entwickeln. Diese sollten in der Folge für die Führungskräfte (in erster Linie
Stationsleitungen) nutzbar sein und mit Unterstützung der Personalentwicklung
umgesetzt werden (vgl. Abb. 1). Um dieses Ziel zu erreichen und gleichzeitig einen
größtmöglichen Nutzen für die teilnehmenden Pilotbereiche zu erzielen, wurden

gemeinsam mit der Geschäftsleitung und den Pflegedirektionen folgende Rahmenbedingungen vereinbart:

- Die Mitarbeitenden werden aktiv in die Analyse bereichsspezifischer aktueller und zukünftiger (demografischer) Herausforderungen sowie in die Entwicklung von Lösungsansätzen eingebunden. 10
- Es werden im Rahmen der Pilot-Projekte konkrete Maßnahmen zur alter(n)sgerechten Arbeitsgestaltung ausgewählt und umgesetzt.
- Das Augenmerk liegt auf der Analyse und ggf. Anpassung bereichsspezifischer Gegebenheiten, wobei individuelle Lösungen gefunden werden sollen
- Die Auswahl und Umsetzung von Maßnahmen werden von allen Mitarbeitenden der Station sowie der Führungskraft verantwortet.
- Die spezifischen Bedürfnisse, Stärken und Schwächen sowohl älterer als auch jüngerer Beschäftigter werden bei allen Maßnahmen berücksichtigt.

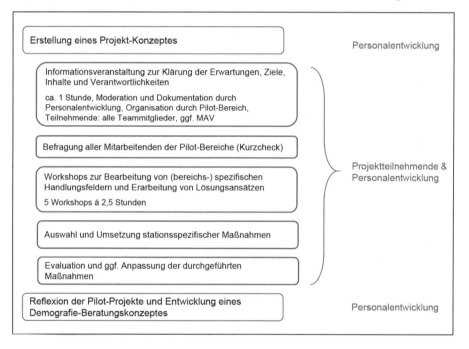

11

Abb. 1: Projektstruktur mit entsprechenden Verantwortlichkeiten
Quelle: Eigene Darstellung.

2.2 Vorbereitung

2.2.1 Handlungsfelder lebensphasengerechter Arbeitsgestaltung

12 Es liegen zahlreiche Taxonomien von Handlungsfeldern lebensphasengerechter Arbeitszeitgestaltung vor.[3] Für die folgenden Ausführungen und das durchgeführte Projekt wurde die folgende Systematisierung zugrunde gelegt:

- Arbeitsorganisation und -gestaltung
- Fort-/Weiterbildung und Entwicklung
- Personalgewinnung und -bindung
- Führung und Unternehmenskultur
- Gesundheitsförderung

13 Diese Auflistung ist bewusst „weit" gefasst. Das bedeutet es geht um Maßnahmen zur lebensphasengerechten Arbeitsoptimierung, die durchaus auch über die reinen Maßnahmen hinausgehen, die anderweitig unter dem Begriff Alters- oder Altersgerechtigkeit diskutiert werden. Dies erscheint uns hier dennoch sinnvoll, da damit die Verbindung zu solchen Bereichen gewahrt wird, die ansonsten bei der Diskussion um alterns- und speziell um altersgerechte Maßnahmen meist völlig aus dem Blickfeld verschwinden, wie z. B. die altersunabhängige Förderung der Weiterbildung.

2.2.2 Auswahl der Pilotbereiche

14 Durch Vorgaben der Geschäftsführung sollte die Breite und Spezifität der Einrichtungen im Verbund durch die Auswahl der Pilotbereiche abgebildet werden. Daher wurden sowohl Stationen aus einem Haus der Maximalversorgung als auch aus einer Einrichtung der Grund- und Regelversorgung ausgewählt. Die Auswahl der Stationen erfolgte nach Rücksprache zwischen den Pflegedirektionen und ihrer mittleren Leitungsebene. Als primäre Selektionskriterien galten unter anderem ein hoher Altersdurchschnitt des Teams sowie ein großes Interesse der jeweiligen Leitung an dem Projekt. Sowohl Stationen der peripheren Pflege als auch Funktionsbereiche (OP) wurden in die Pilotgruppe eingebunden.

2.3 Durchführung

2.3.1 Vorab-Befragung und Vorbereitung der Workshops

15 Es wurde zunächst in jedem Pilotbereich eine Auftaktveranstaltung durchgeführt, bei der den Mitarbeitenden die Projektziele erläutert und der zeitliche und methodische Ablauf vorgestellt wurden. Anschließend erfolgte eine Vorab-Befragung jeweils aller Teammitglieder, in der die Zufriedenheit der Mitarbeitenden mit verschiedenen arbeitsrelevanten Themen erhoben wurde. Darüber hinaus wurde

---

3   Schlick/Frieling/Wegge (Hrsg.): Age-Differentiated Work Systems. 2013, S. 27.

in allen Bereichen ein für das Projekt entwickelter „Demografie-Kurzcheck" durchgeführt. Der Demografie-Kurzcheck enthält und beschreibt die fünf wesentlichen Handlungsfelder alter(n)sgerechter Arbeitsgestaltung (vgl. Abb. 2). Er dient dazu, das für die Arbeitseinheit kritischste Handlungsfeld zu identifizieren, um so passgenaue Lösungsansätze für bestehende spezifische Problematiken zu entwickeln.

16

Kurzcheck Alter(n)sgerechte Arbeitsgestaltung

Selbstbewertung zum Umgang mit dem demografischen Wandel

Dieser Fragebogen besteht aus fünf Handlungsfeldern. Jedes Handlungsfeld wird mit Unterkategorien und bespielhaften Lösungsansätzen näher beschrieben. Bitte schätzen für jedes Handlungsfeld ein, wie hoch Sie Handlungsbedarf in Ihrem Arbeitsbereich sehen.

1. Arbeitsorganisation und -gestaltung
2. Weiterbildung und Entwicklung
3. Personalgewinnung und -bindung
4. Führung und Unternehmenskultur
5. Gesundheitsförderung

Die Bereiche mit dem größten Handlungsbedarf werden anschließend in Workshops vertieft, um hierfür gemeinsam Lösungsansätze zu entwickeln und umzusetzen.

Abb. 2: Deckblatt Demografie-Kurzcheck

Quelle: Eigene Darstellung.

Im Rahmen der Pilotprojekte wurden mit jedem Pilotbereich fünf Workshops durchgeführt. Für die Teilnahme an den Workshops stellten die Leitungen vorab Projekt-Teams von drei bis sechs Mitarbeitenden zusammen. Die Auswahl der Mitarbeitenden erfolgte nach den Kriterien Freiwilligkeit, Interesse an der Entwicklung von Veränderungsmaßnahmen und einer für das Team repräsentativen Altersstruktur. Aufgrund ihres wesentlichen Einflusses auf die Identifizierung und insbesondere auf die Umsetzung von Veränderungsmaßnahmen, waren die Leitungen in allen Pilotbereichen Teil des Projektteams.

17

2.3.2 Durchführung der Workshops

Die Durchführung der Workshops erfolgte in allen Pilotbereichen nach einem vergleichbaren Ablauf. Im ersten Workshop wurden die Ergebnisse des Kurzchecks vorgestellt. Anschließend wurde gemeinsam mit der Projektgruppe das kritischste Handlungsfeld ausgewählt, das im Rahmen der Workshops bearbeitet

18

werden sollte. Aufgrund des begrenzten zeitlichen Umfangs der Workshops, konnten in diesem Rahmen ein bis maximal zwei Handlungsfelder thematisiert werden. Die Auswahl erfolgte durch das Projektteam. Tabelle 1 zeigt die Ergebnisse des Kurzchecks Handlungsfelder für die fünf Pilotbereiche mit der jeweiligen Auswahl des ausgewählten Handlungsfeldes.

19 **Tab. 1:** Ergebnisse der Demografie-Kurzchecks

	Arbeitsorganisation und -gestaltung	Weiterbildung und Entwicklung	Personalgewinnung und -bindung	Führung und Unternehmenskultur	Gesundheits-förderung
Pilot 1	**2,2**	1,4	1,9	1,5	1,7
Pilot 2	2,0	1,8	2,2	1,9	**2,2**
Pilot 3	1,8	2,0	2,5	1,7	**2,5**
Pilot 4	**2,0**	1,9	1,8	1,8	1,9
Pilot 5	2,1	1,8	1,9	1,7	**2,2**

1 = zurzeit kein Handlungsbedarf, 2 = Handlungsbedarf, 3 = dringender Handlungsbedarf

Quelle: Eigene Darstellung.

20 Um zu identifizieren, welche Problematiken zu der kritischen Bewertung des Handlungsfeldes geführt haben, haben die Teilnehmenden zunächst positive und negative Aspekte des Handlungsfeldes aufgeschrieben und diese anschließend gegenseitig vorgestellt und geclustert. Anhand der Clusterung und damit einhergehenden Diskussion konnten jeweils ein bis zwei zentrale Problematiken identifiziert werden (vgl. Tab. 2). Bereits an dieser Stelle fällt auf, dass sich die jeweiligen Problematiken der Pilotbereiche teils erheblich unterscheiden, auch wenn es sich um das gleiche kritische Handlungsfeld handelt. Passgenaue und zufriedenstellende Lösungen für die Pilotbereiche zu finden, setzt an dieser Stelle somit einen starken Fokus auf die jeweilige Situation voraus.

21 **Tab. 2:** Zentrale Problematiken der kritischsten Handlungsfelder

	kritischstes Handlungsfeld	zentrale Problematik 1	zentrale Problematik 2
Pilot 1	**Arbeitsorganisation und -gestaltung**	Störungen im Dienstzimmer	
Pilot 2	**Gesundheitsförderung**	fehlende Pausen im Spätdienst	
Pilot 3	**Gesundheitsförderung**	Verspannungen (Nacken, Rücken)	Telefone im OP
Pilot 4	**Arbeitsorganisation und -gestaltung**	Störungen während der Übergabe	kritische Zusammenarbeit mit Belegärzten
Pilot 5	**Gesundheitsförderung**	kurzfristiges Einspringen	fehlendes kinästhetisches Arbeiten

Quelle: Eigene Darstellung.

22 Die Bearbeitung der Problematiken erfolgte anhand lösungsorientierter Methoden wie der „Wunderfrage" sowie Ursache-Wirkungs-Diagrammen.[4] Sie erfolgte zunächst in Kleingruppen, die Ergebnisse wurden anschließend in der Projektgruppe vorgestellt und gemeinsam besprochen. Die intensive Fokussierung auf die

---

4 Bamberger: Lösungsorientierte Beratung: Praxishandbuch. 2015, S. 89.

Lösung des Problems und die Einbeziehung verschiedener Sichtweisen diente als Grundlage für den anschließenden Schritt der Ursachenidentifikation. Hier sollten die Teilnehmenden in der Zeit zwischen den Workshops im Arbeitsalltag darauf achten, welche Ursachen es dafür gab, dass die Problematik an manchen Tagen nicht, an anderen stark auftritt. Hierbei sollten auch die nicht am Projekt beteiligten Kolleginnen und Kollegen einbezogen und befragt werden.

In den folgenden drei Workshops wurden die Analysen der Teilnehmenden in Bezug auf die Ursachen der Problematik vorgestellt und auf dieser Basis Lösungen für die identifizierten Problemfelder entwickelt. 23

2.4 Ergebnisse

Im Rahmen der Workshops konnten gemeinsam mit den Teilnehmenden der Pilotbereiche zahlreiche Lösungsansätze entwickelt werden, um die Arbeitsbedingungen dahingehend zu verbessern, dass ältere Mitarbeitende gut weiterarbeiten und jüngere Mitarbeitende gesund älter werden können. Dabei wurden Maßnahmen entwickelt, die auf eine Anpassung der in den Workshops identifizierten Ursachen abzielen. Der Vergleich zwischen den Pilotbereichen hat gezeigt, dass sich auch bei ähnlichen Problematiken die Ursachen hierfür erheblich unterscheiden können und somit die Entwicklung umsetzungsfähiger Maßnahmen einen starken Fokus auf die individuellen Gegebenheiten des jeweiligen Bereichs erfordert. So konnten im Rahmen der Workshops viele Maßnahmen entwickelt werden, die für den jeweiligen Bereich passend, jedoch nur schwer eins zu eins auf andere Bereiche übertragbar sind. 24

Um bei aller Arbeit an den Handlungsfeldern den Blick auf die Themen Alter und Altern im Beruf zu behalten, wurde in allen Pilotbereichen kritisch hinterfragt und diskutiert, inwiefern die entwickelten Lösungsansätze sich auf diese Themen beziehen und somit einen direkten Einfluss auf die Alter(n)sgerechtigkeit haben. Die Teilnehmenden waren sich einig, dass alle besprochenen Problematiken einen mittel- oder unmittelbaren Einfluss auf das gesunde und erfolgreiche Altern im Beruf haben. Ansätze, die eine Andersbehandlung von Mitarbeitenden ab einem bestimmten Lebensalter empfehlen, wurden von den Teilnehmenden strikt abgelehnt. Die Begründung entspricht der, die auch in der Literatur entsprechend zu finden ist: die interindividuellen Unterschiede in der Leistungsfähigkeit und Motivation von Mitarbeitenden steigen mit zunehmendem Alter deutlich an.[5] Maßnahmen, die in Einzelfällen notwendig und sinnvoll sind, wie z. B. die Reduktion von Nachtdiensten, längere oder häufigere Pausen, Umverteilung von körperlichen Tätigkeiten auf jüngere Mitarbeitende, werden, mit der Gießkanne auf ältere Mitarbeitende verteilt, weniger als alter(n)sgerecht sondern vielmehr als eine Form von Altersdiskriminierung wahrgenommen. 25

---

5 Ilmarinen: Aging Workers. In: Occupational and Environmental Medicine 58 (8), S. 546–551.

26　Darüber hinaus wurden jedoch auch Ideen entwickelt, die in allen Bereichen des Unternehmens den Erhalt der Gesundheit und Zufriedenheit der Mitarbeitenden – und somit ein gesundes Altern im Beruf – fördern können. Nachfolgend sind einige Vorschläge dargestellt, die zukünftig in den Niels-Stensen-Kliniken umgesetzt werden:

27　• Fortbildung für Führungskräfte zum Umgang mit den Herausforderungen des demografischen Wandels
　　• Fortbildung für Mitarbeitende ab dem 50. Lebensjahr zur persönlichen Standortbestimmung
　　• Kinästhetik-Grundkurs für alle Mitarbeitenden im Pflege- und Funktionsdienst und Kinästhetik-Beauftragte auf jeder Station
　　• Sukzessive Anschaffung von Elektrobetten für alle Bereiche/Stationen
　　• Schulungen zum rückengerechten Arbeiten: Arbeitsplatzbegleitung durch Experten, Reflexion im Team und arbeitsplatzbezogene Schulung (z. B. für OP)
　　• Erhöhung der Planbarkeit von Nachbesetzungen durch frühzeitige vertrauensvolle Gespräche mit Mitarbeitenden über den anstehenden Renteneintritt
　　• Einführung eines verbundweiten Pools an Mitarbeitenden in Rente oder Elternzeit, die Interesse hätten, bei Personalengpässen (z. B. Langzeiterkrankungen mit ungewissem Zeitrahmen) einzuspringen

2.5　Schlussfolgerung

28　Die Ergebnisse der Workshop und damit einhergehenden intensiven Diskussionen über die Umsetzung lebensphasengerechter Arbeitsbedingungen im Unternehmen haben verdeutlicht, dass der für das Projekt gewählte „weite" Ansatz mit der Differenzierung von fünf Handlungsfeldern eine adäquate Herangehensweise darstellt, um den verschiedenen Aspekten gesunden Alterns im Beruf gerecht zu werden. Die Betrachtung verschiedener Handlungsfelder durch die Brille des Demografie-Managements ermöglicht eine Gesamtsicht auf die Situation einer Einrichtung oder Einheit, ohne den Blick von Vorneherein auf einen bestimmten Bereich, wie z. B. den Arbeitsschutz, einzuschränken. Dieser Ansatz ermöglicht somit die Verbindung verschiedener Maßnahmen im Unternehmen, die der Gesundheit, Zufriedenheit und Motivation von Mitarbeitenden unterschiedlichen Alters im Unternehmen Rechnung tragen. Passgenaue Lösungen sind nur dann möglich, wenn von der spezifischen Problematik ausgegangen wird und alle Unterstützungsmöglichkeiten im Unternehmen genutzt werden können.

29　Aus diesen Ergebnissen lässt sich ein 2-Ebenen-Ansatz für die Implementierung einer Demografie-Beratung ableiten: Zum einen führt die **bereichsbezogene** Herangehensweise zu konkreten, die Organisationseinheit direkt betreffenden Umsetzungen. Zum anderen muss die **bereichsübergreifende** Betrachtung der Handlungsfelder den Problembereichen gerecht werden, die für alle Organisationseinheiten eine Herausforderung darstellen (wie z. B. Krankheitsquote, Altersdurchschnitt).

Das **bereichsbezogene** Vorgehen wird hierbei durch die Leitungskraft (Stationsleitung (SL) oder Pflegedirektion (PD)) initiiert, indem diese den Bedarf gegenüber der Personalentwicklung (PE) spezifiziert. Exemplarisch schließen die folgenden Schritte an:

1. Erstgespräch zwischen SL, PD und PE zur Klärung des Handlungsbedarfs
2. Darstellung der Situation und Problematik durch SL
3. Gemeinsame Durchführung des Demografie-Kurzchecks
4. Identifizierung der erfolgskritischen Handlungsfelder
5. Reflexion der Anwendbarkeit und notwendiger Unterstützung bereits im Verbund vorhandener Maßnahmen
6. Vorstellung von Ergebnissen aus den Pilotprojekten
7. Klärung, ob/welche Maßnahmen (Pilotprojekte und Demografie-Toolbox) für die Station passend sind
8. Auswahl von Maßnahmen und Umsetzung mit Unterstützung der PE und/oder PD und/oder anderer Fachexperten (z. B. Arbeitszeitexperten, Arbeitsschutz, Prozessmanagement)
9. Wenn keine passenden Maßnahmen für Problematik vorhanden: Einbeziehung der Mitarbeitenden durch z. B.
   - Workshop mit der gesamten Station zur Identifikation der Hauptproblematik
   - Bildung einer Projektgruppe zur Bearbeitung dieser Problematik
   - Gemeinsame Bearbeitung in 1–2 Workshops

Das **bereichsübergreifende** Vorgehen wird in aller Regel durch die übergeordnete Führungskraft (in aller Regel PD) initiiert. Hintergrund ist die Identifizierung von bereichsgreifenden Themen bzw. Problemfeldern. In diesem Fall orientiert sich das Vorgehen an folgenden Schritten:

1. Vorstellung der Ergebnisse aus Pilotprojekten durch PE vor dem Kreis der Bereichsführungskräfte
2. Klärung, in wieweit vorhandene Problematiken mit denen aus Pilotprojekten übereinstimmen (z. B. Schnittstellenprobleme) und Maßnahmen übertragbar sind (z. B. Prozess-Workshops gemeinsam mit ÄD)
3. ggf. Übergabe von Aufgabenpaketen an verantwortliche Bereiche (QM, Arbeitssicherheit, etc.)
4. zusätzlich (oder alternativ): Identifikation von hausspezifischen Handlungsfeldern mithilfe des Demografie-Kurzchecks
5. Prüfung und ggf. Umsetzung von Maßnahmen aus der Demografie-Toolbox
6. sofern keine passenden Maßnahmen vorhanden: Durchführung von Workshops zur Bearbeitung stationsübergreifender Problematiken mit der Projektgruppe (SL und PD)

3 Fazit

34   Die Notwendigkeit lebensphasengerechter Arbeitsgestaltung für den Erhalt der Leistungsfähigkeit, die Bindung zunehmend schwerer zu gewinnenden Personals, der Etablierung einer mitarbeiterfreundlicher Arbeitgebermarke u. v. m werden seit Jahren und mit immer gleicher Leidenschaft erklärt und gefordert. Dem gegenüber steht die nach wie vor begrenzte Evidenzbasierung zur Identifikation aussichtsreicher Interventionsansätze. Einzelfallstudien bzw. sogenannte Praxisbeispiele werfen oftmals mehr Fragen zur Datengrundlage, Forschungsstrategie und Verallgemeinerungsfähigkeit auf, als seriöse Hinweise zur Übertragbarkeit oder Nützlichkeit der Interventionen zu liefern. Als Erklärungsansatz dieser Diskrepanz einer scheinbar „klaren" Notwendigkeit der Einführung von Maßnahmen zur lebensphasengerechten Arbeitsgestaltung bei gleichzeitig unklarer Datenlage kann die Komplexität des Forschungssettings dienen. Unternehmen sind hochkomplexe, Selbstorganisationsprinzipien unterliegende Systeme, die wiederum in Subsysteme mit eigenen Regelkreisen unterteilt werden können. Unternehmensübergreifende Maßnahmen zur Arbeitsgestaltung verschließen sich vor dem Hintergrund dieser Komplexität einer einfachen Ursache-Wirkungsanalyse. Auf der anderen Seite sind die sogenannten Multi-Trait-Multi-Method Ansätze, die aus der Psychologie bekannt und für komplexe Szenarien und Kontexte ein sinnvolles Forschungsdesign liefern aufgrund des damit verbundenen Forschungsaufwandes für Unternehmen maximal praxisuntauglich.

35   Bis auf weiteres wird daher der Fokus auf Einzelfallstudien mit definierten Rahmenbedingungen gelegt werden müssen, auf deren Basis Schlussfolgerungen zur Wirksamkeit bestimmter Maßnahmen abgeleitet werden können. Für die Praxis bedeutet diese Schlussfolgerung wiederum eine Konzentration auf überschaubare Organisationseinheiten, in denen Ursache-Wirkungszusammenhänge einfacher identifiziert werden können als dies auf Ebene eines Gesamtunternehmens möglich ist.

36   Das vorgestellte Praxisprojekt unterstreicht diese Überlegungen. Es wird einerseits notwendig sein, das Bedingungsgefüge von Arbeitsbedingungen, Führungsstilen, psychischem gesundheitsgefährdendem Stress und Krankheit (bzw. damit verbundener nicht wünschenswerter Prozesse und Sachverhalte wie Mobbing) im jeweils spezifischen Kontext zu analysieren und geeignete Interventionen sowie Wege zu deren Implementierung zu entwickeln. Gleichzeitig darf aber selbstverständlich der klassische Arbeitsschutz nicht an Bedeutung verlieren. Andererseits wäre ein nur auf Individualhandeln und dessen Veränderung setzender Ansatz hinsichtlich der Gesundheitsförderung in der Arbeitswelt ein viel zu einfacher Ansatz. Systemische Bedingungszusammenhänge sind jedenfalls mit zu bedenken, beispielsweise mit hohem Beharrungsvermögen ausgestattete Unternehmenskulturen, die sich kaum von heute auf morgen und schon gar nicht von Einzelpersonen auf möglicherweise sogar niedriger Hierarchieebene ändern lassen.

Literatur

Bamberger, G. G.: Lösungsorientierte Beratung: Praxishandbuch. Weinheim 2015.

Buck, H.: Alternsgerechte und gesundheitsförderliche Arbeitsgestaltung – ausgewählte Handlungsempfehlungen: In: Morschhäuser, M. (Hrsg.): Gesund bis zur Rente – Konzepte gesundheits- und alternsgerechter Arbeits- und Personalpolitik. Broschürenreihe „Demographie und Erwerbsarbeit". Stuttgart: Fraunhofer IAO – Institut Arbeitswirtschaft und Organisation 2002. S. 73–85.

Frieling, E./Gösel, C.: Betriebliche Gesundheitspolitik – Wo besteht in der deutschen Wirtschaft besonderer Handlungsbedarf? Expertise für die Expertenkommission „Betriebliche Gesundheitspolitik" der Bertelsmann Stiftung und der Hans Böckler Stiftung. Kassel 2003.

Gröning, W./Conrad, N./Kromark, K.: Älter werden im Pflegeberuf – Fit und motiviert bis zur Rente – eine Handlungshilfe für Unternehmen. In: BGWthemen 01/2012.

Ilmarinen, J. E.): Aging Workers. In: Occupational and Environmental Medicine 58(8)/2001, S. 546–551.

Löffert, S./Golisch, A.: Alter(n)sgerechtes Arbeiten im Krankenhaus. Stand und Perspektiven einer langfristigen Bindung von Pflegekräften. Eine Studie im Auftrag der Berufsgenossenschaft für Gesundheitsdienst und Wohlfahrtspflege (BGW). Deutsches Krankenhausinstitut. Düsseldorf 2010.

Schlick, C. M./Frieling, E./Wegge, J. (Hrsg.): Age-Differentiated Work Systems. Berlin/Heidelberg 2013.

Hüttenfit –
Das Betriebliche Gesundheitsmanagement im Hüttenhospital Dortmund

Fabian Kellerhoff/Mike Schmedemann/René Thiemann

Abstract: Das Hüttenhospital in Dortmund hat sich seit dem Jahre 2015 intensiv mit der Frage beschäftigt, wie es gelingen kann, als attraktiver und zukunftsorientierter Arbeitgeber in der Region wahrgenommen zu werden. Hierzu hat das Krankenhaus ein breites Angebot an Maßnahmen des Betrieblichen Gesundheitsmanagements (BGM) umgesetzt. Der spezifische Bedarf an Gesundheitsangeboten wurde aus einem Gesundheitsbericht der Trägergesellschaft, der VIACTIV Krankenkasse sowie über eine Altersstrukturanalyse und Mitarbeiterbefragung abgeleitet. Entwickelt wurde ein umfassendes Fitnessprogramm aus Angeboten wie z. B. einer Walking- und Laufgruppe, einem Kurs zur Stärkung der Rückenmuskulatur, einer Burnout-Prävention, Ernährungsberatung sowie einem Musikprogramm zum Aufbau und zur Stärkung von Ausdauer und Kondition. Highlights der Maßnahmen sind die Hütten-Challenge, bei der Mitarbeiter über die Dauer von zwölf Wochen angeleitet wurden, die körperliche Gesundheit zu stärken sowie ein Drachenbootrennen zur Festigung des Teamgedankens. Oberstes Ziel dieser Initiative ist primär die Senkung des Krankenstandes sowie die Reduzierung der Fluktuation. Sekundär soll durch den Aufbau einer Arbeitgebermarke als attraktiver Arbeitgeber dem drohenden Ärzte- und Pflegekräftemangel entgegengewirkt werden, indem neue Mitarbeiter schneller auf dem Arbeitsmarkt angeworben sowie Mitarbeiter des Hüttenhospitals länger im Krankenhaus gehalten werden können. Die Angebote werden durch eine Befragung unter den teilnehmenden Mitarbeitern evaluiert. Es ist nachweisbar, dass der Krankenstand und die Fluktuation der Mitarbeiter deutlich reduziert werden konnte. Die Kosten der Maßnahmen werden getragen durch die VIACTIV-Krankenkasse als Träger des Hüttenhospitals, durch das Hüttenhospital selbst sowie durch die Mitarbeiter, die sich mit einer geringen Kursgebühr an der Realisierung der BGM-Maßnahmen beteiligen. Begleitet werden diese durch die Firma aliasports aus Dortmund. Im Ergebnis kann das Hüttenhospital über eine erfolgreiche BGM-Maßnahme berichten, an der sich andere Unternehmen orientieren können.

1   Einleitung

1   Die Gründe für den heute bereits bestehenden Fachkräftemangel im Gesundheitswesen, der sich zukünftig noch verstärken wird, sind vielfältig. Unterschiedliche Wirkungen werden vor allem durch die demographische Entwicklung erzeugt, die für den Fachkräftemangel verantwortlich gemacht wird. Die Menschen werden zum einen erfreulicherweise durchschnittlich immer älter, jedoch altersbedingt auch häufiger krank. Durch den Fachkräftemangel bei Ärzten und Pflegepersonal können die zunehmenden Leistungserwartungen an die Krankenhäuser und sozialen Einrichtungen nur entsprechen, wenn grundsätzlich genügend Arbeitskräfte in entsprechender Qualifikation am Arbeitsmarkt verfügbar sind. Auf der einen Seite steigt die Belastung bei den vorhandenen Mitarbeitern, sie werden häufiger krank oder sie wechseln den Arbeitgeber mit der Hoffnung, in anderen Einrichtungen bessere Arbeitsbedingungen vorzufinden. Aufgrund der Tatsache, dass der überwiegende Teil der Beschäftigten im Gesundheitswesen weiblich ist, verbindet sich gerade für diese eine Mehrfachbelastung aus einer mangelhaften Vereinbarkeit zwischen Beruf und Privatleben. Psychische und physische Belastungen kennzeichnen dabei zunehmend beide Seiten der Lebens- und Arbeitswelt, so dass eine Work-Life-Balance kaum mehr herzustellen ist und auch aus diesem Grund Fehl- und Ausfallzeiten der Mitarbeiter zunehmen. Mitarbeiter des Gesundheitswesens scheiden häufig bereits vor dem Eintritt ins Rentenalter aus dem

Beruf aus. Krankenhäuser sind in der Pflicht, durch entsprechende personalwirtschaftliche Maßnahmen, die Arbeitsbelastungen zu senken, die Arbeitsbedingungen zu verbessern und eine bessere Work-Life-Balance herzustellen. Erst dann werden sich entsprechende Auswirkungen im Leistungspotenzial der Krankenhäuser zeigen. Durch die hohe Belastung nimmt die Fluktuationsquote und die Absentismusrate zu, die Produktivität der Mitarbeiter ab, die Effizienz sinkt und Qualitätsprobleme aus der Patientenbehandlung werden auffallend häufiger registriert. Wenn erst die Wettbewerbsfähigkeit eines Krankenhauses durch die wachsenden Personalprobleme gelitten hat, wird es nur durch hohen Aufwand möglich sein, den Prozess einer Abwärtsspirale durch einen hohen Aufwand zu stoppen und ihm entgegenzuwirken. Krankenhäuser stehen dieser Entwicklung aber nicht chancen- oder hilflos gegenüber. Durch Änderung der Arbeitsbedingungen können viele Probleme des Personalbereichs sozial- und versorgungsverträglich gestaltet werden. Die meisten Problemfelder sind aufgrund einer mangelhaften Work-Life-Balance durch gezielte Maßnahmen der Arbeitszeit- und Organisationsgestaltung mindestens zu beeinflussen, wenn nicht gar zu lösen. Wesentliche Ziele dieses Projektes sind, solche personalwirtschaftlichen und organisatorischen Gestaltungsoptionen aufzuzeigen, zu entwickeln und zu implementieren. Es soll gezeigt werden, wie den demographischen Herausforderungen besser begegnet werden könnte.

2 Hauptteil – Das Projekt

Die Hüttenhospital gGmbH hat ein Projekt mit dem Titel „Demographiefeste Personalpolitik" aufgesetzt. Das Projekt ist zunächst auf die Dauer von drei Jahren angelegt. Grundstein des Projektes war die Unterzeichnung der Luxemburger Deklaration zur Betrieblichen Gesundheitsförderung. Zielsetzung des Projektes ist es, ein personalwirtschaftliches Konzept zu entwickeln und umzusetzen, welches das Hüttenhospital in die Lage versetzt, die Herausforderungen der demographischen Entwicklung zu meistern. Durch mitarbeiterorientierte Personalmaßnahmen soll dem drohenden Fachkräftemangel, insbesondere bei Ärzten und Pflegekräften, entgegengewirkt werden. Hierzu sollen Strukturen aufgebaut werden, so dass das Hüttenhospital als attraktiver Arbeitgeber in der Stadt Dortmund wahrgenommen wird und hierdurch eine Sogwirkung im Rahmen der Personalgewinnung und Neubesetzung vakanter Stellen erzeugt wird. Gleichzeitig soll ein Arbeitsumfeld geschaffen werden, dass sich Mitarbeiter des Krankenhauses zum einen wohlfühlen, zum anderen vom Arbeitgeber bei der Gesunderhaltung bzw. der Vermeidung von Krankheiten höchstmöglich unterstützt werden. Ferner sollen Maßnahmen initiiert werden, die auf eine bessere Vereinbarkeit von Beruf und Familie ausgerichtet sind. Hierzu müssen innovative und zukunftsorientierte personalwirtschaftliche Maßnahmen umgesetzt werden, die ein gewisses Alleinstellungsmerkmal zeigen und im Idealfall nicht vom Wettbewerb imitiert oder kopiert werden können (Nicht Imitierfähigkeit).

3   Grundlage des Projektes bildet eine im Jahre 2015 durchgeführte Altersstruktur-analyse. Zu diesem Zeitpunkt arbeiteten 237 Mitarbeiter und Mitarbeiterinnen im Hüttenhospital, darunter 172 Frauen (72,6 %) und 65 Männer (27,4 %). Das Durchschnittsalter aller Mitarbeiter lag bei 44,31 Jahren, darunter das der Frauen bei 44,26 Jahren und der Männer bei 44,45 Jahren. Im Vergleich mit anderen Krankenhäusern zeigt sich im Hüttenhospital ein deutlich höheres branchen-übliches Durchschnittsalter. In anderen Krankenhäusern liegt das Durchschnitts-alter aller Mitarbeiter bei 41,0 bis 43,0 Jahren. Der Bundesdurchschnitt liegt bei 41,0 Jahren (für den Wirtschaftszweig Gesundheit- und Sozialwesen). Auffällig war u. a. eine sehr geringe Anzahl an Mitarbeitern älter als 60 Jahre. Viele Mitarbeiter verbleiben demnach nicht bis zum Eintritt ins Rentenalter in der Einrichtung, sondern scheiden bereits vorzeitig aus ihrem Gesundheitsberuf aus. Dieser Punkt wäre besonders kritisch, wenn dies aus Gründen passieren würde, da die Mitarbeiter nicht bis zum Eintritt ins Rentenalter leistungsfähig sein sollten und deshalb das Unternehmen verlassen. Typische Gründe finden sich häufig in der Berufsgruppe des Pflegedienstes. In dieser Berufsgruppe scheiden Pflegekräfte aus, weil sie den hohen beruflichen sowie psychischen und physischen Anforde-rungen im höheren Alter nicht mehr gerecht werden.

4   Ein kritisches Bild zeigte sich bei der Betrachtung der Altersstruktur im Hütten-hospital bis zum Jahre 2025. In den nächsten 10 Jahren verlassen insgesamt 43 Mitarbeiterinnen und Mitarbeiter aufgrund des Eintritts ins Rentenalter das Hüttenhospital. Unter zusätzlicher Berücksichtigung einer sozialen Fluktuation von 3 % würden bis zum Jahre 2025 weitere 77 Mitarbeiterinnen und Mitarbeiter das Unternehmen verlassen. Insgesamt ergibt sich bei diesem Szenario ein Ersatz-bedarf bis zum Jahre 2025 von 120 Mitarbeiterinnen und Mitarbeitern. Dies bedeutet, dass knapp 50 % der heutigen Belegschaft in den kommenden 10 Jahren das Unternehmen verlassen werden. Das Szenario zeigte ferner, dass es im Jahre 2025 eine andere Altersverteilung innerhalb der Belegschaft geben wird. Unter der Annahme, dass die bis zum Jahre 2025 ausgeschiedenen Mitarbeiter tendenziell durch jüngere Mitarbeiter ersetzt werden, wird es in der Organisation einen großen Anteil an Mitarbeiterinnen und Mitarbeitern in der Altersklasse älter als 55 Jahre auf der einen Seite und einem großen Anteil von Mitarbeiterinnen und Mitarbeitern jünger als 30 Jahre auf der anderen Seite geben. Dies wird zusätzlich neue Maßnahmen hinsichtlich einer generationsübergreifenden Zusammenarbeit erfordern.[1]

5   Ergänzend zu der Altersstrukturanalyse hat die VIACTIV-Krankenkasse als Träger des Hüttenhospitals im Jahre 2016 einen Gesundheitsbericht vorgestellt. Der Gesundheitsbericht betrachtete Krankheitsdaten aller bei der VIACTIV ver-sicherten Mitarbeiter und Mitarbeiterinnen des Hüttenhospitals (ca. 50 % der Belegschaft) in den Jahren 2013 und 2014. Im Ergebnis zeigte sich, dass jeder bei

---

1   Hüttenhospital gGmbH: Aufbau einer demographiefesten Personalpolitik in der Hütten-hospital gGmbH. 2015, S. 13–15.

der VIACTIV versicherte Mitarbeiter im Jahr 2013 durchschnittlich 1,5-mal und im Jahr 2014 durchschnittlich 1,4-mal eine AU-Bescheinigung vorlegte. Ferner fiel jeder bei der VIACTIV versicherte Mitarbeiter im Jahr 2013 durchschnittlich 17,6 Kalendertage und im Jahr 2014 durchschnittlich 21,6 Kalendertage krankheitsbedingt aus. In der Vergleichsbranche „Gesundheitswesen" wurden im Jahr 2013 durchschnittlich 1,3 AU-Meldungen und 14,9 Ausfalltage pro Mitarbeiter und Jahr verursacht. Die Mitarbeiter der Hüttenhospital gGmbH erzeugen somit im Vergleich zu den Branchenkollegen deutlich mehr AU-Meldungen (+16,4 %) und deutlich höhere Ausfallzeiten (+15,4 %). Häufigste Krankheitsbilder zeigten sich bei Muskel- und Skelettkrankheiten (44,3 % der krankheitsbedingten Fehlzeiten), bei psychischen Erkrankungen (22,6 %) sowie bei Krankheiten der Atemwege (10,3 %). Aus dem Gesundheitsbericht wurde deutlich, dass die Krankheitshäufigkeit sowie die Fehlzeiten mit höherem Alter deutlich ansteigen. Bei der Hüttenhospital gGmbH wurden in 2014 Mitarbeiter in der Altersgruppe ab 56 Jahre am häufigsten krank. Die längsten Ausfallzeiten verursachen Mitarbeiter in der Altersgruppe 46–55 Jahre. 68,8 % der AU-Tage in dieser Altersgruppe lassen sich dabei auf Langzeiterkrankungen zurückführen.[2]

Auf Basis dieser Erkenntnisse hat das Hüttenhospital ab dem 2. Quartal 2016 ein umfassendes Projekt gestartet. Im Vordergrund standen zunächst Maßnahmen des Betrieblichen Gesundheitsmanagements (BGM). In Zusammenarbeit mit der Firma Aliasports wurden verschiedenste Sportangebote wie z. B. einer Walking- und Laufgruppe, einem Kurs zur Stärkung der Rückenmuskulatur, einer Burnout-Prävention, einer Ernährungsberatung sowie einem Musikprogramm zum Aufbau und Stärkung von Ausdauer und Kondition entwickelt. Ferner wurde eine sog. Hütten-Challenge angeboten, bei der Mitarbeiter über die Dauer von 12 Wochen angeleitet wurden, die körperliche Gesundheit zu stärken sowie ein Drachenboottraining und –rennen zur Festigung des Teamgedankens.   6

Die o. g. Maßnahmen führten letztendlich zu einer positiven Entwicklung beim Krankenstand sowie bei der Fluktuation. Innerhalb von 6 Monaten konnte der Krankenstand von rund 14 AU-Tagen auf 7 AU-Tage zum Stand Oktober 2017 halbiert sowie die Fluktuation auf den niedrigsten Stand seit 2012 reduziert werden.[3]   7

Die BGM-Maßnahmen werden evaluiert und quartalsweise an die Bedürfnisse der Mitarbeiter und Mitarbeiterinnen des Krankenhauses angepasst. Die Ergebnisse einer Mitarbeiterbefragung von Dezember 2017 haben u. a. gezeigt, dass sich die Mitarbeiter, die sich an den BGM-Maßnahmen bisher beteiligt haben, sich insgesamt gesundheitlich besser fühlen, dass sich die Ausdauer/Kondition verbessert habe, die Mitarbeiter weniger Beschwerden/Schmerzen haben, sich geistig   8

---

2 VIACTIV Krankenkasse: Gesundheitsbericht für das Hüttenhospital für die Jahre 2013 und 2014. 2015, S. 11–13.

3 Hüttenhospital gGmbH: Krankenstand- und Fluktuationsentwicklung 2017 – interne Auswertung. 2017.

fitter fühlen oder auch verstärkt darauf achten, am Tag genügend Wasser zu trinken. Ferner geben eine Vielzahl der Befragten an, dass sich die Kommunikation mit Kolleginnen und Kollegen verbessert hat, sie neue Kollegen über den Sport kennengelernt haben und sich insgesamt das Arbeitsklima verbessert hat.[4]

9   Neben den o. g. Maßnahmen hat das Hüttenhospital weitere BGM-Maßnahmen im Jahre 2017 initiiert. Diese waren u. a.: Alle zwei Monate Obstkörbe für alle Bereiche, E-Bike-Leasing für alle Mitarbeiter, Seminar für Führungskräfte „Gesund führen", Neugestaltung eines Fitnessraumes.

3   Ausblick

10   2018 werden weitere BGM-Maßnahmen ergänzt. Im Vordergrund stehen jetzt individuelle digitale BGM-Angebote zu den Themen Ernährung, Bewegung und Personaltraining sowie Aktivitäten, die auf die verbesserte Vereinbarkeit von Familie und Beruf ausgerichtet sind und dabei die unterschiedlichen Lebens- und Berufsphasen der Mitarbeiterinnen und Mitarbeiter berücksichtigt.[5] Die Idee der digitalen BGM-Angebote ist es, den Mitarbeitern des Hüttenhospitals die Möglichkeit zu geben, unabhängig vom Standort mit mobilen Endgerät auf einen Personaltrainer zugreifen zu können, die sportlichen Aktivitäten digital zu erfassen und sportliche Leistungsentwicklungen analysieren zu können. Ferner wird es weitere Bestrebungen geben, Maßnahmen bereits heute zu institutionalisieren, die auf eine verbesserte generationsübergreifende Zusammenarbeit ausgerichtet sind.

11

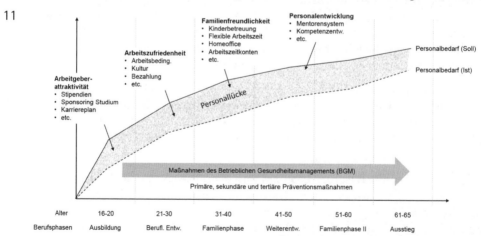

Abb. 1: Konzeption „Demographiefeste Personalpolitik" im Hüttenhospital
Quelle Eigene Darstellung.

---

4   Hüttenhospital gGmbH, Mitarbeiterbefragung zu den BGM-Maßnahmen – interne Auswertung. 2017.
5   Online: https://www.aliasports.com/PersonalTraining2Go [abgerufen am 24.7.2018].

Eine Studentin der Universität Witten-Herdecke wird die kulturelle Veränderung 12
im Hüttenhospital im Zeitraum des Projektes erfassen und in ihrer Dissertation
verarbeiten. Das Hüttenhospital wird sich voraussichtlich im Jahre 2018 bei der
Initiative Great Place to Work beteiligen und sich damit einem Benchmark für
attraktive Arbeitgeber stellen, welches über Einrichtungen des Gesundheitswesens
hinausgeht. Eine erste Befragungswelle bei Great Place to Work (sog. QuickCheck
Personalarbeit) wurde bereits im September 2017 umgesetzt. Die Ergebnisse
waren im Wettbewerbsvergleich so positiv, dass sich das Hüttenhospital hoff-
nungsvoll der Auszeichnung „Bester Arbeitgeber" stellen wird.

Literatur

Hüttenhospital gGmbH: Aufbau einer demographiefesten Personalpolitik in der Hüttenhospital
   gGmbH. Dortmund 2015.
Hüttenhospital gGmbH: Krankenstand- und Fluktuationsentwicklung 2017 – interne Auswer-
   tung, Dortmund 2017.
Hüttenhospital gGmbH: Mitarbeiterbefragung zu den BGM-Maßnahmen – interne Auswertung,
   Dortmund 2017.
Hüttenhospital gGmbH: QuickCheck Personalarbeit, Dortmund 2017
Aliasports: PersonalTraining 2Go. 2017. Online: https://www.aliasports.com/PersonalTrai-
   ning2Go , [abgerufen am 24.7.2018].
VIACTIV Krankenkasse: Gesundheitsbericht für das Hüttenhospital für die Jahre 2013 und 2014.
   Dortmund 2015.

„Gute BGM-Praxis in der Pflege". Ein Praxisprojekt für ein erfolgreiches Betriebliches Gesundheitsmanagement in der stationären und ambulanten (Alten-)Pflege in der Metropolregion Nordwest

Eva Gödde

Abstract: Es gibt kaum eine Branche in Deutschland, die den demografischen Wandel so spürt wie die Pflege. Schon heute fehlen in der Metropolregion Nordwest examinierte Gesundheits-, Kranken- und Altenpfleger/innen. Damit auch zukünftig Pflegebedürftige in unserer Region qualitativ hochwertig betreut werden können, ist es wichtig, die Gesundheit der Pflegekräfte zu stärken.

Ziel des Projektes „Gute BGM-Praxis in der Pflege", das mit 80.000 EUR aus den Mitteln der Metropolregion Nordwest gefördert wird, ist es, gemeinsam mit Einrichtungen der stationären Altenhilfe, Krankenhäusern und der ambulanten Pflege, Möglichkeiten zu erarbeiten, wie die Gesundheit ihrer Mitarbeiter*innen erhalten und gefördert werden kann.

Das Projekt wird durch das GewiNet Kompetenzzentrum Gesundheitswirtschaft e. V. aus Osnabrück in Kooperation mit der Gesundheitswirtschaft Nordwest e. V. aus Bremen und Oldenburg und mit Unterstützung des Landkreises Vechta als Antragssteller durchgeführt.

1 Ausgangssituation

1   Eine der größten gesellschaftlichen Herausforderungen in Deutschland ist der demografische Wandel. Prognosen zufolge wird im Jahr 2060 bereits jeder dritte Bürger in Deutschland über 65 Jahre alt sein und 14 % der Bevölkerung über 80 Jahre. Die Anzahl der pflegebedürftigen Personen erhöht sich voraussichtlich im Jahr 2030 von derzeit 2,4 Mio. auf bis zu 3,3 Mio. und im Jahr 2050 auf über 4 Mio. Die Pflegebranche ist im doppelten Sinne von den demografischen Veränderungen („doppelte Demografiefalle") betroffen[1], denn einem sinkenden Fachkräfteangebot steht eine stark steigende Nachfrage gegenüber.

2   Neben einem zunehmenden Personalbedarf stellen steigende Krankheitsquoten das Gesundheits- und Sozialwesen vor eine große Herausforderung. Laut Fehlzeiten-Report des Wissenschaftlichen Instituts der AOK[2] lag der Gesamtkrankenstand 2014 in der Pflegebranche bei rund 7 % und war damit deutlich höher als der Durchschnittsgesamtwert aller Branchen mit 5,2 %. Während pro AOK-Versichertem im Jahr 2014 durchschnittlich 18,9 Arbeitsunfähigkeitstage registriert wurden, lag dieser Wert in der Pflegebranche mit 26,7 Fehltagen um mehr als 41 % höher.[3] Die meisten Arbeitsunfähigkeitstage wurden dabei durch Muskel- und Skeletterkrankungen, gefolgt von psychischen Erkrankungen verursacht.[4] Zu den körperlichen Belastungen wie dem Arbeiten im Stehen und dem Umgang

---

1   Statistisches Bundesamt: Pflegestatistik 2011 – Demografischer Wandel in Deutschland: Auswirkungen auf Krankenhausbehandlungen und Pflegebedürftige im Bund und in den Ländern, In: Bundesministerium für Gesundheit (Hrsg.): Zahlen und Fakten zur Pflegeversicherung. 2013, S. 1–3.

2   Waltersbacher: Heilmittelbericht 2015. Wissenschaftliches Institut der AOK Berlin. 2015. Online: https://www.wido.de/fileadmin/wido/downloads/pdf_heil_hilfsmittel/wido_hei_ hmb2015_1512.pdf [abgerufen am 30.1.2018].

3   Meyer/Böttcher/Glushanok: Krankheitsbedingte Fehlzeiten in der deutschen Wirtschaft im Jahr 2014. In: Fehlzeiten-Report 2015, In: Badura u. a.: Neue Wege für mehr Gesundheit – Qualitätsstandards für ein zielgruppenspezifisches Gesundheitsmanagement, S. 363–365.

4   Meyer/Böttcher/Glushanok: Krankheitsbedingte Fehlzeiten in der deutschen Wirtschaft im Jahr 2014. In: Badura u. a. (Hrsg.): Fehlzeiten-Report 2015, Neue Wege für mehr Gesundheit – Qualitätsstandards für ein zielgruppenspezifisches Gesundheitsmanagement. 2016, S. 471.

mit schweren Lasten kommen zeitliche Belastungsfaktoren in Form von Schichtarbeit hinzu. Dazu prägen hohe psychische Arbeitsanforderungen den Pflegeberuf. Starker Termin- und Leistungsdruck sowie der damit verbundene Zwang, verschiedene Arbeiten gleichzeitig ausüben zu müssen, können zu psychischen Erkrankungen führen. Besonders betroffen sind Kranken- und Altenpfleger*innen. Letztendlich führen die überdurchschnittlich hohen körperlichen und psychischen Anforderungen dazu, dass Beschäftigte in Pflegeberufen vorzeitig aussteigen und selten mehr als 20 Jahre in ihrem Beruf tätig sind.[5] Bereits jetzt liegt in der Metropolregion Nordwest ein Fachkräftemangel bei den examinierten Gesundheits- und Krankenpfleger*innen sowie Altenpfleger*innen vor. Die Vakanzzeit von Stellenangeboten bei Gesundheits- und Krankenpfleger*innen liegt bei 128 Tagen, 42 % über dem Durchschnitt aller Berufe.[6] Die bereits jetzt spürbaren Folgen des demografischen Wandels in den Pflegeberufen lassen ein Handeln in den Einrichtungen des Gesundheits- und Sozialwesens in der Metropolregion Nordwest erforderlich werden.

Es gilt besonders für Krankenhäuser und Altenpflegeeinrichtungen, zu verhindern, dass Mitarbeiter frühzeitig aussteigen.[7] Die Implementierung eines Betrieblichen Gesundheitsmanagements (BGM) ist ein erfolgversprechender Ansatz, um das Personal länger gesund und leistungsfähig zu halten, weniger in krankheitsbedingte Ausfallzeiten und Vertretungen investieren zu müssen sowie gleichzeitig ein attraktives Arbeitgeberimage auf dem Bewerbermarkt aufzubauen.[8] Dies trifft ebenso für die ambulante Pflege zu, die zudem durch hohe Flexibilitätsansprüche an die Beschäftigten geprägt ist.[9]

Dass bisher kaum Aktivitäten der Betrieblichen Gesundheitsförderung von den Krankenkassen[10] in den Lebenswelten Krankenhaus und Altenheim durchgeführt wurden, wird aus dem Präventionsbericht 2015 der Krankenkassen deutlich. Von

---

5 Bundesanstalt für Arbeitsschutz und Arbeitsmedizin: Faktenblatt 10 „Arbeit in der Pflege – Arbeit am Limit?-- Arbeitsbedingungen in der Pflegebranche". 2014, S. 1. Online: http://www.baua.de/de/Publikationen/Faktenblaetter/BIBB-BAuA-10.html [abgerufen am 29.9.2016].

6 Bundesagentur für Arbeit: Der Arbeitsmarkt in Deutschland – Fachkräfteengpassanalyse. 2016. Online: https://statistik.arbeitsagentur.de/StatischerContent/Arbeitsmarktberichte/Fachkraeftebedarf-Stellen/Fachkraefte/BA-FK-Engpassanalyse-2016-06.pdf [abgerufen am 8.9.2017].

7 Schröder: Gesund bleiben statt aussteigen. In: Scholl (Hrsg.): Personalwirtschaft – Special Gesundheitsbranche. 2014.

8 Schröder: Gesund bleiben statt aussteigen. In: Scholl (Hrsg.): Personalwirtschaft – Special Gesundheitsbranche. 2014, S. 27.

9 Thomsen/Schleicher/Schwarzwälder: Zeitdruck in der Pflege reduzieren, In: Bundesanstalt für Arbeitsschutz und Arbeitsmedizin, Thematischer Initiativkreis „Gesund Pflegen" (Hrsg.): INQA-Pflege der Initiative Neue Qualität der Arbeit. 2010.

10 Dass das Betriebliche Gesundheitsmanagement zunehmend an Bedeutung gewinnt, zeigt auch das im Juli 2015 in Kraft getretene Präventionsgesetz. So müssen die Krankenkassen ab 2016 mindestens sieben Euro pro Versichertem für Präventionsleistungen ausgeben, davon fließen zwei Euro in Leistungen der betrieblichen Gesundheitsförderung nach § 20b SGB V (vgl. Ärzte Zeitung 2015, S. 4).

insgesamt rund 23.000 Settings (Lebenswelten) waren insgesamt nur 7 Kranken-häuser und 1.421 Altenheime.[11]

5 Damit die Gesundheit der Pflegekräfte in ambulanten Pflegediensten, Altenhei-men und Krankenhäusern gestärkt werden kann, benötigen die Einrichtungen gute Beispiele aus der Region als Hilfestellung und Anreiz für die Einführung eines BGM.[12] Auch wenn gemäß Badura BGM kein Allheilmittel für die Probleme in der Pflege darstellt, kann es zu besseren Arbeits- und Organisationsbedingungen beitragen. Durch systematisches betriebliches Gesundheitsmanagement lassen sich chronische Überforderung und die dadurch bedingte sinkende Pflegequalität vermeiden.[13] Die Autoren Dragano und Wahl sind ebenfalls der Auffassung, dass ein BGM sich an den zielgruppenspezifischen Bedürfnissen verschiedener Grup-pen orientieren sollte. Dabei wird unter BGM die Entwicklung betrieblicher Rahmenbedingungen, Strukturen und Prozesse verstanden, mit dem Ziel, einer gesundheitsförderlichen Gestaltung von Arbeit und Organisation sowie die Befä-higung zum gesundheitsfördernden Verhalten der Mitarbeiter.[14]

1.1 Projektbeschreibung

6 Die Berufsgruppe Pflege[15] gehört, besonders in Hinblick auf die steigende Zahl der Pflegebedürftigen, auch in der Metropolregion Nordwest zu einer der wichtigsten Zukunftsbranchen. Ein Beitrag zur Erhaltung der Gesundheit der über 24.000[16] in der Pflege beschäftigten Mitarbeiter in der Metropolregion Nordwest kann helfen, die Leistungsfähigkeit und die Qualität der Arbeit zu erhalten und die Einrichtun-gen im Gesundheits- und Sozialwesen im Wettbewerb bestehen können. Entspre-chend ist es das Ziel des von der Metropolregion Nordwest geförderten Projektes „Gute BGM-Praxis in der Pflege"[17], die bereits gute BGM-Praxis im Berufsfeld der Pflege abzubilden, um noch unterversorgten Betrieben – unter Berücksichtigung der berufsspezifischen Besonderheiten – den Einstieg in das BGM zu erleichtern und dadurch einen gemeinsamen Lernprozess anzuregen. Zusätzlich werden Informationen aus der Wissenschaft und aus anderen Projekten hinzugezogen.

---

11 Schempp/Strippel: Präventionsbericht 2011 – Leistungen der gesetzlichen Krankenversiche-rung: Primärprävention und betriebliche Gesundheitsförderung. 2012, S. 48.
12 Bechmann u. a.: Motive und Hemmnisse für Betriebliches Gesundheitsmanagement (BGM). Umfrage und Empfehlungen. In: AOK-Bundesverband, BKK Bundesverband, Deutsche Gesetzliche Unfallversicherung (DGUV), Verband der Ersatzkassen e. V.(vdek) (Hrsg.) Initiative Gesundheit und Arbeit IGA-Report Nr. 20. 2010, S. 19.
13 Badura u. a.: Fehlzeiten-Report 2011. 2011, S. 20.
14 Badura/Steinke: Betriebliche Gesundheitspolitik in der Kernverwaltung von Kommunen. Eine explorative Fallstudie zur aktuellen Situation. Online: https://pub.uni-bielefeld.de/publication/2316533 [abgerufen am: 30.1.2018], S. 4.
15 Sowohl in der Alten- als auch in der Krankenpflege.
16 Landesamt für Statistik Niedersachsen: Pflegestatistik für Niedersachsen. Pflegepersonal 2013. 2016.
17 Das Projekt aus dem Förderfonds der Länder Bremen und Niedersachsen für die Metro-polregion Nordwest wird mit knapp sechzig Prozent in Höhe von 80.000 Euro gefördert.

Um dieses Ziel zu erreichen, haben es sich die Kooperationspartner GewiNet Kompetenzzentrum Gesundheitswirtschaft e. V. und Gesundheitswirtschaft Nordwest e. V. zur Aufgabe gemacht, bis April 2019 einen Handlungsleitfaden für das BGM in stationären und ambulanten Pflegeeinrichtungen in der Metropolregion Nordwest zu entwickeln und eine Orientierung zur Einführung eines BGMs zu bieten. Hierfür werden Qualitätskriterien für ein erfolgreiches BGM in der Pflege für den ambulanten und den stationären Bereich entwickelt.

1.2 Projektaufbau

1.2.1 Expertenworkshops

Zunächst wurde eine interdisziplinäre Expertengruppe ins Leben gerufen, die in drei Workshops typische Belastungen und Ressourcen in der ambulanten und stationären Pflege (Schwerpunkt Altenpflege) erarbeitete, praktische Lösungsansätze entwickelte und daraus erste, konkrete Handlungsempfehlungen für ein erfolgreiches BGM herleitete. Die Experten des Gremiums setzen sich aus Gerontologen, Gesundheits-, Arbeits- und Pflegewissenschaftler*innen zusammen, die in Positionen von Pflegedienstleitungen, Geschäftsführungen, BGM-Experten aus der Arbeits- und Pflegewelt sowie der Berufsgenossenschaft für Gesundheit und Wohlfahrtspflege tätig sind.

1.2.2 BGM-Schema

Nach Abschluss der Expertenworkshops wird eine schematische Darstellung der erarbeiteten Inhalte entwickelt. Interessierten Pflegeeinrichtungen soll es dabei helfen, sich in Kürze einen Überblick zum Thema verschaffen zu können und Anregungen zu erhalten. Es handelt sich um eine plastische Darstellung der Ergebnisse aus den Expertenworkshops. Die aktuellen Inhalte werden mit Pflegeeinrichtungen diskutiert, auf ihre Praxistauglichkeit geprüft und ggf. angepasst.

1.2.3 Netzwerkveranstaltungen

Um Betrieben die Einführung eines BGMs zu erleichtern, finden Netzwerkveranstaltungen statt, die separat für ambulante und stationäre Pflegeeinrichtungen organisiert werden. Die Unterschiede der Einsatzgebiete ließen eine weitere Unterteilung der Zielgruppen sinnvoll erscheinen. Institutionen, die bereits ein BGM durchführen, können als Best Practice Beispiele dienen und ihre Erfahrungen einbringen. Gleichzeitig erhalten Betriebe, die erst beginnen sich mit dem Thema auseinanderzusetzen, eine Austauschplattform. Sie sollen angeregt werden, die Stellschrauben zu definieren, die einen Beitrag zu einer höheren Qualität der pflegerischen Arbeit durch gesund erhaltende Maßnahmen, Strukturen und Prozesse, einer Verminderung der Fluktuation und einer Erhöhung der Bindung an das Unternehmen leisten können.

1.2.4 Handlungsleitfaden

10 Um die Ergebnisse des Gesamtprojektes nachhaltig für Pflegeeinrichtungen zugänglich zu machen, wird nach Abschluss der inhaltlichen Bearbeitung unter Einbezug der Best Practice Beispiele und der Erkenntnisse einer begleitenden wissenschaftlichen Arbeit, ein digitaler Handlungsleitfaden erstellt, der als Orientierung dienen soll.

1.2.5 Ergebnisse der Expertenworkshops

11 In drei Workshops wurden Belastungen und Ressourcen im stationären und ambulanten Bereich gesammelt und in verschiedene Themenbereiche geclustert. Die Gruppe setzte ihre Schwerpunkte auf die Themen allgemeine Besonderheiten im Betrieblichen Gesundheitsmanagement in der Pflege – als übergeordnetes Thema – sowie auf die Handlungsfelder Führung und Gesundheit, Qualifikation und Personalentwicklung, psychische und physische Gesundheit, Teamwork und altersgerechtes Arbeiten, Arbeitsorganisation und Work-Life-Balance. Die Themen wurden inhaltlich ausgearbeitet und in erste Handlungsempfehlungen überführt. Psychische und physische Gesundheit wurde für diesen Aufsatz in die einzelnen Handlungsfelder integriert.

2 Berufsspezifische Besonderheiten des BGM in der Pflege

12 In keiner Branche liegen Chancen und Risiken so dicht beieinander wie in der Pflege: Pflegeberufe stellen hohe Anforderungen an Kompetenz, Motivation sowie persönliches und soziales Engagement der Mitarbeiter*innen. Gleichzeitig ist die Ausübung des Berufes mit hohen gesundheitlichen Risiken verbunden. Aktuelle Statistiken zeigen, dass Führungskräfte und Beschäftigte in der Pflegebranche zunehmend an physischen und psychischen Erkrankungen leiden.[18] Vor allem in der personalintensiven Pflegebranche ist die Mitarbeitergesundheit ein entscheidender Wettbewerbsfaktor. Entsprechend sollten Anbieter von Pflegeleistungen gesundheitsgerechte Arbeitsbedingungen schaffen und bedarfsgerechte Angebote des BGM nutzen.[19]

13 Relevanz: Jedes Unternehmen ist einzigartig. Deshalb muss die Einführung eines BGM immer individuell betrachtet werden. Dennoch gibt es eine erprobte Herangehensweise, an der sich Betriebe orientieren können. Da es berufs- und branchenspezifische Besonderheiten und Gemeinsamkeiten gibt, die für entsprechende

---

18 Statista: Entwicklung des Krankenstands ausgewählter Gesundheitsberufe in Deutschland im Jahr 2016. 2018, Online: https://de.statista.com/statistik/daten/studie/491004/umfrage/krankenstand-ausgewaehlter-gesundheitsberufe-in-deutschland/[abgerufen am: 22.1.2018].
19 Schröder/Herdegen: Mitarbeiter im Mittelpunkt. In: Abteilung Prävention des AOK-Bundesverbandes (Hrsg.): Gesundheit und Gesellschaft. Betriebliche Gesundheitsförderung: Pflege für die Pflege. 2011, S. 5.

Einrichtungen nützlich sind, werden allgemeine Kenntnisse für die Bereiche der ambulanten und stationären Pflege spezifiziert.

In den Expertenworkshops wurden allgemeine berufsspezifische Besonderheiten definiert. Einerseits wurde die Nähe zu Menschen und deren Schicksal wie Tod und Krankheit als Besonderheit hervorgehoben, die viel Zeit und Hingabe des Personals erfordern. Außerdem stehen die Pflegekräfte durch die hohe Arbeitsverdichtung besonders unter Zeitdruck und gleichzeitig werden sie körperlich stark beansprucht, da das Heben von Patienten an der Tagesordnung ist. Besonders in der Pflege ist zudem, dass eine Planbarkeit der Tätigkeiten nur teilweise gewährleistet ist, da die Anforderungen sehr unterschiedlich sind und sich schlagartig ändern können. Daraus ergibt sich die Anforderung an die Pflege, zu improvisieren und sich immer wieder auf neue Situationen einstellen zu müssen. Des Weiteren gebe es unzureichende Pausenzeiten und wenige Rückzugsorte. Eine besondere Herausforderung ist außerdem die Notwendigkeit, dass die Pflege 365 Tage im Jahr rund um die Uhr gewährleistet sein muss. Bei Ausfällen seien die Vertretungsregeln häufig mangelhaft. 14

Unterstützend für den BGM-Prozess können der vorhandene Wissensschatz und der selbstverständliche Umgang mit dem Thema Gesundheit sein. In den BGM-Prozess sollte zudem die oben genannte Fähigkeit des Personals, zu improvisieren, genutzt werden, wenn diese einer langfristigen Planung nicht im Weg stehen. 15

3 Handlungsfelder

Die Erarbeitung der einzelnen Handlungsfelder wurde so strukturiert, dass zunächst eine Themendefinition (Relevanz) stand. Es folgte angelehnt an die Methode des „Zukunftsgipfels"[20] die Entwicklung einer Vision, von Meilensteinen und konkreten Handlungsschritten. Die Ergebnisse wurden für diesen Aufsatz auf die Vision und Handlungsempfehlungen komprimiert. 16

3.1 Gesunde Führung

Zahlreiche branchenübergreifende Studien belegen den Zusammenhang zwischen Führung und den Faktoren Stress, Arbeitszufriedenheit, psychischem Wohlbefinden und dem Krankenstand.[21] In der Expertengruppe zum Thema Führung und Gesundheit wurde das Thema umfangreich bearbeitet. 17

---

20 Burow u. a.: Aktuelle und bewährte Konzepte zur Gestaltung und Moderation von Großgruppenveranstaltungen – Ein Wegweiser. 2002, Online: http://www.uni-kassel.de/fb1/burow/downloads/WegweiserEntwurf.pdf [abgerufen am 30.1.2018].
21 Zimber/Gregersen: Gesundheitsfördernd führen – Ein Projekt der Berufsgenossenschaft für Gesundheitsdienst und Wohlfahrtspflege (BGW). In: Badura u. a. (Hrsg.): Fehlzeiten-Report 2011. 2011; Zimber/Gregersen: Gesundheitsfördernd führen – Ein Projekt der Berufsgenossenschaft für Gesundheitsdienst und Wohlfahrtspflege (BGW), In: Badura u. a. (Hrsg.): Fehlzeiten-Report 2011. 2011, S. 111–118.

18 Relevanz: Das Führungsverhalten hat großen Einfluss auf die körperliche und psychosoziale Gesundheit der Mitarbeiter*innen – durch die Gestaltung von Arbeitsbedingungen und durch das Verhalten der Führungskräfte, an dem sich die Beschäftigten orientieren.

19 Vision: In der Einrichtung wird ein gesunder Führungsstil gepflegt, dem ein wertschätzendes Menschenbild zu Grunde liegt. Die Führungskraft und andere Mitarbeitende in Führungspositionen bringen also individuelle und soziale Bedürfnisse sowie die Ziele Ihrer Belegschaft mit den Zielen der Organisation in Einklang.

20 Handlungsempfehlungen:

- Entwicklung gemeinsamer Führungsgrundsätze.
- Offene und konstruktive Gesprächskultur durch regelmäßige Mitarbeitergespräche zum Austausch von Arbeitslast, Zielen und Weiterentwicklungsmöglichkeiten und die Möglichkeit zur Mitsprache und Mitgestaltung bei geplanten Veränderungen.
- Die Führungskräfte machen Gesundheit zum Thema und dienen selbst als Vorbilder.
- Wissen über die Bedürfnisse zur Ausführung der Arbeit.
- Einbezug der Belegschaft in geplante Veränderungsprozesse.
- Regelmäßige Teilnahme an Weiterbildungen zum Thema gesundes Führen.
- Konflikte erkennen, Störfaktoren identifizieren und klären.
- Feedback, Anerkennung und Wertschätzung für die Arbeitsleistung der Mitarbeiter*innen.
- Erfolge werden gemeinsam gefeiert (z. B. Jubiläum oder wichtige Meilensteine).

3.2 Arbeitsorganisation/ Organisationsstruktur

21 Arbeitsorganisation, Arbeitsbedingungen und Arbeitszufriedenheit stehen in einem engen Zusammenhang.[22]

22 Relevanz: „Minutenpflege" und Unabwägbarkeiten bestimmen oft den beruflichen und organisatorischen Alltag in der stationären und ambulanten Pflege. Die effektive und funktionierende Organisation und Planung der Arbeit ist wichtig, um Belastungen zu reduzieren.

23 Vision: Ihre Mitarbeiter*innen haben genug Zeit für die Pflegetätigkeiten. Sie sind entsprechend ihrer Kompetenzen und Stärken eingeteilt. Ihr Pflegepersonal ist gut ausgestattet und Störfaktoren werden analysiert und zeitnah beseitigt.

---

22 Eichhorst/Tobsch/Wehner: Neue Qualität der Arbeit?, In: Badura u. a.(Hrsg.): Fehlzeitenreport 2016. 2016, S. 19; Sie basieren auf multivariaten Analysen auf Basis des EWCS (2010) für EU-15.

Handlungsempfehlungen: 24

- Fähigkeiten und Lebenssituationen der Beschäftigten werden in die Planung einbezogen, z. B. entsprechend der persönlichen Stärken, individuellen Bedürfnissen (z. B. körperliche Ausgangslage) und Lebenssituation (hierzu regelmäßige Mitarbeiter-Gespräche).
- Über- und Unterforderung werden wahrgenommen und vermieden.
- Großzügige Planung (inkl. Zeitpuffer), z. B. durch kombinierte Anwendung verschiedener Arbeitszeitmodelle, klare Aufgabenverteilung sowie Entlastung des Pflegepersonals durch Spezialkräfte (z. B. Telefondienst oder Koordinationsaufgaben).
- Geregelte Pausenzeiten und -räume.
- Neues Personal wird aktiv ins Team integriert, z. B. durch ein Einarbeitungskonzepts für neue Angestellte.
- Ausreichend Arbeitsmittel zur Verfügung stellen (technisch und digital).
- Veränderungen zunächst im Kleinen (als Experiment) ausprobieren und ggfs. anpassen oder verwerfen.

3.3   Fort- und Weiterbildung

Passgenaue Fort- und Weiterbildungen, die sich gleichzeitig an den Unterneh-   25
menszielen und den Bedarfen und Interessen der Mitarbeiter orientieren, leisten
einen Beitrag dazu, die intrinsische Motivation zu erhöhen und die Beschäftigten
dabei zu unterstützen, gute Leistung zu erbringen.[23] Für die Pflege wurden im
Rahmen des Projekts wichtige Aspekte herausgearbeitet.

Relevanz: Fort- und Weiterbildungen sind die Basis für zeitgemäße Pflege und ein   26
starkes Pflegeteam. Nicht nur aktuelles Fachwissen, sondern auch Gesundheits-
und Sozialkompetenzen sowie Optionen zur beruflichen Weiterentwicklung spielen für ihre Belegschaft eine wichtige Rolle. Durch neu erlernte Kompetenzen wird
Ihr Team selbstsicherer und kann mit schwierigen Situationen besser umgehen.

Vision: Ihre Einrichtung beschäftigt gesunde und qualifizierte Pflegekräfte, die   27
ihre Pflegetätigkeiten professionell und verantwortungsbewusst erledigen.

---

23 Permantier: Wertekommunikation und Gesundheit am Beispiel der Berliner Agentur
    SHORT CUTS, In: Badura u. a.(Hrsg.): Fehlzeitenreport 2016. 2016, S. 203–224.

28   Handlungsempfehlungen:

- Gesetzlich vorgegebene Fort- und Weiterbildungsrahmen einhalten.
- Bedarfsorientierte Weiterbildung anbieten, z. B. durch die Qualifizierung einer Weiterbildungsbeauftragten und eines hausinternen Fort- und Weiterbildungsleitfadens (über verpflichtende Angebote hinausgehend).
- Die Belegschaft handelt verantwortungsvoll, selbstsicher und reflektiert. Sie nehmen eigene Grenzen wahr und können sich abgrenzen, z. B. durch Fortbildungen mit Themen wie Sozialkompetenzen, Reflektionsvermögen, Kommunikation (u. a. konstruktive Kritik), Selbstbewusstsein, Verantwortungsgeschick, Zeit-, Stress- und Konfliktmanagement, Resilienz.
- Ihre Mitarbeiterinnen und Mitarbeiter sind resilient (widerstandsfähig) gegenüber belastenden Situationen.
- Gelehrtes Wissen aus Fortbildungen wird Ihrem Pflegepersonal zum Nachschlagen zur Verfügung gestellt, z. B. in Form von Handlungshilfen zu Inhalten aus Fortbildungen zum Nachschlagen anbieten.

3.4   Vereinbarkeit von Berufs- und Privatleben

29   In einer von Eichhorst, Tobsch, und Wehner dargestellten Studie werden einige Aspekte sichtbar gemacht, die einen Einfluss auf die Work-Life-Balance haben.[24] Für die Pflege relevant ist dabei, dass Zeitdruck, Geschwindigkeit, Arbeit in der Freizeit[25], emotional eingebunden sein, Umgang mit verärgerten Kunden und externe Konsequenzen eines Fehlers einen sehr hoch signifikant negativen Zusammenhang mit der Work-Life Balance haben. Gute Führung, eine gute Arbeitsorganisation und Qualitätsorientierung/Problemlösung und Neues Lernen haben hingegen einen signifikant positiven Zusammenhang mit einer ausgeglichenen Lebensbalance.[26] Diese Ergebnisse können auch für die Pflege Hinweise darauf liefern, wie vielschichtig die Querverbindungen zwischen einzelnen Themenbereichen zu sein scheinen. Im Expertenworkshop wurden die Bedürfnisse im Schwerpunkt auf die Vereinbarkeit von Familie und Privatleben in organisatorischer Hinsicht betrachtet.

30   Relevanz: Ihre Mitarbeiterinnen und Mitarbeiter haben je nach Lebensphase und persönlichen Interessen unterschiedliche Bedürfnisse, um ein Nebeneinander von Privatleben und Beruf zu ermöglichen. Mit gezielten Maßnahmen können Sie hierauf eingehen und einen Mehrwert für Sie und Ihre Beschäftigten schaffen.

31   Vision: In Ihrer Einrichtung wird ein gesunder Führungsstil gepflegt, dem ein wertschätzendes Menschenbild zu Grunde liegt. Sie und anderer Mitarbeitende in

---

24   Eichhorst/Tobsch/Wehner: Neue Qualität der Arbeit?, In: Badura u. a.(Hrsg.): Fehlzeitenreport 2016. 2016, S. 18–19, Tab. 2.1.
25   Wenn als Schichtdienst verstanden, wenn bezogen auf ungeplante Vertretungen.
26   Eichhorst/Tobsch/Wehner: Neue Qualität der Arbeit?, In: Badura u. a.(Hrsg.): Fehlzeitenreport 2016. 2016, S. 18–19, Tab. 2.1.

Führungspositionen bringen also individuelle und soziale Bedürfnisse sowie die Ziele Ihrer Belegschaft mit den Zielen der Organisation in Einklang.

Handlungsempfehlungen: 32

- familienfreundliches Betriebsklima, z. B. durch mitarbeiterorientierte Dienstplanung durch Abfrage der familiären und privaten Bedürfnisse, Berücksichtigung der familiären Situation und die individuellen Bedürfnisse der Mitarbeitenden.
- Großzügige Dienstplanung inkl. Vertretungsplan.
- Zuverlässiger und angemessener Ausgleich für Wochenendarbeit und ausreichend Freizeit und Erholungszeit für das Pflegepersonal.
- Betreuung von Kindern und pflegebedürftigen Angehörigen Ihres Pflegepersonals zu jeder Dienstzeit.
- Kontaktpflege zu Mitarbeiter*innen in der Familien- und Pflegephase.
- Trägereigene Kindertagesstätten oder Belegplätze in anderen KiTas und weitere Betreuungsangebote.
- Ernennung eines/eines Familienbeauftragten.

3.5 Teamwork/generationengerechtes Arbeiten

Sozialer Rückhalt und Unterstützung durch das Team spielen eine wichtige Rolle 33 für die psychische Gesundheit.[27] Fehlt dieser Zusammenhalt, kann dies zu negativen gesundheitlichen Effekten führen. Im Rahmen des Betrieblichen Gesundheitsmanagements sind der Aufbau und die Pflege vertrauensvoller Zusammenarbeit also von großer Bedeutung.[28] Damit ältere und jüngere Mitarbeiter/Innen gut zusammenarbeiten, muss dieses Themenfeld aktiv unterstützt werden. Eine Analyse des IGA-Barometers 2010 kam zu dem Ergebnis, dass ein guter Teamzusammenhalt auch in Bezug auf den Zusammenhalt zwischen den Generationen eine wichtige Führungsaufgabe ist.[29]

Relevanz: Trotz aller positiver zwischenmenschlicher Erfahrungen: Pfle-34 gende stehen im beruflichen Spannungsfeld zwischen Kolleg*innen, Leitungskräften, sowie Pflegebedürftigen und deren Angehörigen. Gerade deshalb sind eine funktionierende Zusammenarbeit, ein offener Umgang mit Konflikten und

---

27 Ricker/Hauser: Arbeitsplatzkultur und Gesundheit – ganzheitliche Gestaltung der organisationalen Beziehungen zur Stärkung der psychischen Gesundheit von Mitarbeitern, in: Badura u. a. (Hrsg.): Fehlzeiten-Report 2016, S. 116.
28 Ricker/Hauser: Arbeitsplatzkultur und Gesundheit – ganzheitliche Gestaltung der organisationalen Beziehungen zur Stärkung der psychischen Gesundheit von Mitarbeitern. In: Badura u. a. (Hrsg.): Fehlzeiten-Report 2016, S. 107; vgl. hierzu die Ergebnisse der von Great Place to Work 2015 durchgeführten Repräsentativstudie „Gesund arbeiten".
29 Friedrichs M. u. a.: Iga-Barometer 3.Welle 2010. Einschätzungen der Erwerbsbevölkerung zum Stellenwert der Arbeit, zum Gesundheitsverhalten, zum subjektiven Gesundheitszustand und zu der Zusammenarbeit in altersgemischten Teams. 2011.

gegenseitige Unterstützung entscheidend, um den Anforderungen im Alltag gerecht zu werden.

35 Vision: Mitarbeiter*innen arbeiten gut zusammen, sodass das Team als unterstützende Ressource wahrgenommen wird. Sie arbeiten aktiv miteinander. Das Team findet gemeinsame Lösungen zu seinen Problemen.

36 Handlungsempfehlungen:

- Zusammenarbeit und kollegiale Unterstützung (Erfahrungsaustausch zwischen den Generationen).
- Es besteht ein gemeinsames Pflegeverständnis (auch zwischen den Generationen).
- Wissen, wie andere Berufsgruppen und pflegende Angehörige in die Pflegehandlung integriert werden können.
- Bei Konflikten mit anderen Berufsgruppen herrscht ein professionelles Rollenverständnis und eine Abgrenzung in Verantwortungsfragen und Tätigkeitsfeldern ist möglich.
- Transparente Kommunikationswege bei Entscheidungsfindungen (z. B. bei Touren- und Schichtplanung), z. B. durch regelmäßige Teambesprechungen, Fallbesprechungen, Supervisionen und Mentoring Programmen als Formate für kollegiale (und generationsübergreifende) Beratung.
- Die Bedürfnisse der Pflegebedürftigen sind bekannt und werden strukturiert und einheitlich abgehandelt, z. B. durch einen individuellen Maßnahmenkatalog für jede/n Patienten/-in.
- Einbeziehung aller internen Arbeitskräfte in Besprechungen (Fachkräfte und Hilfskräfte) – gemeinsame Problemlösung.
- Leitfaden für die Einbindung aller an der Pflege beteiligten Berufsgruppen und der Angehörigen der Pflegebedürftigen.
- Maßnahmen zum Teambuilding (auch privat).
- Teamrituale (im Arbeitsalltag).

4   Fazit und Ausblick

37 In diesem Artikel wurden die Zwischenergebnisse aus dem Projekt „Gute BGM-Praxis in der Pflege" zusammengefasst. Dabei handelt es sich um ein laufendes Praxisprojekt, dessen Zwischenergebnisse auf Erfahrungswerten beruhen. Eine gezielte wissenschaftliche Unterfütterung wird im weiteren Verlauf des Projektes erfolgen. Zentrales Ziel des Projektes bleibt es aber, einen gemeinsamen, praxisnahen Lernprozess anzuregen, zu begleiten und bei Pflegeeinrichtungen das Interesse zu wecken, in einem strukturierten Prozess etwas für die Gesundheit der Mitarbeiter zu tun. Während Arbeitssicherheit, Gefährdungsanalysen und das Betriebliche Eingliederungsmanagement zur Pflicht gehören, ist das BGM eine freiwillige Leistung des Arbeitgebers. In diesem Artikel wurde dargestellt, dass die Einführung eines BGM einen nachhaltigen Mehrwert hat, wenn in einem struk-

turierten Prozess unter Berücksichtigung einer weiten Bandbreite von Handlungs-feldern bedarfsgerechte Maßnahmen hergeleitet, durchgeführt und evaluiert werden. Es können Ressourcen freigesetzt und Stellschrauben genutzt werden, um die psychische und physische Gesundheit zu fördern. Es wurde dargestellt, dass über körperliche Belastungen, durch schweres Heben hinaus, durch gesunde Führung, ein funktionierendes altersgemischtes Team, die Berücksichtigung des Privat-lebens, gezielte Weiterbildungen und nicht zuletzt eine gute Arbeitsorganisation in der Pflege einen wichtigen Beitrag dazu leisten, die Gesundheit der Mitarbeiter zu erhalten, Fehlzeiten zu reduzieren und Beschäftigte langfristig an die eigene Einrichtung zu binden. Die enge Verknüpfung zwischen den einzelnen Themen sowie die zahlreichen Querverbindungen machen deutlich, dass ein Mehrwert nur durch einen geplanten, gesteuerten und strukturierten Prozess nachhaltig zu erreichen ist.

Digitalisierung und Technisierung spielen ebenfalls in der pflegerischen Arbeits-welt eine Rolle. Einer Studie der DAA-Stiftung Bildung und Beruf[30] zufolge werden insbesondere vernetzte Informations- und Kommunikationstechnologien (insbesondere die elektronische Patientenakte) und vernetzte Hilfs- und Monito-ringsyteme, z. B. zur Erfassung von Vitaldaten und Aufenthaltsorten (bei demen-ziellen Erkrankungen) eingesetzt. Auch der Einsatz von Robotik, vor allem zur Unterstützung von Service- und Transportleistungen wird in einigen Bereichen der Pflege eingesetzt.[31] Diese Technologien spielen bereits heute und zukünftig zunehmend eine Rolle in Pflegeeinrichtungen. Sie bieten das Potenzial einer Zeitersparnis für das Pflegepersonal, da z. B. die Dokumentation über die elektro-nische Patientenakte erleichtert werden kann, Möglichkeiten bei körperlich belas-tenden Tätigkeiten unterstützt werden können (beim Heben und Tragen) und durch die Entlastung bei Servicetätigkeiten (z. B. Aufräum- Bring- und Holdiens-te) durch Robotertechnik Zeit und Wege gespart werden können.[32] Die Digitali-sierung und Technisierung beeinflusst die Arbeitsabläufe und die Arbeitsorgani-sation in der Pflege. Um das Potenzial so zu nutzen, dass die Folgen des Fachkräftemangels zu verringert, Pflegekräfte tatsächlich entlastet und eine hohe Versorgungsqualität gewährleistet wird, muss dieser Trend auch in die Umset-zung eines BGMs integriert werden.

38

---

30 DAA-Stiftung Bildung und Beruf: Digitalisierung und Technisierung der Pflege in Deutsch-land. Aktuelle Trends und ihre Folgewirkungen auf Arbeitsorganisation, Beschäftigung und Qualifizierung. 2017, Online: https://www.daa-stiftung.de/fileadmin/user_upload/digitali-sierung_und_technisierung_der_pflege_2.pdf [abgerufen am 22.3.2018], S. 2.
31 DAA-Stiftung Bildung und Beruf: Digitalisierung und Technisierung der Pflege in Deutsch-land. Aktuelle Trends und ihre Folgewirkungen auf Arbeitsorganisation, Beschäftigung und Qualifizierung. 2017, Online: https://www.daa-stiftung.de/fileadmin/user_upload/digitali-sierung_und_technisierung_der_pflege_2.pdf [abgerufen am 23.3.2018], S. 2.
32 DAA-Stiftung Bildung und Beruf: Digitalisierung und Technisierung der Pflege in Deutsch-land. Aktuelle Trends und ihre Folgewirkungen auf Arbeitsorganisation, Beschäftigung und Qualifizierung. 2017, Online: https://www.daa-stiftung.de/fileadmin/user_upload/digitali-sierung_und_technisierung_der_pflege_2.pdf [abgerufen am 22.3.2018], S. 2.

Danksagung

Ein besonderer Dank für die konstruktive Mitarbeit gilt dem Projektteam mit Tobias Ubert und Erika Muus (Gesundheitswirtschaft Nordwest e. V.), Volker Wördemann (Sozial-Team Vechta), Tomke zur Brügge (Perspektive Pflege e. V.), den Mitwirkenden der Expertenworkshops Marion Fröhlich (Caritasverband für die Diözese Osnabrück e. V.), Kathrin Gödker (Corantis Kliniken), Anna Lena Grote (welcoMed), Dr. Kai Hochscheid (Berufsgenossenschaft für Gesundheit und Wohlfahrtspflege), Dr. Dorothee Imsieke (Caritasverband für die Diözese Osnabrück e. V.), Marita Niebur-Ossenbeck (Krankenhaus Damme), Claudia Schröer-Mollenschott (Diakonie Sozialstation Belm-Bissendorf), Wolfgang Reuter (KMB Bildung und Beratung GbR) und den Kolleginnen bei GewiNet Anna-Lena Hoeft, Marie Lange und Marie Poppe.

Literatur

Ärzte Zeitung 2015: Prävention: Einheitliche Angebote für Pflegekräfte nicht sinnvoll, In: Ärzte Zeitung 162D/2015, Düsseldorf 2015. Online: https://www.aerztezeitung.de/politik_gesellschaft/praevention/article/892656/praevention-einheitliche-angebote-pflegekraefte-nicht-sinnvoll.html [abgerufen am 9.8.2018].

Badura B.: Was bringt Betriebliches Gesundheitsmanagement? In: Abteilung Prävention des AOK-Bundesverbandes (Hrsg.): Gesundheit und Gesellschaft. Betriebliche Gesundheitsförderung: Pflege für die Pflege, Berlin 2011, S. 20.

Badura B. u. a.: Fehlzeiten-Report 2016. Berlin 2016.

Badura B. u. a.: Fehlzeiten-Report 2011. Berlin/Heidelberg 2011.

Badura B./Schröder H./Vetter C.: Fehlzeiten-Report 2008, Heidelberg 2009.

Badura B/Steinke M.: Betriebliche Gesundheitspolitik in der Kernverwaltung von Kommunen. Eine explorative Fallstudie zur aktuellen Situation. 2009. Online: https://pub.uni-bielefeld.de/publication/2316533 [abgerufen am 30.1.2018].

Bechmann, S. u. a.: Motive und Hemmnisse für Betriebliches Gesundheitsmanagement (BGM). Umfrage und Empfehlungen. In: AOK-Bundesverband/BKK Bundesverband/Deutsche Gesetzliche Unfallversicherung (DGUV)/Verband der Ersatzkassen e. V.(vdek): Initiative Gesundheit und Arbeit IGA-Report Nr. 20/2010.

Bundesagentur für Arbeit: Der Arbeitsmarkt in Deutschland – Fachkräfteengpassanalyse. 2016. Online: https://statistik.arbeitsagentur.de/StatischerContent/Arbeitsmarktberichte/Fachkraeftebedarf-Stellen/Fachkraefte/BA-FK-Engpassanalyse-2016-06.pdf [abgerufen am 8.9.2017].

Bundesanstalt für Arbeitsschutz und Arbeitsmedizin: Faktenblatt 10 „Arbeit in der Pflege – Arbeit am Limit? – Arbeitsbedingungen in der Pflegebranche". 2014. Online: http://www.baua.de/de/Publikationen/Faktenblaetter/BIBB-BAuA-10.html [abgerufen am 29.9.2016].

Burow O. u. a.: Aktuelle und bewährte Konzepte zur Gestaltung und Moderation von Großgruppenveranstaltungen – Ein Wegweiser. 2002. Online: http://www.uni-kassel.de/fb1/burow/downloads/WegweiserEntwurf.pdf [abgerufen am 30.1.2018].

DAA-Stiftung Bildung und Beruf: Digitalisierung und Technisierung der Pflege in Deutschland. Aktuelle Trends und ihre Folgewirkungen auf Arbeitsorganisation, Beschäftigung und Qualifizierung. 2017. Online: https://www.daa-stiftung.de/fileadmin/user_upload/digitalisierung_und_technisierung_der_pflege_2.pdf [abgerufen am 22.3.2018].

Eichhorst/Tobsch/Wehner: Neue Qualität der Arbeit?, In: Badura u. a.(Hrsg.): Fehlzeitenreport 2016. Heidelberg 2016, S. 9–20.

Europäische Stiftung zur Verbesserung der Lebens- und Arbeitsbedingungen: Europäische Erhebung über die Arbeitsbedingungen (EWCS). 2010. Online: https://www.eurofound.europa.eu/de/surveys/european-working-conditions-surveys [abgerufen am: 30.7.2018].

Friedrichs M. u. a.: Iga-Barometer 3.Welle 2010. Einschätzungen der Erwerbsbevölkerung zum Stellenwert der Arbeit, zum Gesundheitsverhalten, zum subjektiven Gesundheitszustand und zu der Zusammenarbeit in altersgemischten Teams. Berlin 2011.

Landesamt für Statistik Niedersachsen: Pflegestatistik für Niedersachsen. Pflegepersonal 2013. Hannover 2016.

Meyer M./Böttcher M./Glushanok I.: Krankheitsbedingte Fehlzeiten in der deutschen Wirtschaft im Jahr 2014. In: Badura, B. u. a.(Hrsg.): Neue Wege für mehr Gesundheit – Qualitätsstandards für ein zielgruppenspezifisches Gesundheitsmanagement. Fehlzeiten-Report 2015. Berlin/Heidelberg 2015, S. 341–399.

Permantier M.: Wertekommunikation und Gesundheit am Beispiel der Berliner Agentur SHORT CUTS, In: Badura, B. u. a.(Hrsg.): Fehlzeitenreport 2016. Heidelberg 2016, S. 203–213.

Ricker, S./Hauser, F.: Arbeitsplatzkultur und Gesundheit – ganzheitliche Gestaltung der organisationalen Beziehungen zur Stärkung der psychischen Gesundheit von Mitarbeitern, in: Badura u. a. (Hrsg.): Fehlzeiten-Report 2016. Heidelberg 2016, S. 107–118.

Schempp N./Strippel H.: Präventionsbericht 2011 – Leistungen der gesetzlichen Krankenversicherung: Primärprävention und betriebliche Gesundheitsförderung. Düsseldorf 2012.

Schröder J.: Gesund bleiben statt aussteigen. In: Scholl, J./Wolter Kluwers Deutschland GmbH (Hrsg.): Personalwirtschaft – Special Gesundheitsbranche. Köln 2014.

Schröder/Herdegen: Mitarbeiter im Mittelpunkt. In: Abteilung Prävention des AOK-Bundesverbandes (Hrsg.): Gesundheit und Gesellschaft. Betriebliche Gesundheitsförderung: Pflege für die Pflege. Berlin 2011, S. 4–7.

Statista: Entwicklung des Krankenstands ausgewählter Gesundheitsberufe in Deutschland im Jahr 2016. 2018. Online: https://de.statista.com/statistik/daten/studie/491004/umfrage/krankenstand-ausgewaehlter-gesundheitsberufe-in-deutschland/ [abgerufen am 22.1.2018].

Statistisches Bundesamt: Pflegestatistik 2011 – Demografischer Wandel in Deutschland: Auswirkungen auf Krankenhausbehandlungen und Pflegebedürftige im Bund und in den Ländern. In: Bundesministerium für Gesundheit (Hrsg.): Zahlen und Fakten zur Pflegeversicherung. Wiesbaden 2013.

Thomsen M./Schleicher R./Schwarzwälder S.: Zeitdruck in der Pflege reduzieren, In: Bundesanstalt für Arbeitsschutz und Arbeitsmedizin/Thematischer Initiativkreis ›Gesund Pflegen‹ (Hrsg.): INQA-Pflege der Initiative Neue Qualität der Arbeit, Dortmund 2010.

Waltersbacher A.: Heilmittelbericht 2015. Wissenschaftliches Institut der AOK Berlin. 2015. Online: https://www.wido.de/fileadmin/wido/downloads/pdf_heil_hilfsmittel/wido_hei_hmb2015_1512.pdf [abgerufen am 30.1.2018].

Zimber A./Gregersen S.: Gesundheitsfördernd führen – Ein Projekt der Berufsgenossenschaft für Gesundheitsdienst und Wohlfahrtspflege (BGW), In: Badura, B. (Hrsg.): Fehlzeiten-Report 2011. Heidelberg 2011, S. 110–119.

Sicherstellung der medizinischen und pflegerischen Versorgung im Landkreis Vechta

Dunja Grützner/Tomke Diederike zur Brügge/Anna-Lena Grote

Abstract: Die Aufrechterhaltung einer wohnortnahen gesundheitlichen Versorgung beschäftigt zunehmend auch Länder und Kommunen. Aus diesem Grund wurde der Landkreis Vechta im Jahr 2015 Gesundheitsregion. Es sollen Maßnahmen zur Gewährleistung der medizinischen und pflegerischen Versorgung einer immer älter werdenden Bevölkerung entwickelt und gleichzeitig eine gesundheitsfördernde Lebenswelt geschaffen werden. Hieraus sind zwei innovative Pilotprojekte entstanden, welche sich vorrangig durch den Zusammenschluss und die Zusammenarbeit der beteiligten Institutionen kennzeichnen.

„Wir wollen auch in Zukunft eine sichere und gute gesundheitliche Versorgung im Landkreis Vechta gewährleisten. Gerade in einer ländlichen Region wie der unseren, kommt es darauf an, dass wir vor Ort alle Bereiche abdecken – von der medizinischen Versorgung durch Haus- und Fachärzte über Krankenhäuser bis hin zu Pflegeeinrichtungen. Auch Angebote zur Prävention und zur Gesundheitsförderung sind uns sehr wichtig."

(Landrat Herbert Winkel)

1 Maßnahmen und Ziele auf kommunaler Ebene

1   Eine wohnortnahen Gesundheitsversorgung zukünftig sicherzustellen, stellt viele, vor allem ländliche Regionen, vor große Herausforderungen. Die Auswirkungen des demographischen Wandels, der Fachkräftemangel sowohl im pflegerischen als auch im medizinischen Bereich und die Problematiken eines guten Schnittstellenmanagements zwischen vielen verschiedenen Versorgungsbereichen stellen nur einen Teil dieses Herausforderungen dar. Mit diesen Gegebenheiten muss sich auch der Landkreis Vechta jetzt und zukünftig auseinandersetzten und ist aus diesem Grund im Mai 2015 vom Ministerium für Soziales, Gesundheit und Gleichstellung als Gesundheitsregion anerkannt worden. Vor dem Hintergrund einer zunehmend älter werdenden Gesellschaft und den damit verbundenen steigenden Anforderungen an die Gesundheitsversorgung in der Region, steht auch der, allgemein als demografisch stabil geltende, Landkreis Vechta mit einer prognostizierten wachsenden, älter werdenden und stärker multikulturell geprägten Bevölkerung vor neuen Herausforderungen. Ein geeignetes Mittel zur Umsetzung dieser Anforderungen ist der Auf- und Ausbau einer Gesundheitsregion. Ziel der Gesundheitsregion soll sein, eine wohnortnahe, bedarfsgerechte Versorgung unter Berücksichtigung der regionalen Gegebenheiten sicherzustellen.

2   Der Landkreis Vechta liegt im Nordwesten Niedersachsens – im Oldenburger Münsterland und hat ca. 138.000 Einwohner. Er zählt zu den „boomenden" Regionen Norddeutschlands. Bedingt durch eine konstante Geburtenrate und positive Wanderungsbewegungen[1] gehört der Landkreis mit seinem Nachbar-

---

1   Landesamt für Statistik Niedersachsen. LSN-Online Datenbank. 2017. Online: www.statistik. niedersachsen.de/datenangebote/lsnonlinedatenbank/ [abgerufen am 1.12.2017].

landkreis Cloppenburg zu einer der jüngsten Regionen der Bundesrepublik Deutschland.

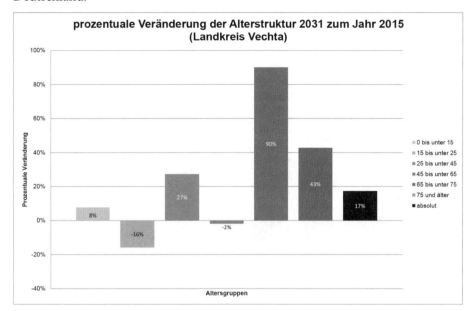

3

Abb. 1: Landkreis Vechta: Veränderungen der Altersstruktur im Jahr 2030 zu 2015
Quelle: Landesamt für Statistik Niedersachsen (eigene Berechnungen).

Die Veränderung der Altersstruktur für den Landkreis Vechta zeigt eine deutliche   4
Zunahme der Personen über 65 Jahren. Ebenfalls ist die Zunahme der Bevölkerung im Alter von 0 – unter 15 Jahren zu erkennen, welche in Abbildung 1
dargestellt ist. Diese ist deutlich stärker, als im Durchschnitt Niedersachsens.
Nicht nur der Anstieg der Bevölkerungszahlen in den einzelnen Altersgruppen,
sondern auch der Anstieg der Gesamtbevölkerung hat den Landkreis dazu ver-
anlasst, sich den Herausforderungen dieser zukünftigen Entwicklungen zu stellen
und neue Perspektiven in Bezug auf die Sicherung der gesundheitlichen Versorgung aufzuzeigen. Im Rahmen der Gesundheitsregion wurde sich aus diesem
Grund der *Fachkräftesicherung* im Gesundheitswesen angenommen.

5

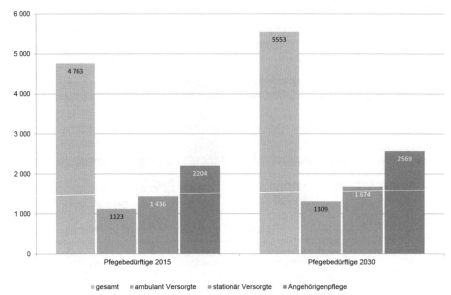

Anzahl der Pflegebedürftigen nach Versorgungsart

gesamt ▪ ambulant Versorgte ▪ stationär Versorgte ▪ Angehörigenpflege

Abb. 2: Anzahl der Pflegebedürftigen nach Versorgungsart im Jahr 2015 und 2030

Quelle: Landesamt für Statistik Niedersachsen (eigene Berechnungen).

6 Bis 2030 wird sich die Anzahl der Pflegebedürftigen weitreichend verändern. Durch die Vorausberechnungen auf Landkreisebene, wie in Abbildung 2 ersichtlich, wird die Zahl der Menschen mit Pflegebedarf um rund 800 Personen ansteigen. Die Gruppe der Pflegebedürftigen über 90 Jahre stellt hierbei den größten Anteil der zu Pflegenden dar. Ebenfalls zeigt sich, dass das Angebot an gut ausgebildeten Pflegefachkräften geringer ausfällt. Damit sind speziell die Pflegeberufe durch den demographischen Wandel doppelt belastet: zum einen durch eine höhere Anzahl an pflegebedürftigen Personen, zum anderen durch die geringeren Bewerberzahlen.

7 Durch die Gestaltung günstiger Rahmenbedingungen und eine zukunftsorientierte Fachkräftepolitik müssen nun die notwendigen Voraussetzungen geschaffen werden, um das Fachkräfteangebot auch über 2030 hinaus regional zu sichern. Dabei gilt es, vor allem auch auf den Gebieten der Alten-, Gesundheits- und Krankenpflege, Strategien zu entwickeln, welche den zukünftigen Bedarf an ausgebildeten Fachkräften in der akut-stationären, ambulanten und stationären Pflege decken können. Zur Sicherung von Fachkräften in den Pflegeberufen ist das vom Land Niedersachsen und dem europäischen Sozialfond von April 2017 bis März 2019, geförderte Projekt „Perspektive: Pflege!" in den Landkreisen Vechta und Cloppenburg entstanden. Das Projekt baut auf den gleichnamigen Vereinen beider Landkreise auf. Die Vereinsstruktur ermöglicht die bessere Zusammen-

arbeit zwischen den Gestaltern des großen Arbeitsfeldes der professionellen Pflege. Neben Krankenhäusern, stationären Altenpflegeeinrichtungen und ambulanten Diensten sind auch die Kranken- und Altenpflegeschulen, verschiedenen Kostenträgern und der jeweilige Landkreis beteiligt.

Nicht nur im pflegerischen Bereich, sondern auch im medizinischen Sektor gilt es,   8
innovative *Konzepte und Maßnahmen* zu entwickeln, um vor allem in einer ländlich geprägten Region wie Vechta, die ärztliche Versorgung sicherzustellen. Der zunehmende Ärztemangel führt zu einer Unterversorgung der Bevölkerung, bedingt durch immer weniger Niederlassungen von Hausärzten in diesem Bereich. Aus diesem Grund wurde zur Gewinnung von Ärzten das von der europäischen Union und LEADER geförderte Projekt „WelcoMED" – Willkommensbüro für Mediziner*innen im Landkreis Vechta initiiert. Das langfristige Hauptziel besteht in der Gewinnung und Bindung von Fachkräften im medizinischen Sektor für den Landkreis Vechta. Für die Sicherstellung der hausärztlichen und ärztlichen Versorgung sollen innerhalb des Projektes Maßnahmen für Mediziner*innen zum langfristigen Verbleib im Landkreis Vechta entwickelt werden. Hierzu gehören vor allem die soziale Einbindung, das Aufzeigen der Familienfreundlichkeit der Region, Qualifizierungsmöglichkeiten in den Krankenhäusern vor Ort, kulturelle und sprachfördernde Angebote sowie Unterstützung bei der Niederlassung. Zu den beteiligten Akteuren zählen vorrangig die Krankenhäuser des Landkreises, aber auch Vertreter der Haus- und Facharztpraxen.

Entsprechend der dargestellten Situationen, werden im Folgenden die beiden   9
Pilotprojekte zur Sicherstellung der medizinischen und pflegerischen Versorgung erläutert.

2   Projekt: „Perspektive: Pflege!"

Zur *Sicherung von Fachkräften* in den Pflegeberufen ist das Projekt „Perspektive: 10
Pflege!" in den Landkreisen Vechta und Cloppenburg entstanden. Das Projekt baut auf den gleichnamigen Vereinen beider Landkreise auf. Die Vereinsstruktur ermöglicht die bessere Zusammenarbeit zwischen den Gestaltern des großen Arbeitsfeldes der professionellen Pflege. Neben Krankenhäusern, stationären Altenpflegeeinrichtungen und ambulanten Diensten sind auch die Kranken- und Altenpflegeschulen sowie Kostenträger und der jeweilige Landkreis aktive Mitglieder im Verein. Die Nutzung der Vereinsstruktur als Grundlage für die *Fachkräftesicherung* im ländlichen Raum birgt mehrere Vorteile. Für das Projekt liegt der positive Effekt vor allem an dem bereits vorhandenen Netzwerk. Gleichzeitig soll dieses Netzwerk weiter ausgebaut und um weitere, wichtige Akteure im Landkreis erweitert werden. Dadurch können bereits vorhandene Strukturen implementiert werden.

Ziel von „Perspektive: Pflege!" ist die Entwicklung berufsgruppenspezifischer   11
Maßnahmen, um Personen nach ihren individuellen Bedürfnissen und Fähig-

keiten in das Arbeitsleben und auch in das Aus- und Weiterbildungssystem zu integrieren und diese langfristig dort zu beschäftigen. Für ein auf zwei Jahre befristetes Projekt eine große Herausforderung. Um den speziellen Bedürfnislagen und Strukturen der Landkreise gewahr zu werden, dienen als wissenschaftliche Grundlage eine IST-Analyse der Landkreise, eine Befragung der Auszubildenden sowie zwei Masterarbeiten zum Themenbereich der Motivation von Pflegepersonal, die mit Unterstützung des Projektes geschrieben wurden. Auch für die Zukunft sind entsprechende Projekte in Kooperation mit der Universität Vechta geplant. So hat nicht nur das Projekt relevante Daten aus den Landkreisen, um darauf aufbauende Maßnahmen durchführen zu können, sondern auch die teilnehmenden Studierenden profitieren von dieser Zusammenarbeit.

12   Nach den ersten Monaten Laufzeit kann bereits auf positive Ereignisse zurückgeblickt werden, folgend wird eine Auswahl vorgestellt. Einen großen Bereich stellt die *Gewinnung* von Fachpersonal dar. In Anbetracht der Zahl von Auszubildenden pro Einrichtung, ist der finanzielle und zeitliche Aufwand für den einzelnen Betrieb sehr hoch. Dementsprechend sind vornehmlich die Berufsbildenden Schulen oder Klinikverbunde auf Jobmessen anzutreffen. Erstere werben jedoch nicht nur für die Ausbildungen im Gesundheitsbereich, sondern auch für andere Ausbildungsberufe. Daher ist eine wichtige Größe für die Zielerreichung des Projektes die lokale Jobmesse, die zusammen für die Landkreise Cloppenburg und Vechta durchgeführt wird. „Perspektive: Pflege!" konnte dort mit einem gut durchdachten Konzept aufwarten und wurde von vielen Messebesucher*innen jeden Alters und verschiedenster Herkunftsländer stark frequentiert. Sowohl in der Alten- als auch in der Gesundheits- und Krankenpflege stehen die Beziehungs- und Behandlungspflege im Vordergrund. Mithilfe einer Sofaecke sowie eines Standes mit medizinischem Zubehör konnten zahlreiche Besucher*innen an den Stand gelockt werden. Interessierte wurden dann an den Stand der für sie jeweiligen lokalen Ausbildungsstätte weitergeleitet. Auch für das neue Jahr ist wieder eine Teilnahme an der Jobmesse geplant.

13   Im Landkreis Vechta gibt es bereits einen Arbeitskreis, der sich mit der Einstellung von Geflüchteten beschäftigt. Dort sind neben dem Arbeitsamt auch die Kammern der Handwerker, Landwirte und der Industrie vertreten. Die Pflegeberufe wurden in dieser Thematik vernachlässigt, weil es bislang keine Ansprechpartner gab. Durch „Perspektive: Pflege!" sind nun auch die Pflegeberufe im Arbeitskreis vertreten. Mithilfe der gemeinsamen Arbeit konnten zum einen positive Beispiele, aber auch weitere Handlungsfelder heraus gearbeitet werden. Gemeinsam wurde ein „Markt der Arbeitsmöglichkeiten" durchgeführt. Arbeitgeber aus den unterschiedlichen Berufsfeldern wurden mit interessierten geflüchteten Menschen in Kontakt gebracht. Die Veranstaltung war für beide Seiten erfolgreich. Für die Arbeitgeber wird der Zugang zu interessierten Arbeitnehmern erleichtert, die Geflüchteten haben die Möglichkeit, sich in einem geschützten Rahmen über Berufsfelder und Ausbildungsmöglichkeiten zu informieren. Sie können bei Interesse in direkten Kontakt mit zukünftigen Arbeitgebern treten und haben die

Möglichkeit, bereits zuvor erstellte Lebensläufe abzugeben. Die hohe Zahl der anwesenden Pflegeeinrichtungen zeigt, dass der Fachkräftemangel in der Pflege auch bereits im Landkreis Vechta deutlich zu spüren ist. Durch die Teilnahme von „Perspektive: Pflege!" an diesem Arbeitskreis wurde ein großer Schritt zur Sicherung von Fachkräften gemacht. Aufgrund des Erfolgs wird die Veranstaltung zeitnah wiederholt.

Im Landkreis Cloppenburg wurde sich mit dem Thema des positiven Images   14
auseinandergesetzt. Warum sind die Auszubildenden von ihrem Beruf begeistert, was muss sich langfristig ändern und welche Wünsche haben die Auszubildenden der Gesundheitsberufe in Cloppenburg an ihre Arbeitgeber? An drei Projekttagen wurden schulübergreifend Postkarten und Poster designt und hochwertige Image-Filme produziert. Die 92 teilnehmenden Auszubildenden haben so nicht nur den Umgang mit den neuen Medien und die kritische Auseinandersetzung mit dem eigenen Beruf erlebt, sie hatten auch die Chance, sich untereinander auszutauschen. Ein wichtiger Aspekt, wenn es um die Überlegung geht, wie gerade junge Berufseinsteiger*innen auch langfristig an ihren Beruf gebunden werden können. Pflegeeinrichtungen und auch Schulen haben nicht die zeitliche und personelle Ressource, um aktiv für die Pflegeberufe zu werben. Durch „Perspektive: Pflege!" werden die einzelnen Institutionen in diesem Anliegen unterstützt.

Insgesamt fällt auf, dass die gemeinsame Arbeit der zwei Landkreise bereits nach   15
dem ersten Viertel der Projektlaufzeit einen positiven Effekt hat. Von vornherein war geplant, dass sich die beiden Landkreise mit den jeweiligen Projektstellen möglichst weitreichend ergänzen und sich unterschiedlichen Themen der *Fachkräftesicherung* und *-Gewinnung* widmen. Dieses Vorgehen ist auch wegen der unterschiedlichen Strukturen der zwei Landkreise nötig. Gleichzeitig besteht so die Möglichkeit, voneinander zu lernen und den Erfolg im anderen Landkreis auf das eigene Umfeld anzupassen und zu implementieren. Große Veranstaltungen, wie etwa die Jobmesse, können gemeinsam vorbereitet und durchgeführt werden. Das spart Ressourcen und baut überregionale Strukturen auf.

Für die verbleibenden 1,5 Jahre ist eine weitere Zusammenarbeit mit der Univer-   16
sität Vechta geplant, um weitere landkreisbezogene Daten erheben zu können. Die Netzwerke in den beiden Landkreisen sollen weiter ausgebaut werden. Außerdem stehen weitere Projekttage mit Auszubildenden an, allerdings dieses Mal im Landkreis Vechta unter Einbeziehung der Ergebnisse aus dem Landkreis Cloppenburg. www.perspektive-pflege-om.de oder bei Facebook.

3   Projekt: „WelcoMED"

Das Projekt „WelcoMED" dient der Sicherstellung der hausärztlichen und ärzt-   17
lichen Versorgung im Landkreis Vechta. Im Rahmen des Projektes wurde eine Koordinierungsstelle implementiert, die als Willkommensbüro für angehende und bereits approbierte Mediziner*innen fungiert.

18   Der Altersdurchschnitt der rund 11.000 niedergelassenen Ärztinnen und Ärzte liegt in Niedersachsen bei über 54 Jahren. In den kommenden 10 Jahren werden über 42.000 Ärztinnen und Ärzte in den Ruhestand gehen.[2] Ausreichender Nachwuchs ist im ambulanten und im stationären Bereich jedoch nicht in Sicht. Noch mehr als der stationäre Bereich ist die hausärztliche Versorgung von diesem Mangel an ärztlichem Personal betroffen. Auch im Landkreis Vechta stehen Praxisschließungen aufgrund mangelnder Nachfolge bevor. Zudem teilen die umliegenden Krankenhäuser zunehmend die schwierig gewordene Akquise und Bindung von Ärztinnen und Ärzten mit. Der Landkreis Vechta hat beschlossen, sich diesen Herausforderungen zu stellen und ist frühzeitig aktiv geworden, indem er das Projekt „WelcoMED" ins Leben gerufen hat.

19   „WelcoMED" richtet sich an alle angehenden und bereits fertig approbierten Mediziner*innen, die schon im Landkreis tätig sind, oder es zukünftig sein werden. Eine Koordinierungsstelle, als eine Art Willkommensbüro für Mediziner*innen, wurde eingerichtet, um als Anlauf- und Beratungsstelle zu dienen. Ziel ist es, Unterstützung zu bieten, sodass langfristig die Bindung an den Landkreis erfolgt.

20   Zu den beteiligten Akteuren des Projektes gehören neben dem Landkreis und der Gesundheitsregion Vechta die 3 Krankenhäuser der Regelversorgung und eine Fachklinik. Darüber hinaus strebt das Projekt eine intensive Vernetzung dieser mit den niedergelassenen Ärzten der Region an. Die überwiegende Anzahl der Mediziner*innen, die sich in die Niederlassung begeben, absolviert ihre Facharztausbildung zuvor stationär. Zu diesem Zweck ist es nützlich, die niedergelassenen Mediziner*innen mit den stationären Mediziner*innen in Form von Veranstaltungen, Kongressen und Vorträgen zu vernetzen.

21   Die Inhalte des Projektes richten sich in erster Linie an die sogenannte „Generation Y", die zukünftig in den Krankenhäusern und Niederlassungen tätig sein wird. Diese Generation hat klare Vorstellungen von ihrem zukünftigen Arbeitgeber und Lebensumfeld. Neben einem guten Gehalt spielen vor allem geregelte Arbeitszeiten, reale Aufstiegsmöglichkeiten, und eine gute Betreuung und Einbringung in die Klinik eine wichtige Rolle. Die Einbindung in die Region mit einem ausreichenden Freizeitangebot und der Eingliederung der Familie ist ebenso von Bedeutung. Finanzielle Anreize sind zwar wichtig, reichen jedoch nicht aus, um Mediziner*innen langfristig an ihrem Arbeitsplatz zu halten. Die soziale Integration steht im Vordergrund. Darüber hinaus muss gezielte Akquise und Öffentlichkeitsarbeit stattfinden. Daraus ergeben sich vielfältige Handlungsfelder, in denen WelcoMED wirksam wird.

---

2   Kassenärztliche Vereinigung Niedersachsen. KVN-Patientennewsletter. 2013. Online: http://www.kvn.de/Medien/Publikationen/binarywriterservlet?imgUid=8ca20f57-b748-e741-78ad-bed70b8ff6bc&uBasVariant=11111111-1111-1111-1111-111111111111 [abgerufen am 5.12.2017].

Um junge Menschen an die Region zu binden, werden Möglichkeiten geboten soziale Kontakte zu knüpfen, sodass sich ein Netzwerk aus Kollegen und Freundschaften bilden wird. Verschiedene Angebote für gemeinsame Aktivitäten sollen dazu führen, sich auch außerhalb der Arbeitszeit im Landkreis Vechta wohl zu fühlen. 22

Der Landkreis Vechta gilt seit langem als Boom-Region und zeichnet sich durch hervorragende berufliche Möglichkeiten aus. Dies zeigen auch die geringen Arbeitslosenzahlen, im Landkreis Vechta herrscht nahezu eine Vollbeschäftigung. Auch die Ehepartner*innen und Familienmitglieder werden dabei unterstützt, sich beruflich niederzulassen. Dies kann bspw. durch Kooperationen mit Personalabteilungen von örtlichen Firmen geschehen.

Neben der beruflichen Perspektive für den Lebenspartner, ist auch die Familienfreundlichkeit der Region von Bedeutung. Durch zahlreiche Einrichtungen von Kindertagesstätten, Schulen bis hin zur Universität in Vechta, bietet der Landkreis hervorragende Bildungs- und Unterbringungsmöglichkeiten für Kinder und junge Erwachsene. Mit Hilfe von Kooperationen mit Kindertagesstätten können Eltern schon vor Dienstantritt die Unterbringung der Kinder sicherstellen. 23

Ein Netzwerk aus Maklern und Vermietern dient dazu, Mediziner*innen bei der Suche nach geeignetem Wohnraum zu unterstützen. 24

Die Weiterbildungs- und Aufstiegsmöglichkeiten in den Krankenhäusern und Niederlassungen sind umfangreich und decken alle wesentlichen medizinischen Fachbereiche ab. Ziel ist es, diese vorhandenen Möglichkeiten herauszustellen und zu bewerben. Darüber hinaus werden alle Fort- und Weiterbildungsmöglichkeiten durch die Vernetzung der Krankenhäuser gebündelt und gemeinsam veröffentlicht werden. Zudem sollen zukünftig regelmäßig Seminare, Fachreferenten- und Expertenrunden angeboten werden. Da das Krankenhaus Vechta als Lehrkrankenhaus der Medizinischen Hochschule Hannover anerkannt ist, besteht die Möglichkeit von Forschungsarbeiten und Promotionen. 25

Um den Bedarf an medizinischem Personal zu decken, kommen immer mehr Ärzte aus dem Ausland hinzu. Diese bedürfen spezieller Angebote, um sich möglichst schnell heimisch zu fühlen und gut integriert werden zu können. Ein besonderes Augenmerk liegt demnach auf der Integration von jungen ausländischen Ärzten. Sprachkurse sind hier ebenso gefordert, wie Veranstaltungen, die ihnen die Region und die Kultur näher bringen. 26

Das Projekt „WelcoMED" ist zunächst auf zwei Jahre begrenzt. Die Inhalte sind sehr umfassend und begegnen den schwierigen Herausforderungen, die die derzeitige medizinische Versorgungssituation mit sich bringt, auf vielfältigen Wegen. Das Projekt wird durch Fördergelder der Europäischen Union und LEADER sowie durch die Beteiligung von Projektpartnern finanziert. 27

Literatur

Landesamt für Statistik Niedersachsen: LSN-Online Datenbank. 2017. Online: www.statistik. niedersachsen.de/datenangebote/lsnonlinedatenbank/ [abgerufen am 1.12.2017].

Kassenärztliche Vereinigung Niedersachsen: KVN-Patientennewsletter. 2013. Online: http:// www.kvn.de/Medien/Publikationen/binarywriterservlet?imgUid=8ca20f57-b748-e741-78ad-bed70b8ff6bc&uBasVariant=11111111-1111-1111-1111-111111111111 [abgerufen am 5.12.2017].

Erhöhte Krankenstände in der öffentlichen Verwaltung. Ein Erklärungsversuch mit einem Ausblick auf die agile Verwaltung

Gottfried Richenhagen

Abstract: Der Krankenstand der öffentlichen Verwaltung, einschließlich der Sozialversicherung, ist im Branchenvergleich relativ hoch. Dies gilt für alle Verwaltungsebenen und ist schon in den letzten 20 Jahren festzustellen. In der wissenschaftlichen Diskussion wird davon ausgegangen, dass die Fehlzeitenquoten auch unter Berücksichtigung spezifischer Charakteristika der öffentlichen Verwaltung (z. B. Alters- und Geschlechtsstruktur, Beschäftigung Schwerbehinderter etc.) als überdurchschnittlich hoch angesehen werden müssen. Der Beitrag widmet sich der Frage, ob die Ursachen hierfür in den Arbeitsbedingungen oder im Arbeitsunfallgeschehen zu finden sind. Dies scheint nicht der Fall. Anschließend wird eine Prognose vorgenommen: Wie könnte sich das Fehlzeitengeschehen in einer agilen kommunalen Verwaltung verändern, die in Folge der Digitalisierung und Arbeit 4.0 wahrscheinlich wird?

1 Einführung: Krankheitsbedingte Fehlzeiten in öffentlichen Verwaltungen

1 Der Krankenstand der öffentlichen Verwaltung ist im Branchenvergleich (nach Branchenklassifikation 2008/NACE) sehr hoch. Dies gilt für alle Verwaltungsebenen und ist schon in den letzten 20 Jahren festzustellen.[1]

2 Eine gute Datengrundlage für Branchenvergleiche bietet der jährlich erscheinende Fehlzeitenreport, der auf Basis der Arbeitsunfähigkeitsmeldungen der zuletzt rund 12,5 Millionen erwerbstätigen AOK-Mitglieder in Deutschland vom wissenschaftlichen Institut der AOK erstellt wird. Die jüngste Ausgabe des Fehlzeitenreports datiert aus dem Jahre 2017.[2] Sie weist mit 6,3 % für das Jahr 2016 in der Branche „öffentliche Verwaltung" den zweithöchsten Krankenstand aller untersuchten Branchen aus.[3] Dies entspricht durchschnittlich 12,0 Tagen je Fall.[4] Der Durchschnittswert für alle Branchen beträgt für 2016 5,3 % und variiert zwischen dem Minimalwert 3,8 % für die Branche „Banken/Versicherungen" und 6,5 % für den Bereich „Energie/Wasser/Entsorgung/Bergbau".[5]

3 Der Krankenstand wird dabei als prozentualer Anteil der im Auswertungszeitraum angefallenen und der AOK gemeldeten Arbeitsunfähigkeitstage am Kalen-

---

1 Vgl. z. B. Meyer u. a.: Krankheitsbedingte Fehlzeiten in der deutschen Wirtschaft im Jahre 2016. In: Badura u. a. (Hrsg.): Fehlzeitenreport 2017 Krise und Gesundheit – Ursachen, Prävention, Bewältigung. 2017, S. 282; 292–293.

2 Vgl.: Badura u. a. (Hrsg.): Fehlzeiten-Report 2017 Krise und Gesundheit – Ursachen, Prävention, Bewältigung. Berlin 2017.

3 Meyer u. a.: Krankheitsbedingte Fehlzeiten in der deutschen Wirtschaft im Jahre 2016. In: Badura u. a. (Hrsg.): Fehlzeitenreport 2017 Krise und Gesundheit – Ursachen, Prävention, Bewältigung. 2017, S. 293.

4 Meyer u. a.: Krankheitsbedingte Fehlzeiten in der deutschen Wirtschaft im Jahre 2016. In: Badura u. a. (Hrsg.): Fehlzeitenreport 2017 Krise und Gesundheit – Ursachen, Prävention, Bewältigung. 2017, S. 447.

5 Meyer u. a.: Krankheitsbedingte Fehlzeiten in der deutschen Wirtschaft im Jahre 2016. In: Badura u. a. (Hrsg.): Fehlzeitenreport 2017 Krise und Gesundheit – Ursachen, Prävention, Bewältigung. 2107, S. 282.

derjahr errechnet, d. h. Wochenenden und Feiertage gehen in die Berechnung mit ein. Nicht berücksichtigt werden dagegen solche Arbeitsunfähigkeitstage, die der Krankenkasse wegen einer geringen Dauer nicht gemeldet wurden, wohl aber solche, die wegen geringer Dauer nicht „attestpflichtig" waren und für die dennoch eine Arbeitsunfähigkeitsbescheinigung eingereicht wurde. Insofern ist die im Fehlzeitenreport ausgewiesene Krankenquote nicht direkt mit anderen Krankenquoten vergleichbar, die in Bezug zur Sollarbeitszeit gestellt und nach „attestpflichtig" bzw. „nicht-attestpflichtig" unterschieden werden.

Zudem variiert in den verschiedenen Fehlzeitenstatistiken die Definition dessen, was als Arbeitsunfähigkeit gewertet werden kann und was nicht (z. B. Schwangerschafts- oder Kinderkrankenfälle). Auch ist zu beachten, dass auf Grund der speziellen Versichertenstruktur der AOK, die AOK-Daten „nur bedingt repräsentativ"[6] für die einzelnen Wirtschaftszweige sind. Für die Versicherten der Bundesländer und der kommunalen Ebene muss hier z. B. berücksichtigt werden, dass ein großer Teil der dort beschäftigten AOK-Mitglieder keine Bürotätigkeiten, sondern gewerbliche Tätigkeiten, z. B. im Straßenwesen ausübt. Dennoch wird in der wissenschaftlichen Diskussion davon ausgegangen, dass die hohen Krankenquoten in öffentlichen Verwaltungen nicht allein auf die genannten Einschränkungen zurückzuführen sind, sondern weitergehende Ursachen haben.[7]

4

Methode

Im Folgenden wird daher im Rahmen eines Sekundärstudienansatzes auf Basis vorhandener statistischer Daten des Bundes und der AOK nach den Ursachen für die relativ hohen Fehlzeiten in öffentlichen Verwaltungen gesucht. Es zeigt sich, dass auf Grund des Arbeitsunfallgeschehens sowie der physischen und psychischen Arbeitsbedingungen im Branchenvergleich keine erhöhten Fehlzeiten zu erwarten sind. Anschließend geht es um die Frage, inwiefern das Fehlzeitengeschehen durch zukünftige Entwicklungen hin zur agilen Verwaltungen beeinflusst werden könnte. Methodisch handelt es sich dabei um eine Prognose[8] im Sinne des Strategischen Managements auf der Basis von Befragungen und Theorien über den Zusammenhang zwischen Belastungen und Beanspruchungen bei der Arbeit einerseits, und ihren gesundheitlichen Auswirkungen andererseits.

5

---

6 Meyer u. a.: Krankheitsbedingte Fehlzeiten in der deutschen Wirtschaft im Jahre 2016. In: Badura u. a. (Hrsg.): Fehlzeitenreport 2017 Krise und Gesundheit – Ursachen, Prävention, Bewältigung. 2017, S. 283.
7 Vgl. z. B. Brandl/Stelzel: Arbeitsbedingungen und Belastungen im öffentlichen Dienst – Ein Überblick zum Forschungsstand und Forschungsbedarf. 2013, S. 9.
8 Nach Bea/Haas: Strategisches Management. 2016, S. 297.

2 Ursachen krankheitsbedingter Fehlzeiten in öffentlichen Verwaltungen

2.1 Verzerrungsfaktoren

6 Was die Ursachen angeht, so ist zunächst einmal festzustellen, dass im öffentlichen Sektor drei Faktoren den Krankenstand im Vergleich zu anderen Branchen verzerren.

7 Erstens ist die Altersstruktur, z. B. im Vergleich zur Altersstruktur aller sozialversicherungspflichtig Beschäftigten, sehr viel mehr in Richtung eines höheren Medianalters verschoben und dies führt zu einem erhöhten Krankenstand, da ältere Mitarbeiterinnen und Mitarbeiter zwar nicht öfter krank sind als jüngere, aber länger. Zweitens beschäftigt der öffentliche Dienst sehr viel mehr Schwerbehinderte als andere Branchen. Auch dies erhöht den Krankenstand. Schließlich ist drittens davon auszugehen, dass weibliche Beschäftigte geringfügig häufiger krank sind als männliche Beschäftigte. Eine im Vergleich zu anderen Branchen oder zum Durchschnitt aller sozialversicherungspflichtig Beschäftigten veränderte Geschlechterstruktur führt demzufolge auch zu einer im Vergleich zu dieser verzerrten Krankenstandsquote.

8 Die Vergleichbarkeit zwischen den Branchen kann bei allen drei Faktoren durch Standardisierungsverfahren erhöht werden. So reduziert sich z. B. durch eine Standardisierung im Hinblick auf Alter und Geschlecht der AOK-Krankenstand in der öffentlichen Verwaltung einschl. der Sozialversicherung im Jahre 2013 um 0,5 Prozentpunkte (von 5,9 % auf 5,4 %), bleibt aber dennoch weiter leicht überdurchschnittlich (+0,2 Prozent-punkte)[9]. Etwa die Hälfte der erhöhten Zahl der Arbeitsunfähigkeitsfälle ist auf den erhöhten Anteil von Schwerbehinderten zurückzuführen[10], so dass rein rechnerisch der bereinigte Krankenstand des öffentlichen Dienstes 2013 um 0,1 Prozentpunkte zu hoch ist.

9 Zieht man die Bundesverwaltung als Vergleich heran, dann liegt 2013 – altersstandardisiert und statistisch bereinigt – die Bundesverwaltung 0,59 Prozentpunkte über der Abwesenheitsquote der AOK-Beschäftigten in der öffentlichen Verwaltung und 1,29 Prozentpunkte über dem Krankenstand aller erwerbstätigen AOK-Versicherten, der altersstandardisierte und bereinigte Krankenstand beträgt 6,39 %.[11]

---

9 Meyer u. a.: Krankheitsbedingte Fehlzeiten in der deutschen Wirtschaft im Jahre 2014. In: Badura u. a. (Hrsg.): Fehlzeitenreport 2015 Neue Wege für mehr Gesundheit – Qualitätsstandards für ein zielgruppenspezifisches Gesundheitsmanagement. 2015, S. 355.

10 Marstedt u. a.: Rationalisierung, Arbeitsbelastungen und Arbeitsunfähigkeit im Öffentlichen Dienst. In: Badura u. a. (Hrsg.): Fehlzeitenreport 2001 Gesundheitsmanagement im öffentlichen Sektor. 2002, S. 35.

11 Bundesministerium des Inneren (Hrsg.): Gesundheitsförderungsbericht 2013 der unmittelbaren Bundesverwaltung – einschließlich Statistik der krankheitsbedingten Abwesenheitszeiten. 2014, S. 69.

Erstes Fazit

Die höheren Krankenstände in öffentlichen Verwaltungen sind also nicht nur auf 10
andere Alters-, Geschlechter- und Schwerbehinderten-Anteile sowie andere Methoden der Erhebung zurückzuführen. Es muss vielmehr auch von Ursachen
ausgegangen werden, die in sehr vielen verschiedenen personellen und situativen
Merkmalen zu suchen sind.

2.2 Arbeitsunfälle und körperliche Belastungen

Ein Grund für die erhöhten Krankenstände in öffentlichen Verwaltungen könnte 11
eine erhöhte Anzahl von Arbeitsunfällen sein. Auskunft hierüber gibt der vom
Bundesministerium für Arbeit und Soziales jährlich herausgegebene Bericht
„Sicherheit und Gesundheit bei der Arbeit". Wegen der Vergleichbarkeit mit
anderen Daten zum Arbeitsgeschehen, die in ihrer aktuellsten Version für 2012
vorliegen, soll hier der Bericht für das Jahr 2012 herangezogen werden.[12] Er weist
mit drei Arbeitsunfällen je 1000 Vollzeitmitarbeiter den zusammen mit der
Erbringung von Finanz- und Versicherungsdienstleistungen niedrigsten Wert
aller Branchen auf. Hierauf kann das im Vergleich zu anderen Branchen erhöhte
Fehlzeitengeschehen also nicht zurückgeführt werden.[13]

In Frage kommen weiter physische und psychische Belastungen der Mitarbeite- 12
rinnen und Mitarbeiter, die im Vergleich zu anderen Branchen zu besonderen
Beanspruchungen und in Folge dessen auch zu einem erhöhten Krankenstand
führen könnten.

Schwierige körperliche Arbeits- und Umgebungsbedingungen sind jedoch in der 13
Branche Öffentlicher Dienst (!) von einzelnen Berufen wie z. B. im Gartenbau, in
der Küche, in der Forstwirtschaft oder bei Berufskraftfahrer/innen abgesehen
relativ wenig vorzufinden. Dies zeigt z. B. der Bericht zur Sicherheit und Gesundheit bei der Arbeit 2010, der mit Bezug auf die BIB/BAuA-Erwerbstätigenbefra-
gung aus dem Jahre 2005/2006 nach der Verbreitung physischer Belastungen fragt
(neuere branchenbezogene Zahlen stehen nicht zur Verfügung). Nur in einem
Merkmal („Arbeiten im Sitzen") gibt ein überdurchschnittlicher Anteil von
Erwerbstätigen an, betroffen zu sein, in weiteren sechs Merkmalen (z. B. „Schweres Heben und Tragen" oder „Arbeiten unter Lärm") aber ist der Anteil derer, die
sich durch diese Merkmale belastet fühlen, im Branchenvergleich überdurch-

---

12 So auch Brandl/Stelzel: Arbeitsbedingungen und Belastungen im öffentlichen Dienst – Ein
    Überblick zum Forschungsstand und Forschungsbedarf. 2013, S. 39.
13 Bundesministerium für Arbeit und Soziales (Hrsg.): Sicherheit und Gesundheit bei der
    Arbeit 2012 – Unfallverhütungsbericht Arbeit. 2014, S. 32.

schnittlich hoch.[14] Die reine Anzahl schwieriger körperlicher Arbeits- und Umgebungsmerkmale kann somit im Branchenvergleich nicht die Ursache für erhöhte Fehlzeiten sein.

2.3 Psychische Belastungen

14 Auskunft über psychische Belastungen und Beanspruchungen gibt der „Stressreport Deutschland 2012" der Bundesanstalt für Arbeitsschutz und Arbeitsmedizin.[15] Er beruht auf einer Erwerbstätigenbefragung bei rund 20.000 Personen und fragt recht umfassend nach verschiedenen Belastungs- und Beanspruchungsmerkmalen bei der Arbeit, d. h. nach verschiedenen psychischen Anforderungen, Ressourcen und Befindlichkeiten. Dabei wurden auch zusätzlich einige unabhängige Einflussfaktoren, wie z. B. Alter und Wirtschaftszweig, erhoben. Die Klassifizierung der Wirtschaftszweige richtet sich ebenso wie beim Fehlzeitenreport nach der Branchenklassifikation 2008/NACE.

15 Für die Branchen ergibt sich eine spezifische Mischung aus negativ-auffälligen Merkmalen[16], sie soll hier als Belastungs- und Beanspruchungsprofil einer Branche bezeichnet werden. Branchen mit sehr vielen negativen Merkmalen, also mit ungünstigen Profilen, sind z. B. Verkehr, Lagerei, Gesundheit und Sozialwesen sowie Verarbeitendes Gewerbe. Branchen mit sehr wenigen negativen Merkmalen, also mit günstigen Profilen sind z. B. Erbringung von freiberuflichen, wissenschaftlichen und technischen Dienstleistungen, Wasserversorgung inkl. Abwasser-, Abfallentsorgung, Beseitigung von Umweltverschmutzungen sowie Erbringung von Finanz- und Versicherungsdienstleistungen.

16 Die öffentliche Verwaltung liegt mit ihrem Profil im Branchenvergleich im oberen Mittelfeld[17], d. h. es findet sich dort keine Häufung besonders vieler negativer Merkmale[18], die Merkmal-Anzahl reicht sogar an die TOP 3 besten heran. Dennoch hatte die öffentliche Verwaltung 2012 einen standardisierten Krankenstand von 5,0 %, der den Branchen mit sehr vielen negativen Merkmalen sehr

---

14 Bundesministerium für Arbeit und Soziales (Hrsg.): Sicherheit und Gesundheit bei der Arbeit 2010 – Unfallverhütungsbericht Arbeit. 2012, S. 65. Die Branchenangabe „öffentlicher Dienst" umfasst dabei allerdings mehr als die hier betrachtete Klassifikation Öffentliche Verwaltung. Wie die Differenz zwischen unterdurchschnittlich „betroffen sein" und überdurchschnittlich „belastet fühlen" zustande kommt, ist unklar.

15 Bundesanstalt für Arbeitsschutz und Arbeitsmedizin (Hrsg.): Stressreport Deutschland 2012 – Psychische Anforderungen, Ressourcen und Befinden. 2012.

16 Tabelle 50 auf S. 168–171 des Stressreportes. Die Merkmale sind in zwei Stufen unterteilt: • = Merkmalshäufigkeit über dem Durchschnitt und •• = Merkmalshäufigkeit nimmt einen Spitzenplatz ein.

17 Die Merkmalsstufen (vgl. vorige Fußnote) wurden dabei wie folgt gewertet: • = einfacher Wert, •• = 1,5facher Wert. Ein ähnliches Vorgehen findet sich im Stressreport sowie bei Brandl/Stelzel: Arbeitsbedingungen und Belastungen im öffentlichen Dienst – Ein Überblick zum Forschungsstand und Forschungsbedarf. 2013, S. 40–42.

18 So auch Brandl/Stelzel: Arbeitsbedingungen und Belastungen im öffentlichen Dienst – Ein Überblick zum Forschungsstand und Forschungsbedarf. 2013, S. 42.

nahekommt (Verkehr und Lagerei 5,4 %, Gesundheit und Sozialwesen 5,1 % sowie Verarbeitendes Gewerbe 5,2 %), in anderen Branchen mit ähnlich vielen oder geringfügig weniger negativen Merkmalen findet sich ein z. T. erheblich geringerer Krankenstand (Energieversorgung 4,3 %, Handel, Instandhaltung und Reparatur von Kraftfahrzeugen 4,6 %, Erbringung von Finanz- und Versicherungsdienstleistungen 3,5 %).[19] Somit lässt sich feststellen, dass die psychische Belastungssituation im Allgemeinen als besonderer Fehlzeitentreiber im öffentlichen Dienst ausscheidet, wenn man im Branchenvergleich die reine Anzahl der negativ wirkenden Merkmale betrachtet.

Abschließendes Fazit

Weder das Arbeitsunfallgeschehen noch die Anzahl physischer und psychischer Belastungs- und Beanspruchungsfaktoren kann im Branchenvergleich (!) als Ursache für hohe Krankenstände in öffentlichen Verwaltungen herangezogen werden. Soweit ersichtlich liegen hierzu auch weiter keine Studien vor. Es wäre zu wünschen, dass der Bund oder die Länder derartige Studien in Auftrag geben. Dies umso mehr, weil manche Autoren davon ausgehen, *„dass der Staat trotz Ökonomisierungs- und Privatisierungstendenzen nach wie vor eher bessere Arbeitsbedingungen als die Privatwirtschaft bietet“*.[20]   17

Die Überlegungen im Anschluss an den „Stressreport Deutschland 2012" zeigen aber, dass eine Reduktion der Fehlzeiten in öffentlichen Verwaltungen zu erwarten wäre, wenn die Anzahl von negativ-auffälligen Belastungs- und Beanspruchungsmerkmalen vermindert werden kann.[21] Diesem Ansatz folgend, wird nun im Rahmen einer Prognose der Frage nachgegangen, wie sich die für die öffentliche Verwaltung spezifischen Merkmale in einer zukünftigen agilen Verwaltung verändern könnten.   18

---

19   Meyer u. a.: Krankheitsbedingte Fehlzeiten in der deutschen Wirtschaft im Jahre 2012. In: Badura u. a. (Hrsg.): Fehlzeitenreport 2013 Verdammt zum Erfolg – die süchtige Arbeitsgesellschaft. 2013, S. 409, 437, 337, 421, 351, 375, 315. Auf Basis einer linearen Regression erklärt die Merkmalshäufigkeit ca. 23 % des standardisierten Krankenstandes (R^2 adjustiert berechnet mit R), wobei die Häufigkeit 1,5fach gewertet wurde, wenn sie im Branchenvergleich einen Spitzenplatz einnimmt (allerdings verringern sich die Residuen mit steigender Merkmalszahl, so dass eher von einem nichtlinearen Zusammenhang ausgegangen werden muss). Es besteht eine schwache hohe Korrelationsstärke (Pearson=0,544 berechnet mit R).

20   Ellgut/Kohaut: Der Staat als Arbeitgeber: Wie unterscheiden sich die Arbeitsbedingungen zwischen öffentlichem Sektor und Privatwirtschaft. In: Industrielle Beziehungen/The German Journal of Industrial Relations 1,2/2011, S. 11.

21   Hierzu kann ein intensives Betriebliches Gesundheitsmanagement (BGM) beitragen. Mögliche Maßnahmen des BGM am Beispiel der Landesverwaltung NRW: Richenhagen: Hohe Krankenstände in der Landesverwaltung durch Einführung eines proaktiven Gesundheitsmanagements senken – Stellungnahme im Sachverständigengespräch des Innenausschusses des Landtages NRW – Drucksache 16/8981. In: Landtag Nordrhein-Westfalen 16. Wahlperiode (Hrsg.): Stellungnahme 16/3517. 2016.

3 Eine Prognose: Fehlzeiten in der agilen Verwaltung

3.1 Zukunftskonzept Agile Verwaltung

19 Eine agile Verwaltung ist nach Wernham[22]

„[...] able to change direction quickly due to unforeseen or unforseeable circumstances. This reduces risks of failure. Just as an athlete may fall attempting to jump over a hurdle that is too high, in an agile world we set hurdles at a comfortable height and at regular intervals. Agility, then, correspondents to setting short, realistic targets and reacting fast to changing circumstances".

20 Beim Begriff der Agilität scheint es sich mit Hill um einen Leitbegriff zu handeln, der im Rahmen eines neuen Paradigmas das betriebswirtschaftliche Denken in Theorie und Praxis bestimmen könnte.[23] Agile Verwaltungen werden mit agilen Managementmethoden geführt. Als Gemeinsamkeit derartiger Methoden kann in Anlehnung an Petry[24] festgehalten werden:

21 • Das Ziel ist, durch Vernetzung (Teams), Offenheit (Austausch) und Nutzung von Partizipation (Einbeziehung der Beteiligten) in der Lage zu sein, schnell die Richtung des Organisationshandelns zu ändern.
   • Es wird von den tatsächlichen Bedürfnissen der Kunden und Bürger ausgegangen.
   • Die praktizierte Vorgehenslogik lautet: Develop, try, fail, retry, fail again, retry, succeed.
   • Die Kernelemente sind: Teamarbeit auf Augenhöhe, Experimentierfreude und Bereitschaft zu Fehlern, Prototyping und kurze störungs- und weitgehend hierarchiefreie Entwicklung (Sprints), frühzeitiges und regelmäßiges Feedback sowie das Idealbild der lernenden Organisation.

22 Agile Verwaltungen im Sinne dieser Definition sind in Deutschland derzeit wahrscheinlich sehr wenig verbreitet. Das mag sich in 10 oder 20 Jahren geändert haben, daher soll hier die Annahme getroffen werden, dass in spätestens 15 Jahren der überwiegende Teil der Kommunen und Kreise zu einem erheblichen Anteil agil im Sinne der obigen Managementmethoden geführt wird. Dies betrifft vor allem schwach strukturierte Prozesse. Daneben wird es weiterhin in derselben Verwaltung Teile geben, die im Sinne des klassischen Weber'schen Ideals geführt

---

22 Wernham: Agile Project Management for Government. 2012, S. XXVIII–XXIX.
23 Vgl. Hill: Wirksam verwalten – Agilität als Paradigma der Veränderung. In: Verwaltungs-Archiv 106/2015, S. 402.
24 Petry: Digital Leadership – Unternehmens- und Personalführung in der Digital Economy. In: Petry (Hrsg.): Digital Leadership – Erfolgreiches Führen in Zeiten der Digital Economy. 2012, S. 70.

werden, weil sie zur Erledigung „unverzichtbarer Daueraufgaben mit eher geringer strategischer Bedeutung"[25] benötigt werden (Ambidextrie[26]).

3.2 Fehlzeiten in der agilen Verwaltung

Was bedeutet dies für das Fehlzeitengeschehen in den so veränderten Kommunal- und Kreisverwaltungen? Um hier zu einer Prognose zu kommen, soll von dem im vorigen Kapitel angesprochenen Belastungs- und Beanspruchungsprofil der öffentlichen Verwaltung ausgegangen werden. Im Einzelnen enthält es die folgenden Merkmale, die sich dadurch auszeichnen, dass sie von den Erwerbstätigen überdurchschnittlich häufig genannt werden[27]:

23

- *Arbeitsinhalt und Arbeitsorganisation*: Verschiedenartige Arbeiten gleichzeitig betreuen; bei der Arbeit gestört, unterbrochen; Konfrontation mit neuen Aufgaben.
- *Arbeitszeitorganisation*: tatsächlich >40–48 Std. pro Woche; Rufbereitschaft, Bereitschaftsdienst.
- *Beschäftigungssituation*: Befristetes Arbeitsverhältnis; Umstrukturierungen in den letzten zwei Jahren.
- *Ressourcen*: Geringer Einfluss auf die Arbeitsmenge; geringe Hilfe oder Unterstützung von Kollegen; geringe Hilfe oder Unterstützung vom direkten Vorgesetzten.
- *Beanspruchung und Stress*: Stresszunahme in den letzten zwei Jahren; quantitative Unterforderung (mengenmäßig)

24

Welche dieser Merkmale werden in einer agil geführten kommunalen Verwaltung im Vergleich zum derzeitigen Wert voraussichtlich von noch mehr Erwerbstätigen genannt, also erhöht werden (+), welche voraussichtlich von einem geringeren Anteil genannt, also reduziert werden (-) und welche bleiben von der Agilitätsentwicklung voraussichtlich unberührt (+/-)? Ausgehend von den Gemeinsamkeiten agiler Managementmethoden erscheint für die Zukunft die folgende Entwicklung möglich.

25

Arbeitsinhalt und Arbeitsorganisation (+):

Hier ist mit einer erhöhten Anzahl von Nennungen, d. h. mit einer Verstärkung negativer Effekte zu rechnen. Denn die Ablösung des Weber'schen Verwaltungsmodells durch eine agile Verwaltung bedeutet, dass öfter neue verschiedenartige

26

---

25 Bearing Point (Hrsg.): Fünf Hebel für eine agile Verwaltung – White Red Paper. 2013, S. 15. Online: https://www.bearingpoint.com/files/BEDE13_0860_WP_DE_AgileVerwaltung_final_web.pdf&download=1&itemId=168505 [abgerufen am 25.4.2017].

26 Gibson/Birkinshaw: The Antecedents, Consequences and Mediating Role of organizational Ambidexterity. In: Academy of Management Journal 2/2004, S. 209–226.

27 Bundesanstalt für Arbeitsschutz und Arbeitsmedizin (Hrsg.): Stressreport Deutschland 2012 – Psychische Anforderungen, Ressourcen und Befinden. 2012, S. 168–171, redaktionell bearbeitet.

Aufgaben gleichzeitig erledigt werden müssen und eine schnellere, teilweise inkrementelle Aufgabenerledigung, z. B. in behördenübergreifenden Vorgangs-teams, zuweilen auch als Arenen bezeichnet[28], zu praktizieren und zu akzeptieren ist. Gleichzeitig rücken externe Anforderungen durch die Bürgerinnen und Bürger immer stärker in den Fokus, was sich in einer höheren Zahl von Arbeitsunter-brechungen niederschlagen wird. Teilweise sind derartige Entwicklungen, die durch die Digitalisierung noch verstärkt werden, schon heute zu beobachten, nämlich bei integrierten Leistungsangeboten, Dienstleistungszentren, Netzwerk-zusammenarbeit, Bürgerbeteiligung und bei der Co-Produktion.[29]

Arbeitszeitorganisation (+/-):

27   Rufbereitschaft und Bereitschaftsdienst spielen in kommunalen Verwaltungen hauptsächlich im operativen Bereich von Feuerwehr, Rettungsdienst, Kranken-haus, Pflegeeinrichtungen und in der Sozialarbeit eine Rolle. Hier wird sich die Zahl der Nennungen durch die Agile Verwaltung voraussichtlich nicht verändern. Ob es zu einer erhöhten Anzahl von Mitarbeiterinnen und Mitarbeitern kommt, bei denen Überstunden anfallen werden, hängt langfristig eher von der Personal-ausstattung der Kommunen und Kreise ab als von deren Agilität.

Beschäftigungssituation (-):

28   Hier sind die beiden Merkmale Befristungen und Umstrukturierungen voneinan-der zu trennen. So ist es zwar in den vergangenen Jahren zu einem starken Anwachsen von befristeten Arbeitsverhältnissen im öffentlichen Dienst gekom-men, sie betreffen jedoch hauptsächlich den Hochschulbereich. Bei den Kom-munen ist der Befristungsanteil zwischen 2004 und 2010 von 6,9 % auf 7,4 % gestiegen und seit 2010 rückläufig.[30] Auf Grund zunehmender Rekrutierungs-probleme des öffentlichen Dienstes und der Tatsache, dass in diesem Zusammen-hang eine unbefristete Beschäftigung als ein wesentliches Attraktivitätsmerkmal gilt, wird hier von einem geringeren Anteil von Nennungen ausgegangen.

29   Unklar ist, was im Hinblick auf Umstrukturierungen geschieht. Einerseits lässt sich argumentieren, dass es im Kontext agiler Managementmethoden zu einer erhöhten Umstrukturierungsgeschwindigkeit kommen wird, da immer mehr agile Organisationseinheiten aus der Standardorganisation heraus gegründet werden, um z. B. eine „agile Innovationsentwicklung"[31] zu ermöglichen. Andererseits gehen Empfehlungen dahin, die Agilität durch Projektarbeit sicherzustellen und

---

28   Lévesque/Steinbrecher: Agile Arbeitsmethoden in der öffentlichen Verwaltung. In: Innova-tive Verwaltung 5/2017, S. 29.

29   Vgl. z. B. Hill: Wirksam verwalten – Agilität als Paradigma der Veränderung. In: Ver-waltungs-Archiv 106/2015, S. 409.

30   Hohendanner u. a.: Befristete Beschäftigung im öffentlichen Dienst – Entwicklung, Motive und rechtliche Umsetzung. 2015, S. 37.

31   Hill: Wie geht Innovation? – Ein Beitrag zur verhaltensorientierten Innovationsförderung. In: Verwaltung und Management 5/2017, S. 277.

die Organisation weitgehend stabil zu halten.[32] Es soll hier von dieser zweiten Variante ausgegangen werden, so dass es nicht zu mehr Nennungen des Merkmals „Umstrukturierungen in den letzten zwei Jahren" kommen wird.

Ressourcen (-):

Agile Organisationen setzen auf Selbststeuerung[33] und Selbstorganisation durch Teams.[34] Dies beinhaltet einen größeren Handlungsspielraum des Einzelnen, der sich auch auf die von ihm zu erledigende Arbeitsmenge bezieht sowie mehr soziale Unterstützung durch die Teamkollegen. Darüber hinaus bedarf es in agilen Organisationen eines neuen Führungsverständnisses[35]: Die Führungskraft ist Coach und Sparringspartner statt Chef mit Delegation und enger Kontrolle[36] und dadurch gibt sie mehr Hilfe und Unterstützung.   30

Führungsverständnis in der agilen Verwaltung

In agilen Verwaltungen verändert sich im Vergleich zur Verwaltung Weber'scher Prägung das Führungsverständnis grundlegend, da immer mehr Mitarbeiterinnen und Mitarbeiter sich zukünftig als individuelle Experten sehen, die immer weniger als früher eine Einschränkung ihres Handlungsspielraumes dulden werden. Sie wollen auf Augenhöhe angesprochen und eher gecoacht als klassisch geführt werden. Diese Entwicklung wird im Rahmen der digitalen Transformation verstärkt.   31

Gleichzeitig hat der „einsame Mann an der Spitze", der alle Weisheit auf sich vereinigt, „als lang bewundertes Führungsmodell ausgedient", die Führungskraft „setzt deutlich mehr auf das Wissen in und von Communities".[37] Probleme werden nicht im Dialog mit der Führungskraft, sondern im Gespräch mit dem Team gelöst. „Alpha-Tiere" definieren sich weniger über die hierarchische Stellung als über die Fähigkeit, als Coach und Lotse in den Fällen tätig zu werden, in denen die Schwarmintelligenz des Unternehmens versagt oder nicht autonom zu Lösungen kommen kann. Dies führt zu geteilter Führung (Shared Leadership) und zu transformationaler Führung!   32

---

32 Bearing Point (Hrsg.): Fünf Hebel für eine agile Verwaltung – White Red Paper. 2013, S. 15. Online: https://www.bearingpoint.com/files/BEDE13_0860_WP_DE_AgileVerwaltung_final_web.pdf&download=1&itemId=168505 [abgerufen am 25.04.2017].

33 Morner/Misgeld: Selbststeuerung als Lösungsansatz. In: Innovative Verwaltung 7-8/2017, S. 10.

34 Schönbohm: Enterprise 2.0 als Baustein der Digitalen Transformation – Aufgaben, Barrieren und Erfolgsfaktoren in großen Unternehmen. In: Petry (Hrsg.): Digital Leadership – Erfolgreiches Führen in Zeiten der Digital Economy. 2012, S. 317–319.

35 Endejan/Weckmüller: Agilität in Unternehmen – Studie. Wie agil sind deutsche Unternehmen? In: personalmagazin 7/2016, S. 22.

36 Schönbohm: Enterprise 2.0 als Baustein der Digitalen Transformation – Aufgaben, Barrieren und Erfolgsfaktoren in großen Unternehmen. In: Petry (Hrsg.): Digital Leadership – Erfolgreiches Führen in Zeiten der Digital Economy. 2012, S. 320.

37 Schütt: Der Weg zum Digitalen Unternehmen – Social Business Methoden erfolgreich einsetzen. 2015, S. 149.

Beanspruchung und Stress (+/−):

33 Hier sind die beiden Merkmale quantitative Unterforderung und Stresszunahme voneinander zu trennen. Auch aus anderen Studien ist bekannt, dass sich ein erheblicher Teil der Mitarbeiterinnen und Mitarbeiter in der öffentlichen Verwaltung (ca. 20 bis 30 %) unterfordert fühlt[38], was oft als Nebenwirkung von Personalentwicklungsmaßnahmen auftritt, wenn im Anschluss an die Maßnahmen keine höherwertigen Aufgaben zur Verfügung stehen und die derzeitigen Aufgaben auf Grund des Kompetenzzuwachses schneller erledigt werden können. Dies könnte sich durch die Einrichtung neuer, agiler Teams ändern, was aber auf Grund des öffentlichen Dienstrechtes voraussetzt, dass entsprechende höher bewertete Stellen vorhanden sind. Auf Grund der demografischen Entwicklung und des damit verbundenen Ausscheidens zahlreicher Mitarbeiterinnen und Mitarbeiter der Baby-Boomer-Generation, die auf Grund des immer noch weit verbreiteten Senioritätsprinzipes bei Beförderungen oft höherwertige Stellen besetzten, scheint dies aber nicht ausgeschlossen.

34 In der öffentlichen Diskussion ist mit der ökonomischen Entwicklung der deutschen Volkswirtschaft in den letzten 10 bis 15 Jahren eine allgemeine Zunahme von Stress konnotiert. Dies wird durch den hier zugrunde gelegten Stressreport jedoch nicht bestätigt.[39] Der Grund hierfür könnte in der Tatsache liegen, dass sich zwar unbestritten die Anforderungen an die Erwerbstätigen in den vergangenen Jahren stark erhöht, sich aber auch die puffernden Ressourcen zur Bewältigung der erhöhten Anforderungen verbessert und vor allem Veränderungen in den arbeitsorientierten Werten der Beschäftigten ergeben haben, die zu einem anderen Stressempfinden führen. Hierzu liegen allerdings noch viel zu wenige Untersuchungen vor.[40]

Das Belastungs- und Beanspruchungsprofil in der agilen Verwaltung

35 In der Gesamtschau zeigt sich: Das heutige Belastungs- und Beanspruchungsprofil der kommunalen Verwaltung könnte zukünftig weniger negative Merkmale im Bereich der Ressourcen und der Beschäftigungssituation enthalten. Dies heißt: Die zukünftige agile Verwaltung bietet den Mitarbeiterinnen und Mitarbeitern mehr gesundheitliche Ressourcen und eine verbesserte Beschäftigungssituation und damit eine bessere Möglichkeit, das Mehr an negativen Merkmalen im Bereich von Arbeitsinhalt und Arbeitsorganisation zu „copen", also kognitiv, emotional und aktiv handelnd auszugleichen. Ob dies aber insgesamt zu einer erhöhten oder

---

38 Wüstner: Auszehrung in öffentlichen Verwaltungen. In: von der Oelsnitz u. a. (Hrsg.): Die auszehrende Organisation – Leistung und Gesundheit in einer anspruchsvollen Arbeitswelt. 2014, S. 263.

39 Bundesanstalt für Arbeitsschutz und Arbeitsmedizin (Hrsg.): Stressreport Deutschland 2012 – Psychische Anforderungen, Ressourcen und Befinden. 2012, S. 36.

40 Eine Ausnahme: Hauff/Kirchner: Wandel der Arbeitsqualität – Arbeits- und Beschäftigungsbedingungen zwischen 1989 und 2006 in einer evaluativ-relationalen Perspektive. In: Journal für Soziologie 4/2013.

zu einer geringeren Fehlzeitenquote führen wird, hängt davon ab, wie jeweils die Bilanz des Coping-Prozesses ausfällt. Die Waage kann sich in die eine oder in die andere Richtung neigen, insbesondere wenn man davon ausgeht, dass es zu einer Veränderung der arbeitsorientierten Werte der Beschäftigten kommen wird.

4 Fazit und Ausblick

Die im Vergleich zu anderen Branchen erhöhten Fehlzeiten in öffentlichen Verwaltungen sind teilweise durch andere Alters- und Geschlechterstrukturen sowie durch erhöhte Anteile von schwerbehinderten Menschen erklärlich. Allerdings verbleiben immer noch erhöhte Fehlzeitenquoten, wenn diese Besonderheiten herausgerechnet werden. Weder das Arbeitsunfallgeschehen noch die Anzahl physischer und psychischer Belastungs- und Beanspruchungsfaktoren kann im Branchenvergleich die hohen Krankenstände in öffentlichen Verwaltungen erklären. Soweit ersichtlich liegen hierzu keine weiteren Studien vor. Somit bleibt nach dem derzeitigen Stand im Branchenvergleich ein unerklärter Rest von höheren Quoten in den einzelnen Verwaltungen. Es wäre zu wünschen, dass der Bund oder die Länder Studien in Auftrag geben, die dieses Manko beheben, damit die allgemein für notwendig gehaltene Reduktion der Fehlzeiten in öffentlichen Verwaltungen wirksamer vollzogen werden kann. 36

Im Hinblick auf die zukünftige Entwicklung hin zur agilen Verwaltung lässt sich entgegen der in öffentlichen Diskussionen oft zu hörenden These, dass zukünftig von einer allgemeinen Stresszunahme in der Arbeitswelt auszugehen sei, vermuten, dass dies zumindest für die öffentliche Verwaltung nicht zwingend ist. Vielmehr kann auch eine Entwicklung eintreten, die zu mehr gesundheitlichen Ressourcen sowie zu einer verbesserten Beschäftigungssituation und damit zu geringeren Fehlzeiten führt. 37

Literatur

Badura, B. u. a. (Hrsg.): Fehlzeiten-Report 2017 Krise und Gesundheit – Ursachen, Prävention, Bewältigung. Berlin 2017.

Bea, F. X./Haas, J.: Strategisches Management. 8., überarb. Aufl. Konstanz 2016.

Bearing Point (Hrsg.): Fünf Hebel für eine agile Verwaltung – White Red Paper. 2013. Online: https://www.bearingpoint.com/files/BEDE13_0860_WP_DE_AgileVerwaltung_final_web. pdf&download=1&itemId=168505 [abgerufen am 25.04.2017].

Brandl, S./Stelzel, B.: Arbeitsbedingungen und Belastungen im öffentlichen Dienst – Ein Überblick zum Forschungsstand und Forschungsbedarf. Hans Böckler Stiftung Arbeitspapier 290. Düsseldorf 2013.

Bundesanstalt für Arbeitsschutz und Arbeitsmedizin (Hrsg.), Autorin Lohmann-Haislah, A.: Stressreport Deutschland 2012 – Psychische Anforderungen, Ressourcen und Befinden. Dortmund 2012.

Bundesministerium des Inneren (Hrsg.): Gesundheitsförderungsbericht 2013 der unmittelbaren Bundesverwaltung – einschließlich Statistik der krankheitsbedingten Abwesenheitszeiten. 81 S. nebst Auswertungstabellen. Berlin 2014.

Bundesministerium für Arbeit und Soziales (Hrsg.): Sicherheit und Gesundheit bei der Arbeit 2012 – Unfallverhütungsbericht Arbeit. Dortmund 2014.

Bundesministerium für Arbeit und Soziales (Hrsg.): Sicherheit und Gesundheit bei der Arbeit 2010 – Unfallverhütungsbericht Arbeit. Dortmund 2012.

Ellgut, P./Kohaut, S.: Der Staat als Arbeitgeber: Wie unterscheiden sich die Arbeitsbedingungen zwischen öffentlichem Sektor und Privatwirtschaft. In: Industrielle Beziehungen/The German Journal of Industrial Relations 1,2/2011, S. 11–38.

Endejan, M./Weckmüller, H.: Agilität in Unternehmen – Studie. Wie agil sind deutsche Unternehmen? In: personalmagazin 7/2016, S. 18–23.

Gibson, C. B./Birkinshaw, J.: The Antecedents, Consequences and Mediating Role of organizational Ambidexterity. In: Academy of Management Journal 2/2004, S. 209–226.

Hauff, S./Kirchner, S.: Wandel der Arbeitsqualität – Arbeits- und Beschäftigungsbedingungen zwischen 1989 und 2006 in einer evaluativ-relationalen Perspektive. In: Journal für Soziologie 4/2013, S. 337–355.

Hill, H.: Wie geht Innovation? – Ein Beitrag zur verhaltensorientierten Innovationsförderung. In: Verwaltung und Management 5/2017, S. 270–279.

Hill, H.: Wirksam verwalten – Agilität als Paradigma der Veränderung. In: Verwaltungs-Archiv 106/2015, S. 397–416.

Hohendanner, C. u. a.: Befristete Beschäftigung im öffentlichen Dienst – Entwicklung, Motive und rechtliche Umsetzung. IAB-Forschungsbericht 12/2015. Nürnberg 2015.

Lévesque, V./Steinbrecher, W.: Agile Arbeitsmethoden in der öffentlichen Verwaltung. In: Innovative Verwaltung 5/2017, S. 28–30.

Marstedt, G./Müller, R./Jansen, R.: Rationalisierung, Arbeitsbelastungen und Arbeitsunfähigkeit im Öffentlichen Dienst. In: Badura u. a. (Hrsg.): Fehlzeitenreport 2001 Gesundheitsmanagement im öffentlichen Sektor. Berlin 2002, S. 19–37.

Meyer, M./Wehner, K./Cichon, P.: Krankheitsbedingte Fehlzeiten in der deutschen Wirtschaft im Jahre 2016. In: Badura, B. u. a. (Hrsg.): Fehlzeiten-Report 2017 Krise und Gesundheit – Ursachen, Prävention, Bewältigung. Berlin 2017, S. 281–335.

Meyer, M./Böttcher, M./Glushanok, I.: Krankheitsbedingte Fehlzeiten in der deutschen Wirtschaft im Jahre 2014. In: Badura, B. u. a. (Hrsg.): Fehlzeiten-Report 2015 Neue Wege für mehr Gesundheit – Qualitätsstandards für ein zielgruppenspezifisches Gesundheitsmanagement. 2015, S. 351–400.

Meyer, M./Mpairaktari, P./Glushanok, I.: Krankheitsbedingte Fehlzeiten in der deutschen Wirtschaft im Jahre 2012. In: Badura, B. u. a. (Hrsg.): Fehlzeitenreport 2013 Verdammt zum Erfolg – die süchtige Arbeitsgesellschaft. Berlin 2013, S. 263–445.

Morner, M./Misgeld, M.: Selbststeuerung als Lösungsansatz. In: innovative Verwaltung 7-8/2017, S. 10–12.

Petry, T.: Digital Leadership – Unternehmens- und Personalführung in der Digital Economy. In: Petry, T. (Hrsg.): Digital Leadership – Erfolgreiches Führen in Zeiten der Digital Economy. Freiburg 2012, S. 21–82.

Richenhagen, G.: Hohe Krankenstände in der Landesverwaltung durch Einführung eines proaktiven Gesundheitsmanagements senken – Stellungnahme im Sachverständigengespräch des Innenausschusses des Landtages NRW – Drucksache 16/8981. In: Landtag Nordrhein-Westfalen 16. Wahlperiode (Hrsg.): Stellungnahme 16/3517. Düsseldorf 2016, 7 Seiten.

Schönbohm, R.: Enterprise 2.0 als Baustein der Digitalen Transformation – Aufgaben, Barrieren und Erfolgsfaktoren in großen Unternehmen. In: Petry (Hrsg.): Digital Leadership – Erfolgreiches Führen in Zeiten der Digital Economy. Freiburg 2012, S. 293–323.

Schütt, P.: Der Weg zum Digitalen Unternehmen – Social Business Methoden erfolgreich einsetzen. 2., vollst. überarb. Aufl. Berlin 2015.

Wernham, B.: Agile Project Management for Government. London 2012.

Wüstner, K.: Auszehrung in öffentlichen Verwaltungen. In: von der Oelsnitz u. a. (Hrsg.): Die auszehrende Organisation – Leistung und Gesundheit in einer anspruchsvollen Arbeitswelt. Wiesbaden 2014, S. 239–267.

Die Bedeutung und Effekte einer gesundheitsorientierten Führungskultur in der Arbeitswelt 4.0 anhand praktischer Beispiele

Manuela Kesselmann

Abstract: Die Zusammenhänge von Führung und Gesundheit sind evident, trotz fragmentierter Forschung zum Thema. Im Kontext disruptiver Veränderungsprozesse der Arbeitswelt wird die Gesundheit der Beschäftigten und damit eine, diese fördernde Führungs- und Unternehmenskultur, zentral für den Unternehmenserfolg. Die Erkenntnisse der experimentellen Musterbrecherforschung und eines beteiligungs- und transferorientierten Führungskulturprozesses in der Energiewirtschaft machen Mut, hergebrachte Muster zu verlassen und Neues auszuprobieren.

1 Der Zusammenhang von Führung und Gesundheit

1 Auch wenn die Effekte von Führungsverhalten auf die psychische Gesundheit von Beschäftigten seit Jahrzehnten bekannt sind[1], existieren bis heute wenige valide Untersuchungen über die Wirkzusammenhänge.[2] So fehlen bislang sowohl ein einheitliches Begriffsverständnis von Führung als auch von Gesundheit.

1.1 Ganzheitliches Führungsverständnis in Anlehnung an Yukl

2 Das diesem Artikel zugrunde gelegte ganzheitliche Führungsverständnis orientiert sich an den Ausführungen von Yukl, der den Führungsprozess auf die verschiedenen Prozess- und Wirkebenen von Führung innerhalb einer Organisation bezieht.[3] So findet Führung einerseits im Kontext der Organisation statt, aber auch im Kontext von Gruppen. Die direkte, bilaterale Führungsbeziehung zwischen Führungskräften und ihren Mitarbeitern steht bei der Frage, welche Wirkungen Führungsverhalten ausübt, in der Regel im Mittelpunkt des Bewusstseins. Hier geht es beispielsweise um die Frage, wie Führungskräfte die Motivation und das Commitment von Mitarbeitern beeinflussen können. Die vierte Wirk-Ebene der Führung wird erfahrungsgemäß oftmals vernachlässigt, spielt aber eine zentrale Rolle und beeinflusst alle drei anderen Ebenen: die Führung im intraindividuellen Kontext. Hier geht es beispielsweise um die Fragen, wie die inneren Haltungen und Einstellungen der Führungskraft selbst ihr Führungsverhalten beeinflussen oder welchen Einfluss eigene oder fremde Rollenerwartungen diesbezüglich haben.

1.2 Verständnis von Gesundheit als Ressource

3 Die Definitionen und das Begriffsverständnis von Gesundheit erfolgt in der Literatur vor dem Hintergrund zweier Paradigmen: Im pathogenetischen Ansatz

---

1 Berry: Der Führungsstil in Italien und in den Vereinigten Staaten – eine vergleichende Betrachtung. In: Albach u. a. (Hrsg.): Die Herausforderungen des Managements im internationalen Vergleich. UWS-Schriften für Führungskräfte. Band 4. 1970.
2 Gregersen u. a.: Führungsverhalten und Gesundheit – Zum Stand der Forschung. In: Gesundheitswesen 73(1)/2011, S. 3–5.
3 Yukl: Leadership in OrganizationS. 2010, S. 33.

geht es um die Frage, welche Faktoren die Gesundheit (der Beschäftigten) beeinträchtigen und wie der Entstehung von Krankheit durch Reduktion oder Vermeidung der Risikofaktoren vorgebeugt werden kann. Das Risikofaktorenmodell lehnt daran an.[4] Der salutogenetische Ansatz[5] hingegen fokussiert die Ressourcen und Faktoren, die die Gesundheit (der Beschäftigten) fördern und schützen. Vor dem Hintergrund eines salutogenetischen Verständnisses lehnt der vorliegende Beitrag sich an die Definition Hurrelmanns an, der Gesundheit beschreibt als

„[…] Zustand des objektiven und subjektiven Befindens einer Person, der gegeben ist, wenn diese Person sich in den physischen, psychischen und sozialen Bereichen ihrer Entwicklung im Einklang mit den eigenen Möglichkeiten und Zielvorstellungen und den jeweils gegebenen äußeren Lebensbedingungen befindet."[6]

1.3 Effekte von Führungsverhalten auf die Gesundheit von Beschäftigten

Dass sich Führungsverhalten auf die Gesundheit und das Wohlbefinden von Beschäftigten auswirkt, ist weithin anerkannt, die Zusammenhänge gelten als gesichert. Die wissenschaftlichen Erkenntnisse in diesem Zusammenhang sind jedoch fragmentiert, viele Fragen zu den gesundheitsrelevanten Effekten von Führungsverhalten und den konkreten Wirkzusammenhängen sind noch offen. Gregersen et al. haben mit ihrer Übersichtsarbeit einen Überblick über den aktuellen Forschungsstand gegeben.[7] Im Ergebnis der branchenübergreifenden Längs- und Querschnitt-Untersuchungen konnten u. a. für folgende Einflussfaktoren von Führung signifikante Zusammenhänge mit den genannten Outcomes bzw. der Gesundheit von Beschäftigten nachgewiesen werden: 4

- Soziale Unterstützung korrelierte mit Fehlzeiten, Erschöpfungsempfinden,   5 Burnout von Mitarbeitern, Arbeitszufriedenheit und physischer wie psychischer Gesundheit.
- Die Bereitschaft des Vorgesetzten, Mitbestimmungs- und Beteiligungsmöglichkeiten einzuräumen, korrelierte mit Anwesenheit bzw. Krankenstand.
- Anerkennung und Wertschätzung durch Vorgesetzte korrelierte mit Arbeitsfähigkeit und psychischer Gesundheit von Mitarbeitern.
- Unzureichendes Konfliktmanagement durch Vorgesetzte korrelierte mit Anwesenheit bzw. Krankenstand bei Mitarbeitern sowie psychischer und physischer Gesundheit bzw. psychischen Befindensbeeinträchtigungen.

---

4 Schaefer: Die Hierarchie der Risikofaktoren. In: Mensch. Medizin. Gesellschaft. 1976. S. 141–143.
5 Antonovsky: Salutogenese. Zur Entmystifizierung der Gesundheit. 1997.
6 Hurrelmann: Gesundheitssoziologie. 2000.
7 Gregersen u. a.: Führungsverhalten und Gesundheit – Zum Stand der Forschung. In: Gesundheitswesen 73 (1)/2011, S. 3–5.

6 Gesundheitsrelevante Effekte von Führungsverhalten wurden auch in einer der ersten Längsschnittstudien „Rewarding and sustainable health-promoting leadership" (ReSuLead)[8] untersucht. In diesem Verbundprojekt der Länder Deutschland, Schweden, Finnland zeigte sich, dass von den fünf untersuchten und in der Führungsforschung bereits validierten Führungsstilen „Transformationale Führung", „Authentische Führung", „Faire Führung", „Gesundheitsförderliche Führung" und „Destruktive Führung" vor allem die Stile „Transformationale Führung" und „Gesundheitsförderliche Führung" die besten Outcomes aufwiesen. Vor allem bei der „Gesundheitsförderlichen Führung" ergaben sich positive und nachhaltige Effekte auf das Mitarbeiterengagement, das Teamklima, das Commitment und die Selbstwirksamkeitserwartungen der Beschäftigten. Zudem führte die „Gesundheitsorientierte Führung" zu einer Verringerung von Erschöpfung und Depressivität, was im Hinblick der Relevanz psychischer Erkrankungen am Arbeitsplatz zusätzliche Bedeutung erfährt.

1.4 Konzepte gesundheitsförderlicher Führung

7 Es existieren mittlerweile verschiedene Modelle „Gesundheitsorientierter Führung" in der Literatur. Vorliegender Arbeit liegt ein ganzheitliches Verständnis zugrunde, das sich im Rahmen der Außenperspektive auf das 4-Ebenen-Modell des gesundheitsförderlichen Führens nach Spieß und Stadler bezieht. Im Führungsprozess stehen vor allem die Beziehungsorientierung im Rahmen der Mitarbeiterorientierung, die Gestaltung der Arbeits- und Organisationsprozesse sowie die Förderung einer gesundheitsorientierten Führungs- und Unternehmenskultur im Vordergrund, in der Vertrauens- und Fehlerkultur ein zentrales Wertebündel beinhalten.[9] Neben der Außenperspektive existiert im Kontext gesundheitsförderlicher Führung die Eigenperspektive im Rahmen der gesundheitsorientierten Selbstführung. Als anerkannt gilt die These, dass der Umgang mit der eigenen Gesundheit, mit den persönlichen Stressoren, Ressourcen und Verhaltensweisen Voraussetzung dafür ist, diese Aspekte auch bei seinen Mitarbeitern wahrzunehmen, angemessen einzuschätzen und zu fördern.[10]

---

8 Rigotti u. a.: Rewarding and sustainable health promoting leadership. 2014.

9 Spieß/Stadler: Gesundheitsförderliches Führen – Defizite erkennen und Fehlbelastungen der Mitarbeiter reduzieren. In: Weber/Hörmann/Ferreira (Hrsg.): Psychosoziale Gesundheit im Beruf. Mensch. Arbeitswelt. Gesellschaft. 2007, S. 258.

10 Franke u. a.: Gesundheitsbezogene Führung. In: Bamberg/Ducki/Metz (Hrsg.): Gesundheitsförderung und Gesundheitsmanagement in der Arbeitswelt. Ein Handbuch. Göttingen 2011.

2 Die Bedeutung gesundheitsförderlichen Führungskultur in der Arbeitswelt 4.0

Seit der Jahrtausendwende befindet sich die Arbeitswelt in Deutschland inmitten   8
tiefgreifender und weitreichender Veränderungen: demografischer Wandel mit
alternden Belegschaften, zunehmende Arbeitsdichten bei reduziertem Personal-
bestand, beschleunigte und zunehmend komplexere Veränderungsprozesse.
Hinzu kommt die Digitalisierung der Arbeitswelt – mit den Themen: ständige
Erreichbarkeit, Informationsüberflutung und Entgrenzung sowie die neuen Formen der Arbeit, wie beispielsweise das mobile Arbeiten. In Folge verzeichnen die
gesetzlichen Krankenkassen in den vergangenen 15 Jahren eine Zunahme der
Arbeitnehmer, die unter psychischen Erkrankungen leiden. Allein die betrieblichen Fehltage aufgrund des Burnout-Syndroms sind zwischen 2004 und 2012 um
1.400 Prozent gestiegen.[11] Ursachen der zunehmenden körperlichen und psycho-
vegetativen Beanspruchungs- und Erschöpfungssymptome sind *„ein zu hohes
Arbeitspensum, starker Termin- und Leistungsdruck, Multitasking, Arbeitsunter-
brechungen, mangelnde soziale Unterstützung und geringe Handlungsspielräume".*[12] Der Zusammenhang zwischen Fehlzeiten und Stress am Arbeitsplatz wurde
in zahlreichen Studien bereits belegt.[13] Im Kontext dieser global-technisierten
Arbeitswelt mit ihren Anforderungen wird die Gesundheit der Beschäftigten zu
einer zentralen Ressource. Eine Führungskultur, die über gelebte Werte wie
Vertrauen und Wertschätzung, eine konstruktive Fehler- und Konfliktkultur, ein
positives Menschenbild und andere gesundheitsrelevante Einflussfaktoren, er-
schafft und negative Beanspruchungen bei Mitarbeitern reduziert sowie Motivation und Arbeitszufriedenheit fördert, zahlt in das Humankapital des Unternehmens und somit in die Produktivität ein. Darüber hinaus sichert eine
gesundheitsförderliche Führungskultur Wettbewerbsvorteile und in diesem Zusammenhang die Zukunftsfähigkeit von Organisationen.

3 Die Unternehmens- und Führungskultur als essenzielle Treiber für Gesundheit und Produktivität am Beispiel der Musterbrecherforschung

Begonnen mit einen Forschungsprojekt an der Universität der Bundeswehr vor   9
mehr als 15 Jahren, beschäftigt sich seitdem eine Forschungsgruppe um Hans
Wüthrich mit Unternehmen, die alternative Führungsstile ausprobieren. Das

---

11   Bühring: Psychische Erkrankungen, Burnout und Arbeitsunfähigkeit. Deutsches Ärzteblatt.
       2012, S. 295.
12   Chevalier/Kaluza: Psychosozialer Stress am Arbeitsplatz: indirekte Unternehmenssteue-
       rung, selbstgefährdendes Verhalten und die Folgen für die Gesundheit. In: Gesundheits-
       monitor. 2015.
13   Badura u. a.: Fehlzeiten-Report. Gesundheit in der flexiblen Arbeitswelt: Chancen nutzen-
       Risiken minimieren. 2012.

Experimentieren mit kontraintuitiven Formen von Führung nimmt einen zentralen Stellenwert der Untersuchungen ein.[14] Im Kern geht es in den Experimenten um das Schaffen bzw. Ermöglichen von (neuen) Erfahrungswelten für alle Beteiligten. Für einen begrenzten und definierten Zeitraum werden dabei alte Muster verlassen und neue ausprobiert. So haben beispielsweise Unternehmen erprobt, welche Wirkungen zu beobachten sind, wenn auf Ziel-, Qualitäts- und Output-Vorgaben verzichtet wird und Teams selbstorganisiert agieren, oder wenn Leitungsgremien ihre angestammten Verantwortungsbereiche tauschen. In anderen Unternehmen wurde ausprobiert, welche Erfahrungen und Folgen es gibt, wenn Mitarbeiter ihr Gehalt selbst festlegen. Wieder andere Unternehmen stellten sich den Erfahrungen des Führungsverzichtes – der Vorstandsvorsitzende verließ für mehrere Monate das Unternehmen und ging z. B. auf Weltreise.[15] Charakteristisch für die Experimente ist, dass sie auf den ersten Blick unmöglich erscheinen, da sie ein maximales und beinahe naiv anmutendes Maß an Vertrauen in die Mitarbeiter investieren. Als eine zentrale Grundprämisse der Unternehmens- und Führungskultur wird ein positives Menschenbild unterstellt, das von mündigen Mitarbeitern ausgeht, die von sich aus einen Beitrag leisten wollen. Die untersuchten „Musterbrecher-Unternehmen" zeichneten sich vor allem auch dadurch aus, dass sie es ganz „unaufgeregt" verstanden, Werte mit Leben zu füllen. Handlungsspielraum, Selbstorganisation und der konsequente Verzicht auf Druck sind weitere Prinzipien, die, so die Erkenntnis, aus mehr als 600 durchgeführten narrativen Interviews, die Potenzialentfaltung der Mitarbeiter bestmöglich förderten. Im Ergebnis zeigten sich in den vor allem mittels qualitativer Forschungsmethoden durchgeführten Untersuchungen weiterhin durchweg positive Auswirkungen auf die Mitarbeiterzufriedenheit, Produktivität und den wirtschaftlichen Erfolg. Formen hierarchiearmer Führung, Teilhabe, Souveränität, Kollaboration und Potenzialentfaltung sind ebenso Kernprinzipien von New Work, einer Bewegung, die mit Fritjof Bergmann in den 70er Jahren ihren Anfang nahm[16] und heute vor dem Hintergrund der Digitalisierung und disruptiven Veränderungen der Arbeitswelt im Transformationsprozess von Unternehmen eine sprunghafte Weiterentwicklung nimmt. Während in der Wirtschaft Unternehmen, wie beispielsweise die Upstalsboom-Hotelgruppe, Cisco Systems, die Sparda Bank München und die Südostbayernbahn bereits erfolgreich alternative Formen von Management erproben, gibt es auch bereits einige Beispiele aus dem öffentlichen Dienst, wie z. B. die Eidgenössische Zollverwaltung in Bern, die neue Wege von Führung erproben und Räume für Potenzialentfaltung schaffen. Die skizzierten Beispiele machen Mut, auch in den Unternehmen der Gesundheitswirtschaft, alternative Formen der Führung auszuprobieren.

---

14 Wüthrich: Exzellenz durch Musterbruch – Plädoyer für mehr Managementexperimente. In: KMU-Magazin. 7/2007, S. 10–13; Kaduk u. a.: Musterbrecher. Die Kunst, das Spiel zu drehen. 2013.
15 Wüthrich u. a.: Musterbrecher – Der Film. Murmann. 2016.
16 Bergmann: Neue Arbeit, Neue Kultur. 2004.

4 Weiterentwicklung einer gesundheitsorientierten Führungskultur an einem praktischen Beispiel aus der Energiewirtschaft

4.1 Hintergrund

Um im Zusammenhang des Wandels der Arbeitswelt und der diesbezüglichen Anforderungen, die Gesundheit der Beschäftigten nachhaltig zu erhalten und zu fördern, entschied das Leitungsgremium eines deutschen Energieunternehmens im Jahr 2015, alle Führungskräfte zu sensibilisieren für das Thema „Gesunde Führung": In den Perspektiven Selbstführung und Mitarbeiterführung. Als eine der ersten Maßnahmen im Rahmen der geplanten Weiterentwicklung einer gesundheitsorientierten Führungskultur wurde die Durchführung von Führungskräftetrainings beschlossen, mit dem übergeordneten Ziel, die Gesundheitskompetenz der Führungskräfte in den beiden Perspektiven nachhaltig zu fördern.

10

4.2 Design und Umsetzung

Eine breite Beteiligung der Beschäftigten im Sinne einer teilweisen Mitbestimmung wurde als eines der zentralen Prinzipien in der Weiterentwicklung der Führungskultur festgelegt – was einem tiefen Grad der Partizipation gleichkommt (Grad sechs der neunstufigen Skala nach Wright[17]). Zugrunde liegt die Hypothese, dass Unternehmenskulturentwicklung nur im Rahmen von Beteiligung stattfinden kann. Zu Beginn der geplanten Weiterbildungsmaßnahme der Führungskräfte stand eine umfassende Information der Beschäftigten. Dadurch konnten Widerstände überwiegend ausgeräumt, Sinn, Zweck und Nutzen vermittelt und Interesse erzeugt werden.

11

Die Zielgruppe der ca. 250 Führungskräfte wurde darüber hinaus vor der Konzeption der Workshops zum Thema „Gesunde Führung" befragt. Neben Items zu soziodemografischen Daten enthielt die standardisierte Befragung auch Items zur Ermittlung des Verständnisses der Befragten zu gesunder Führung. Zum Referenzbezug der später geplanten Evaluation der Trainingseffekte ermittelten weitere Items die subjektive Sicherheit im Umgang mit belasteten Mitarbeitern, Kenntnisse zur Förderung der eigenen Gesundheit, Selbstwirksamkeit, Wahrnehmung von Signalen negativer Beanspruchung bei sich und bei Mitarbeitern sowie das Bewusstsein über den Einfluss des eigenen Führungsverhaltens auf die Gesundheit von Mitarbeitern. Abschließend dienten weitere Items der Abfrage von gewünschten Inhalten der Trainings, die auch in einem Frei-Feld am Ende des Bogens ergänzt werden konnten. Die drei Workshop-Tage wurden inhaltlich entsprechend der Auswertung der Befragungsergebnisse konzipiert und werden im Abstand von etwa sechs Wochen durchgeführt. Die Praxisphase zwischen den

12

---

17 Wright u. a.: Partizipation der Zielgruppe in der Gesundheitsförderung und Prävention. 2010, S. 42.

Workshops dient jeweils dem Transfer, damit die Führungskräfte ihre Erkenntnisse im Alltag umsetzen und Neues erproben können. Ein Reflexionstagebuch sowie das Angebot zum individuellen Coaching unterstützen den Transfer. Die Trainingsschwerpunkte beinhalten neben fachlichen Hintergrundinformationen im Kern die Auseinandersetzung der Teilnehmer mit den Wirk-Zusammenhängen ihres Führungsverhaltens, die authentische Ausfüllung der verschiedenen Führungsrollen, die Förderung der eigenen Stressresistenz und Resilienz, der Umgang mit psychisch belasteten Mitarbeitern und Förderung der Resilienz im Team. Zentrale Kriterien der Settings im Rahmen eines systemischen Beratungsansatzes sind die Ressourcenorientierung, die Nutzung der Erfahrungen der Führungskräfte, die mehrdimensionale Reflexion im Kontext von Führung, die Arbeit mit Fallbeispielen sowie das Üben im Alltag.

13 Eine Pilotgruppe aus 12 Führungskräften, die von der Zusammensetzung her die Organisation abbildeten, testete die Workshopreihe in 2016, um deren Erkenntnisse in das folgende Rollout für alle Führungskräfte zu integrieren.

4.3 Zwischenergebnisse und Ausblick

14 Die Pilotphase konnte erfolgreich abgeschlossen werden. Auch die Evaluation der ersten Trainingseffekte zeigte in allen getesteten Bereichen Verbesserungen bei den Teilnehmern (u. a. Selbstwirksamkeit, Coping, Sicherheit im Umgang mit belasteten Mitarbeitern, Förderung von sozialer Unterstützung und Feedbackprozess). Als wertvoll für den Umsetzungserfolg wurden die Beteiligung im Vorfeld, die Praxisphase zwischen den Trainingstagen, die Bearbeitung von realen Beispielen aus dem Führungsalltag, das Reflexionstagebuch sowie die fallweise bilateral wahrgenommenen Coaching-Gespräche genannt. Der Vorschlag, einen Erfahrungsaustausch ein Jahr nach dem Training stattfinden zu lassen, wurde aus der Pilotgruppe für das Rollout mitaufgenommen. Im ersten Quartal 2017 konnte die Durchführung der Trainings für alle Führungskräfte begonnen werden und dauert derzeit noch an. Nach Abschluss der Trainingsphase und Evaluation der Effekte mit 2 Messzeitpunkten nach 3 und 12 Monaten werden die Beschäftigten im Rahmen von verschiedenen Maßnahmen in den Unternehmenskulturprozess mit einbezogen.

5 Fazit

15 Vor dem Hintergrund der tiefgreifenden Veränderungen wird die Gesundheit der Beschäftigten zur zentralen Ressource für die Zukunftsfähigkeit der Organisationen. Eine gesundheitsorientierte Führungs- und Unternehmenskultur wird somit zum Kerntreiber von Arbeitszufriedenheit und Produktivität. Die Weiterentwicklung der Unternehmenskultur kann nur durch und mit den Beschäftigten (gemeinsam) gelingen und keine Ebenen ausnehmen. Dabei geht es für die Beschäf-

tigten im Rahmen einer gelebten Führungskultur auch darum, im beruflichen Alltag authentisch das zu leben, was ihnen in der Gestaltung von Beziehungen am Arbeitsplatz wichtig ist.

Literatur

Antonovsky, A./ Franke, A. (Hrsg.): Salutogenese: Zur Entmystifizierung der Gesundheit. Tübingen 1997.

Badura, B. u. a. (Hrsg.): Fehlzeiten-Report 2012. Gesundheit in der flexiblen Arbeitswelt: Chancen nutzen – Risiken minimieren. Berlin/Heidelberg 2012.

Bergmann, F.: Neue Arbeit, Neue Kultur. Freiburg 2004.

Berry, J.: Der Führungsstil in Italien und in den Vereinigten Staaten – eine vergleichende Betrachtung. In: Albach, H./Busse von Colbe, W./Vaubel, L. (Hrsg): Die Herausforderungen des Managements im internationalen Vergleich. UWS-Schriften für Führungskräfte. Band 4. 1970. S. 63–77.

Bühring, P.: Psychische Erkrankungen, Burnout und Arbeitsunfähigkeit. In: Deutsches Ärzteblatt. PP 11/2012, S. 295.

Chevalier, A., Kaluza, G.: Psychosozialer Stress am Arbeitsplatz: indirekte Unternehmenssteuerung, selbstgefährdendes Verhalten und die Folgen für die Gesundheit. In: Gesundheitsmonitor Newsletter 1/2015.

Franke, F./Vincent, S./Felfe, J.: Gesundheitsbezogene Führung. In: Bamberg, E./Ducki, A./Metz, A. M. (Hrsg.): Gesundheitsförderung und Gesundheitsmanagement in der Arbeitswelt. Ein Handbuch. 2011, S. 371–391.

Gregersen, S. u. a.: Führungsverhalten und Gesundheit – Zum Stand der Forschung. Gesundheitswesen 73(1)/2011, S. 3–12.

Hurrelmann, K.: Gesundheitssoziologie. Weinheim/München 2000.

Rigotti, Th. u. a.: Rewarding and sustainable health-promoting leadership. Bundesanstalt für Arbeitsschutz und Arbeitsmedizin. Dortmund/Berlin/Dresden 2014.

Schaefer, H.: Die Hierarchie der Risikofaktoren. In: Mensch. Medizin. Gesellschaft 1/1976, S. 141–146.

Spieß, E./Stadler, P.: Gesundheitsförderliches Führen – Defizite erkennen und Fehlbelastungen der Mitarbeiter reduzieren. In Weber, A./Hörmann, G./Ferreira, Y. (Hrsg.): Psychosoziale Gesundheit im Beruf. Mensch, Arbeitswelt, Gesellschaft. 2007, S. 255–274.

Yukl., G.: Leadership in Organizations. 7. Aufl. Upper Sadle River 2010.

Wright, M. T./Unger, v. H./Block, M.: Partizipation der Zielgruppe in der Gesundheitsförderung und Prävention. In M.T. Wright (Hrsg.), Partizipative Qualitätsentwicklung in der Gesundheitsförderung und Prävention. 2010, S. 35–52.

Wüthrich, H. A.: Exzellenz durch Musterbruch – Plädoyer für mehr Managementexperimente. In: KMU-Magazin 7/2007, S. 10–13.

Wüthrich, H. A./Osmetz D./Kaduk S.: Musterbrecher – Der Film. Hamburg 2016.

Population Health Management als Lösungsansatz demografischer Herausforderungen

Monika Budig/Till Berger

Abstract: Die Medizin der Zukunft wird proaktiv und durch intelligente IT unterstützt. Anders lassen sich die demografischen Herausforderungen der kommenden Jahre nicht lösen. Smarte IT-Systeme unterstützen die Zusammenarbeit aller Gesundheitsversorger und liefern den Behandelnden ein vollständiges Bild vom Patienten. Komplikationen und Risiken können früher erkannt und Maßnahmen präventiv eingeleitet werden. Die Summe der Daten und Informationen über viele Einzelne resultiert in eine gesamtheitliche Gesundheitsverbesserung der Bevölkerung. Welche Vorteile Population Health Management generiert, zeigt ein erfolgreiches Projekt auf der Halbinsel Wirral (UK).

1 Population Health Management als Lösungsansatz demografischer Herausforderungen

1   Die aktuellen Entwicklungen und Veränderungen in der modernen Arbeitswelt wirken sich direkt auf die psychische und physische Gesundheit der nach wie vor wichtigsten Unternehmensressource aus: der Mitarbeiterinnen und Mitarbeiter. Die Gesundheit der Mitarbeitenden zu erhalten und zu fördern ist dabei nicht nur Sache des Personal- und des betrieblichen Gesundheitsmanagements, sondern geht über das Betriebliche hinaus und manifestiert sich als gesamtgesellschaftliche Aufgabe. Denn die demografischen Herausforderungen für Deutschland müssen sowohl die moderne Arbeitswelt als auch ein modernes Gesundheitswesen meistern[1]: Die Bevölkerung wird älter, chronische Erkrankungen und damit verbundene Komorbiditäten nehmen zu, der Bedarf in den Bereichen Pflege und Versorgung steigt. Die Leistungserbringer dagegen kämpfen mit Personalmangel, Kostendruck und Sparmaßnahmen – es herrscht Handlungsbedarf.

2   Ein grundlegender Wandel ist notwendig: Das Gesundheitswesen muss seinen reaktiven Charakter ablegen und sich hin zu einer proaktiven Vorsorge entwickeln. Die Grundlagen dazu müssen eine integrierte, intersektorale Versorgungssteuerung und eine starke Einbindung des Patienten sein. Strukturierten und digitalen Daten kommt dabei eine Schlüsselfunktion zu. Immer häufiger ist die Rede von Medizin 4.0, smarten Daten und Population Health Management – doch was genau steckt hinter diesen Begriffen und wo genau stehen wir in Deutschland? Der nachfolgende Beitrag geht diesen Fragestellungen nach und offenbart das große Potenzial dieses proaktiven Ansatzes anhand eines praktischen Beispiels.

2 Deutschland muss die digitale Reise antreten

3   Die Digitalisierung des deutschen Gesundheitswesens und der jeweiligen Leistungserbringer ist unterschiedlich stark ausgeprägt. Von Medizin 4.0 ist Deutsch-

---

1   W. Kromm/G. Frank (Hrsg.): Die neue Führungskunst – The Art of New Leadership. Unternehmensressource Gesundheit. Weshalb die Folgen schlechter Führung kein Arzt heilen kann. 2009, S. 18–20.

land noch relativ weit entfernt. Jedoch ist insbesondere auch im Krankenhaussektor eine neue Dynamik hin zur Digitalisierung festzustellen.[2] Ein Beispiel für eine zunehmende Digitalisierung ist die digitale Patientenakte, welche medizinisch relevante Parameter des jeweiligen Krankenhausaufenthaltes digital und strukturiert erfasst. Wichtig ist hierbei, dass auch Informationen aus Spezialsystemen wie dem Labor oder Radiologieinformationssystemen in diese digitale Akte überführt werden können.

Dennoch sind (spezialisierte) Insellösungen ein großes Hemmnis für die Umsetzung einer proaktiven Vorsorge. Oberstes Ziel muss demnach sein, den Stand der Digitalisierung flächendeckend zumindest auf ein minimales gemeinsames Level zu heben. Dieser Wandel wird weniger disruptiv als vielmehr kontinuierlich erfolgen. Die nachfolgende Abbildung zeigt, welche Etappen die Krankenhäuser auf dem Weg zur vollständigen Digitalisierung gehen müssen – die digitale Reise.   4

Abb. 1: Einsatz von Healthcare-IT im Krankenhaus
Quelle: Cerner

Die digitale Reise umfasst vier Etappen und wird von jeder Einrichtung in ihrem eigenen Tempo durchlaufen: Von einer stark papierorientierten medizinischen Versorgung über die Herausforderungen einer digitalen Dokumentation und gebündelten, intelligenten Datenerfassung hin zu Medizin 4.0, die eine ganzheitliche IT-gestützte Sichtweise prägt: Population Health Management (PHM).   6

3   Was ist Population Health Management?

Population Health Management zielt darauf ab, Kliniken, niedergelassene Ärzte, Krankenkassen und andere Gesundheitsversorger zu unterstützen, ein vollständiges Bild vom Patienten zu erhalten und eine evidenzbasierte Gesundheitsversor-   7

---

2   Initiative D21 e. V.: D21-Digital-Index 2017/2018. Jährliches Lagebild zur digitalen Gesellschaft. Kantar TNT. 2017, S. 8–10.

gung sicherzustellen. Diese ganzheitliche Versorgungssteuerung befasst sich mit komplexen, chronischen und kostenintensiven Erkrankungen und richtet ihren Blick auf eine ganzheitliche Betrachtung der Bevölkerung, und nicht nur auf den Kranken. Von großer Bedeutung ist die Einbindung des Betroffenen und seines persönlichen Umfelds sowie die Verfügbarkeit einer Gesundheitsakte, die allen beteiligen Partnern jederzeit Zugriff auf relevante Informationen gewährleistet. Um all das umzusetzen, braucht es unter anderem auch smarte IT-Systeme, die die Zusammenarbeit aller Gesundheitsversorger unterstützen.

8   Eine Übersicht, was Population Health Management umfasst, zeigt die nachfolgende Grafik. PHM erfordert eine ganzheitliche Betrachtung des Patientenindividuums in der jeweiligen Bevölkerungsgruppe sowie die Einbindung relevanter Akteure und Institutionen, um auf Basis der smarten, strukturierten Daten Wissen abzuleiten.

9

Abb. 2: Population Health Management – Vernetzung über Versorgungsgrenzen hinweg

Quelle: Cerner

10   Von zentraler Bedeutung ist das Management der Daten. Das **Wissen** über den Gesundheitszustand des Patienten ist die Basis einer effektiven Versorgung. Jedoch beschränken sich die hierfür relevanten Daten nicht nur auf Diagnose und Prozedureninformationen der Leistungserbringer. Vielmehr sind neben den Untersuchungsdaten auch sozioökonomische und Verhaltensdaten von Bedeutung. Ziel ist es, durch ein effizientes Management der Erkrankung, das Wohlbefinden und damit auch die Kostenentwicklung für die Therapie positiv zu beeinflussen.

Aufbauend auf dieser Informationssammlung werden individuelle **Handlungs- 11 empfehlungen** abgeleitet und Therapien eingeleitet. Im besten Fall erhalten die Patienten und deren persönliches Umfeld vorbeugende Ratschläge, damit das individuelle Krankheitsrisiko minimiert wird und so ein Krankheitsausbruch verhindert werden kann. Wichtig ist hier ein Einbezug aller im Versorgungs- prozess agierenden Personen. Hierzu zählen beispielsweise Ärzte, Pfleger/innen, Case Manager aber auch dem Patienten nahestehende Personen z. B. aus dem familiären Umfeld.

Um diesen Versorgungsprozess zu **managen**, müssen intelligente IT-Systeme 12 unterstützen. Hierbei handelt es sich nicht nur um eine reine Datenspeicherung und -anzeige, viel mehr dienen solche IT-Systeme der Analyse und Auswertung, um die Ergebnisqualität im Gesundheitswesen zu steigern. Aufgrund dieser komplexen Datenbasis und der digitalen Verbindung unterschiedlicher Kom- ponenten können Prozesse effektiver gesteuert und Zusammenhänge besser erfasst werden.

In Deutschland fängt man langsam damit an, sich über vernetzte Versorgung 13 auszutauschen und erste mögliche Projekte zu planen. Großbritannien ist hier schon weiter: Die Region Wirral nutzt Population Health Management schon heute, um künftigen demografischen Herausforderungen zu begegnen und ein neuartiges Versorgungsmodell zu evaluieren.

4 Population Health Management in Wirral

Die Halbinsel Wirral liegt im Nordwesten Englands, zwischen den wirtschaftli- 14 chen Ballungsräumen Liverpool und Chester. Mehr als 320.000 Menschen leben in dieser Region, die seit jeher mit vielen Herausforderungen kämpft: Ein Drittel aller Notaufnahmen ist alkoholbedingt und die Depressionsrate ist hoch, um nur zwei Beispiele zu nennen. Die durchschnittliche Lebenserwartung in Wirral liegt unterhalb des englischen Mittelwerts und selbst innerhalb der Region gibt es eine Diskrepanz der Lebenserwartung von rund elf Jahren, je nachdem, in welchem Teil Wirrals man lebt. Außerdem muss eine überdurchschnittlich hohe Zahl chronisch kranker Menschen versorgt werden, die häufig im Krankenhaus be- handelt werden, obwohl dies bei einer umfassenden, engmaschigen und prä- ventiven Versorgungstruktur vermeidbar wäre. Hinzu kommen demografische Herausforderungen: In den nächsten zwanzig Jahren wird die Lebenserwar- tung weiter ansteigen, was zu einer Zunahme von Menschen mit multiplen und langfristigen Erkrankungen führen wird. Den damit verbundenen Kosten und notwendigen Ressourcen wäre die derzeitige Versorgungstruktur nicht mehr gewachsen.

Um den künftigen Herausforderungen begegnen zu können, startete die Region 15 ihr Projekt „Vision 2018" im Rahmen des „Healthy Wirral"-Programms. Das Ziel: Die Versorgung chronisch kranker Menschen zu verbessern und allen Bewohnern ein längeres und gesünderes Leben zu ermöglichen – unabhängig davon, wo auf Wirral sie geboren sind oder leben. Das Projekt soll die aktuelle, heterogene Struktur aufbrechen und eine patientenzentrierte, auf Prävention ausgerichtete Behandlungs- und Versorgungsstruktur etablieren.

16 Dazu arbeiten der Wirral University Hospital NHS Foundation Trust (die Krankenhäuser Arrowe Park und Clatterbridge), der Wirral Community NHS Foundation Trust (Pflegedienst), der Cheshire and Wirral Partnership NHS Foundation Trust (psychiatrischer Dienst), das Wirral Council (Sozialhilfe) und die niedergelassenen Ärzte in Wirral eng mit Cerner und weiteren Partnern zusammen. Eine umfassende und präventive Versorgung kann aber nur dann gelingen, wenn die einzelnen Leistungserbringer und alle am Versorgungsprozess beteiligten Organisationen in der Lage sind, sich besser zu koordinieren und auf einheitliche, aktuelle Gesundheitsdaten zugreifen können.

17 Diesen Zugriff auf eine einheitliche Datenbasis stellt künftig der Wirral Care Record (WCR) sicher: eine konsistente, longitudinale Patientenakte mit Informationen zur Gesundheit und zur sozialen Lebenssituation eines Bürgers. Dazu fließen alle Informationen und Daten aus den oben genannten Organisationen in die Akte ein. Zunächst aber müssen die Daten aus den verschiedenen Quellen auf eine Plattform überspielt und aufbereitet werden.

18 Für diese Datenaggregation kommt Cerners Lösung *HealtheIntent* zum Einsatz. Hier werden in einem weiteren Schritt die Daten bereinigt, standardisiert und normalisiert. Mithilfe von Master-Patient-Matching-Algorithmen (MPM), die beispielsweise die NHS-Nummer und weitere Patientenmerkmale einbeziehen, können alle Informationen über eine Person aus den verschiedenen Quellen zusammengeführt werden. Alle Informationen zu einem Patienten liegen dann in der Form vor, in der sie auch für weitere Anwendungen und Tools verwertbar sind.

19 Die Lösung *HealtheRegistries* analysiert die vorliegenden Daten und sortiert alle Personen nach zuvor festgelegten Kriterien in entsprechende Register. Dabei werden nicht nur explizite, sondern auch implizite Werte zur Sortierung berücksichtigt. Im Register „Diabetes (Erwachsene)" werden beispielsweise nicht nur Patienten mit der Diagnose „Diabetes" aufgeführt, sondern auch solche, bei denen zwar erhöhte HbA1c-Werte hinterlegt waren, aber eine explizite Diagnose fehlt (weil zum Beispiel schlicht vergessen wurde, die Diagnose in der Patientenakte zu vermerken). Die automatisierte Auswertung der Daten kann also Verdachtsfälle in den Fokus rücken, die der Arzt gegebenenfalls noch einmal überprüfen sollte, um anschließend die Diagnose zu bestätigen oder zu verwerfen.

20 Mit Hilfe der Register hat der Arzt aber auch die Möglichkeit, ganze Patientengruppen im Blick zu behalten. So kann der Hausarzt beispielsweise den Hinweis vom System erhalten, dass bei 40 % seiner Diabetes-Patienten eine laut Leitlinie regelmäßig durchzuführende Untersuchung noch nicht stattgefunden hat. Diese Patienten kann der Arzt direkt ansprechen und einen Termin vereinbaren. So

wird nicht nur die Einhaltung medizinischer Leitlinien und Regeln, etwa der NICE Quality Standard, gewährleistet, sondern auch die Behandlungsqualität insgesamt verbessert. Was das im Einzelnen bedeutet, soll nachfolgend am Beispiel von Diabetespatienten aufgezeigt werden.

5 Das Diabetes-Programm im Rahmen von „Healthy Wirral"

Die Zahl der Diabetespatienten in der Region liegt derzeit bei mehr als 20.000, wobei bei mehr als 3.000 Betroffenen Diabetes zunächst gar nicht diagnostiziert worden war. Diese konnten erst durch die aggregierten Informationen in der longitudinalen Patientenakte gefunden werden. Nach den neuesten Erkenntnissen ist anzunehmen, dass die Zahl der Diabetespatienten künftig weiter steigen wird: Berechnungen zufolge muss bis 2030 einer von zehn Bewohnern auf Wirral aufgrund einer Diabeteserkrankung behandelt werden. Die Gesundheitskosten für Komplikationen aufgrund von Diabetes – unter anderem Herz- und Nierenerkrankungen, Schlaganfälle und Amputationen – betragen derzeit schätzungsweise 8 Millionen EUR pro Jahr und würden in den folgenden Jahren entsprechend steigen. Diese zunehmende finanzielle Belastung wäre für das Gesundheitssystem in der jetzigen Form nicht mehr zu bewältigen. Darüber hinaus wurden anhand von Prozessanalysen, Patientenbefragungen und weiteren Erhebungsverfahren noch folgende Probleme identifiziert:

- Nach Visiten fehlt häufig eine umfassende und durchgehende Protokollierung, was Überweisungen, Beratungen und ein langfristiges Gesundheitsmanagement erschwert und in der Folge zu (vermeidbaren) Komplikationen oder Krankenhausaufenthalten führt.
- Patienten müssen lange auf Termine warten und Termine müssen häufig kurzfristig abgesagt werden. In vielen Fällen werden die Diabetespatienten von einer Vielzahl unterschiedlicher Ärzte behandelt.
- Patienten müssen Tests meist mehrmals durchlaufen, weil systembedingt keine Informationsweitergabe zwischen den Leistungserbringern möglich ist.
- Ineffiziente Behandlungspläne führen zu doppelten Terminen, bei denen der Patient verschiedene Ärzte für die gleichen Beschwerden aufsuchen und immer wieder seine Krankenhistorie wiedergeben muss.
- Meist bleibt keine Zeit für ganzheitliche Untersuchungen der Patienten, was zu Komplikationen führen kann und ein umfassendes Verständnis der körperlichen Verfassung sowie eine adäquate Nachsorge unmöglich macht.
- Patienten bekommen weder die richtigen Mittel noch das Wissen, um ihre Krankheit selbständig zu managen.

Diesen Herausforderungen kann mit Population Health Management (PHM) aktiv begegnet werden, wie folgendes Beispiel zeigt:

In Relation zu anderen Regionen Englands ist von den erwähnten Folgekomplikationen die Diabetes-bedingte Fußamputation in Wirral überdurchschnittlich

21

22

23

häufig notwendig. Der Zusammenhang von Diabetes und Beinamputationen bedingt sich durch diverse Gründe: Der stark erhöhte Blutzuckerspiegel von Diabetikern verursacht häufig Durchblutungsstörungen und Nervenschädigungen in den unteren Extremitäten. Die Folge: Durch das verminderte Schmerzempfinden aufgrund der Nervenschädigung bemerkt der Patient Verletzungen nicht rechtzeitig. Durch die mangelnde Durchblutung ist zusätzlich die lokale Infektionsabwehr und Heilung beeinträchtigt. Wunden chronifizieren, was in der Folge zu einer Amputation führt, die aufgrund der Durchblutungsstörungen oft nur weit oben am Bein erfolgversprechend ist, da der Stumpf nur in ausreichend versorgtem Gewebe sauber abheilt.

24 Regelmäßige ärztliche Untersuchungen, auch wenn keine Schmerzen auftreten, können dazu beitragen, Geschwüre frühzeitig zu erkennen, um eine Amputation zu vermeiden. Durch HealtheRegistries hat der Arzt immer im Blick, ob notwendige regelmäßige Untersuchungen stattgefunden haben. Stehen sie noch aus, bekommt der Arzt einen entsprechenden Hinweis und kann bei Terminen, bei denen der Patient vorstellig wird, diese Untersuchungen gleich mit durchführen oder anordnen. Dafür sind die Applikationen von Cerner in den Workflow der niedergelassenen Ärzte eingebunden und Informationen können direkt aus dem Praxisverwaltungssystem aufgerufen werden. Genauso wichtig ist die bessere Einbindung des Patienten: Eine Überprüfung des Diabetesprogramms durch X-PERT-Health[3] schätzt, dass zielgerichtete Patientenschulungen, etwa durch Pflegedienste, die Medikamentennutzung optimieren und den Medikamentenverbrauch wesentlich reduzieren könnten.

25 Diese Beispiele verdeutlichen, dass sich durch eine umfassende und sektorübergreifende Versorgung nicht nur die Behandlungsqualität verbessert, sondern Patienten die Versorgung unmittelbarer positiv wahrnehmen und sich stärker in die Behandlung eingebunden fühlen. Zuletzt lohnt es sich auch finanziell: Eine Reduzierung Diabetes-bedingter Folgekomplikationen um 15 % innerhalb von fünf Jahren entspricht Einsparungen von über einer Million Euro.

6 Healthy Wirral – Ein erfolgreiches Pilotprojekt

26 Obwohl es erst vor knapp zwei Jahren gestartet ist, hat das Projekt bereits einen bemerkenswerten Stand erreicht:

27 • Mittlerweile sind 314.201 Personen in der HealtheIntent-Plattform hinterlegt.
   • fünf Registries sind umgesetzt: Diabetes (Erwachsene und Kinder), Asthma (Erwachsene und Kinder) sowie COPD (chronisch obstruktive Lungenerkrankung), mindestens sechs weitere sind geplant.
   • Mehr als 50 Hausärzte und ein Krankenhaus sind an HealtheIntent angebunden.

---

3   X-Pert Health. Online: https://www.xperthealth.org.uk/ [abgerufen am 25.7.2018].

Der nächste Ausbauschritt ist bereits in Planung: Gesundheitsdaten aus verschiedenen Quellen – vom Hausarzt über das Krankenhaus bis zum Fitnessstudio – können durch Algorithmen auf Risiken untersucht werden, aus denen dann Patientenkohorten mit gleichem Profil gebildet werden. Bestimmte Risikogruppen lassen sich frühzeitig identifizieren und gezielt in Präventionsmaßnahmen einbinden. Der Ausbruch und die Folgen von Erkrankungen können so verzögert bzw. vermindert sowie Kosten im Gesundheitswesen reduziert werden.

28

Allein durch die Vernetzung aller am Versorgungsprozess beteiligten Stakeholder soll das Risiko eines Krankenhausaufenthaltes deutlich reduziert werden. Ergänzend werden auch Behandlungsmöglichkeiten im ambulanten Sektor oder sogar bei den Patienten zu Hause etabliert. Darüber hinaus soll eine unmittelbare, engmaschige Versorgung und regelmäßige Kommunikation mit den Betroffenen eingerichtet werden. Alle Maßnahmen dienen der

29

- besseren Prävention,
- früheren Behandlung,
- Schaffung gleicher Ausgangsvoraussetzungen für die Behandlung aller Patienten, unabhängig von ihrer sozialen Herkunft,
- Verminderung von Folgekomplikationen und,
- Kostenreduzierung.

30

Im Resultat gilt Wirral mit seinem Population Health-Ansatz als Pionier, der mit seinen Erfahrungen führend zum Aufbau ähnlicher Projekte in anderen Regionen beiträgt.

31

7 Zusammenfassung und Ausblick

Das Projekt in Wirral steht in dieser Ausbaustufe noch am Anfang, das volle Potenzial von PHM auszuschöpfen. Aber die Entwicklung ermöglicht künftig eine multiprofessionelle und sektorübergreifende Gesundheitsversorgung. Klassische Versorgungsgrenzen werden dabei überwunden und die Differenzierung zwischen professionellem Gesundheitswesen und Wellness-Angeboten (in all ihren Facetten) aufgehoben. So können nicht nur Arzt, Physiotherapeut und Sozialdienst miteinander kooperieren, sondern z. B. auch gezielt das Fitnessstudio des Patienten in die Vor- oder Nachsorge einer Erkrankung eingebunden werden. Darüber hinaus kann eine wesentlich breitere Basis an gesundheitsrelevanten Informationen eine differenziertere Therapie ermöglichen, die genau auf die individuellen Begleitumstände abgestimmt ist.

32

Auch in Deutschland wird die flächendeckende Nutzung von IT im Gesundheitswesen eine zentrale Rolle spielen. Patientenversorgung und Gesundheitsmanagement werden sich durch moderne Informationstechnologie grundlegend wandeln. Der Kern des Problems liegt hierzulande im Fehlen strukturierter Daten, was eine mangelhafte bzw. aufwendige Datenauswertung und ineffizientes Informations-

33

management zur Folge hat. Der nach wie vor geringe Digitalisierungsgrad an deutschen Kliniken und der seitens der Deutschen Krankenhausgesellschaft im April 2017 mit rund 6,0 Mrd. € bezifferte Investitionsstau[4] zeigt den Handlungsbedarf im Bereich digitaler Infrastruktur in Deutschland deutlich auf. Die ersten positiven Effekte deuten aber an, dass Population Health Management der richtige Weg ist, um ein qualitativ hochwertiges, patientenzentriertes und kosteneffizientes Versorgungsmodell zu schaffen. Zudem ist auch bei den Kostenträgern ein wachsendes Interesse im Bereich PHM zu spüren. Bemerkbar macht sich das sowohl in den vielen unterschiedlichen Gesundheits-Apps der Kostenträger als auch in der Entwicklung einer digitalen Gesundheitsakte, wie es beispielweise die Techniker Krankenkasse vorantreibt. Damit sind die Kostenträger auf dem richtigen Weg.

34 Es bleibt zu bedenken, dass die Thematik „Digitalisierung" auch emotional ambivalent aufgeladen ist: Sie birgt Chancen und Risiken, weckt Erwartungen und Befürchtungen. Mit einer zunehmenden Digitalisierung, zum Beispiel der Analyse bestimmter Algorithmen, gehen auch Risiken einher. So konnte in einer Studie beispielsweise das Sterberisiko oder die Wiedereinweisungsquote bei einem Krankenhausaufenthalt ermittelt werden. Auf der einen Seite sind diese Daten hilfreich, um Gegenmaßnahme einzuleiten oder das Betten- und Verteilungsmanagement zu optimieren. Auf der anderen Seite birgt es die Gefahren der völligen und uneingeschränkten Transparenz sowie des Datenmissbrauchs.[5]

35 Ein offener Umgang mit dem Thema „Digitalisierung" ist dennoch wichtig, denn klar ist: Die Entwicklung ist nicht aufzuhalten, und nur ein umfassendes und integriertes Versorgungsmodell ist in der Lage, die Bedürfnisse der Bevölkerung hinsichtlich des Gesundheitssystems zu erfüllen und künftige demografische Herausforderungen zu meistern.

Literatur

Hillienhof, A: Krankenhäuser: Investitionslücke weiterhin erheblich. In: Deutsches Ärzteblatt 114(17)/2017, S. A-819.

Initiative D21 e. V.: D21-Digital-Index 2017/2018. Jährliches Lagebild zur digitalen Gesellschaft. Kantar TNT. 2017. Online: https://initiatived21.de/publikationen/d21-digital-index-2017-2018/ [abgerufen am 27.3.2018].

Kromm, W./Frank, G.: Die neue Führungskunst – The Art of New Leadership. Düsseldorf 2009.

Rajkomar, A. u. a.: Scalable and accurate deep learning for electronic health records. San Francisco 2018.

---

4   Hillienhof,, A.: Krankenhäuser: Investitionslücke weiterhin erheblich. In: Deutsches Ärzteblatt, 114(17)/2017, S. A-819.
5   Rajkomar u. a.: Scalable and accurate deep learning for electronic health records. 2018.

Dialog-WEGE (wirksam, erfolgreich, gesund, empathisch). Systemisch-strukturierte Mitarbeitergespräche im Zuge ganzheitlicher und gesunder Personalentwicklung im Unternehmen

Stefanie André

Abstract: Die wissenschaftlichen Evidenzen zu den positiven Effekten betrieblicher Prävention sind eindeutig.[1] Insbesondere die Zielgruppe der Führungskräfte steht hierbei im Fokus. Denn Führungskräfte sind nicht nur Vorbilder und Gesundheitsmotivatoren, sie sind auch Multiplikatoren und Kommunikatoren. Fragen, die sich die Praxis in diesem Zusammenhang immer wieder stellt: Wie können Führungskräfte in der Umsetzung einer gesunden Kommunikation auch im Zeitalter der Digitalisierung gestärkt werden? Welche Kommunikationskompetenzen sind hierfür heute notwendig, und wie können diese trainiert und gelebt werden? Eine Antwort auf diese Fragen bietet das Konzept der Dialog-WEGE.

1 Theoretischer Hintergrund

1 *„Man kann nicht nicht kommunizieren!"*, lautet eines der bekanntesten Zitate von Paul Watzlawick.[2] Ein einfacher und zugleich plausibler Satz, der dennoch zur Erhöhung, wenn nicht sogar zur Maximierung der Komplexität von Kommunikation beiträgt. Denn der Satz von Watzlawick macht deutlich, dass sich ein Individuum der Fähigkeit der Kommunikation nicht entziehen kann. Durch alles, was er sagt, tut, oder eben nicht sagt oder nicht tut, verständigt sich der Mensch in seinem sozialen Umfeld. Dabei spielen das gesprochene und geschriebene Wort, die Mimik, die Gestik und das Verhalten gegenüber anderen und sich selbst eine existenzielle Rolle. Kommunikation wird somit zu einem mehrdimensionalen, umfangreichen und zwischenmenschlichen Verständigungsprozess, der dem Menschen gesellschaftliche Interaktion und Sinnhaftigkeit in seinem Tun ermöglicht.

2 Übertragen auf das Betriebliche Gesundheitsmanagement und somit auf die Lebensarbeitswelt „Betrieb" bedeutet Kommunikation eine Art Ubiquität. Damit ist eine Allgegenwart in allen relevanten Ebenen für alle Zielgruppen und Akteure zur Sicherstellung ihrer Arbeitsaufgaben und –inhalte und zum Herstellen und Funktionieren der sozialen Gemeinschaft am Arbeitsplatz gemeint. Diesem Sachverhalt gilt es, auch in Zeiten der zunehmenden Digitalisierung und Entkopplung zwischenmenschlicher Interaktionen Rechnung zu tragen. So hat zuletzt die aktuelle #whatsnext-Studie – Gesund arbeiten in der digitalen Arbeitswelt – herausgefunden, dass die Handlungsfelder „Gesund Führen" und „Gesund Kommunizieren" die Liste der wichtigsten Zukunftsthemen in unserem Land anführt, gefolgt von Maßnahmen für eine gesunde Unternehmens- und Feedbackkultur. Auch die Frage, wie Organisationen ihre Beschäftigten im Rahmen des Betrieblichen Gesundheitsmanagements kommunikativ erreichen können, wird laut den Ergebnissen der Studie in den nächsten fünf bis zehn Jahren immer wichtiger. Als

---

1 Chapman: Meta-Evaluation of Worksite Health Promotion Economic Return Studies: 2012 Update. In: The Art of Health Promotion 26(4)/2012; Sockoll u. a./BKK Bundesverband (Hrsg.): iga-Report 13: Wirksamkeit und Nutzen betrieblicher Gesundheitsförderung und Prävention. 2013, TAHP 1–13.
2 Watzlawick: Menschliche Kommunikation Formen, Störungen, Paradoxien. 2016, S. 58–60.

Kommunikationsziele werden hier Ressourcen stärkende Maßnahmen im Vordergrund stehen.[3]

Zur Schaffung einer gesunden Unternehmenskultur und zum Aufbau gesundheitsfördernder Ressourcen im Kontext von Arbeit ist die Omnipräsenz von Kommunikation, auch in Zeiten der Digitalisierung, unabdingbar.[4] In diesem Zusammenhang diskutiert die Scientific Community seit Jahren die Korrelation zwischen Führung und Gesundheit, d. h. welchen Einfluss unter anderem das Kommunikationsverhalten von Führungskräften auf z. B. die Mitarbeitergesundheit und -zufriedenheit hat.[5] Der vielfach zitierte Health-oriented Leadership (HoL) beinhaltet sowohl Mitarbeiterführung (StaffCare) als auch Selbstführung (SelfCare). Der HoL-Ansatz erweitert die bisherige unspezifische mitarbeiter- und verhaltensfokussierte Herangehensweise um gesundheitsspezifische Aspekte der Selbstführung und um Mitarbeiter gerichtete Achtsamkeit, Wichtigkeit und Verhaltensweisen wie eine gesunde Kommunikation.[6] Wie sich eine so vielfach geforderte gesunde Kommunikation, sowohl von Führungskräften als auch von Mitarbeitern entwickeln, herstellen und umsetzen lässt, hierzu lässt die angewandte Wissenschaft noch viele Fragen offen. Den abstrakten Modellen aus der Kommunikationswissenschaft, wie z. B. dem Vier-Ohren-Modell nach Schulz von Thun oder dem anwendungsorientierteren Ansatz der 6 Dimensionen gesunder Führung von Matyssek, fehlt es an konkreten Übertragungen in die Praxis, insbesondere mit Blick auf innovative und erfolgreiche Trainings.[7] Die Systemtheorie wiederum und die daraus entsprungene Lehre vom systemischem Coaching bietet konkrete Kommunikationsempfehlungen, -instrumente, -methoden und anwendungsorientierte Tools, die sich in Schulungs- und Trainingseinheiten zum Entwickeln einer gesunden Gesprächsführung für Führungskraft und Mitarbeiter übertragen und integrieren lassen.[8] Es stellt sich somit die Frage: Wie lassen sich die Formate und Ansätze aus der Systemtheorie und der Wissenschaft vom systemischen Coaching auf die betriebliche Prävention und das dortige Handlungsfeld einer gesunden Führung übertragen? Das Konzept der

3

---

3 Straub u. a.: #whatsnext – Gesund arbeiten in der digitalen Arbeitswelt. Sonderveröffentlichung des Personalmagazins in Kooperation mit dem Institut für Betriebliche Gesundheitsberatung (IFBG) und der Techniker Krankenkasse (TK). 2017.

4 Cohen/Prusak: IN GOOD COMPANY: How Social Capital Makes Organizations Work. 2001, S. 1–20.

5 Felfe (Hrsg.): Trends der psychologischen Führungsforschung: Neue Konzepte, Methoden und Erkenntnisse. 2011; Gregersen u. a.: Führungsverhalten und Gesundheit – Zum Stand der Forschung. In: Gesundheitswesen 73/2011, S. 3–12.

6 Franke/Ducki/Felfe: Gesundheitsförderliche Führung. In: Felfe (Hrsg.): Trends der psychologischen Führungsforschung: Neue Konzepte, Methoden und Erkenntnisse. 2015, S. 253–265.

7 Schulz von Thun: Störungen und Klärungen: allgemeine Psychologie der Kommunikation. 2001, S. 22–24; Matyssek: Gesund Führen – Gesund Kommunizieren. 2016, S. 1–24.

8 Simon: Einführung in Systemtheorie und Konstuktivismus. 2006, S. 20–22; König/Volmer: Handbuch Systemisches Coaching für Führungskräfte, Berater und Trainer. 2012, S. 259–260; Knauf: Kluge Fragen für den Coach. 2010; Luhmann: Einführung in die Systemtheorie. 2017, S. 40–42; Wehrle: Die 100 besten Coaching-Übungen. 2017, S. 52–82.

Dialog-WirksamErfolgreichGesundEmpathisch beantwortet diese Frage auf seine eigene Weise.

2 Das Konzept

4 Dialog-WEGE sind strukturierte und systemische Mitarbeiter-Gespräche (sMAG) zwischen Führungskraft und Mitarbeiter im Zuge einer gesunden Personalentwicklungsstrategie im Unternehmen. Sie dienen der Reflexion der jeweiligen Rolle und Aufgabe, der wechselseitigen dialogischen Rückmeldung mit Blick auf die unterschiedlichen Ebenen der Zusammenarbeit sowie der gemeinsamen Entwicklung von Unterstützungsbedarfen und Entwicklungsperspektiven. Über die Inhalte eines solch innovativen Gesprächsformates (WAS?) hin zur Vorgehensweise der Didaktik (WIE?) und die Umsetzung, d. h. die Methodik (WOMIT?), gibt der vorliegende Beitrag Aufschluss. Darüber hinaus werden im Folgenden die Umsetzung und die Evaluation der Dialog-WEGE beschrieben.

2.1 Die Inhalte (WAS?)

5 Die Inhalte der Dialog-WEGE leiten sich aus den aktuellen Erkenntnissen der Personalentwicklung und der Arbeits- und Organisationswissenschaft ab und werden im weiteren Verlauf näher erläutert.[9]

2.1.1 Life-Balance und persönliches Befinden

6 Der Einklang von Privat- und Berufsleben ist für die Leistungsfähigkeit und Zufriedenheit aller Mitarbeiter essentiell. Es gilt hier, einen Eindruck und eine Einschätzung zur persönlichen Balance zu erhalten, und bisher unberücksichtigte Einflüsse gemeinsam auszutauschen.

7 **Leitfragen**: Geht es dem Mitarbeiter gut? Fühlt er sich wohl am Arbeitsplatz? Fühlt er sich in guter Balance zwischen Arbeits- und Privatleben?

2.1.2 Arbeitsumfeld und Arbeitsbedingungen

8 Die Rahmenbedingungen, das direkte Arbeitsumfeld und die zur Verfügung stehenden Arbeitsmittel für den Mitarbeiter werden analysiert und besprochen. Ressourcen und Belastungen am Arbeitsplatz werden ermittelt.

---

9 Nerdinger/Schaper/Blickle.: Arbeits- und Organisationspsychologie. 2014, S. 55–69; Rowold: Human Ressource Management. 2013, S. 40–48; Badura: Arbeit und Gesundheit im 21. Jahrhundert. 2017, S. 54–59; Siegrist: Arbeitswelt und stressbedingte Erkrankungen. 2015, S. 119–138.

Leitfragen: Gibt es gesundheitliche Beeinträchtigungen und daraus resultierende 9
Unterstützungsbedarfe für den Mitarbeiter? Wie wirken sich die aktuellen Veränderungsprozesse des Unternehmens auf den Mitarbeiter aus?

2.1.3 Arbeitsaufgaben und Arbeitsanforderungen

Die Arbeitsaufgaben müssen mit den subjektiv empfundenen Arbeitsanforderun- 10
gen zusammenpassen. Die Führungskraft bespricht die persönliche Zufriedenheit
der aktuellen Arbeitsaufgaben und Tätigkeiten.

Leitfragen: Möchte der Mitarbeiter mehr Verantwortung oder weniger Verant- 11
wortung? Welche Arbeitsaufgaben erledigt der Mitarbeiter mit gutem Ergebnis?

2.1.4 Einschätzung der Zusammenarbeit im Kontext Führung

Die gegenseitigen dialogischen Rückmeldungen zum Miteinander, zum Informa- 12
tionsfluss, zur Transparenz in den Aufgabenstellungen und zur Kommunikation
stehen im Fokus. Führungskraft und Mitarbeiter geben sich gegenseitiges Feedback zur Zusammenarbeit.

Leitfragen: Wie zufrieden ist der Mitarbeiter mit dem Führungsstil der Führungs- 13
kraft? Wie fühlt sich die Führungskraft? Wie zufrieden ist die Führungskraft mit
dem Mitarbeiter? Was wünscht sich der Mitarbeiter von der Führungskraft und
umgekehrt?

2.1.5 Einschätzung der Zusammenarbeit im Kontext Teamdynamik

Gemeinsam wird die Zusammenarbeit im Team reflektiert. Der Zusammenhalt im 14
Team, die gemeinsamen Ziele des Teams, die Atmosphäre und zwischenmenschlichen Beziehungen untereinander stehen im Fokus.

Leitfragen: Welche Rolle hat der Mitarbeiter aus seiner Sicht im Team und aus 15
Sicht der Führungskraft? Welche Rolle und Funktion hat die Führungskraft aus
ihrer eigenen und aus der Sicht des Mitarbeiters im Team? Gibt es Konflikte?

2.1.6 Unterstützung und Entwicklungsperspektiven

Unterstützung durch das Unternehmen und die Führungskraft sowie die per- 16
sönliche Entwicklung sind für die Zufriedenheit und Mitarbeitermotivation von
essentieller Bedeutung.

Leitfragen: Welche besonderen Fähigkeiten und Fertigkeiten zeichnen den Mit- 17
arbeiter aus Sicht der Führungskraft aus? Was macht ihn so wichtig und besonders
für das Unternehmen und das Team? In welchen fachlichen als auch überfachlichen Bereichen kann und will der Mitarbeiter sich weiterentwickeln?

2.2 Die Didaktik (WIE?)

18 Didaktik ist die Wissenschaft vom lernwirksamen Lehren und damit ein zentraler Begriff in der Erwachsenenbildung.[10] Sich in der Praxis mit Didaktik zu beschäftigen bedeutet, sich mit dem Prozess des Lehrens und Lernens auseinanderzusetzen. Um die Inhalte der Dialog-WEGE als Führungskraft zu lernen und auch anwenden zu können, sind die folgenden (systemischen) Grundelemente von zentraler Wichtigkeit.

2.2.1 Wertschätzung

19 Wertschätzung ist für Führungskräfte und Mitarbeiter wichtig und ein mächtiges, meist unterschätztes Personalentwicklungsinstrument, um das Verhalten anderer positiv zu beeinflussen und die Motivationslage zu erhöhen. Lob und Anerkennung bringen Gesprächspartner dazu, selbigem gerecht zu werden. Ehrliche und anerkennende Worte berühren und verändern den Aufmerksamkeitsfokus auf das gewünschte Verhalten.

2.2.2 Personenzentrierte Gesprächsführung

20 Die personenzentrierte Gesprächsführung besteht aus drei Haltungselementen.[11]

- **Kongruenz** – ein authentisches und echtes Gegenübertreten, ohne sich zu verstellen
- **Empathie** – d. h. das einfühlende Verstehen, das nicht wertende Eingehen, also das echte Verständnis für eine Person
- **Positive Zuwendung** –das Akzeptieren, die Anteilnahme oder Wertschätzung gegenüber den Gefühlen und Äußerungen des Gegenübers

2.2.3 Beratung und Coaching

21 In der Beratung stehen Unterstützung, Problemlösung, Kompetenz und Erfahrungen im Vordergrund. Coaching fokussiert sich im Wesentlichen auf Freiwilligkeit, Vertrauen, gleiche Augenhöhe, gegenseitige Akzeptanz, Offenheit, Diskretion und Neutralität in der Interaktion. Es gilt, beide Ansätze in Gesprächen miteinander zu verbinden, und durch die Führungskraft als gezielte Stilmittel anzuwenden.[12]

---

10 Jank/Meyer: Didaktische Modelle. 2002, S. 10–35.
11 König/Volmer: Handbuch Systemisches Coaching für Führungskräfte, Berater und Trainer. 2012, S. 273–284.
12 Reineck/Anderl: Handbuch Prozessberatung: für Berater, Coaches, Prozessbegleiter und Führungskräfte. 2016, S. 16–20.

2.2.4 Ressourcenorientierte Herangehensweise

Im strategischen Management fest verankert, konzentriert sich die ressourcen- und stärkenorientierte Herangehensweise auf den Aufbau und Erhalt von Erfolg in einem Unternehmen. Übertragen auf den Bereich der Kommunikation und Gesprächsführung, orientieren sich die Gesprächspartner an den Stärken und Kompetenzen des Gegenübers.[13]

22

2.2.5 Feedback

Nur annehmbares Feedback ermöglicht es den Gesprächspartnern, eine Einschätzung zwischen dem Selbst- und dem Fremdbild vorzunehmen. Diese Einschätzung hilft, die jeweilige Funktion, Position und Haltung zu reflektieren und gewünschte Veränderungen und/oder Angleichungen vornehmen zu können.[14]

23

2.3 Die Methodik (WOMIT?)

Die Methodik setzt sich damit auseinander, welche passenden Methoden den Lernprozess zielführend gestalten können.[15] Je nach Zielgruppe und Ziel der Schulungsmaßnahme und durch den zunehmenden Einsatz digitaler Medien in Lehr-/Lernsituationen entstehen neue Anforderungen an die Methodik und den passenden Medieneinsatz. Um die Inhalte und didaktischen Grundelemente der Dialog-WEGE als Führungskraft anwenden und vermitteln zu können, werden folgende (systemische) Methoden erlernt und anwendungsbezogen in realen Live-Situationen trainiert:

24

2.3.1 Systemische Haltung

Gespräche zwischen der Führungskraft und dem Mitarbeiter zeichnen sich durch ihre Haltung aus. Die Führungskraft sieht sich als Begleiter und Impulsgeber und handelt nach dem Neutralitätsprinzip. Die Führungskraft lässt sich wertschätzend, ohne Vorannahmen und eigene Interpretationen, auf die Realität des Gesprächspartners ein, nimmt keine Bewertungen vor und macht das Gegenüber zum Experten seiner eigenen Lösungen.[16]

25

---

13 Reineck/Anderl: Handbuch Prozessberatung: für Berater, Coaches, Prozessbegleiter und Führungskräfte. 2016, S. 46–48.
14 König/Volmer: Handbuch Systemisches Coaching für Führungskräfte, Berater und Trainer. 2012, S. 132–138.
15 Jank/Meyer: Didaktische Modelle. 2002, S. 241–257.
16 König/Volmer: Handbuch Systemisches Coaching für Führungskräfte, Berater und Trainer. 2012, S. 273–284.

2.3.2 Lob und Anerkennung

26 Lob und Anerkennung sind wichtige Instrumente, um Mitarbeiter zu motivieren. Kritik äußern Führungskräfte oft schneller und eher als Lob. Viele Führungskräfte loben kaum oder gar nicht, selbst wenn sie mit der Leistung eines Mitarbeiters zufrieden sind. Diese Führungskräfte verfahren frei nach dem Motto: „Nicht getadelt ist genug gelobt!" Positive Rückmeldung stärkt das Selbstvertrauen und das Gefühl, etwas bewegen zu können (Selbstwirksamkeit). Bei richtigem Loben gibt es weniger Gewöhnung und Abnutzung der Wirkung als bei anderen extrinsischen Anreizen (wie etwa Geld).[17]

2.3.3 Aktives Zuhören

27 Aktives Zuhören ist eine Grundvoraussetzung für einen verständnisvollen Dialog. Nur so können eine Vertrauensebene aufgebaut und Missverständnisse vermieden werden. Kommunizieren heißt auch, sein Gegenüber aussprechen zu lassen, ihm die Möglichkeit zu geben, sich zu erklären und als Zuhörer Empathie zu zeigen. Bestimmte Fragetechniken, wie zum Beispiel das Stellen offener Fragen (W-Fragen), unterstützen das aktive Zuhören.[18]

2.3.4 Systemische Fragetechniken

28 Im Gegensatz zu normalen Fragen geht es beim systemischen Fragen nicht primär um den Erkenntnisgewinn des Fragenden, sondern des Antwortenden. Systemisches Fragen dient viel mehr dazu, den Gesprächspartner auf neue Möglichkeiten aufmerksam zu machen, zum Nachdenken anzuregen und die bekannten Muster zu verlassen. Damit eignet sich die Methode auch, festgefahrene Diskussionen in Gesprächen oder in Teamsitzungen neu zu beleben und Denkblockaden aufzulösen.[19]

2.3.5 Mikrothesen

29 Um die innere Landkarte des Gesprächspartners zu erkennen und einen gemeinsamen Weg im Gespräch finden zu können, ist es ratsam, die Gefühle des Gegenübers durch den Einsatz von Mikrothesen zu verbalisieren. Das Gefühl der Annahme und Empathie durch Mikrothesen regt insbesondere den inneren Dialog des Gegenübers an, unabhängig davon, ob die Mikrothese das Gefühl tatsächlich getroffen oder verfehlt hat. Mikrothesen sind in der Gesprächsführung ein sehr Vertrauen stiftendes Element, das noch dazu Gespräche am Laufen hält und den Gesprächspartner aktiviert.[20]

---

17 Siegrist: Arbeitswelt und stressbedingte Erkrankungen. 2015, S. 120–138.
18 Walter u. a.: Dialogorientierte Kommunikation im BGM. In: Prävention und Gesundheitsförderung 7(4)/2012; Zwiebelfisch: achtsam sprechen – achtsam zuhören. 2014, S. 101–111.
19 Knauf: Kluge Fragen für den Coach. 2010.
20 Siegrist: Arbeitswelt und stressbedingte Erkrankungen. 2015, S. 120–138.

2.3.6 Reframing

Durch Umdeutung (Reframing) wird einer Situation oder einem Geschehen eine [30] andere Bedeutung oder ein anderer Sinn zugewiesen, und zwar dadurch, dass man versucht, die Situation in einem anderen Kontext (oder "Rahmen") zu sehen. Hierdurch können neue Vorstellungen und Deutungsmöglichkeiten entstehen. Übertragen auf die Gesprächsführung entstehen neue Perspektiven, Möglichkeiten und Motivationen.[21]

---

21 Wehrle: Die 100 besten Coaching-Übungen. 2017, S. 52–82.

Abb. 1: Dialog WEGE (Wirksam Erfolgreich Gesund Empathisch)
Quelle: Eigene Darstellung.

3   Evaluation

Für die Unternehmens- und Trainingspraxis bedarf es valider und praktikabler   32
Konzepte zur Evaluation, d. h. zur Wirksamkeit und zum Nutzen verhaltens-
orientierter Interventionen. Daher stellt sich die Frage: Wie kann ein ganzheitlicher Evaluationsansatz für die Einführung und Umsetzung der Dialog-WEGE
aussehen, um Einstellungs- oder Verhaltensänderungen auf praxistaugliche Weise
zu ermitteln? Den Kern eines solchen Ansatzes bildet das Vier-Ebenen-Modell,
das die Überprüfung der Wirksamkeit eines Trainings entlang der vier Ebenen
Reaktion, Lernen, Verhalten und Resultate vorsieht.[22] Ein weiterer Schwerpunkt
in der Evaluation liegt auf der Ermittlung der Transferbedingungen. Neben den
Output-Kriterien werden daher Einflussvariablen auf den Trainings- und Trans-
ferprozess einbezogen.[23]

4   Diskussion und Fazit

Eine gesunde Unternehmens- und Führungskultur orientiert sich auch in Zeiten   33
der Digitalisierung und der Diskussion um die neuen Arbeitswelten 4.0 an den
Grundsätzen der Transparenz, Gerechtigkeit und zwischenmenschlichen Partizipation und bildet sich über gemeinsame Gedanken, Gefühle, Werte, Regeln und
Verhaltensweisen. Das wiederum führt zu Identifikation und Wohlbefinden
innerhalb einer betrieblichen Gemeinschaft.[24] Hierzu ist es nach wie vor und trotz
der zunehmenden Digitalisierung notwendig, miteinander zu kommunizieren.
Die Dialog-WEGE stellen ein anwendungsorientiertes Konzept aus der Praxis für
die Praxis dar. Sie verbinden alt bekannte personenzentrierte Gesprächspraktiken
mit interaktiven, zum Teil digitalen Trainingselementen mit dem Ziel, den
Herausforderungen und Veränderungsprozessen neuer Arbeitswelten 4.0 gerecht
zu werden. Über ein solches Gesprächsformat lässt sich verhaltens- und verhält-
nisorientierte betriebliche Prävention miteinander verzahnen.

> **Beispiel**   34
> Die Dialog-WEGE wurden 2017/18 in einem mittelständischen Produktionsbetrieb durch-
> geführt. Alle Führungskräfte wurden an drei Trainingstagen ausgebildet. Nach dem Intensiv-
> training schloss sich eine Übungsphase an, in der die Führungskräfte das Gelernte im
> geschützten Raum durch Probedialoge anwenden konnten. Begleitet wurde diese Phase durch
> extern moderierte Supervisionen und Feedbackgespräche. Parallel zu den Führungskräften
> wurden die Mitarbeiter durch interaktive Webinare auf das neue Dialogformat vorbereitet.
> Im Roll-Out fanden dann alle Dialoge innerhalb von sechs Monaten mit Hilfe eines

---

22   Kirkpatrick/Kirkpatrick: Evaluating training programs: The four levels. 2006, S. 21–23.
23   Baldwin/Ford: Transfer of training: a review and directions for future research. In: Per-
      sonnel Psychology 41/1988, S. 63–105; Baldwin/Wexley: Posttraining Strategies for facilita-
      ting positive transfer: an empirical exploration. In: Academy of Management Journal 29/
      1986, S. 503–520.
24   Cohen/Prusak: IN GOOD COMPANY: How Social Capital Makes Organizations Work.
      2001, S. 1–20.

▌ Leitfadens statt. Die gesamte Umsetzung und Durchführung wurde durch eine Effektevaluation auf Wirksamkeit und Nutzen überprüft.

Literatur

Badura, B.: Arbeit und Gesundheit im 21. Jahrhundert. Berlin 2017.

Baldwin, T. T./Ford, K.: Transfer of training: a review and directions for future research. In: Personnel Psychology 41/1988, S. 63–105.

Baldwin T. T./Wexley, K.: Posttraining Strategies for facilitating positive transfer: an empirical exploration. In: Academy of Management Journal 29/1986, S. 503–520.

Chapman, L. S.: Meta-Evaluation of Worksite Health Promotion Economic Return Studies: 2012 Update. In: The Art of Health Promotion 26(4)/2012.

Cohen, D./Prusak, L.: IN GOOD COMPANY: How Social Capital Makes Organizations Work. Cambridge MA 2001.

Felfe, J. (Hrsg.): Trends der psychologischen Führungsforschung: Neue Konzepte, Methoden und Erkenntnisse. Göttingen 2011.

Franke, F./Ducki, A/Felfe, J.: Gesundheitsförderliche Führung. In: Felfe (Hrsg.): Trends der psychologischen Führungsforschung: Neue Konzepte, Methoden und Erkenntnisse. 2015, S. 253–265.

Gregersen, S.: Führungsverhalten und Gesundheit – Zum Stand der Forschung. In: Gesundheitswesen 73/2011, S. 3–12.

Jank, W./Meyer, H.: Didaktische Modelle. 11. Aufl. Berlin 2002.

Knauf, C.: Kluge Frauen für den Coach. Köln 2010.

Kirkpatrick, D. L./Kirkpatrick, J. D.: Evaluating training programs: The four levels. Oakland CA 2006.

König, E./Volmer, G.: Handbuch Systemisches Coaching für Führungskräfte, Berater und Trainer. Weinheim 2012.

Luhmann, N.: Einführung in die Systemtheorie. 7. Aufl. Heidelberg 2017.

Matyssek, A. K.: Gesund Führen – Gesund kommunizieren. 2016 (eBooks 5).

Nerdinger, F. W./Schaper, N./Blickle, G.: Arbeits- und Organisationspsychologie. Berlin/Heidelberg 2014.

Reineck, U./Anderl, M.: Handbuch Prozessberatung: für Berater, Coaches, Prozessbegleiter und Führungskräfte. 2. Aufl. Weinheim 2016.

Rowold, J.: Human Ressource Management. Berlin 2013.

Siegrist, J.: Arbeitswelt und stressbedingte Erkrankungen. Amsterdam 2015.

Simon, F. B.: Einführung in Systemtheorie und Konstruktivismus. Heidelberg 2006.

Sockoll, I./Kramer, I./Bödeker, W.: iga-Report 13: Wirksamkeit und Nutzen betrieblicher Gesundheitsförderung und Prävention. 2013.

Straub, R. u. a.: #whatsnext – Gesund arbeiten in der digitalen Arbeitswelt. Sonderveröffentlichung des Personalmagazins in Kooperation mit dem Institut für Betriebliche Gesundheitsberatung (IFBG) und der Techniker Krankenkasse (TK). 2017.

Walter, U. N.: Dialogorientierte Kommunikation im BGM. In: Prävention und Gesundheitsförderung 7(4)/2012, S. 295–301.

Watzlawick, P.: Menschliche Kommunikation Formen, Störungen, Paradoxien. Bern 2016.

Wehrle, M.: Die 100 besten Coaching-Übungen. 10. Aufl. Bonn 2017.

Zwiebelfisch: achtsam sprechen – achtsam zuhören. München 2014.

Humanchronobiologie in Zeiten von Arbeit 4.0

Thomas Kantermann

Abstract: Arbeit 4.0 verheißt eine Auflösung der Grenzen von Zeit und Ort. Ökonomische Vorteile entspringen einem effizienteren Einsatz von Ressourcen sowie kürzeren Produktions- und Vertriebswegen. Teil dieser Entwicklung ist auch eine zunehmende Ökonomisierung der Ressource Mensch. Allerdings ist der Mensch nicht zeitlich uneingeschränkt einsetzbar. Eine gesundheitsverträgliche Gestaltung von Arbeit 4.0 setzt die Berücksichtigung der zeitlichen biologischen Grenzen des Menschen voraus. Die Erkenntnisse der Humanchronobiologie helfen dabei, diese Grenzen adäquat zum Wohle des Einzelnen einzuhalten.

1 Arbeit 4.0 fordert die biologischen zeitlichen Grenzen des Menschen heraus

1 Arbeit 4.0 verspricht Effizienz im Umgang mit Ressourcen sowie Flexibilität in der Koordination von Arbeit und Alltag. Innovation erwächst in diesem Rahmen aus einer effektiveren Kommunikation zwischen Mensch und Maschine. Diese Entwicklung ist durch wachsende Ortsunabhängigkeit von Menschen und Maschinen charakterisiert. Im Zentrum dieser digital-humanen Melange liegt darüber hinaus eine Entzerrung zeitlicher Notwendigkeit für die Erbringung von Arbeitsleistung. Die Möglichkeit flexibel rund um die Uhr zu arbeiten steht somit immer mehr Berufsfeldern offen. Natürlich waren Arbeitszeiten rund um die Uhr schon vor Arbeit 4.0 keine Seltenheit. Für Kranken- und Pflegepersonal, Polizei, Feuerwehr, Bäckereien oder Sicherheitsdienste gehören Arbeitszeiten außerhalb von 9 bis 18 Uhr zum Alltag. Arbeit 4.0 erweitert jedoch die Möglichkeit von Arbeit rund um die Uhr für mehr Menschen. Auf der einen Seite ist diese flexible zeitliche Entgrenzung zu begrüßen. Allerdings wohnen diesem Wandel nicht nur Vorteile inne. So können ständige Erreichbarkeit und Verfügbarkeit aufgrund des digitalen Grenz(en)falls zu einer Kollision mit den Zeiten für Erholung und Privatheit führen, mit nachteiligen Auswirkungen auf die Gesundheit und das soziale Leben. Die daraus resultierenden Probleme für den Einzelnen können dann wiederum die neugewonnene Innovationskraft von Arbeit 4.0 bremsen oder ihr sogar entgegenwirken. Bei allen Vorteilen von Arbeit 4.0 gilt deshalb zu beachten, dass dem praktischen Einsatz der Ressource Mensch, im Gegensatz zum Einsatz der *„in silico"* Kollegenschaft, biologische Grenzen gesetzt sind. Bewegt sich der Mensch innerhalb seiner biologischen zeitlichen Grenzen, dann sind positive Auswirkungen auf Gesundheit und Leistungsfähigkeit wahrscheinlich. Werden die biologischen zeitlichen Grenzen ignoriert, dann erhöht sich die Wahrscheinlichkeit für Einschränkungen von Gesundheit und Leistungsfähigkeit. Das Potential von Arbeit 4.0 lässt sich dann nur zu hohen ökonomischen und ethischen Kosten ausschöpfen. Eine gesundheitsverträgliche Gestaltung von Arbeit 4.0 verlangt deshalb ein grundlegendes Verständnis über die humanbiologischen zeitlichen Grenzen.

2 Wodurch ergeben sich biologische zeitliche Grenzen und wer ist betroffen?

Die Frage danach, wer betroffen ist, kann leicht beantwortet werden: wir alle. In welcher Weise jemand betroffen ist und wodurch sich die biologischen zeitlichen Grenzen ergeben, verlangt allerdings nach einer umfassenderen Antwort. Im Fokus steht ein evolutionäres Erbe, welches sich heutzutage neuen Herausforderungen stellen muss: unsere innere Uhr.

Die innere Uhr ist ein entwicklungsgeschichtlich früh entstandenes biologisches System. Dieses System ist bei allen Organismen vorzufinden, von einfachen Bakterien über Pilze und Pflanzen bis hin zum Menschen. Die innere Uhr ist in den Genen festgelegt, wie das Aussehen, die Haarfarbe oder Körpergröße. Für die Erforschung der genetischen Eigenschaften der inneren Uhr wurde im Jahr 2017 der Nobelpreis in Physiologie/Medizin verliehen. Die innere Uhr erlaubt dem Körper präzise zeitliche Ordnung herzustellen[1]. Diese Ordnung ist wichtig, damit Stoffwechselvorgänge, das An- und Abschalten von Genen sowie komplexe Verhaltensweisen wie der Schlaf-/Wachrhythmus gesundheitsverträglich ablaufen[2]. Während der Mensch tagsüber körperlich und mental leistungsfähig ist, so ist er nachts auf Schlaf und Erholung angewiesen. Beispielsweise sind wir während des Schlafes nicht hungrig und auch die Nieren scheiden nachts weniger Urin aus. Tagsüber ist es hingegen schwieriger erholsam zu schlafen, weil die innere Uhr tagsüber Wachheit erzeugt und erst gegen Abend den Körper auf die natürliche Schlaf- und Erholungsphase vorbereitet.

Charakteristisch ist, dass die innere Uhr eine endogene Periodik von nur ungefähr 24 Stunden aufweist. Deshalb wird sie auch zirkadiane Uhr (gr. *circa* = ungefähr, *dies* = Tag) genannt[3]. Aufgrund ihrer zirka-Rhythmik muss die innere Uhr täglich mit dem 24-Stundentag synchronisiert werden. Dies ist ähnlich dem regelmäßig notwendigen Nachstellen alter Taschenuhren. Bei den meisten Menschen ist die endogene Periodik länger als 24 Stunden. Ohne das tägliche Stellen der inneren Uhr würden die meisten Menschen deshalb von Tag zu Tag immer beispielsweise ein wenig später schlafen. Die Umweltsignale die innere Uhren stellen können – und ein später werden verhindern – nennt man Zeitgeber. Im Laufe der Evolution stellte sich das Licht der Sonne – rhythmisch mit Sonnenaufgang und Sonnenuntergang – als der verlässlichste Zeitgeber für die innere Uhr des Menschen dar.

---

1 Roennenberg u. a.: Light and the human circadian clock. In: Handbook of experimental Pharmacology 217/2013, S. 311–331; Hastings/Maywood/Reddy: Two decades of circadian time. In: Journal of Neuroendocrinology 20/2008, S. 812–819.

2 Archer/Oster: How sleep and wakefulness influence circadian rhythmicity: effects of insufficient and mistimed sleep on the animal and human transcriptome. In: Journal of Sleep Research 24/2015, S. 476–493.

3 Roennenberg: Epidemiology of the human circadian clock. In: Sleep Medicine Reviews 11/2013, S. 429–438.

5   Die Herausforderung durch die Entwicklung in Richtung Arbeit 4.0 liegt in einer erhöhten Wahrscheinlichkeit, die innere Uhr und den Schlaf zu stören. Eine Störung kann einerseits daraus resultieren, dass die Zeiträume für Schlaf und Erholung zu kurz und unrhythmisch werden, weil zu immer unterschiedlichen Zeiten flexibel gearbeitet wird. Zum anderen kann eine Störung aus Einschränkungen des Zeitgebers „Licht" resultieren. So stören fehlendes Tageslicht (durch zu viel verbrachte Zeit in Gebäuden) und zu viel Licht in der Nacht das zeitliche Gefüge von Physiologie und Verhalten. Eine Ausweitung von Arbeit in die Nacht hinein ist aus diesem Grund grundsätzlich kritisch zu betrachten. Um diese Kritik besser zu verstehen, muss verstanden sein wie der Zeitgeber Licht die innere Uhr beeinflusst.

3   Wie wird Licht für diesen Prozess der biologischen Synchronisierung verwendet?

6   Licht für die tägliche Synchronisation (das Stellen) der inneren Uhr wird allein über die Augen aufgenommen.[4] Auf der Netzhaut befinden sich hierzu spezielle Rezeptoren. Bekannt sind den meisten Menschen die Stäbchen und Zapfen, die für das Sehen von Kontrasten und Farben verantwortlich sind. Die visuelle Funktion von Licht ist notwendig für Wahrnehmung und Orientierung im Raum. Interessanterweise umfasst Licht (definiert als der Bereich elektromagnetischer Strahlung der über die Rezeptoren der Netzhaut wahrgenommen werden kann) spektrale Bereiche, die einen weiteren Rezeptortyp auf der Netzhaut im Auge anregen. Diese sogenannten Ganglienzellen verschalten die Lichtinformation der Stäbchen und Zapfen und bilden mit ihren Ausläufern die Sehnerven, die ins Gehirn ziehen. Ein Teil dieser Ganglienzellen beinhaltet ein Protein mit dem Namen Melanopsin, welches im kurzwelligen Bereich um 480-490nm besonders empfindlich ist.[5] Licht in diesem Bereich nimmt der Mensch als blaues Licht wahr. Über parallele Fasern der Sehnerven erreichen die Nervenimpulse das Hauptkerngebiet der inneren Uhr, das über der Kreuzung der Sehnerven (gr. *Chiasma opticum*) ungefähr zwei Zentimeter hinter dem Nasenrücken lokalisiert ist. Dieses Kerngebiet wird aufgrund der Lage über dem *Chiasma opiticum* als *Nucleus suprachiasmaticus* (SCN) bezeichnet. Die Information über die tageszeitabhängigen Lichtverhältnisse wird vom SCN über Nerven- und Blutbahnen an die Körperzellen weitergeleitet. Dieses Phänomen ist eine <u>nichtvisuelle</u> Wirkung von Licht, die im Gegensatz zur visuellen Wirkung von Licht nicht dem Sehprozess dient. Die nichtvisuelle Wirkung von Licht hilft, die biologischen Rhythmen des Körpers mit der Umwelt

---

4   Roennenberg u. a.: Light and the human circadian clock. In: Handbook of experimental Pharmacology 217/2013, S. 311–331; Kantermann: Circadian Biology: sleep-styles shaped by light styles. In: Current Biology 23/2013, S. 689–690.

5   Provencio: A novel human opsin in the inner retina. In: Journal of Neuroscience 20/2000, S. 600–605; Lucas: Measuring and using light in the melanopsin age. In: Trends in Neurosciences 37/2014, S. 1–9.

zu synchronisieren. Als Referenz für die tägliche Synchronisation der inneren Uhr dient der natürliche Wechsel von Sonnenaufgang und Sonnenuntergang.

4 Leben mit der inneren Uhr oder gegen die innere Uhr – Beispiel: Nachtarbeit

Vergleichbar mit der individuellen Ausprägung von Körpergröße oder Haarfarbe, unterscheidet sich auch die zeitliche Synchronisation der inneren Uhr zwischen Menschen. Dies bedeutet, dass in Relation zu dem natürlichen Wechsel von Sonnenaufgang und Sonnenuntergang manche innere Uhren früher und andere wiederum später „ticken". Diese Individualität drückt sich im Chronotyp (griech. *chronos* = Zeit) eines Menschen aus.[6] Im Vergleich zu uns selbst werden wir zu immer recht ähnlichen Uhrzeiten müde und wieder wach, empfinden zu bestimmten Zeiten Hunger und sind zu definierten Tageszeiten besonders aufnahme- und leistungsfähig, oder eben auch nicht. Im Vergleich zu anderen Menschen können diese Zeiten jedoch stark unterschiedlich sein. Besonders an den Zeiten, zu denen wir schlafen und morgens wach werden, lässt sich die innere Uhr gut beobachten. Es gibt Menschen, die früh morgens aktiv sind und andere, die erst gegen Mittag richtig wach werden. Für erholsamen und gesunden Schlaf definiert die innere Uhr entsprechend individuelle nächtliche Zeiträume. Lokale Uhrzeiten sind für eine gesunde und nachhaltige Arbeitszeitgestaltung wenig relevant. Es ist die biologische Innenzeit (der Chronotyp) eines Menschen, die zählt. Hinzukommt, wie es für fast alle menschlichen Eigenschaften zutrifft, dass sich der Chronotyp mit dem Alter ändert. Gegenüber uns selbst betrachtet sind wir als Kinder „lerchenhaft" früh, werden in der Adoleszenz sehr spät mit „eulenhaftem" Verhalten, bevor wir mit Überschreiten des 20. Lebensjahres wieder zu früheren Chronotypen werden.[7]

Manch Leser-/in achtet vermutlich bereits auf die biologische Innenzeit und nutzt diese Beobachtung zur effektiven Gestaltung des Tages. Wenn ich weiß, für welche Tätigkeiten ich je nach Tageszeit wie viel Zeit und Mühe (Ressourcen) brauche, dann kann ich dieses Wissen einsetzen. Dies reicht von reiner Kopfarbeit bis hin zu handwerklicher Geschicklichkeit (inklusive Verletzungsrisiko). Für Arbeitgeber ergibt sich durch die Individualität der inneren Uhr ein klarer Vorteil. Der Vorteil

7

8

---

6 Roennenberg: Epidemiology of the human circadian clock. In: Sleep Medicine Reviews 11/2013, S. 429–438; Roennenberg/Wirz-Justice/Merrow: Life between clocks – daily temporal patterns of human chronotypes. In: Journal of Biological Rhythms 30/2015, S. 80–90; Kantermann/Sung/Burgess: Comparing the Morningness-Eveningness Questionnaire and Munich ChronoType Questionnaire to the Dim Light Melatonin Onset. In: Journal of Biological Rhythms 30/2015, S. 449–453; Kantermann/Burgess: Average mid-sleep time as a proxy for circadian phase. In: PsyCh Journal 6(4)/2017, S. 290; Kantermann/Eastman: Circadian phase, circadian period and chronotype are reproducible over months. In: Chronobiology International 2017, S. 1–9.

7 Roennenberg u. a.: A marker for the end of adolenscence. In: Current Biology 14/2004, S. 1038–1039.

einer Berücksichtigung individueller innerer Uhren bei der Arbeitszeitplanung liegt darin, Menschen zu genau den Zeiten einzusetzen, wenn sie aus biologischer Sicht am leistungsfähigsten und motiviertesten sind. Zudem führt eine Berücksichtigung von lichthygienischen Maßnahmen (z. B. helle Tage und dunkle Nächte zu fördern) zu erholsamerem Schlaf, was wiederum in Gesundheit und Leistungsfähigkeit mündet. Denn, wenn Menschen gegen ihre innere Uhr leben, dann erhöht sich die Wahrscheinlichkeit für gesundheitliche Probleme. Ein klassisches Beispiel hierfür ist Schicht- und Nachtarbeit, welche mit Schlafproblemen, Insomnie, Verdauungsbeschwerden, Stoffwechselstörungen, erhöhtem Blutdruck und koronaren Herzerkrankungen bis hin zu Krebserkrankungen assoziiert ist.[8] Aufgrund der beeinträchtigten Leistungsfähigkeit erhöht sich auch das Risiko für Unfälle. Am Ende entstehen hohe Kosten für Gesundheits- und Sozialleistungen zu Lasten der Gesellschaft.

5 Wieso stört Nachtarbeit die innere Uhr und was hat dies mit Arbeit 4.0 zu tun?

9   Es liegt nicht in der Natur des Menschen, nachts genauso produktiv und leistungsfähig zu sein wie tagsüber. Menschen in Nachtarbeit sind physisch und psychisch gefordert zu Zeiten, zu denen der Körper grundsätzlich nicht auf Wachheit und Aufmerksamkeit angelegt ist. Tagsüber zu schlafen ist wiederum erschwert durch beispielsweise den Anstieg der Kernkörpertemperatur, der dem Schlaf entgegenwirkt. Ist der Schlaf dann eher flach, können beispielsweise akustische Störungen (die tagsüber aufgrund des gesellschaftlichen Lebens wahrscheinlicher sind als nachts) verstärkt stören. Gestörter Schlaf von zudem zu kurzer Dauer ist für sich genommen bereits ein Risiko für die Gesundheit. Darüber hinaus stört Schichtarbeit die natürliche Synchronisation der inneren Uhr. Wie jedoch kommt es dazu?

10   Der natürliche Wechsel von Licht und Dunkel ist unabdingbar für eine stabile Synchronisation der inneren Uhr. Nur eine stabile tägliche Synchronisation der inneren Uhr durch helle Tage und dunkle Nächte geht mit Gesunderhaltung und Leistungsfähigkeit einher. Ein bedeutender Aspekt für die mangelhafte Gesunderhaltung von Schichtarbeitern ist die Ignoranz der inneren Uhr und der notwendigen Synchronisation ebendieser mit dem natürlichen Wechsel von Tag und Nacht. Licht zu einer falschen Zeit – für den Menschen ist diese falsche Zeit die Nacht – ist zu vermeiden, damit die Synchronisation der inneren Uhr stabil ist. Schicht- und Nachtarbeit lassen dies jedoch nicht zu. Unregelmäßige Arbeits-

---

8   Costa: Shift work and occupational medicine: an overview. In: Occupational Medicine 53/2003, S. 83–88; Kantermann u. a.: Noisy and individual, but Doable: Shift-Work Research in Humans. In: Kalsbeek u. a.: Progress in Brain Research Bd. 199. 2012, S. 399–411; Kantermann u. a.: Shift-Work Research – Where do we stand, where should we go? In: Sleep and Biological Rhythms 8/2010, S. 95–105; Kantermann/Roennenberg: Is light-at-night a health risk factor or a health risk predictor? In: Chronobiology International 26/2009, S. 1069–1074.

zeiten oder häufige Nachtarbeit (um international Geschäfte oder Verhandlungen zu führen oder zwecks Amortisierung von Anschaffungskosten von Maschinen) stören den natürlichen Rhythmus von Tag (Licht) und Nacht (Dunkel), mit negativen Auswirkungen auf innere Uhr, Schlaf, Gesundheit und Leistungsfähigkeit.[9]

Sich immer wieder an neue Arbeitszeiten anpassen zu müssen, weil die Innenzeit und (lokale) Außenzeit nicht übereinstimmen, ist für die innere Uhr ein Stressor. Bei rotierender Schichtarbeit (Früh-, Spät- und Nachtschicht im stetigen Wechsel) ist eine Anpassung von Schlaf und biologischer Rhythmik an die unregelmäßigen Arbeitszeiten unmöglich. Selbst Dauernachtschichtarbeiter sind letztlich Wechselschichtarbeiter, nämlich durch die tagsüber aktiven Familienmitglieder oder Freunde und Bedürfnisse, am sozialen Leben teilzunehmen. Ein Dauernachtschichtarbeiter muss theoretisch auch an den freien Tagen nachtaktiv bleiben für eine bestmögliche Anpassung. Dies ist nicht allein aus sozialer Sicht Utopie. Manche Schichtarbeiter schaffen es nur in Verbindung mit bestimmten Tricks (hierzu zählen Schlaf- und Lichthygiene), halbwegs ungestört zu schlafen. Der Stress wird zusätzlich intensiviert, wenn Faktoren wie chronischer Schlafmangel, Rauchen, Bewegungsmangel und/oder unausgewogene Ernährung hinzukommen. Zudem werden Einflüsse wie Hektik, Lärm oder Hitze durch das Arbeiten gegen die innere Uhr in ihrer Wirkung zusätzlich verstärkt. | 11

Die Verführung durch die Möglichkeiten der 24-Stundenverfügbarkeit durch Arbeit 4.0 darf nicht dazu führen, dass die natürlichen Nischen für Schlaf und Erholung eingeengt sowie die natürlicherweise dunklen Nächte durch unnötiges Licht zu hell werden. Gesunde Arbeit 4.0 bedeutet, dass die natürliche individuelle biologische Rhythmik des Einzelnen nicht gestört, sondern unterstützend genutzt wird. Die Erkenntnisse der Humanchronobiologie liefern wichtige Hinweise für eine innovative Gestaltung von Arbeit 4.0. Die Wirkung von Licht auf den Menschen wird konkret beeinflusst durch die Faktoren Lichtintensität, Dauer und spektrale Zusammensetzung (vor allem relevant ist Licht im kurzwelligen Bereich um 480-490nm) sowie die individuelle Lichthistorie. Lichthistorie bedeutet, dass eine innere Uhr, die über den Tag hinweg viel Tageslicht gesehen hat, in ihrer Funktion weniger durch Licht in der Nacht beeinflusst wird als eine innere Uhr, die den Tag über eher wenig Licht zu sehen bekommen hat.[10] Kritisch zu betrachten ist in diesem Zusammenhang die oftmals unkontrollierte Zunahme von LED-Technik an Arbeitsplätzen und im privaten Bereich. Neben LEDs sind Smartphones, Laptops, Tablets etc. lichtemittierende Geräte, welche die innere | 12

---

9 Kantermann u. a.: Shift-Work Research – Where do we stand, where should we go? In: Sleep and Biological Rhythms 8/2010, S. 95–105.

10 Roennenberg: Epidemiology of the human circadian clock. In: Sleep Medicine Reviews 11/2013, S. 429–438; Kantermann: Circadian Biology: sleep-styles shaped by light styles. In: Current Biology 23/2013, S. 689–690; Sanders/Oberst: Changing Perspectves on Daylight: Science, Technology and Culture. In: Science 46/2017, S. 16–23.

Uhr des Menschen zu potentiell jeder Tages- und Nachtzeit mit Licht versorgen. Das Problem dieser Techniken ist, dass sie Licht in genau dem spektralen Bereich abgeben, welcher der inneren Uhr „Es ist Tag!" vermittelt. Denn, LEDs und selbstleuchtende Bildschirme sind reich an Licht im kurzwelligen Bereich um 480-490nm. Und wenn die innere Uhr abends und nachts die Information „Es ist Tag!" bekommt, dann schaltet sie nicht auf Erholung und Schlaf. Zudem kann es zu ungewollten Verschiebungen der biophysiologischen Rhythmik kommen. Vereinfacht gesagt bedeutet dies, dass ein intensiver Gebrauch von lichtabgebenden Geräten eine stabile und gesunde Taktung der inneren Uhr stört. Deshalb besteht die Gefahr dass Arbeit 4.0 aufgrund digitaler Möglichkeiten zu einer Überversorgung mit künstlicher Beleuchtung führt, wenn im wahrsten Sinne des Wortes die Nacht zum Tag gemacht wird. Zum einen sollte deshalb darauf geachtet werden, dass Arbeitsplätze immer einen flexiblen Zugang zu Tageslicht zulassen. Hier stehen Arbeitgeber bereits durch die Arbeitsstättenverordnung in der Pflicht. Zum anderen sollte darauf geachtet werden, dass es nicht zu einem übermäßigen Konsum von künstlicher Beleuchtung am Abend und in der Nacht kommt – sowohl bei der Arbeit als auch Zuhause. In diesem Punkt ist letztlich jeder Einzelne gefragt. Denn sowohl eine Unterversorgung mit Tageslicht als auch eine Überversorgung mit künstlicher Beleuchtung am Abend und nachts stören Schlaf und Gesundheit nachhaltig.

6   Ausblick

13   Die nachteiligen Auswirkungen von gestörtem Schlaf und einer instabilen inneren Uhr auf Gesundheit und Leistungsfähigkeit sind auf vielen Ebenen kostspielig und ernst zu nehmen. Es hat sich in den vergangenen Jahrzehnten erhärtet, dass der Einfluss von Licht zu Zeiten natürlicher Dunkelheit ein zentrales Risiko in diesem Kontext darstellt. Die Bedeutung wird deutlich erkennbar, wenn bedacht wird, dass kognitive Einbuße, chronische Müdigkeit und eine beeinträchtigte Gesundheit nicht nur für den Einzelnen eine bedeutende Last darstellen. Kompromisse von Gesundheit und Leistungsfähigkeit gehen auch Hand in Hand mit Einbußen der Sicherheit und erhöhter Unfallwahrscheinlichkeit. Letztlich ist die Gesellschaft – und somit wir alle – in vielerlei Hinsicht davon abhängig, dass Arbeits- und Lebenswelten unsere Wachheit und Gesundheit nicht beeinträchtigen. Am Ende warten hohe Belastungen für die Sozialsysteme, die wiederum die gesamte Bevölkerung schultern muss.

14   Es gilt, die Rahmenbedingungen und Ausgestaltungen von Arbeit 4.0 derart zu arrangieren, dass es nicht zu einem Auswuchs der Nachteile kommt. Eine Aufgabe für die Arbeitszeitplanung ist, dafür zu sorgen, dass Menschen nicht unnötig zu Nachtarbeitern werden. Eine weitere Aufgabe ist die Gestaltung von Lebens- und Arbeitswelten, die nicht zu einer Störung von Schlaf und der Synchronisation der inneren Uhr mit der Umwelt führen. Hier sind die Bereiche Beleuchtungsplanung

sowie auch Architektur intensiv gefragt.[11] Die Gestaltung der Arbeit der Zukunft zielt darauf, gesunde und innovative Arbeits- und Lebenswelten zu schaffen. Denn, die Gleichung ist einfach: ausgeschlafene Mitarbeiter sind mit einer höheren Wahrscheinlichkeit gesunde Mitarbeiter und gesunde Mitarbeiter sind mit einer höheren Wahrscheinlich leistungsstark und motiviert. Zudem sind ausgeschlafene Menschen psychisch ausgeglichener sowie seltener in Unfälle verwickelt und stellen somit für sich selbst aber auch für andere Menschen weniger ein Risiko dar. Arbeit 4.0 kann ein Weg sein, Gesundheit und Sicherheit nicht nur bei der Arbeit sondern auch durch die Arbeit zu fördern. Der Schlüssel liegt im Respekt gegenüber der individuellen Biologie.[12] Die Untersuchungen zu den gesundheitlichen Problemen durch Schichtarbeit sind wertvolle Lehrbeispiele für mehr Respekt gegenüber den Grenzen der Biologie des Menschen. Die Veränderung des individuellen Chronotyps im Lauf der Lebensspanne sowie das Verständnis der Abhängigkeit der inneren Uhr von der täglichen Lichtexposition, erlaubt es unterschiedlichen Betrieben, Alleinstellungsmerkmale zu kreieren. Die Humanchronobiologie kann auf diesem Wege ökonomische Wettbewerbsvorteile realisieren. Die sich rasch entwickelnden technischen Möglichkeiten eröffnen die notwendigen Wege, um der Individualität des Menschen vernünftig und nachhaltig zu begegnen. Die Grenzen von Zeit und Ort zu überwinden, bedeutet in Zukunft die Grenzen der menschlichen Biologie zu beachten. Arbeit 4.0 ist aus den hier erläuterten Gründen auch eine Chance für mehr Menschlichkeit.

Literatur

Archer, S. N./Oster, H.: How sleep and wakefulness influence circadian rhythmicity: effects of insufficient and mistimed sleep on the animal and human transcriptome. In: Journal of Sleep Research 24/2015, S. 476–493.

Costa, G.: Shift work and occupational medicine: an overview. In: Occupational Medicine 53/2003, S. 83–88.

Hastings, M. H./Maywood, E. S./Reddy, A. B.: Two decades of circadian time. In: Journal of Neuroendocrinology 20/2008, S. 812–819.

Kantermann, T.: It's Time to Take Chronobiology Seriously. TED x Groningen 2016. Online: http://tedxgroningen.com/talks/its-time-to-take-chronobiology-seriously/ [abgerufen am 12.1.2018].

Kantermann, T./Burgess, H. J.: Average mid-sleep time as a proxy for circadian phase. In: PsyCh Journal 6(4)/2017, S. 290.

Kantermann, T./Eastman, C. I.: Circadian phase, circadian period and chronotype are reproducible over months. In: Chronobiology International 2017, S. 1–9.

Kantermann, T./Roennenberg, T.: Is light-at-night a health risk factor or a health risk predictor? In: Chronobiology International 26/2009, S. 1069–1074

Kantermann, T.: Circadian Biology: sleep-styles shaped by light styles. In: Current Biology 23/2013, S. 689–690

---

11 Sanders/Oberst: Changing Perspectves on Daylight: Science, Technology and Culture. In: Science 46/2017, S. 16–23.
12 Kantermann: It's Time to Take Chronobiology Seriously. TED x Groningen 2016. Online: http://tedxgroningen.com/talks/its-time-to-take-chronobiology-seriously/ [abgerufen am 12.1.2018].

Kantermann, T. u. a.: Shift-Work Research – Where do we stand, where should we go? In: Sleep and Biological Rhythms 8/2010, S. 95–105.

Kantermann, T./Sung, H./Burgess, H. J.: Comparing the Morningness-Eveningness Questionnaire and Munich ChronoType Questionnaire to the Dim Light Melatonin Onset. In: Journal of Biological Rhythms 30/2015, S. 449–453.

Kantermann, T. u. a.: Noisy and individual, but Doable: Shift-Work Research in Humans. In: Kalsbeek u. a.: Progress in Brain Research Bd. 199. 2012, S. 399–411.

Lucas, R. J.: Measuring and using light in the melanopsin age. In: Trends in Neurosciences 37/2014, S. 1–9.

Provencio, I.: A novel human opsin in the inner retina. In: Journal of Neuroscience 20/2000, S. 600–605; Lucas: Measuring and using light in the melanopsin age. In: Trends in Neurosciences 37/2014, S. 1–9.

Roennenberg, T. u. a.: A marker for the end of adolenscence. In: Current Biology 14/2004, S. 1038–1039.

Roennenberg, T.: Epidemiology of the human circadian clock. In: Sleep Medicine Reviews 11/2013, S. 429–438.

Roennenberg, T. u. a.: Light and the human circadian clock. In: Handbook of experimental Pharmacology 217/2013, S. 311-331.

Roennenberg, T./Wirz-Justice, A./Merrow, M.: Life between clocks – daily temporal patterns of human chronotypes. In: Journal of Biological Rhythms 30/2015, S. 80–90.

Sanders, S./Oberst, J.: Changing Perspectves on Daylight: Science, Technology and Culture. In: Science 46/2017, S. 16–23.

Herausgeber- und Autorenverzeichnis

Die Herausgeber

© privat.

Prof. Dr. David Matusiewicz

Prof. Dr. David Matusiewicz ist Professor für Allgemeine Betriebswirtschaftslehre, insbesondere Gesundheitsmanagement an der FOM Hochschule. Seit 2015 verantwortet er als Dekan den Hochschulbereich Gesundheit & Soziales und leitet als Direktor das Forschungsinstitut für Gesundheit & Soziales (ifgs). Darüber hinaus ist er Gründungsgesellschafter des Essener Forschungsinstituts für Medizinmanagement (EsFoMed GmbH) und unterstützt als Gründer bzw. Business Angel punktuell Start-ups im Gesundheitswesen (bspw. Health Innovation GmbH).

© Tom Schulte/FOM

Prof. Dr. Volker Nürnberg

Jahrgang 1968. Prof. Dr. Volker Nürnberg beschäftigt sich seit über 15 Jahren mit allen Facetten des Gesundheitsmanagements, Personalpolitik und dem Gesundheitswesen. Seit 2017 ist er Partner Gesundheitswirtschaft bei der Prüf- und Beratungsgesellschaft BDO. Daneben lehrt er an verschiedenen Hochschulen und ist in mehreren Vereinigungen und Aufsichtsräten. Er berät insbesondere zu den Themen aktueller Gesundheitspolitik, Arbeitgeberattraktivität, Personal- und Gesundheitsmanagement, Digitalisierung.

© Vera Wirth

Dr. Stephanie Nobis

Jahrgang 1985. Dr. Stephanie Nobis ist seit Oktober 2016 Fachbereichsleiterin Betriebliches Gesundheitsmanagement im Klinikum Osnabrück. Zudem ist sie Gründungsgesellschafterin und Mitarbeiterin der GET.ON Institut GmbH. Darüber hinaus ist sie als Dozentin und Autorin an der Apollon Hochschule der Gesundheitswirtschaft in Bremen tätig.

Die Autoren

Dr. Stefanie André

Jahrgang 1982. Dr. Stefanie André ist seit mehr als 10 Jahren im Gesundheits- und Changemanagement sowie in der strategischen Beratung, Entwicklung, Umsetzung und Evaluation von Projekten in Lebens- und Arbeitswelten beschäftigt. Ihre gesundheits- und sozialwissenschaftliche Expertise hat sie in den letzten Jahren stark um systemtheoretische Qualifikationen ergänzt, die großen Einfluss auf ihre Beratungs- und Trainingspraxis in ihrem Unternehmen grund: gesund (www.grundgesund.com) haben.

Jonas Asendorpf

Jonas Asendorpf begleitet nach seiner Ausbildungen zum Systemischen Supervisor und Systemischen Coach Unternehmen, KMUs, den öffentlichen Dienst bei der Entwicklung von Führungskräften, Mitarbeitenden und Teams durch Coachings und Trainings sowie bei Kultur- und Organisationsentwicklungsprozessen. Seit 2010 ist er Dozent für Persönlichkeitspsychologie, Diagnostik und Psychologische Methodenkompetenz an der Fachhochschule für Ökonomie und Management in Leipzig.

Dr. Marion Baierl

Dr. Marion Baierl war bei der europäischen Arzneimittel Agentur in London sowie lange Jahre als Rechtsanwältin tätig, bevor sie zur SVLFG wechselte. Dort beschäftigt sie sich mit innovativen Vertragsformen, Telemedizin und Präventionsprojekten und ist Autorin zahlreicher Fachpublikationen.

Dr. Andrea Baxheinrich

Als Senior BGM-Beraterin bei vitaliberty unterstützt Dr. Andrea Baxheinrich Unternehmen bei der Ein- und Durchführung von Betrieblichem Gesundheitsmanagement. Sie begleitet Unternehmen durch den gesamten BGM-Prozess und steht mit ihrem fachlichen Know-how und langjähriger Erfahrung in verschiedensten Branchen an ihrer Seite – von der Vorbereitungsphase über die Durchführung bis hin zur Evaluation.

Prof. Dr. Lutz Bellmann

Jahrgang 1956. Prof. Dr. Lutz Bellmann ist Mitglied des wissenschaftlichen Beirats des Bundesinstituts für Berufsforschung (BIBB) und des Wirtschafts- und Sozialwissenschaftlichen Instituts (WSI) des DGB zur Befragung von Betriebs- und Personalräten und Research Fellow des Instituts zur Zukunft der Arbeit GmbH (IZA). Seit Mai 2009 ist er Inhaber des neu eingerichteten Lehrstuhls für Volkswirtschaftslehre, insbesondere Arbeitsökonomie am Fachbereich Wirtschaftswissenschaften an der Friedrich-Alexander-Universität Erlangen-Nürnberg. Prof. Bellmann leitet weiterhin am IAB den Forschungsbereich „Betriebe und Beschäftigung" und das IAB-Betriebspanel.

Till Berger

Till Berger studierte Germanistik, Soziologie und Geschichte an der Friedrich-Alexander-Universität Erlangen-Nürnberg. Seit Januar 2016 ist er im Bereich Unternehmenskommunikation und Marketing bei der Cerner Health Services Deutschland GmbH tätig. Er beschäftigt sich vor allem mit Entwicklungen und Trends im Gesundheitswesen und in der Healthcare IT.

Dr. Peter Biltzinger

Jahrgang 1967. Dr. Peter Biltzinger ist Lehrbeauftragter an der FOM Hochschule für Ökonomie & Management, Unternehmensberater mit Schwerpunkt Gesundheitswesen sowie Führungskräftetrainer für den Digitalen Wandel. Zuvor war er für IBM, Capgemini, Roland Berger und ein Digital Health Start-up tätig.

Jonas Böhme

Jonas Böhme absolvierte seinen Masterstudiengang in Prävention, Reha- und Gesundheitsmanagement an der Deutschen Sporthochschule in Köln. Im Anschluss sammelte er Arbeitserfahrungen in der Stressforschung im Rahmen der Arbeitsgruppe von Prof. Katja Petrowski. Seit 2017 ist er bei der corvolution GmbH in den Geschäftsbereichen Konzeption Produktentwicklung sowie Vertrieb beschäftigt und unterstützt die Mission, Menschen und Institutionen mit mesana zu primärpräventivem Handeln zu bewegen.

Dr. Iris Brandes

Jahrgang 1958. Diplomkauffrau, Master Public Health und Doktor Public Health. Dr. Iris Brandes hat 11 Jahre im Controlling einer Bank gearbeitet und ist seit 2001 als wissenschaftliche Mitarbeiterin am Institut für Epidemiologie, Sozialmedizin und Gesundheitssystemforschung an der Medizinischen Hochschule Hannover beschäftigt. Die Forschungstätigkeit umfasst neben der gesundheitsökonomischen Evaluation (unterschiedlicher Interventionen in verschiedenen Sektoren des Gesundheitssystems) die Untersuchung des gesundheitsbezogenen Inanspruchnahmeverhaltens und der Motivation zu Lebensstiländerungen bestimmter Zielgruppen unter dem Blickwinkel der daraus resultierenden volkswirtschaftlichen Konsequenzen.

Jürgen Breitkreuz

Jürgen Breitkreuz ist seit 1987 im Klinikum Osnabrück tätig. Nach Weiterbildungen zur Stationsleitung, zum Fachkrankenpfleger für Intensiv- und Anästhesiepflege und zum Praxisanleiter arbeitete er über 10 Jahre auf der operativen Intensivstation. Seit 2013 ist er freigestelltes Mitglied des Betriebsrates und seit 2015 stellvertretender Betriebsratsvorsitzender im Klinikum Osnabrück.

Martina Brückner-Starke

Martina Brückner-Starke leitet seit 2009 die Betriebliche Gesundheitsförderung der Deutschen Rentenversicherung Bund. Zu ihren Aufgaben gehören sowohl Planung, Umsetzung und Steuerung von gesundheitsfördernden Maßnahmen als auch das Entwickeln neuer Gesundheitskonzepte. Sie begleitet und berät die einzelnen Abteilungen der 23.000 Mitarbeiter/innen starken Behörde von der Evaluation der Arbeitssituation, über die Planung von passgenauen Maßnahmen, bis hin zur Durchführung und Erfolgsbewertung derselben. Bevor sie in den Bereich Gesundheitsförderung wechselte, war sie lange Jahre als Volljuristin und Führungskraft in diversen Abteilungen der Deutschen Rentenversicherung Bund tätig.

Prof. Dr. Stephan Buchhester

Prof. Dr. Stephan Buchhester leitete nach seiner Promotion als Wirtschaftspsychologe nationale und internationale Personalprojekte, unter anderem für die Techniker Krankenkasse, Volkswagen AG und andere Unternehmen. Seit über zehn Jahren arbeitet er als Führungskräftetrainer und Spezialist für Potenzialanalysen. Mit seinem Motto „alles ist messbar" gilt er als Rulebreaker seiner Branche und ist u. a. Entwickler und Gutachter verschiedener psychometrischer Analyseverfahren. Er leitet das Institut für Verhaltensökonomie und ist Professor für Wirtschaftspsychologie an der Hochschule für Ökonomie und Management in Leipzig.

Monika Budig

Monika Budig studierte Pflege an der Hochschule Fulda. Darauf aufbauend folgte ein Masterstudium Medizinmanagement an der Universität Duisburg-Essen. Seit April 2017 ist sie als Senior Solution Advisor bei der Cerner Health Services Deutschland GmbH tätig. Zuvor war sie als Referentin mit dem Schwerpunkt Krankenhaus beim Landesverband der Betriebskrankenkassen Bayern beschäftigt.

Tatjana Dellos

Jahrgang 1972. Tatjana Dellos ist seit 1999 am Klinikum Osnabrück in verschiedenen Fachabteilungen tätig. Nach ihrer Fachweiterbildung zur Fachkrankraft für Intensiv- und Anästhesiepflege arbeitete sie auf der Intensivstation und in der Anästhesie. Von 2013–2016 absolvierte sie an der Fachhochschule Bielefeld den Studiengang Wirtschaftspsychologie mit dem Schwerpunkt Personalentwicklung. Im Rahmen ihres Studiums befasste sie sich unter anderem mit dem Thema Gesundheit und Wohlbefinden am Arbeitsplatz. Seit dem November 2016 arbeitet Frau Dellos als Koordinatorin für Weiterbildungen und als Mitarbeiterin im Betrieblichen Gesundheitsmanagement im Klinikum Osnabrück.

PD Dr. David Daniel Ebert

PD Dr. Ebert ist Leiter der Arbeitseinheit E-Mental Health, Behavioral Health Promotion and Technology Lab, Friedrich-Alexander Universität Erlangen Nürnberg. Seine Forschung fokussiert auf die Entwicklung und Evaluation evidenz-basierter Internet- und mobil-basierter Gesundheitsinterventionen zur Förderung der psychischen Gesundheit in unterschiedlichen Settings und Lebenswelten (Arbeit, Universität) mit einem besonderen Fokus auf die Prävention psychischer Erkrankungen. Zudem ist er President-elect und Mitglied der „Board of Directors" der International Society for Research on Internet Interventions (ISRII.org) und Gründungsgesellschafter und Chief Scientific Officer GET.ON Institut GmbH.

Dr. Marcus Eckert

Dr. Marcus Eckert ist promovierter Psychologe. Er war sieben Jahre lang Hauptschullehrer, bevor er in verschiedenen Forschungsprojekten Gesundheitsinterventionen entwickelte, überprüfte und durchführte. Das von ihm entwickelte „Training Stark im Stress" ist eines der führenden Stress- und Emotionsinterventionen im deutschsprachigen Raum. Heute arbeitet er als Geschäftsführer des Instituts LernGesundheit, das er zusammen mit Dr. Torsten Tarnowski gründete. Er führt Trainings, Coachings, Supervisionen sowie Beratungen durch und ist ein vielgefragter Referent zum Thema betriebliches Gesundheitsmanagement, Kommunikation und Stress- und Emotionsarbeit.

Melanie Erzberger

Melanie Erzberger begleitet mit ihrer Kollegin Nicole Krüttgen Menschen und Organisationen in der Gestaltung ihrer Veränderungen. Als Betriebswirtin mit Schwerpunkt Strategisches Controlling und Management und erfahrene systemische Beraterin ist sie oft als Weltenvermittler zwischen unternehmerischen Herausforderungen und menschlichen Bedürfnissen und Fähigkeiten tätig. Sie verfügt über langjährige Erfahrung im Aufbau und der Leitung von Organisationseinheiten und hat als Senior-Beraterin in unterschiedlichen Beratungsunternehmen Organisationen und Führungskräfte begleitet. Es liegt ihr besonders am Herzen, Entwicklungsräume zu öffnen und Menschen wie Organisationen darin zu unterstützen, diese Räume zu nutzen und Zukunft aktiv zu gestalten.

Prof. Dr. med. Michael Falkenstein

Jahrgang 1949. Prof. Dr. med. Michael Falkenstein, Dipl.-Psych., Dipl.-Ing., ist Direktor des Instituts für Arbeiten Lernen Altern (ALA). Er beschäftigt sich seit 20 Jahren mit dem Themenbereich Alter, Kognition und Arbeit. Bei ALA berät er schwerpunktmäßig Unternehmen zu den Themenbereichen Betriebliches Gesundheitsmanagement, Kompetenzförderung und Arbeitsgestaltung für ältere Beschäftigte.

Dana Fischer

Jahrgang 1989. Dana Fischer promoviert an der Universität Ulm (Abtl. Klinische und Gesundheitspsychologie) zu verschiedenen Möglichkeiten zur Veränderung von Körperwahrnehmungsprozessen mit dem Fokus auf achtsamkeitsbasierten Verfahren. Weitere Forschungsschwerpunkte sind Stress sowie körperliche Aktivität. Des Weiteren ist Dana Fischer Dozentin an verschiedenen Hochschulen (u. a. International School of Management GmbH sowie der FOM in München) und Trainerin bei Karrierecoach München.

Dr. Silvester Fuhrhop

Dr. Silvester Fuhrhop ist Gründer und Geschäftsführer der corvolution GmbH mit Sitz in Karlsruhe. Er promovierte im Bereich Digital Health und Wearables. Während jahrelanger, interdisziplinärer Forschungstätigkeiten entwickelte er den EKG-basierten Gesundheits-Check mesana. Die corvolution GmbH verfolgt die Mission, Menschen und Institutionen mit mesana zu primärpräventivem Handeln zu bewegen und dadurch beim Proaktiven Gesundbleiben optimal zu unterstützen.

Marianne Giesert

Marianne Gieser ist geschäftsführende Gesellschafterin und Direktorin des IAF, Dipl. Sozialökonomin und Dipl. Betriebswirtin. Ihre Kernkompetenzen liegen im Bereich Beratung, Seminare, Tagungen, nationale und europäische Projekte, Publikationen, Aus- und Weiterbildungen mit Zertifikat. Sie ist Supervisorin, Coach und seit Ende 2000 als ECA-Business- und Management-Coach sowie als Lehrcoach tätig.

Eva Gödde

Jahrgang 1983. Diplom Sozial- und Politikwissenschaftlerin (Universität Duisburg-Essen). Eva Gödde arbeitet seit 2013 als Projektleiterin für Betriebliches Gesundheitsmanagement im Gesundheitsnetzwerk GewiNet Kompetenzzentrum Gesundheitswirtschaft e. V. Seit 2017 liegt ihr Themenschwerpunkt im Bereich BGM in der Pflege.

Anna-Lena Grote

Jahrgang 1986. Anna-Lena Grote erlangte ihren Bachelorabschluss in der Gerontologie an der Universität Vechta und ihren Masterabschluss an der Deutschen Sporthochschule in Köln. Darüber hinaus ist sie ausgebildete Kauffrau im Gesundheitswesen und Fachberaterin für Betriebliches Gesundheitsmanagement nach dem International Institute for Health Promotion (IIHP). Sie arbeitet als Projektleiterin für das Projekt WelcoMED der Gesundheitsregion Landkreis Vechta im St. Marienhospital.

Dunja Grützner

Jahrgang 1989. Dunja Grützner erlangte ihren Bachelor- und Masterabschluss in Gerontologie an der Universität Vechta. Sie arbeitet als Projektleiterin für die Gesundheitsregion Landkreis Vechta im Gesundheitsamt. Während ihres Studiums war sie am Institut für Gerontologie, Fachbereich Ökonomie und demographischer Wandel beschäftigt.

Babette Halbe-Haenschke

Jahrgang 1961. Babbette Halbe-Haenschke ist Betriebliche Gesundheitsmanagerin und Gesundheitscoach und Inhaberin von Benefit-BGM. Des Weiteren ist sie Leiterin der gleichnamigen, vom Bundesverband Betriebliches Gesundheitsmanagement anerkannten, Ausbildungsinstitution und Autorin und Entwicklerin digitaler BGM Leitfäden und Tools. Als BGM-Expertin ist sie Mitglied in diversen Bundesarbeitskreisen und Netzwerken zu gesunder digitaler Arbeit.

Dr. Elena Heber

Dr. Elena Heber ist Diplompsychologin und stellv. Geschäftsführung des GET. ON Institut für Online Gesundheitstrainings GmbH, Hamburg. Ihr Fachgebiet ist die Entwicklung, Evaluation und Durchführung von Internet-basierten Gesundheitstrainings. Am GET.ON Institut verantwortet sie die Implementierung evidenz-basierter Online-Gesundheitstrainings in die Praxis.

Johannes Heering

Johannes Heering ist Co-Gründer und Geschäftsführer der Fitbase GmbH mit Sitz in Hamburg. Seit 2011 beschäftigt er sich mit der Entwicklung von digitalen Tools für das BGM von heute und morgen. Unter seiner Leitung werden aktuell sechs digitale BGM-Bausteine angeboten und neue Lösungen entwickelt.

Anna–Maria Hessenmöller

Anna-Maria Hessenmöller, Dipl.-Psych., ist Referentin des Bereichs Evaluation und Betriebliches Gesundheitsmanagement im Institut für Arbeit und Gesundheit der Deutschen Gesetzlichen Unfallversicherung. Sie studierte Psychologie an der Technischen Universität Dresden und arbeitete in verschiedenen Projekten zum Betrieblichen Gesundheitsmanagement und zur Evaluation von Präventionsmaßnahmen. Sie ist Leiterin der Arbeitsgruppe Evaluation der Präventionskampagne „*komm*mit*mensch*" und Mitglied im Steuerkreis. Sie ist ausgebildete AktivA-Trainerin (TUD).

Dr. Oliver–Timo Henssler

Dr. Oliver-Timo Henssler leitet das Partnermanagement und die Beratung bei vitaliberty. Er ist Experte für die Modellierung und Analyse betrieblicher Präventionssysteme in der modernen Arbeitswelt und begleitet Unternehmen auf dem Weg zum BGM 4.0. Dr. Henssler bringt mehr als zwölf Jahre Erfahrung im Gesundheitsmanagement mit und hat in mehr als 100 Unternehmen das Gesundheits- und Talentmanagement auditiert.

Michael Holzer

Michael Holzer, Dipl. Ing. Agrar (FH). Als ausgebildeter Technischer Aufsichtsbeamter arbeitete er zunächst für die SVLFG im Außendienst. Aktuell leitet er die Kampagne Gesundheitsangebote der SVLFG. Unter diesen Verantwortungsbereich gehört das Präventionsprojektes „Mit uns im Gleichgewicht".

Prof. Dr. Thomas Jäschke

Prof. Dr. Thomas Jäschke gründete 1992 mit C&C JÄSCHKE während seines Informatikstudiums sein erstes Unternehmen. 1996 erfolgte die Gründung der Internet Service Professional GmbH (jetzt CompuGroup AG), deren Geschäftsführung er bis 2008 innehielt. Seine Konzeption zum sicheren Datenaustausch zwischen den Teilnehmern im Gesundheitswesen wurde zur Basis für die Entwicklung des jesaja.net-Zuweiserportals, welches er mit der ISPRO GmbH erfolgreich am Markt platzieren konnte, ebenso wie das daraus abgeleitete Produkt CORDOBA für Arztnetze. Als Leiter des von ihm gegründeten Institutes für Sicherheit und Datenschutz im Gesundheitswesen ist er mit dem Schutz besonders sensibler Daten i. S. v. § 3 (9) und § 42a BDSG sehr vertraut und hat hierzu Projekte initiiert und begleitet. Zudem ist er seit mehr als 10 Jahren ist er als externer Datenschutzbeauftragter für Unternehmen tätig. Im März 2014 wurde Prof. Jäschke als Vorstand der DATATREE AG berufen. Die Schwerpunkte seiner Professur an der FOM Hochschule für Ökonomie & Management sind IT-Security, Mobile Computing und Informationsmanagement. Seit Januar 2015 betreut Prof. Jäschke als wissenschaftlicher Leiter den Hochschulbereich IT Management.

Andrea Jakob-Pannier

Jahrgang 1970. Nach dem Studium der Sozialpädagogik an der Fachhochschule Dortmund nebst staatlicher Anerkennung, dem Studium der Psychologie an der Bergischen Universität Wuppertal und der Fortbildung zur Psychoonkologin ist Andrea Jakob-Pannier seit nahezu 20 Jahren in der BARMER Hauptverwaltung Wuppertal tätig. Aktuell in der Abteilung Produktentwicklung, Versorgungsmanagement, Prävention. Nachdem Andrea Jakob-Pannier in den Stabsbereichen die gesundheitspolitischen Anforderungen der gesetzlichen Krankenversicherung mit umgesetzt hat, leitet sie seit Jahren bundesweite Präventionsprojekte mit vielfältigen Kooperationspartnern. Relevante Handlungsfelder sind die Psychische Gesundheit, Sucht- und Krebsprävention für die Lebenswelten Schule, Hochschule, Betrieb und Pflegeeinrichtungen. Andrea Jakob-Pannier ist Beiratsmitglied im Verbundprojekt Dynamik 4.0 zum Arbeitsschwerpunkt Arbeit und Gesundheit in KMU zur Industrie 4.0.

Lisanne Kächele

Lisanne Kächele ist als wissenschaftliche Mitarbeiterin sowie als Projektmanagerin im Institut für experimentelle Psychophysiologie beschäftigt. Ihre Arbeit umfasst vor allem die Mitwirkung an Projekt- und Studienarbeiten, wobei die Forschungsschwerpunkte besonders in den Bereichen Digital/Blended Corporate Health Management sowie User Experience-/Usability Forschung im Rahmen Mensch-Maschine-Interaktionen liegen. Gemeinsam mit Prof. Dr. Sebastian Schnieder beschäftigt sie sich in zahlreichen und umfangreichen Forschungsprojekten mit Effekten von Licht auf den Menschen (Human Centric Lighting, chronobiologisch wirksame Beleuchtung) und der Erkennung von menschlichen Gefühlszuständen. Projektpartner sind große Industriepartner wie Bayer AG, Osram, SONY, Airbus und BMW.

Fanny Kählke

Jahrgang 1988. Nach dem Abschluss ihres Studiums des Lehramts an beruflichen Schulen (Gesundheit und Pflege, Wirtschafts-und Sozialkunde) an der TU Dresden erwarb Fanny Kählke einen Master in Public Health an der Universität Umeå in Schweden. Anschließend erfolgte ein erfolgreiches Referendariat an dem Oberstufenzentrum Johanna Just in Potsdam. Zurzeit arbeitet sie als wissenschaftliche Mitarbeiterin an dem Lehrstuhl für Klinische Psychologie und Psychotherapie (KliPs) der Friedrich-Alexander Universität (FAU) Erlangen-Nürnberg. In ihrer Promotion konzentriert sie sich auf die Wirksamkeit und Kosteneffektivität von internet-basierten Interventionen zur Förderung und Behandlung von psychischen Erkrankungen vor allem bei Studierenden.

Prof. Dr. Thomas Kantermann

Jahrgang 1979. Prof. Dr. rer. nat. Dr. habil. med Thomas Kantermann studierte Biologie und Psychologie an der Universität Bielefeld. Im Anschluss arbeitete er zunächst am Institut für Anatomie und Neuroembryologie der Universität Rostock bevor er 2008 an der Ludwig-Maximilians-Universität München im Fach Biologie promovierte. Ebendort habilitierte er sich im Fach Medizinische Psychologie. Es folgten Aufenthalte an der University of Surrey (UK), an der Universitätsmedizin Charité Berlin sowie an der Rijksuniversiteit Groningen (NL). Seit 2007 ist Herr Kantermann selbstständig tätig (Gründung der Firma SynOpu im Jahr 2016) als wissenschaftlicher Berater und Redner in den Bereichen Humanchronobiologie, Schlaf, Gesundheit und Leistungsfähigkeit. Seit 2017 ist er Dozent an der Hochschule für Ökonomie und Management (FOM).

Prof. Dr. Claudia Kardys

Jahrgang 1985. Promovierte Gesundheitswissenschaftlerin/-managerin mit der Spezialisierung Betriebliches Gesundheitsmanagement (BGM) und examinierte Gesundheits- und Krankenpflegerin. Claudia Kardys lehrt und forscht hauptberuflich im Hochschulbereich Gesundheit & Soziales an der FOM Hochschule. Als Senior Projektmanagerin BGM bei TÜV Rheinland arbeitet sie in der Betreuung und Beratung von Unternehmen verschiedener Größe und Branche im Arbeits- und Gesundheitsschutz.

Fabian Kellerhoff

Dipl. Betriebswirt Fabian Kellerhoff (M. A.) studierte Wirtschaft mit dem Schwerpunkt Management im Gesundheitswesen an der Westfälischen Hochschule Gelsenkirchen. 2008–2016 arbeitete er als Berater für die bh.m Prof. Bernd H. Mühlbauer Krankenhaus- und Unternehmensberatung GmbH. Zu seinen Arbeitsschwerpunkten gehörte die Begleitung und Einführung von QM-Systemen, die Kosten- und Leistungsrechnung sowie die Organisationsentwicklung im Krankenhaus. 2011–2013 studierte er berufsbegleitend an der Universität Bielefeld im Studiengang Master of Health Administration und schloss das Studium erfolgreich ab. Seit 2016 ist Fabian Kellerhoff kaufmännischer Leiter im Hüttenhospital in Dortmund.

Prof. Dr. Dr. Manuela Kesselmann, MBA

Nach mehrjähriger Tätigkeit in Klinik und Forschung arbeitet Manuela Kesselmann seit 2002 als systemische Organisationsberaterin und Coach. Im Kontext ihrer Professur für Gesundheits- und Sozialmanagement an der FOM Hochschule für Ökonomie & Management lehrt und forscht sie seit 2017 u. a. zu den Themen Organisationsentwicklung, Resilienz und Arbeitswelt 4.0.

Dr. Erich Koch

Dr. jur. Erich Koch, Leiter der Stabsstelle Selbstverwaltung/Öffentlichkeitsarbeit und zuständig für den internationalen Erfahrungsaustausch der SVLFG, Vorsitzender des Ausschusses für landwirtschaftliches Sozialrecht der Deutschen Gesellschaft für Agrarrecht (DGAR), Mitglied im wissenschaftlichen Beirat des Instituts für Landwirtschaftsrecht der Universität Göttingen sowie der Zeitschrift Kwartalnika Ubezpieczenia w Rolnictwie. Materiały i Studia (Warschau), Redaktionsmitglied der Zeitschrift Agrar- und Umweltrecht (AUR), Gesamtredaktion der Zeitschrift Soziale Sicherheit in der Landwirtschaft (SdL), Bearbeiter verschiedener Kommentare zum Sozialversicherungsrecht und Autor sozialrechtlicher Veröffentlichungen.

Dr. Fabian Krapf

Jahrgang 1981. Dr. Fabian Krapf ist freiberuflicher Unternehmensberater im Bereich des Betrieblichen Gesundheitsmanagements (BGM). Er studierte zunächst an der Universität Konstanz Sportwissenschaft, Anglistik und Erziehungswissenschaft, bevor er am Karlsruher Institut für Technologie (KIT) im Bereich der Sport- und Gesundheitswissenschaft promovierte. Er ist der hauptverantwortliche Leiter der bislang größten BGM-Zukunftsstudie in Deutschland „whatsnext – Gesund arbeiten in der digitalen Arbeitswelt". Weitere Schwerpunkte seiner Arbeit bilden die psychische Gefährdungsbeurteilung, die digitale BGF sowie das Thema Männergesundheit.

Nicole Krüttgen

Nicole Krüttgen begleitet mit ihrer Kollegin Melanie Erzberger Menschen und Organisationen in der Gestaltung ihrer Veränderungen. Als Betriebswirtin mit Schwerpunkt Strategisches Controlling und Management und erfahrene systemische Beraterin ist sie oft als Weltenvermittler zwischen unternehmerischen Herausforderungen und menschlichen Bedürfnissen und Fähigkeiten tätig. Sie verfügt über langjährige Erfahrung im Aufbau und der Leitung von Organisationseinheiten und hat als Senior-Beraterin in unterschiedlichen Beratungsunternehmen Organisationen und Führungskräfte begleitet. Es liegt ihr besonders am Herzen, Entwicklungsräume zu öffnen und Menschen wie Organisationen darin zu unterstützen, diese Räume zu nutzen und Zukunft aktiv zu gestalten.

Prof. Dr. Anja Liebrich

Prof. Dr. Anja Liebrich, Diplom-Psychologin, Dr. rer. pol., ist geschäftsführende Gesellschafterin der Institut für Arbeitsfähigkeit GmbH sowie Professorin für Wirtschaftspsychologie an der FOM Hochschule für Ökonomie und Management am Standort Nürnberg. Ihre Arbeits- und Beratungsschwerpunkte liegen in den Bereichen „Gefährdungsbeurteilung psychische Belastung«, »alterns- und gesundheitsgerechte Arbeitsgestaltung" sowie „Auswirkungen aktueller und zukünftiger Entwicklungen auf die Arbeitsgesellschaft – Arbeit 4.0".

Benjamin Loosen

Jahrgang 1983. Benjamin Loosen ist studierter Betriebswissenschaftler und gelernter Bankkaufmann. Nach seiner Berufsausbildung zum Bankkaufmann in verschiedenen Bereichen einer Genossenschaftsbank gearbeitet. Seit 2012 beschäftigt er sich beruflich und wissenschaftlich insbesondere mit personalwirtschaftlichen Fragestellungen. Berufsbegleitend hat Benjamin Loosen mehrere Studiengänge, Managementausbildungen und Fortbildungen zur Erweiterung seiner Methodenkompetenz erfolgreich absolviert.

Ria Maguhn

Jahrgang 1988. Ria Maguhn ist gelernte Gesundheits- und Krankenpflegerin mit Erfahrungen in der Kardiologie und Kinder-Intensiv. Ihr Studium der Gesundheitswissenschaften an der Charité Universitätsmedizin Berlin schloss sie 2017 mit dem Bachelor of Science ab. Schwerpunkt ihrer Bachelorarbeit war die Digitalisierung der Arbeitswelt. Seit Abschluss des Studiums ist sie Personaldisponentin im Fachbereich Gesundheit und Pflege.

Prof. Dr. Ricarda Merkwitz

Jahrgang 1962. Prof. Dr. Ricarda Merkwitz studierte Kulturwissenschaften an der Universität Leipzig und Sozialpsychologie als Gaststudentin an der LMU München. Sie war nach ihrer Promotion für mehr als 12 Jahre in der internationalen Personalentwicklung bei der Siemens AG in München tätig. Seit 2007 ist sie als Professorin an verschiedenen Hochschulen beschäftigt. Seit 2012 arbeitet sie als Professorin für interkulturelles Management an der International School of Management ISM in München.

Prof. Dr. Filip Mess

Jahrgang 1976. Prof. Dr. Filip Mess ist Professor für Sport- und Gesundheitsdidaktik an der Technischen Universität München (TUM) und wissenschaftlicher Leiter des Instituts für Betriebliche Gesundheitsberatung (IFBG) in Konstanz. Er absolvierte zunächst an der Universität Konstanz sein Studium in Sportwissenschaft, Mathematik und Pädagogik und habilitierte nach seiner Promotion am Karlsruher Institut für Technologie (KIT). Aktuell forscht er auf dem Gebiet der Sportpädagogik/-didaktik und Sportsoziologie mit dem Schwerpunkt Determinanten und Wirkungen sportlicher Aktivität mit dem Fokus Gesundheitsförderung. Diese grundlegenden Erkenntnisse fließen in die Planung, Durchführung und Evaluation von Gesundheitsförderungsprogrammen auch in Unternehmen ein.

Kerstin Moldenhauer

Kerstin Moldenhauer leitet seit 2008 die Akademie der Klinikum Osnabrück GmbH. Als Dipl.-Pflegepädagogin, Businesscoach (anerkannte Weiterbildung des Deutschen Bundesverbands Coaching e. V.), Betriebspädagogin und Lehrerin für Pflegeberufe managt sie die Bereiche Ausbildung, Fort- und Weiterbildung, Personalentwicklung und Betriebliches Gesundheitsmanagement. Sie unterrichtete mehrere Jahre als Dozentin an der Hochschule Osnabrück, Fakultät Wirtschafts- und Sozialwissen-schaften im Studiengang Betriebswirtschaft im Gesundheitswesen.

Ralph Molner

Jahrgang 1984. Ralph Molner ist ausgebildeter Sozialversicherungsfachangestellter und Bachelorabsolvent der Hochschule Aalen – Technik und Wirtschaft im Studiengebiet Gesundheitsmanagement. Er studierte parallel zu seiner Ausbildung Gesundheitsmanagement und konnte somit neben den rechtlichen Grundlagen der Sozialversicherung den direkten Transfer der Ausbildungsinhalte auf das Gesundheitssystem herstellen. Seine Berufslaubahn begann 2006 bei der damaligen Gmünder Ersatzkasse (GEK), die 2010 mit der BARMER fusionierte. Er durchlief während seines Studiums unterschiedliche Stationen innerhalb des Unternehmens und arbeitete bis Ende 2015 im Versorgungsprogramm für psychische Erkrankungen. Seit 2016 ist Ralph Molner Leiter des Versorgungsprogramms E-Health bei der BARMER.

Dr. Rainer Planinc

Dr. Rainer Planinc ist Geschäftsführer der cogvis software und consulting GmbH. Er studierte Medieninformatik und Informatikmanagement an der Technischen Universität Wien und schloss dort sein Doktoratsstudium im Jahr 2015 ab. Er gehört seit 2015 zum cogvis-Team und ist seitdem maßgeblich an der Entwicklung und Markteinführung von Produkten im Gesundheitsbereich beteiligt.

Prof. Dr. Jörg Pscherer

Prof. Dr. Jörg Pscherer ist seit 2017 Professor für Wirtschaftspsychologie und Gesundheitsmanagement an der FOM Hochschule für Ökonomie & Management. Als psychologischer Experte für wirtschaftliche und gesundheitliche Fragen rund um individuelle und betrieblich orientierte Maßnahmen der Gesundheitsgestaltung beschäftigt er sich seit Jahren mit Themen des resilienten Selbstmanagements. Neben seinen Erfahrungen in eigener klinischer Praxis sowie Unternehmensberatung arbeitet er in der Weiterbildung am Ausbau von Konzepten der Selbstwirksamkeit und des Empowerments im wirtschaftspsychologischen Kontext. Auch in seiner Funktion als Tutor im Qualitätsmanagement der Kassenärztlichen Bundesvereinigung (KBV) befasst er sich mit entsprechenden Bedarfsthemen der Gesundheitsversorgung.

Tobias Reuter

Tobias Reuter ist Diplom-Ökonom und geschäftsführender Gesellschafter des IAF (Institut für Arbeitsfähigkeit). Er verfügt über viele Jahre Erfahrung im Bereich Arbeitswissenschaft, Personalentwicklung, Personalführung sowie Kommunikation und Gesprächsführung sowie in der Beratung von Unternehmen bei der Implementierung von Betrieblichem Gesundheitsmanagement. Seine Schwerpunkte liegen dabei bei den Themenfeldern Betriebliches Eingliederungsmanagement und gesundes und altersgerechtes Führen.

Prof. Dr. Gottfried Richenhagen

Prof. Dr. Gottfried Richenhagen, Prof. für Allgemeine Betriebswirtschaftslehre, insbesondere Personalmanagement und Statistik lehrt und forscht an der FOM Hochschule für Ökonomie und Management, gGmbH in Essen. Er unterrichtet in den Bachelor- und Master-Studiengängen, u. a. im Bereich des Public Management und ist wissenschaftlicher Direktor des Institutes für Public Management der FOM Hochschule (fom-ifpm.de). Seine Schwerpunktthemen in der Forschung: Strategisches Personalmanagement, demografischer Wandel, Arbeitsfähigkeit. Ein weiterer Schwerpunkt ist das Thema Agilität. Prof. Dr. Richenhagen hat zahlreiche Seminare und Beratungen zu verschiedenen Themen des Public Managements und des Personalmanagements durchgeführt.

Dr. Astrid Rimbach

Dr. Astrid Rimbach ist stellvertretende Studiengangsleitung im Bachelorstudiengang Gesundheitsförderung und Prävention an der ZHAW Zürcher Hochschule für Angewandte Wissenschaften im Departement Gesundheit. Zuvor hat sie die Abteilung Demografie- und Gesundheitsmanagement in Hamburg bei ChemieNord, Arbeitgeberverband für die Chemische Industrie in Norddeutschland, fünf Jahre lang aufgebaut und geleitet. Als Diplompädagogin und Arbeitswissenschaftlerin hat sie langjährige Berufserfahrung in der Durchführung, Beratung und Begleitung von Projekten des betrieblichen Gesundheits- und Demografiemanagements.

Lotte Sophia Roessler

Jahrgang 1993. Masterstudentin im Bereich Psychologie an der Universität Konstanz. Lotte Sophia Roessler absolvierte ihren Bachelor in Psychologie an der Eberhard Karls Universität in Tübingen und ist freiberuflich als wissenschaftliche Beraterin für das Institut für Betriebliche Gesundheitsberatung (IFBG) in Konstanz tätig. Zudem absolviert sie eine Fernausbildung zur holistischen Ernährungsberaterin an der Akademie der Naturheilkunde in Stans (Schweiz).

Dr. Bernd Runde

Dr. rer. nat. Bernd Runde., Dipl.-Psych., studierte in Osnabrück, Münster und Göttingen Psychologie und Medizin. Durch seine Zeit als Mitarbeiter bei Prof. Dr. S. Greif konnte er wissenschaftliches Arbeit für und mit der Praxis erlernen. Nach beruflichen Stationen bei der Deutschen Gesellschaft für Personalwesen sowie im Sozialwissenschaftlichen Dienst des Innenministeriums NRW, wo er in den Bereichen Coaching, Personalauswahl, Eignungsdiagnostik, Stakeholderanalysen arbeitete, ist er nun Mitglied der Geschäftsführung im Verbund der Niels-Stensen-Kliniken und dort u. a. Geschäftsführer von 6 Krankenhäusern. In seinen Buch- und Zeitschriftenveröffentlichungen beschäftigt er sich vor allem mit dem Thema Change Management, Coaching, Erfassung und Entwicklung Sozialer Kompetenzen sowie dem Betrieblichen Gesundheitsmanagement.

Dr. Mustapha Sayed

Dr. Mustapha Sayed, MPH, ist bei der BARMER im Betrieblichen Gesundheitsmanagement beschäftigt. Nach seinem Public-Health-Studium 2009 mit den Schwerpunkten Gesundheitsmanagement und Versorgungsforschung an der Universität Bremen war er mehrere Jahre als wissenschaftlicher Mitarbeiter am Institut für Epidemiologie, Sozialmedizin und Gesundheitssystemforschung an der Medizinischen Hochschule Hannover tätig und dort für die wissenschaftliche Begleitung von Präventionsprojekten verantwortlich. An der Medizinischen Hochschule Hannover hat er zum Betrieblichen Gesundheitsmanagement aktuell einen Lehrauftrag im Studiengang Public Health. Er verfügt über langjährige Erfahrung in der Konzept- und Produktentwicklung im Betrieblichen Gesundheitsmanagement sowohl für Großunternehmen als auch für klein- und mittelständische Unternehmen (KMU).

Prof. Dr. Arnd Schaff

Prof. Dr. Arnd Schaff unterrichtet an der FOM Hochschule Allgemeine Betriebswirtschaftslehre, Wirtschaftspsychologie und im Hochschulbereich Gesundheit & Soziales. Darüber hinaus vertritt er das Thema Betriebliche Gesundheitsförderung als stellv. AG Sprecher in der Deutschen Gesellschaft für Sozialmedizin und Prävention. Daneben ist er als Unternehmensberater in den Bereichen Strategie, Prozessoptimierung, Innovations- und Technologieentwicklung sowie Gesundheitsmanagement selbstständig. Gleichzeitig betreibt er als Heilpraktiker für Psychotherapie ein Gesundheits- und Seminarzentrum in Essen.

Prof. Dr. Sebastian Schnieder

Professor Sebastian Schnieder ist Professor für Medien- und Wirtschaftspsychologie an der Hochschule für Medien, Kunst und Wirtschaft Berlin und Gründer sowie CEO des Instituts für experimentelle Psychophysiologie. In seiner interdisziplinären wissenschaftlichen Ausbildung hat er sich mit wirtschaftlichen, technischen und psychologischen Themen beschäftigt. Die Schwerpunkte seiner Veröffentlichungen liegen in der sprachbasierten Erkennung von Müdigkeit und Depressivität. In zahlreichen Forschungsprojekten beschäftigt er sich mit Effekten von Licht auf den Menschen und der computergestützten Erkennung von menschlichen Gefühlszuständen. In seinem Institut für experimentelle Psychophysiologie liegen die Schwerpunkte der Forschung in den Bereichen Smart User State Detection. Professor Schnieder ist zudem involviert in das DIN-Experten-Panel über die Auswirkungen von Licht auf den Menschen.

Mike Schmedemann

Dipl. Wirtschaftsjurist (FH) Mike Schmedemann studierte Wirtschaftsrecht an der Fachhochschule für Ökonomie und Management in Essen. Er ist seit 2008 als Personalleiter und seit Ende 2014 zusätzlich als Prokurist im Hüttenhospital in Dortmund tätig.

Dr. Julia Schorlemmer

Jahrgang 1984. Dr. phil. Julia Schorlemmer arbeitet seit 2015 am Institut für Arbeitsmedizin der Charité Universitätsmedizin als Wissenschaftliche Mitarbeiterin und Lehrkoordinatorin. Ihre Forschungsschwerpunkte sind Digitalisierung und psychische Gesundheit. 2009 Diplom in Psychologie an der Freien Universität Berlin. Während des Studiums Auslandsaufenthalt in Madrid. Parallel zum Studium Ausbildung als Systemische Beraterin. Nachw dem Studium arbeitete sie als Wissenschaftliche Mitarbeiterin und Assistentin von Prof. Jutta Allmendinger am Wissenschaftszentrum Berlin für Sozialforschung (WZB). 2015 Promotion zum Dr. phil. an der Freien Universität Berlin bei Prof. Dr. Bettina Hannover. Seit Ende des Studium freiberufliche Tätigkeiten im BGM und der psychischen Gefährdungsbeurteilung.

Laura Schubert

Jahrgang 1990. Laura Schubert studierte Psychology & Management (M. A.) an der International School of Management (ISM). Nach ihrem Studium stieg sie im September 2016 als HR Managerin bei everskill ein. In dem Münchner Start-up, das die Umsetzung von Trainingsinhalten in den Arbeitsalltag unterstützt, verantwortet sie den gesamten Personalbereich.

Heiko Schulz

Heiko Schulz, MSc Health Psychology, Dipl.-Psychologe, studierte Psychologie und Philosophie und promoviert aktuell zum Thema „Aging and Job Performance" an der Universität Leipzig. Neben seiner hauptberuflichen Tätigkeit als Führungskraft in der Techniker Krankenkasse (TK) ist er selbstständig und als Experte für Evidenzbasiertes Management tätig. Von 2007 bis 2014 baute er in der TK das innerbetriebliche Gesundheitsmanagement auf.

Prof. Dr. Bernhard Sieland

Prof. Dr. Bernhard Sieland ist Psychologe, Psychotherapeut und emeritierter Professor für Psychologie an der Leuphana Universität Lüneburg. Er arbeitet seit vielen Jahren in Forschung und Praxis an Lösungen dafür, Arbeitnehmergesundheit und -zufriedenheit wirkungsvoll und vor allem nachhaltig zu stärken. Im Besonderen geht es ihm darum, wie Menschen motiviert bleiben, gesundheitsförderliche Verhaltensänderungen wirklich umzusetzen und an ihrer psychischen Gesundheit selbstbestimmt zu arbeiten. In diesem Zusammenhang wurden internetbasierte Gesundheitsinterventionen zu einem Schwerpunkt seiner Arbeit, da sie Menschen dort erreichen können, wo es darauf ankommt: in ihrem Alltag.

Elisabeth Strunz

Jahrgang 1987. Als Doktorandin an der Universität Ulm (Abt. Klinische und Gesundheitspsychologie) erforscht sie die Körperwahrnehmungsfähigkeit bei verschiedenen psychosomatischen Erkrankungen sowie die Förderung des Gesundheitsverhaltens unter Verwendung von mHealth. Als Gutachterin hat Elisabeth Strunz bei der Deutschen Gesellschaft für Internationale Zusammenarbeit (GIZ) in Vietnam gearbeitet. Seit 2016 ist sie Referentin für betriebliches Gesundheitsmanagement bei der BAHN-BKK und berät unter anderem die Deutschen Bahn zu gesundheitsförderlichen Arbeitsplatzbedingungen.

Dr. Torsten Tarnowski

Dr. Torsten Tarnowski ist ausgebildeter Sozialpädagoge und entwickelte in verschiedenen Forschungsprojekten unterschiedliche Gesundheitsinterventionen. Das von ihm entwickelte Training „Stark im Stress" ist eines der führenden Stress- und Emotionsinterventionen im deutschsprachigen Raum. Heute arbeitet er als Geschäftsführer des Instituts „LernGesundheit", das er zusammen mit Dr. Marcus Eckert gründete. Er führt Trainings, Coachings, Supervisionen sowie Beratungen durch und ist ein vielgefragter Referent zum Thema Betriebliches Gesundheitsmanagement, Kommunikation und Stress- und Emotionsarbeit.

Elisabeth Tenberge

Elisabeth Tenberge, M. Sc.-Psych., studierte in Bamberg und Münster Psychologie. Besondere Schwerpunkte legte sie hierbei auf die Konzipierung und Durchführung anwendungsbezogener Projekte, im Bereich Personalauswahl und des Demografiemanagement. Nach der Erlangung des Masters of Science mit einer Studie zum Thema Erfolgreiches Altern im Beruf betreute sie als Referentin für Personalentwicklung u. a. das Betriebliche Gesundheitsmanagement der Niels-Stensen-Kliniken. Als Leitung der Personalentwicklung verantwortet sie nun ein breites Spektrum an Maßnahmen zur Mitarbeitergewinnung und -bindung, mit persönlichen Schwerpunkten in den Bereichen Demografie- und Kompetenzmanagement.

René Thiemann

René Thiemann ist Dipl. Betriebswirt und verfügt über fundierte Kenntnisse und Managementerfahrungen in der Gesundheitswirtschaft, insbesondere in der Funktion als Geschäftsführer im Krankenhaus und im Fitness-/Rehabilitationsbereich und als Vorstand auf Krankenkassenseite. Seit 2013 ist René Thiemann Geschäftsführer der Hüttenhospital gGmbH. In den Bundesfachkommissionen Gesundheitswirtschaft, Digital Health und Krankenhaus des Wirtschaftsrates Deutschland engagiert sich René Thiemann für eine zukunftsfähige Gesundheits- und Sozialpolitik.

Leon von Haugwitz

Leon von Haugwitz ist wissenschaftlicher Mitarbeiter am Institut für experimentelle Psychophysiologie. In seinen Praxis- und Forschungsprojekten beschäftigt er sich mit der Lichtwirkung auf den Menschen und sprachbasierter Emotionserkennung. Industrielle Projektpartner sind bspw. die Bayer AG, Osram, SONY, Airbus oder BMW.

Stephanie Voss

Stephanie Voss leitet als Abteilungsleitung das Sales Trainings Team bei Breuninger, Deutschlands führendem Fashion- und Lifestyle-Department Store mit bundesweit elf Standorten. Zuvor war sie als Head of Training bei Novartis Onkologie in Nürnberg tätig. Als Erwachsenenbildnerin und Trainerin verantwortete Stephanie Voss bei Janssen Cilag in Neuss den Außendienst im Therapiebereich „Hämatologie-Onkologie". Bei Orthomol pharmazeutische Vertriebs GmbH in Langenfeld war sie zuvor für die nationalen und internationalen Schulungen von Ärzten, Apothekern, Zwischenhändlern und Patienten verantwortlich. Ihre Expertise liegt vor allem in der Entwicklung innovativer Lernkonzepte im Bereich Virtuelles Training und Präsenztraining.

Oliver Walle

Jahrgang 1970. Dozent an der Deutschen Hochschule für Prävention und Gesundheitsmanagement und BSA-Akademie, Geschäftsführer der Health 4 Business GmbH und Mitglied im Vorstand des Bundesverbandes Betriebliches Gesundheitsmanagement. Er ist Fachautor im BGM sowie Autor von Studien- und Lehrbriefen. Als Berater unterstützt er bundesweit Unternehmen beim strategischen Aufbau von Gesundheits- und Arbeitsschutzmanagementsystemen sowie in Demografieprojekten.

Prof. Dr. Götz Walter

Jahrgang 1981. Götz Walter studierte Psychologie an der Universität Regensburg und als DAAD-Jahresstipendiat an der University of Melbourne (Australien). Er war für sieben Jahre Unternehmensberater bei der Managementberatung The Advisory House, und promovierte berufsbegleitend am Lehrstuhl Sozialpsychologie der Universität Zürich. Seit 2015 ist er Professor für Psychology & Management an der International School of Management ISM in München.

Dr. Utz Niklas Walter

Jahrgang 1982. Leiter des Instituts für Betriebliche Gesundheitsberatung (IFBG), das sich als Ausgründung von Wissenschaftlern der Universitäten Konstanz, München (TU) und dem Karlsruher Institut für Technologie (KIT) auf Zukunftsthemen im BGM spezialisiert hat. Dr. Utz Niklas Walter studierte zunächst an der Deutschen Sporthochschule Köln. Nach seinem Diplom-Abschluss in Sportwissenschaften promovierte er an der Universität Konstanz im Bereich der betrieblichen Gesundheitsforschung. Zu seinen Arbeitsschwerpunkten zählen die Themen Gesundheitskommunikation sowie Schlaf und Erholung in der Arbeitswelt.

Solveig Wessel

Jahrgang 1979. Ausgebildete Sozialversicherungsfachangestellte mit zusätzlich absolviertem berufsbegleitendem Studium als Betriebswirtin (VWA). Nachdem Solveig Wessel 6 Jahre lang Versicherte im Krankengeldfallmanagement bei der BARMER betreut hat, arbeitet sie seit 2008 als Fachreferentin Betriebliches Gesundheitsmanagement der BARMER Hauptverwaltung Wuppertal und konzipiert Angebote für Arbeitgeber. In den letzten Jahren gehörten zu ihren Themenschwerpunkten die Konzeption der Analyseinstrumente im Betrieblichen Gesundheitsmanagement, die Erforschung von Onlinetrainings zur Prävention von Depressionen sowie die Entwicklung von Handlungsleitfäden für Führungskräfte. Solveig Wessel ist Beiratsmitglied im Verbundprojekt Dynamik 4.0 zum Arbeitsschwerpunkt Arbeit und Gesundheit in KMU, zur Industrie 4.0 sowie Mitglied im Forschungsbegleitkreis der Studie lidA III- leben in der Arbeit.

Dr. Annekatrin Wetzstein

Dr. Annekatrin Wetzstein, Dipl.-Psych., ist Leiterin des Bereichs Evaluation und Betriebliches Gesundheitsmanagement im Institut für Arbeit und Gesundheit der Deutschen Gesetzlichen Unfallversicherung. Sie studierte Arbeitspsychologie und Klinische Psychologie an der Humboldt-Universität zu Berlin und promovierte in den Naturwissenschaften an der Technischen Universität Dresden zur Unterstützung der Innovationsentwicklung. Sie arbeitet an Projekten zur Evaluation von Präventionsmaßnahmen und zum Betrieblichen Gesundheitsmanagement. Sie ist ausgebildete Kommunikations- und Verhaltenstrainerin und systemischer Coach (DGSF).

Prof. Dr. Werner Widuckel

Jahrgang 1958. Prof. Dr. Werner Widuckel absolvierte an der Universität Göttingen im Jahr 1984 ein Studium der Sozialwissenschaften. Nach einer kurzen Tätigkeit als wissenschaftlicher Mitarbeiter am Soziologischen Seminar erfolgte im Jahr der Wechsel zur Volkswagen AG. Im Jahr 2003 erfolgte die Promotion an der Technischen Universität Braunschweig im Fach Soziologie mit der Themenstellung Paradigmenentwicklung der Mitbestimmung bei Volkswagen. Bis zum Jahr 2005 war er in verschiedenen Aufgaben für den Gesamt- und Konzernbetriebsrat tätig, um abschließend als Leiter der Koordination in das Personalmanagement der Audi AG zu wechseln. Nach kurzer Tätigkeit als Leiter des Bereiches Personalpolitik und Grundsatzfragen wurde er im Dezember des Jahres 2005 zum Personalvorstand und Arbeitsdirektor der Audi AG berufen. Im Jahr 2010 folgte der Wechsel auf eine Vertretungsprofessur für Personal und Organisation an der Hochschule Heilbronn. 2011 nahm er die Lehrtätigkeit an der Friedrich-Alexander-Universität auf.

Anna-Luisa Wirtz

Jahrgang 1995. Studentin der Wirtschaftspsychologie an der Hochschule für angewandtes Management am Standort Unna. Anna-Luisa Wirtz beschäftigt sich seit fünf Jahren mit Themen der Gesundheitsbranche mit dem Schwerpunkt Bewegung und Ernährung. In diesem Bereich verfügt sie über einen Trainerschein der Lizenz B und mehrere Zertifikate verschiedener Ernährungsfortbildungen. Sie verfügt über langjährige Berufserfahrung in der Gesundheitsbranche im Bereich der Patientenverpflegung sowie im betrieblichen Gesundheitsmanagement. Die Gesundheit von Menschen anhand von Analysen und passenden Maßnahmen zu verbessern und somit ihre Leistungsfähigkeit und Produktivität zu erhöhen, ist ihre Kerntätigkeit.

Prof. Hannes Zacher

Prof. Hannes Zacher ist an der Universität Leipzig der Inhaber des Lehrstuhls für Arbeits- und Organisationspsychologie. Er gilt durch zahlreiche Publikationen als Experte in den Bereichen Alter und Arbeit, berufliche Entwicklung, Übergang in die Rente, beruflicher Stress, Gesundheit und Wohlbefinden, proaktives und innovatives Arbeitsverhalten, Führung und Entrepreneurship sowie umweltfreundliches Arbeitsverhalten und Organisationsklima.

Tomke Diederike zur Brügge

Jahrgang 1989. Tomke Diederike zur Brügge erlangte ihren Bachelor- und Masterabschluss in Gerontologie an der Universität Vechta. Sie arbeitet als Projektleiterin für das Projekt Perspektive: Pflege! der Gesundheitsregion im Gesundheitsamt des Landkreises Vechta. Während ihres Studiums arbeitete sie am Institut für Gerontologie als Tutorin für VWL.